PHILOSOPHISCHE ABHANDLUNGEN

HERAUSGEGEBEN VON DINA EMUNDTS, TOBIAS ROSEFELDT UND HOLMER STEINFATH

BAND 121

VITTORIO KLOSTERMANN · FRANKFURT AM MAIN

MICHAEL WOLFF

Abhandlung über die
Prinzipien der Logik

Eine Verteidigung
des logischen Monismus

VITTORIO KLOSTERMANN · FRANKFURT AM MAIN

3., überarbeitete Auflage 2023

Bibliographische Information der Deutschen Nationalbibliothek
Die Deutsche Nationalbibliothek verzeichnet diese Publikation in der
Deutschen Nationalbibliographie; detaillierte bibliographische Daten sind
im Internet über *http://dnb.dnb.de* abrufbar.

© Vittorio Klostermann GmbH Frankfurt am Main 2004
Alle Rechte vorbehalten, insbesondere die des Nachdrucks und der Übersetzung.
Ohne Genehmigung des Verlages ist es nicht gestattet, dieses Werk oder Teile in einem
photomechanischen oder sonstigen Reproduktionsverfahren oder unter Verwendung
elektronischer Systeme zu verarbeiten, zu vervielfältigen und zu verbreiten.
Gedruckt auf alterungsbeständigem Papier. ISO 9706
Druck und Bindung: Hubert & Co., Göttingen
Printed in Germany
ISSN 0175-6508
ISBN 978-3-465-04615-8

Gertrude gewidmet

INHALT

Vorwort zur dritten Auflage — XIII
Einleitung — 1

I. ANALYTISCHER TEIL:
ANALYSE LOGISCHER SPRACHEN

Erster Abschnitt:
Die Sprache der Syllogistik — 5

1. Die Sprache der assertorischen Syllogistik — 5
    § 1. Syllogistische Satzschemata — 5
    § 2. Auf der Suche nach einer Universalsprache der deduktiven Logik — 7
    § 3. Das logische Vokabular der assertorischen Syllogistik — 9
    § 4. Ergänzungen des logischen Vokabulars der assertorischen Syllogistik — 11
    § 5. Die kategorische Form — 15

2. Die Sprache der modalen Syllogistik — 19
    § 6. Das logische Vokabular der modalen Syllogistik — 19
    § 7. Die Unentbehrlichkeit des logischen Vokabulars der modalen Syllogistik — 27

3. Analyse von Ausdrücken der Verneinung — 30
    § 8. Das Bivalenz-Prinzip — 30
    § 9. Das Prinzip des ausgeschlossenen Dritten — 32
    § 10. Wahrheitsfunktionale und nicht-wahrheitsfunktionale Verneinung — 34
    § 11. Das starke logische Quadrat assertorischer Gegensätze — 38
    § 12. Das schwache logische Quadrat assertorischer Gegensätze — 40
    § 13. Das logische Quadrat modaler Gegensätze — 42

4. Symbolische Abkürzungen — 44
    § 14. Syllogistische und nicht-syllogistische Modalausdrücke — 44
    § 15. Symbolische Ausdrücke in der Sprache der assertorischen Syllogistik — 46

Zweiter Abschnitt:
Die Sprache des Klassenkalküls — 50

1. Ein Übersetzungsprogramm — 50

§ 16. Das Vokabular des Klassenkalküls — 50
§ 17. Das starke logische Quadrat assertorischer Gegensätze in der Sprache des Klassenkalküls — 52

2. Das Problem impliziter Existenzannahmen — 57

§ 18. Das Problem der leeren Klasse — 57
§ 19. Alternative Theorien — 58

3. Grenzen der Sprache des Klassenkalküls — 61

§ 20. Gründe für eine Modifikation des Übersetzungsprogramms — 61
§ 21. Nullklasse und leere Begriffsumfänge — 65
§ 22. Übersetzung klassenlogischer Satzschemata in die Sprache der Syllogistik — 71
§ 23. Zurückführung klassenlogischer Schlußweisen auf syllogistische Schlußweisen — 76
§ 24. Vorteile einer Transformation der Sprache des Klassenkalküls in die Sprache des Funktionenkalküls — 78

Dritter Abschnitt:
Die Sprache des logischen Funktionenkalküls — 87

1. Ein Übersetzungprogramm — 87

§ 25. Die Wiedergabe von Begriffsausdrücken durch Funktionsausdrücke — 87
§ 26. Die Funktionentheorie des Begriffs — 89
§ 27. Grammatische und logische Prädikate — 94
§ 28. Anmerkungen zur Funktionentheorie des Begriffs — 102

2. Prüfung des Übersetzungsprogramms — 110

§ 29. Subordination von Begriffen in der Sprache des Funktionenkalküls — 110
§ 30. Wahrheitsfunktionen und ihre Zurückführung auf nicht-wahrheitsfunktionale Formen — 111
§ 31. Eine Erweiterung der Sprache der Syllogistik — 124
§ 32. Die kategorische Form in der Sprache des Funktionenkalküls — 127

§ 33. Die logische Form singulärer Sätze 132
§ 34. Quantorenregeln und schwaches logisches Quadrat 138
§ 35. Die Voraussetzung nicht-leerer Individuenbereiche 143

3. Grenzen der Sprache des logischen Funktionenkalküls 151

§ 36. Eine Formelsprache des nicht-reinen Denkens 151
§ 37. Anschauungsbezug und symbolische Konstruktion 156
§ 38. Das Problem synthetischer Sätze a priori in der Arithmetik 161

4. Das Vokabular der Universalsprache der deduktiven Logik 163

§ 39. Nicht-syllogistische Grundregeln in der Sprache
der Syllogistik 163
§ 40. Die Entbehrlichkeit eines Ausdrucks für die logische
Konjunktion in der syllogistischen Elementarsprache 169

II. Synthetischer Teil:
Der Aufbau des logischen Funktionenkalküls
aus Elementen der Syllogistik

§ 41. Allgemeine Vorbemerkung 173

Erster Abschnitt:
Ableitungsregeln für Regeln 177

1. Prinzipien 177

§ 42. Notation 177
§ 43. Definitionen 178
§ 44. Grundregeln 181

2. Abgeleitete Regeln 185

§ 45. Aus den Grundregeln abgeleitete Regeln 183

Zweiter Abschnitt:
Hypothetische und disjunktive Syllogistik 187

1. Vorbemerkung 187

2. Prinzipien 189

§ 46. Notation 189
§ 47. Definitionen 189
§ 48. Grundregeln 194

3. Ableitung von Formeln der hypothetischen und disjunktiven Syllogistik — 195

§ 49. Abgeleitete Regeln — 195
§ 50. Konditionalisierung — 205

Dritter Abschnitt: Kategorische Syllogistik — 210

1. Vorbemerkung — 210

2. Prinzipien — 210

§ 51. Notation — 210
§ 52. Definitionen — 212
§ 53. Grundregeln — 214

3. Abgeleitete Regeln — 218

§ 54. Regeln des starken und schwachen logischen Quadrats — 218
§ 55. Konversionsregeln — 221
§ 56. Kategorische Syllogismen — 223
§ 57. Allgemeingültige Satzschemata — 238

Vierter Abschnitt: Modale Syllogistik — 240

1. Vorbemerkung — 240

2. Prinzipien — 241

§ 58. Notation — 241
§ 59. Definitionen — 241
§ 60. Grundregeln — 250

3. Abgeleitete Regeln — 251

§ 61. Modale Folgerungsregeln — 251
§ 62. Modale Konversionsregeln — 260
§ 63. Modale Syllogismen — 266

Fünfter Abschnitt: Inhaltliches syllogistisches Schließen — 309

§ 64. Notation — 309
§ 65. Erläuterungen zur Notation — 311
§ 66. Beispiele inhaltlichen syllogistischen Schließens — 313

Inhalt   XI

§ 67. Abkürzungsregeln   316
§ 68. Beispiele: Fortsetzung   317
§ 69. Weitere Abkürzungsregeln   319

Sechster Abschnitt:
Ableitung von Formeln im Rahmen eines über die Grenzen
der elementaren deduktiven Logik erweiterten Systems   320

1. Prinzipien und metalogische Regeln   320

 § 70. Notation   320
 § 71. Definitionen   320
 § 72. Postulate   322
 § 73. Metalogische Regeln   325

2. Abgeleitete Formeln   327

 § 74. Ableitung wahrheitsfunktionaler Regeln   327
 § 75. Ableitung wahrheitsfunktionaler Gesetze   332
 § 76. Inhaltliches Schließen   338

Siebter Abschnitt:
Beweisbarkeit und Ableitbarkeit innerhalb des logischen
Funktionenkalküls   346

 § 77. Notation   346
 § 78. Ein axiomatisches System des logischen Funktionenkalküls   347
 § 79. Definitionen   350
 § 80. Theoreme des Funktionenkalküls   351
 § 81. Korrektheit und Vollständigkeit   355

Abschluß   361

 § 82. Prinzipien und Regeln, von denen das vollständige
  System des Funktionenkalküls abhängt   361
 § 83. Logische Form: Ein Rückblick auf gewonnene Ergebnisse   363
 § 84. Stadien in der Geschichte der Logik   366

Anhang 1:
Zur Vollständigkeit einer Syllogistik ohne logische Konjunktion   371
Anhang 2:
Mathematische Induktion ohne höhere Prädikatenlogik   377

Anhang 3:
    Zurückführung wahrheitsfunktionaler Ausdrücke
    auf nicht-wahrheitsfunktionale Ausdrücke   385

Anhang 4:
    Verträglichkeit und Unverträglichkeit   389

Anhang 5:
    Moderne nicht-syllogistische Systeme der Modallogik
    in ihrem Verhältnis zur modalen Syllogistik   393

Anhang 6:
    Nicht-klassische Logiksysteme in ihrem Verhältnis zum
    logischen Funktionenkalkül   408

Anhang 7:
    Die Barcan-Formel   414

Anhang 8:
    Über Bivalenz   417

Anhang 9:
    Absolute logische Konstanten   423

Verzeichnis der verwendeten Symbole   426

Übersicht über die in den Beweisen des Teils II
    hauptsächlich benutzten Regeln   428

Verzeichnis metalogischer Regeln,
    die in den Beweisen des Teils II benutzt werden   430

Verzeichnis syllogistischer Regeln, die in den Gültigkeitsbeweisen
    assertorischer Syllogismen in § 56 unmittelbar benutzt werden   431

Verzeichnis modalsyllogistischer Regeln, die in den Gültigkeits-
    beweisen von Syllogismen in § 63 unmittelbar benutzt werden   432

Verzeichnis der zur Ableitung wahrheitsfunktionaler Regeln und
    Gesetze in § 74 und § 75 unmittelbar benutzten logischen Regeln   434

Literaturverzeichnis   435
Sachregister   447
Personenregister   453

VORWORT
zur dritten Auflage

Die in diesem Buch verteidigte Ansicht lässt sich in der Hauptsache so zusammenfassen: Es gibt streng allgemeingültige logische Prinzipien, die in den verschiedenen modernen Systemen der 'klassischen' und 'nichtklassischen' deduktiven Logik vorausgesetzt werden und deren Allgemeingültigkeit sich allein aus der Bedeutung ergibt, die dem logischen Vokabular, das in den Formeln dieser Prinzipien gebraucht wird, zukommt und die durch analytisch aufzufindende Definitionen der logischen Konstanten, die zu diesem Vokabular gehören, festgelegt werden kann.

Ich nenne diese Ansicht logischen Monismus. Denn nach ihr ist anzunehmen, dass es genau ein System der deduktiven Logik gibt, welches die logischen Prinzipien explizit machen kann, die die übrigen Systeme (wenn auch auf unterschiedliche Weise) als gültig voraussetzen. Der logische Monismus ist dem entgegengesetzt, was man heute 'logischen Pluralismus' nennt, da nach dieser Ansicht die unterschiedlichen Systeme der deduktiven Logik gleichen Anspruch auf Gültigkeit haben, so dass es eine Frage der bloßen Wahl ist, welches System vor anderen vorzuziehen ist. Im Folgenden wird die Kritik am logischen Pluralismus aber nicht mein explizites Thema sein.[1] Vielmehr ist es hier mein Ziel, ausführlich zu zeigen, dass und warum der logische Monismus haltbar ist. Einige vorläufige Hinweise mögen genügen, um mein Vorhaben noch etwas genauer zu erläutern.

Die Idee des logischen Monismus, wie ich sie verstehe, geht auf Kant zurück. Denn er verstand unter Logik die „Wissenschaft der Regeln des Verstandes überhaupt" und nahm an, sie sei entweder eine „Logik des allgemeinen" oder „des besonderen Verstandesgebrauchs", weshalb er sie einteilte in eine *allgemeine* Logik und in (unbestimmt viele) *besondere* Logiken; dabei nannte er diejenige Logik allgemein, welche „die schlechthin notwendigen Regeln des Denkens" enthalte, „ohne welche gar kein Gebrauch des Verstandes stattfindet", und sie diesen Gebrauch betreffe „un-

---

[1] Sie ist das Thema in meinem Aufsatz 'Viele Logiken – Eine Vernunft. Warum der Logische Pluralismus ein Irrtum ist', in: *Methodus 7* (2013) S. 79–134.

angesehen der Verschiedenheit der Gegenstände, auf welche er gerichtet sein mag".[2] Dem entsprechend nahm Kant an, dass die besonderen Logiken die Regeln der allgemeinen Logik als gültig voraussetzen.

Nun waren Kant die *modernen* logischen Systeme noch unbekannt, und mit *allgemeiner* Logik konnte er nur die ihm allein bekannte traditionelle, auf Aristoteles zurückgehende Syllogistik meinen. Darum muss man fragen, ob es berechtigt ist, Kants Logik-Einteilung auf die heute bekannten Systeme zu beziehen, zu denen er direkt nicht Stellung nehmen und über deren Beziehung zur Syllogistik er nichts wissen konnte.

Was zunächst seine Einschätzung der Syllogistik als *allgemeiner* Logik betrifft, sah er deren „Vorteil" in ihrer „Eingeschränktheit", „eine Wissenschaft" zu sein, „die nichts als die formalen Regeln alles Denkens [...] ausführlich darlegt und strenge beweist" (B VIII f.). Wegen dieser Eingeschränktheit sei die allgemeine Logik „berechtigt, ja verbunden [...], von allen Objekten der Erkenntnis und ihrem Unterschiede zu abstrahieren". In ihr habe „der Verstand mit nichts weiter als sich selbst und seiner Form zu tun" (B IX). Diesem Vorteil verdanke sie ihren Erfolg (B IX) und den „sicheren Gang einer Wissenschaft", den sie „schon von den ältesten Zeiten her" eingeschlagen habe (B VII). „Als allgemeine Logik abstrahiert sie von allem Inhalt der Verstandeserkenntnis und der Verschiedenheit ihrer Gegenstände, und hat mit nichts als der bloßen Form des Denkens zu tun"; als „reine Logik hat sie keine empirischen Prinzipien", weshalb sie „nichts aus der Psychologie" schöpft, sondern „eine demonstrierte Doktrin" ist, in der „alles völlig *a priori* gewiß sein" muss (B 78).[3] Als „von allem Inhalt der Erkenntnis (ob sie rein oder empirisch ist)" abstrahierende Logik ist sie „formale Logik" (B 170; vgl. 77) und als solche kein „Organon" (kein Instrument) zur Hervorbringung von Erkenntnissen, sondern nur ein „Kanon" (eine Norm) „des Verstandes und der Vernunft" (B 77).[4] Denn bloße „Übereinstimmung mit den allgemeinen und formalen Regeln" der allgemeinen Logik garantiert niemals schon Wahrheit, sondern betrifft „nur die Form der Wahrheit" und ist keine hinreichende, sondern nur eine

---

[2] Vgl. zum Folgenden Kants *Kritik der reinen Vernunft* (1787), B VII–IX, 76–78 und 82–86; vgl. auch dessen *Grundlegung zur Metaphysik der Sitten*, Akademie-Ausgabe Bd. 4, 387 f.

[3] Die *Cambridge Edition of the Works of Immanuel Kant* übersetzt hier Kants Worte "völlig *a priori* gewiß" unvollständig mit „completely *a priori*". Damit eliminiert sie die Idee, daß *a priori*, also unabhängig von aller Erfahrung, die universale Gültigkeit der allgemeinen Logik *Ungewißheit* und *Schwanken* hinsichtlich ihrer Prinzipien ausschließen muß.

[4] 'Organon' war die traditionelle Bezeichnung für die logischen Schriften des Aristoteles, 'Kanon' geht zurück auf den Titel von Epikurs logischer Abhandlung.

„negative Bedingung" („die *conditio sine qua non*") „aller Wahrheit" (B 84 f. und B 824).

Was die *besonderen* Logiken betrifft, erwartete Kant von ihnen, dass sie ein „Organon dieser oder jener Wissenschaft" sind und „die Regeln" enthalten, „über eine gewisse Art von Gegenständen richtig zu denken"; um Regeln „angeben" zu können, nach denen „sich eine Wissenschaft von ihnen zustande bringen lasse", müsse man diese Gegenstände „schon in ziemlich hohem Grade" kennen (B 76). Aus diesem Grund hielt Kant besondere Logiken für „das Späteste", wozu „die menschliche Vernunft allererst gelangt, wenn die Wissenschaft schon lange fertig ist und nur die letzte Hand zu ihrer Berichtigung und Vollkommenheit bedarf" (B 76). Für ihn sind besondere Logiken Zukunfts-, bestenfalls im Entstehen befindliche Projekte.

Als Beispiel einer Wissenschaft, die einer besonderen Logik bedarf, konnte Kant die Mathematik vor Augen haben. So skizziert er in seiner *Transzendentalen Methodenlehre* das algebraische Verfahren, von n auf $n + 1$ zu schließen, als eine Methode mathematischer 'Demonstration'. Sie trägt heute den Namen „mathematische Induktion"; Kant nennt sie „symbolische Konstruktion" (B 762).[5] Seit dem 17. Jh. war es ein ungelöstes Problem, wie diese für die Arithmetik natürlicher Zahlen grundlegende Methode zu rechtfertigen ist. Erst Frege lieferte in seiner *Begriffsschrift* von 1879 (in der er das erste und heute als 'klassisch' geltende moderne Logiksystem aufstellte) den Schlüssel zur Lösung, indem er aus den Axiomen seines Systems das Prinzip der mathematischen Induktion ableitete.[6]

Offensichtlich ist das durch Frege begründete System weder als 'allgemeine' noch als 'formale' Logik im Sinne Kants anzusehen.[7] Denn es beruht auf Axiomen, die aus (logisch) wahren Urteilen bestehen, die nach Art algebraischer Formeln in einer symbolischen Sprache formuliert sind. Frege lässt seine Axiome (ebenso wie die aus ihnen abgeleiteten Theoreme) beginnen mit dem Zeichen ⊢ , das so viel bedeutet wie: „Es ist eine Tatsache, dass …".[8] Auf dieses Zeichen folgt in den Formeln jedes Axioms oder Theorems die Formel einer Wahrheitsfunktion, deren Argumente „beurteilbare Inhal-

---

[5] Näheres hierzu in meinem Buch *Die Vollständigkeit der kantischen Urteilstafel*, S. 211–219.

[6] *Begriffsschrift*, Teil III, §§ 23–27.

[7] Die Gleichsetzung von 'formaler' und 'symbolischer' Logik gehört nicht zu Freges Terminologie; Russell führte sie ein. Siehe Bertrand Russell, *The Principles of Mathematics*, London 1903, S. 10.

[8] *Begriffsschrift* Teil I, § 2, S. 2 und Teil II, §§ 13–22. Zum Folgenden vgl. *Begriffsschrift*, Teile I und II (§§ 1–22).

te" sind (§ 2, S. 2 und § 5, S. 5) und die (für beliebige Interpretationen ihrer deskriptiven Zeichen) den Wert *Wahr* hat. Dieser Funktionswert ist mit Wahrheitstafeln berechenbar. Die Gültigkeit der Regeln zur Ableitung von Theoremen aus Axiomen beruht gleichfalls auf der berechenbaren Wahrheit von Wahrheitsfunktionen (§ 6, S. 8–10 und § 11, S. 21 f.). Diese bilden zusammen mit den Axiomen den „Kern" einer „unübersehbaren Menge" der daraus ableitbaren „Gesetze", in dem „der Inhalt aller [dieser Gesetze], obschon unentwickelt, eingeschlossen ist" (§ 13, S. 25).[9] Freges Logik ist daher ein System von Gesetzen, die ebenso wie algebraische Gleichungen wahre Urteile über Tatsachen des 'reinen' (d. h. nicht-empirischen) Denkens enthalten. Da Wahrheit immer schon den „Inhalt" von „Erkenntnis" „angeht",[10] ist diese Logik weder allgemein noch formal im Sinne Kants. Denn sie kann von der Wahrheit des Inhalts ihrer Axiome oder Theoreme nicht abstrahieren. Sie kann auch nicht abstrahieren von aller Verschiedenheit der Gegenstände. Denn auch Funktionen der Form $\Phi(v)$, wie sie auf ähnliche Weise in der Mathematik vorkommen und mit denen irgendwelchen Gegenständen eine „Eigenschaft" oder eine „Beziehung" zu anderen Gegenständen zugeschrieben wird, sind beurteilbare Inhalte, auf die in Wahrheitsfunktionen Bezug genommen wird (§ 10, S. 18).

Freges Gebrauch von Funktionsausdrücken verschiedener Art war möglich geworden durch einen Forschungsstand der reinen Mathematik, der es erlaubte, einfachste algebraische Wahrheiten wie $x + x = 2x$ als Funktionen zu behandeln, deren Argumente für alles Zählbare (also für beliebige gegebene Gegenstände) stehen können und deren Wert immer ein Wahrheitswert ist. Man darf daher Freges Axiomen-System und die aus ihm hervorgegangene 'klassische Logik' als Organon im Sinne Kants bezeichnen, d. h. als ein Erkenntniswerkzeug, das der reinen Mathematik dient, ihrem Anspruch gerecht zu werden, eine *a priori* beweisende, exakte Wissenschaft zu sein. In diesem Sinne ist Freges System eine *besondere*, mathematische Logik: ein Organon der Arithmetik, das wie ein Kalkül gebraucht werden kann.

Allgemeine Logik, die Kant als 'Kanon' vor Augen hatte, unterscheidet sich von einem solchen System eben dadurch, dass sie keine Wahrheiten, sondern nur Regeln für den „logischen Verstandesgebrauch *überhaupt*" enthält; dieser besteht darin, in Urteilen und Schlüssen Begriffe wider-

---

[9] Ebd. § 13, S. 25.
[10] *Kritik der reinen Vernunft*, B 83. Nach Frege macht der Wahrheitswert eines Urteils dessen *extensionalen Inhalt* (dessen 'Bedeutung') aus, der Gedanke, den es enthält, dessen *intensionalen Inhalt* (dessen 'Sinn').

spruchsfrei zu subordinieren und zu koordinieren.[11] Er besteht also aus Handlungen, mit denen man denkbare Begriffe wie in einer Begriffspyramide ordnet (siehe unten §§ 1, 4 und 6).[12] Wenn in einer solchen Pyramide Buchstaben die Termini vertreten, so entsprechen die Beziehungen zwischen ihnen den Formen der kantischen Urteilstafel und syllogistischen Schlussformen (siehe unten Teil I, Abschnitt 1). Mit diesen Formen lassen sich keine Wahrheiten wiedergeben, auch dann nicht, wenn man gültige Schlussformen in Urteilsformen transformiert (wenn man also z. B. die Form eines Syllogismus nach *Modus Barbara* in die korrekte Form eines wahren hypothetischen Urteils bringt: 'Wenn jedes α ein β ist, dann ist, wenn jedes β ein γ ist, jedes α ein γ'). Urteilsformen wie diese sind zwar Formen wahrer Urteile, drücken aber keine Wahrheit, sondern (mit Kant zu reden) nur eine 'Form der Wahrheit' (B 84) aus.[13] Als Formen enthalten sie nur 'formale Gesetze'[14] oder *Formen* logischer Wahrheit. Übereinstimmung mit ihnen ist keine hinreichende, sondern nur eine allgemeine und notwendige Bedingung für Wahrheit.

Die allgemeine Gültigkeit von Regeln der Syllogistik hat nichts mit Funktionen zu tun. Sie beruht lediglich auf der Bedeutung des logischen Vokabulars, wie es z. B. in kategorischen oder hypothetischen Syllogismen auftritt. So zeigt die hypothetische Verknüpfung 'wenn p, so q' lediglich an, dass q aus p *folgt*,[15] und bedeutet, dass 'p' und 'nicht q' inkompatible Sätze vertreten. Von dieser Bedeutung allein hängt es ab, dass z. B. ein Schluss nach *Modus ponendo ponens* gültig ist, so dass unter der Voraussetzung, dass 'wenn p, so q' einen wahren Satz vertritt, q aus p *logisch* folgt. Diese Folge

---

[11] Ebd. B 92–94; cf. Kants *Dissertation* von 1770, Sectio II, § 5. *Akademie-Ausgabe* Bd. 2, 393-294.

[12] Was Kant den 'logischen Verstandesgebrauch überhaupt' (*usus intellectus logicus*) nennt, bezieht sich auf genau dieselben Handlungen, die Platon in seinem Dialog *Sophistes* als 'Dihairesis' und 'Synagogē' von Begriffen beschrieben hat. Diese Beschreibung hat „zweifellos Aristoteles in seiner Erfindung des Syllogismus beeinflusst" (W. Kneale & M. Kneale, *The Development of Logic*, Oxford University Press, 1975, S. 10, cf. S. 44 und 67).

[13] Um dies mit einem Beispiel Kants zu illustrieren (vgl. 'Die falsche Spitzfindigkeit der vier syllogistischen Figuren' (1762), *Akademie-Ausgabe* Bd. 2, 48): Nach *Modus Barbara* folgt aus den Prämissen (1) 'Alles Vernünftige ist ein Geist' und (2) 'Jede menschliche Seele ist vernünftig' die Konklusion (3) 'Jede menschliche Seele ist ein Geist'. Vorausgesetzt, es gibt keine Geister, so ist der kontrafaktische Satz nicht falsch: 'Wenn (1) zuträfe, dann wäre, wenn auch (2) zuträfe, so träfe (3) zu'. Aber über Objekte und über das, was auf sie *zutrifft*, sagt dieser Satz nichts Hinreichendes aus. Ob es überhaupt Gegenstände (z. B. einen Geist) gibt, ist mit Hilfe von allgemeiner Logik allein (wie Kant sie versteht) nicht zu beurteilen.

[14] *Kritik der reinen Vernunft*, B 84.

[15] Ebd. B 98 f.

von q aus p ist keine Funktion der Wahrheitswerte beurteilbarer Inhalte von p und q.

Auch die syllogistische Verneinung von p ('nicht p') ist keine Funktion der Wahrheitswerte beurteilbarer Inhalte von p. Sie dient vielmehr dazu, „wenigstens einen Irrtum abzuhalten".[16] Das heißt, 'nicht p' bedeutet, dass 'p' ein falsches Urteil vertritt, ist aber keineswegs mit 'nicht nicht p' unverträglich. Zum Beispiel hat die Negation eines universell bejahenden Urteils die Form 'nicht ist jedes α ein β'. Wahr ist ein negatives Urteil dieser Form (nach den Regeln des logischen Quadrats), wenn α ein leerer Begriff ist oder wenn es auf irgendein α nicht zutrifft, ein β zu sein. Demnach gilt ein partikulär verneinendes Urteil der Form 'irgendein α ist nicht ein β', ohne dass es voraussetzt, es existiere ein α. Nun ist diese negative Urteilsform kompatibel sowohl mit ihrem subkonträren affirmativen Gegenteil ('irgendein α ist ein β') als auch mit dessen doppelter Verneinung ('irgendein α ist nicht nicht ein β'). Darum ist diese Urteilsform ein Beispiel für den Fall, dass 'nicht p' mit 'nicht nicht p' verträglich ist (und dann auch der Ausdruck 'weder p noch nicht p' keinen Widerspruch enthält).

Die semantische Analyse des logischen Vokabulars der Syllogistik ('nicht', 'wenn-so' etc.) gehört zur Aufgabe von Teil I dieses Buches. Mit ihr wird gezeigt, dass nicht nur Freges Versuch fehlgeschlagen ist, durch Ableitung aus Axiomen wahre Urteile „an die Stelle von Aristotelischen Schlussarten" treten zu lassen,[17] sondern auch der von Hilbert und Ackermann unternommene Versuch einer „Systematischen Ableitung der traditionellen Aristotelischen Schlüsse"[18] aus Prinzipien des Klassenkalküls. Das genaue Gegenteil zu diesen Versuchen erweist sich als richtig: Die Sprache der Syllogistik ist tauglich, das logische Vokabular der modernen 'klassischen' Logik zu ersetzen, und zwar dann, wenn man in syllogistischer Sprache die Gültigkeit bestimmter Regeln postuliert, die in dieser Sprache nicht allgemeingültig und daher innerhalb der Syllogistik ungültig sind. Aufgrund dieser Postulate lassen sich die Prinzipien der modernen 'klassischen' Logik aus syllogistischen Prinzipien ableiten. Man kann außerdem die syllogistische Sprache erweitern, indem man Funktionsausdrücke der Form $\Phi(v)$ (für Eigenschaften von oder Relationen zwischen Gegenständen) in Ausdrücke für inhaltlich spezifizierte Begriffe oder Aussagen umformt. Zu zeigen, wie das geschehen kann, ist gleichfalls Aufgabe von Teil I.

---

[16] Ebd. B 737 und 97.
[17] *Begriffsschrift*, Part I, § 6, S. 10.
[18] Hilbert & Ackermann, *Grundzüge der theoretischen Logik*, S. 57–63.

In Teil II soll zunächst gezeigt werden, dass es möglich ist, auf der Grundlage analytisch gewonnener Definitionen für das syllogistische Vokabular gültige Grund- und Deduktionsregeln aufzustellen und auf dieser Basis alle Regeln der assertorischen und modalen Syllogistik abzuleiten, für die Aristoteles in seinen *Analytica priora* Gültigkeitsbeweise gegeben oder skizziert hat. Außerdem soll dieser Teil beweisen, dass die Gültigkeit syllogistischer Regeln in der modernen 'klassischen' Logik *implizit vorausgesetzt* wird. Dies geschieht durch den Nachweis, dass deren Axiome und Grundregeln aus syllogistischen Prinzipien ableitbar sind, und zwar dann, wenn man die Gültigkeit von vier Regeln (siehe § 72) postuliert, die sich in syllogistischer Sprache ausdrücken lassen, ohne innerhalb der Syllogistik gültig zu sein. Auf diese Weise bestätigt Teil II Kants Annahme, dass die Aristotelische Logik eine *allgemeine* Logik ist, insofern ihre Regeln der modernen 'klassischen' Logik zugrunde liegen.

Allerdings enthält die von Frege begründete 'klassische' Logik – auch in der modifizierten Version der *Principia Mathematica* von Russell und Whitehead – keine Modallogik, sondern vermeidet den Gebrauch modaler Ausdrücke wie 'notwendig', 'möglich', 'verträglich' etc. Diese sind unverzichtbar für gewöhnliches logisches Denken und kommen in der Syllogistik schon darum vor, weil von ihrem Gebrauch die Bedeutung des assertorisch logischen Vokabulars abhängt.[19] Deshalb muss man die 'klassische' Logik aus zwei Gründen als eine *besondere* Logik betrachten: *erstens*, weil sie keine Modallogik enthält, und *zweitens*, weil man ihre Prinzipien aus syllogistischen Prinzipien ableiten kann, wenn man vier pseudo-syllogistische Regeln als gültig postuliert.

In ähnlicher Weise muss man die sogenannten 'nicht-klassischen' Logiken als besondere Logiken betrachten. Ich zähle zu diesen die Systeme der intuitionistischen Logik, der (parakonsistenten) Relevanzlogik, der 'freien'[20] Logik und der axiomatischen Modallogik.[21] Sie sind (ebenso wie die Syste-

---

[19] Schon zur Erklärung der Bedeutung des logischen Vokabulars der assertorischen Syllogistik werden modale Ausdrücke benötigt. Man beachte beispielsweise Aristoteles' semantische Erläuterung von '... wird von jedem ... ausgesagt' und '... wird von keinem ... ausgesagt', dem logischen Vokabular in allgemein bejahenden oder verneinenden kategorischen Urteilen (siehe *Analytica priora* I, 1, 24 b 28–30).

[20] 'Frei' ist hier die üblich gewordene Abkürzung für 'frei von Existenzvoraussetzungen in Bezug auf Begriffsausdrücke'.

[21] Mehrwertige Logiken rechne ich nicht zu den 'nicht-klassischen' Systemen im engeren Sinne. Man kann sie als (hybride) Varianten zur 'klassischen' Logik ansehen, insofern sie sich von ihr nur dadurch unterscheiden, dass sie außer den Wahrheitswerten des Wahren und Falschen Zwischenwerte für 'weder wahr noch falsch' zulassen, aus denen sich mit 'Wahrheitstafeln' Funktionswerte berechnen lassen. Vorausgesetzt wird dabei die Ungültig-

me, die sich aus ihrer Kombination miteinander ergeben) besondere Logiken, und zwar in demselben Sinn, wie es die 'klassische' Logik ist. Aufgabe der Anhänge am Schluss dieses Buches ist es, diese These zu begründen. Hier sei sie nur kurz erläutert.

Erstens baut jedes der vier 'nicht-klassischen' Systeme auf nur einem der syllogistischen Teilsysteme auf. Die intuitionistische Logik und die Relevanzlogik sind nämlich lediglich Alternativen zur 'klassischen' *Aussagenlogik*, sowie die 'freie' Logik nur eine Alternative zur 'klassischen' *Prädikatenlogik* ist; die axiomatischen Modallogiken sind lediglich modale *Ergänzungen* entweder zur 'klassischen' Aussagenlogik oder zu ihren beiden Alternativen.[22] *Zweitens* haben die 'nicht-klassischen' Systeme miteinander gemeinsam, dass sie (sofern sie nicht wie Lewis' Systeme der axiomatischen Modallogik die 'klassische' Aussagenlogik voraussetzen und bloß um eine modale Aussagenlogik ergänzen) nicht jedes der vier pseudo-syllogistischen Postulate aus § 72 als gültig voraussetzen. Stattdessen sind in die moderne Modallogik auch solche Axiome eingeführt worden, mit denen (analog zu den Postulaten aus § 72) Regeln vorausgesetzt werden, deren Gültigkeit man gleichfalls nur postulieren kann, weil sie zwar in modalsyllogistischer Sprache ausdrückbar, aber nicht in der Modalsyllogistik gültig sind. Auf diese Weise zeigt sich, dass das logische Vokabular, das in den Systemen der 'nicht-klassischen' deduktiven Logik gebraucht wird, ebenso wie das der 'klassischen' Logik in die Sprache der Syllogistik übersetzt werden kann. Insofern ist diese Sprache eine Universalsprache der deduktiven Logik.

Die Systeme der 'nicht-klassischen' Logik lassen sich ebenso wie das der 'klassischen' Logik als Axiomen-Systeme aufbauen. Aber die Gültigkeit ihrer Axiome und Ableitungsregeln lässt sich nicht so wie in der 'klassischen' Logik durch Wahrheitstafeln berechnen. Die Bedeutung des logischen Vokabulars in den verschiedenen Systemen der 'nicht-klassischen' Logik weicht daher ab von der, die es in der 'klassischen' Logik hat. In der 'nicht-klassischen' Logik wird dieses Vokabular nämlich nicht wahrheitsfunktional gebraucht, sondern empfängt seine Bedeutung durch das jeweilige System von Axiomen und Ableitungsregeln. Von dessen Inhalt hängt es jeweils ab, was es heißt, logisch wahr oder ableitbar zu sein.

---

keit des Bivalenz-Prinzips und damit eine Änderung der Bedeutungen von 'wahr', 'falsch' und 'Wahrheitswert'. Siehe *Anhang* 8. Jedoch entspricht der Funktionswert einer mehrwertigen Wahrheitsfunktion in allen Fällen, in denen keins ihrer Argumente ein Zwischenwert ist, dem Wert in der zweiwertigen 'klassischen' Logik.

[22] Zum umstrittenen Sinn einer axiomatischen quantifizierten Modallogik siehe *Anhang* 7.

Die Beziehungen zwischen den verschiedenen Systemen der modernen deduktiven Logik (auch soweit sie mit den axiomatischen Systemen der Mathematik, die sich seit Peano entwickelt haben, in Verbindung gebracht werden können) sind im 20. Jh. Gegenstand mathematischer Logik geworden. Diese hat daher – wie von Gödel beschrieben)[23] – „zwei ganz verschiedene Aspekte" bekommen: *Einerseits* ist sie zu einer „Sektion der Mathematik" geworden, „die von Klassen, Relationen, Kombinationen von Symbolen usw. statt von Zahlen, Funktionen, geometrischen Figuren usw. handelt"; *andererseits* ist sie zu einer allen anderen Wissenschaften „vorausgehenden Wissenschaft" geworden, „welche die Prinzipien enthält", die „sämtlichen Wissenschaften zugrunde liegen"; in diesem zweiten Sinne entspricht sie der „Idee eines logischen Kalküls, der für die in den exakten Wissenschaften vorkommende Art des Schließens wirklich hinreicht".

Ob und inwiefern sich dieser sehr weite Begriff von mathematischer Logik mit Kants Annahme berührt, die Logik des besonderen Verstandesgebrauchs sei ein Organon dieser oder jener Wissenschaft, ist eine Frage, die ich in diesem Buch nicht behandle. Klar ist aber, dass auch nach diesem Begriff mathematische Logik nicht identifiziert werden kann mit allgemeiner Logik im kantischen Sinn, d. h. im Sinn des logischen Monismus.[24]

* * *

Ich danke Vittorio Klostermann, daß er dieses Buch in dritter, gründlich durchgesehener und verbesserter Auflage erscheinen läßt. Alle Änderungen, die es gegenüber den früheren Auflagen enthält, stimmen mit dem Text der englischen Ausgabe dieses Buchs überein.

Bielefeld, im Oktober 2022 M. W.

---

[23] Kurt Gödel, 'Russell's Mathematical Logic', in: P. A. Schilpp (ed.), *The Philosophy of Bertrand Russell*, Northwestern University Press, 1944, S. 125.

[24] Bis hierhin stimmt mein Vorwort mit dem zur englischen Ausgabe dieses Buchs überein. Sie erscheint unter dem Titel 'Essay on the Principles of Logic. A Defense of Logical Monism', übersetzt von William Clark Wolf, im Verlag Walter de Gruyter.

Einleitung

Auch wenn man nicht bereit ist, Sprachanalyse für die einzige oder wichtigste Methode der Philosophie zu halten, wird man doch einer Ansicht zustimmen können, die Gottlob Frege, einer der Gründungsväter der sprachanalytischen Philosophie, in der folgenden Weise ausgesprochen hat: Es sei, sagt er,

> eine Aufgabe der Philosophie [...], die Herrschaft des Wortes über den Geist zu brechen, indem sie die Täuschungen aufdeckt, die durch den Sprachgebrauch über die Beziehungen der Begriffe oft fast unvermeidlich entstehen, indem sie den Gedanken von demjenigen befreit, womit ihn allein die Beschaffenheit des sprachlichen Ausdrucksmittels behaftet [...].[25]

Frege meinte hier mit „Sprachgebrauch" den Gebrauch der *natürlichen* Sprache.

Aber man kann, oder sollte vielmehr, die Aufgabe der Philosophie auch auf den Gebrauch von *nicht-natürlichen* Sprachen beziehen, insbesondere auf den Gebrauch formaler Sprachen, die in der Logik zur Anwendung kommen, um Schlußregeln darzustellen und das wiederzugeben, was Frege in dem soeben zitierten Satz „Beziehungen der Begriffe" nennt. Schon aus seiner Sicht hatte sich die Logik „bisher immer noch zu eng an Sprache und Grammatik angeschlossen."[26] Er sah daher den Gebrauch logischer Formelsprachen teilweise der gleichen Kritik ausgesetzt wie den Gebrauch natürlicher Sprachen; ihre Kritikwürdigkeit war es, was ihm die Rechtfertigung für die Einführung einer neuartigen logischen Formelsprache – der Begriffsschrift – lieferte.

Allerdings, obwohl sich in Freges Schriften zahlreiche kritische Bemerkungen über die auf Aristoteles zurückgehende Sprache der Syllogistik und „die boolesche Formelsprache" finden lassen, fehlt in ihnen doch so etwas wie eine systematische Analyse dieser Sprachen. Ein systematischer Vergleich der Leistungsfähigkeit dieser Sprachen mit der Leistungsfähigkeit der Begriffsschrift – oder mit der Leistungsfähigkeit von Sprachen, die innerhalb der modernen deduktiven Logik an Stelle der Begriffsschrift im Gebrauch sind, – ist (soviel ich weiß) bisher nicht oder jedenfalls nicht mit der nötigen Ausführlichkeit durchgeführt worden.

Ich möchte im ersten Teil (I) dieser Abhandlung, d. h. in den §§ 1 – 40, *formale* Sprachen der deduktiven Logik einer systematischen Analyse und

---

[25] Gottlob Frege, *Begriffsschrift. Eine der arithmetischen nachgebildete Formelsprache des reinen Denkens.* Halle, 1879, S. VI-VII.
[26] Ebenda, S. VII.

einem systematischen Leistungsvergleich unterziehen. Dieser Vergleich wird sich insbesondere auf die Fähigkeit dieser Sprachen beziehen, *Begriffsbeziehungen* darzustellen (von denen das soeben wiedergegebene Frege-Zitat handelt).

Der zweite, aus den §§ 41–84 bestehende Teil (II) setzt die Analysen des Ersten Teils dieser Abhandlung voraus. In diesen Paragraphen soll eine übersichtliche und präzise Darstellung vom systematischen Aufbau der deduktiven Logik gegeben werden, und zwar in einer Sprache, die imstande ist, logische Beziehungen zwischen *beliebigen* Begriffen wiederzugeben. In dieser Sprache können alle Regeln und Gesetze der deduktiven Logik dargestellt werden. Es wird sich herausstellen, daß syllogistische Regeln dadurch ausgezeichnet sind, daß ihre Gültigkeit allein auf der Bedeutung des logischen Vokabulars dieser Sprache beruht.

Fragen, die sich auf das *historische* Verhältnis zwischen Syllogistik und moderner, mathematischer Logik beziehen, möchte ich nicht ins Zentrum der folgenden Untersuchungen stellen. (Auf sie werde ich nur beiläufig und am Ende von Teil II, in § 84, eingehen.) Ich möchte mich vielmehr von der systematischen Frage leiten lassen, ob die Sprache der Syllogistik auf eine elementarere, nicht-syllogistische Sprache zurückgeführt werden kann. Um diese Frage beantworten zu können – ich werde sie (um meine Antwort vorwegzunehmen) verneinen –, wird es nötig sein, zunächst das logische Vokabular genau zu beschreiben, mit dem die Sprache der Syllogistik Begriffsbeziehungen wiedergibt.

– Die Frage, *was* eigentlich Begriffe *sind*, werde ich in diesem Buch nicht systematisch behandeln. Frege war der Ansicht, daß eine 'eigentliche Definition' nicht gegeben werden könne, um 'das Wesen der Begriffe' zu bestimmen. Aber er verwies darauf, daß der grammatischen Unterscheidung zwischen Eigennamen (*nomina propria*) und Substantiven (*nomina appellativa*) der Unterschied zwischen Gegenstandsbezeichnungen und Begriffswörtern irgendwie entspreche. Begriffswörter seien dementsprechend Ausdrücke, die „mit dem unbestimmten Artikel, mit Wörtern wie ›alle‹, ›einige‹, ›viele‹ usw." stehen. So entspreche der Ausdruck ›Quadratwurzel aus Vier‹ in dem Satz ›Es gibt mindestens eine Quadratwurzel aus Vier‹ „dem Begriffe Quadratwurzel aus 4" (Brief an H. Liebmann vom 25. 8. 1900).[27] An späterer Stelle (in den §§ 33 – 35) werde ich genötigt sein, ausführlicher auf die Ansichten einzugehen, die Frege über Eigennamen und Begriffsausdrücke entwickelt hat. Vorerst mag es genügen, darauf hinzuweisen, daß ich das Wort ›Begriff‹ in diesem Buch so verwende, daß es

---

[27] G. Frege, *Wissenschaftlicher Briefwechsel*, Hamburg: Meiner, 1976, S. 150.

genau das bezeichnet, wofür ein Begriffswort oder ein Begriffsausdruck gebraucht wird. Dabei sind unter Begriffswörtern und Begriffsausdrücken solche Ausdrücke zu verstehen, vor denen der bestimmte oder unbestimmte Artikel oder ein Wort wie ›alle‹, ›einige‹, ›viele‹ usw. stehen kann. Diese Verwendung entspricht einem Gebrauch des Wortes ›Begriff‹, der nicht nur bei Frege anzutreffen ist, sondern auch in der traditionellen Syllogistik allgemein üblich war. –

Meine Anwendung der Methode der logisch-semantischen Sprachanalyse auf Sprachen der Logik wird zeigen, daß die von Frege, Hilbert und anderen vertretene Ansicht, logisches Vokabular der Syllogistik sei ohne Bedeutungsänderung ersezbar durch wahrheitsfunktionale und quantorenlogische Ausdrücke beziehungsweise durch Ausdrücke des Klassenkalküls, unhaltbar ist, da wahrheitsfunktionale Ausdrücke mit *komplexen*, klassen- und quantorenlogische Ausdrücke mit *nicht-formalen* syllogistischen Ausdrücken gleichbedeutend sind. Das logische Vokabular der Syllogistik genügt, wie sich nachweisen läßt, zur Wiedergabe aller gültigen Regeln und Gesetze der deduktiven Logik einschließlich der Modallogik. Dagegen erweisen sich die in der Sprache eines modernen Systems des Funktions- oder Klassenkalküls (zu dem die "klassische" Prädikatenlogik gehört) formulierten Regeln und Gesetze als nicht allgemeingültig, da ihre Gültigkeit nicht ausschließlich von der Bedeutung des verwendeten logischen Vokabulars abhängt. Diese Systeme setzen die Gültigkeit der Syllogistik implizit voraus und sind aus ihr ableitbar, wenn außer den *allgemeingültigen* syllogistischen Regeln (und außer den nötigen Transformationsregeln, nach denen komplexe und nicht-formale syllogistische Ausdrücke in andere logische Sprachen übersetzbar sind,) bestimmte *nicht*-allgemeingültige Regeln (auf denen die Divergenz divergierender Logiksysteme letztendlich beruht) in syllogistischer Sprache formuliert und als gültig angenommen werden. Wie diese Ableitung exakt und lückenlos zu bewerkstelligen ist, wird in Teil II dieses Buches ausführlich gezeigt. Sie folgt einer schon in der Schule des Aristoteles entwickelten Methode.

I. ANALYTISCHER TEIL
ANALYSE LOGISCHER SPRACHEN

ERSTER ABSCHNITT
DIE SPRACHE DER SYLLOGISTIK

1. Die Sprache der assertorischen Syllogistik

§ 1. Syllogistische Satzschemata

Unter einem *syllogistischen Satzschema* verstehe ich einen Ausdruck, der geeignet ist, Beziehungen zwischen Begriffen darzustellen, wie sie innerhalb einer Begriffspyramide vorkommen. Es seien α, β, γ, usw. Begriffe unterschiedlicher Allgemeinheit, und es bestehe eine solche Ordnung zwischen ihnen, daß β und γ den Begriff α einteilen, dadurch daß sie ihm subordiniert und zugleich miteinander koordiniert sind. In derselben Weise seien δ und ε dem Begriff β subordiniert und miteinander koordiniert. Dann beruht die beschriebene Ordnung darauf, daß α, als Oberbegriff von β und γ, der allgemeinste Begriff ist, während δ und ε, als Unterbegriffe von β, weniger allgemein sind als α und β.[28] Die Hierarchie dieser fünf Begriffe läßt sich in einem Diagramm darstellen, das dem Fragment einer Pyramide ähnelt:

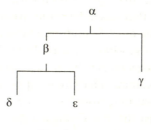

Figur 1

Wenn man die Begriffsbeziehungen, die dieses Diagramm darstellt, sinngemäß durch Ausdrücke wiedergibt, die sich von Sätzen nur dadurch unterscheiden, daß in ihnen alle Begriffsausdrücke ersetzt sind durch ›α‹, ›β‹, ›γ‹, ›δ‹ und ›ε‹, d. h. durch Begriffsvariablen, so ergeben sich Ausdrü-

---

[28] Beispiele für Begriffshierarchien findet man bereits in Platons Dialogen. Für die Entstehung der Syllogistik waren besonders die in Platons *Sophistes*, 218e–221c, durchgeführten Untersuchungen von Begriffshierarchien wichtig. Vergleiche William Kneale & Martha Kneale, *The Development of Logic*, Oxford: Clarendon, 1975, S. 9–10, 44 und 67.

cke, die ich als syllogistische Satzschemata bezeichnen möchte. Es handelt sich, wie man sich leicht klarmachen kann anhand der Beziehungen, die in *Figur 1* veranschaulicht werden, um Ausdrücke wie:

(1) ›jedes β ist ein α,‹
(2) ›jedes γ ist nicht ein β,‹
(3) ›irgendein α ist ein γ,‹
(4) ›irgendein α ist nicht ein δ,‹
(5) ›wenn irgendein α ein ε ist, so ist das in Rede stehende α ein β,‹
(6) ›wenn irgendein α ein β ist, so ist das in Rede stehende α nicht ein γ,‹
(7) ›entweder ist irgendein α ein β, oder das in Rede stehende α ist ein γ,‹
(8) ›wenn irgendein α ein β ist, so ist entweder das in Rede stehende α ein δ, oder das in Rede stehende α ist ein ε.‹

›Syllogistisch‹ können diese Satzschemata geeigneterweise insofern heißen, als sie Urteilsformen wiedergeben, die für die syllogistische Theorie des deduktiven Schließens von grundlegendem Interesse sind.[29]

Das besondere Interesse, das die Syllogistik an solchen Urteilsformen von jeher gehabt hat, beruht darauf, daß es deduktive Schlüsse gibt, deren Gültigkeit darauf beruht, daß sie in einer bestimmten Anordnung Sätze enthalten, die an diesen Formen teilhaben. Seit Aristoteles werden Schlüsse dieser Art *Syllogismen* genannt. Ein Syllogismus liegt zum Beispiel dann vor, wenn aus zwei Prämissen der Form ›jedes δ ist ein β‹ und ›jedes β ist ein α‹ auf ›jedes δ ist ein α‹ geschlossen wird. Ebenso liegt ein Syllogismus vor, wenn aus zwei Prämissen der Form ›wenn irgendein α ein ε ist, so ist das in Rede stehende α ein β‹ und ›irgendein α ist ein ε‹ auf ›das in Rede stehende α ist ein β‹ geschlossen wird. Die Gültigkeit der Syllogismen ist unabhängig vom begrifflichen Inhalt der Sätze, aus denen sie bestehen. Das heißt, welche Nomina oder Nominalphrasen es sind, die in den Schemata ihrer Prämissen und Konklusionen jeweils durch Begriffsvariablen vertreten werden, ist für ihre Gültigkeit ganz unerheblich. Ausschlaggebend ist für diese allein die *logische Form* der Syllogismen. Diese wird jeweils wiedergegeben durch eine bestimmte Anordnung syllogistischer Satzschemata.

Daß ein Syllogismus allein *aufgrund seiner logischen Form* Gültigkeit besitzt, ist gleichbedeutend damit, daß diese Gültigkeit einsichtig gemacht werden kann dadurch, daß man die Bedeutung der nicht-variablen Aus-

---

[29] Weiter unten werde ich auf den Umstand zu sprechen kommen, daß syllogistische Satzschemata unter bestimmten Umständen wahrheitsfunktionale Satzschemata nach sich ziehen, ohne selbst wahrheitsfunktional zu sein. Man kann daher aus *Figur 1* nicht nur syllogistische, sondern auch wahrheitsfunktionale Satzschemata herauslesen.

drücke erklärt, die in den syllogistischen Schemata der Sätze auftreten, aus denen er besteht. Freilich werden geeignete Definitionen benötigt, mit denen die Bedeutung dieser Ausdrücke erklärt wird, um die Gültigkeit von Regeln einsichtig zu machen, denen syllogistische Schlüsse entsprechen.

Ich möchte hier die Frage, welchen genauen Inhalt diese Definitionen haben sollten, vorerst auf sich beruhen lassen. Denn weder habe ich bisher eine Übersicht darüber geschaffen, welche syllogistischen Satzschemata es gibt, noch besteht Klarheit über die systematische Relevanz, die diese Schemata für die Theorie des deduktiven Schließens haben. Es mag daher vorläufig genügen festzuhalten, daß die gesuchten Definitionen die Aufgabe haben, die Bedeutung explizit zu machen, die mit den Ausdrücken syllogistischer Satzschemata verknüpft ist, insofern diese zur Darstellung von Begriffshierarchien geeignet sind.

§ 2. Auf der Suche nach einer Universalsprache der deduktiven Logik

Man kann die Aufgabe der Syllogistik darin sehen, daß sie aufgrund von Definitionen die Gültigkeit von Regeln einsichtig zu machen hat, nach denen Sätze, die mit syllogistischen Satzschemata konform sind, aus anderen solchen Sätzen folgen. Sofern sie eben diese Aufgabe erfüllt, kann man die Syllogistik als ein *Teilgebiet der deduktiven Logik* ansehen, nämlich als ein Teilgebiet der Theorie des gültigen deduktiven Schließens.

Allerdings kann man auch fragen, ob die Syllogistik ein *irreduzibles, unverzichtbares* Teilgebiet der deduktiven Logik ist.

Die deduktive Logik würde zweifellos ohne Syllogistik auskommen, wenn es möglich wäre, alle syllogistischen Regeln des deduktiven Schließens auf nicht-syllogistische Regeln des deduktiven Schließens zurückzuführen. Unter *nicht-syllogistischen Regeln* des deduktiven Schließens wären dann Formen deduktiver Schlüsse zu verstehen, die nicht darstellbar sind durch Anordnungen syllogistischer Satzschemata, oder – soweit sie doch durch solche Anordnungen darstellbar sind – deren Gültigkeit nicht oder nicht allein auf der Bedeutung der Ausdrücke beruht, die in syllogistischen Satzschemata vorkommen.

Um die Frage entscheiden zu können, ob syllogistische auf nicht-syllogistische Regeln des deduktiven Schließens zurückgeführt werden können, müssen wir feststellen, inwieweit es möglich ist, die Sprache syllogistischer Satzschemata in eine Sprache zu übersetzen, die fähig ist, sowohl syllogistische als auch nicht-syllogistische Schlußformen darzustellen.

Wenn es möglich sein sollte, alle syllogistischen Regeln auf nicht-syllogistische Regeln zurückzuführen, dann dürfte es auch möglich sein, ein Gebiet der deduktiven Logik, das die Syllogistik mit umfaßt und daher größer ist als sie, in einer einheitlichen formalen Sprache zu behandeln. Diese Sprache wäre als Universalsprache der deduktiven Logik zu betrachten, wenn das Gebiet, das in ihr behandelt werden kann, die ganze deduktive Logik umfassen würde.

In den folgenden Abschnitten beabsichtige ich, einschlägige Übersetzungsmöglichkeiten zu erproben.

Ich werde dieser Erprobung ein Kriterium zugrundelegen, durch das sich die Sprache der Syllogistik von nicht-syllogistischen Formalsprachen unterscheidet. Dieses Kriterium besteht darin, daß die einzigen *Objektvariablen*, die die syllogistische Sprache benötigt, Begriffsvariablen sind, so daß alle übrigen Ausdrücke, die in ihr vorkommen, ausschließlich zu dem Zweck gebraucht werden, Beziehungen darzustellen, die zwischen Begriffen gerade insofern bestehen, als sie an einer hierarchischen Ordnung teilhaben, die dem Diagramm in *Figur 1* entspricht. Was die Begriffsvariablen (›α‹, ›β‹, usw.) betrifft, so sind sie als Stellvertreter oder Platzhalter für beliebige *Nomina apellativa* oder für Nominalphrasen beliebiger Komplexität anzusehen, vor denen ein bestimmter oder unbestimmter Artikel stehen kann. Diese Ausdrücke nenne ich *Begriffsausdrücke* oder – falls sie (wie z. B. ›Pferd‹) nicht aus mehreren Wörtern zusammengesetzt sind – *Begriffswörter*. Ein Begriffsausdruck, sofern er durch eine syllogistische Begriffsvariable vertreten wird, heiße *Terminus*.[30] Ein Begriff ist demnach anzusehen als *dasjenige, wofür ein Terminus steht*. Was Begriffe sonst noch sind, braucht für die Zwecke der Syllogistik nicht näher erklärt zu werden. Aus ihnen besteht in syllogistischer Sicht der *begriffliche Inhalt* oder das *logische Material* eines Urteils. Was alle übrigen zur Sprache der Syllogistik gehörigen und in syllogistischen Satzschemata vorkommenden Ausdrücke betrifft, so machen sie das *logische Vokabular* dieser Sprache aus. Vom Standpunkt der Syllogistik aus hängt von diesem Vokabular die *logi-*

---

[30] „Terminus" ist wörtliche Übersetzung der von Aristoteles gebrauchten Metapher „ὅρος". John Stuart Mill hat in seinem Werk *A System of Logic, ratiocinative and inductive*, I, London, 1843, chap. 1, § 3, Begriffsausdrücke als 'generelle' Namen bezeichnet, um sie von Eigennamen und Kennzeichnungen, den sogenannten 'singulären' oder 'individuellen' Namen, zu unterscheiden. Mill folgend bezeichnen moderne Logiker syllogistische Termini manchmal als *generelle Termini*, um sie von *singulären Termini* zu unterscheiden. Siehe Willard V. O. Quine, *Methods of Logic*, revised edition, New York: Holt, Rinehart & Winston, 1959, § 12, S. 64. Die Gründe, aus denen ich diesem Brauch nicht folge, werden aus dem Folgenden deutlich werden; siehe insbesondere unten die §§ 33 – 35.

sche Form von Sätzen oder Urteilen ab, während ihr *begrifflicher Inhalt* abhängt von der Interpretation, die sie den Begriffsvariablen des Satzschemas jeweils verleihen, das ihre logische Form zum Ausdruck bringt.

Ich brauche in der Frage, welche Ausdrücke es sind, die zum logischen Vokabular der Syllogistik gezählt werden können, vorerst keine abschließende Entscheidung zu treffen. Am Anfang dieser Untersuchung wird keine vollständige Übersicht über dieses Vokabular benötigt, da es vorerst nicht darum geht zu wissen, wie groß das Gebiet der Syllogistik ist. Vielmehr geht es zunächst nur darum zu wissen, ob sie als systematisch relevantes, selbständiges, irreduzibles Gebiet der deduktiven Logik überhaupt in Betracht kommt. Diese Frage läßt sich ein Stück weit bereits anhand des logischen Vokabulars erörtern, das in den in § 1 aufgezählten Satzschemata (1) bis (8) vorkommt. Erst wenn sich herausgestellt haben wird, daß dieses Vokabular für die deduktive Logik entbehrlich bzw. unentbehrlich ist, wird man sich um die Frage zu kümmern haben, wie es sich mit anderen Teilen des syllogistischen Vokabulars verhält.

§ 3. *Das logische Vokabular der assertorischen Syllogistik*

Das logische Vokabular, das in den Satzschemata (1) bis (8) vorkommt, besteht aus den folgenden sieben Ausdrücken:

›jedes ...‹,
›... ist ein ...‹,
›... ist nicht ein ...‹,
›irgendein ...‹,
›wenn ..., so ...‹,
›das in Rede stehende ...‹,
›entweder ..., oder ...‹.

Es wird hilfreich sein, diese sieben Ausdrücke unter logisch-semantischen Gesichtspunkten zu ordnen:

Was die Ausdrücke ›jedes ...‹, ›irgendein ...‹, ›das in Rede stehende ...‹ betrifft, so beruht auf ihnen das, was man in der herkömmlichen syllogistischen Literatur die *quantitative* Bestimmtheit – oder einfach die *Quantität* – eines Urteils nennt.[31] Vom Auftritt dieser drei Ausdrücke (oder vom Vorkommen bedeutungsgleicher Redewendungen) hängt es ab, ob das zugehörige Urteil *universell, partikulär* oder *singulär* ist.

---

[31] Apuleius Madaurensis, 'Peri hermeniae', *Opera* 3, ed. P. Thomas, 1908, S. 177, 17 ff., ist der diesbezügliche *locus classicus*.

Die Wortverbindungen ›… ist ein …‹ und ›… ist nicht ein …‹ legen die Eigenschaft eines Urteils fest, *affirmativ* bzw. *negativ* zu sein. Affirmation und Negation, d. h. Bejahung und Verneinung, lassen sich als logische Formen betrachten, die traditionell zur *qualitativen* Bestimmtheit – zur *logischen Qualität* – eines Urteils gerechnet werden.[32]

Schließlich hängt vom Auftritt der beiden Wortverbindungen ›wenn …, so …‹ und ›entweder …, oder …‹ der *hypothetische* bzw. *disjunktive* Charakter einer Aussage ab. Die spezielle Rolle dieser Ausdrücke besteht darin, eine *logische Relation* zwischen zwei oder (im Falle der disjunktiven Aussage eventuell) mehr als zwei Teilen einer Aussage anzuzeigen.[33] Die Teilaussagen eines hypothetischen oder disjunktiven Urteils befinden sich in einer logisch relevanten Relation insofern, als ihr Wahr- oder Falschsein vom Wahr- bzw. Falschsein der übrigen Teilaussagen jeweils in bestimmter Weise abhängt. So sagt ein hypothetisches Urteil aus, daß unmöglich die Aussage seines Vordersatzes wahr und die Aussage seines Nachsatzes falsch ist. Es sagt nämlich das Bestehen einer *Folgebeziehung* zwischen der Aussage des Nachsatzes und der des Vordersatzes aus. Ein disjunktives Urteil sagt aus, daß erstens nicht mehr als einer seiner Teilsätze wahr sein können und daß es zweitens unmöglich ist, daß einer seiner Teilsätze falsch, aber keiner seiner übrigen Teilsätze wahr ist. Es gibt insofern eine *Entgegensetzung innerhalb einer Gesamtheit alternativer* Aussagen wieder.[34]

---

[32] Auch diese Tradition geht auf Apuleius zurück; siehe die in der vorigen Fußnote angeführte Stelle.

[33] '*Relation*' als Name eines logischen Einteilungskriteriums für Urteile geht auf eine von Kant eingeführte Terminologie zurück; siehe *Kritik der reinen Vernunft*, § 9. Vom Standpunkt der modernen Logik aus hat man es manchmal für angebracht gehalten, gegen die Klassifikation von Urteilsformen, die Kant in seiner „willkürlich zusammengebastelten Urteilstafel" (Albert Menne, *Einführung in die formale Logik*, Darmstadt: Wissenschaftliche Buchgesellschaft, 1985, S. 11) vorgenommen habe, mit unnötiger Schärfe zu polemisieren. Die Frage nach der Sachhaltigkeit dieser Polemik wird sich im Laufe der folgenden Untersuchung von selbst erledigen.

[34] Die Bezeichnungen 'hypothetisch' und 'disjunktiv' werden in der modernen Logikliteratur in unterschiedlicher Bedeutung verwendet. Ich verwende sie hier und im Folgenden ausschließlich zur Bezeichnung syllogistischer Beziehungen. Eine genauere Erklärung gebe ich unten in § 47. Der Junktor des hypothetischen Satzes, ›wenn …, so …‹, gibt schon nach Auffassung der älteren Peripatetiker und der stoischen Logik das Bestehen einer „Konsequenz" (ἀκολουθία) wieder. Auch Kant ist dieser Auffassung gefolgt (siehe *Kritik der reinen Vernunft* § 9). Das hypothetische ›wenn …, so …‹ darf nicht, wie es in modernen Logikbüchern oft geschieht, mit der (wahrheitsfunktionalen) Subjunktion (die manchmal auch als Konditional bezeichnet wird und im Deutschen eher der umgangssprachlichen Satzverknüpfung ›nicht…, ohne daß …‹ entspricht) verwechselt werden (siehe die §§ 30-1). Daher ist es auch unzutreffend, wenn Günther Patzig in

§ 4. *Ergänzungen des logischen Vokabulars der assertorischen Syllogistik*

Das logische Vokabular, das in § 1 gebraucht wurde, um die syllogistischen Satzschemata (1) bis (8) zu formulieren, läßt sich auf diese Weise unter logisch-semantischen Gesichtspunkten in drei Gruppen von Ausdrücken einteilen, die man als *logische Konstanten* der Syllogistik auffassen kann.

§ 4. *Ergänzungen des logischen Vokabulars der assertorischen Syllogistik*

Wenn man das oben in § 2 erwähnte Kriterium zugrundelegt, nach dem sich die Sprache der Syllogistik von nicht-syllogistischen Formalsprachen dadurch unterscheidet, daß Begriffsvariablen ihre einzigen Objektvariablen sind, fällt es nicht schwer einzusehen, daß eine Liste logischer Konstanten der Syllogistik unvollständig wäre, würde sie nur die aufgezählten sieben Ausdrücke enthalten. Diese Aufzählung ist unvollständig, da die Satzschemata (1) bis (8), auf denen sie beruht, nur einen Sonderfall von hierarchischer Begriffsanordnung widerspiegeln. Ich hatte diese Anord-

---

seinem Aufsatz 'Die logischen Formen praktischer Sätze in Kants Ethik' (in: G. Patzig, *Gesammelte Schriften I*, Göttingen: Wallstein, 1994, S. 212) schreibt, der Wahrheitswert von ›wenn p, so q‹ hänge „ausschließlich" ab „von dem Wahrheitswert der verknüpften Aussagen." Patzig fügt als Erläuterung hinzu: „Faktische Implikation zwischen den Aussagen p und q besteht, wenn die durch den Junktor ›wenn-so‹ hergestellte neue Aussage *wahr* ist; logische Implikation besteht dann, wenn diese molekulare Aussage *logisch-wahr* ist. Nur in diesem letzten Fall hat es eindeutigen Sinn, von Grund und Folge–Verhältnissen im Sinne einer Ableitbarkeit zu sprechen. Kant durchschaute das entsprechend der terminologischen Unschärfe der zeitgenössischen Logik nicht; […]." Diese Erläuterung macht die Sache aber nicht besser. Nach *Modus ponendo ponens* ist vielmehr q aus p genau dann ableitbar, wenn ›wenn p, so q‹ wahr ist. Und genau dann, wenn q aus p (faktisch oder logisch) folgt, ist ›wenn p, so q‹ wahr. Für das Bestehen dieser Folgebeziehung ist es nicht notwendig, daß ›wenn p, so q‹ *logisch* wahr ist. Auch hängt der Wahrheitswert von ›wenn p, so q‹ nicht *ausschließlich* von den Wahrheitswerten von p und q ab: Wenn q wahr oder p falsch ist, braucht q noch lange nicht aus p zu folgen. Auf diesen Sachverhalt hat auch Frege hingewiesen, um zwischen dem ›wenn-so‹ des „hypothetischen" Urteils und dem Subjunktionszeichen (d. h. seinem Bedingungsstrich) zu unterscheiden. Siehe *Begriffsschrift* § 5 und *BA*, S. 102. Die terminologische Unschärfe, die Kant hier von Patzig angelastet wird, liegt ganz auf seiner Seite, nämlich in seiner Konfusion subjunktiver und hypothetischer Urteile. Man sieht hier übrigens, mit wieviel Vorsicht und Zurückhaltung von der Maxime Gebrauch gemacht werden sollte, die Patzig für die Interpretation philosophischer Texte empfohlen hat, nämlich der Maxime: zu vermuten, daß, „wo immer" es in solchen Texten „nicht möglich ist", deren Sätze und ihren Zusammenhang „versuchsweise in die Fregesche Begriffsschrift oder eine der späteren von ihr beeinflußten Notationen zu übertragen", es „sich gar nicht lohnen" möchte, „die Anstrengung philosophischer Interpretation fortzusetzen, weil der Text nicht genügend durchdacht ist." G. Patzig, *Sprache und Logik*, Göttingen: Vandenhoeck & Ruprecht, 1970, S. 85.

nung in § 1 als Fragment einer Pyramide im Diagramm von *Figur 1* veranschaulicht. Es gibt aber hierarchische Begriffsbeziehungen, die in diesem Diagramm nicht mitberücksichtigt sind. Erstens werden in ihm nur *Dichotomien* berücksichtigt, statt auch drei- und mehr als dreifache Begriffseinteilungen vorzusehen.[35] Zweitens läßt dieses Diagramm den Fall außer Betracht, in dem die Dichotomie aus einer *analytischen Begriffseinteilung* besteht. Von einer analytischen Begriffseinteilung spreche ich in folgendem Sinn. Es sei α ein Begriff, dem β subordiniert ist. Dann ist jedes β ein α. Und wenn außerdem irgendein α nicht ein β ist, sondern stattdessen ein γ, δ oder was auch immer, so trifft auf irgendein α zu, nicht ein β zu sein. Man kann aber dann auch sagen, daß es unter den Begriff nicht-β fällt. Von zwei Begriffen, die sich wie β und nicht-β zueinander verhalten, sage ich, der eine sei der *Gegenbegriff* des anderen. Die Einteilung eines Begriffs in einen Unterbegriff und dessen Gegenbegriff nenne ich analytisch.[36] Jede zwei- oder mehrfache Begriffseinteilung kann ersetzt werden durch eine analytische Begriffseinteilung, ohne daß sich an ihrer Gültigkeit etwas ändert. Daher kann ein Satzschema wie (7) (›entweder ist irgendein α ein β, oder das in Rede stehende α ist ein γ‹) ersetzt werden durch:

(9) ›entweder ist irgendein α ein β, oder das in Rede stehende α ist ein nicht-β.‹

Das Diagramm in *Figur 2*, das geeignet ist, das Satzschema (9) zu veranschaulichen,

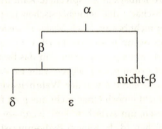

Figur 2

darf man nicht in der Weise mißverstehen, als werde mit ihm zum Ausdruck gebracht, der Begriff, für den ›nicht-β‹ steht, sei dem Begriff, für den

---

[35] Das zweigliedrige disjunktive Urteil ist, wie bereits in § 3 angedeutet, ein Spezialfall.

[36] Soviel ich weiß, ist es Kant gewesen, der den Ausdruck 'analytische Einteilung' in der soeben angegebenen Bedeutung eingeführt hat. Siehe *Kritik der Urteilskraft*, Akademie-Ausgabe Band 5, S. 197.

§ 4. Ergänzungen

›α‹ steht, in derselben Weise *subordiniert*, wie ihm der Begriff subordiniert ist, für den ›β‹ steht. Der Umfang des Begriffs nicht-β ist nämlich für jede Interpretation von ›α‹ und ›β‹ zu groß, um im Umfang des Begriffs α enthalten zu sein. *Figur 2* darf daher nicht so interpretiert werden, als entspräche ihr unter allen Umständen ein Satzschema der Form ›jedes nicht-β ist ein α‹. Allerdings sollte *Figur 2* so interpretiert werden, daß sie ein Begriffsverhältnis zum Ausdruck bringt, das mit dem Satzschema

(10) ›irgendein α ist ein nicht-β‹

zum Ausdruck gebracht werden kann.

Urteile, die mit dem Schema (10) konform sind, unterscheiden sich von affirmativen Urteilen dadurch, daß sie einem Gegenstand ein Prädikat zuschreiben, *indem* sie ihm zugleich ein anderes Prädikat absprechen. Sie unterscheiden sich aber auch von negativen partikulären Urteilen, nämlich dadurch, daß sie sich wie affirmative partikuläre Urteile konvertieren lassen, so daß aus einem Urteil, dessen Form dem Schema (10) entspricht, ein Urteil abgeleitet werden kann, das dem Schema

(11) ›irgendein nicht-β ist ein α‹

entspricht. Urteile, die dem Schema (11) entsprechen, stellen einen Begriff der Form nicht-β als erfüllten (nicht-leeren) Begriff hin, indem sie von einem Gegenstand (mit dem Prädikat α) das Prädikat nicht-β aussagen. Dadurch schreiben sie dem Begriff nicht-β einen *Umfang* zu, der so groß ist, daß *mit Ausnahme des Begriffsumfangs von* β der Umfang jedes anderen Begriffs mindestens partiell in ihm enthalten ist. Diese Art der Umfangszuschreibung eines Begriffs nenne ich, nach einer von Kant eingeführten Nomenklatur, *Limitation*.[37] Urteile, die den Umfang eines Begriffs limitierend bestimmen, können dementsprechend *limitative* Urteile heißen. Es gibt nicht nur partikuläre limitative Urteile, d. h. Urteile, deren Form dem Schema (10) entspricht, sondern auch universelle und singuläre limitative Urteile, d. h. Urteile der Form ›jedes α ist ein nicht-β‹ oder ›das in Rede stehende α ist ein nicht-β‹. So enthält ein Satz, der dem Satzschema (9) entspricht, ein singuläres limitatives Urteil der Form ›das in Rede stehende α ist ein nicht-β‹ als Teilaussage. Sowohl Urteile dieser Form als auch entsprechende universelle limitative Urteile gleichen negativen Urteilen darin, daß sie Gegenständen ein Prädikat β absprechen; und sie gleichen

---

[37] C. C. E. Schmid, *Wörterbuch zum leichtern Gebrauch der Kantischen Schriften*, Jena, 1798, Art. 'Limitation', S. 315. – Vgl. C. Sigwart, *Logik I*, 2. Auflage, Tübingen 1889, S. 153.

affirmativen Urteilen darin, daß aus ihnen konvertierbare partikuläre Urteile ableitbar sind.[38]

Die Form des *limitativen* Urteils kann als *logische Qualität* aufgefaßt werden, und als solche ist sie gleichrangig mit den Formen des affirmativen und negativen Urteils.

Diese Form spielt in der Syllogistik aber nur eine untergeordnete Rolle, da limitative Urteile in vielen oder sogar in den meisten Fällen behandelt werden können, als handelte es sich um Spezialfälle affirmativer Urteile. Das Satzschema eines affirmativen Urteils läßt sich nämlich in allen Fällen ohne weiteres durch Transformation erzeugen, nämlich einfach dadurch, daß man das im Schema des limitativen Satzes auftretende *Begriffsausdrucksschema*, z. B. ›nicht-α‹, durch einen griechischen Kleinbuchstaben, hier z. B. durch ›β‹, ersetzt. Das Ausdrucksschema ›nicht-α‹ steht hier lediglich für spezielle begriffliche Inhalte, die durch ›β‹ vertreten werden können. So betrachtet enthält das Schema eines limitativen Satzes an Stelle einer Begriffsvariablen ein Begriffsausdrucksschema, das nicht beliebige Termini vertritt, sondern nur für solche Begriffsausdrücke stehen kann, die *ihrem Inhalt nach* den Gegenbegriff eines anderen Begriffs bezeichnen. Diese Betrachtungsweise rechtfertigt es indessen nicht, die sprachlichen Ausdrücke, die zur Darstellung von Gegenbegriffen verwendbar sind, als nicht-syllogistisches Vokabular anzusehen. Denn nach dem Kriterium, das ich oben herangezogen habe, um syllogistische Ausdrucksweisen von nicht-syllogistischen Ausdrucksweisen zu unterscheiden, kann jedes limitative Satzschema als syllogistisch betrachtet werden, da es außer Begriffsvariablen keine Objektvariablen enthält und sonst nur Ausdrücke in ihm vorkommen, die zur Darstellung von Begriffshierarchien benötigt werden. So betrachtet unterscheidet sich ein limitatives Satzschema von anderen syllogistischen Satzschemata nur dadurch, daß sein logisches Vokabular geeignet ist, Begriffsbeziehungen darzustellen, die durch das Vokabular anderer syllogistischer Satzschemata nicht darstellbar sind.[39]

Deshalb ist die Liste logischer Konstanten, von denen die Syllogistik Gebrauch macht, zu ergänzen durch den Ausdruck, durch den sich die Satzschemata (9) und (10) von den Schemata affirmativer und negativer Sätze unterscheiden, nämlich durch den Ausdruck

---

[38] Die hier einschlägigen Konversionsregeln werde ich systematisch im dritten Abschnitt des Zweiten Teils dieses Buches behandeln.

[39] Regeln der Syllogistik, die sich auf affirmative Urteile anwenden lassen, bleiben gültig, wenn diese Urteile durch limitative Urteile ersetzt werden. Dies bedeutet aber nicht, daß alle gültigen syllogistischen Regeln, die für limitative Urteile gelten, auf andere Regeln zurückführbar wären.

§ 4. *Ergänzungen* 15

›… ist ein nicht- …‹.

Wenn wir die *Konstellation von Wörtern* beachten, die in den zur Affirmation, Negation und Limitation verwendeten logischen Konstanten ›… ist ein …‹, ›… ist nicht ein…‹, ›… ist ein nicht- …‹ vorkommen, so fällt beim Vergleich dieser Konstanten auf, daß die Affirmation durch das *Fehlen* eines verneinenden Ausdrucks (›nicht‹) bzw. durch das *Fehlen* eines privativen Präfixes (›nicht-‹) zum Ausdruck gebracht wird. In umgangssprachlichen Kontexten fehlt es nicht an Wörtern, mit denen man eine Bejahung oder den bejahenden Charakter eines Satzes ausdrücken oder hervorheben kann. Im Deutschen steht z. B. die Vokabel ›doch‹ zur Verfügung, ein Wort, das in syntaktischer Beziehung in derselben Weise wie ›nicht‹ gebraucht werden kann und dazu dient, auf den Widerspruch hinzuweisen, in dem sich eine affirmative Aussage befindet, wenn dieselbe Aussage zuvor verneint worden ist oder wenn eine solche Verneinung zu erwarten ist. Auch in logischen Symbolsprachen fehlt es nicht an Ausdrücken, mit deren Hilfe eine Affirmation explizit gemacht werden kann. So werden in traditionellen Darstellungen der Syllogistik seit dem Mittelalter die ersten beiden Vokale A und I des lateinischen Verbums *affirmo* zur Bezeichnung der Bejahung einer universellen bzw. partikulären Aussage gebraucht, während die beiden Vokale E und O des Verbums *nego* zur Bezeichnung der Verneinung solcher Aussagen dienen.

§ 5. *Die kategorische Form*

Ähnlich wie das Fehlen von ›nicht …‹ und ›nicht-…‹ eine Affirmation andeuten kann, so kann das Fehlen von ›wenn …, so …‹ und ›entweder …, oder …‹ in den Satzschemata (1) bis (4) (›jedes β ist ein α,‹ ›jedes γ ist nicht ein β,‹ ›irgendein α ist ein γ‹ und ›irgendein α ist nicht ein δ‹) andeuten, daß es sich um Schemata *kategorischer* Sätze handelt. Da, nach § 2, die Begriffsvariablen dieser Schemata für beliebig komplexe und aus beliebig komplexen Satzgefügen zusammengesetzte Nominalphrasen stehen können, ist es aber möglich, daß kategorische Sätze aus mehreren Teilsätzen bestehen, unter denen auch hypothetische oder disjunktive Sätze vorkommen können. So besteht z. B. der folgende Schluß aus lauter kategorischen Sätzen:

Jeder Hund, der mit dem Schwanz wedelt, wenn er sich seinem Herrn nähert, ist ein braves Tier.
Kein Hund, der von seinem Herrn beschimpft wird, ist ein braves Tier.

Also: Kein Hund, der von seinem Herrn beschimpft wird, ist ein Hund, der mit dem Schwanz wedelt, wenn er sich seinem Herrn nähert.

Dieser Schluß ist ein gewöhnlicher kategorischer Schluß, der nicht etwa nach Regeln des hypothetischen, sondern nach Regeln des kategorischen Schließens gültig ist. Für die Form des kategorischen Urteils ist es unwesentlich, ob es durch einen aus Teilsätzen zusammengesetzten Satz wiedergegeben wird oder nicht. Wesentlich für seine Form ist vielmehr, daß dieser Satz zwei Bedingungen erfüllt, nämlich: erstens, daß er nicht Teil eines hypothetischen oder disjunktiven Satzes ist, sondern *logische Unabhängigkeit* besitzt, und zweitens, daß er ein Verhältnis zwischen genau zwei Begriffen wiedergibt, das durch logische Konstanten wie z. B. ›jedes … ist ein …‹ dargestellt werden kann, und insofern *logische Einfachheit* besitzt.

In diesem Zusammenhang ist es nötig, grammatisch einfache Sätze von logisch einfachen Sätzen zu unterscheiden. *Grammatisch einfach* sind Sätze, die nicht (mit Hilfe von Relativpronomina oder Konjunktionen) aus anderen Sätzen zusammengesetzt sind, die also weder aus mehreren Hauptsätzen bestehen noch ein Satzgefüge sind, das aus einem Haupt- und mindestens einem Nebensatz besteht. *Logisch einfach* sind dagegen nur Sätze, die zwei Begriffsausdrücke mit Hilfe logischer Konstanten verknüpfen. Die *logische* Einfachheit von Sätzen schließt keineswegs aus, daß diese *grammatisch* aus mehreren Sätzen bestehen.[40]

In der syllogistischen Logiktradition hat sich für logisch einfache Sätze, die nicht Teil eines hypothetischen oder disjunktiven Satzes sind, die Bezeichnung *kategorische Sätze* eingebürgert. Ihre syntaktische Stellung außerhalb eines hypothetischen oder disjunktiven Satzgefüges garantiert kategorischen Sätzen eine bestimmte Art von *logischer Unabhängigkeit*, die neben der logischen Einfachheit das zweite wesentliche Kennzeichen kategorischer Sätze ist. Verzichtet man auf dieses zweite Kennzeichen und betrachtet man, wie es manchmal geschieht, die logische Einfachheit als ein hinreichendes Merkmal kategorischer Sätze, so ergibt sich die Ansicht, daß hypothetische und disjunktive Sätze aus kategorischen Teilsätzen bestehen können. Bei dieser Ansicht geht allerdings eine Eigenschaft katego-

---

[40] Die von Frege in § 4 seiner *Begriffsschrift* vertretene Ansicht: „Die Unterscheidung der Urtheile in kategorische, hypothetische und disjunctive scheint mir nur grammatische Bedeutung zu haben", beruht letztlich auf einer (leider folgenreichen) Verwechslung von grammatischer und logischer Einfachheit. Zur näheren Erläuterung siehe Michael Wolff, 'Frege und das traditionelle Bild der Syllogistik', in: R. Bubner & G. Hindrichs (Hg.), *Von der Logik zur Sprache*, Stuttgart: Klett-Cotta, 2006, S. 272–285.

§ 5. Die kategorische Form

rischer Sätze verloren, die als für sie charakteristisch angesehen werden kann, nämlich die, daß sie nicht, wie hypothetische oder disjunktive Sätze nur *in bedingter Weise*, sondern *in unbedingter Weise* Gegenständen Prädikate zuschreiben, d. h. etwas von etwas aussagen oder kategorisch sind (von griech. κατηγορεῖν = etwas von etwas aussagen). Es sei *p* ein logisch einfacher Subjekt-Prädikat-Satz und komme z. B. an zwei Stellen eines Schlusses nach *Modus ponendo ponens* vor, nämlich als Vordersatz der ersten Prämisse ›wenn *p*, so *q*‹ und als zweite Prämisse *p*, so daß *q* die Konklusion ist. Dann liegt zwar *dem Inhalt nach* an zwei Stellen derselbe Satz *p* vor, aber was *p* in der zweiten Prämisse von Gegenständen unbedingt (kategorisch) aussagt, sagt *p* in der ersten Prämisse von denselben Gegenständen nur bedingterweise aus (nämlich nur unter der Bedingung, daß *q* nicht zu verneinen, sondern ein wahrer Satz ist).[41] Dem Inhalt nach liegen daher kategorische Urteile „allen andern [Urteilen] zum Grunde", wie Kant in den *Prolegomena* § 39 sagt (Akademie-Ausgabe Bd. 4, S. 325). Denn als *logisch einfache* Subjekt-Prädikat-Urteile liefern sie gleichsam den Stoff zu logisch komplexeren Urteilen. Aber sie üben ihre Funktion *als kategorische Urteile* nur aufgrund ihrer syntaktischen Stellung aus, die sie als *logisch unabhängige* Urteile verlangen.[42]

Als Form logisch einfacher und logisch unabhängiger Subjekt-Prädikat-Sätze hat es die kategorische Form, ähnlich wie die hypothetische oder

---

[41] Ebenso wird mit ›wenn *p*, so *q*‹ auch umgekehrt *q* unter der Bedingung ausgesagt, daß *q*. Dies entspricht übrigens auch Kants Auffassung des hypothetischen Urteils. Siehe dessen *Logik* § 25 Anm. 2, Akademie-Ausgabe, Band 9, S. 106. Die von Günther Patzig in seinem Aufsatz 'Die logischen Formen praktischer Sätze in Kants Ethik' (in: G. Patzig, *Gesammelte Schriften I*, Göttingen: Wallstein, 1994, S. 214) vertretene Meinung, Kants Auffassung des hypothetischen Urteilens als eines „bedingten" Urteilens sei „unverträglich" mit Kants „Standarderklärung", nach der hypothetische Urteile eine „Konsequenz" der Aussage des Nachsatzes aus der des Vordersatzes aussagen (*Kritik der reinen Vernunft* § 9), ist unbegründet. Kants Standarderklärung impliziert diese Auffassung, wie man sich leicht klarmachen kann und wie schon die älteren Peripatetiker gesehen haben. Diesbezügliche Quellenangaben zur antiken Literatur findet man bei Carl Prantl, *Geschichte der Logik im Abendlande*, Band 1, Nachdruck der Ausgabe Leipzig 1855, Hildesheim: Olms, 1997, S. 378-88.

[42] Die Merkmale der logischen Einfachheit und logischen Unabhängigkeit lassen sich natürlich auch auf hypothetische und disjunktive Urteile anwenden. Das heißt, es gibt logisch einfache und logisch unabhängige hypothetische und disjunktive Urteile, nämlich Urteile, in denen die logischen Konstanten des hypothetischen bzw. disjunktiven Satzgefüges jeweils genau einmal vorkommen. Aber die Merkmale der logischen Einfachheit und logischen Unabhängigkeit sind für diese Urteile nicht konstitutiv, da es logisch komplexe und damit auch logisch abhängige hypothetische und disjunktive Urteile geben kann.

disjunktive Form, mit einer *logischen Relation* zu tun, deren Relata allerdings nicht, wie im Falle der hypothetischen oder disjunktiven Beziehung, Urteile, sondern Begriffe sind. Jedes kategorische Urteil hat es mit einem geordneten Paar von Begriffen zu tun, von denen der eine als der *Subjektbegriff*, der andere als der *Prädikatbegriff* des Urteils anzusehen ist. Die logische Unterscheidung zwischen dem Subjekt- und dem Prädikatbegriff eines Urteils korrespondiert der grammatischen Subjekt-Prädikat-Unterscheidung, fällt aber nicht mit ihr zusammen. *Grammatisch* läßt sich jeder einfache, nicht aus anderen Aussagesätzen zusammengesetzte Aussagesatz in Subjekt und Prädikat zerlegen. Das *grammatische Subjekt* eines Satzes steht für das, *wovon* er etwas aussagt. Das *grammatische Prädikat* steht für das, *was* er von etwas aussagt. ›Alle Menschen sind sterblich‹ ist z. B. ein Aussagesatz, der von allen Menschen aussagt, daß sie sterblich sind. Der Satzteil ›Alle Menschen‹ ist daher sein grammatisches Subjekt, der Rest des Satzes, ›ist sterblich‹, sein grammatisches Prädikat.[43] Die Zerlegung eines Satzes in ein grammatisches Subjekt und ein grammatisches Prädikat fällt nicht zusammen mit der Zerlegung eines logisch einfachen Satzes in sein *logisches Subjekt*, sein *logisches Prädikat* und seine logischen Konstanten.[44] Aus logischer Sicht sagt der Satz ›Alle Menschen sind sterblich‹ dasselbe aus wie der Satz ›Jeder Mensch ist ein sterbliches Wesen‹. ›Mensch‹ ist darin, nach Auffassung der syllogistischen Tradition, logisches Subjekt, ›sterbliches Wesen‹ logisches Prädikat. Dementsprechend hat der Satz nach traditioneller Standard-Auffassung die logische Form ›jedes S ist ein P‹. Logisches Subjekt und logisches Prädikat, deren Stellen hier durch ›S‹ und ›P‹ bezeichnet werden, haben *in grammatischer Hinsicht* eine gemeinsame Form; d. h. es handelt sich in beiden Fällen um Ausdrücke, vor denen ein bestimmter oder unbestimmter Artikel stehen kann und die es wegen ihrer gemeinsamen grammatischen Form zulassen, ihre Stellung im Satz miteinander zu tauschen. Lediglich durch diese syntakti-

---

[43] Die traditionelle, am Lateinischen orientierte Grammatik rechnet zum Prädikat nicht nur Hilfsverben und Prädikatsnomina (Prädikative), sondern auch Adverbien, Objektausdrücke sowie alle Ausdrücke, die zu einem Subjekt-Prädikat-Satz, aber nicht zu dessen grammatischem Subjekt gehören.

[44] Frege hat in seiner *Begriffsschrift* von 1879 darauf aufmerksam gemacht, daß die in der Syllogistik übliche Subjekt-Prädikat-Unterscheidung auf Funktionsausdrücke der Quantorenlogik nicht direkt anwendbar ist. Aus diesem Befund hätte er eigentlich die Konsequenz ziehen können, von Subjekt und Prädikat *im logischen Sinn* nur dann zu sprechen, wenn ein Sinn gemeint ist, in dem die Syllogistik zwischen Subjekt und Prädikat unterscheidet. Dies wäre auch sachgemäß gewesen. Unten in den §§ 27-8 werde ich zeigen, wie die traditionelle *grammatische* Subjekt-Prädikat-Unterscheidung auf quantorenlogische Funktionsausdrücke anzuwenden ist.

sche Stellung unterscheiden sie sich. Sie unterscheiden sich insofern dadurch, daß das logische Subjekt Bestandteil eines grammatischen Subjekts und das logische Prädikat Bestandteil eines grammatischen Prädikats ist. Da das logische Subjekt seine Stellung im Satz mit der des logischen Prädikats tauschen kann, ist jeder Subjektbegriff eines kategorischen Satzes geeignet, in anderen kategorischen Sätzen als Prädikatbegriff aufzutreten. Auf diesem Umstand beruht es, daß sich bestimmte kategorische Urteile zu einem Schluß nach *Modus Barbara* zusammenfügen lassen oder daß es zulässig ist, von ›kein α ist ein β‹ unmittelbar (nämlich durch bloße Konversion) zu ›kein β ist ein α‹ überzugehen.

Im Unterschied zu den Formen des hypothetischen und disjunktiven Urteils bietet die kategorische Form keinen Anlaß, die oben aufgestellte Liste logischer Konstanten zu verlängern. Denn diese Form wird nicht durch den Einsatz eines bestimmten logischen Vokabulars, sondern nur durch die Syntax zum Ausdruck gebracht, nach der innerhalb eines logisch einfachen Satzes, der nicht Teil eines hypothetischen oder disjunktiven Satzes ist, Paare von Ausdrücken *geordnet* sind, die durch Begriffsvariablen vertreten werden können.

Der Umstand, daß kategorische Sätze logisch einfache und logisch unabhängige Subjekt-Prädikat-Sätze sind, die nicht als Teil eines hypothetischen oder disjunktiven Satzes auftreten, schließt nicht aus, daß sie die Stellung eines Nebensatzes erhalten können. Es ändert nämlich nichts an der logischen Form, d. h. der logischen Einfachheit und Unabhängigkeit kategorischer Sätze, wenn sie in einen der Ausdrücke ›es ist wahr, daß …‹, ›es ist möglich, daß …‹ und ›es ist notwendig, daß …‹ eingebettet werden. Auch an der logischen Form hypothetischer und disjunktiver Sätze ändert sich durch eine solche Einbettung nichts.

2. Die Sprache der modalen Syllogistik

§ 6. *Das logische Vokabular der modalen Syllogistik*

Man kann die Ausdrücke

›es ist wahr, daß …‹,

›es ist möglich, daß …‹,

›es ist notwendig, daß …‹

so verstehen, daß sie gleichbedeutend sind mit ›es ist wirklich (faktisch) wahr, daß …‹, ›es ist möglicherweise wahr, daß …‹ bzw. ›es ist notwendig wahr, daß …‹. So verstanden handelt es sich bei ihnen um logische Konstanten, durch die Unterschiede *alethischer Modalität* zum Ausdruck gebracht werden. Sätze, die durch einen der drei aufgezählten Modalausdrücke eingeleitet werden, heißen *assertorisch, problematisch* bzw. *apodiktisch*.[45]

Aus den folgenden Gründen können diese Ausdrücke, die in meiner Liste logischer Konstanten bisher nicht vorgekommen sind, zum syllogistischen Vokabular gezählt werden. Was zunächst den Ausdruck ›es ist wahr, daß ...‹ angeht, lassen sich in ihn alle bisher aufgezählten Satzschemata, d. h. die Schemata (1) bis (11), einbetten. Dadurch werden sie (aus Schemata implizit assertorischer Sätze) in Schemata (explizit) assertorischer Sätze umgeformt. Eine solche Umformung ändert nichts an der Wahrheit der Sätze, deren logische Form einem der Schemata (1) bis (11) entspricht. Jeder wahre nicht-modalisierte (d. h. mit keinem der drei Modalausdrücke eingeleitete) Satz A ist nämlich ein Ausdruck, aus dem logisch ein Satz der Form ›es ist wahr, daß A‹ folgt.[46] Denn wenn A wahr ist, kann die Aussage, daß A wahr ist, nicht falsch sein. Auch behalten alle gültigen Schlüsse ihre Gültigkeit, wenn man sowohl ihre Prämissen als auch ihre Konklusionen, soweit sie nicht apodiktische oder problematische Sätze sind, mit dem Präfix ›es ist wahr, daß ...‹ versieht. Aus dem gleichen Grund bleibt die Gültigkeit aller Schlüsse erhalten, wenn man dieses Präfix an allen Stellen seines Vorkommens beiseite läßt. Da dieses Präfix nur eine Eigenschaft hervorhebt, die an jeder (auch jeder nicht-

---

[45] Als solche sind sie von gleich- oder ähnlichlautenden Ausdrücken *deontischer* oder *epistemischer* Modalität zu unterscheiden, d. h. von Ausdrücken wie ›es ist erlaubt, daß ...‹, ›es ist verboten, daß ...‹, ›es ist geboten, daß ...‹ bzw. ›es wird vermutet, daß ...‹, ›es ist bekannt, daß ...‹ usw. Siehe *Anhang 9*.

[46] Wenn man nur die Satzschemata (1) bis (11) in Betracht zieht, darf man sagen, daß diese Folgebeziehung auch in umgekehrter Richtung besteht. Aber dies bedeutet genau genommen nicht, daß sie für Sätze beliebigen Inhalts besteht. Vielmehr hängt es von der Bedeutung des Verneinungszeichens ab, ob ein Satz der Form ›nicht p‹ aus einem Satz der Form ›es ist wahr, daß p‹ logisch folgt. Wie sich unten (in § 10) herausstellen wird, gibt es einen wahrheitsambivalenten, parakonsistenten Gebrauch der Verneinung, der die logische Äquivalenz von ›A‹ und ›Es ist wahr daß A‹ ausschließt. Daher ist der Ausdruck ›es ist wahr, daß ...‹ nicht, jedenfalls nicht in allen Fällen, einfach redundant, wie oft angenommen wird. Dieser Sachverhalt kann hier aber unberücksichtigt bleiben. Es ist indessen nicht unwichtig, ihn genau zu beachten. Alfred Tarski hat gezeigt, daß die Annahme dieser Äquivalenz nicht widerspruchsfrei auf jede umgangssprachliche Aussage anwendbar ist. Er hat damit „selbst die Möglichkeit eines konsequenten und dabei mit den Grundsätzen der Logik und dem Geiste der Umgangssprache übereinstimmenden Gebrauchs des Ausdrucks ›wahre Aussage‹" ausdrücklich „sehr in Frage gestellt". Siehe A. Tarski, *Der Wahrheitsbegriff in den formalisierten Sprachen* [1935], Nachdruck in: *Logik-Texte*, herausgegeben von K. Berka & L. Kreiser, Berlin: Akademie-Verlag, dritte Auflage 1983, S. 458.

§ 6. Das logische Vokabular der modalen Syllogistik

modalisierten) Prämisse eines Schlusses ohnehin vorausgesetzt wird, bezeichnet man häufig auch schon nicht-modalisierte Prämissen als assertorisch. Eben darum ist die Bezeichnung ›assertorische Syllogistik‹ für denjenigen Teil der Syllogistik aufgekommen, in dem Schlüsse aus modalisierten, insbesondere apodiktischen oder problematischen Prämissen ganz unberücksichtigt bleiben. Hiermit hängt zusammen, daß der Ausdruck ›es ist wahr, daß ...‹ (oder ein gleichbedeutender Ausdruck) in den traditionellen Bearbeitungen der Syllogistik meistens überhaupt nicht als logische Konstante behandelt wird. Dies spricht aber nicht dagegen, ihn dennoch als Bestandteil des logischen Vokabulars der Syllogistik anzusehen.

Auch für die Aufnahme der Ausdrücke ›es ist notwendig, daß ...‹ und ›es ist möglich, daß ...‹ in die Liste logischer Konstanten gibt es einen systematischen Grund. Denn in ähnlicher Weise, wie sich aus einem Satz p der Satz ›es ist wahr, daß p‹ unmittelbar deduktiv ableiten läßt, kann aus ihm der Satz ›es ist möglich, daß p‹ und aus ›es ist notwendig, daß p‹ der Satz p abgeleitet werden. Mit anderen Worten: ›es ist möglich, daß p‹ ist eine logische Abschwächung des Satzes p gemäß der scholastischen Regel *Ab esse ad posse valet consequentia*, ebenso wie p gemäß der scholastischen Regel *A necesse esse ad esse valet consequentia* eine logische Abschwächung des Satzes ›es ist notwendig, daß p‹ ist. Da sich diese Regeln unmittelbar auf jedes syllogistische Satzschema anwenden lassen und in dieser Anwendung gültig bleiben, ist es nicht bloß zweckmäßig, sondern auch immer üblich gewesen, die Ausdrücke ›es ist möglich, daß ...‹ und ›es ist notwendig, daß ...‹ in das logische Vokabular der Syllogistik mit aufzunehmen.

Alethische Modalitäten heißen *de dicto*-Modalitäten, weil mit ihnen das faktische, mögliche oder notwendige Wahrsein von Aussagesätzen (*dicta*) ausgesagt wird. Aussagen über das mögliche oder notwendige Wahrsein von Sätzen lassen sich dabei auch als Aussagen über die Möglichkeit bzw. die Notwendigkeit von Sachverhalten, von denen in diesen Aussagesätzen die Rede ist, verstehen. Handelt es sich bei diesen Aussagesätzen um kategorische Sätze, lassen sich die ihnen vorangestellten Präfixe ›es ist möglich, daß ...‹ und ›es ist notwendig, daß ...‹ auch so verstehen, daß sie von einer *de re*-Möglichkeit bzw. von einer *de re*-Notwendigkeit handeln. So kann ein Satz der Form ›es ist möglich, daß jedes α ein β ist‹ so verstanden werden, daß er dasselbe bedeutet wie: ›für jedes α ist es möglich, ein β zu sein‹ oder ›jedes α ist möglicherweise ein β‹. Ganz allgemein können problematische kategorische Sätze so verstanden werden, daß sie einer Sache (*res*) eine Möglichkeit zuschreiben. Genau analog können apodiktische kategorische Sätze so verstanden werden, daß sie von etwas (*de re*) aussagen, ein Prädikat komme ihm notwendigerweise zu.

Innerhalb der Syllogistik sind kategorische Modalaussagen in demselben Maße von Interesse, wie es im Hinblick auf hierarchische Begriffsanordnungen von Interesse ist, Fälle, in denen es *unter allen denkbaren Umständen* (und insofern notwendigerweise) auf Gegenstände einer bestimmten Art zutrifft, unter einen Begriff β zu fallen, zu unterscheiden von Fällen, in denen dies *nicht* unter allen denkbaren Umständen (also nicht notwendigerweise) gilt. Denn Begriffseinteilungen lassen sich auf der Grundlage nur problematischer kategorischer Sätze nicht ohne weiteres durchführen. So wird z. B. mit dem Satz ›jedem Menschen ist es möglich zu schlafen‹ nicht ausgeschlossen, daß auch der Satz wahr ist: ›jedem Menschen ist es möglich, nicht zu schlafen‹. Soll mit einer Begriffseinteilung ein stabiles Klassifikationssystem wiedergegeben werden, genügt es nicht, Begriffsverhältnisse in nicht-modalisierter Form nach dem Muster von Figur 1 in § 1 darzustellen. Denn kategorische Aussagen, deren logische Form einem der syllogistischen Satzschemata (1) bis (4) entspricht, sind als solche nur in bedingter Weise zur Klassifikation von Gegenständen durch Subordination von Begriffen geeignet. So subordiniert ein Satz der Form ›jedes α ist ein β‹ zwar den Begriff α unter den Begriff β, aber seiner Form nach schließt er nicht aus, daß es Gegenständen, die unter den Begriff α fallen, *möglich* ist, *nicht* unter den Begriff β zu fallen. Er sagt insofern noch gar nichts darüber aus, ob β ein stabiler Oberbegriff von α ist und sich zur Klassifikation der unter α fallenden Gegenstände eignet. Er läßt es vielmehr offen, ob β für eine *kontingente* Eigenschaft der unter α fallenden Gegenstände steht. Bei nicht-modalisierten Aussagen handelt es sich nämlich nicht immer um Aussagen, die, wenn sie wahr sind, aus entsprechenden apodiktischen Aussagen folgen und insofern als logische Abschwächungen solcher Aussagen zu gelten haben. Vielmehr gilt: Falls ein nicht-modalisierter Satz, z. B. ein Satz der Form ›jedes α ist ein β‹, wahr ist und β für eine *kontingente* Eigenschaft der unter α fallenden Gegenstände steht, so ist auch jeweils ein problematischer Satz der Form ›für jedes α ist es möglich, kein β zu sein‹ wahr, und dieser Satz steht im Widerspruch zur apodiktischen Verstärkung des nicht-modalisierten Satzes, d. h. zu einem entsprechenden Satz der Form ›für jedes α ist es notwendig, ein β zu sein‹. Falls dagegen ein nicht-modalisierter Satz, z. B. ein Satz der Form ›jedes α ist ein β‹, wahr ist und β für eine *notwendige* (*nicht-kontingente*) Eigenschaft der unter α fallenden Gegenstände steht, so muß es einen entsprechenden apodiktischen Satz (nämlich einen Satz der Form ›für jedes α ist es notwendig, ein β zu sein‹) geben, aus dem der nicht-modalisierte Satz als dessen logische Abschwächung folgt.[47]

Wie diese Überlegungen zeigen, ist die Einbeziehung der Modalausdrücke ›es ist notwendig, daß ...‹ und ›es ist möglich, daß‹ sowie die Einbeziehung der *de re*-Varianten dieser Ausdrücke (›... notwendigerweise ...‹ bzw. ›... möglicherweise ...‹) in das logische Vokabular der Syllogistik schon deshalb geboten, weil man auf den Gebrauch modallogischen Vokabulars angewiesen ist, um den soeben beschriebenen Doppelsinn nicht-modalisierter syllogistischer Satzschemata explizit zu machen und um entsprechende Zweideutigkeiten im Gebrauch nicht-modaler logischer Konstanten zu vermeiden. Ist dieses modallogische Vokabular erst einmal in die Syllogistik eingeführt, ergibt sich sogleich die Frage, welche deduktiven Schlüsse es gibt, deren Gültigkeit allein auf der Bedeutung von Ausdrücken dieses Vokabular beruht, - eine Frage, die sich ebenso im Hinblick auf das übrige logische Vokabular der Syllogistik stellt und auf die ich im Zweiten Teil dieses Buches zurückkommen werde.

Aber sind denn auch schon alle für die Syllogistik relevanten Modalausdrücke mit dem von mir bisher beschriebenen logischen Vokabular erfaßt? Man könnte meinen, daß sich durch Bildung der Gegenbegriffe von ›wahr‹, ›möglich‹ und ›notwendig‹ sogleich drei weitere logische Konstanten erzeugen lassen, nämlich: ›es ist nicht-wahr, daß ...‹, ›es ist unmöglich, daß ...‹ und ›es ist nicht-notwendig, daß ...‹. Man kann diese Konstanten so deuten, daß sie der Reihe nach gleichbedeutend sind mit den Ausdrücken

›es ist falsch, daß ...‹,
›es ist unmöglich wahr, daß ...‹ bzw.
›es ist kontingent(erweise wahr), daß ...‹.

---

[47] Wolfgang Wieland hat die Ansicht vertreten, daß in der aristotelischen Syllogistik die Abschwächungsregel, nach der aus einem apodiktischen Satz der Form ›es ist notwendig, daß A‹ ein nicht-modalisierter Satz der Form A folgt, ungültig sei, da Aristoteles assertorische und nicht-modalisierte Aussagen in seiner Lehre von den Notwendigkeitsschlüssen immer verwende, „wenn er die Realisierung einer – von mehreren – Möglichkeiten behaupten will." W. Wieland, 'Die aristotelische Theorie der Notwendigkeitsschlüsse, *Phronesis 11*, 1966, S. 55. Ulrich Nortmann hat diese Ansicht mit überzeugenden Argumenten einer Kritik unterzogen in *Aristoteles, Analytica priora, Buch I,* übersetzt und erläutert von Theodor Ebert und Ulrich Nortmann, Darmstadt: Wissenschaftliche Buchgesellschaft, 2007, S. 441–443. Die Annahme der Gültigkeit der erwähnten Abschwächungsregel schließt keineswegs die Ansicht aus, daß es assertorische und nicht-modalisierte Aussagen gibt, mit denen die Realisierung einer Möglichkeit, die auch nicht realisiert sein könnte, behauptet wird.

Ich möchte sie nacheinander etwas genauer in Betracht ziehen, um zu prüfen, inwieweit sie für die Syllogistik von Interesse sind.

Ein Satz der Form ›es ist falsch, daß *p*‹ ist gleichbedeutend mit ›es ist nicht wahr, daß *p*‹, jedenfalls dann, wenn man die Gültigkeit des Bivalenz-Prinzips voraussetzt, nach dem es außer dem Wahren und Falschen keinen Wahrheitswert gibt. Unter dieser Voraussetzung sind die Ausdrücke ›es ist nicht-wahr, daß ...‹, ›es ist falsch, ...‹ und ›es ist nicht wahr, daß ...‹ untereinander austauschbar und nicht als besondere logische Konstanten anzusehen, sondern lediglich als Ausdrücke der *de dicto*-Verneinung, d. h. der Verneinung eines explizit assertorischen Satzes. Auf die Gründe, aus denen das Bivalenz-Prinzip in der Syllogistik als gültig anzusehen ist, werde ich unten in § 8 sowie in *Anhang* 8 eingehen. Der Gebrauch einer *de dicto*-Verneinung ist in der Syllogistik aus dem gleichen Grund entbehrlich, aus dem der Gebrauch von ›es ist wahr, daß ...‹ entbehrlich ist. Da ›es ist wahr, daß *p*‹ aus *p* logisch folgt, folgt ebenso ›nicht *p*‹ (d. h. die *de re*-Verneinung von *p*) aus ›es ist nicht wahr, daß *p*‹. An der Gültigkeit syllogistischer Schlüsse ändert sich daher nichts, wenn man alle *de dicto*-Verneinungen, die in ihren Prämissen und Konklusionen auftreten, durch *de re*-Verneinungen ersetzt.[48]

Auch mit dem Ausdruck ›es ist unmöglich, daß ...‹ wird keine neue logische Konstante in die Syllogistik eingeführt. Da nämlich ein Satz genau dann möglicherweise wahr ist, wenn sein Wahrsein nicht unmöglich ist, wird mit diesem Ausdruck lediglich das mögliche Wahrsein eines Satzes verneint. Er ist daher gleichbedeutend mit ›es ist nicht möglich(erweise wahr), daß ...‹. Als Ausdruck der Verneinung eines problematischen Satzes ist er außerdem gleichbedeutend mit dem apodiktischen Ausdruck ›es ist notwendig(erweise wahr), daß nicht ...‹. Denn die Unmöglichkeit des Wahrseins eines Satzes besteht eben darin, daß seine Verneinung notwendigerweise wahr ist.

Dementsprechend kann man den Umstand, daß die Verneinung eines Satzes möglicherweise wahr ist, durch die Verneinung eines apodiktischen Satzes wiedergeben. Daher ist der Modalausdruck ›es ist nicht notwendig(erweise wahr), daß ...‹ gleichbedeutend mit ›es ist möglich(erweise wahr), daß nicht ...‹.

Von diesem unterscheidet sich der Ausdruck ›es ist kontingent(erweise wahr), daß ...‹ dadurch, daß er nicht nur das notwendige Wahrsein eines

---

[48] Der Umstand, daß *de re*- und *de dicto*-Verneinungen nicht in jeder Hinsicht und unter allen Umständen gleichbedeutend verwendet werden, braucht hier vorläufig nicht weiter zu interessieren. Ich werde auf diesen Umstand in den §§ 8 – 10 zurückkommen.

Satzes verneint (und damit zugleich das mögliche Wahrsein eines ihm entsprechenden negativen Satzes behauptet), sondern darüber hinaus auch das unmögliche Wahrsein dieses Satzes verneint (und damit zugleich das mögliche Wahrsein des ihm entsprechenden negativen Satzes behauptet). Der Ausdruck ›es ist kontingent(erweise wahr), daß ...‹ faßt insofern die beiden problematischen *de dicto*-Ausdrücke ›es ist möglich, daß...‹ und ›es ist möglich, daß nicht ...‹ zusammen und ist insofern logisch stärker als jeder dieser beiden Ausdrücke für sich genommen. Allerdings ist zu beachten, daß sich diese Zusammenfassung nicht auf jedes beliebige Paar problematischer Sätze beziehen läßt, von denen der eine das negative Gegenstück des anderen ist. Vielmehr bezieht sich diese Zusammenfassung immer nur auf solche Satzpaare, bei denen *beide* problematischen Sätze *gleichermaßen* entweder universell oder partikulär oder singulär sind. So faßt z. B. das (universelle) Satzschema ›es ist kontingenterweise wahr, daß jedes α ein β ist‹ das (universelle) Satzschema ›es ist möglicherweise wahr, daß jedes α ein β ist‹ mit dem (gleichfalls universellen) Satzschema ›es ist möglicherweise wahr, daß *jedes* α *nicht* ein β ist‹ zusammen, nicht jedoch mit dem (partikulären) Satzschema ›es ist möglicherweise wahr, daß *nicht jedes* α ein β ist‹. Genau entsprechend impliziert das (partikuläre) Satzschema ›es ist kontingenterweise wahr, daß *irgendein* α ein β ist‹ das (gleichfalls partikuläre) Satzschema ›es ist möglicherweise wahr, daß *irgendein* α *nicht* ein β ist‹, nicht aber das (universelle) Satzschema ›es ist möglicherweise wahr, daß *nicht irgendein* α ein β ist‹. Nur wenn die Quantität der beiden Satzschemata übereinstimmt, ist die *de dicto*-Kontingenz (die wiederzugeben ist durch ›es ist kontingent(erweise wahr), daß ...‹) gleichbedeutend mit einer entsprechenden *de re*-Kontingenz, die wiederzugeben ist durch › ... ist kontingenterweise ein ...‹. Denn nur in diesem Falle sind die beiden problematischen *de re*-Ausdrücke ›... ist möglicherweise ein ...‹ und ›... ist möglicherweise nicht ein ...‹ durch den *de re*-Ausdruck ›... ist kontingenterweise ein ...‹ zusammenzufassen. Man kann dementsprechend jeden Satz der Form ›es ist kontingent(erweise wahr), daß A‹ sowie jeden Satz, der einen solchen Satz als Teilsatz enthält, als Abkürzung einer Zusammenfassung eines Paares von Sätzen ansehen, die problematische Sätze sind bzw. solche als Teilsätze enthalten.[49]

---

[49] Der Umstand, daß kontingente Sätze gleichbedeutend sind mit einem Paar problematischer Sätze, läßt erkennen, daß die Modalität kontingenter Sätze eine zweite Art des Möglichseins ist. Aristoteles unterscheidet dementsprechend in *Analytica priora* 1, 13 zwei Bedeutungen des Wortes ›möglich‹. Nach der ersten Bedeutung ist das Mögliche das Kontingente, nämlich „das, was nicht notwendig ist und wodurch, wenn es als eintretend gesetzt wird, sich nichts Unmögliches ergibt" (32 a 18–20). Nach der zweiten Bedeutung

I. 1. Die Sprache der Syllogistik

Aus meiner Analyse der drei Ausdrücke

›es ist falsch, daß …‹,
›es ist unmöglich wahr, daß …‹ bzw.
›es ist kontingent(erweise wahr), daß …‹.

ergibt sich, daß sie, wenn man die Gültigkeit des Bivalenz-Prinzips voraussetzt, kein logisches Vokabular enthalten, dessen Bedeutung nicht mit Hilfe des von mir schon vorher eingeführten logischen Vokabulars expliziert werden könnte. Es besteht daher kein zwingender Grund, mit diesen Ausdrücken das Vokabular zu vermehren, mit dem man den Unterschied zwischen assertorischen, problematischen und apodiktischen Sätzen zum Ausdruck bringen kann.

Es besteht aber auch kein Grund, mit Hilfe dieser Ausdrücke das modallogische Vokabular zu vermindern. Zwar ist es so, daß daraus, daß die Ausdrücke ›es ist möglich, daß nicht …‹ und ›es ist nicht notwendig, daß …‹ ebenso wie die Ausdrücke ›es ist nicht möglich, daß …‹ und ›es ist notwendig, daß …‹ jeweils gleichbedeutend sind, sich ergibt, daß die Ausdrücke ›es ist notwendig, daß …‹ und ›es ist nicht möglich, daß nicht …‹ und ebenso die Ausdrücke ›es möglich, daß …‹ und ›es ist nicht notwendig, daß nicht …‹ paarweise gleichbedeutend sind. Da aber keiner der beiden Ausdrücke ›es ist möglich, daß …‹ und ›es ist notwendig, daß …‹ einen erkennbaren Vorrang vor dem anderen hat, sind sie für die Syllogistik in gleicher Weise von Interesse und daher in die Liste logischer Konstanten der Syllogistik aufzunehmen.[50] Ist A ein syllogistisches Satzsche-

---

ist das Mögliche eine logische Abschwächung des Notwendigen; nach dieser Bedeutung kann man vom Notwendigen sagen, „daß es möglich ist" (32 a 20–21). In der Aristoteles-Literatur wird die Modalität *kontingenter* Sätze als 'zweiseitige Möglichkeit' bezeichnet, weil sie jeweils mit einem Paar problematischer Sätze gleichbedeutend sind, während die Modalität *einfacher problematischer* Sätze als 'einseitige Möglichkeit' bezeichnet wird. Man kann die so unterschiedenen Arten von Möglichkeitsaussagen als logische Abschwächungen zweier Arten assertorischer Aussagen ansehen, nämlich: einerseits von Aussagen, die von Faktischem handeln, das die Realisierung einer Möglichkeit ist, die auch nicht hätte realisiert werden können, andererseits von Aussagen, die von Faktischem handeln und ihrerseits eine logische Abschwächung apodiktischer Aussagen sind.

[50] Der Inhalt dieser Liste entspricht dem Inhalt der Urteilstafel, mit der Kant beansprucht hat, eine systematische Einteilung und vollständige Aufzählung elementarer logischer Formen zu liefern. Diese Übereinstimmung ist nicht zufällig, sondern beruht darauf, daß Kant den Inhalt der Urteilstafel entwickelt hat auf der Grundlage einer Beschreibung dessen, was er den 'logischen Verstandesgebrauch' - den *usus logicus intellectus* - genannt hat. Dieser wird von Kant so aufgefaßt, daß er im Gebrauch von Begriffen in Urteilen besteht, sofern diese sich in Subordinationsverhältnissen aufeinander beziehen. Siehe Michael Wolff, *Die Vollständigkeit der Kantischen Urteilstafel*, Frankfurt: Kloster-

ma, dann wird man dementsprechend die Ausdrücke ›es ist notwendig, daß A‹ und ›es ist möglich, daß A‹ als gleichrangige syllogistische Satzschemata ansehen können.

Was schließlich Unterschiede im *de dicto*- und *de re*-Gebrauch von Modalausdrücken angeht (z. B. im Gebrauch von ›möglicherweise‹ in ›es ist möglicherweise wahr, daß ...‹ und ›... ist möglicherweise ein...‹), so genügt es einstweilen festzuhalten, daß sie zwar in grammatischer Hinsicht bestehen, sich aber nicht auf die Bedeutung dieser Ausdrücke auswirken müssen, wenn sie auf syllogistische Satzschemata angewandt werden. Das gilt jedenfalls für die Modalausdrücke des problematischen, apodiktischen und kontingenten Satzes. *De dicto-* und *de re*-Ausdrücke gleicher Modalität sind insofern jeweils gleichbedeutend. (Siehe auch *Anhang 7.*)

§ 7. Die Unentbehrlichkeit des logischen Vokabulars der modalen Syllogistik

Auf modale Ausdrücke braucht man allerdings nicht, oder jedenfalls nicht in erster Linie, seine Aufmerksamkeit zu richten, wenn man der Frage nachgeht, ob das logische Vokabular der Syllogistik übersetzt werden kann in eine auch für andere Teile der deduktiven Logik brauchbare nicht-syllogistische Formelsprache. Auf den Gebrauch des *modallogischen* Vokabulars der Syllogistik wird man nämlich keineswegs verzichten können, wenn es darum geht, die Bedeutung syllogistischen Vokabulars mit Hilfe einer nicht-syllogistischen Formelsprache explizit zu machen. Man kann

---

mann, 1995, S. 192–194. Die zwölf Formen der Urteilstafel sind aus Kants Sicht *elementare* logische Formen in dem Sinne, daß sie sich zu komplexeren Formen zusammensetzen lassen. Jedes der oben aufgezählten Satzschemata (1) bis (11) repräsentiert eine komplexe logische Form; und wenn von *der* logischen Form eines Urteils die Rede ist, so ist damit für gewöhnlich eine aus mehreren Elementarformen zusammengesetzte Form gemeint. Der Umstand, daß Kants Urteilstafel nur *Elementarformen* enthalten soll, ist von Logikern manchmal verkannt worden. So meint Arthur N. Prior, Kants Einteilung nach der Qualität sei „absurd": „where would one put, for example, the forms ›X is-not not-Y‹ and ›Not-X is Y‹?" Siehe A. N. Prior, 'The Heritage of Kant and Mill', *Encyclopedia of Philosophy*, ed. by P. Edwards, New York & London: Macmillan, 1967, Vol. 5, S. 549. Interpretieren wir die beiden von Prior ins Feld geführten Satzschemata als Beispiele für Schemata prädikativer Sätze (nicht als Beispiele für Schemata von Identitätssätzen), so bezieht sich das erste Beispiel nach Kants Systematik auf assertorische, quantitativ unbestimmte, kategorische Sätze, in denen die Formen des negativen und limitativen Urteils kombiniert sind. Das zweite Beispiel bezieht sich auf assertorische, quantitativ unbestimmte, kategorische, bejahende Sätze, die durch Konversion aus unendlichen Sätzen hervorgehen, wie aus allgemeinen Sätzen durch Konversion partikuläre Sätze hervorgehen.

sich diese relative Unentbehrlichkeit der Ausdrücke der modalen Syllogistik auf folgende Weise vorläufig klarmachen.

Ich hatte schon in § 3 darauf hingewiesen, daß die ›Wenn-so‹-Verknüpfung des hypothetischen Satzes das Bestehen einer Folgebeziehung zum Ausdruck bringt, die zwischen einem Satz *p* und einem Folgesatz *q* genau dann besteht, wenn es unmöglich ist, daß die Aussage seines Vordersatzes wahr und die Aussage seines Nachsatzes falsch ist. Aus diesem Grunde darf man einen hypothetischen Satz der Form ›wenn *p*, so *q*‹ auffassen als einen Satz, der gleichbedeutend ist mit einem Satz der Form ›es ist unmöglich, daß *p* und nicht *q*.‹ Das Satzschema ›es ist unmöglich, daß A und nicht B‹ ist, wie es scheint, kein syllogistisches Satzschema (auch wenn A und B selbst solche Schemata sind). Denn es enthält mindestens eine logische Konstante, nämlich ›… und …‹, von der nach § 1 nicht oder jedenfalls nicht ohne weiteres anzunehmen ist, daß sie zum logischen Vokabular der Syllogistik gehört. Insofern sieht es zwar so aus, daß man das Schema eines hypothetischen Satzes in eine Sprache übersetzen kann, die nicht-syllogistisches Vokabular enthält. Aber es ist, wie es wenigstens scheint, unvermeidbar, bei dieser Übersetzung auch Gebrauch vom Vokabular der modalen Syllogistik zu machen. Denn ›es ist unmöglich, daß …‹ kann zwar ersetzt werden durch einen *anderen* modallogischen Ausdruck, nämlich durch ›es ist notwendig, daß nicht …‹, aber (wie es scheint) nicht durch einen Ausdruck, in dem überhaupt keine Konstante der modalen Syllogistik vorkommt. Dieser Umstand läßt erwarten, daß zumindest hypothetische Satzschemata nur dann in eine nicht-syllogistische Sprache übersetzt werden können, wenn diese Sprache das *modallogische* Vokabular der Syllogistik in sich aufgenommen hat.

Die moderne, *nicht-syllogistische Modallogik* kann so beschrieben werden, daß sie von mindestens einem der syllogistischen Ausdrücke alethischer Modalität Gebrauch macht, diesen Gebrauch aber mit dem Gebrauch wahrheitsfunktionalen Vokabulars verknüpft. Sie ist aus der Semantik des hypothetischen Satzes hervorgegangen und im logischen Werk von Clarence Irving Lewis als Logik der *strikten Implikation* entstanden. Im Anschluß an Hugh MacColl deutete Lewis die Form des hypothetischen Satzes ›wenn A, so B‹ als gleichbedeutend mit ›es ist unmöglich, daß A wahr und B falsch ist‹.[51] Er nahm an, sie sei nach dieser Deutung in sym-

---

[51] Siehe Hugh MacColl, 'Symbolic Reasoning', *Mind*, 12, 1903, S. 356. Vgl. G. E. Hughes & M. J. Cresswell, *An Introduction to Modal Logic*, London: Methuen, 1977, S. 214.

§ 7. Die Unentbehrlichkeit des Vokabulars der modalen Syllogistik 29

bolischer Notationsweise darstellbar durch einen Ausdruck, der dem folgenden Schema entspricht:[52]

›~ ◊ (A & ~ B)‹.

In diesem Schema steht ›... & ...‹ für die *logische Konjunktion* (›... und ...‹), die Tilde ›~ ...‹ bringt eine *Verneinung* zum Ausdruck, und das Diamantzeichen ›◊ ...‹ kann als Abkürzung für ›es ist möglich, daß ...‹ betrachtet werden. Die logischen Konstanten ›... & ...‹ und ›~ ...‹ werden in diesem Schema als *wahrheitsfunktionale* Zeichen gebraucht. Das heißt, ›A & B‹ und ›~ A‹ sind Schemata für Wahrheitsfunktionen. Unter Wahrheitsfunktionen sind solche Funktionen zu verstehen, deren Werte Wahrheitswerte und deren Argumente Aussagen sind, die einen Wahrheitswert haben. Sind p, q und r Aussagen, die wahr oder falsch sind, so sind p & q und ~ r Funktionen, deren Wahrheitswert allein abhängt von den Wahrheitswerten, die p, q und r haben. Im Gegensatz zu ›... & ...‹ und ›~ ...‹ ist indessen weder ›◊ ...‹ noch ›wenn ..., so ...‹ ein wahrheitsfunktionales Zeichen. Wenn nämlich ein Satz die Leerstelle von ›◊ ...‹ ausfüllt, so wird seine Wahrheit durch das vorangestellte Modalzeichen als mögliche Wahrheit hingestellt, und seine *mögliche* Wahrheit hängt selbstverständlich nicht davon ab, welchen der beiden Wahrheitswerte er *wirklich* hat. Ganz entsprechend hängt auch die Wahrheit eines hypothetischen Satzes nicht allein von den Wahrheitswerten seiner beiden Teilsätze ab. Denn wahr ist er, wie wir gesehen haben, nur dann, wenn es nicht *möglich* ist, daß sein Nachsatz falsch und sein Vordersatz wahr ist.

Lewis hat die Beziehung, die er zwischen den Teilaussagen eines hypothetischen Satzes der Form ›wenn A, so B‹ annahm, als *strikte Implikation* bezeichnet und zur Abkürzung von ›~ ◊ (A & ~ B)‹ den Ausdruck

›A ⥽ B‹

eingeführt. Die moderne axiomatische Modallogik ist dadurch zustande gekommen, daß Lewis auf der Grundlage der Definition der strikten Implikation diverse Axiomensysteme aufgestellt hat, in deren Grundformeln ausschließlich die drei logischen Konstanten ›... & ...‹, ›~ ...‹ und ›◊ ...‹ als undefinierte Zeichen auftreten.[53] ›Es ist notwendig, daß ...‹ wird in dieser Sprache ersetzt durch ›~ ◊ ~ ...‹; ›es ist unmöglich, daß ...‹ wird in dieser Sprache wiedergegeben durch ›~ ◊ ...‹.

---

[52] Clarence I. Lewis & Cooper H. Langford, *Symbolic Logic*, New York: Dover, 1932, Nachdruck 1959, S. 123.
[53] Kneale & Kneale, *The Development of Logic*, S. 549–550. Näheres unten in *Anhang 5*.

Was die drei Zeichen ›... & ...‹, ›~ ...‹ und ›◇ ...‹ betrifft, so ist zu fragen, wie sie sich zum logischen Vokabular der Syllogistik verhalten.

3. Analyse von Ausdrücken der Verneinung

§ 8. Das *Bivalenz-Prinzip*

Auf den ersten Blick handelt es sich nur bei ›... & ...‹ um ein Zeichen, das offensichtlich nicht als Abkürzung für eine der oben aufgezählten logischen Konstanten der Syllogistik gedeutet werden kann. Als *wahrheitsfunktionales* Zeichen verknüpft es zwei Sätze so miteinander, daß der Satz, der aus dieser Verknüpfung entsteht, genau dann wahr ist, wenn die verknüpften Sätze wahr sind, während er in allen Fällen falsch ist, in denen einer seiner Teilsätze falsch ist.

Die Zeichen ›~ ...‹ und ›◇ ...‹ legen dagegen einen Vergleich mit syllogistischem Vokabular nahe. Als nicht weiter definiertes Zeichen kann ›◇ ...‹ einfach dasselbe bedeuten wie der Ausdruck der modalen Syllogistik ›es ist möglich, daß ...‹. In modallogischen Systemen, die als Abkürzung für ›~ ◇ ~ ...‹ das definierte Zeichen ›□ ...‹ (›es ist notwendig, daß ...‹) verwenden, ist es allerdings üblich, die Bedeutung von ›◇ ...‹ gleichzusetzen mit der Bedeutung von ›~ □ ~ ...‹.[54] Ob ›◇ ...‹ und ›□ ...‹ in diesen Systemen Ausdrücke sind, die mit Modalausdrücken der Syllogistik gleichbedeutend sind, hängt teils davon ab, wie sich ›~ ...‹, als Zeichen für die wahrheitsfunktionale Verneinung, zur *syllogistischen Negation* verhält, teils davon, wie sich ›~ ◇ ...‹ und ›~ □ ...‹ zu den *in der Syllogistik auftretenden negativen Modalausdrücken* ›es ist unmöglich, daß ...‹ bzw. ›es ist nicht notwendig, daß ...‹ verhalten.

Was zunächst das Verhältnis des Zeichens für die *wahrheitsfunktionale* Verneinung zur *syllogistischen Negation* betrifft, so benötigt man eine Antwort auf die Frage, ob ›nicht A‹, als *syllogistisches* Schema eines negativen Satzes genommen, ein *wahrheitsfunktionaler* Ausdruck ist oder nicht.

Man sollte diese Frage nicht abweisen in der Meinung, *jede* Verneinung eines Satzes sei eine wahrheitsfunktionale Verneinung.[55] Denn diese Mei-

---

[54] Als Abkürzung für ›~ ◇ ~ ...‹ wurde ›□ ...‹ eingeführt von Ruth C. Barcan, 'A Functional Calculus of First Order Based on Strict Implication', *Journal of Symbolic Logic*, 11, 1946, S. 12. Vgl. Hughes & Cresswell, *Introduction*, S. 347.

[55] Sehr viele moderne Logikbücher tun leider so, als gäbe es nur wahrheitsfunktionale Verneinungen. In denen, die nicht so tun, fehlt es meistens an einer systematischen Behandlung von Verneinungsarten.

§ 8. Das Bivalenz-Prinzip

nung ist nicht ohne weiteres haltbar. Betrachten wir zum Beispiel die folgenden zwei Sätze:

(a) ›die größte Zahl ist nicht größer als Tausend‹ und
(b) ›die größte Zahl ist größer als Tausend‹.

Satz (a) verneint in einer bestimmten Hinsicht (den Inhalt von) Satz (b). Aber Satz (a) enthält keine *de dicto*-Verneinung von Satz (b), sagt also nicht explizit aus, *daß* (b) falsch ist; vielmehr enthält Satz (a) nur eine *de re*-Verneinung bezüglich der größten Zahl.[56]

Um analysieren zu können, was es heißt, einen Satz (oder seinen Inhalt) zu *verneinen*, ohne ihn im Sinne einer *de dicto*-Verneinung zu verneinen, sollte man zunächst wissen, was es heißen würde zu sagen, Satz (b) sei *falsch*. Zu sagen, ein Satz sei falsch, heißt wenigstens: *sagen, daß er nicht wahr ist*. Unter der Annahme, man verwende das Wort ›falsch‹ als synonym mit ›nicht wahr‹, *genügt* es für die Wahrheit einer *de dicto*-Verneinung, daß der verneinte Satz nicht wahr ist.

Es hindert natürlich niemanden, das Wort ›falsch‹ auf andere Weise zu verwenden: Man mag die Sätze (a) und (b) beide so behandeln, als seien sie nicht *falsch*, sondern vielmehr *sinnlos* – nämlich *weder wahr noch falsch* –, da sie von etwas handeln, das es nicht einmal gibt. Dann setzt man allerdings einen Wortgebrauch voraus, nach dem ›falsch‹ und ›nicht wahr‹ *keine* Synonyme sind. Man sollte hier nicht den Versuch machen zu entscheiden, welcher von beiden Wortgebräuchen der richtige ist, da man Wörter gebrauchen kann, wie man will. Aber man kann (und sollte) sich auf einen Gebrauch festlegen, den man einmal gewählt hat. (In einer wissenschaftlichen Abhandlung sollte man es.)

Ich werde im Folgenden ›falsch‹ und ›nicht wahr‹ als gleichbedeutende Ausdrücke verwenden und genau deshalb annehmen, ein Deklarativsatz, der nicht wahr ist, sei falsch. Diese Annahme bezeichne ich, weil sie grundlegend ist, als *Bivalenz-Prinzip*. Dieses Prinzip ist als ein semantisches Prinzip zu betrachten: Es legt die Bedeutung des Wortes ›falsch‹ fest, indem es das Falschsein eines Satzes darin *bestehen* läßt, nicht wahr zu sein.

---

[56] Die hier getroffene Unterscheidung zwischen zwei Arten der Verneinung hat Ähnlichkeit mit der von Fred Sommers eingeführten Unterscheidung zwischen 'denying a predicate' und 'negating a sentence', entspricht ihr aber nicht genau. Prädikatverneinung besteht nach Sommers im Gebrauch von Termini der Form ›nicht-α‹. Siehe F. Sommers, *The Logic of Natural Language*, Oxford: Clarendon Press, 1982, S. viii, S. 326-7 und S. 340. *De re*-Verneinung ist das, wovon Aristoteles in *De Interpretatione* 17 a 26 spricht, wenn er sagt: „Wir meinen mit Negation eine Aussage, die einer Sache etwas abspricht."

Aus dem Bivalenz-Prinzip folgt, daß es außer dem Wahren und dem Falschen keinen Wahrheitswert gibt.[57] Aus ihm folgt dann auch:

Ein Satz, der eine *de dicto*-Verneinung des Satzes (b) enthält, ist seinerseits schon dann wahr, wenn (b) nicht wahr ist. Auch Satz (a) ist nach dem Bivalenz-Prinzip wahr oder falsch. Als *de re*-Verneinung braucht er nicht wahr zu sein, wenn (b) nicht wahr ist.[58]

§ 9. Das Prinzip des ausgeschlossenen Dritten

Das Bivalenz-Prinzip darf nicht verwechselt werden mit dem *Prinzip des ausgeschlossenen Dritten*.[59] Dieses Prinzip legt nicht bloß eine Wortbedeutung fest, ist also nicht bloß ein semantisches Prinzip. Es spielt die Rolle einer logischen Grundannahme, mit der vorausgesetzt wird, es sei von zwei Sätzen, von denen einer dem anderen widerspricht (oder ihn kontradiktorisch verneint), genau einer wahr; *tertium non datur*. Ob diese Annahme allgemeingültig, d. h. für *alle* Verneinungen gültig ist, hängt davon ab, ob es Verneinungen gibt, die nicht wahrheitsfunktionale (oder kontradiktorische) Verneinungen sind.[60]

---

[57] Um Mißverständnisse zu vermeiden, sollte man genauer sagen: Das Bivalenz-Prinzip besagt, daß es *für Ausdrücke, die als Deklarativsätze, d. h. zum Urteilen, gebraucht werden,* außer dem Wahren und dem Falschen keinen Wahrheitswert gibt und daß sie mindestens einen dieser beiden Werte haben. Eine ausführlichere Erläuterung des Bivalenz-Prinzips gebe ich unten in *Anhang 8*. Dort werde ich dafür argumentieren, daß die Formalität der formalen Logik mit der Ungültigkeit dieses Prinzips unvereinbar ist.

[58] Es ist ein verbreiteter Irrtum zu meinen, schon „rein formal" müsse „die Negation eines falschen Satzes wahr sein." Günther Patzig, 'Gottlob Frege und die logische Analyse der Sprache', in: G. Patzig, *Sprache und Logik*, Göttingen: Vandenhoeck & Ruprecht, 1970, S. 83.

[59] Die Konfusion beider Prinzipien ist immer wieder anzutreffen, z. B. in Pirmin Stekeler-Weithofers Artikel 'Satz vom ausgeschlossenen Dritten', *Historisches Wörterbuch der Philosophie*, Band 8, Basel: Schwabe, 1992, Sp. 1198. Vergleiche dagegen die klare und deutliche Weise, in der Richard Purtill zwischen beiden Prinzipien unterscheidet in seinen Artikeln 'Principle of bivalence' und 'Principle of excluded middle' in *The Cambridge Dictionary of Philosophy*, Cambridge: Cambridge University Press, 1995, S. 644 bzw. S. 645.

[60] Aristoteles hat das Prinzip des ausgeschlossenen Dritten (ohne es so zu nennen) gleich so formuliert, daß es nur auf Paare *kontradiktorisch entgegengesetzter* Sätze zu beziehen ist: „Zwischen den [beiden Seiten] eines Widerspruchs kann nichts sein, sondern es ist notwendig, von je einem [Gegenstand] je eine [Aussage], welche es auch immer sei, entweder zu bejahen oder zu verneinen." *Metaphysik* 4. 7, 1011 b 24 – 25. Ein unabhängiges Kriterium für Kontradiktorietät gibt Aristoteles nicht an. (Vgl. auch *Metaphysik* 10. 7, 1057 a 33 ff.)

§ 9. Das Prinzip des ausgeschlossenen Dritten

Für wahrheitsfunktionale Verneinungen ist das Prinzip des ausgeschlossenen Dritten grundlegend. Das zeigt schon die Wahrheitstafel für ~ A:

~ A	A
F	W
W	F

Auch *de dicto*-Verneinungen, sofern sie explizit aussagen, ein affirmativer Satz sei falsch, erfüllen das Prinzip des ausgeschlossenen Dritten und sind kontradiktorisch oder wahrheitsfunktional. Denn für ihre Wahrheit ist es eine hinreichende und notwendige Bedingung, daß der verneinte Satz nicht wahr ist. Und sie sind ihrerseits genau dann falsch, wenn der verneinte affirmative Satz wahr ist.

Die Tatsache, daß es allerdings auch nicht-wahrheitsfunktionale Verneinungen gibt, kann man sich am Beispiel der Sätze (a) und (b) aus § 8 verdeutlichen.

Nach dem Bivalenz-Prinzip haben als Deklarativsätze beide (mindestens) einen der beiden Wahrheitswerte. Auch lassen sie eine Deutung zu, die mit dem Prinzip des ausgeschlossenen Dritten verträglich ist, weil sie sich nicht einander widersprechen, sondern konträr, d. h. *beide* falsch sind, *obwohl* Satz (a) Satz (b) verneint. Sie sind offensichtlich als *singuläre* Sätze aufzufassen, die als solche nur wahr sein könnten, wenn sie auf einen bestimmten einzelnen Gegenstand Bezug nähmen. Da es für keine Zahl in Frage kommt – ob sie nun größer ist als Tausend oder nicht –, eine größte Zahl zu sein, nimmt weder Satz (a) noch Satz (b) auf einen bestimmten einzelnen Gegenstand Bezug. Daher ist es weder wahr, daß die größte Zahl größer ist als Tausend, noch ist es wahr, daß die größte Zahl *nicht* größer ist als Tausend.

Was ich hier bezüglich des Satzpaares (a) und (b) festgestellt habe, gilt ganz allgemein für beliebige Paare singulärer Sätze der Form ›das in Rede stehende α ist ein β‹ und ›das in Rede stehende α ist nicht ein β‹. Diese Paare bestehen genau dann ausschließlich aus falschen Sätzen, wenn, bei gleicher Interpretation von α und β, ein universell verneinender Satz wahr ist, der aussagt, daß kein α ein β ist. Das Prinzip des ausgeschlossenen Dritten findet auf diese Satzpaare, ganz allgemein gesprochen, keine Anwendung.

Wohlgemerkt, das Prinzip des ausgeschlossenen Dritten ist anwendbar auf *jedes* Paar von Sätzen, von denen der eine den anderen *wahrheitsfunkti-*

onal oder *kontradiktorisch* verneint. Das gilt auch dann, wenn es sich um ein Paar von Sätzen handelt, die sich zueinander verhalten wie A und ~ A, und A das syllogistische Schema eines singulär bejahenden Satzes ist. Bei keiner Interpretation der Begriffsvariablen, die in A vorkommen, kann sowohl A als auch ~ A falsch sein. Ersetzt man z. B. den falschen Satz

(a) ›die größte Zahl ist nicht größer als Tausend‹

durch den wahrheitsfunktionalen Ausdruck

(a') ›~ [die größte Zahl ist größer als Tausend]‹,

so tritt an die Stelle eines falschen Satzes ein wahrer. Denn der in eckigen Klammern stehende Teilsatz von (a') ist falsch, und folglich ist (a') nach dem Prinzip des ausgeschlossenen Dritten wahr.

§ 10. *Wahrheitsfunktionale und nicht-wahrheitsfunktionale Verneinung*

Um deutlich zu machen, daß der Satz (a) – als falscher Satz – nicht die Übersetzung von (a'), sondern eine *nicht-kontradiktorische* und *nicht-wahrheitsfunktionale Verneinung* von (b) sein soll, benötigt man eine eindeutige Bezeichnungsweise. Es sei A eine Formel, die dem syllogistischen Schema eines bejahenden (affirmativen) oder verneinenden (negativen) Satzes entspricht. Dann gebrauche ich die Formel ›N A‹ für die nicht-wahrheitsfunktionale Verneinung von A. Durch ›N A‹ wird ausgesagt, daß A falsch ist, *ohne zugleich auszusagen, daß, falls A gleich N B ist, B wahr ist*. Die Bedeutung (oder der Gebrauch) von

›N ...‹

läßt sich definitorisch[61] so festlegen, daß für jede Interpretation, nach der A und B Sätze sind, die wahr oder falsch sind, das folgende gilt:

(1) N A ist wahr, wenn A falsch ist oder es einen falschen Satz B gibt, mit A = N B, und es möglich ist, daß N A und N B beide wahr sind;
(2) N A ist falsch, wenn A wahr ist oder es einen wahren Satz B gibt, mit A = N B, und es möglich ist, daß N A und N B beide falsch sind.
(Vgl. § 43, Def. 2.)

---

[61] Eine Definition, wie sie hier (und im Folgenden auch für den Gebrauch anderer logischer Konstanten als N) vorgenommen wird, heiße Gebrauchsdefinition, bei der es erlaubt ist, im Definiens Gebrauch zu machen von dem Zeichen, dessen Gebrauch Gegenstand der Definition ist.

§ 10. Wahrheits- und nicht-wahrheitsfunktionale Verneinung

Im Unterschied zu ~B hat nach dieser definitorischen Festlegung NB *nicht* bei jeder Interpretation, bei der B ein wahrer oder falscher Satz ist, einen entgegengesetzten Wahrheitswert. Es sei eine Interpretation vorausgesetzt, nach der B wahr oder falsch ist, ohne daß ein Satz C mit B gleich NC existiert. Dann zeigt die Wahrheitstafel für NB an, daß falls B den Wert W oder F hat, es *unbestimmt* ist, welchen Wert NB hat.

NB	B
?	W
?	F

Da das Bivalenz-Prinzip in der Bedeutung, die ich ihm gegeben habe, streng allgemeingültig ist, heißt dies nicht, daß es außer dem Wahren und Falschen noch einen dritten, durch ›?‹ bezeichneten Wahrheitswert von NB gäbe. Es heißt vielmehr nur, daß der Wert, der NB zuzuordnen ist, falls B den Wert W oder F hat, nach dem Bivalenz-Prinzip zwar W oder F ist, es aber nicht allein aufgrund des Wertes von B schon feststeht, welchen Wert NB hat. Die Aussage, daß NB wahr ist, schließt zwar ebenso wie die Aussage, daß ~B wahr ist, die Aussage ein, daß B falsch ist. Aber es gilt keineswegs, daß die Aussage, B sei falsch, ausschließen würde, auch NB sei falsch. NB und B können auch beide wahr sein. Es sei ›A‹ Abkürzung für den Satz ›NB‹. Dann sind, falls B und NB beide falsch sind, B und NB zu verneinen, so daß, nach dem Bivalenz-Prinzip, NA wahr und mit A verträglich ist. So betrachtet fassen die beiden unteren Zeilen der Spalte für NB und B in der obigen Wahrheitstafel die vier unteren Zeilen der Spalte für A (= NB) und B in der folgenden Tafel zusammen:

...	NNN A	NN A	N A	A	B
...	F	W	F	W	W
...	W	F	W	F	W
...	F	W	F	W	F
...	W	F	W	F	F

Im Übrigen zeigt diese nach links fortsetzbare Tafel die definitionsgemäße Wahrheitswertentwicklung von NA mit A = NB an. Der Fall, in dem A und B beide den Wert W haben, liegt nur dann vor, wenn es einen Satz C gibt, mit B = NC, und sowohl C als auch NC falsch sind. Was diese Tafel nicht erfaßt, ist der Umstand, daß der Wert W für B in der ersten Zeile und der Wert F für A in der untersten Zeile mit dem jeweils entgegengesetzten Wert definitionsgemäß verträglich sind. Ein Satz der Form N B kann demnach in genau bestimmten Grenzfällen *wahrheitsambivalent*, d. h. sowohl wahr als auch falsch sein. Er ist in diesen Fällen nämlich *insofern* wahr, als er einen falschen Satz B zutreffend verneint, und *insofern* falsch, als er seinerseits von NN B zutreffend verneint wird. Man nennt die zutreffende Zuschreibung entgegengesetzter Wahrheitswerte in Bezug auf ein und denselben Satz ›parakonsistent‹ und eine Logik, die in begrenzter und geregelter Weise eine solche Zuschreibung zuläßt, eine ›parakonsistente Logik‹.[62]

Man kann aus der zuletzt aufgestellten Tafel indirekt auch dies entnehmen: Die Wahrheitswerte von ~ A und N A stimmen ausschließlich in den Fällen überein, in denen A und N A entgegengesetzte Wahrheitswerte haben und es keinen Satz B gibt, den A verneint. Wenn A wahr ist, sind dann N A und ~ A beide falsch, und NN A und ~ ~ A beide wahr.[63] Eine Bewertung, nach der NN A wahr ist, besagt allerdings nur, daß N A falsch, *nicht* aber auch, daß A wahr ist. Denn A und N A können beide falsch sein. Die Wahrheitswerte von A und NN A können daher verschieden sein, während die Wahrheitswerte von A und ~ ~ A stets gleich sind.

Es ist nun von größtem logischem Interesse, daß die durch ›N ...‹ bezeichnete Verneinung unter einer bestimmten Voraussetzung in die wahrheitsfunktionale Verneinung übergeht. Offensichtlich ist nämlich ›~ A‹ austauschbar gegen (oder substituierbar durch) den Ausdruck

›N A‹

---

[62] Eine im engeren Sinne parakonsistente Logik hebt das in wahrheitsfunktionalen Logiken als allgemeingültig vorausgesetzte *Prinzip der Unverträglichkeit entgegengesetzter Wahrheitswerte* in begrenzter und geregelter Weise explizit auf. Man kann diejenigen Logiksysteme parakonsistent im weiteren Sinne nennen, die mit der Ungültigkeit dieses Prinzips wenigstens verträglich sind. Dabei ist zu beachten, daß die Ungültigkeit dieses Prinzips mit der uneingeschränkten Gültigkeit sowohl des Bivalenz-Prinzips als auch des Prinzips des ausgeschlossenen Dritten für *kontradiktorische* Sätze verträglich ist. Wie sich im Folgenden herausstellen wird, läßt sich die (nach § 15) „elementare" Syllogistik als parakonsistente Logik auffassen. In dem soeben erläuterten weiteren Sinne läßt sich auch die aristotelische Syllogistik als parakonsistentes System darstellen. Zum Ursprung der Bezeichnung ›parakonsistente Logik‹ siehe unten *Anhang 6*.

[63] Wenn A wahr und nicht gleich N B ist (für beliebige B), folgt aus A nach der soeben festgelegten Bedeutung von ›N A‹, daß NN A wahr ist.

genau dann, wenn dieser Ausdruck unter der Prämisse gebraucht wird, daß bei jeder Interpretation, nach der A wahr oder falsch ist, der Ausdruck

›entweder A oder N A‹,

ein wahrer Satz ist. Mit ›entweder A oder N A‹ wird angenommen, daß es nicht vorkommt, daß A und N A beide falsch sind. Unter dieser Annahme geht die Bedeutung von ›N A‹ in die Bedeutung von ›∼ A‹ über. Man kann diesen Übergang auch dadurch bewerkstelligen, daß man den Ausdruck ›entweder A oder N A‹ ersetzt durch

›wenn NN A, so A‹.[64]

Das heißt, ›∼ A‹ darf substituiert werden für ›N A‹, wenn man annimmt, es sei für jede Interpretation, nach der A wahr oder falsch ist, ›wenn NN A, so A‹ ein wahrer Satz, es gelte also: *Duplex negatio affirmat* (›doppelte Verneinung bejaht‹). Im Folgenden heiße diese Voraussetzung darum das *Prinzip des affirmativen Gebrauchs doppelter Negation*.

Fragen wir jetzt, wie sich die durch ›N ...‹ bezeichnete Verneinung zu derjenigen Verneinung verhält, die in meiner Liste logischer Konstanten der Syllogistik (siehe § 3) enthalten ist.

Es handelt sich hier um die Verneinung, die in syllogistischen Schemata universell und partikulär verneinender Sätze auftritt. Man kann sie durchaus angemessen wiedergeben, indem man das Zeichen ›N ...‹ verwendet. Im Zuge der Festlegung der Bedeutung der logischen Konstanten, die in partikulär und universell bejahenden Sätzen (also in den kontradiktorischen Gegenteilen der gerade erwähnten verneinenden Sätze) auftreten, lassen sich nämlich Regeln für den Gebrauch von ›N ...‹ so festlegen, daß die syllogistischen Schemata dieser Sätze jeweils gleichbedeutend sind mit ihrer doppelten nicht-wahrheitsfunktionalen Verneinung:

So ist das Schema des *universell verneinenden* Satzes ›jedes α ist nicht ein β‹ gleichbedeutend mit ›kein α ist ein β‹. ›Kein α ist ein β‹ ist das kontradiktorische Gegenteil von ›irgendein α ist ein β‹. Zwei Sätze sind kontradiktorische Gegenteile voneinander, wenn sie weder beide falsch, noch beide wahr sein können. Als kontradiktorisches Gegenteil von ›kein α ist ein β‹ ist ›irgendein α ist ein β‹ daher gleichbedeutend mit der nicht-

---

[64] Zwar ist dieser Ausdruck (der die Interpretation zuläßt, daß NNN B aus N B folgt,) nicht gleichbedeutend mit dem Ausdruck ›entweder A oder N A‹. Denn letzterer enthält auch die Annahme, daß NN A aus A folgt, falls A nicht gleich N B ist (für beliebige B). Aber diese Annahme ist schon aus einem *logischen* Grund gültig (siehe oben Fußnote 63 sowie § 44, Regel (I. 1)) und braucht deshalb nicht ausdrücklich mit angeführt zu werden.

wahrheitsfunktionalen Verneinung von ›kein α ist ein β‹, also gleichbedeutend mit

›N [kein α ist ein β]‹,

während ›kein α ist ein β‹ gleichbedeutend ist mit der einfachen nichtwahrheitsfunktionalen Verneinung von ›irgendein α ist ein β‹, d. h. gleichbedeutend mit

›N [irgendein α ist ein β]‹.

Das Schema des *partikulär bejahenden* Satzes ›irgendein α ist ein β‹ ist demnach gleichbedeutend mit ›NN [irgendein α ist ein β]‹.

Was das Schema des *partikulär verneinenden* Satzes betrifft, so ist ›irgendein α ist nicht ein β‹ gleichbedeutend mit ›nicht jedes α ist ein β‹ und das kontradiktorische Gegenteil von ›jedes α ist ein β‹. ›Jedes α ist ein β‹ ist als das kontradiktorische Gegenteil von ›nicht jedes α ist ein β‹ gleichbedeutend mit der elementaren Verneinung von ›nicht jedes α ist ein β‹, und ›nicht jedes α ist ein β‹ infolgedessen gleichbedeutend mit der elementaren Verneinung von ›jedes α ist ein β‹, d. h. gleichbedeutend mit

›N [jedes α ist ein β]‹.

Das Schema des *universell bejahenden* Satzes ›jedes α ist ein β‹ ist demnach gleichbedeutend mit ›NN [jedes α ist ein β]‹.

§ 11. *Das starke logische Quadrat assertorischer Gegensätze*

Um die logischen Beziehungen, die zwischen den Schemata universeller und partikulärer Sätze bestehen, in übersichtlicher Weise darzustellen, ordne ich diese Schemata nach traditionellem Usus in einem Quadrat so an (siehe *Figur 3*), daß die Lagebeziehungen, die zwischen ihnen bestehen, zugleich logischen Beziehungen entsprechen. Ich nenne diese Beziehungen in Anlehnung an eine traditionelle Nomenklatur *die Beziehungen des logischen Quadrats assertorischer Gegensätze*.

NN [jedes α ist ein β]	N [irgendein α ist ein β]
jedes α ist ein β	kein α ist ein β
irgendein α ist ein β	irgendein α ist nicht ein β
NN [irgendein α ist ein β]	N [jedes α ist ein β]

Figur 3

§ 11. Das starke logische Quadrat assertorischer Gegensätze

Die folgenden Beziehungen sind hiermit gemeint:

1. Sätze sind *gleichbedeutend*, wenn sie bei gleicher Interpretation der Begriffsvariablen α und β aus Schemata hervorgehen, die derselben Quadrat-Ecke zugeordnet sind.[65]
2. Sätze verhalten sich *kontradiktorisch* zueinander, wenn sie bei gleicher Interpretation der Begriffsvariablen α und β aus Schemata hervorgehen, die einander diagonal gegenüberstehen.
3. Sätze verhalten sich *konträr* zueinander, wenn sie bei gleicher Interpretation der Begriffsvariablen α und β aus Schemata hervorgehen, die verschiedenen oberen Quadrat-Ecken zugeordnet sind.
4. Ein Satz, der bei irgendeiner Interpretation der Begriffsvariablen α und β aus einem Schema hervorgeht, das einer der unteren Quadrat-Ecken zugeordnet ist, verhält sich *subaltern* zu einem Satz, der bei gleicher Interpretation aus einem Schema hervorgeht, das der senkrecht darüberstehenden Quadrat-Ecke zugeordnet ist.
5. Sätze verhalten sich *subkonträr* zueinander, wenn sie bei gleicher Interpretation der Begriffsvariablen α und β aus Schemata hervorgehen, die verschiedenen unteren Quadrat-Ecken zugeordnet sind.

Daß die beiden ersten der hier aufgezählten Beziehungen bestehen, ergibt sich direkt aus dem bereits in § 10 Gesagten; auf indirekte Weise ergibt sich daraus allerdings auch, daß die drei übrigen Beziehungen bestehen. Das geht aus den folgenden Überlegungen hervor.

Eine *konträre* Beziehung, wie sie an dritter Stelle erwähnt wird, besteht zwischen zwei Sätzen genau dann, wenn sie beide falsch, aber nicht beide wahr sein können. Ein universell bejahender Satz der Form ›jedes α ist ein β‹ ist bereits dann falsch, wenn nicht alle Gegenstände, die unter den Begriff α fallen, ein β sind, sondern nur irgendeiner. Dies ist aber genau die Bedingung, unter der auch ein universell verneinender Satz der Form ›kein α ist ein β‹ bei gleicher Interpretation der Begriffsvariablen falsch ist.

---

[65] Alle Satzschemata, die in *Figur 3* auftreten, lassen sich selbstverständlich noch durch andere gleichbedeutende Ausdrücke ersetzen. Dazu gehören insbesondere Ausdrücke, die im Plural stehen. Dies sind Ausdrücke wie ›alle α sind β‹, ›alle α sind nicht β‹, ›einige α sind β‹ und ›einige α sind nicht β‹. Aus Gründen der Übersichtlichkeit werde ich die in *Figur 3* auftretenden Ausdrücke als Standardausdrücke syllogistischer Satzschemata verwenden.

Subaltern verhält sich ein Satz zu einem anderen genau dann, wenn seine Wahrheit daraus folgt, daß dieser zweite Satz wahr ist, aber umgekehrt daraus, daß *er* wahr ist, nicht folgt, daß der zweite Satz wahr ist. Nun kann ein universeller Satz nicht wahr sein, ohne daß der Satz, der sein konträres Gegenteil ist, falsch ist. Eben deshalb muß derjenige partikuläre Satz wahr sein, der diesem konträren Satz kontradiktorisch entgegengesetzt ist. Umgekehrt kann zwar ein partikulärer Satz nicht wahr sein, ohne daß der universelle Satz, der sein kontradiktorisches Gegenteil ist, falsch ist. Aber der universelle Satz, der diesem konträr entgegengesetzt ist, braucht eben deshalb noch nicht wahr zu sein. Der partikuläre Satz steht darum in einem subalternen Verhältnis zu dem Satz, der seinem kontradiktorischen Gegenteil konträr entgegengesetzt ist.

Subkonträr schließlich verhalten sich zwei Sätze genau dann, wenn zwar beide wahr, aber nicht beide falsch sein können, oder wenn, mit anderen Worten ausgedrückt, der eine von beiden Sätzen jeweils aus der nichtwahrheitsfunktionalen Verneinung des anderen folgt. Nun ist die nichtwahrheitsfunktionale Verneinung eines partikulären Satzes gleichbedeutend mit dem ihm kontradiktorisch entgegengesetzten Satz, aus welchem der partikuläre Satz folgt, der sich zu diesem universellen Satz subaltern verhält. Daher folgt aus ihr mittelbar der partikuläre Satz, der sich zu diesem universellen Satz subaltern verhält.

§ 12. *Das schwache logische Quadrat assertorischer Gegensätze*

Mit Ausnahme der kontradiktorischen Beziehung bleiben alle Beziehungen des logischen Quadrats assertorischer Gegensätze erhalten, wenn man in *Figur 3* die Ausdrücke für Schemata universeller Sätze durch Ausdrücke für Schemata singulärer Sätze in der folgenden Weise ersetzt:[66]

---

[66] Zur logischen Verwandtschaft zwischen singulären und universellen Sätzen siehe G. W. Leibniz, *Nouveaux Essais*, IV. 17. § 8. Dazu siehe Kneale & Kneale, *The Development of Logic*, S. 323. - Kant hat auf diese logische Verwandtschaft hingewiesen mit der Bemerkung, „daß man beim Gebrauch der Urteile in Vernunftschlüssen die einzelnen Urteile den allgemeinen gleich behandeln könne." *Kritik der reinen Vernunft*, A 71 / B 96. Gleichbehandlung ist nicht Gleichsetzung. Es beruht deshalb auf einer Konfusion, wenn Russell von der traditionellen Logik, zu deren Vertretern Kant sicherlich zu rechnen ist, behauptet: „The first serious advance in real logic since the time of the Greeks was made independently by Peano and Frege – both mathematicians. Traditional logic regarded the two propositions ›Socrates is mortal‹ and ›All men are mortal‹ as being of the same form; Peano and Frege, who pointed out the error did so for technical reasons [...] but the

§ 12. *Das schwache logische Quadrat assertorischer Gegensätze* 41

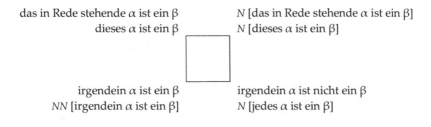

das in Rede stehende α ist ein β   N [das in Rede stehende α ist ein β]
   dieses α ist ein β   N [dieses α ist ein β]

   irgendein α ist ein β   irgendein α ist nicht ein β
   NN [irgendein α ist ein β]   N [jedes α ist ein β]

Figur 4

Es hat sich bereits in § 9 herausgestellt, daß es sich bei den Schemata singulärer Sätze, die in *Figur 4* auftreten, um Schemata von paarweise gleichbedeutenden bzw. paarweise konträren singulären Sätzen handelt.[67] Die obere Waagerechte in *Figur 4* entspricht daher derselben logischen Beziehung wie die obere Waagerechte in *Figur 3*. Dasselbe gilt für die untere Waagerechte, da ihr in beiden Figuren dieselben Schemata zugeordnet sind. Schließlich entsprechen auch die beiden Senkrechten in *Figur 4* einer Subalternationsbeziehung. Denn wenn ein singulär bejahender Satz der Form ›dieses α ist ein β‹ wahr ist, muß wenigstens *irgendein* α ein β sein; ganz entsprechend kann *nicht jedes* α ein β sein, wenn ein singulär verneinender Satz der Form ›N [dieses α ist ein β]‹ wahr ist. Nur die Diagonalen in *Figur 4* stehen für eine andere, und zwar schwächere logische Beziehung als die Diagonalen in *Figur 3*. Ihnen entspricht nicht die Kontradiktorietät, sondern die Subkontrarietät. D. h., sie verbinden jeweils Schemata zweier Sätze, die nicht beide falsch, aber beide wahr sein können: Aus der nicht-wahrheitsfunktionalen Verneinung des einen Satzes folgt jeweils, daß der andere Satz wahr ist; aus der Wahrheit eines der beiden Sätze folgt dagegen nicht die nicht-wahrheitsfunktionale Verneinung des anderen.

---

philosophical importance of the advance which they made is impossible to exaggerate" (Bertrand Russell, *Our Knowledge of the External World*, New York, 1960, S. 40). Leibniz folgend scheint Kant den Unterschied zwischen universeller und singulärer Urteilsform darin gesehen zu haben, daß in dieser die Form des partikulären Urteils mit der des universellen koinzidiert.

[67] Selbstverständlich gibt es zu jedem dieser vier Ausdrücke noch andere gleichbedeutende Ausdrücke. Analog zu *nicht-singulären* Sätzen möchte ich auch im Plural stehende Ausdrücke wie ›diese α sind (nicht) β‹ oder ›die in Rede stehenden α sind (nicht) β‹ als syllogistische Schemata *singulärer* Sätze gelten lassen, vorausgesetzt, es werden auch für partikuläre Sätze im Plural stehende Ausdrücke verwendet. Aus Gründen der Übersichtlichkeit verwende ich die in *Figur 4* auftretenden Ausdrücke als Standardausdrücke.

42 I. 1. *Die Sprache der Syllogistik*

Das System logischer Beziehungen, die den Lagebeziehungen in *Figur 4* korrespondieren, stimmt mit dem durch *Figur 3* veranschaulichten System so sehr überein, daß es nahe liegt, die Bezeichnung ›logisches Quadrat assertorischer Gegensätze‹ für beide Systeme zu gebrauchen. Um Verwechslungen zu vermeiden, werde ich das durch *Figur 3* veranschaulichte System das *starke logische Quadrat assertorischer Gegensätze* nennen, während das durch *Figur 4* veranschaulichte System die Bezeichnung *schwaches logisches Quadrat assertorischer Gegensätze* erhalten soll.

Wie die Ausdrücke zeigen, die in *Figur 3* und *4* jeweils der rechten Senkrechten zugeordnet sind, können alle syllogistischen Schemata negativer Sätze so verstanden werden, daß sie keine wahrheitsfunktionale, sondern eine nicht-wahrheitsfunktionale Verneinung zum Ausdruck bringen. Das heißt, daß ›nicht A‹ immer dann, wenn A ein syllogistisches Satzschema ist, mit ›N A‹ gleichbedeutend ist, nicht mit ›~ A‹.

§ 13. *Das logische Quadrat modaler Gegensätze*

Infolgedessen darf man syllogistische Modalausdrücke wie ›es ist notwendig, daß nicht A‹ und ›es ist möglich, daß nicht A‹ keineswegs so auffassen, als seien sie gleichbedeutend mit ›□ ~ A‹ bzw. mit ›◇ ~ A‹. Es wäre nicht einmal korrekt zu sagen, sie seien gleichbedeutend mit ›□ N A‹ bzw. mit ›◇ N A‹. Denn ›□ ...‹ und ›◇ ...‹ werden so gebraucht, daß sie gleichbedeutend sind mit ›~ ◇ ~ ...‹ bzw. mit ›~ □ ~ ...‹. Dagegen stehen die Ausdrücke ›es ist notwendig, daß N A‹ und ›es ist möglich, daß N A‹ in Beziehungen, die den Beziehungen des starken logischen Quadrats assertorischer Gegensätze genau analog sind und die ich als *Beziehungen des logischen Quadrats modaler Gegensätze* bezeichnen möchte.[68]

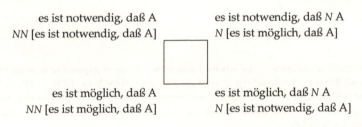

Figur 5

---

[68] Diese Beziehungen entsprechen solchen, die Aristoteles in *De Interpretatione* 13, 22 a 14 ff. darstellt.

§ 13. *Das logische Quadrat modaler Gegensätze*   43

Das heißt, auch für Sätze, die mit den Schemata in *Figur 5* konform sind, gilt:
1. Sind ihre Schemata derselben Quadrat-Ecke zugeordnet, sind sie *gleichbedeutend*. 2. Stehen ihre Schemata einander diagonal gegenüber, verhalten sie sich *kontradiktorisch* zueinander. 3. Sind ihre Schemata verschiedenen Ecken der oberen Waagerechten zugeordnet, verhalten sie sich *konträr* zueinander. 3. Sind ihre Schemata verschiedenen Ecken der unteren Waagerechten zugeordnet, verhalten sie sich *subkonträr* zueinander. 5. Sind ihre Schemata der unteren Waagerechten zugeordnet, verhalten sie sich *subaltern* zu den senkrecht über ihnen stehenden Schemata.

Setzt man vor jeden Ausdruck der rechten Seite in *Figur 5* das Zeichen der nicht-wahrheitsfunktionalen Verneinung, so ergeben sich daraus der Reihe nach die vier Satzschemata

›N [ist es notwendig, daß N A]‹,
›NN [ist es möglich, daß A]‹,
›N [ist es möglich, daß N A]‹,
›NN [ist es notwendig, daß A]‹,

von denen die ersten und letzten beiden Schemata wieder gleichbedeutende Ausdrücke sein müssen. Da außerdem ›NN [es ist möglich, daß A]‹ mit ›es ist möglich, daß A‹ und ›NN [es ist notwendig, daß A]‹ mit ›es ist notwendig, daß A‹ gleichbedeutend ist (wie die linke Seite von *Figur 5* zeigt), ist schließlich auch ›N [es ist notwendig, daß N A]‹ mit ›es ist möglich, daß A‹ und ›N [es ist möglich, daß N A]‹ mit ›es ist notwendig, daß A‹ gleichbedeutend.

Ich gebrauche für ›es ist notwendig, daß ...‹, falls dieser Ausdruck nicht im Sinne von ›□ ...‹ verstanden werden soll, sondern im Sinne von ›N [es ist möglich, daß N ...]‹, die Abkürzung ›L...‹. Dementsprechend ist ›NLN...‹ gleichbedeutend mit ›N [es ist notwendig, daß N...]‹. ›NLN...‹ werde im Folgenden abgekürzt durch ›M...‹ (›es ist möglich, daß ...‹). Nach dieser Notationsweise sind die syllogistischen Satzschemata ›es ist notwendig, daß nicht A‹ und ›es ist möglich, daß nicht A‹ durch ›LN A‹ bzw. durch ›MN A‹ wiederzugeben.[69]

Nach dieser Notationsweise sind ›NLN...‹ und ›~□~...‹ unterschiedliche Versionen, ein und denselben Ausdruck, nämlich ›es ist nicht notwendig, daß nicht ...‹ aufzufassen und abzukürzen. Sie unterscheiden sich lediglich dadurch voneinander, daß sie das Wort ›nicht‹ unterschiedlich

---

[69] Die Schemata ›M A‹ und ›MN A‹ können durch ›K A‹ – ›es ist kontingent(erweise wahr), daß A‹ – zusammengefaßt werden. Auf diese Weise bringt ›K ...‹ das Bestehen einer 'zweiseitigen Möglichkeit' (siehe oben § 6, Fußnote 49) zum Ausdruck.

deuten. Entsprechendes gilt für ›*NMN* ...‹ und ›~ ◊ ~ ...‹; es handelt sich auch hier um Abkürzungen ein und desselben Ausdrucks, nämlich: ›es ist nicht möglich, daß nicht ...‹, nur wird in ihnen die zweifach auftretende Verneinung unterschiedlich aufgefaßt.

4. Symbolische Abkürzungen
§ 14. Syllogistische und nicht-syllogistische Modalausdrücke

Diese Notationsweise macht es unter bestimmten Umständen möglich, modallogische Ausdrücke, in denen die Zeichen ›◊ ...‹, ›□ ...‹ oder ›~ ...‹ vorkommen, durch Ausdrücke zu ersetzen, in denen statt dieser Zeichen eine bestimmte Konstellation von ›*M* ...‹, ›*L* ...‹ und ›*N* ...‹ auftritt. So sind ›◊ A‹ und ›□ A‹ der Reihe nach gleichbedeutend mit

›*M* A‹ und
›*L* A‹,

vorausgesetzt, das Prinzip des affirmativen Gebrauchs doppelter Negation (gemäß § 10) soll gelten für die nicht-wahrheitsfunktionale Negation, vorausgesetzt also, daß A aus *NN* A folgt. Diese Bedeutungsgleichheit kann man sich leicht klarmachen, wenn man nur bedenkt, daß ›~ A‹ unter der genannten Voraussetzung übersetzt werden darf in den Ausdruck ›*N* A‹ und daß ›◊ ~ A‹ und ›□ ~ A‹ gleichbedeutend sind mit ›~ [es ist notwendig, daß A]‹ bzw. mit ›~ [es ist möglich, daß A]‹. Wenn A aus *NN* A folgt, darf man daher die beiden zuletzt genannten Ausdrücke durch ›*N* [es ist notwendig, daß A]‹ bzw. durch ›*N* [es ist möglich, daß A]‹ ersetzen, d. h. durch Ausdrücke, die nach § 13 gleichbedeutend sind mit ›*MN* A‹ bzw. mit ›*LN* A‹. Dies sind also Ausdrücke, in die wir ›◊ ~ A‹ und ›□ ~ A‹ unter der angegebenen Voraussetzung überführen dürfen; und wir dürfen unter dieser Voraussetzung mit gleichem Recht sogleich auch ›*NMN* A‹ und ›*NLN* A‹ in ›~ ◊ ~ A‹ bzw. in ›~ □ ~ A‹ überführen, folglich ›*L* A‹ und ›*M* A‹ in ›□ A‹ bzw. in ›◊ A‹.

Auch der Ausdruck für die strikte Implikation, ›A ⥽ B‹, läßt sich unter gewissen Umständen durch eine Zeichenkonstellation ersetzen, in der außer ›... & ...‹ nur Konstanten der Syllogistik auftreten. Da ›A ⥽ B‹ nur ›~ ◊ (A & ~ B)‹ abkürzt, ist ›A ⥽ B‹ gleichbedeutend mit

›*NM* (A & *N* B)‹

§ 14. *Syllogistische und nicht-syllogistische Modalausdrücke* 45

unter der Voraussetzung, daß A aus *NN* A für jede Interpretation von A folgt. Unter dieser Voraussetzung verhält sich nämlich die nicht-wahrheitsfunktionale Verneinung wie die wahrheitsfunktionale.[70]

Die Voraussetzung, A folge aus *NN* A, ist die Voraussetzung, daß ein hypothetischer Satz der Form ›wenn *NN* A, so A‹ wahr ist. Daher ist die in § 7 diskutierte Annahme korrekturbedürftig, ›wenn ..., so ...‹ bringe *genau dasselbe* wie ›... ⥽ ...‹ zum Ausdruck. Wären diese beiden Ausdrücke wirklich gleichbedeutend, so wäre es ausgeschlossen, die strikte Implikation zu erklären mit Hilfe eines Ausdrucks, in dem ›wenn ..., so ...‹ vorkommt. Dieses Vorkommen deutet auf einen *circulus vitiosus*. Dieser Zirkel ist unvermeidlich, will man das hypothetische Satzgefüge ›wenn A, so B‹ als Ausdruck interpretieren, der implizit von den Zeichen ›◊ ...‹ und ›~ ...‹ Gebrauch macht. Es gibt zwar nach wie vor gute Gründe, mit Lewis daran festzuhalten, daß ›wenn A, so B‹ gleichbedeutend ist mit

›es ist unmöglich, daß A und nicht B‹.

Aber offensichtlich verlangt dieser Ausdruck, sofern er denselben Gedanken wiedergeben soll wie ›wenn A, so B‹, nach einer Deutung, die man mit Lewis' Formel ›~ ◊ (A & ~ B)‹ zwangsläufig verfehlt und der man besser gerecht würde, würde man in dieser Formel die Zeichen ›◊ ...‹ und ›~ ...‹ durch logische Konstanten der Syllogistik, nämlich durch ›*M* ...‹ bzw. ›*N* ...‹, ersetzen, und zwar *ohne* vorauszusetzen, daß ein hypothetischer Satz der Form ›wenn *NN* A, so A‹ wahr ist.

Welches logische Vokabular am besten geeignet ist, die Bedeutung von ›wenn ..., so ...‹ wiederzugeben, dies ist allerdings eine Frage, die ich nicht beantworten kann, bevor nicht die Frage beantwortet ist, ob Ausdrücke dyadischer Wahrheitsfunktionen –, zu denen die logische Konstante ›... & ...‹ gehört, – Elemente einer Sprache sind, in die man die Sprache der Syllogistik adäquat übersetzen kann. (Auf diese Frage werde ich erst in § 30 zurückkommen.)

Aber jetzt schon dürfte deutlich geworden sein, daß ›◊ ...‹, ›□ ...‹ oder ›~ ...‹ nicht zu diesen Elementen gehören. Außerdem zeichnet sich schon jetzt ab, daß es Elemente der Sprache der Syllogistik gibt – nämlich ›*M* ...‹, ›*L* ...‹ und ›*N* ...‹ –, die nicht ohne weiteres durch logisches Vokabular einer anderen Sprache, und jedenfalls nicht durch logisches Vokabular einer *wahrheitsfunktionalen* Sprache ohne Verlust ersetzt werden können.

---

[70] Ein leicht aufzufindender Weg der Ableitung von ~ ◊ (A & ~ B) aus *NM* (A & *N* B) wird sich aus den Beziehungen ergeben, die zwischen den Formen des hypothetischen Satzes und der strikten Implikation bestehen und unten im letzten Absatz von § 30 in Betracht gezogen werden. Näheres dazu auch in *Anhang* 5.

§ 15. Sonstige Ausdrücke in der Sprache der elementaren Syllogistik

Was die übrigen Elemente der syllogistischen Sprache angeht, so wird es sich im Folgenden als zweckmäßig erweisen, auch für sie abkürzende Ausdrücke einzuführen. Ich werde die folgende Notationsweise benutzen: Die mit Leerstellen versehenen Relationskonstanten ›A ( )‹, ›E ( )‹, ›I ( )‹, und ›O ( )‹ verwende ich – in Anlehnung an eine traditionelle Bezeichnungsweise (siehe oben § 4), die hier (was sich im Folgenden als zweckmäßig erweisen wird) zu einer Funktionsschreibweise umgeformt ist, um mit anderen Funktionsausdrücken kombinierbar zu sein, – der Reihe nach für die vier Formen der universell bejahenden, universell verneinenden, partikulär bejahenden und partikulär verneinenden Aussage.[71] Die Leerstellen dieser Ausdrücke sind stets auszufüllen mit einem geordneten Paar von Begriffsausdrücken, die durch Variablen (›α‹, ›β‹ usw.) vertreten werden können. Die Reihenfolge der Begriffsausdrücke innerhalb der Leerstellen sei dabei stets so geordnet, daß der Ausdruck des Prädikatbegriffs dem Ausdruck des Subjektbegriffs vorangeht. ›A (α, β)‹ ist dementsprechend als Abkürzung zu lesen für ›α ist Prädikat von jedem β‹ (oder für ›α wird von jedem β ausgesagt‹); ›E (α, β)‹ stehe für ›α ist kein Prädikat von einem β‹ (›α wird von keinem β ausgesagt‹); ›I (α, β)‹ und ›O (α, β)‹ bedeuten der Reihe nach ›α ist Prädikat von irgendeinem β‹ (›α wird von irgendeinem β ausgesagt‹) bzw. ›α ist kein Prädikat von jedem β‹ (›α wird von irgendeinem β nicht ausgesagt‹). Die so geordnete Reihenfolge der Begriffsvariablen hat den Vorteil, die Transitivität der Subordinationsbeziehung in Begriffshierarchien abzubilden.

Zur Bezeichnung der Formen der singulär bejahenden und singulär verneinenden Aussage schlage ich die Relationskonstanten ›$\underline{A}$ ( )‹ bzw.

---

[71] Diese Formen werden manchmal mit den Formen des *kategorischen* Urteils gleichgesetzt. Siehe zum Beispiel *A Dictionary of Philosophy*, ed. by Thomas Mautner, Cambridge: Blackwell, 1996, S. 66–67: „In aristotelian logic, a *categorical proposition* is a proposition of one of these four forms: *All* S *is* P / *Some* S *is* P / *No* S *is* P / *Some* S *is not* P. / Thus defined, every categorical proposition is either universal affirmative, or universal negative, or particular affirmative, or particular negative." Da Aristoteles selbst die Bezeichnung eines Urteils als 'kategorisch' noch nicht benutzt hat, scheint hier mit „aristotelian logic" die an Aristoteles anknüpfende Logiktradition gemeint zu sein. – Die Gleichsetzung kategorischer Aussagen mit den vier erwähnten Formen ist allerdings aus zwei Gründen systematisch irreführend. *Erstens* können aus traditioneller Sicht selbstverständlich auch nichtkategorische Aussagen, nämlich die Teilaussagen hypothetischer und disjunktiver Urteile, in diesen Formen auftreten. *Zweitens* gibt es nach traditioneller Auffassung außer den vier erwähnten Formen auch singuläre kategorische Aussagen.

§ 15. Sonstige Ausdrücke in der Sprache der elementaren Syllogistik   47

›Ẹ ( )‹ vor. Die Übereinstimmung der unterpunkteten Großbuchstaben mit den Konstanten für universelle Aussageformen soll das Bestehen der oben, in § 12, beschriebenen logischen Verwandtschaft andeuten, das heißt: Sie soll andeuten, daß Ạ (α, β) und Ẹ (α, β) eine ähnliche Stellung in den logischen Quadraten assertorischer Gegensätze haben wie A (α, β) und E (α, β).

Was die normalsprachliche Wiedergabe von ›Ạ (α, β)‹ und ›Ẹ (α, β)‹ angeht, (lies: ›α ist Prädikat des in Rede stehenden β‹ oder ›α wird von dem in Rede stehenden β ausgesagt‹ bzw. ›α ist kein Prädikat des in Rede stehenden β‹ oder ›α wird nicht von dem in Rede stehenden β ausgesagt‹) so mag man den Gebrauch der Redewendung ›das in Rede stehende ...‹ der Einfachheit halber durch den weniger umständlichen Gebrauch des Demonstrativpronomens ›dieses ...‹ ersetzen. Jedoch sollte man sich dabei im Klaren darüber sein, daß der Gebrauch des Demonstrativpronomens den Nachteil hat, zwei mögliche Mißverständnisse aufkommen zu lassen, welche die formale Semantik des syllogistischen Vokabulars betreffen.

Das erste Mißverständnis besteht in der Annahme, es gehöre zur Form singulärer Aussagen, nur von solchen Gegenständen handeln zu können, auf die man *zeigen* kann; denn Demonstrativpronomina werden oft in Verbindung mit Zeigehandlungen gebraucht. Eine sinnvolle Aussage kann ihrer syllogistischen Form nach aber auch dann singulär sein, wenn sie von einem Gegenstand handelt, der weder zeigbar noch wahrnehmbar, sondern ein abstraktes Gedankending ist und nicht einmal zu existieren braucht. Von einem solchen Gegenstand ist die Rede in einer singulären Aussage wie ›diese Zahl existiert nicht‹; – einer Aussage, die zum Beispiel dann wahr ist, wenn sie von der größten natürlichen Zahl handelt. Sie entspricht einer Aussage der Form Ẹ (α, β), mit ›Zahl‹ an der Stelle von β und ›existierend‹ an der Stelle von α.

Das zweite Mißverständnis besteht in der Annahme, singuläre Sätze der Form Ạ (..., β) oder Ẹ (..., β) würden, wie Demonstrativa, bei wiederholtem Auftritt im selben Kontext einen veränderlichen Sachbezug haben (›diese Blume ist blau; diese ist rot ...‹). Aber der Ausdruck ›das in Rede stehende β ...‹, wie er in diesen Sätzen gebraucht wird, ist so zu verstehen, daß er sich bei wiederholtem Vorkommen im selben Kontext stets auf denselben Gegenstand bezieht. Er wird sowohl *anaphorisch* als auch *kataphorisch* gebraucht; d. h. er verweist zurück auf Stellen innerhalb eines schon vorliegenden Kontexts, in denen dasselbe β mit Sätzen der Form I (..., β), Ạ (..., β) oder Ẹ (..., β) in Rede steht, oder er verweist voraus auf ebensolche Stellen innerhalb eines (mindestens potentiell) nachfolgenden Kontexts. Insofern ähnelt der Gebrauch des Ausdrucks ›das in Rede stehende β ...‹ dem Gebrauch eines Eigennamens.[72] Zum Beispiel wird ›Sokrates‹ in einem Satz wie ›Sokrates ist sterblich‹ auf *irgendeinen* Träger dieses Namens bezogen, nämlich genau auf denjenigen Träger, von dem in diesem Satz selbst die Rede ist. *Welcher* Träger dies ist, kann sich nur aus dem Kontext dieses Satzes ergeben – falls es einen solchen Kontext gibt. Da mit dem Eigennamengebrauch die Möglichkeit der Bezugnahme auf ein *bestimmtes* Individuum vorausgesetzt wird, die Bestimmtheit der Bezugnahme aber vom Vorkommen des Namens an mehreren Stellen eines gemeinsamen Kontexts abhängt, hat auch der Eigennamengebrauch einen anaphorisch-kataphorischen Charakter.[73] Dieser Charakter zeigt sich in dem Umstand, daß, falls derselbe Eigenname an verschiedenen Stellen eines gemeinsamen Kontextes, z. B. in einer Schlußkette, auftritt, er an allen diesen Stellen auf dasselbe Individuum zu beziehen ist, es sei denn, es werden in diesem Kontext mehrere Träger dieses Namens *explizit* voneinander unterschieden. In genau analoger Weise gilt: Auf *welchen* Gegenstand sich der Ausdruck ›das in Rede stehende β ...‹ in Sätzen der Form ›A (..., β)‹ oder in ›E (..., β)‹ bezieht, hängt davon ab, wie das in Rede stehende β an anderen Stellen des Kontexts dieses Ausdrucks bestimmt wird, auf die er anaphorisch oder kataphorisch verweist.

Anstelle der drei negativen Ausdrücke ›E ( )‹, ›O ( )‹ und ›E ( )‹ darf man schreiben: ›NI ( )‹, ›NA ( )‹ bzw. ›$N\underline{A}$ ( )‹; das heißt, die Beziehungen der logischen Quadrate assertorischer Gegensätze lassen einen sparsameren Haushalt von Grundzeichen zu.

Um auch für die Form des limitativen Urteils einen symbolischen Ausdruck zu haben, setze ich ›$^N\alpha$‹, ›$^N\beta$‹ usw. an die Stelle von ›nicht-α‹, ›nicht-β‹ usw.

Schließlich diene die zweistellige Relationskonstante ›H ( )‹ zur Abkürzung für die hypothetische Satzverknüpfung ›wenn ..., so ...‹. Entsprechende Abkürzungen für *n*-gliedrige disjunktive Satzverknüpfungen, d. h. für ›entweder ..., oder ...‹, ›entweder ..., oder ..., oder ...‹ usw., werden ermöglicht durch den Gebrauch der *n*-stelligen Relationskonstante ›D ( )‹, mit $n \geq 2$. Die Formel ›H (A, B)‹ ist demnach ein Satzschema, das gleichbe-

---

[72] Über den Grund dieser Ähnlichkeit werde ich in § 33 näheren Aufschluß geben.

[73] Die hier und im Folgenden von mir vertretene Ansicht über den Gebrauch von Einzelnamen berührt sich in mancher Hinsicht mit der von Fred Sommers im Anschluß an W. V. O. Quine entwickelten Auffassung, nach der Eigennamen und individuelle Kennzeichnungen anaphorische Ausdrücke sind, die sich zurückbeziehen auf Aussagen der Form ›irgendein S ist ein P‹. Siehe Fred Sommers, *The Logic of Natural Language*, Oxford: Clarendon Press, 1982, S. 5.

§ 15. Sonstige Ausdrücke in der Sprache der elementaren Syllogistik 49

deutend ist mit ›wenn A, so B‹, während ›*D* (A, B)‹ und ›*D* (A, B, C)‹ für ›entweder A, oder B‹ bzw. für ›entweder A, oder B, oder C‹ stehen.[74]

Nicht kursiv geschriebene lateinische Großbuchstaben A, B, C usw. verwende ich hier und im Folgenden als *Metavariable*. Sie sollen jeweils eine Formel vertreten, für die es eine Interpretation als Satz gibt, der wahr oder falsch ist. Sie können an die Stelle sowohl kategorischer als auch hypothetischer oder disjunktiver Satzschemata treten.

Eine Formelsprache, in der als Objektvariable nur Begriffsvariable vorkommen und in der es keine anderen Konstanten gibt als die bisher aufgezählten logischen Konstanten der Syllogistik, werde ich von jetzt an als *syllogistische Elementarsprache* bezeichnen. Eine Sprache, die sich von der syllogistischen Elementarsprache nur dadurch unterscheidet, daß an mindestens einer Stelle eine Begriffsvariable ersetzt ist durch eine spezielle *Interpretation* dieser Variablen, werde ich als *erweiterte Sprache der Syllogistik* bezeichnen. Ein logisches System, das mit dem Gebrauch der syllogistischen Elementarsprache auskommt und in dem die Regeln der logischen Quadrate nach den §§ 11 bis 13 uneingeschränkt gültig sind, werde ich als *elementare Syllogistik* bezeichnen.

---

[74] Da ›*D* (A, B)‹ gleichbedeutend ist mit ›*H* (A, *N* B) und *H* (*N* A, B)‹ hängt – siehe oben § 6 – die Möglichkeit, ›*D* ( )‹ ohne Bedeutungsverlust durch einen wahrheitsfunktionalen Ausdruck zu ersetzen, von der Möglichkeit ab, ›*H* ( )‹ in eine wahrheitsfunktionale Sprache zu übersetzen. Jedenfalls solange wir nicht entschieden haben, ob diese Möglichkeit besteht, ist es zweckmäßig, zur Bezeichnung des syllogistischen ›entweder ..., oder ...‹ eine spezielle Notationsweise zu haben.

ZWEITER ABSCHNITT
DIE SPRACHE DES KLASSENKALKÜLS

1. Ein Übersetzungsprogramm

§ 16. *Das Vokabular des Klassenkalküls*

Das Standardwerk *Grundzüge der theoretischen Logik* von David Hilbert und Wilhelm Ackermann enthält in seinem zweiten Kapitel, 'Der Klassenkalkül', einen Paragraphen mit der Überschrift 'Systematische Ableitung der traditionellen Aristotelischen Schlüsse.'[75] Darin soll gezeigt werden, daß alle allgemeingültigen Regeln der kategorischen Syllogistik, soweit sie sich auf nicht-singuläre Aussagen beziehen, auf nicht-syllogistische Schlußregeln zurückgeführt werden können, die dem Klassenkalkül angehören. Dieses Programm, das in seinen Grundzügen dem Vorbild verpflichtet ist, das Ernst Schröder in seinen *Vorlesungen über die Algebra der Logik* (*Exakte Logik*, 3 Bände, Leipzig: 1890–1895) für die Interpretation syllogistischer Regeln gegeben hat, wird von der Überzeugung geleitet, „der Klassenkalkül" ermögliche „eine systematischere Behandlung der logischen Fragen als die traditionelle Logik,"[76] – wobei 'traditionelle Logik' hier ein Name ist, der für die im Gewand der Sprache der *kategorischen* Syllogistik auftretende deduktive Logik üblich geworden ist. Die Durchführung von Schröders Programm setzt voraus, daß das Vokabular dieser Sprache, soweit es sich auf nicht-singuläre Aussagen bezieht, erfolgreich und ohne Verlust durch das Vokabular des Klassenkalküls ersetzt werden kann. Welches Vokabular das sein soll, werde ich jetzt vor Augen führen.

Doch zuvor möchte ich die Gebietsbezeichnung ›Klassenkalkül‹ kurz erläutern. Hilbert und Ackermann[77] bezeichnen mit diesem Wort ein Teilgebiet der mathematischen Logik, das sich, mit der Mengenlehre, – von der es nur „einen verhältnismäßig kleinen Ausschnitt" bildet,[78] – aus der Booleschen Algebra entwickelt hat. Der Klassenkalkül befaßt sich in derselben Weise wie die Mengenlehre mit der Untersuchung mengentheoretischer Operationen, beschränkt sich dabei aber auf solche Operationen, bei denen nur Beziehungen zwischen *Klassen* in Betracht gezogen werden; Be-

---

[75] David Hilbert & Wilhelm Ackermann, *Grundzüge der theoretischen Logik*, Fünfte Auflage, Berlin, Heidelberg & New York: Springer, 1967, S. 57–63.
[76] Ebenda, S. 65.
[77] Ebenda, S. 42.
[78] Ebenda, S. 153.

ziehungen zwischen Klassen und *Elementen* von Klassen bleiben dabei also außer Betracht. Mit anderen Worten: Der Klassenkalkül befaßt sich mit den Beziehungen der *Inklusion*, des *Durchschnitts*, der *Vereinigung*, der *Identität* und der *Komplementarität* von Klassen, nicht dagegen mit der für die Mengenlehre grundlegenden Beziehung der Elementschaft. Dabei sind *Klassen* für den Klassenkalkül dasselbe wie das, was für die Mengenlehre *Mengen* sind. Das heißt, „Klasse ist nur ein anderer Ausdruck für Menge"[79], und beide Ausdrücke gelten wiederum weithin als gleichbedeutend mit dem, was in der älteren Logik-Literatur *Umfang* (oder *Extension*) *eines Begriffs* genannt worden ist.[80] Eine Unterscheidung zwischen Mengen und Klassen, wie sie in Darstellungen der Mengenlehre manchmal gebraucht wird, bleibt wenigstens innerhalb des Klassenkalküls unberücksichtigt.[81]

Was nun die systematische Ableitung syllogistischer Regeln aus Beziehungen des Klassenkalküls und die dieser Ableitung zugrundeliegende Übersetzung syllogistischer Ausdrücke in die Sprache des Klassenkalküls anlangt, so folgen Hilbert und Ackermann Ernst Schröder in dessen Ansicht, es sei sachgemäß, A-, E-, I- und O-Sätze als Ausdrücke zu deuten, die von *Klasseninklusionen* handeln. Diese Deutung wird durch den Umstand nahegelegt, daß das syllogistische Schema ›A (α, β)‹ sinngemäß übersetzt werden kann durch das Satzschema ›der Umfang des Begriffs β ist enthalten im Umfang des Begriffs α‹. Ersetzt man die in dem Schema ›der Umfang des Begriffs β ist enthalten im Umfang des Begriffs α‹ auftretenden Ausdrücke ›der Umfang des Begriffs α‹ und ›der Umfang des Begriffs β‹ der Reihe nach durch Klassenvariable, d. h. durch lateinische Kleinbuchstaben ›a‹ bzw. ‹b‹, symbolisiert man außerdem den Relationsausdruck ›… ist enthalten in …‹ durch das Inklusionszeichen ›… ⊂ …‹, dann erhält man den Ausdruck ›b ⊂ a‹, der übersetzt werden darf durch ›die Klasse b ist

---

[79] Ebenda, S. 153.

[80] Das gilt jedenfalls insoweit, als unter dem Umfang des Begriffs *die Gegenstände* verstanden werden, *die unter diesen Begriff fallen*, und nicht auch, wie z. B. in der Logik von Port-Royal, *die Begriffe, die diesem Begriff subordiniert sind*.

[81] So ist es nicht unüblich, den Begriff der Klasse durch den der Menge zu definieren, indem man eine Klasse als den *Umfang* einer Bedingung S (x) einer Teilmenge {x ∈ A: S (x)} auffaßt; siehe Paul R. Halmos, *Naive Mengenlehre*, Göttingen: Vandenhoeck & Ruprecht, Vierte Auflage 1976, S. 22. Es gibt auch das umgekehrte Verfahren, den Mengenbegriff durch den Klassenbegriff zu definieren; so werden in einigen Darstellungen der Mengenlehre Mengen als diejenigen Klassen definiert, die Element einer anderen Klasse sind. Nach dieser Mengenauffassung hat es der Klassenkalkül wesentlich mit Klassen zu tun, während er nach der zuerst erwähnten Auffassung genauso gut 'Mengenkalkül' heißen könnte.

enthalten in der Klasse a‹ (oder durch ›b ist Teilklasse von a‹). Dieses Schema ist offensichtlich gleichbedeutend mit dem Satzschema ›A (α, β)‹.

Im Anschluß an Schröder nehmen Hilbert und Ackermann an, daß die Schemata nicht nur von A-, sondern auch von E-, I- und O-Sätzen sinngemäß durch Ausdrücke ersetzt werden können, die von Klasseninklusionen handeln. Anscheinend darf man mit demselben Recht, mit dem man ›A (α, β)‹ durch ›b ⊂ a‹ ersetzen darf, ›O (α, β)‹ ersetzen durch die wahrheitsfunktionale Verneinung von ›b ⊂ a‹, also durch den Ausdruck ›~ (b ⊂ a)‹, der so viel bedeutet wie ›b ist keine Teilklasse von a‹. Das ergibt sich daraus, daß in derselben Weise, wie ›O (α, β)‹ zu ›A (α, β)‹ in einem kontradiktorischen Verhältnis steht, so auch jede Formel ~ A in einem kontradiktorischen Verhältnis zu A steht. Was ›E (α, β)‹ anlangt, so bedeutet dieses Satzschema so viel wie ›jedes β ist nicht α‹. Ein Satz, dessen Form diesem Schema entspricht, ist wahr, wenn der Umfang des Begriffs β enthalten ist im Umfang des Gegenbegriffs von α: Ist a der Umfang des Begriffs α, so ist der Umfang des Begriffs nicht-α die Komplementklasse von a. Bezeichnet man diese durch ›ā‹, so darf man das Satzschema ›der Umfang des Begriffs β ist enthalten im Umfang des Begriffs nicht-α‹ durch ›b ⊂ ā‹ wiedergeben. Da schließlich ›I (α, β)‹ das kontradiktorische Gegenteil von ›E (α, β)‹ und ›~ (b ⊂ ā)‹ das kontradiktorische Gegenteil von ›b ⊂ ā‹ ist, verhält sich ›~ (b ⊂ ā)‹ zu ›b ⊂ ā‹ wie ›I (α, β)‹ zu ›E (α, β)‹.

§ 17. Das starke logische Quadrat assertorischer Gegensätze in der Sprache des Klassenkalküls

Diese Überlegungen zusammenfassend, schreiben Hilbert und Ackermann:

> Wir geben [...] die symbolische Darstellung der vier Formen A, E, I, O eines Urteils. [...] Ist a die α und b die β entsprechende Klasse, so wird das Urteil [›Alle β sind α‹] durch ›b ⊂ a‹ dargestellt. Das Urteil ›Einige β sind α‹ können wir auch so aussprechen ›Es ist nicht wahr, daß alle β nicht α sind‹. Es stellt sich also symbolisch durch › ~ (b ⊂ ā)‹ dar. Für ›Kein β ist α‹ können wir auch sagen ›Alle β sind nicht α‹ und es durch ›b ⊂ ā‹ wiedergeben. Für ›Einige β sind nicht α‹ können wir endlich sagen ›Es ist nicht wahr, daß alle β α sind‹, was durch › ~ (b ⊂ a)‹ wiedergegeben wird.

Und Hilbert und Ackermann fügen hinzu:

> Aus dieser Schreibweise ergeben sich ohne weiteres die auf die betrachteten Urteilsformen bezüglichen traditionellen Lehren über die *Entgegensetzung (Opposition) und die Umkehrung*. Von den vier Urteilen ist nämlich das letzte als

§ 17. Das starke logische Quadrat in der Sprache des Klassenkalküls

das Gegenteil des ersten, das zweite als das Gegenteil des dritten ausgedrückt. Ferner sind die beiden mittleren Urteile in β und α, d. h. bei uns in b und a symmetrisch. Die beiden Urteile ›~ (b ⊂ ā)‹ und ›b ⊂ ā‹ sind nämlich mit den beiden Urteilen ›~ (a ⊂ b̄)‹ und ›a ⊂ b̄‹ äquivalent.[82]

Mit dem, was in diesem Zitat die „traditionellen Lehren" über „die *Umkehrung*" genannt wird, sind syllogistische Konversionsregeln gemeint, nach denen Sätze der Form $E(\alpha, \beta)$ und Sätze der Form $I(\alpha, \beta)$ verwandelt werden dürfen in logisch äquivalente Sätze der Form $E(\beta, \alpha)$ bzw. $I(\beta, \alpha)$.[83] Worauf Hilbert und Ackermann hier hinweisen, ist die Tatsache, daß alle syllogistischen Konversionsregeln in Kraft bleiben, wenn man E- und I-Sätze durch Ausdrücke für Klasseninklusionen ersetzt: Man darf in diesen Ausdrücken die Klassenvariablen gegeneinander vertauschen, genauso wie man Begriffsvariable in entsprechenden syllogistischen Formeln vertauschen darf.

Und weiter: Mit dem, was Hilbert und Ackermann die „traditionellen Lehren über die *Entgegensetzung*" nennen, meinen sie alles das, was die Syllogistik über die Beziehungen des starken logischen Quadrats assertorischer Gegensätze lehrt. Sie weisen hiermit auf den folgenden logischen Sachverhalt hin. Gemäß *Figur 6* ist es möglich, die vier Satzschemata in *Figur 3* (siehe oben § 11) im Uhrzeigersinn durch ›b ⊂ a‹, ›b ⊂ ā‹, ›~ (b ⊂ a)‹ und ›~ (b ⊂ ā)‹ zu ersetzen (hier ausnahmsweise mit ›a‹ für den Umfang von β und mit ›b‹ für den Umfang von α), ohne daß sich etwas an den logischen Beziehungen ändert, die durch die Lageverhältnisse in *Figur 3* ausgedrückt werden.

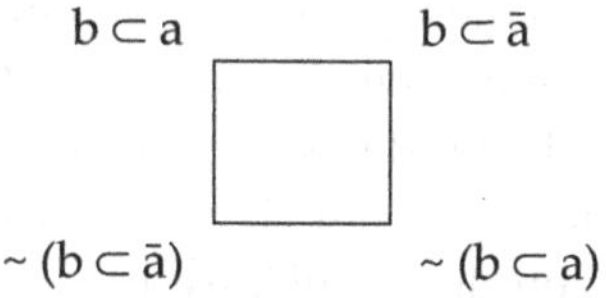

b ⊂ a   b ⊂ ā

~ (b ⊂ ā)   ~ (b ⊂ a)
Figur 6

---

[82] Ebenda, S. 59. Ich habe in diesem Zitat die symbolische Schreibweise, die Hilbert und Ackermann verwenden, an die von mir eingeführten Konventionen angepaßt.

[83] Gemeint sind die Regeln der *Conversio simplex*, die unten in § 55 abgehandelt werden zusammen mit einer weiteren Umkehrungsregel, der *Conversio per accidens*, nach der man von $A(\alpha, \beta)$ zu $I(\beta, \alpha)$ übergehen darf. Diese Regel kürzt ein Verfahren ab, bei dem man zunächst, und zwar aufgrund einer Regel, die sich aus einer der Beziehungen des starken logischen Quadrats ergibt, nämlich aufgrund einer Subalternationsregel, von $A(\alpha, \beta)$ zu $I(\alpha, \beta)$ übergeht, um anschließend auf $I(\alpha, \beta)$ die *Conversio simplex* anzuwenden.

Hier muß nun allerdings vorausgesetzt werden, daß es für ›a‹ und ›b‹ keine Interpretation gibt, nach der b eine *leere Menge* oder der Umfang eines *leeren Begriffs* und keiner der Ausdrücke ›b ⊂ a‹ und ›b ⊂ ā‹ für einen falschen Satz steht. Andernfalls bestünde zwischen diesen Sätzen kein konträres Verhältnis; und infolgedessen wären die kontradiktorischen Gegenteile dieser Sätze, nämlich Sätze, die mit den Schemata ›~ (b ⊂ a)‹ und ›~ (b ⊂ ā)‹ konform sind, weder subkonträr in Beziehung zueinander noch subaltern in Beziehung zu Sätzen der Form b ⊂ a bzw. b ⊂ ā. Dies würde heißen, daß die logischen Beziehungen, die in *Figur 6* angedeutet werden, nicht den logischen Beziehungen entsprechen, die mit *Figur 3* zum Ausdruck gebracht werden.

Diese Voraussetzung stimmt freilich mit einer Annahme überein, von der auch schon die Syllogistik implizit Gebrauch macht. Auch die Syllogistik setzt nämlich mit den Subalternationsregeln, die sich aus den Beziehungen des starken logischen Quadrats ergeben, zugleich voraus, daß es für α und β keine Interpretation gibt, nach der $A\,(\alpha, \beta)$ ein wahrer Satz ist, in dem β als *leerer Begriff* auftritt, d. h. einen Umfang gleich Null hat. Auf diesen Umstand (der freilich noch einiger Erläuterungen bedarf, auf die ich erst an späterer Stelle, in § 18 und § 19, näher eingehen werde) weisen Hilbert und Ackermann zu Recht hin, wenn sie im Hinblick auf die Syllogistik des Aristoteles schreiben: „Nach Aristoteles gilt nämlich eine Aussage ›Alle β sind α‹ nur dann als richtig, wenn es Gegenstände gibt, welche β sind." [84]

Die in *Figur 6* auftretenden Satzschemata sind denn auch nur dann als *adäquate* Übersetzungen für die syllogistischen Schemata von *A*-, *E*-, *I*- und *O*-Sätzen anzusehen, wenn die logischen Beziehungen, die zwischen ihnen bestehen, *genau* den Beziehungen des logischen Quadrats assertorischer Gegensätze entsprechen. Unter der Voraussetzung, daß es keine Interpretation für ›a‹ und ›b‹ gibt, nach der ›b ⊂ a‹ und ›b ⊂ ā‹ zwei Ausdrücke wahrer Sätze sind, die von der Nullklasse b handeln, findet eine genaue Übereinstimmung zwischen diesen Beziehungen statt. Denn unter dieser Voraussetzung können zwei Sätze der Form b ⊂ a und b ⊂ ā zwar beide falsch, aber nicht beide wahr sein; sie sind also *konträr*. Die wahrheitsfunktionalen Verneinungen beider Sätze sind infolgedessen *subkonträr*, da sie zwar beide wahr sind, falls ihre kontradiktorischen Gegensätze beide falsch sind, aber nicht beide falsch sein können, da es nicht möglich ist,

---

[84] Hilbert & Ackermann, *Grundzüge*, S. 62. Ich habe auch in diesem Zitat den Gebrauch von Begriffsvariablen an die von mir oben vorgeschlagenen Konventionen angepaßt: Hilbert und Ackermann benutzen statt α und β die Großbuchstaben B bzw. A.

§ 17. Das starke logische Quadrat in der Sprache des Klassenkalküls 55

daß ihre kontradiktorischen Gegenteile beide wahr sind. Sie verhalten sich eben deshalb schließlich auch *subaltern* zu den in *Figur 6* jeweils senkrecht über ihnen stehenden Ausdrücken, da es keine Interpretation für ›a‹ und ›b‹ gibt, bei der einer dieser Ausdrücke für einen wahren Satz stünde, ohne daß auch derjenige Ausdruck wahr ist, der dessen konträrem Gegenteil kontradiktorisch entgegengesetzt ist.

Man macht nun allerdings von der Voraussetzung, daß es für ›a‹ und ›b‹ keine Interpretation gibt, nach der jeder der beiden Ausdrücken ›b ⊂ a‹ und ›b ⊂ ā‹ für einen wahren Satz steht und b der Umfang eines leeren Begriffs oder eine leere Menge ist, für gewöhnlich *keinen* Gebrauch innerhalb des Klassenkalküls. Vielmehr wird die Inklusionsbeziehung für gewöhnlich – auch von Hilbert und Ackermann – so verstanden, daß für ›b ⊂ a‹ und ›b ⊂ ā‹ Interpretationen zugelassen werden, nach denen diese Schemata Sätze vertreten, die beide wahr sind und von der *Nullklasse* handeln. Ich möchte dieses Verständnis die *mengentheoretische Auffassung der Klasseninklusion* nennen. Es ist nach dieser Auffassung für die Wahrheit von Aussagen der Form b ⊂ a und b ⊂ ā nicht nur keine notwendige Bedingung, daß b *nicht* die Nullklasse ist, sondern im Gegenteil ist die entgegengesetzte Bedingung, *daß* b die Nullklasse ist, sogar hinreichend für ihre Wahrheit.

Mengentheoretisch nenne ich diese Auffassung deshalb, weil ihr ein Lehrsatz der Mengenlehre zugrunde liegt. Er besagt, daß die Nullklasse Teilklasse *jeder* Klasse ist (oder daß die leere Menge Teilmenge *jeder* Menge ist),[85] symbolisch ausgedrückt: ∅ ⊂ a (und ∅ ⊂ ā) für beliebige a. Wird die Gültigkeit dieses Lehrsatzes vorausgesetzt, dann gilt für b = ∅ sogleich, daß b Teilklasse ist sowohl von a als auch von ā (für beliebige a), symbolisch ausgedrückt: b ⊂ a und b ⊂ ā.

Unter Voraussetzung dieses Lehrsatzes wäre es ganz unzweckmäßig, für Klassenvariable nicht überall die Interpretation zuzulassen, nach der b die Nullklasse ist. „Unsere Abweichung von Aristoteles in diesem Punkte wird", so schreiben denn auch Hilbert und Ackermann, „[...] durch die Rücksicht auf die mathematischen Anwendungen der Logik [des Klassenkalküls] gerechtfertigt, bei denen die Zugrundelegung der Aristotelischen Auffassung unzweckmäßig wäre."[86] Als 'Aristotelische Auffassung' wird hier die Ansicht bezeichnet, Aussagen der Form b ⊂ a und b ⊂ ā seien nur dann wahr, wenn b ≠ ∅. Sie ist der mengentheoretischen Auffassung ent-

---

[85] Bei Schröder hat dieser Lehrsatz den Wortlaut, „das Nichts" sei „Subjekt zu jedem Prädikate." Siehe *Vorlesungen*, Band 1, S. 238.
[86] Hilbert & Ackermann, *Grundzüge*, S. 62.

gegengesetzt und besagt, daß der Subjektbegriff von Sätzen der Form A (α, β) und E (α, β) kein Begriff sein kann, dessen Umfang die Nullklasse ist, wenn sie wahr sind.

Nun kann unter Voraussetzung des mengentheoretischen Lehrsatzes, die Nullklasse sei als Teilklasse in *jeder* Klasse enthalten, mit Hilfe der wahrheitsfunktionalen Verneinung einer Klasseninklusion zum Ausdruck gebracht werden, *daß* die in Rede stehende Teilklasse nicht die Nullklasse ist. Unter dieser Voraussetzung bringen zum Beispiel die in *Figur 6* auftretenden Formeln ›~ (b ⊂ ā)‹ und ›~ (b ⊂ a)‹ jeweils beide zum Ausdruck, daß b nicht die Nullklasse ist. Die Sprache des Klassenkalküls wird unter dieser Voraussetzung dazu befähigt, diejenigen Annahmen explizit zu machen, die implizit in Ausdrücken für Klasseninklusionen nach der 'Aristotelisch' genannten Auffassung enthalten sind. Wenn man sagen will, daß b nicht die Nullklasse ist, genügt es daher zu schreiben: ›~ (b ⊂ b̄)‹. Man kann dann dadurch, daß man diese Formel zu einem der Satzschemata ›b ⊂ a‹ und ›b ⊂ ā‹ hinzufügt, explizit machen, was nach der „stillschweigenden Aristotelischen Voraussetzung" mit einem Satz der Form b ⊂ a bzw. b ⊂ ā implizit ausgesagt wird.[87]

Um zum Ausdruck zu bringen, daß der Begriff β in ›A (α, β)‹ und ›E (α, β)‹ kein Begriff ist, dessen Umfang mit der Nullklasse zusammenfällt, kann man demnach ›b ⊂ a‹ und ›b ⊂ ā‹ durch Paare von Satzschemata, nämlich durch ›~ (b ⊂ b̄)‹ und ›(b ⊂ a)‹ bzw. durch ›~ (b ⊂ b̄)‹ und ›(b ⊂ ā)‹, ersetzen. Die Ausdrücke in der folgenden *Figur 7* geben daher präzise wieder, was mit den Ausdrücken in *Figur 6 eigentlich* gemeint war.

~ (b ⊂ b̄), (b ⊂ a)   ~ (b ⊂ b̄), (b ⊂ ā)

~ (b ⊂ ā)   ~ (b ⊂ a)

Figur 7

---

[87] Ebenda, S. 63. Im Anschluß an Ernst Schröder - siehe seine *Vorlesungen* II, 1, 220 - vertreten Hilbert und Ackermann (ähnlich wie Bertrand Russell, siehe unten § 56) die Auffassung, daß es in der Sprache der Syllogistik unmöglich ist, die syllogistischen Schlußweisen *Darapti, Felapton, Bamalip* und *Fesapo* korrekt darzustellen. Man könne sie nicht wie die übrigen aristotelischen Syllogismen als Schlüsse mit zwei Prämissen behandeln, sondern benötige zu ihrer korrekten Darstellung eine dritte Prämisse der Form ~ (a ⊂ ā). Diese Zusatzprämisse habe die Existenzimplikation explizit zu machen, die in einer der übrigen Prämissen jedes dieser Schlüsse aus syllogistischer Sicht enthalten sei.

§ 17. Das starke logische Quadrat in der Sprache des Klassenkalküls   57

Die Beziehungen des logischen Quadrats bleiben in *Figur 7*, genauso wie in *Figur 6*, nur dann bestehen, wenn man annimmt, daß es für die Klassenvariable ›b‹ keine Interpretation gibt, nach der b der Umfang eines leeren Begriffs, ›~ (b ⊂ $\overline{b}$)‹ also ein falscher Satz ist.

2. Das Problem impliziter Existenzannahmen

§ 18. Das Problem der leeren Klasse

Es sieht wenigstens auf den ersten Blick so aus, als sei die Sprache, in die Hilbert und Ackermann syllogistische Ausdrücke übersetzen, in einer durchaus vorteilhaften Lage: Sie ist anscheinend geeignet, klassenlogische Voraussetzungen explizit zu machen, die in syllogistischen Satzschemata implizit enthalten sind, die aber in der syllogistischen Elementarsprache selbst nicht zum Ausdruck gebracht werden können. *Wenn* es so ist, daß ein *A*- oder *E*-Satz nur unter der Bedingung wahr ist, daß der Umfang seines Subjektbegriffs nicht gleich Null ist, dann sind *A*- und *E*-Sätze in Wahrheit als *zusammengesetzte* Sätze aufzufassen; sie lassen dann eine *logische Analyse* zu, nach der sie gleichbedeutend sind mit Paaren von (oder mit logischen Konjunktionen aus) Satzschemata, wie sie in *Figur 7* vorkommen. Nach dieser Analyse sind syllogistische Begriffsrelationen auf klassenlogische Beziehungen zurückführbar, die sich damit als die elementareren Beziehungen erweisen.

In der syllogistischen Elementarsprache erscheinen dagegen sowohl *A*- als auch *E*-Sätze als einfache, nicht weiter analysierbare, *elementare* Sätze. In dieser Sprache ist kein Vokabular vorhanden, mit dem es möglich wäre, Begriffsvariable als Zeichen für leere bzw. erfüllte Begriffe auszuzeichnen. Es liegt auf den ersten Blick nahe, diesen Mangel für eine sprachliche Unzulänglichkeit zu halten.

Allerdings müssen wir jetzt prüfen, ob es denn überhaupt richtig war, mit Hilbert und Ackermann (siehe oben § 17) anzunehmen, *nicht nur A-, sondern auch E*-Sätze seien so aufzufassen, daß sie nicht wahr sein können, wenn ihre Subjektbegriffe einen Umfang gleich Null haben. Denn von dieser Annahme hängt es ab, ob syllogistische Ausdrücke die Analyse zulassen, die Hilbert und Ackermann für sie vorgeschlagen haben.

Wie wir gesehen haben, nehmen sie an: Nur unter der Bedingung, daß ausschließlich Beziehungen zwischen *solchen A*-, *E*-, *I*- oder *O*-Sätzen in Betracht kommen, deren Subjektbegriff nicht leer ist, sind die „traditionellen Lehren über die *Entgegensetzung*" haltbar; d. h. nur unter dieser Bedingung entsprechen diese Beziehungen den Beziehungen des starken logischen Quadrats, und nur unter dieser Bedingung sind die auf diesen Beziehungen beruhenden Regeln des starken logischen Quadrats *gültig*.

§ 19. *Alternative Theorien*

Die Ansicht, die Hilbert und Ackermann über die Voraussetzungen der Gültigkeit der Regeln des starken logischen Quadrats im Anschluß an Ernst Schröder vertreten haben, entspricht einer Version der Theorie vom *existential import* kategorischer Aussagen, die in Logikbüchern des 19. Jahrhunderts entwickelt worden ist und von der John Neville Keynes in seinem Buch *Studies and Exercises in Formal Logic*, einem der letzten bedeutenden Beiträge zur Syllogistik, eine umfassende Darstellung gegeben hat.[88] Keynes diskutiert verschiedene Versionen dieser Theorie.

Aus seiner Sicht bieten sich vier alternative Möglichkeiten an, kategorische Aussagen zu deuten: *A*-, *E*-, *I*- und *O*-Aussagen lassen sich, wenn sie als kategorische Aussagen auftreten, so interpretieren, daß sie entweder

(i) ausnahmslos implizieren, daß ihr Subjektbegriff, der Gegenbegriff ihres Subjektbegriffs, ihr Prädikatbegriff und der Gegenbegriff ihres Prädikatbegriffs nicht-leere Begriffe sind, oder

(ii) ausnahmslos implizieren, daß ihr Subjektbegriff ein nicht-leerer Begriff ist, oder

(iii) ausnahmslos weder implizieren, daß ihr Subjektbegriff, noch daß ihr Prädikatbegriff ein nicht-leerer Begriff ist, oder schließlich,

(iv) soweit sie partikulär sind, implizieren, daß ihr Subjektbegriff ein nicht-leerer Begriff ist, soweit sie aber universell sind, dies nicht implizieren.[89]

Muß der Subjektbegriff einer kategorischen Aussage nach einer dieser vier Interpretationen ein nicht-leerer Begriff sein, damit sie wahr ist, so bedeutet dies, daß sie, in Bezug auf die Gegenstände, von denen sie han-

---

[88] Vgl. John Neville Keynes, 'The Existential Import of Categorical Propositions', *Studies and Exercises in Formal Logic*, fourth edition rewritten and enlarged, London: Macmillan, 1928, S. 210–248.

[89] Wie Keynes anmerkt, stimmt die Interpretation (i) mit der von William Stanley Jevons vertretenen Auffassung überein, (ii) entspricht der Ansicht John Stuart Mills, und (iv) ist die Interpretation, die von John Venn bevorzugt wird, da sie im Rahmen der „symbolischen Logik" am besten geeignet sei. Siehe Keynes, *Studies and Exercises*, S. 220.

delt, eine implizite Existenzannahme enthält. Man kann dann sagen, daß sie insofern *existentielle Bedeutung* (*existential import*) hat.

Keynes zeigt, daß bei keiner der vier alternativen Interpretationen *alle* Beziehungen des starken logischen Quadrats Bestand haben können:[90]

Vorausgesetzt, die Interpretation (i) liegt vor, entfallen die Beziehungen der Kontradiktorietät und der Subkontrarietät, so daß nur die Beziehungen der Subalternation und der Kontrarietät bestehen bleiben. Es genügt nämlich unter dieser Voraussetzung schon, daß α ein leerer Begriff ist, damit jede der Aussagen der Form $A(α, β)$, $O(α, β)$, $E(α, β)$ und $I(α, β)$ falsch ist. Es können dann nicht je zwei dieser vier Aussagen ein Paar subkonträrer oder kontradiktorischer Aussagen bilden.

Im Falle der Interpretation (ii) ergeben sich aus ähnlichen Gründen dieselben Konsequenzen. Aber während im Falle der Interpretation (i) eine Aussage der Form ›entweder $O(α, β)$, oder es existiert kein α oder $^Nα$ oder β oder $^Nβ$‹ der kontradiktorische Gegensatz zu einer Aussage der Form $A(α, β)$ ist, bildet im Falle (ii) eine Aussage der Form ›entweder $O(α, β)$, oder es existiert kein β‹ einen solchen Gegensatz.

Interpretation (iii) vorausgesetzt, bleibt die subalterne und die subkonträre Beziehung intakt, aber die Beziehungen der Kontradiktorietät und der Kontrarietät werden hinfällig. ›$A(α, β)$‹ sagt unter dieser Voraussetzung bloß aus, daß es kein β gibt, das kein α ist, ohne auszusagen, daß ein β existiert. Eine Aussage der Form $O(α, β)$ sagt unter dieser Voraussetzung bloß aus, daß irgendein β kein α ist, *falls* es ein β gibt. Infolgedessen steht eine Aussage der Form $A(α, β)$ nicht im kontradiktorischen Gegensatz zu einer Aussage der Form $O(α, β)$, da, falls kein α existiert, es nicht zutrifft, daß eine von beiden Aussagen falsch ist. In diesem Falle sind aber auch zwei Aussagen der Form $A(α, β)$ und $E(α, β)$ miteinander verträglich und daher nicht konträr. Denn wenn weder $A(α, β)$ noch $E(α, β)$ impliziert, daß es ein β gibt, wird mit beiden Aussagen zusammengenommen bloß ausgesagt, daß weder ein β existiert, das ein α ist, noch ein β, das kein α ist. Und dies beides zusammengenommen bedeutet nur, daß es überhaupt kein β gibt.

Mit dem vierten und letzten Fall (iv) wird angenommen, daß partikuläre, aber nicht universelle kategorische Aussagen implizit aussagen, es gebe einen Gegenstand, der unter den Subjektbegriff der Aussage fällt. Unter dieser Annahme löst sich das Subalternationsverhältnis auf. Denn eine partikuläre Aussage ist unter dieser Annahme schon dann falsch, wenn die Existenzaussage, die sie impliziert, falsch ist, wohingegen die univer-

---

[90] Vergleiche Keynes, *Studies and Exercises*, S. 227–231.

selle Aussage, aus der sie nach der Subalternationsregel folgt, in diesem Fall wahr sein kann, da sie keine entsprechende Existenzannahme impliziert. Auch das Verhältnis der Kontrarietät löst sich unter dieser Annahme auf. Denn sie läßt es zu, daß zwei Aussagen der Form $A\,(\alpha, \beta)$ und $E\,(\alpha, \beta)$ miteinander verträglich sind. Wenn nämlich keine der beiden Aussagen eine Existenzaussage impliziert, verneint jede von ihnen nur, daß es bestimmte Gegenstände mit dem Prädikat β gibt. Und zwar verneint die universell bejahende Aussage, daß es β's gibt, die *kein* α sind, während die universell verneinende Aussage verneint, daß es β's gibt, *die* ein α sind. Schließlich löst sich auch das Subkontrarietätsverhältnis auf, wenn angenommen wird, partikuläre Aussagen würden implizieren, daß ihr Subjektbegriff erfüllt ist. Denn es genügt dann schon, daß er nicht erfüllt ist, damit zwei Aussagen der Form $I\,(\alpha, \beta)$ und $O\,(\alpha, \beta)$ beide falsch sind.

Die Interpretation (iv) ist unter den vier in Betracht gezogenen Alternativen die einzige, bei der das kontradiktorische Verhältnis zwischen $A\,(\alpha, \beta)$ und $O\,(\alpha, \beta)$ bzw. zwischen $E\,(\alpha, \beta)$ und $I\,(\alpha, \beta)$ intakt bleibt. Keynes sieht in diesem Verhältnis die wichtigste unter allen logischen Oppositions-Beziehungen, und diese Bewertung ist der Grund, aus dem er der Interpretation (iv) vor den übrigen drei Interpretationen kategorischer Sätze den Vorzug gibt: Aus seiner Sicht ist sie für das, was er „ordinary formal logic" nennt, am besten geeignet.[91] Sie entspricht, wie man leicht erkennt, genau derjenigen Interpretation, bei der A-, E-, I- und O-Sätze *mengentheoretisch aufgefaßte Klasseninklusionen* zum Ausdruck bringen und der Reihe nach Sätzen der Form $b \subset a$, $b \subset \bar{a}$, $\sim (b \subset \bar{a})$ und $\sim (b \subset a)$ entsprechen.

Wenn man nun annehmen würde, daß mit den vier in Betracht gezogenen Alternativen (i) bis (iv) *alle* Interpretationen erfaßt sind, die für A-, E-, I- und O-Sätze überhaupt in Frage kommen, so müßte man aus den Befunden, die Keynes darlegt, den Schluß ziehen, daß die Beziehungen des starken logischen Quadrats nicht unter *allen* Umständen zwischen Sätzen der Form $A\,(\alpha, \beta)$, $E\,(\alpha, \beta)$, $I\,(\alpha, \beta)$ und $O\,(\alpha, \beta)$ bestehen, sondern nur unter der *speziellen* Bedingung, daß diese Sätze implizite Existenzannahmen enthalten, und zwar so, daß die Wahrheit dieser Annahmen außer Frage steht. Da diese Annahmen explizit gemacht werden können als Annahmen, die sich auf Begriffsumfänge beziehen, lassen diese Sätze eine logische Analyse zu, die der von Hilbert und Ackermann vorgenommenen

---

[91] *Studies and Exercises*, S. 220.

Übersetzung in die Sprache des Klassenkalküls genau entspricht. Dies ist eine Ansicht, der die meisten modernen Logiker gefolgt sind.[92]

3. Grenzen der Sprache des Klassenkalküls

§ 20. Gründe für eine Modifikation des Übersetzungsprogramms

Nun ist allerdings die Aufzählung der vier von Keynes in Betracht gezogenen Alternativen unvollständig. Eine *fünfte* Interpretation kategorischer Sätze, die Keynes in einer Fußnote zwar erwähnt,[93] aber sonst nicht näher in Betracht gezogen hat, besagt, *daß nur bejahende, nicht dagegen verneinende kategorische Aussagen implizit aussagen, es gebe einen Gegenstand, der unter den Subjektbegriff der Aussage fällt*. Manley Thompson hat ausführlich dargelegt, daß die Beziehungen des starken logischen Quadrats zwischen beliebigen *A*-, *E*-, *I*- und *O*-Sätzen ohne Ausnahme Bestand haben, legt man die fünfte Alternative zugrunde, setzt man also voraus, daß nicht (wie im Falle der Interpretation (iv)) die *Quantität* einer kategorischen Aussage, sondern allein ihre *Qualität* darüber entscheidet, ob eine Existenzimplikation vorliegt.[94] Nach dieser Voraussetzung ist *existential import* von Aussagen ausschließlich von der affirmativen Form dieser Aussagen abhängig. Ich möchte diese Voraussetzung das *Prinzip der qualitativen Existenzbindung* nennen. – Die Tatsache, daß die Beziehungen des starken logischen Quadrats streng allgemeingültig sind, wenn dieses Prinzip vorausgesetzt wird, kann man sich auf folgende Weise klarmachen.

---

[92] Zu den Logikern, die meinen, die Syllogistik setze ganz allgemein voraus, daß Begriffe *nicht-leer* sind, oder daß *A*-, *E*-, *I*- und *O*-Sätze implizieren, es *gebe* die Gegenstände, von denen sie handeln, gehören Peter F. Strawson, der in der Syllogistik eine Art 'Logik der normalen Sprache' gesehen hat, die mit der mathematischen Logik inkommensurabel sei, und die Vertreter einer Doktrin, die unter der vielversprechenden Bezeichnung *Free Logic* rangiert. Siehe Strawson, *Introduction to Logical Theory*, London 1952, S. 165–179; Karel Lambert, 'Free Logics, philosophical issues in,' *Routledge Encyclopedia of Philosophy*, ed. by E. Craig, Vol. 3, London, 1998; und Ermanno Bencivenga, 'Free Logics,' ebenda.

[93] *Studies and Exercises*, S. 219. Nach Keynes' Auskunft ist diese fünfte Interpretation von Friedrich Ueberweg vertreten worden.

[94] Siehe M. Thompson, 'On Aristotle's Square of Opposition', *The Philosophical Review* 62, 1953, S. 251–265, wiederabgedruckt in J. M. E. Moravcsik (Ed.), *Aristotle. A Collection of Critical Essays*, Notre Dame & London, 1968, S. 51–72. Die von Ueberweg und Thompson formulierte Voraussetzung entspricht einem alten scholastischen Grundsatz. Vgl. Arthur N. Prior, 'Existence', *Encyclopedia of Philosophy*, ed. by P. Edwards, vol. 3, S. 143. Auch Thompson hat auf die Anerkennung dieses Grundsatzes durch Kant und Charles S. Peirce hingewiesen. Siehe Thompson, 'On Aristotle's Square of Opposition', S. 61.

Erstens bleibt die Beziehung der *Kontradiktorietät* erhalten, da ein verneinender Satz und ein durch ihn verneinter Satz weder beide wahr noch beide falsch sein können, falls der verneinende Satz nichts Anderes aussagt, als daß der durch ihn verneinte Satz falsch ist. Nach dem Prinzip der qualitativen Existenzbindung sind aber verneinende kategorische Sätze so aufzufassen, daß sie keine andere Aussage enthalten als die über das Falschsein der durch sie verneinten Aussage.

Zweitens bleibt die Beziehung der *Subalternation* erhalten. Denn Aussagen, die in diesem Verhältnis stehen, sind Aussagen derselben Qualität und deshalb nach dem Prinzip der qualitativen Existenzbindung Aussagen, die sich hinsichtlich ihrer Existenzimplikationen nicht voneinander unterscheiden. Daher können universelle Aussagen nicht wahr sein, ohne daß auch die Aussagen wahr sind, die sich zu ihnen subaltern verhalten.

Drittens bleibt auch das *Kontrarietätsverhältnis* bestehen: Zwei universelle Aussagen, die sich nur durch ihre Qualität voneinander unterscheiden, können nicht beide wahr sein, da jede von ihnen eine subalterne Aussage impliziert, die sich kontradiktorisch zur anderen verhält; sie können aber beide falsch sein, falls der Subjektbegriff nicht leer ist, und zwar sind sie dies, wenn nicht alles, was unter diesen Begriff fällt, auch unter den Prädikatbegriff fällt.

Schließlich, *viertens*, bleibt auch die *Subkontrarietätsbeziehung* erhalten: Zwei partikuläre Aussagen, die sich voneinander nur durch ihre Qualität unterscheiden, können beide wahr, aber nicht beide falsch sein. Wahr sind sie beide dann, wenn sie sich auf verschiedene Gegenstände beziehen, die unter ihren Subjektbegriff fallen. Beide falsch können sie dagegen nicht sein. Denn wenn eine von ihnen falsch ist, muß auch die Aussage, zu der sie in einem subalternen Verhältnis steht, falsch sein, so daß die partikuläre Aussage, die deren kontradiktorisches Gegenstück ist, wahr sein muß.

Die Beziehungen des starken logischen Quadrats bestehen also ausnahmslos zwischen beliebigen A-, E-, I- und O-Sätzen, setzt man das Prinzip der qualitativen Existenzbindung voraus.

Dieses Prinzip stimmt übrigens teilweise – allerdings *nur* teilweise – überein mit dem, was Hilbert und Ackermann als „stillschweigende Aristotelische Voraussetzung" bezeichnet haben.[95] Dieses Prinzip besagt nämlich, daß eine (*affirmative*) Aussage ›alle β sind α‹ nur dann richtig ist,

---

[95] Daß Aristoteles selbst von der „stillschweigenden Voraussetzung" so, wie sie ihm hier unterstellt worden ist, keinen Gebrauch gemacht hat und auf sie in seiner Syllogistik nicht angewiesen war, habe ich in meinem Aufsatz 'Prinzipien und expositorische Beweise in Aristoteles' Syllogistik', *Philosophiegeschichte und logische Analyse*, 1, 1998, S. 131–170 gezeigt.

§ 20. Gründe für eine Modifikation des Übersetzungsprogramms   63

wenn es Gegenstände gibt, welche β sind. Es besagt aber *nicht*, dies gelte auch für eine der *negativen* Aussagen ›kein β ist ein α‹ und ›nicht alle β sind ein α‹.

Das Prinzip der qualitativen Existenzbindung bringt eigentlich nur zum Ausdruck, daß die *Wahrheitsbedingungen* kategorischer Sätze von unterschiedlicher Art sind, je nach dem ob es sich bei diesen um affirmative oder negative Sätze handelt. Die Wahrheit eines *affirmativen* kategorischen Satzes besteht im *Zutreffen* seines Prädikats auf die Gegenstände oder auf den Gegenstand, von denen bzw. von dem er handelt. Dagegen besteht die Wahrheit eines *negativen* kategorischen Satzes, aufgefaßt als *nichtwahrheitsfunktionale Verneinung* eines affirmativen kategorischen Satzes, darin, daß dieser Satz zusammen mit seiner doppelten nicht-wahrheitsfunktionalen Verneinung falsch ist. Ist A ein affirmativer kategorischer Satz, so besagt das Prinzip der qualitativen Existenzbindung lediglich, daß die Wahrheit von A davon abhängt, daß es Gegenstände gibt, auf die A zutrifft, daß dagegen die Wahrheit von N A die Existenz solcher Gegenstände nicht voraussetzt.

›Existenz‹ muß hier freilich in einem sehr weiten Sinne des Wortes verstanden werden, nämlich so, daß Existenz zusammenfällt mit der Zugehörigkeit zum (nicht-leeren) Individuenbereich (*universe of discourse*)[96], auf den sich der jeweilige affirmative kategorische Satz implizit bezieht. Ein Satz wie ›Alle olympischen Götter werden in der *Ilias* erwähnt‹ kann wahr sein auch dann, wenn olympische Götter nicht zum Bereich der Gegenstände gehören, von denen etwa moderne Wissenschaften oder monotheistische Religionen handeln. Zu den notwendigen Wahrheitsbedingungen eines solchen Satzes gehört es lediglich, daß die Gegenstände, von denen er handelt, unter den Gegenständen vorkommen, die in den Werken Homers erwähnt werden. Ebenso setzt ein Satz wie ›Ein regelmäßiges zehnseitiges Polyeder ist ein leeres Hirngespinst‹ nicht voraus, daß solche Figuren z. B. im physikalischen Raum oder unter den Gegenständen der Stereometrie vorkommen. Damit ein solcher Satz wahr ist, ist es lediglich erforderlich, daß seine Gegenstände in derjenigen Welt existieren, auf die er sich bezieht, nämlich in der Welt der Hirngespinste.

Vergleichen wir mit den beiden erwähnten Sätzen die beiden folgenden Sätze: (1) ›Alle olympischen Götter sind Götter‹ und (2) ›Ein regelmäßiges zehnseitiges Polyeder hat zehn Seiten‹. Ob sie wahr oder falsch sind, hängt in beiden Fällen davon ab, wie sie zu verstehen sind. Soll mit ihnen

---

[96] George Boole, *An Investigation of the Laws of thought on which are founded the mathematical theories of logic and probabilities*, London 1854, S. 166.

gesagt werden, daß allen olympischen Göttern das Prädikat *zugeschrieben* wird, Götter zu sein, bzw. daß einem regelmäßigen zehnseitigen Polyeder das Prädikat *zugeschrieben* wird, zehnseitig zu sein, dann können beide Sätze wahr sein, und zwar *aufgrund davon*, daß ihre Gegenstände (nichtleeren) Individuenbereichen angehören, auf die sie sich beziehen. Diese Bereiche lassen sich in beiden Fällen als die *Welt der Zuschreibungen* charakterisieren. – Beide Sätze können aber auch falsch sein.[97] Soll mit Satz (1) gesagt werden, daß olympische Götter Götter *sind*, dann ist dieser Satz falsch, falls die Welt der Götter, auf die er sich bezieht, ein leerer Individuenbereich ist oder keine olympischen Götter enthält. Und soll mit Satz (2) gesagt werden, daß einem regelmäßigen zehnseitigen Polyeder die Eigenschaft *zukommt*, zehnseitig zu sein, dann ist dieser Satz falsch, *falls* der Bereich der Gegenstände, die zehn Seiten haben, entweder leer ist oder regelmäßige Polyeder nicht enthält. Gleichgültig, wie wir jeden der beiden Sätze verstehen und auf welchen Individuenbereich wir ihn dabei beziehen, – unter *allen* Umständen hängt seine Wahrheit davon ab, daß der von ihm jeweils vorausgesetzte Individuenbereich *nicht leer* ist. Ganz entsprechend kann die nicht-wahrheitsfunktionale Verneinung von jedem der beiden Sätze wahr sein *ganz unabhängig* davon, ob der Individuenbereich, den er voraussetzt, leer ist oder nicht.

Nun kann man das Prinzip der qualitativen Existenzbindung formulieren, auch ohne von *Existenz* zu sprechen, indem man stattdessen von *Begriffsumfängen* redet. In dieser Sprechweise besagt das Prinzip, daß eine affirmative kategorische Aussage im Unterschied zu einer negativen kategorischen Aussage nur dann wahr ist, wenn ihr Subjektbegriff kein *leerer* Begriff, d. h. kein Begriff ist, dessen Umfang gleich Null ist.

Nehmen wir vorläufig an, der Umfang eines leeren Begriffs (gleich Null) sei dasselbe wie *die Nullklasse*, und beschließen wir, die Beziehungen des starken logischen Quadrats gemäß dem Prinzip der qualitativen Existenzbindung in der Sprache des Klassenkalküls darzustellen, so erweist es sich als nötig, die von Hilbert und Ackermann vorgenommene Überset-

---

[97] Aus dem Prinzip der qualitativen Existenzbindung folgt sogleich, daß affirmative Sätze der Form $X(\alpha, \alpha)$, mit $X = A$, $X = I$ oder $X = A$, falsch sind, falls an der Stelle von α der Ausdruck eines leeren Begriffs auftritt. Bezeichnet man Sätze dieser Form als 'analytisch', ist nötig anzunehmen, daß es *falsche* analytische Sätze gibt. Analytizität und analytische Wahrheit müssen dann voneinander unterschieden werden. Analytische Sätze, die von Gegenständen handeln, die es nicht gibt, dürfen nur insofern für wahr gehalten werden, als sie zu Sätzen umgedeutet werden, die sich auf die Welt der Zuschreibungen beziehen. Nur als *Zuschreibungsurteile* verstanden sind analytische Urteile unter allen Umständen wahr. Ich werde in § 21 und § 57 auf diesen Punkt zurückkommen.

zung der Schemata ›A (α, β)‹, ›E (α, β)‹, ›I (α, β)‹ und ›O (α, β)‹ einer *Modifikation* zu unterziehen. Da ein Satz der Form A (α, β) auch nach dem Prinzip der qualitativen Existenzbindung genau dann wahr ist, wenn der Umfang des Begriffs β im Umfang des Begriffs α enthalten und nicht leer (also nicht die Nullklasse) ist, ist er gleichbedeutend mit einem Satz der Form b ⊂ a & ~ (b ⊂ b̄). Aber ein Satz der Form E (α, β) setzt im Gegensatz zu einem Satz der Form A (α, β) *nicht* voraus, daß der Umfang von β größer als Null ist, so daß gilt: ~ (b ⊂ b̄). Daher entspricht er *nicht* einem Satz der Form b ⊂ ā & ~ (b ⊂ b̄), sondern einem Satz der Form b ⊂ ā. Gibt man schließlich I (α, β) und O (α, β) (als die kontradiktorischen Gegenteile von E (α, β) bzw. von A (α, β)) wie in *Figur 7* in § 17 durch wahrheitsfunktionale Verneinungen wieder, so kann man die Beziehungen des starken logischen Quadrats durch das Diagramm in *Figur 8* wiedergeben.[98]

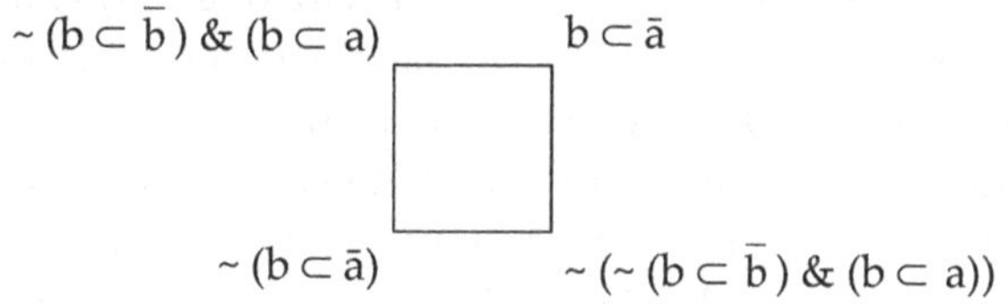

~ (b ⊂ b̄) & (b ⊂ a)   b ⊂ ā

~ (b ⊂ ā)   ~ (~ (b ⊂ b̄) & (b ⊂ a))

Figur 8

Diese Beziehungen bleiben nunmehr, nach ihrer Wiedergabe gemäß *Figur 8*, für *beliebige* Interpretationen der Klassenvariablen a und b in Kraft. So scheint eine kleine Modifikation des Übersetzungsprogramms, dem Hilbert und Ackermann gefolgt sind, Aussicht auf Erfolg zu haben.

§ 21. *Nullklasse und leere Begriffsumfänge*

Tatsächlich können syllogistische Satzschemata nach dem am Ende von § 20 vorgestellten Verfahren einwandfrei in die Sprache des Klassenkalküls übersetzt werden, *wenn man nur voraussetzt, leere Begriffsumfänge seien einfach dasselbe wie die Nullklasse*. Diese Voraussetzung ist nun aber nicht zulässig. In der Sprache des Klassenkalküls ist es strenggenommen gar nicht möglich, zum Ausdruck zu bringen, daß ein Begriff – verstanden als etwas, wofür eine syllogistische Begriffsvariable steht, – nicht leer, sondern

---

[98] In diesem Diagramm bin ich genötigt, das Zeichen der logischen Konjunktion zu gebrauchen, obwohl es *nicht* zur Sprache des Klassenkalküls gehört. Die Negation eines *Paares* von Satzschemata, wie es in *Figur 7* an zwei Stellen vorkam, läßt sich nur als Negation einer logischen Konjunktion darstellen.

erfüllt ist. Ein Ausdruck der Form ~ (b ⊂ b̄), wie er in *Figur 8* gebraucht worden ist, sagt lediglich aus, daß b nicht Teilklasse jeder Klasse ist, daß b insbesondere nicht Teilklasse der Komplementklasse von b ist. Dies impliziert, daß b nicht die Nullklasse ist. Dies schließt aber keineswegs aus, daß der Begriff, dessen Umfang durch ›b‹ bezeichnet wird, gleichwohl *leer* ist. Man kann sich diesen Sachverhalt auf folgende Weise klarmachen.

Als mengentheoretischer *Lehrsatz* folgt die Annahme, die Nullklasse sei Teilklasse jeder Klasse, aus zwei mengentheoretischen Axiomen, dem *Aussonderungsaxiom* und dem *Extensionalitätsaxiom*. Zusätzlich muß vorausgesetzt werden, daß irgendeine Menge existiert.

Das Aussonderungsaxiom besagt: *Zu jeder Menge a und zu jeder Bedingung S (x) existiert eine Menge b, deren Elemente genau die x aus a sind, für die S (x) gilt*. Mit diesem Axiom wird stillschweigend angenommen, daß die Bedingung S (x) unerfüllbar sein darf. Daraus ergibt sich, daß ein Satz falsch sein darf, der von jedem x aus a aussagt, daß S (x) gilt. Zum Beispiel darf ›S (x)‹ für die Bedingung stehen, daß x ≠ x; und es darf angenommen werden, daß x ≠ x auf die x aus a nicht zutrifft.

Aus dem Aussonderungsaxiom folgt, daß eine Menge existiert, die keine Elemente hat. Denn unter der Voraussetzung, daß überhaupt irgendeine Menge existiert (welche das auch sei), folgt aus dem Aussonderungsaxiom, daß es eine Menge, zum Beispiel die Menge {x ∈ a : x ≠ x}, gibt, die keine Elemente hat.

Im Anschluß hieran sorgt das Extensionalitätsaxiom dafür, daß es nicht *mehr* als nur eine Menge gibt, die keine Elemente hat. Denn dieses Axiom besagt: *Mengen sind genau dann identisch, wenn für jeden Gegenstand gilt, daß er entweder jeder oder keiner dieser Mengen als Element angehört*. Aus dem Extensionalitätsaxiom folgt, daß leere Mengen miteinander identisch sind, da es keinen Gegenstand gibt, der Element einer dieser Mengen wäre. Daher sind sie identisch auch mit der Menge {x ∈ a : x ≠ x}, von der angenommen wurde, sie sei leer, und von der schon gezeigt wurde, daß sie existiert. Sie heiße *die Nullmenge* oder *die Nullklasse* und werde bezeichnet durch ›∅‹.

Nun kann aus dem Satz, daß die Nullklasse existiert, abgeleitet werden, daß sie Teilklasse jeder Klasse oder Teilmenge jeder Menge ist, symbolisch ausgedrückt: ∅ ⊂ a, für beliebige a. Um diese Ableitung zu bewerkstelligen, argumentiert man für gewöhnlich etwa so:[99] Es kann nicht falsch sein, daß die Nullklasse Teilklasse jeder Klasse ist. Denn, wäre ∅ ⊂ a falsch, so müßte in ∅ ein Element enthalten sein, das nicht zu a gehört. Da in ∅ aber

---

[99] Siehe P. R. Halmos, *Naive Mengenlehre*, S. 19.

gar kein Element enthalten ist, kann Ø auch gar kein Element enthalten, das nicht zu a gehört. Bei dieser Argumentation wird vorausgesetzt, es könne nur *einen* Grund dafür geben, daß ein Satz wie ›Jedes Element der Nullklasse ist ein Element jeder Klasse‹ (nämlich ein affirmativer Satz der Form A (α, β)) falsch ist, nämlich nur den Grund, daß ein Gegenbeispiel existiert, mit dem der Satz widerlegt werden könnte. Indessen kann es nach dem Prinzip der qualitativen Existenzbindung aber durchaus noch einen anderen Grund für das Falschsein eines solchen Satzes geben, nämlich den, daß es das, wovon er handelt, schlicht nicht gibt (so daß auch keine Gegenbeispiele existieren). Nach diesem Prinzip ist *prima facie, gerade weil* Elemente der Nullklasse nicht existieren, die Annahme einfach falsch, jedes Element der Nullklasse sei Element jeder Klasse.

Bei Lichte besehen ergibt sich jedoch, daß der mengentheoretische Lehrsatz, die Nullklasse sei Teilklasse jeder Klasse, keineswegs unverträglich ist mit dem Prinzip der qualitativen Existenzbindung. Er setzt dieses vielmehr sogar voraus. Nur bedarf es, um ihn ableiten zu können, der zusätzlichen Inanspruchnahme einer logischen Regel, die innerhalb der Syllogistik entbehrlich ist, nämlich die Regel, nach der aus einem *falschen* Satz jeder *beliebige* Satz unmittelbar abgeleitet werden darf (gleichgültig, ob dieser nun affirmativ oder negativ ist): *Ex falso quodlibet*.

Nach dem Prinzip der qualitativen Existenzbindung ist nämlich bereits dies ein falscher Satz: ›Irgendeinem Gegenstand kommt das Prädikat zu, Element der Nullklasse zu sein.‹ Denn das Prädikat, Element der Nullklasse zu sein, ist klarerweise unverträglich mit der impliziten Existenzvoraussetzung affirmativer Sätze. Nach der Regel *Ex falso quodlibet* darf daher aus der Annahme, daß ein Gegenstand Element der Nullklasse ist, jeder *beliebige* Satz unmittelbar abgeleitet werden. Demnach ist es wahr, daß, *wenn* irgendein Gegenstand ein Element der Nullklasse ist, diesem das Prädikat zugeschrieben werden darf, Element einer beliebigen Klasse a zu sein, welche Klasse mit ›a‹ auch immer gemeint sein mag. Eben diesen Sachverhalt bringt der mengentheoretische Lehrsatz zum Ausdruck: Ø ⊂ a, für beliebige a.[100]

---

[100] Üblicherweise wird derselbe Sachverhalt etwa so dargestellt: Die Aussage ›*wenn* irgendein Gegenstand ein Element der Nullklasse ist, *so* kommt diesem das Prädikat zu, Element einer beliebigen Klasse zu sein‹ ist wahr, vorausgesetzt, die *wenn-so*-Beziehung wird in dieser Aussage *wahrheitsfunktional* verstanden, d. h. vorausgesetzt, es wird als eine hinreichende Wahrheitsbedingung für diese Aussage angenommen, daß ihr Vordersatz falsch ist. Vgl. Jürgen Schmidt, *Mengenlehre. Einführung in die axiomatische Mengenlehre*, Band I: *Grundbegriffe*, Mannheim: Bibliographisches Institut, 1966, S. 61.

Wir werden an späterer Stelle, in § 30, sehen, daß es nicht unbedingt angebracht ist, die Regel *Ex falso quodlibet* als eine streng allgemeingültige logische Regel anzusehen. Man erkennt eigentlich schon an ihrem Wortlaut (›Aus Falschem folgt regelmäßig Beliebiges‹), daß sie jedenfalls nicht zu den *Regeln der formalen Logik* (im engeren Sinne dieser Bezeichnung) zu rechnen ist, falls wir nämlich zu diesen Regeln nur solche Regeln zählen wollen, deren Gültigkeit ausschließlich auf der Bedeutung logischer Konstanten beruht, die in den Ausdrücken vorkommen, auf die sie angewendet werden. Innerhalb der Syllogistik braucht diese Regel, wie gesagt (und wie wir weiter unten, im Zweiten Teil dieser Abhandlung sehen werden), nicht in Anspruch genommen zu werden. Sofern diese Regel aber nicht in Anspruch genommen wird, gilt für die Umfänge leerer Begriffe, für welche die Variablen in syllogistischen Satzschemata stehen können, *nicht*, daß sie mit der Nullklasse als Teilklasse jeder Klasse zusammenfallen. *Leere Begriffsumfänge sind demnach nicht einfach dasselbe wie die Nullklasse im Sinne der axiomatischen Mengenlehre.*

An dieser Stelle könnte man vielleicht einwenden, daß die Verschiedenheit leerer Begriffsumfänge und der Nullklasse doch schon durch das Extensionalitätsaxiom ausgeschlossen worden sei. Denn dieses sage doch gerade aus, daß leere Mengen – und zu diesen müssen die Umfänge (oder Extensionen) leerer Begriffe schließlich gerechnet werden – *identisch* sind. Aber dieser Einwand beruht auf einem Mißverständnis. Das Extensionalitätsaxiom sollte, um dieses Mißverständnis nicht aufkommen zu lassen, präzisiert und wie folgt formuliert werden: *Mengen sind genau dann identisch, wenn für jedes Element des vorausgesetzten nicht-leeren Individuenbereichs gilt, daß es ein Element entweder jeder oder keiner dieser Mengen ist.* Welcher nicht-leere Individuenbereich es ist, der mit dem Axiomensystem, zu dem das Extensionalitätsaxiom gehören soll, vorausgesetzt wird, braucht innerhalb dieses Systems nicht angegeben zu werden. Denn die Axiome sollen gelten, *gleichgültig, welcher* Individuenbereich vorausgesetzt wird. Aber dies bedeutet selbstverständlich nicht, daß mit dem Extensionalitätsaxiom die Identität *aller* Mengen angenommen würde, die bezüglich eines bestimmten nicht-leeren Individuenbereichs leer sind. Darüber, wie sich Mengen zueinander verhalten, insofern sie *relativ zu verschiedenen Bereichen* leer sind, sagt das Axiom nichts aus. Einmal angenommen, ein rosa lackierter Ferrari komme nur in der Gedankenwelt eines bestimmten Kriminalromans vor; angenommen also, daß in der Menge rosa lackierter Ferraris Dinge unserer Alltagswelt so wenig wie in der Menge kreisförmiger Quadrate enthalten sind; bezogen auf unsere Alltagswelt sind dann beide Mengen nach dem Extensionalitätsaxiom identisch. Aus ihm folgt

§ 21. *Nullklasse und leere Begriffsumfänge*

aber nicht, daß beide Mengen auch identisch sind bezogen auf die Gedankenwelt des erwähnten Kriminalromans. Andernfalls hätte der in dieser Welt auftretende Kommissar von vornherein keine Chance, seinen Fall aufzuklären.

In der korrekt verstandenen axiomatischen Mengenlehre kann demnach von einer *absoluten* Identität leerer Mengen gar keine Rede sein. Folglich behauptet sie auch nicht die absolute, sondern nur *die relative Einzigkeit der leeren Menge*.[101] Mit dieser Behauptung ist die Annahme durchaus verträglich, leere Begriffsumfänge dürften mit der leeren Menge, die Teilklasse jeder Menge ist, nicht identifiziert werden.

Als Teilklasse jeder Klasse genommen, ist eine leere Menge genau dasselbe wie eine Menge, deren Elemente Gegenstände sind, auf die alle nur denkbaren widersprüchlichen Prädikate zutreffen. Sind a und $\bar{a}$ die Umfänge des Begriffs α bzw. seines Gegenbegriffs ^{N}α, so ist die Nullklasse aufzufassen als der Umfang eines Begriffs, unter den jeder Gegenstand fällt, auf den, bei beliebiger Interpretation von ›α‹, sowohl das Prädikat α als auch das Prädikat ^{N}α zutrifft.[102] So betrachtet, ist die Nullklasse als Umfang eines *bestimmten* leeren Begriffs aufzufassen. Man könnte diesen Begriff den *Begriff der inkonsistent bestimmten Gegenstände* nennen.

Von diesem Begriff lassen sich *andere* leere Begriffe problemlos unterscheiden. Während der Begriff der inkonsistent bestimmten Gegenstände schon deshalb leer ist, weil inkonsistent bestimmte Gegenstände aus *logischen* Gründen unmöglich sind, sind andere Begriffe leer, ohne daß es dafür einen logischen Grund gäbe. Nicht-Existenz kann selbstverständlich auch kontingente Gründe haben, oder doch Gründe, die außerhalb der Logik liegen.

Es stehe α zum Beispiel für den Begriffsausdruck ›gegenwärtiger König von Frankreich‹, und β stehe für das Begriffswort ›kahlköpfig‹. Dann müssen wir, falls α einen Umfang gleich Null hat, gemäß dem Prinzip der

---

[101] Dem entspricht es, daß die korrekt verstandene axiomatisierte Mengenlehre nicht behauptet, die Komplementklasse der Nullklasse sei eine *absolute Allklasse*, d. h. die Klasse aller Gegenstände. Die sogenannte Allklasse ist immer nur die Klasse aller Gegenstände eines bestimmten vorausgesetzten Individuenbereichs.

[102] Definiert man die Nullklasse als den *Durchschnitt einer Klasse und ihrer Komplementklasse*, so ist es trivial anzunehmen, die Nullklasse sei Teilklasse jeder Klasse. Denn es ist trivial anzunehmen, daß der Durchschnitt zweier beliebiger Klassen eine Teilklasse von jeder dieser beiden Klassen ist, woraus folgt, daß der Durchschnitt einer beliebigen Klasse a und ihres Komplements eine Teilklasse von a sein muß. – Aber nicht trivial wäre die erwähnte Definition selbst, falls sie so verstanden würde, als sage sie aus, *der Umfang eines leeren Begriffs* sei dasselbe wie der Durchschnitt einer Klasse und der zugehörigen Komplementklasse.

qualitativen Existenzbindung annehmen, der Satz ›das in Rede stehende α ist ein β‹ sei falsch. Und nach den Regeln des schwachen logischen Quadrats ist anzunehmen, die nicht-wahrheitsfunktionale Verneinung dieses Satzes, nämlich der Satz ›das in Rede stehende α ist nicht ein β‹, sei gleichfalls falsch. Beide Annahmen zusammengenommen sind keineswegs gleichbedeutend mit der Annahme, in der vorausgesetzten Interpretation sei das in Rede stehende α *sowohl* β *als auch* nicht β. Sie wären es nur dann, wenn aus dem Falschsein zweier Sätze p und Np stets zu folgern wäre: Np und NNp, also sowohl Np als auch p. Aber aus NNp darf nicht auf p geschlossen werden, da das *Prinzip des affirmativen Gebrauchs doppelter Negation*, wie wir bereits in § 10 gesehen haben, für die *nicht-wahrheitsfunktionale Verneinung* nicht gültig ist. Aus diesem Grunde kann der Umfang des Begriffs des gegenwärtig herrschenden Königs von Frankreich leer sein, ohne daß angenommen werden müßte, es würden Gegenstände unter ihn fallen, die auf inkonsistente Weise bestimmt sind.

Um uns die Sache noch an einem anderen, etwas schwierigeren Beispiel klarer zu machen, betrachten wir zudem noch den Satz ›Ein olympischer Gott ist ein Gott‹. Nehmen wir an, der Begriff des olympischen Gottes sei leer. Dann ist dieser Satz nach dem Prinzip der qualitativen Existenzbindung falsch. Dagegen kann nach den Regeln des starken logischen Quadrats seine Verneinung, nämlich: ›Kein olympischer Gott ist ein Gott‹, wahr sein. Es könnte vielleicht scheinen, als würde in diesem Satz von einem leeren Begriff inkonsistent bestimmter Gegenstände Gebrauch gemacht, da von einem Gott, der kein Gott ist, die Rede ist. Aber die Wahrheit dieses Satzes beruht lediglich darauf, daß affirmative Sätze, die wie sogenannte analytische Wahrheiten[103] aussehen, nach dem Prinzip der qualitativen Existenzbindung falsch sein können, falls die Gegenstände, von denen sie handeln, nicht existieren. Der Satz ›Kein olympischer Gott ist ein Gott‹ bringt die Nichtexistenz olympischer Götter zum Ausdruck, ohne implizit vorauszusetzen, olympische Götter seien Gegenstände, denen *beliebige* einander widersprechende Prädikate zugeschrieben werden dürften.

---

[103] Auf den Umstand, daß Analytizität und analytische Wahrheit nicht ohne weiteres miteinander gleichgesetzt werden dürfen, habe ich bereits oben in Fußnote 97 hingewiesen. In der neueren philosophischen Literatur hat man sich an diese Gleichsetzung gewöhnt. Es ist bemerkenswert, daß Kant, auf den die moderne Unterscheidung analytischer und nicht-analytischer (synthetischer) Sätze zurückgeht, eine solche Gleichsetzung nirgendwo vorgenommen hat, - auch wenn er meistens so ausgelegt wird, als habe er eben dies getan. Ich werde weiter unten, insbesondere in § 39 und § 57 auf den Begriff der Analytizität ausführlicher eingehen.

§ 21. Nullklasse und leere Begriffsumfänge

Die beiden betrachteten Beispiele mögen genügen, um deutlich werden zu lassen, daß für Begriffsvariable in syllogistischen Satzschemata Interpretationen zur Verfügung stehen, nach denen sie Ausdrücke für Begriffe vertreten, die einen Umfang gleich Null haben, *ohne daß* dieser Umfang als Teilklasse jeder Klasse aufzufassen wäre. Strenggenommen dürfen die Umfänge leerer Begriffe nicht gleichgesetzt werden mit dem, was in der Mengenlehre Nullklasse genannt wird. Ein Ausdruck der Form ~ (b ⊂ b̄), wie er in den *Figuren 7* und *8* gebraucht worden ist, verneint daher zwar, daß b die Nullklasse ist. Er bringt jedoch noch lange nicht zum Ausdruck, daß b der Umfang eines *erfüllten* Begriffs ist. Denn wenn b nicht die Nullklasse ist, ist noch längst nicht ausgeschlossen, daß b Umfang eines leeren Begriffs ist.

Aus diesem Grunde ist es überhaupt unmöglich, ein syllogistisches Satzschema einer logischen Analyse zu unterziehen, bei der Begriffsbeziehungen auf klassenlogische Beziehungen zurückgeführt und logische Konstanten in die Sprache des Klassenkalküls übersetzt werden.

Die stillschweigende Aristotelische Voraussetzung, die nach dem Prinzip der qualitativen Existenzbindung mit syllogistischen Ausdrücken verknüpft ist, kann in dieser Sprache gar nicht adäquat wiedergegeben werden. Infolgedessen ist *weder* die von Hilbert und Ackermann vorgenommene Übersetzung syllogistischer Ausdrücke *noch* die oben, am Ende von § 20, in Betracht gezogene Modifikation dieser Übersetzung geeignet, eine „systematische Ableitung" von Schlußweisen der kategorischen Syllogistik zu ermöglichen.

Das Übersetzungsprogramm, dem Hilbert und Ackermann gefolgt sind, ist damit definitiv gescheitert.

§ 22. Übersetzung klassenlogischer Satzschemata in die Sprache der Syllogistik

Man kann sich jetzt verhältnismäßig leicht davon überzeugen, daß es, gleichsam umgekehrt, durchaus möglich ist, in einer Sprache, die keine anderen logischen Konstanten als die der elementaren Syllogistik enthält, genau das wiederzugeben, was jeder der klassenlogischen Ausdrücke bedeutet, von denen Hilbert und Ackermann Gebrauch machen, um die Schlußweisen der kategorischen Syllogistik innerhalb des Klassenkalküls systematisch abzuleiten.

Betrachten wir zu diesem Zweck, der Reihe nach, Ausdrücke für Inklusionsbeziehungen, wie sie beispielsweise oben in *Figur 7* aufgetreten sind, und zwar als erstes das Satzschema ›b ⊂ a‹. Nach der mengentheoretischen Auffassung der Inklusionsbeziehung ist dieser Ausdruck weiter analysierbar als Satzschema, das implizit vier elementarere Satzschemata enthält, nämlich:

(1) Entweder ist b die Nullklasse, oder b ist nicht die Nullklasse.
(2) Wenn b die Nullklasse ist, so ist b Teilklasse von a.
(3) Wenn b die Nullklasse ist, so ist b Teilklasse von ā.
(4) Wenn b nicht die Nullklasse ist, so ist b Teilklasse von a.

Das Teilschema (1) ist gleichbedeutend damit, daß die Klasse b entweder die Nullklasse oder nicht die Nullklasse ist. So verstanden ist sie ein Anwendungsfall des Prinzips des affirmativen Gebrauchs doppelter Negation (nach § 10). Das heißt, durch die Disjunktion in (1) wird ausgeschlossen, daß es einen Fall gibt, in dem b weder die Nullklasse noch nicht die Nullklasse ist. Was die beiden Teilaussagen (2) und (3) angeht, so bringen sie beide zusammen eine Konsequenz des mengentheoretischen Lehrsatzes zum Ausdruck, daß die Nullklasse Teilklasse jeder Klasse ist. Aufgrund dieses Lehrsatzes ist es eine hinreichende Bedingung für die Wahrheit einer Aussage der Form b ⊂ a, daß b die Nullklasse ist. Was schließlich die Teilaussage (4) angeht, so bringt sie die hypothetische Abschwächung eines kategorischen Satzes der Form $A(\alpha, \beta)$ zum Ausdruck. Während ein solcher Satz nämlich sinngemäß besagt, daß der Umfang des (nicht-leeren) Begriffs β im Umfang des Begriffs α enthalten ist, besagt seine hypothetische Abschwächung so viel wie: *Wenn* etwas ein β ist, so ist es ein α. (4) ist eine Modifikation dieser Abschwächung und besagt: *Wenn* nicht jeder Gegenstand, der zum Umfang des Begriffs β gehört, ein Element der Nullklasse ist, so ist jedes β (d. h. jeder Gegenstand, der zum Umfang des Begriffs β gehört) ein α.

Auf ähnliche Weise lassen sich auch die anderen Satzschemata analysieren, wie sie oben in *Figur 7* aufgetreten sind. Was das Schema ›b ⊂ ā‹ angeht, so ist es genau analog zum Schema ›b ⊂ a‹ zurückführbar auf vier Satzschemata, die den Schemata (1) bis (4) entsprechen, falls man in ihnen die Zeichen ›a‹ und ›ā‹ an allen Stellen ihres Vorkommens miteinander vertauscht. Was die wahrheitsfunktionale Verneinung von ›b ⊂ ā‹ angeht, so bringt sie nach der mengentheoretischen Auffassung zweierlei zum Ausdruck, nämlich erstens:

(5) Die Klasse b ist nicht die Nullklasse,

und zweitens:

§ 22. Übersetzung klassenlogischer Satzschemata in die Sprache der Syllogistik   73

(6) Die Klasse b ist nicht Teilklasse von ā.

Das Satzschema ›~ (b ⊂ b̄)‹ kann gleichfalls auf die beiden Schemata (5) und (6) zurückgeführt werden, falls man in (6) ›ā‹ mit ›b̄‹ vertauscht.

Die Satzschemata (1) bis (6) kann man sogleich ohne Ausnahme in einer Formelsprache wiedergeben, in der ausschließlich logische Konstanten der Syllogistik gebraucht werden. Man muß zu diesem Zweck allerdings die Sprache der Syllogistik erweitern, da man jetzt außer Begriffsvariablen auch eine Begriffskonstante benötigt, um den konkreten begrifflichen Inhalt wiedergeben zu können, der in jedem der Satzschemata (1) bis (6) vorkommt. Ein Satzschema wie ›b ist die Nullklasse‹ unterscheidet sich von einem syllogistischen Satzschema nicht nur hinsichtlich der Art der Variablen, die in ihm auftreten, sondern auch durch das Vorkommen eines speziellen begrifflichen Inhalts; ›b ist die Nullklasse‹ ist nämlich gleichbedeutend mit dem syllogistischen Satzschema ›jedes Element von b ist ein Element der Nullklasse‹. Man darf hier den Begriffsausdruck ›Element von b‹ durch die Begriffsvariable ›β‹ ersetzen, wenn man b als den Umfang des Begriffs β interpretiert. Dagegen steht der Begriffsausdruck ›Element der Nullklasse‹ offensichtlich für einen Begriff mit konkretem Inhalt. Man könnte ihn auch wiedergeben durch den Begriffsausdruck ›inkonsistent bestimmter Gegenstand‹ (siehe oben § 21). Um diesen, oder den Ausdruck ›Element der Nullklasse‹, abzukürzen, gebrauche ich die Begriffskonstante ›ε_0‹. Das Satzschema ›jedes Element von b ist ein Element der Nullklasse‹ dürfen wir dementsprechend abkürzen durch ›$A(\varepsilon_0, \beta)$‹.

Was das Satzschema (1) angeht, so kann man den darin enthaltenen Gedanken, daß die Klasse b entweder die Nullklasse oder nicht die Nullklasse ist, wiedergeben durch das Satzschema ›entweder ist jedes β ein Element der Nullklasse, oder nicht jedes β ist ein Element der Nullklasse.‹ Man kann dieses Schema abkürzen durch die syllogistische Formel ›$D(A(\varepsilon_0, \beta), NA(\varepsilon_0, \beta))$‹.

Das Satzschema (2) bedeutet so viel wie ›Wenn jedes β ein Element der Nullklasse ist, dann ist jedes β ein α‹, – als syllogistische Formel geschrieben: ›$H(A(\varepsilon_0, \beta), A(\alpha, \beta))$‹ (wobei a als Umfang von α interpretiert wird).

Ganz entsprechend bedeutet das Satzschema (3) dasselbe wie ›Wenn jedes β ein Element der Nullklasse ist, dann ist jedes β ein $^N\alpha$‹; – als syllogistische Formel geschrieben: ›$H(A(\varepsilon_0, \beta), A(^N\alpha, \beta))$‹.

(4) ist zu übersetzen durch ›wenn nicht jedes β ein Element der Nullklasse ist, dann ist jedes β ein α‹; abgekürzt: ›$H(NA(\varepsilon_0, \beta), A(\alpha, \beta))$‹.

(5) bedeutet so viel wie ›Nicht jedes β ist ein Element der Nullklasse‹; in symbolischer Schreibweise heißt das: ›$NA(\varepsilon_0, \beta)$‹.

74   I. 2. *Die Sprache des Klassenkalküls*

(6) schließlich kann man übersetzen durch ›Nicht ist jedes β ein $^N\alpha$‹; in symbolischer Schreibweise heißt das so viel wie: ›$N\,A\,(^N\alpha, \beta)$‹.

Nach dieser Analyse sind die Ausdrücke, die in der linken Spalte der nachfolgenden *Tabelle 1* stehen, auf Ausdrücke zurückzuführen, die in der rechten Spalte dieser Tabelle stehen. (Den Fall, in dem b = a, daher α = β ist, lasse ich als einen Sonderfall außer Betracht.)

b ⊂ a	$D\,(A\,(\varepsilon_0, \beta), N\,A\,(\varepsilon_0, \beta))$
	$H\,(A\,(\varepsilon_0, \beta), A\,(\alpha, \beta))$
	$H\,(A\,(\varepsilon_0, \beta), A\,(^N\alpha, \beta))$
	$H\,(N\,A\,(\varepsilon_0, \beta), A\,(\alpha, \beta))$
b ⊂ ā	$D\,(A\,(\varepsilon_0, \beta), N\,A\,(\varepsilon_0, \beta))$
	$H\,(A\,(\varepsilon_0, \beta), A\,(^N\alpha, \beta))$
	$H\,(A\,(\varepsilon_0, \beta), A\,(\alpha, \beta))$
	$H\,(N\,A\,(\varepsilon_0, \beta), A\,(^N\alpha, \beta))$
~ (b ⊂ ā)	$N\,A\,(\varepsilon_0, \beta)$
	$N\,A\,(^N\alpha, \beta)$
~ (b ⊂ a)	$N\,A\,(\varepsilon_0, \beta)$
	$N\,A\,(\alpha, \beta)$

Tabelle 1

Daß diese Analyse zutreffend ist, kann man sich klarmachen, wenn man voraussetzt, daß durch ~ A das kontradiktorische Gegenteil von A bezeichnet wird. Demnach verhalten sich die Ausdrücke der ersten und vierten Zeile der linken Spalte zueinander kontradiktorisch; dasselbe gilt für die Ausdrücke der zweiten und dritten Zeile dieser Spalte. Die in der rechten Spalte auftretenden Ausdrücke derselben Zeilen stehen in genau entsprechenden Verhältnissen zueinander. Man betrachte zunächst eine der Teilformeln, die dem Schema ›b ⊂ a‹ in der ersten der vier Zeilen rechts gegenüberstehen, nämlich ›$H\,(N\,A\,(\varepsilon_0, \beta), A\,(\alpha, \beta))$‹. Ein Satz dieser Form ist falsch unter der Bedingung, daß sein Vordersatz wahr und sein Nachsatz falsch ist. Eben diese Bedingung wird durch die beiden Teilformeln in der vierten Zeile rechts zum Ausdruck gebracht. Zwei Sätze der Form $N\,A\,(\varepsilon_0, \beta)$ und $N\,A\,(\alpha, \beta)$ können umgekehrt nicht beide wahr sein, wenn ein Satz der Form $H\,(N\,A\,(\varepsilon_0, \beta), A\,(\alpha, \beta))$ wahr ist. Das heißt also: Sätze, deren Formen jeweils durch die Schemata der ersten und vierten Zeile von

§ 22. *Übersetzung klassenlogischer Satzschemata in die Sprache der Syllogistik* 75

Tabelle 1 ausgedrückt werden, können nicht alle zugleich wahr sein. Sie können aber auch nicht alle zugleich falsch sein. Denn vorausgesetzt, ein Satz ist falsch, dessen Form einem der beiden Schemata der vierten Zeile rechts entspricht, kann nicht auch einer der Sätze falsch sein, deren Form den Schemata der ersten Zeile entspricht. Drei Fälle sind hier denkbar:

(a) Zwei Sätze der Form $NA\,(\varepsilon_0, \beta)$ bzw. der Form $NA\,(\alpha, \beta)$ sind beide falsch;
(b) nur der erste dieser beiden Sätze ist falsch;
(c) nur der zweite von ihnen ist falsch.

Im Falle (a) ist der Nachsatz eines Satzes der Form $H\,(NA\,(\varepsilon_0, \beta), A\,(\alpha, \beta))$ wahr, sein Vordersatz dagegen falsch. Der hypothetische Satz als ganzer muß aber wahr sein. Denn aufgrund des Prinzips des affirmativen Gebrauchs doppelter Negation, dessen Gültigkeit durch die erste Teilformel der ersten Zeile rechts, d. h. durch ›$D\,(A\,(\varepsilon_0, \beta), NA\,(\varepsilon_0, \beta))$‹, zum Ausdruck gebracht wird, muß ein Satz der Form $A\,(\varepsilon_0, \beta)$ wahr sein. Nun ist die Nullklasse Teilklasse jeder Klasse, gemäß dem mengentheoretischen Lehrsatz, dessen Gültigkeit durch die zweite und dritte Teilformel der ersten Zeile rechts zum Ausdruck gebracht wird. Daraus folgt, daß, wenn ein Satz der Form $NA\,(\varepsilon_0, \beta)$ falsch ist, ein Satz der Form $A\,(\alpha, \beta)$ wahr sein muß. Also ist in diesem Falle ein Satz der Form $H\,(NA\,(\varepsilon_0, \beta), A\,(\alpha, \beta))$ wahr. Aber auch jeder Satz, dessen Form einer der übrigen Teilformeln in der ersten Zeile rechts entspricht, ist wahr, – jedenfalls dann, wenn die Gültigkeit des Prinzips des affirmativen Gebrauchs doppelter Negation und die Gültigkeit des Satzes vorausgesetzt wird, daß die Nullklasse Teilklasse jeder Klasse ist.

Betrachten wir nun den Fall (b). Er unterscheidet sich vom Fall (a) nur dadurch, daß angenommen wird, ein Satz der Form $NA\,(\alpha, \beta)$ sei wahr. Auch in diesem Fall sind alle Sätze wahr, deren Form jeweils einem der vier Schemata in der ersten Zeile rechts entspricht. Daß ein hypothetischer Satz der Form $H\,(NA\,(\varepsilon_0, \beta), A\,(\alpha, \beta))$ wahr ist, falls seine beiden Teilsätze falsch sind, gilt nämlich dann, wenn das Prinzip des affirmativen Gebrauchs doppelter Negation gültig und die Nullklasse Teilklasse jeder Klasse ist.

Schließlich sind auch im Falle (c) alle Sätze wahr, deren Form jeweils einem der vier Schemata in der ersten Zeile rechts entspricht. In diesem Fall wird angenommen, daß ein hypothetischer Satz der Form $H\,(NA\,(\varepsilon_0, \beta), A\,(\alpha, \beta))$ nur aus wahren Teilsätzen besteht. Auch in diesem Fall ist der hypothetische Satz als ganzer wahr, – vorausgesetzt, das Prinzip des affirmativen Gebrauchs doppelter Negation ist gültig und die Nullklasse ist

Teilklasse jeder Klasse. Unter dieser Voraussetzung sind auch alle Sätze wahr, deren Form jeweils einer der übrigen Teilformeln der ersten Zeile rechts entspricht.

Zusammenfassend kann man demnach feststellen, daß Sätze, deren Formen jeweils durch die Schemata der ersten und vierten Zeile ausgedrückt werden, weder alle zugleich wahr noch alle zugleich falsch sein können. Es besteht demnach ein kontradiktorisches Verhältnis zwischen den Formeln der ersten Zeile einerseits und den Formeln der vierten Zeile andererseits sowohl in der rechten als auch in der linken Spalte von *Tabelle 1*. Auf genau analoge Weise kann man zeigen, daß ebenso zwischen den Formeln der zweiten und dritten Zeile der rechten Spalte ein kontradiktorisches Verhältnis besteht.

Es gibt also gute Gründe für die Annahme, daß die Beziehungen, die den Ausdrücken in der linken Spalte von *Tabelle 1* entsprechen, zutreffend analysiert werden, wenn sie auf syllogistische Beziehungen zurückgeführt werden, die den Ausdrücken der rechten Spalte dieser Tabelle entsprechen.

§ 23. *Zurückführung klassenlogischer Schlußweisen auf syllogistische Schlußweisen*

Werfen wir an dieser Stelle noch einmal einen Blick zurück auf das Ableitungsunternehmen von Hilbert und Ackermann. Sie haben die Ansicht vertreten, der Klassenkalkül ermögliche „eine systematischere Behandlung der logischen Fragen als die traditionelle Logik",[104] mit der sie die Syllogistik meinten.

Dieser Ansicht lag die Überzeugung zugrunde, man könne jede Prämisse eines kategorischen Syllogismus sachgemäß ersetzen durch eine oder mehrere Prämissen, von denen jede ein Ausdruck des Klassenkalküls ist, und es sei aufgrund dieser Ersetzung möglich, alle syllogistischen Regeln auf Regeln des Klassenkalküls zurückzuführen. Diese Überzeugung hat sich als unzutreffend erwiesen. Es ist im Gegenteil möglich, jede Prämisse, die aus einem Ausdruck für eine Klasseninklusion besteht, sachgemäß durch eine Reihe von syllogistischen Prämissen zu ersetzen. Daher liegt es nahe anzunehmen, daß eine Zurückführung von Schlußweisen des Klassenkalküls auf Schlußweisen der kategorischen Syllogistik möglich ist.

---

[104] Hilbert & Ackermann, *Grundzüge der theoretischen Logik*, S. 65.

§ 23. *Zurückführung klassenlogischer Schlußweisen* 77

Demnach ist von der Syllogistik eine Behandlung logischer Fragen zu erwarten, die systematischer ist als die Behandlung, die diese Fragen im Rahmen des Klassenkalküls erfahren.

Bei einem Versuch, klassenlogische Regeln aus syllogistischen Schlußweisen abzuleiten, ist ein Weg einzuschlagen, der dem von Hilbert und Ackermann eingeschlagenen Weg genau entgegengesetzt ist. Um z. B. die Regel abzuleiten, nach der aus zwei Prämissen der Form b ⊂ a und c ⊂ b auf eine Konklusion der Form c ⊂ a geschlossen werden darf, ist gemäß *Tabelle 1* (§ 22) das erste Prämissenschema, nämlich ›b ⊂ a‹, sogleich durch vier Prämissenschemata zu ersetzen, nämlich durch ›$D(A(\varepsilon_0, \beta), NA(\varepsilon_0, \beta))$‹, ›$H(A(\varepsilon_0, \beta), A(\alpha, \beta))$‹, ›$H(A(\varepsilon_0, \beta), A(^N\alpha, \beta))$‹ und ›$H(NA(\varepsilon_0, \beta), A(\alpha, \beta))$‹. Nun ist das Schlußschema

$$\frac{\begin{array}{c} D(A(\varepsilon_0, \beta), NA(\varepsilon_0, \beta)) \\ H(A(\varepsilon_0, \beta), A(\alpha, \beta)) \\ H(NA(\varepsilon_0, \beta), A(\alpha, \beta)) \end{array}}{A(\alpha, \beta)}$$

ein spezieller Anwendungsfall der syllogistischen Regel des konstruktiven Dilemmas, deren allgemeine Form wiedergegeben werden kann durch das Schema:[105]

$$\frac{\begin{array}{c} D(A, C) \\ H(A, B) \\ H(C, B) \end{array}}{B.}$$

Die Regel des konstruktiven Dilemmas darf sogleich auf drei der vier Prämissenschemata angewendet werden, die nach *Tabelle 1* an die Stelle von ›b ⊂ a‹ treten dürfen. Dies bedeutet, daß das erste Prämissenschema ›b ⊂ a‹ durch das Schema ›$A(\alpha, \beta)$‹ ersetzt werden darf. In genau analoger Weise darf auch das zweite Prämissenschema, nämlich ›c ⊂ b‹, ersetzt werden durch ›$A(\beta, \gamma)$‹.

Nun ist nach *Modus Barbara* ein Schluß der Form

---

[105] Der Beweis für die Gültigkeit dieser Regel ist unten in § 49 zu finden. Man beachte freilich, daß die dort als schwach konstruktives Dilemma bezeichnete Regel (II. 24) nur den Schluß auf eine Konklusion der Form *NN* B erlaubt. Wenn vorausgesetzt wird, daß das Prinzip des affirmativen Gebrauchs doppelter Negation gültig ist, so daß gilt: $D(B, NB)$, (siehe § 10), darf von dieser Konklusion sogleich weitergeschlossen werden auf eine Konklusion der Form B.

$$A(\alpha, \beta)$$
$$\underline{A(\beta, \gamma)}$$
$$A(\alpha, \gamma)$$

allgemeingültig. Aus zwei Prämissen der Form b ⊂ a und c ⊂ b darf deshalb ein Satz der Form $A(\alpha, \gamma)$ abgeleitet werden. Aus diesem Grund muß dann auch ein Schluß der Form

$$b \subset a$$
$$\underline{c \subset b}$$
$$c \subset a$$

gültig sein. Denn ein Satz der Form c ⊂ a ist – so hatten wir bereits weiter oben, in § 16, gesehen – aus einem Satz der Form $A(\alpha, \gamma)$ direkt ableitbar, falls vorausgesetzt wird, daß a der Umfang eines Begriffs α und c der Umfang eines Begriffs γ ist. Von dieser Voraussetzung wurde aber schon Gebrauch gemacht, um die beiden Prämissenschemata ›b ⊂ a‹ und ›c ⊂ b‹ in syllogistische Ausdrücke zu überführen. Demnach beruhte die Gültigkeit der Regel, nach der von b ⊂ a und c ⊂ b auf c ⊂ a geschlossen werden darf, auf der Gültigkeit syllogistischer Schlußweisen. Es wäre leicht zu zeigen, daß die Gültigkeit aller übrigen Regeln des Klassenkalküls, nach denen Schlüsse zu behandeln sind, die es in ihren Prämissen und Konklusionen ausschließlich mit verneinten oder unverneinten Klasseninklusionen zu tun haben, in ganz ähnlicher Weise auf die Gültigkeit syllogistischer Regeln zurückgeführt werden kann.

Allerdings stößt das hier nur exemplarisch angedeutete Unternehmen, Schlußweisen des Klassenkalküls auf syllogistische Schlußweisen zurückzuführen, rasch auf natürliche Grenzen. Sie möchte ich in dem folgenden Paragraphen aufzeigen.

§ 24. *Vorteile einer Transformation der Sprache des Klassenkalküls in die Sprache des Funktionenkalküls*

Diese Grenzen zeichnen sich ab, sobald man die Aufmerksamkeit darauf lenkt, daß die Sprache des Klassenkalküls reichhaltiger ist als die Sprache, in der Hilbert und Ackermann vergeblich versucht haben, syllogistische Schlußweisen darzustellen. Diese Sprache enthält ja noch andere logische Konstanten als die, die ich bisher in Betracht gezogen habe. Daher können

§ 24. Transformation in die Sprache des Funktionenkalküls

in ihr durchaus Schlußweisen behandelt werden, die in der Sprache der Syllogistik nicht, oder doch nicht so ohne weiteres, darstellbar sind. Während die Symbole ›... ⊂ ...‹, ›$\overline{\text{...}}$‹ und ›~ ...‹ syllogistischen Ausdrücken, nämlich den logischen Konstanten ›A (..., ...)‹, ›^{N} ...‹ und ›N ...‹, korrespondieren, fehlen solche Entsprechungen in Bezug auf die übrigen logischen Konstanten des Klassenkalküls: die Symbole ›... = ...‹, ›... ∩ ...‹ und ›...∪...‹, die als Zeichen für die *Identität*, den *Durchschnitt* bzw. die *Vereinigung* von Klassen verwendet werden.

Was die Bedeutung von ›... = ...‹ angeht, so läßt sie sich freilich zurückführen auf die Bedeutung des Inklusionszeichens. Denn ›a = b‹ faßt den Inhalt von ›a ⊂ b‹ und ›b ⊂ a‹ in einen Ausdruck zusammen. Das heißt, a = b ist gleichbedeutend mit a ⊂ b & b ⊂ a, so daß zwei Aussagen der Form a ⊂ b und der Form b ⊂ a durch ›a = b‹ abgekürzt werden können. Ein Schluß der Form

$$\frac{\begin{array}{c} a = b \\ b = c \end{array}}{a = c}$$

kann insofern auf zwei Schlüsse der Form

$$\frac{\begin{array}{c} a \subset b \\ b \subset c \end{array}}{a \subset c} \quad \text{und} \quad \frac{\begin{array}{c} b \subset a \\ c \subset b \end{array}}{c \subset a}$$

zurückgeführt werden.

Was die Verknüpfungszeichen ›... ∩ ...‹ und ›... ∪ ...‹ angeht, so werden durch sie Klassenvariable so miteinander verbunden, daß das Schema eines Ausdrucks entsteht, der wieder eine Klassenbezeichnung ist. So bezeichnet ein Ausdruck der Form a ∩ ā die Nullklasse und ein Ausdruck der Form a ∪ ā das Komplement der Nullklasse, d. h. die Gesamtheit der Individuen des vorausgesetzten Individuenbereichs (die '*Allklasse*'). Allgemein gesprochen, ist ›a ∩ b‹ das Schema zur Bezeichnung einer Klasse, die aus allen Elementen besteht, die zugleich Element von a und von b sind; ›a ∪ b‹ ist das Schema zur Bezeichnung einer Klasse, die aus allen Elementen besteht, die mindestens einer der Klassen a und b angehören.

Die Zeichen des Durchschnitts und der Vereinigung unterscheiden sich von den Zeichen der Inklusion und der Identität dadurch, daß sie zwei

I. 2. *Die Sprache des Klassenkalküls*

Klassenvariable nicht zu einem *Satzschema*, sondern zu einem Bezeichnungsschema verknüpfen, d. h. zum Schema eines Ausdrucks, der selbst wieder nur für eine Klasse steht. Da Klassen Begriffsumfänge sind, dienen diese Zeichen, und zwar sowohl für sich genommen als auch in Kombination miteinander oder in Kombination mit dem Komplement-Zeichen, dazu, Umfänge *spezieller*, nämlich *komplexer* Begriffe zu bezeichnen und zugleich die *logische Form ihrer Zusammensetzung* anzugeben. *Logisch* können die mit Hilfe von ›…∩…‹ oder ›…∪…‹ angegebenen Formen insofern heißen, als sie für die Gültigkeit von Schlüssen, wie z. B. dem folgenden, relevant sind:

$$\frac{\begin{array}{c} a = b \cup \bar{b} \\ c = d \cup \bar{d} \end{array}}{a \cap c = d \cup \bar{d}.}$$

Für die Angabe der logischen Form der Zusammensetzung von Begriffen scheint es in der syllogistischen Elementarsprache schon deshalb keine logischen Konstanten geben zu können, weil Begriffsvariable die einzigen Begriffsausdrücke sind, die in ihr vorkommen. Begriffsvariable vertreten in dieser Sprache nicht nur jeden *begrifflichen Inhalt*, sondern sie besetzen damit sogleich auch die syntaktischen Stellen eines Satzes, an denen Teile eines komplexen Begriffsausdrucks durch logische Konstanten miteinander verknüpft werden könnten. Schon aus diesem Grunde ist es kaum zu erwarten, daß die Sprache der Syllogistik reichhaltig genug ist, um alle logischen Beziehungen wiedergeben zu können, die in der Sprache des Klassenkalküls darstellbar sind.

Man kann sich freilich auf den Standpunkt stellen, daß die logische Form der Zusammensetzung von Begriffen, wie sie angedeutet wird durch ›…∩…‹ oder ›…∪…‹, auch in der Sprache des Klassenkalküls noch nicht ihren angemessensten Ausdruck findet. Schon wenn es darum geht, die Beziehungen des Durchschnitts und der Vereinigung von Klassen zu erklären oder zu definieren, läßt es sich kaum vermeiden, ein Vokabular zu gebrauchen, das außer Klassen auch *Elemente von Klassen*, außer Begriffsumfängen auch *Gegenstände* oder *Individuen*, explizit ins Spiel bringt. So ist der Durchschnitt zweier Klassen a und b anzusehen als die Menge der Gegenstände x, für die gilt: $x \in a$ *und* $x \in b$. In symbolischer Ausdrucksweise:

$$a \cap b = \{x : x \in a \ \& \ x \in b\}.$$

§ 24. Transformation in die Sprache des Funktionenkalküls

Ganz entsprechend kann die Vereinigung zweier Klassen a und b aufgefaßt werden als die Menge der Gegenstände x, für die gilt: $x \in a$ *oder* $x \in b$. In symbolischer Ausdrucksweise:

$$a \cup b = \{x: x \in a \vee x \in b\}.$$

Diese Definitionen bringen einen neuen Typ von Variablen, nämlich *Individuenvariable* (›x‹, ›y‹ usw.), außerdem die aus der Mengenlehre bekannte Elementschaftsbeziehung (›… ∈ …‹) sowie die Mengenbezeichnung ›{x: …}‹ als Abkürzung des Ausdrucks ›die Menge aller x, für die gilt: …‹ ins Spiel. Insbesondere machen sie darüber hinaus Gebrauch von wahrheitsfunktionalen Satzverknüpfungen, nämlich von der *logischen Konjunktion* (›… & …‹) und der *Adjunktion* (›… ∨ …‹). Keine dieser beiden logischen Konstanten gehört zur Sprache des Klassenkalküls. Sie gehören auch nicht zum herkömmlichen Vokabular der Syllogistik.

Was die *logische Konjunktion* angeht, so hatte ich in § 7 darauf hingewiesen, daß sie von C. I. Lewis herangezogen worden ist, um mit ihrer Hilfe das hypothetische ›wenn …, so …‹ der Syllogistik als strikte Implikation deuten zu können.

Was die *Adjunktion* angeht, so ist sie von der syllogistischen *Disjunktion* deutlich zu unterscheiden. Sind ›p‹ und ›q‹ Abkürzungen zweier Aussagen, die wahr oder falsch sind, so ist $D(p, q)$ nur dann wahr, wenn genau eine der beiden Aussagen p und q wahr ist, und zwar so, daß gilt: $H(p, N q)$ und $H(N p, q)$ (siehe oben § 6). Die Adjunktion $p \vee q$ sagt dagegen aus, daß *mindestens* eine der Aussagen p und q wahr und *höchstens* eine von ihnen falsch ist. Sie ist, wie die logische Konjunktion, eine Wahrheitsfunktion. Das kann man daraus entnehmen, daß das zweite der beiden De Morgan'schen Gesetze, $a \cap b = \overline{\overline{a} \cup \overline{b}}$ und $a \cup b = \overline{\overline{a} \cap \overline{b}}$, eine Entsprechung hat in der logischen Äquivalenz von $A \vee B$ und $\sim(\sim A \mathbin{\&} \sim B)$. Es kann daher ›… ∨ …‹ als Abkürzung für ›∼(∼… & ∼…)‹ aufgefaßt werden.

Die Übersetzung von Ausdrücken des Klassenkalküls in eine Sprache, die von Individuenvariablen und wahrheitsfunktionalen Satzverknüpfungen Gebrauch macht, läßt sich nun sogleich fortsetzen und vervollständigen, indem man auch klassenlogische Satzschemata, d. h. Ausdrücke, die ein Inklusionszeichen enthalten, in diese Sprache übersetzt. Das läßt sich einfach dadurch bewerkstelligen, daß man sagt, ›a ⊂ b‹ sei gleichbedeutend mit

›$(\forall x)(x \in a \supset x \in b)$‹.

Auch in diesem Ausdruck tritt eine wahrheitsfunktionale Satzverknüpfung auf, nämlich das Zeichen für die *Subjunktion* (›... ⊃ ...‹). Es dient zur Abkürzung, da ›A ⊃ B‹ gleichbedeutend ist mit ›~ (A & ~ B)‹. Die als Präfix gebrauchte Zeichenverbindung ›(∀ x) ...‹ heißt *Allquantor* und dient als Abkürzung für den Ausdruck ›für jedes x gilt: ...‹.

Man kann beliebig komplexe Ausdrücke des Klassenkalküls in eine Sprache übersetzen, die Individuenvariablen, wahrheitsfunktionale Satzverknüpfungen und Quantoren enthält. Beispielsweise kann man ›~ (a ∩ c ⊂ b)‹ durch den Ausdruck

›(∃ x) ~ ((x ∈ a & x ∈ c) ⊃ x ∈ b)‹

wiedergeben, wobei das Präfix ›(∃x) ...‹, der *Existenzquantor*, einfach als Abkürzung für ›~ (∀ x) ~ ...‹ anzusehen ist.

Die Sprache, in der von Individuenvariablen, Quantoren und wahrheitsfunktionalen Satzverknüpfungen Gebrauch gemacht wird, läßt sich in logischer Hinsicht weiter verbessern. So ist es zweckmäßig, in ihr nicht nur den Gebrauch der logischen Konstanten des Klassenkalküls, mit Ausnahme des Zeichens für die wahrheitsfunktionale Verneinung, sondern auch den Gebrauch von Klassenvariablen überflüssig zu machen, also Zeichenverbindungen des Typs ›x ∈ a‹ durch andere Zeichenverbindungen zu ersetzen. Daß eine solche Ersetzung zweckmäßig sein kann, ergibt sich aus dem Gedanken, daß die Beziehung der Elementschaft, genauer gesagt diejenige Relation, die zwischen einem Individuum x aus einem Individuenbereich X und einer Klasse besteht, dessen Element x ist, *auch* als Relation aufzufassen ist, die zwischen x aus X und der Menge $\{W, F\}$, d. h. der Menge der Wahrheitswerte besteht. Es sei a eine bestimmte Klasse, z. B. die Menge der Quadratwurzeln aus Vier. Dann steht ›x ∈ a‹ für das Satzschema ›x ist eine Quadratwurzel aus Vier‹, in dem ›x‹ Platzhalter für einen Ausdruck ist, der geeignet ist, ein Individuum aus dem vorausgesetzten Individuenbereich X, z. B. ein Element aus dem Bereich der natürlichen Zahlen, zu bezeichnen. Für $x = 2$ und für $x = -2$ hat ›x ist eine Quadratwurzel aus Vier‹ den Wahrheitswert W, für alle anderen Individuen des vorausgesetzten Individuenbereichs dagegen den Wert F. Also nimmt der Ausdruck ›x ist eine Quadratwurzel aus Vier‹ für jedes x aus X einen der beiden Wahrheitswerte an. Die Annahme, es gebe eine Interpretation von ›x‹, nach der ›x ist eine Quadratwurzel aus Vier‹ ein wahrer oder falscher Satz ist, setzt daher voraus, daß es eine *Relation F von* X *nach* Y gibt derart, daß es zu jedem x aus X genau ein y aus Y gibt mit $Y = \{W, F\}$ und mit $(x, y) \in F$.

§ 24. Transformation in die Sprache des Funktionenkalküls

Eine *Funktion f*: X → Y (in Worten, eine *Funktion f* von X *in* Y) ist definiert als eine Relation *f* von X nach Y, für die gilt, daß es zu jedem x in X genau ein y in Y gibt mit $(x, y) \in f$. Wenn Y = {W, F}, dann heiße die Funktion von X in Y eine *Aussagefunktion*, und man schreibe ›F : X → Y‹ und ›$(x, y) \in F$‹ statt ›f: X → Y‹ bzw. ›$(x, y) \in f$‹. Eine Aussagefunktion F : X → Y ist demnach dadurch definiert, daß ihr Wertebereich nur die beiden Wahrheitswerte als Elemente enthält. Statt ›$(x, y) \in F$‹ kann man auch ›$F(x) = y$‹ schreiben. Die erste Formel bringt zum Ausdruck, daß F die Menge der aus x und y bestehenden geordneten Paare ist. Die zweite Formel besagt, daß F an der Argumentstelle x den Wert y annimmt. Beide Formeln bringen zum Ausdruck, daß y der Wert ist, den die Funktion F annimmt, je nach dem welches der Individuen des vorausgesetzten Individuenbereichs x ist.

Da die Interpretation, mit welcher der Ausdruck ›x ist eine Quadratwurzel aus Vier‹ in einen wahren Satz verwandelt wird, einer Operation entspricht, aufgrund derer die rechte Seite, ›= y‹, der obigen Gleichung $F(x) = y$ durch ›= W‹ ersetzt werden darf, ist es berechtigt, ›x ist eine Quadratwurzel aus Vier‹ als gleichbedeutend mit dem Funktionsausdruck ›$F(x)$‹ anzusehen und diesen so zu verwenden, als sei er eine Abkürzung für jenen. Setzt man an die Stelle von ›a‹ in ›$x \in a$‹ eine andere Klassenbezeichnung als die der Menge der Quadratwurzeln aus Vier, so geht dementsprechend ›$x \in a$‹ in einen Ausdruck über, für den man den Funktionsausdruck ›$G(x)$‹ setzen darf. Da es beliebig viele Möglichkeiten gibt, ›a‹ zu ersetzen, braucht man entsprechend viele Funktionsausdrücke, die ›$x \in a$‹ vertreten können. Ich werde mich zu diesem Zweck einer Index-Schreibweise bedienen und ›$F_1(x)$‹ schreiben statt ›$F(x)$‹, ›$F_2(x)$‹ statt ›$G(x)$‹ usw. Jedoch werde ich zur Vereinfachung auch die Ausdrücke ›$F(x)$‹, ›$G(x)$‹ usw. weiterhin so gebrauchen, daß ihnen keine *Klassenvariable*, sondern stets eine *Klassenkonstante* entspricht. Soll einem Funktionsausdruck eine *Klassenvariable* entsprechen, so schreibe ich ›$F_i(x)$‹, ›$F_j(x)$‹ usw. und füge jeweils hinzu: ›mit $i \geq 1$‹ bzw. ›mit $i \neq j$, $j \geq 1$‹ usw., oder ich ersetze ›$F_i(x)$, mit $i \geq 1$‹ durch ›$\Phi(x)$‹, ›$F_j(x)$, mit $i \neq j$, $j \geq 1$‹ durch ›$\Psi(x)$‹ usw.

Der Vorteil, der in der Ersetzung von Ausdrücken des Typs ›$x \in a$‹ durch Funktionsausdrücke des Typs ›$\Phi(x)$‹ besteht, liegt darin, daß Funktionsausdrücke mehr als eine Argumentstelle haben können. Ersetzt man ›Vier‹ in ›x ist eine Quadratwurzel aus Vier‹ durch eine Individuenvariable, so erhält man den Ausdruck ›x ist eine Quadratwurzel aus y‹. Diesem Ausdruck entspricht ein Funktionsausdruck der Form $F(x, y)$. Denn wenn es eine Operation gibt, durch die er in einen wahren oder falschen Satz verwandelt wird, so gibt es eine Funktion F von X in {W, F} derart, daß es zu jedem geordneten Paar (x, y) in X genau ein Element z in {W, F} gibt mit $F(x, y) = z$.

(Aussage-)Funktionen mit mehr als einem Argument heißen *polyadische Funktionen*. Man unterscheidet dementsprechend zwischen *monadischen, dyadischen, triadischen* usw. *Aussagefunktionen*. Polyadische Funktionen können nur durch Funktionsausdrücke mit zwei, drei bzw. mehr als drei Argumentstellen bezeichnet werden.

Die Zulassung n-stelliger Funktionsausdrücke mit $n > 1$ bietet in logischer Hinsicht den Vorteil, daß mit ihr Schlußweisen und Folgerungsarten darstellbar werden, deren Gültigkeit davon abhängt, daß aus dem Bestehen einer Beziehung zwischen Gegenständen das Bestehen einer anderen Beziehung folgt.

Wird z. B. aus dem Satz ›Es gibt etwas, woraus Alles besteht‹ der Satz ›Zu Allem gibt es etwas, woraus es besteht‹ abgeleitet, so ist diese Folgerung (deren Umkehrung nicht ohne weiteres gültig ist) als Anwendungsfall einer Folgerungsregel anzusehen, die mit Hilfe eines zweistelligen Funktionsausdrucks wiedergegeben werden kann, nämlich durch das Folgerungsschema

$$\frac{(\exists y)(\forall x)\Phi(x, y)}{(\forall x)(\exists y)\Phi(x, y).}$$

Dieses Schema bringt lediglich eine Regel zum Ausdruck, nach der Quantoren, sofern sie in einer bestimmten Reihenfolge auftreten, ihren Platz tauschen dürfen. Daß diese Regel auf den Satz ›Es gibt etwas, woraus alles besteht‹ angewandt werden kann, beruht einfach darauf, daß der Funktionsausdruck, durch den ›x besteht aus y‹ wiedergegeben werden kann, nämlich ›$F(x, y)$‹, eine zweifache Quantifikation zuläßt. Ganz allgemein eröffnet der Umstand, daß n-stellige Funktionsausdrücke n-fach quantifiziert werden können, einen Spielraum zur Darstellung logischer Regeln, zu dem es im Rahmen des Klassenkalküls keine Entsprechung gibt.

Schließlich kann die Leistungsfähigkeit des Gebrauchs von Funktionsausdrücken in logischer Hinsicht noch einmal dadurch gesteigert werden, daß, außer Individuenvariablen, *Individuenkonstanten* zugelassen werden. Individuenkonstanten –, als die ich im Folgenden kursive lateinische Kleinbuchstaben aus dem Anfang des Alphabets verwenden werde, – sind als (Abkürzungen für) Eigennamen oder als (Abkürzungen für konkrete) Bezeichnungen bestimmter Individuen des vorausgesetzten Individuen-

§ 24. *Transformation in die Sprache des Funktionenkalküls* 85

bereichs anzusehen. Dadurch wird ein weiteres Mal der Spielraum zur Formulierung logischer Regeln erweitert, für die es in der Sprache des Klassenkalküls keinen Ausdruck gibt. In den einfachsten Fällen handelt es sich um Regeln, wie sie in den folgenden beiden Schemata zum Ausdruck kommen:

$$\frac{(\forall x)\, \Phi(x)}{\Phi(a)} \qquad \frac{\Phi(a)}{(\exists x)\, \Phi(x)}.$$

Das Funktionsschema ›$\Phi(x)$‹ kann hier sowohl für polyadische Aussagefunktionen wie $F(b, x)$ oder $F(x, b, c)$ als auch für komplexe Aussagefunktionen wie $F(x)\ \&\ G(x)$ stehen. In diesen Fällen steht dementsprechend das Funktionsschema ›$\Phi(a)$‹ für $F(b, a)$, $F(a, b, c)$ bzw. $F(a)\ \&\ G(a)$.

Die Formelsprache, zu der man gelangt, wenn man keine anderen Ausdrücke verwendet als

(1) das wahrheitsfunktionale Verneinungszeichen,
(2) wahrheitsfunktionale Satzverknüpfungen,
(3) Individuenvariable und -konstanten,
(4) Quantoren und
(5) Funktionsausdrücke,

nenne ich *Sprache des Funktionenkalküls*.[106] Diese Sprache unterscheidet sich von den Sprachen der Syllogistik und des Klassenkalküls hauptsächlich dadurch, daß es ihre Aufgabe ist, Wahrheits- und Aussagefunktionen darzustellen. Bei Aussage- und Wahrheitsfunktionen handelt es sich um Funktionen ähnlicher Art. Jede Wahrheitsfunktion ist nämlich eine Funktion $f: X \to Y$ mit $X = \{p_1, ..., p_n\}$ und $Y = \{W, F\}$. Hierbei ist $\{p_1, ..., p_n\}$, mit $n \geq 1$, die Menge der Aussagen, d. h. die Menge alles dessen, was einen

---

[106] Die Bezeichnung 'Funktionenkalkül' haben Hilbert und Ackermann in den ersten beiden Auflagen ihres Werkes *Grundzüge der theoretischen Logik* verwendet. Ackermann hat sie in allen späteren Auflagen durch die Bezeichnung 'Prädikatenkalkül' ersetzt. Ich ziehe 'Funktionenkalkül' vor, und zwar aus Gründen, die im Folgenden deutlich werden dürften. Noch treffender erscheint mir die von Kurt Gödel verwendete Bezeichnung 'logischer Funktionenkalkül' in 'Zum Entscheidungsproblem des logischen Funktionenkalküls.' *Monatshefte für Mathematik und Physik* 40 (1933), S. 433–443. Mit 'Funktionenkalkül' ist hier und im Folgenden immer der logische Funktionenkalkül, d. h. der Kalkül der klassischen Aussagen- und Prädikatenlogik, gemeint.

der beiden Wahrheitswerte hat. Aussage- und Wahrheitsfunktionen unterscheiden sich daher nur insofern voneinander, als ihre Argumentbereiche verschieden sind.

DRITTER ABSCHNITT
DIE SPRACHE DES LOGISCHEN FUNKTIONENKALKÜLS

1. Ein Übersetzungprogramm

§ 25. *Die Wiedergabe von Begriffsausdrücken durch Funktionsausdrücke*

Der Umstand, daß die Sprache des Funktionenkalküls in logischer Hinsicht der Sprache des Klassenkalküls vielfältig überlegen ist, gibt Anlaß zu fragen, ob diese Überlegenheit auch die Fähigkeit einschließt, das Vokabular der Syllogistik als Vokabular der deduktiven Logik wenigstens teilweise überflüssig zu machen. Ist es möglich, Begriffsbeziehungen, mit denen es die Syllogistik zu tun hat, durch Funktionsausdrücke wiederzugeben? Kann das Vokabular, das in syllogistischen Satzschemata auftritt, wenigstens teilweise ersetzt werden durch Ausdrücke, mit denen Aussage- und Wahrheitsfunktionen dargestellt werden?

Die Ansicht, daß *alle* Begriffsbeziehungen, mit denen es die Syllogistik zu tun hat, in der Sprache des Funktionenkalküls dargestellt werden können, ist von Gottlob Frege vertreten worden, der diese Sprache als den Kernbestand dessen, was er *Begriffsschrift* nannte, entwickelt hat.

Frege meinte, es würden sich „alle Beziehungen zwischen Begriffen" – und damit meinte er Beziehungen, die durch (nicht-modale) syllogistische Satzschemata wie ›A (α, β)‹, N I (α, β)‹ usw. darstellbar sind – „zurückführen lassen" auf eine „logische Grundbeziehung", die er als Beziehung „des Fallens eines Gegenstandes unter einen Begriff" bezeichnete[107] und von der er meinte, sie dürfe gleichgesetzt werden mit der Beziehung, die zwischen einem Individuum eines vorausgesetzten Individuenbereichs und einer monadischen Aussagefunktion besteht. Diese logische Beziehung zwischen einem Individuum *a* und einem Begriff, unter den er falle, werde zum Ausdruck gebracht durch einen Ausdruck des Typs ›F (a)‹, der so viel bedeute wie ›a ist ein F‹ oder ›a fällt unter den Begriff F‹.

Was Frege mit dieser Zurückführung gemeint hat, kann man sich vorläufig klarmachen, wenn man sich vor Augen führt, wie er in § 12 seiner *Begriffsschrift* von 1879 das logische Quadrat interpretiert hat, das ich oben, in § 11, mit Hilfe von *Figur 3* dargestellt habe. Dieses Quadrat stellt Frege

---

[107] Frege, 'Ausführungen über Sinn und Bedeutung' (1892–1895), *Nachgelassene Schriften*, Hamburg: Meiner, 1983, S. 128.

in Gestalt eines Diagramms dar, das der folgenden Anordnung entspricht:[108]

$$(\forall x)(\Phi(x) \supset \Psi(x)) \qquad\qquad (\forall x)(\Phi(x) \supset \sim\Psi(x))$$

$$\sim(\forall x)(\Phi(x) \supset \sim\Psi(x)) \qquad\qquad \sim(\forall x)(\Phi(x) \supset \Psi(x))$$

Figur 9

In diesem Diagramm werden vier Funktionsausdrücke verwendet, welche die syllogistischen Begriffsbeziehungen darstellen sollen, auf die sich das starke logische Quadrat der assertorischen Gegensätze bezieht. Die beiden allquantifizierten Subjunktionen, die an den oberen Ecken des Diagramms auftreten, sollen also *A*- und *E*-Beziehungen darstellen, während die wahrheitsfunktionalen Verneinungen, die ihnen in diesem Diagramm diagonal gegenüberstehen, für *O*- bzw. *I*-Beziehungen stehen sollen.

In Freges Diagramm treten, wie man sieht, an die Stelle einfacher Triaden syllogistischer Buchstabensymbole längere Zeichenketten, so daß schon dieser Umstand andeutet, daß Frege die Begriffsbeziehungen, die in *A*-, *E*-, *I*- und *O*-Aussagen vorkommen, für komplexe Gefüge hält, deren Komplexität die syllogistischen Ausdrücke nicht zu erkennen geben. *Logisch fundamental* sind in Freges Augen offenbar nicht die qualitativen und quantitativen Momente der vier in Rede stehenden syllogistischen Begriffsrelationen, sondern diejenigen Beziehungen, die in seinen Formeln mit Hilfe von Funktionsausdrücken der Form $\Phi(x)$ und $\Psi(x)$ bezeichnet werden. Sie treten an die Stelle syllogistischer Begriffsvariablen. Wird die Individuenvariable ›*x*‹ in beiden Funktionsausdrücken durch eine Individuenkonstante ersetzt oder, wie in *Figur 9*, durch einen Quantor gebunden, so gehen ›$\Phi(x)$‹ und ›$\Psi(x)$‹ in Ausdrücke über, die das Fallen von Individuen eines vorausgesetzten Individuenbereichs unter einen Begriff anzeigen. So verstanden sagt der Ausdruck ›$(\forall x)(F(x) \supset G(x))$‹ aus, daß für jedes Individuum *x* des vorausgesetzten Individuenbereichs gilt: *x* fällt nicht unter *F*, ohne daß *x* unter *G* fällt. Und so verstanden soll der Ausdruck ›$(\forall x)(\Phi(x) \supset \Psi(x))$‹ nach Frege dem syllogistischen Schema eines universell bejahenden kategorischen Satzes genau entsprechen, nämlich

---

[108] Die hier und im Folgenden von mir verwendete Notationsweise entspricht nicht der von Frege verwendeten zweidimensionalen 'begriffsschriftlichen' Notationsweise.

dem Satzschema ›jedes α ist ein β‹, – in welchem die Begriffsvariablen ›α‹ und ›β‹ den Funktionsausdrücken ›Φ (x)‹ bzw. ›Ψ (x)‹ korrespondieren.

In § 1 hatte ich gesagt, durch einen Satz der Form ›jedes α ist ein β‹ werde ein *Begriff* α unter einen Begriff β *subordiniert*. Von Sätzen, die aussagen, ein Gegenstand falle unter einen Begriff, möchte ich dagegen sagen, mit ihnen werde unter einen Begriff ein *Gegenstand subsumiert*. Frege hat zu Recht darauf Wert gelegt, daß man die *Subsumtion* eines *Gegenstandes* unter einen Begriff von der *Subordination* eines *Begriffs* unter einen *anderen* Begriff sorgfältig unterscheidet. Da ›a‹ in ›F (a)‹ nicht für einen Begriff, sondern für einen Gegenstand steht, wird mit ›F (a)‹ ein Gegenstand unter einen Begriff subsumiert, anscheinend ohne daß damit zugleich ein Begriff unter einen anderen Begriff subordiniert würde. Dagegen setzt offenbar die Subordination eines Begriffs unter einen anderen Begriff, wie sie nach Frege durch ›(∀ x)(F (x) ⊃ G (x))‹ zum Ausdruck gebracht wird, immer schon eine Subsumtion von Gegenständen unter Begriffe voraus. Dieser Umstand brachte, wie es scheint, Frege zur Überzeugung, daß die Subsumtion von Gegenständen eine logisch fundamentalere Operation sei als die Subordination von Begriffen. Also sei das Fallen eines Gegenstandes unter einen Begriff eine grundlegendere logische Beziehung als die Beziehung, die ein Begriff zu einem anderen Begriff haben kann.

Da es immer möglich ist, die Subsumtion eines Gegenstandes unter einen Begriff durch die Verbindung eines Funktionszeichens mit einem Argumentbuchstaben wiederzugeben, liegt es durchaus nahe anzunehmen, monadische Aussagefunktionen mit Frege als Beziehungen anzusehen, die logisch grundlegender sind als Begriffsbeziehungen, die durch syllogistische Ausdrücke wiedergegeben werden. In der Formelsprache der Syllogistik gibt es für die Subsumtion eines Gegenstandes unter einen Begriff, wie es scheint, gar keinen speziellen Ausdruck. Dies mag den Schluß nahelegen, daß die syllogistische Formelsprache der Sprache des Funktionenkalküls, als der reicheren Sprache, unterlegen ist: Es sieht so aus, als ob man zwar in dieser alle syllogistisch relevanten Beziehungen darstellen könnte, während es umgekehrt nicht möglich zu sein scheint, in der Sprache der Syllogistik *auch nur die logisch fundamentalen Beziehungen* wiederzugeben.

§ 26. Die Funktionentheorie des Begriffs

Aber was genau haben Begriffe mit Funktionen zu tun? Für die Zwecke eines präziseren Vergleichs beider Sprachen ist es nötig zu erkennen, welche besonderen Annahmen es sind, auf denen Freges Gleichsetzung von Funktion und Begriff beruht. Es ist ja leicht zu sehen, daß bei dieser Gleichsetzung nicht in demselben Sinne von Begriffen die Rede ist, in dem die Syllogistik von Begriffen und ihren Beziehungen handelt. Wenn Frege vom 'Begriff F' sagt, unter ihn falle der Gegenstand a, wenn $F\,(a)$, so verwendet er das Wort 'Begriff' offensichtlich nicht in genau demselben Sinne, in dem die Begriffsausdrücke, die durch ›α‹ und ›β‹ in ›$A\,(α, β)$‹ vertreten werden, für Begriffe stehen.

Frege selbst hat darauf Wert gelegt, daß sich Funktionsvariablen von Begriffsvariablen, wie sie in der Syllogistik gebraucht werden, deutlich unterscheiden.[109] Anders als Begriffsvariable stehen Funktionsvariable für unvollständige (synkategorematische) Bedeutungsträger, da sie mindestens eine Leerstelle mit sich führen. Die in ›$Φ\,(x)$‹ als nicht-quantifiziertem Funktionsausdruck frei auftretende Variable ›x‹ bezeichnet immer nur eine Leerstelle. Ihre Aufgabe besteht lediglich darin anzudeuten, daß die durch sie besetzte Leerstelle mit einem Ausdruck zu füllen ist, der einen individuellen Gegenstand bezeichnet. Erst wenn die Leerstelle durch einen Argumentbuchstaben (›a‹, ›b‹, ...) oder durch eine *gebundene* (nicht frei vorkommende) Individuenvariable gefüllt ist, entsteht ein vollständiger Bedeutungsträger.

Obwohl also etwas, wofür ein Terminus steht, auch in Freges Augen keine Funktion ist, hält er es merkwürdigerweise dennoch für angebracht, Begriffe als Funktionen anzusehen. Ja, Frege ist sogar bereit, so etwas wie eine *Theorie* zu entwerfen, nach der ein Begriff nichts Anderes ist als eine *solche* Funktion, die genau ein Argument besitzt und deren Wert immer ein Wahrheitswert ist.[110] Freges Begriffstheorie nimmt eine tiefgreifende Revision des syllogistischen Begriffs des Begriffs vor. Wir haben uns zunächst zu fragen, ob diese Revision wirklich nötig ist, um der Behauptung Freges einen vernünftigen Sinn zu verleihen, alle (in der nicht-modalen Syllogistik vorkommenden) Begriffsbeziehungen könnten zurückgeführt werden auf das, was er als logische Grundbeziehung bezeichnet hat, nämlich auf eine Beziehung des Typs $F\,(a)$.

---

[109] Ich sehe hier und im Folgenden davon ab, daß Frege selbst es abgelehnt hat, von den Ausdrücken 'Funktionsvariable', 'Begriffsvariable', 'Individuenvariable' oder 'Quantor' Gebrauch zu machen.

[110] Siehe 'Ausführungen,' *Nachgelassene Schriften*, S. 129, sowie 'Funktion und Begriff' (1891), *Kleine Schriften*, Zweite Auflage. Herausgegeben und mit Nachbemerkungen zur Neuauflage versehen von Ignacio Angelelli, Hildesheim etc.: Olms 1990, S. 133 (1891, S. 15-6).

§ 26. Die Funktionentheorie des Begriffs

Nach Freges Funktionentheorie des Begriffs sind Begriffe monadische Aussagefunktionen.[111] Diese Erklärung bedarf einer Erläuterung, weil sie leicht mißverstanden werden kann. ›F (a)‹ steht für keinen Begriff, sondern ist ein *abgeschlossener*, d. h. keine Leerstelle enthaltender, *Satz*. Nach Freges Ansicht gibt ein Funktionsausdruck nur *insofern* einen Begriff wieder, als er, wie der unvollständige Ausdruck ›F ( )‹, (mindestens) eine Leerstelle enthält. Frege bezeichnet eine Funktion, die durch einen Funktionsausdruck mit mindestens einer Leerstelle wiedergegeben wird, als „ungesättigt."[112] Seine Funktionentheorie des Begriffs ist daher so zu verstehen, daß Begriffe wesentlich dasselbe sind wie *ungesättigte monadische Aussagefunktionen*.

Nach dieser Auffassung ist *weder* ein (nicht-synkategorematischer) Ausdruck wie ›Quadratwurzel aus Vier‹ *noch* ein (synkategorematischer) Ausdruck wie ›Quadratwurzel aus x‹ ein Begriffsausdruck. Der erste dieser zwei Ausdrücke ist vielmehr geeignet, die Rolle eines Terminus zu spielen, ist also ein Begriffsausdruck nur im syllogistischen Sinne dieses Wortes. Dementsprechend könnte man ›Quadratwurzel aus x‹ als einen *offenen* syllogistischen Begriffsausdruck bezeichnen, da er geeignet ist, die Rolle eines Terminus zu spielen, falls die in ihm durch ›x‹ bezeichnete Leerstelle so ausgefüllt wird, daß er in einen abgeschlossenen syllogistischen Begriffsausdruck übergeht. Nach Freges Funktionentheorie des Begriffs steht dagegen der Ausdruck ›$x^2 = 4$‹ für einen Begriff, da er einer Funktion $F(x)$ entspricht, die für $x = 2$ oder $x = -2$ den Wahrheitswert W (*das Wahre*) und für alle übrigen Argumente den Wahrheitswert F (*das Falsche*) annimmt. In Worten wiedergegeben ist der Begriffsausdruck ›$x^2 = 4$‹ gleichbedeutend mit dem *offenen Satz* ›x ist eine Quadratwurzel aus Vier‹.

Nach der Funktionentheorie des Begriffs ist nun auch ›x ist eine Quadratwurzel aus x‹ Ausdruck für einen Begriff. Dieser Ausdruck entspricht einer Funktion $F(x, y)$ mit $x = y$. Ihr Wert ist für $x = 1$ der Wahrheitswert W

---

[111] Die Wörter 'monadisch' und 'Aussagefunktion' benutzt Frege nicht. Auch sollte man beachten, daß die von mir verwendete Bezeichnung 'Aussagefunktion' nicht völlig gleichbedeutend ist mit dem, was man im Anschluß an Bertrand Russell *propositional function* nennt. Darunter versteht man für gewöhnlich eine Funktion, deren Wert nicht W oder F, sondern $F(a)$ oder $F(b)$ oder ... usw. ist.

[112] Siehe die zum Stichwort 'Funktion, – Ungesättigtheit (Ergänzungsbedürftigkeit)' angeführten Stellen im Sachregister zu Freges *Nachgelassenen Schriften*, S. 318. – Ich benutze hier und im Folgenden eine vereinfachende Redewendung, nach der Funktionen und Begriffe Leerstellen mit sich führen, obwohl natürlich weder Funktionen noch Begriffe Klammern oder Ähnliches enthalten können. Gemeint ist mit dieser Redewendung, daß Funktionen und Begriffe durch Ausdrücke *bezeichnet* werden, die eine durch Klammern eingeschlossene frei vorkommende Variable enthalten.

und für alle anderen Argumente der Wahrheitswert F. Zwar ist ›$F(x, x)$‹ ein zweistelliger Funktionsausdruck, aber, da er sich auf eine Funktion mit nur einem Argument bezieht, läßt er sich in einen offenen Satz übersetzen, der nur eine Leerstelle hat, nämlich durch ›… ist eine Quadratwurzel aus sich selbst‹.

Genaugenommen kann nach der Funktionentheorie des Begriffs auch ›x ist eine Quadratwurzel aus y‹ ein Ausdruck für einen Begriff sein, nämlich genau dann, wenn ›x‹ und ›y‹ dasselbe Argument vertreten. Verschiedene Individuenvariablen haben ja für sich genommen keine unterschiedliche Bedeutung, sondern bezeichnen nur Leerstellen, gleichsam als Platzhalter für Ausdrücke, die Individuen bezeichnen. Daher kann man es einer Formel wie ›$F(x, y)$‹ als solcher nicht ansehen, ob sie Ausdruck für eine monadische oder dyadische Funktion sein soll. Weder die Anzahl der Stellen noch die Gestalt der Individuenvariablen entscheidet darüber, ob ein Funktionsausdruck geeignet ist, eine ungesättigte monadische Aussagefunktion – und damit einen Begriff – wiederzugeben.

Im Übrigen ist es einem Ausdruck ›$\Phi(x)$‹, wie er z. B. in *Figur 9* vorkam, nicht anzusehen, ob er für einen ein- oder mehrstelligen Funktionsausdruck stehen soll. ›$\Phi(x)$‹, als Ausdruck einer monadischen Aussagefunktion, kann sowohl für ›$F(x)$‹, als auch für ›$G(x, y)$‹ oder für ›$H(x, y, z)$‹ usw. stehen, falls die von ›x‹ verschiedenen Individuenvariablen so gebraucht werden, daß sie entweder dasselbe Individuum wie ›x‹ bezeichnen oder durch eine Individuenkonstante ersetzt oder durch einen Quantor gebunden werden. In all diesen Fällen ist es möglich, ›$\Phi(x)$‹ in einen offenen Satz zu übersetzen, der genau eine Leerstelle hat und in dem diese Leerstelle *die Stelle des grammatischen Subjekts* ist. So ist z. B. der dreistellige (für $x = 2$ wahre) Funktionsausdruck ›x ist eine Quadratwurzel aus der Summe von x und x‹ gleichbedeutend mit dem offenen Satz ›x ist eine Quadratwurzel aus der Summe zweier Summanden, die beide dieser Wurzel gleich sind‹. Auch dieser offene Satz ist ein Begriff im Sinne der Funktionentheorie des Begriffs.

In der Frege-Literatur ist der Irrtum durchaus verbreitet, daß eine monadische Funktion zu sein dasselbe sei wie: durch einen einstelligen Funktionsausdruck darstellbar zu sein. Man glaubt daher manchmal, Begriffsausdrücke im Sinne Freges müßten Funktionsausdrücke mit genau einer Leerstelle sein, als ob eine größere Anzahl von Leerstellen nur in Ausdrücken *polyadischer* Funktionen vorkommen könnte.[113] Aber Frege hat auf

---

[113] Freges Festlegung, Begriffe seien Funktionen mit genau einem Argument, deren Wert immer ein Wahrheitswert ist, wird häufig so ausgelegt, als könnten Begriffe nur

§ 26. Die Funktionentheorie des Begriffs

den Umstand, daß die *Anzahl der Stellen* eines Funktionsausdrucks nicht mit der *Anzahl der Argumente* der zugehörigen Funktion übereinzustimmen braucht, sorgfältig Rücksicht genommen und den Unterschied zwischen Argument- und Stellenzahl genau beachtet. So hat er einen Ausdruck wie ›*a* ist sich selbst ungleich‹ ausdrücklich den monadischen Aussagefunktionen zugerechnet, obwohl er durch ›~ $F(a, a)$‹, nämlich durch ›~ $(a = a)$‹ wiederzugeben ist.[114]

Da ein Begriff nach Freges Ansicht eine ungesättigte Funktion ist und durch einen Ausdruck mit mehr als einer Leerstelle dargestellt werden kann, sind Ausdrücke für das, was Frege einen „Beziehungsbegriff" oder kürzer eine „Beziehung" nennt, verwandelbar in Begriffsausdrücke. „Beziehung" oder „Beziehungsbegriff" nennt Frege eine Aussagefunktion mit mehr als einem Argument. Bei polyadischen Aussagefunktionen mit drei Argumenten spricht Frege von „Beziehungen" mit drei „Fundamenten".[115] Es besteht nach seiner Ansicht eine genaue Analogie zwischen Begriffen und Beziehungsbegriffen: In ähnlicher Weise wie ein einzelner Gegenstand *a* unter einen Begriff *F* fällt, so fällt nach seiner Ansicht ein geordnetes n-Tupel von Gegenständen unter einen Beziehungsbegriff *R*, so daß *R* eine Beziehung ist, in der eines der Elemente des n-Tupels zu den übrigen Elementen dieses n-Tupels steht.[116] Ein Funktionsausdruck, der eine Be-

---

durch *einstellige* Funktionsausdrücke dargestellt werden. Dies ist ein Mißverständnis, dem auch Gottfried Gabriel, der Herausgeber von Freges *Schriften zur Logik und Sprachphilosophie*, Hamburg: Meiner 1971, S. 176 Anm. 13, gefolgt ist. Er schreibt dort Frege die Auffassung zu, „daß Begriffe (einstellige) Funktionen sind, deren Wert stets ein Wahrheitswert ist." Dasselbe Mißverständnis findet man auch bei den Herausgebern von Freges wissenschaftlichem Briefwechsel; siehe *Nachgelassene Schriften und Wissenschaftlicher Briefwechsel*, Zweiter Band, Hamburg: Meiner, 1976, S. 202. Sie verweisen zum Beleg auf Freges *Grundgesetze der Arithmetik, begriffsschriftlich abgeleitet*, Bd. I, Jena 1893, S. 8. Aber auch hier charakterisiert Frege Begriffe konsequenterweise nicht als einstellige Funktionen, sondern als Funktionen „mit einem einzigen Argument". In der Frege-Literatur hat sich die Rede von einstelligen Funktionen als Abkürzung für „Funktionen, die einem Funktionsausdruck mit genau einer Leerstelle, d. h. einem Ausdruck des Typs ›$F(x)$‹, entsprechen" eingebürgert; und oft wird so geredet, als seien einstellige und monadische Funktionen dasselbe.

[114] Siehe *Grundlagen der Arithmetik*, § 74.

[115] 'Logik in der Mathematik' [1914], *Nachgelassene Schriften*, Erster Band, Hamburg: Meiner, 2. Aufl., 1983, S. 269-70.

[116] Ebenda, § 70: „Die einzelnen Paare zugeordneter Gegenstände verhalten sich in ähnlicher Weise – man könnte sagen als Subjekte – zu dem Beziehungsbegriffe, wie der einzelne Gegenstand zu dem Begriffe, unter den er fällt. Das Subjekt ist hier ein zusammengesetztes. […] Es kommt hier nicht der besondere Inhalt der Beziehung in Betracht, sondern allein die logische Form. […] Wie ›*a* fällt unter den Begriff *F*‹ die allgemeine Form eines beurteilbaren Inhalts ist, der von einem Gegenstand *a* handelt, so kann man ›*a*

ziehung oder einen Beziehungsbegriff wiedergibt, wird demnach in einen Begriffausdruck überführt, wenn alle in ihm vorhandenen Leerstellen durch dasselbe Individuenzeichen ausgefüllt werden oder doch durch solche Individuenzeichen, die auf ein und dasselbe Argument Bezug nehmen (wie z. B. $x, y, z \ldots$ mit $x = y, y = z \ldots$).

Begriffe sind im Grunde genommen als *Grenzfälle von Beziehungen* anzusehen. Das heißt, für jede Beziehung (im Sinne Freges) gibt es immer einen Begriff, der aus ihr durch partielle Sättigung gleichsam erzeugt werden kann, dadurch daß alle Leerstellen ihres Ausdrucks mit Ausnahme einer einzigen ausgefüllt werden.[117] Zum Beispiel wird der zur Darstellung einer Beziehung geeignete Ausdruck ›… ist eine Quadratwurzel aus …‹ sogleich ein Fregescher Begriffsausdruck, wenn seine zweite Leerstelle durch den Namen eines Individuums oder durch eine gebundene Variable besetzt wird, während seine erste Leerstelle unbesetzt bleibt. Alle Beziehungsausdrücke lassen sich nach diesem Verfahren in Begriffsausdrücke verwandeln. Dagegen ist eine (umgekehrte) Verwandlung von Begriffsausdrücken in Beziehungsausdrücke nicht immer möglich. Denn einige Begriffsausdrücke – wie z. B. ›… ist ein Pferd‹ – sind so zusammengesetzt, daß kein Fregescher Beziehungsausdruck entstünde, würde man einen seiner Teilausdrücke durch eine (zweite) Leerstelle ersetzen.

§ 27. Grammatische und logische Prädikate

Sätze, die wahr oder falsch sind, enthalten selbstverständlich keine Leerstellen. Daher ist es in den Fällen, in denen ein wahrer oder falscher Satz von einer Beziehung handelt, *immer* möglich, den *Beziehungsausdruck* als den bloßen *Bestandteil eines Begriffsausdrucks* im funktionentheoretischen Sinne dieses Wortes aufzufassen. Es gibt daher eine Hinsicht, in der Begriffsausdrücke nicht nur vom Standpunkt der Syllogistik aus, sondern auch aus Sicht der Funktionentheorie des Begriffs einen systematischen Vorrang vor anderen Satzteilen haben.

---

steht in der Beziehung φ zu b‹ als allgemeine Form für einen beurteilbaren Inhalt annehmen, der von dem Gegenstande *a* und von dem Gegenstande *b* handelt."

[117] Vergleiche 'Logik in der Mathematik', *Nachgelassene Schriften*, S. 259. Siehe auch *Grundlagen der Arithmetik*, § 70, S. 79: „Der Beziehungsbegriff gehört der reinen Logik an."

§ 27. Grammatische und logische Prädikate 95

Ein funktionentheoretischer Begriffsausdruck hat für sich genommen stets die Form eines offenen Satzes, dessen Leerstelle die Stelle des Satzsubjekts ist und dessen Bestandteile im Übrigen immer eine Gesamtheit bilden, die sich zum Satzsubjekt in prädikativer Stellung befindet. Da der Begriffsausdruck nach der Funktionentheorie des Begriffs geeignet ist, in jedem Satz eine prädikative Rolle zu spielen, schreibt Frege dem Begriff ganz allgemein eine „prädikative Natur" zu.[118] „Was wir bei der Funktion Ungesättigtheit nennen, können wir beim Begriffe seine prädikative Natur nennen."[119]

Auch in diesem Punkt berührt sich die Funktionentheorie des Begriffs mit der syllogistischen Begriffsauffassung. Denn so etwas wie eine *prädikative* Natur kommt auch solchen Begriffen zu, die durch syllogistische Begriffsausdrücke wiedergegeben werden können. Begriffe, für die ein syllogistischer Terminus stehen kann, sind nämlich (worauf ich in § 5 hingewiesen habe) entweder Prädikatbegriffe oder doch zumindest geeignet, die Rolle eines Prädikatbegriffs zu übernehmen. Derselbe Begriff, der im Kontext eines Satzes als *Subjektbegriff* auftritt, kann in einem anderen Satz der *Prädikatbegriff* sein. Aus diesem Grund konnte Kant Begriffe ganz allgemein dadurch charakterisieren, daß sie „Prädikate möglicher Urteile sind."[120]

Aus traditioneller, syllogistischer Sicht sind allerdings *Prädikate*, sofern sie Begriffsausdrücke sind, *logische*, nicht *grammatische* Prädikate. Nach der traditionellen, auf die lateinischen Grammatiker zurückgehenden Syntax besteht ein einfacher Satz aus zwei Teilen, die als 'Subjekt' und 'Prädikat' voneinander unterschieden werden.[121] Auf Satzteile bezogen, ist diese Unterscheidung freilich keine logische, sondern eine grammatische Unterscheidung, so daß die zwei voneinander unterschiedenen Satzteile als *grammatisches Subjekt* bzw. als *grammatisches Prädikat* anzusehen sind. Die grammatische Subjekt-Prädikat-Unterscheidung hängt allerdings mit der logischen Subjekt-Prädikat-Unterscheidung systematisch zusammen. Denn das grammatische Subjekt steht für den *Satzgegenstand*, d. h. für das, wovon im Satz die Rede ist und wovon das Prädikat ausgesagt wird. In

---

[118] Siehe *Nachgelassene Schriften*, S. 107-9, 120, 129-30, 133.
[119] 'Ausführungen über Sinn und Bedeutung', *Nachgelassene Schriften*, S. 129.
[120] Siehe *Kritik der reinen Vernunft* A 69 / B 94.
[121] Siehe Martianus Capella, *De nuptiis Philologiae et Mercurii*, ed. J. Willis, 1983, 4, 361 und Apuleius, *Peri hermeniae*, Opera 3, ed. P. Thomas, 1908, IV, 267. Die grammatische Lehre von der Zweiteiligkeit einfacher Sätze geht zurück auf die in Platons *Sophistes* 216 c – 263 a entwickelte These, jeder einfache Satz bestehe aus Nomen (ὄνομα) und Verb (ῥῆμα).

Sätzen wie ›Theaetet fliegt‹ oder ›Jeder Mensch fliegt‹ ist Theaetet (genauer gesagt, der Träger des Namens *Theaetet*, von dem hier gerade die Rede sein soll) bzw. jeder Mensch der *Gegenstand*, auf den in diesen Sätzen das grammatische Prädikat ›… fliegt‹ bezogen wird. In *logischer* Hinsicht unterscheiden sich die grammatischen Satzsubjekte ›Theaetet …‹ und ›jeder Mensch …‹ dadurch, daß sie Bestandteile von Sätzen unterschiedlicher Quantität sind. ›Theaetet fliegt‹ ist nämlich gleichbedeutend mit dem singulären Satz ›Der in Rede stehende Träger des Eigennamens *Theaetet* fliegt‹. In *logischer* Hinsicht ist das grammatische Subjekt ›Theaetet‹ gleichbedeutend mit einem komplexen Ausdruck, der einesteils den Begriffsausdruck ›Träger des Eigennamens *Theaetet*‹ und andernteils die für singuläre Sätze charakteristische logische Konstante ›der in Rede stehende …‹ in ähnlicher Weise enthält, wie das grammatische Subjekt ›Jeder Mensch …‹ außer dem Begriffswort ›Mensch‹ die für universelle Sätze charakteristische logische Konstante ›jeder …‹ enthält. In der traditionellen, syllogistischen Logik wird der im grammatischen Subjekt eines Satzes auftretende Begriffsausdruck das *logische Subjekt* des Satzes genannt.[122] Ähnlich wie nach dieser Auffassung das grammatische Subjekt in logischer Hinsicht zusammengesetzt ist aus dem als logisches Subjekt bezeichneten Begriffsausdruck und einer logischen Konstante, so ist nach dieser Auffassung auch das grammatische Prädikat in logischer Hinsicht als zusammengesetzt aufzufassen. So sind ›Theaetet fliegt‹ und ›Jeder Mensch fliegt‹ in logischer Hinsicht kategorische Sätze, in denen jeweils mit dem grammatischen Prädikat ›… fliegt‹ etwas unter den Begriff des Fliegenden gebracht wird. Mit ›… fliegt‹ wird hier der Satzgegenstand unter den Begriff des Fliegenden subsumiert. Dies heißt aber nicht, daß ›… fliegt‹ schon selbst ein Begriffsausdruck wäre. Als Verb enthält dieser Satzteil nur implizit einen solchen Ausdruck, nämlich insofern, als er gleichbedeutend ist mit einem Ausdruck, der sinngemäß zerlegt werden kann in das *Hilfszeitwort* ›ist‹ und ein *Prädikatsnomen*, ›ein fliegendes Ding‹. Der *nominale* Bestandteil des grammatischen Prädikats enthält das *logische Prädikat* des Satzes,

---

[122] Anders als in der syllogistischen Tradition wird in der durch Frege beeinflußten Literatur, z. B. bei Peter F. Strawson, der (durch das *grammatische* Satzsubjekt bezeichnete) Satzgegenstand, nämlich das, was Strawson „object of reference" nennt, mit dem *logischen* Subjekt des Satzes gleichgesetzt. Siehe P. F. Strawson, *Individuals. An Essay in Descriptive Metaphysics*, London: Methuen, 1969, S. 12.

§ 27. *Grammatische und logische Prädikate*   97

›fliegendes Ding‹, während ›.... ist ein ...‹ zu den logischen Konstanten kategorischer Sätze gehört.¹²³

Da das Prädikatsnomen, als nominaler Bestandteil des grammatischen Prädikats, durch eine Begriffsvariable vertretbar ist, kann man sagen, daß der Ausdruck

›... ist ein α‹

aus syllogistischer Sicht die logisch syntaktische Grundform eines grammatischen Prädikats ist. So betrachtet enthalten grammatische Prädikate wesentlich syllogistische Begriffsausdrücke, d. h. Ausdrücke für logische Prädikate in der traditionellen Bedeutung dieses Wortes.¹²⁴

Wenn man sich dazu entschließt, die traditionelle Unterscheidung zwischen grammatischen und logischen Prädikaten, grammatischen und logischen Subjekten beizubehalten, – und ich sehe keinen sachlichen Grund, der uns nötigen würde, von dieser Unterscheidung Abschied zu nehmen,¹²⁵ – so ergibt sich, daß das, was Frege die 'prädikative Natur' ungesättigter monadischer Aussagefunktionen genannt hat, genau darin besteht, nicht durch das *logische*, wohl aber durch das *grammatische* Prädikat eines Satzes bezeichnet werden zu können. Während aus syllogistischer Sicht nur der *nominale* Bestandteil des grammatischen Prädikats ›... ist ein α‹ – also das, wofür ›α‹ steht, – Ausdruck eines Begriffs ist, folgt aus der Funktionentheorie des Begriffs, daß *das grammatische Prädikat selbst* ein Begriffsausdruck ist. Als grammatisches Prädikat hat er die Gestalt eines offenen Satzes, dessen Leerstelle die Stelle des grammatischen Subjekts ist.

Es ist die spezifische Struktur des *grammatischen* Prädikats, ›... ist ein α‹, die es möglich macht, *A*-, *E*-, *I*- und *O*-Aussagen durch Funktionsausdrü-

---

¹²³ Auf das Verhältnis zwischen grammatischem und logischem Subjekt werde ich weiter unten, in § 33 und § 65, ausführlicher eingehen. Die Ähnlichkeit mit dem Verhältnis zwischen grammatischem und logischem Prädikat wird dort noch deutlicher werden.

¹²⁴ Und umgekehrt ist es für Begriffsausdrücke nach traditioneller Auffassung charakteristisch, daß sie fähig sind, syntaktische Bestandteile grammatischer Prädikate zu sein. Auf dem Umstand, daß Termini, die an der Subjektstelle eines Satzes stehen, geeignet sind, an der Prädikatstelle anderer Sätze zu stehen, beruhen die syllogistischen Konversionsregeln.

¹²⁵ Seit Frege ist es üblich geworden, zwischen logischem und grammatischem Prädikat in einer Weise zu unterscheiden, die sich zur herkömmlichen Unterscheidung fast genau entgegengesetzt verhält. Gelegentlich nennt Frege „grammatisches Prädikat" den Ausdruck dessen, was herkömmlicherweise als *logisches* Prädikat eines Satzes gilt; vgl. Gottlob Frege, *Nachgelassene Schriften*, S. 106. Der Nutzen, der mit dieser terminologischen Revolution erzielt wird, scheint sich aber fragwürdiger Weise darauf zu beschränken, daß sie der Klassifizierung von Funktionsausdrücken wie ›*F* ( )‹ in ›*F* (*a*)‹ und ›... fliegt‹ in ›Theaetet fliegt‹ als *grammatischen* Prädikaten den Boden streitig macht.

cke wiederzugeben. Betrachten wir die Aussageform $A\,(\alpha,\,\beta)$, die sinngemäß durch ›jedes β ist ein α‹ wiedergegeben werden kann. Nach der Funktionentheorie des Begriffs ist diese Form zurückführbar auf die Form $(\forall x)\,(\Phi(x) \supset \Psi(x))$. Nach Frege darf man diesen Ausdruck übersetzen durch:

›Für jedes x gilt: wenn x unter den Begriff Φ fällt, so fällt x unter den Begriff Ψ‹,

oder kürzer durch:

›Für jedes x gilt: wenn x ein Φ ist, so ist x ein Ψ‹,

oder noch kürzer durch:

›Jedes Φ ist ein Ψ‹.[126]

Die letzte dieser drei Übersetzungen unterscheidet sich von ›Jedes β ist ein α‹ nur noch durch die Gestalt der benutzten Variablen. Alle drei Übersetzungen beruhen auf der Annahme, daß man einen Ausdruck der Form $\Phi(x)$ durch ›x ist ein Φ‹ wiedergeben kann. Denn auch ›x fällt unter den Begriff Φ‹ soll nichts Anderes besagen, als daß x ein Φ ist.

Irritierend ist an allen drei Übersetzungen, daß in ihnen von ›Φ‹ und ›Ψ‹ ein anderer Gebrauch gemacht wird, als es in der zu übersetzenden Formel selbst, in ›$(\forall x)\,(\Phi(x) \supset \Psi(x))$‹, geschieht. Denn beide Buchstaben werden in den Übersetzungen so verwendet, als ob sie nicht leerstellenhaltige Funktionszeichen, sondern syllogistische Begriffsvariable wären. Auch die Rede von einem 'Begriff F', unter den ein Gegenstand x falle, und Redewendungen wie ›... ist ein F‹ täuschen vor, ›F‹ habe nur einen *nominalen* Ausdruck zu vertreten, stehe also nicht für einen unvollständigen, mit einer Leerstelle versehenen Funktionsausdruck. Nicht weniger irreführend wäre es freilich, würde man ›$F(x)$‹ übersetzen durch einen Ausdruck wie ›x fällt unter den Begriff F ( )‹ oder durch ›... ist ein F ...‹, nämlich durch einen Ausdruck mit *mehr* als nur einer Leerstelle; – dieser Ausdruck wäre völlig unverständlich. Da ›F ( )‹, als Ausdruck für eine ungesättigte Aussagefunktion, ein unteilbarer Ausdruck ist, ist der Gebrauch des bloßen Buchstabens ›F‹ zur schematischen Bezeichnung eines Begriffs ›F ( )‹ eigentlich unzulässig.[127] Aus diesem Grunde ist es, genaugenom-

---

[126] *Begriffsschrift*, § 12.
[127] Siehe 'Ausführungen über Sinn und Bedeutung', *Nachgelassene Schriften*, S. 131–132: „Auch wenn wir Begriffe nur schematisch durch einen Funktionsbuchstaben andeuten, darf das nur so geschehen, daß dabei die Ungesättigtheit durch eine mitgeführte leere Stelle zur Anschauung kommt wie in Φ ( ) und X ( ). Mit anderen Worten: wir dürfen die Buchstaben (Φ, X), die Begriffe andeuten oder bezeichnen sollen, immer nur als

§ 27. *Grammatische und logische Prädikate* 99

men, nicht völlig korrekt zu sagen, ›F ( )‹ sei mit der Phrase ›... fällt unter den Begriff F‹ oder mit der Phrase ›... ist ein F‹ gleichbedeutend. Der Buchstabe ›F‹ ist in allen solchen Ausdrücken entweder bedeutungslos, *oder er ist eine syllogistische Begriffsvariable*, die wie α, β, γ ... nichts Anderes als einen Terminus vertritt.

Die Irritation läßt sich am einfachsten vermeiden, dadurch daß man zwei Maßnahmen ergreift, die ich im Hinblick auf alles Folgende empfehlen möchte. Sie werden behilflich sein, den Unterschied, der zwischen Begriffen im syllogistischen Sinne und ungesättigten monadischen Aussagefunktionen besteht, konsequent zu beachten und Konfusionen zu vermeiden, die auf einer zweideutigen oder undeutlichen Redeweise beruhen.

Die *erste* Maßnahme, die ich empfehle, ist technisch und besteht in einer geringfügigen Erweiterung unseres logischen Vokabulars. Diese Erweiterung soll behilflich sein, Freges pseudo-syllogistischen Buchstabengebrauch in Übersetzungen für Funktionsausdrücke ganz zu vermeiden. Soll mit dem Buchstaben F oder mit dem 'Begriff F' ein *Prädikatbegriff* gemeint sein, nämlich etwas, was nur durch das im *grammatischen Prädikat* ›F (x)‹ enthaltene Prädikatsnomen wiedergegeben werden kann, so benötigt man eine spezielle Notationsweise, um diesen *Prädikatbegriff* als solchen kenntlich machen zu können. Ich schlage zu diesem Zweck vor, dem Ausdruck ›F (x)‹ das Zeichen ›('x)‹ als Präfix voranzustellen, und nenne dieses Zeichen *Prädikatenpräfix* oder *Prädikator*.[128] Nach dieser Schreibweise bedeutet ›F (a)‹, daß a unter den Begriff ('x) F (x) fällt. Und wenn man mit Frege sagen will, es finde in ›(∀ x) ($x^3=8 \supset x^2=4$)‹ eine Subordination des Begriffs der Kubikwurzel aus Acht unter den Begriff der Quadratwurzel aus Vier

---

Funktionsbuchstaben gebrauchen, d. h. so, daß sie eine Stelle für das Argument (den Innenraum der folgenden Klammer) mit sich führen. Man darf dann also nicht schreiben Φ = X, weil dabei die Buchstaben Φ und X nicht als Funktionsbuchstaben auftreten. Man darf aber auch nicht schreiben Φ ( ) = X ( ), weil die Argumentstellen ausgefüllt sein müssen. Wenn sie aber ausgefüllt werden, so werden nicht nur die Funktionen (Begriffe) einander gleichgesetzt, sondern an jeder Seite des Gleichheitszeichens steht außer dem Funktionsbuchstaben noch etwas, was nicht zur Funktion gehört." - Frege selbst gebraucht ›F (x)‹ allerdings manchmal so, als ob dieser Ausdruck das gleiche (und in der gleichen Weise ergänzungsbedürftige) Zeichen wäre wie ›F ( )‹. Siehe zum Beispiel Frege, 'Funktion und Begriff' (1891, S. 6-7), *Kleine Schriften*, S. 128-9. Dieser Gebrauch ist etwas inkonsequent.

[128] Vgl. zu der hier vorgeschlagene Bezeichnungsweise den Symbolismus, den Kneale & Kneale, *The Development of Logic*, S. 587 diskutieren. – Rudolf Carnap hat das Kunstwort ›predicator‹ als Bezeichnung für (ungesättigte) Aussagefunktionen eingeführt. Siehe R. Carnap, *Meaning and Necessity*, Chicago & London, 1947, S. 4 und 6-7. Da ›Prädikator‹ in dieser Bedeutung entbehrlich ist, Kunstwörter aber als Namen für neu einzuführende Symbole benötigt werden, möchte ich von Carnaps Terminologie abweichen.

statt, so kann man diese Begriffe bequem durch ›$('x)(x^3=8)$‹ bzw. durch ›$('x)(x^2=4)$‹ bezeichnen. Die Ausdrücke ›$('x)(x^3=8)$‹ und ›$('x)(x^2=4)$‹ sind nichts Anderes als Termini. In derselben Weise wie β in ›$A(\alpha, \beta)$‹ unter α subordiniert wird, findet in ›$(\forall x)(\Phi(x) \supset \Psi(x))$‹ eine Subordination von $('x)\Phi(x)$ unter $('x)\Psi(x)$ statt. In derselben Weise wie die Begriffsvariablen α und β Stellvertreter für Termini sind, sind die Begriffsausdrucksschemata ›$('x)\Phi(x)$‹ und ›$('x)\Psi(x)$‹ Stellvertreter für Termini.

Die *zweite* Maßnahme, die ich empfehle, ist terminologisch und besteht darin, Freges Revision der syllogistischen Begriffsauffassung zu revidieren. Ich ziehe es schlicht vor, an der traditionellen, syllogistischen Terminologie festzuhalten und Freges Begriffsdefinition einfach dadurch entbehrlich zu machen, daß ich weiterhin von ungesättigten monadischen Aussagefunktionen spreche, falls bloß Begriffe im Fregeschen Sinne dieses Wortes gemeint sind. Diese terminologische Festlegung soll dem Zweck dienen, Mißverständnisse zu vermeiden, die sich aus einem zweideutigen Wortgebrauch ergeben.

Freges Gedanke, daß es möglich sei, Begriffsbeziehungen in die Sprache des Funktionenkalküls zu übersetzen und zurückzuführen auf logisch fundamentalere Ausdrücke, die das Fallen von Gegenständen unter Begriffe wiedergeben, ist von dieser Definition ganz unabhängig. Mit „Begriffsbeziehungen" sind hier sowieso, wenigstens in erster Linie, Beziehungen zwischen Begriffen im syllogistischen Sinne gemeint.

Auch Freges Gleichsetzung von Beziehungs*begriffen* mit *Beziehungen* schlage ich vor zu vermeiden. Ich möchte es vorziehen, unter Beziehungsbegriffen *Begriffe eines besonderen Inhalts* zu verstehen, und sie auf diese Weise von Beziehungen oder *Relationen* unterscheiden. Mehrfach ungesättigte polyadische Aussagefunktionen schlage ich vor weiterhin *Beziehungen* zu nennen. In diesem Sinne ist ›x ist eine Quadratwurzel aus y‹, mit $x \neq y$, eine *dyadische Beziehung*. Im Unterschied dazu ist das Begriffswort ›Quadratwurzel‹ die Bezeichnung eines Begriffs, der seinem Inhalt nach sinnvoll als Beziehungsbegriff aufgefaßt werden kann, da Quadratwurzeln immer nur Quadratwurzeln *aus Zahlen* sind, so wie Mütter immer nur Mütter *von Kindern* und Schwestern immer nur Schwestern *von Geschwistern* sind.[129] Beziehungsbegriffe, in dieser Weise verstanden, sind weder

---

[129] Termini wie ›Quadratwurzel‹, ›Mutter‹ oder ›nördlich‹ werden in der logischen Tradition als *relative* Termini bezeichnet, um sie von *absoluten* Termini wie ›Pferd‹, ›Quadratwurzel aus Vier‹, ›Mutter einer Tochter‹ oder ›nördlich von Boston‹ zu unterscheiden. Diese Unterscheidung ist nützlich, betrifft aber vom Standpunkt der Syllogistik aus nur den begrifflichen Inhalt von Sätzen. „Words capable of behaving as relative terms can regularly be used *also* as absolute terms, through what amounts to a tacit

Beziehungen, in denen mehrere Individuen zueinander stehen, noch Beziehungen, unter die Paare, Tripel oder andere n-Tupel fallen. Vielmehr können unter diese Begriffe einzelne Gegenstände in derselben Weise fallen wie unter Begriffe im Allgemeinen.

Man könnte gegen meine Empfehlung, Freges Funktionentheorie des Begriffs nicht zu übernehmen, – denn auf diese Empfehlung laufen die von mir empfohlenen Maßnahmen letzten Endes hinaus, – einwenden, diese Theorie habe für Frege noch einen anderen Zweck gehabt als den, eine abkürzende Bezeichnung einführen zu können für ungesättigte monadische Aussagefunktionen. Tatsächlich war Frege überzeugt, daß Begriffe als ungesättigte Funktionen betrachtet werden *müssen*, weil er meinte, man *bedürfe* der Idee der Ungesättigtheit von Begriffen und der Unselbständigkeit oder Unvollständigkeit von Begriffswörtern, um die Einheit von Urteilen, in denen Begriffe auftreten, erklären zu können, eine Einheit, die es nicht erlaubt, Sätze als bloße Reihen von Wörtern oder Namen zu betrachten.[130] Frege verfolgte mit seiner Revision der syllogistischen Begriffsauffassung also nicht bloß rein terminologische Absichten. Vielmehr war er der Meinung, er besitze für diese Revision, die Begriffe mit ungesättigten monadischen Aussagefunktionen gleichsetzt, sogar ein *urteilstheoretisches* Argument. Indessen ist es leicht zu erkennen, daß dieses Argument kein wirklich gutes Argument gewesen ist. Es mag hier genügen, in aller Kürze auf zwei Schwächen dieses Arguments hinzuweisen.

Erstens, alle logischen Konstanten, die in einem syllogistischen Schema für universelle, partikuläre oder singuläre Sätze vorkommen, können als unvollständige Ausdrücke oder, wenn man so will, als Ausdrücke für 'ungesättigte' Beziehungen angesehen werden, und zwar als Ausdrücke, die jeweils zwei Leerstellen haben, von denen die eine für den Subjektbegriff, die andere für den Prädikatbegriff benötigt wird. Mit dem grammatisch-syntaktischen Begriff der *Kopula* ist in der traditionellen Syllogistik auf diesen Umstand auch ausdrücklich hingewiesen worden.[131] Wenn man daher wirklich der Sättigungs-Analogie bedürfte, um die *Urteilseinheit* erklä-

---

existential quantification in the context; thus we may say absolutely that Abraham is a father, meaning that there is something of which Abraham is a father" (Willard V. O. Quine, *Methods of Logic*, § 22, S. 118). Relative Termini lassen einen absoluten Gebrauch zu, während umgekehrt absolute Termini keinen relativen Gebrauch zulassen.

[130] Siehe: 'Über Schoenflies: Die logischen Paradoxien der Mengenlehre' [1906] in: *Nachgelassene Schriften*, S. 193, und 'Einleitung in die Logik', ebenda, S. 207.

[131] Jonathan Barnes hat diesen Einwand gegen Freges Argument ausführlicher diskutiert in seinem Aufsatz, 'Grammar on Aristotle's Terms', in: M. Frede & G. Striker, *Rationality in Greek Thought*, Oxford: Clarendon Press, 1996, S. 175–219.

ren zu können, so wäre Freges Annahme überflüssig, Begriffe seien *als solche* ungesättigt.

Zweitens dürften chemische oder mechanische *Analogien*, wie sie mit logisch-syntaktischen Vorstellungen der Sättigung und Bindung verknüpft werden, sowieso nicht genügen, um so etwas wie die Einheit des Urteils auf angemessene Weise erklären zu können. Da im Rahmen der formalen Logik kein Problem aufzutreten scheint, zu dessen Lösung eine solche Erklärung benötigt würde, braucht sie in diesem Rahmen auch nicht geliefert zu werden.[132]

§ 28. Anmerkungen zur Funktionentheorie des Begriffs

Nach meinem Dafürhalten hätte Frege selbst besser daran getan, sich konsequent an den herkömmlichen Gebrauch des Wortes ›Begriff‹ zu halten, um Zweideutigkeiten zu vermeiden. So bedient er sich selber oft einer Sprechweise, nach der zum Beispiel die Gleichung $2^2 = 4$ besage, die Zwei falle unter den Begriff *Quadratwurzel aus Vier*. Dies klingt dann so, als meine er, der Begriff, unter den diese Zahl fällt, werde durch den syllogistischen Begriffsausdruck ›Quadratwurzel aus Vier‹ bezeichnet.[133] Aber diese Sprechweise ist nach seiner eigenen Begriffstheorie nicht sachgemäß. Denn Begriffe, die Funktionen im Sinne Freges sind, können (wie gesagt) nicht durch abgeschlossene Nominalphrasen, sondern nur durch ergänzungsbedürftige Funktionsausdrücke der Form $\Phi(\ )$ bezeichnet werden. Dies sind wesentlich unteilbare Ausdrücke, deren Leerstelle die „Ungesättigtheit" des Begriffs anzeigen soll.[134]

Wenn Frege vom Fallen eines Gegenstandes unter einen „Begriff F" spricht, so folgt diese Redeweise offensichtlich aus einer Verlegenheit; so schreibt er:

> Ich brauche das Wort 'Begriff' in der Weise, daß ›a fällt unter den Begriff F‹ die allgemeine Form eines beurteilbaren Inhalts ist, der von einem Gegenstande a handelt und der beurteilbar bleibt, was man auch für a setze. Und

---

[132] Frege scheint anspruchsvollere Erklärungen der Urteilseinheit, wie sie z. B. in der Apperzeptionstheorie Kants oder in der Begriffslehre Hegels entwickelt worden sind, nicht gekannt oder gar studiert zu haben.

[133] Vergleiche 'Booles rechnende Logik und die Begriffsschrift' [1880 / 81], in: *Nachgelassene Schriften*, S. 17f.

[134] 'Ausführungen über Sinn und Bedeutung', *Nachgelassene Schriften*, S. 131.

I. 3. Die Sprache des logischen Funktionenkalküls

in diesem Sinne ist ›*a* fällt unter den Begriff 'sich selbst ungleich'‹ gleichbedeutend mit ›*a* ist sich selbst ungleich‹ oder ›*a* ist nicht gleich *a*‹.[135]

Es sind *drei* Dinge, die Frege hier mitteilen möchte. *Erstens* möchte er erklären, worin „die allgemeine Form" singulärer Aussagen besteht. *Zweitens* möchte er darauf hinweisen, daß die allgemeine Form singulärer Aussagen nicht verwechselt werden dürfe mit der allgemeinen Form von Aussagen, die von Paaren, Tripeln usw. handeln. *Drittens* möchte er Auskunft über seinen Wortgebrauch geben.

Was die *erste* Mitteilung angeht, bezeichnet Frege die singuläre Aussage als einen „beurteilbaren Inhalt", „der von einem Gegenstande *a* handelt und der beurteilbar bleibt, was man auch für *a* setze." Er meint, daß „die allgemeine Form" singulärer Aussagen durch einen Funktionsausdruck der Form $\Phi(a)$ wiedergegeben werden kann. Das heißt, daß alle spezielleren Formen singulärer Aussagen Ausdrücken entsprechen, die auf zweierlei Weise entstehen können, nämlich: erstens dadurch, daß ›$\Phi(\ )$‹ durch einen n-stelligen Funktionsausdruck mit $n > 1$ ersetzt wird, dessen Leerstellen ausnahmslos durch ›*a*‹ ausgefüllt werden, und zweitens dadurch, daß die Individuenkonstante *a* in einem Ausdruck der Form $\Phi(a)$ ersetzt wird durch eine Bezeichnung, die sich von ›*a*‹ unterscheidet, aber gleichfalls für einen individuellen Gegenstand steht. Auf die in dieser Mitteilung enthaltene These, ›*a* fällt unter den Begriff *F*‹ sei die allgemeine Form singulärer Aussagen werde ich weiter unten, in § 33, zurückkommen.

Was die *zweite* Mitteilung angeht, so schreibt Frege:

Wie ›*a* fällt unter den Begriff *F*‹ die allgemeine Form eines beurteilbaren Inhalts ist, der von einem Gegenstande *a* handelt, so kann man ›*a* steht in der Beziehung φ zu *b*‹ als allgemeine Form für einen beurteilbaren Inhalt annehmen, der von dem Gegenstande *a* und dem Gegenstande *b* handelt.[136]

Hier sollte man darauf achten, daß Frege den Unterschied zwischen der allgemeinen *Form* einer Aussage, die vom Fallen eines Individuums unter einen *Begriff* handelt, und der allgemeinen *Form* einer Aussage, die von einer *Beziehung* zwischen zwei (oder mehr als zwei) Individuen handelt, nicht wirklich in einem *Form*unterschied bestehen läßt, der den unvoll-

---

[135] *Grundlagen der Arithmetik*, § 74. - An anderer Stelle schreibt Frege in entsprechender Weise: „Wenn ich sage 'Plato ist ein Mensch', lege ich nicht etwa dem Plato einen neuen Namen bei, nämlich den Namen 'Mensch', sondern ich sage, daß Plato unter den *Begriff Mensch* falle." *Schriften zur Logik und Sprachphilosophie*, 'Logik in der Mathematik', S. 109. Vgl. auch das Beispiel in 'Funktion und Begriff' (1891, S. 15), *Kleine Schriften*, S. 133.

[136] *Grundlagen der Arithmetik*, § 70.

ständigen Funktionsausdruck als solchen betrifft, sondern ausschließlich in einem Unterschied der *Inhalte*, durch die seine Leerstellen ausgefüllt werden. (Freges Rede von der „Form" eines „Inhalts" kann über diesen Sachverhalt leicht hinwegtäuschen.)

Was die *dritte* Mitteilung angeht, so bringt sie eine Verlegenheit zum Ausdruck, die mit der Revision der traditionellen Begriffsauffassung zusammenhängt. Frege möchte sein neues, funktionentheoretisches Verständnis des Wortes 'Begriff' verdeutlichen, tut dies aber so, als ob ein Begriff nach diesem Verständnis etwas wäre, was an die Stelle einer syllogistischen Begriffsvariablen treten könnte. Das heißt, er tut dies so, als sei der Begriff, unter den *a* nach seinem *neuen* Wortgebrauch fallen soll, ein Begriff, unter den *a* nach *altem* Wortgebrauch fällt, wenn er unter *F* fällt. Um den neuen Wortgebrauch zu erklären, wäre es eigentlich nötig gewesen, ihn vom alten Wortgebrauch deutlich zu unterscheiden, statt beide Wortgebräuche miteinander zu konfundieren.[137]

So wäre es im Grunde sachgemäß gewesen, Frege hätte uns anstelle seiner Worterklärung mitgeteilt, daß die Funktionentheorie des Begriffs das Wort 'Begriff' so verwendet, daß innerhalb einer Redewendung wie ›*a* fällt unter den Begriff *F*‹ in Wahrheit von *keinem* Begriff die Rede ist.[138] Denn nach dieser Theorie soll, wenn ›*F* (*a*)‹ wahr ist, nicht ›*F*‹, sondern ein offener Satz der Form ›… ist ein α‹ für den Begriff stehen, unter den *a* fällt. Und dieser offene Satz ist nicht gleichbedeutend mit ›*F*‹ oder mit ›α‹, sondern mit ›… fällt unter den Begriff *F*‹, falls ›*F* (*a*)‹ gleichbedeutend ist mit ›*a* fällt unter den Begriff *F*‹.

Es gibt für Frege allerdings auch einen systematischen Grund, den Funktionsbuchstaben ›*F*‹ manchmal so zu verwenden, als stünde er *doch* für einen abgeschlossenen Ausdruck, und von einem Begriff *Quadratwurzel aus Vier*, einem Begriff *Pferd* oder einem Begriff *F* so zu sprechen, als handele es sich bei den so bezeichneten Begriffen *nicht* um ungesättigte Aussagefunktionen. Frege möchte es nämlich systematisch zulassen, daß

---

[137] Der Umstand, daß Freges Bezeichnungsweise für Begriffe und Funktionen schwankend ist, indem er mal ›*F*‹, mal ›*F* ( )‹ und mal ›*F* (*x*)‹ als Funktionszeichen angibt, erklärt vielleicht, daß Frege auch schwankt in der Auffassung dessen, was ein Begriffswort ist: Mal meint er, die Kopula ›… ist …‹ gehöre mit dazu (siehe 'Über Schoenflies', *Nachgelassene Schriften*, S. 192), mal meint er, Begriffswörter seien diejenigen Wörter, vor denen die Ausdrücke ›alle‹, ›einige‹ usw. stehen können (siehe den Brief an Heinrich Liebmann vom 25. 8. 1900, in: *Wissenschaftlicher Briefwechsel*, S. 150, und 'Logik in der Mathematik', *Nachgelassene Schriften*, S. 230.

[138] In anderen Zusammenhängen hat Frege selbst ausdrücklich darauf hingewiesen, daß nach seiner Theorie ein bestimmter Begriff, wie es z. B. der Begriff *Pferd* ist, in Wahrheit *kein* Begriff ist.

§ 28. Anmerkungen zur Funktionentheorie des Begriffs

Funktionszeichen durch *gebundene Funktionsvariable* ersetzt werden dürfen, so daß diese in Quantoren auftreten können (siehe *Begriffsschrift* § 9).[139] Dieser Auftritt setzt voraus, daß Funktionsbuchstaben so behandelt werden dürfen, als seien sie Gegenstandsvariable und als führten sie keine Leerstelle bei sich. Dementsprechend gibt Frege sinngemäß an, die Funktionsvariable ›Φ‹ in einem Ausdruck der Form (∀ Φ) (... Φ ...) stehe für ›die Eigenschaft Φ, was auch Φ sein mag‹,[140] darunter alle möglichen Eigenschaften wie zum Beispiel „die Eigenschaft, ein Haufe Bohnen zu sein".[141] Eine solche Eigenschaft ist strenggenommen keine ungesättigte Funktion, sondern etwas, was einem syllogistischen Begriffsausdruck entspricht, der keine Leerstelle mit sich führt.

Die Erlaubnis, Funktionsvariable so zu behandeln, als seien sie Gegenstandsvariable, veranlaßt Frege, eine Analogie zu ziehen zwischen der Subsumtion eines Gegenstandes unter einen Begriff und der Subsumtion eines *Begriffs erster Stufe* unter einen *Begriff zweiter Stufe*. Der Satz ›(∃ Φ) (∃ x) Φ (x)‹ sagt aus, daß es eine Aussagefunktion gibt, welche die Eigenschaft hat, auf einen Gegenstand zuzutreffen. Er verhält sich zu dem Satz ›(∃ x) (x^2 = 4)‹ wie der Satz ›(∃ x) F (x)‹ zu dem Satz ›F (a)‹. Frege meint nun, in ähnlicher Weise wie ›F (a)‹ aussagt, der Gegenstand *a* falle unter den Begriff F, so sage ›(∃ x) (x^2 = 4)‹ aus, der Begriff *Quadratwurzel aus Vier* falle *in* den Begriff der „Esgiebtexistenz".[142] Statt hier zweimal von einer Beziehung der Subsumtion zu reden, zieht Frege es vor, einmal vom Fallen *unter* einen Begriff, das andere Mal vom Fallen *in* einen Begriff zu reden. Dadurch soll eigentlich nur unterstrichen werden, daß ein Begriff, wie es der Begriff *Quadratwurzel aus Vier* ist, kein Gegenstand, sondern ein „Begriff erster Stufe" sei, während der Begriff, *in* den er falle, nämlich der Begriff der „Esgiebtexistenz", – d. h. der Begriff, ein erfüllter Begriff zu sein, – ein „Begriff zweiter Stufe" sei.[143] Nun kann man ›(∃ x) (x^2 = 4)‹ auch mit den Worten wiedergeben: ›irgendein Gegenstand ist eine Quadratwurzel aus Vier‹, oder mit den Worten: ›Es gibt mindestens eine Quadratwurzel aus Vier‹. Diese beiden Sätze entsprechen den Schemata ›Irgendein Gegenstand ist ein α‹ bzw. ›Es gibt mindestens ein α‹. Dieser Umstand veranlaßt schließlich Frege, ausdrücklich festzustellen:

---

[139] „Es kann auch [...] das Argument bestimmt, die Funktion aber unbestimmt sein." *Begriffsschrift*, S. 17. Die §§ 10 und 11 erläutern dann, wie unbestimmte Funktionen durch den Gebrauch von Variablen darzustellen sind.
[140] *Begriffsschrift*, § 26, S. 61.
[141] *Begriffsschrift*, S. 64.
[142] Brief an Heinrich Liebmann vom 25. 8. 1900, *Wissenschaftlicher Briefwechsel*, S. 151.
[143] Ebenda, S. 150 –1.

Begriffswörter stehen mit dem unbest[immten] Artikel, mit Wörtern wie ›alle‹, ›einige‹, ›viele‹ usw.[144]

Denn das, was Frege einen Begriff erster Stufe nennt, kann unter einen Begriff zweiter Stufe nur dann subsumiert werden, wenn es sich um einen Begriff handelt, der durch eine syllogistische Begriffsvariable vertreten werden kann. Offene Sätze dagegen, die eine ungesättigte monadische Aussagefunktion wiedergeben, sind für sich genommen bedeutungslose Ausdrücke und daher ungeeignet, subsumtionsfähige Begriffe zu bezeichnen.

Frege ist daher gar nicht in der Lage, seine Funktionentheorie des Begriffs auch nur einigermaßen konsequent durchzuhalten.

In seinem berühmten ersten Brief an Frege vom 16. Juni 1902[145] hat Russell, unter Bezugnahme auf die erwähnte Stelle in § 9 der *Begriffsschrift*, auf die Gefahren aufmerksam gemacht, die mit der Verwendung gebundener Funktionsvariablen zusammenhängen, indem er diese Verwendung als Quelle des Widerspruchs deutete, der später unter dem Namen ›Russells Antinomie‹ bekannt geworden ist. Russell schreibt:

> Nur in einem Punkte ist mir eine Schwierigkeit begegnet. Sie behaupten (S. 17), es könne auch die Funktion das unbestimmte Element bilden. Dies habe ich früher geglaubt, jedoch jetzt scheint mir diese Ansicht zweifelhaft, wegen des folgenden Widerspruchs. Sei w das Prädikat, ein Prädikat zu sein, welches von sich selbst nicht prädiziert werden kann. Kann man w von sich selbst prädizieren? Aus jeder Antwort folgt das Gegenteil. Deshalb muß man schließen, daß w kein Prädikat ist. Ebenso gibt es keine Klasse (als Ganzes) derjenigen Klassen, die als Ganze sich selber nicht angehören. Daraus schließe ich, daß unter gewissen Umständen eine definierbare Menge kein Ganzes bildet.

Russell macht hier auf den Umstand aufmerksam, daß mit einem Ausdruck der Form ($\forall \Phi$) (...Φ ...) auf einen Argumentbereich Bezug genommen wird, der weder bloß Gegenstände, auf die sich gebundene Individuenvariable beziehen, noch bloß Begriffe enthält, die Prädikate von Gegenständen sind, die unter sie fallen, sondern der von so suspekten Wesen bevölkert wird, wie es Prädikatenprädikate sind, von denen w ein Beispiel ist. Prädikatenprädikate sind notwendigerweise Wesen, die *weder* ungesättigte monadische Aussagefunktionen, *noch* Begriffe erster Stufe im Sinne Freges sind; sie sind vielmehr Begriffe im syllogistischen Sinne. Denn ein Prädikat *kann* von sich selbst nur dann prädiziert werden, wenn

---

[144] Ebenda, S. 150.
[145] Siehe Frege, *Wissenschaftlicher Briefwechsel*, S. 211.

es ein Prädikatbegriff, nämlich ein *logisches Prädikat* im oben erläuterten Sinne dieses Ausdrucks ist. Nur in Sätzen wie ›das w ist ein w‹ oder ›ein w ist ein w‹ – mit einem Terminus w – kann w von sich selbst prädiziert werden.[146] Prädikate, von denen ein anderes Prädikat oder es selbst prädiziert wird, müssen geeignet sein, auch als Subjektbegriff aufzutreten. Nur muß es sich eben um Prädikate eines speziellen *begrifflichen Inhalts* handeln. Daß Prädikatenprädikate zum Argumentbereich einer Funktion der Form $(\forall \Phi)$ $(...\Phi ...)$ gehören können, liegt daran, daß mit dieser Form zwar ungesättigte Aussagefunktionen als Werte gebundener Variablen zugelassen sind, aber keine Vorkehrungen verknüpft sind, die verhindern, daß zur Sättigung dieser Funktionen *Begriffe im syllogistischen Sinne dieses Wortes* in Frage kommen. So kann durch Sättigung von $\Phi( )$ eine Aussagefunktion der Form $\Phi(\Psi( ))$, mit $\Phi = \Psi$ oder mit $\Phi \neq \Psi$, entstehen, und anschließend, durch stillschweigende Umwandlung von $\Psi( )$ in einen Begriff der Form $('x) \Psi(x)$, ein Prädikatenprädikat der Form $\Phi(('x) \Psi(x))$ gebildet werden.

Der Brief, mit dem Frege auf Russells Hinweis sogleich reagierte, zeigt, daß Frege die weitreichenden Folgen des Problems sofort erkannt hat. Durch den entdeckten Widerspruch gerate „der Grund, auf dem ich die Arithmetik sich aufzubauen dachte, in's Wanken."[147] Frege erkannte sogleich, daß grundlegende Annahmen seines Werkes *Grundgesetze der Arithmetik* hinfällig geworden waren, da ihre implizite Bezugnahme auf uneingeschränkte Argumentbereiche von Prädikatenprädikaten die Ableitung widersprüchlicher Folgerungssätze möglich macht.[148]

Der Kern des Problems, auf das Frege hier gestoßen war und mit dem sein Projekt gescheitert war, die Arithmetik rein logisch zu begründen, bestand darin, daß mit der Bindung von Variablen für Aussagefunktionen durch Quantoren der vorausgesetzte Argumentbereich über die beabsichtigten Maße hinaus erweitert wurde. Mit dieser Erweiterung wurde die Sättigung ungesättigter Aussagefunktionen durch ungesättigte Aussagefunktionen stillschweigend unbegrenzt zugelassen.

Freges Motiv, schon in der *Begriffsschrift* von 1879 den Auftritt von Funktionsvariablen in Quantoren zuzulassen, hängt zusammen mit sei-

---

[146] Es sei hier nur am Rande erwähnt, daß sich in logischer Hinsicht kein tieferes Problem ergibt, wenn sich herausstellt, daß von zwei Sätzen der Form ›das w ist ein w‹ und ›das w ist nicht ein w‹ *beide* falsch sind. Denn dieses Problem löst sich sogleich auf, wenn man nur bereit ist, diese Sätze als Anwendungsfälle des schwachen logischen Quadrats assertorischer Gegensätze gemäß § 12 zu behandeln.

[147] Frege, *Wissenschaftlicher Briefwechsel*, S. 213.

[148] Siehe ebenda, S. 213–215.

nem Projekt, das Prinzip der mathematischen Induktion aus den Axiomen der *Begriffsschrift* mit Hilfe von Definitionen im Dritten Teil der *Begriffsschrift* zu deduzieren. Denn im Rahmen dieser Deduktion sah er sich genötigt, über Funktionsvariablen zu quantifizieren. Dieses Motiv hätte entfallen können, wäre Freges Notationsweise, was die Unzertrennlichkeit von Funktionsbuchstaben und Leerstellen angeht, konsequenter gewesen. Dies zu zeigen, würde jedoch den Rahmen der gegenwärtigen Untersuchung sprengen.[149]

Was Freges These von der Zurückführbarkeit aller Begriffsbeziehungen auf die logische Grundbeziehung des Fallens von Gegenständen unter Begriffe betrifft, so war es für diese These jedenfalls nicht nötig, die für die Syllogistik zweckmäßige Terminologie aufzugeben, nach der Begriffe Subjektbegriffe oder Prädikatbegriffe sind und durch Termini dargestellt werden können. Denn auch in einem – aus Freges Sicht – logisch fundamentalen Ausdruck wie ›$F(a)$‹ kommt implizit immer ein Begriff vor, der als Prädikatbegriff aufgefaßt und durch ›$('x)F(x)$‹ bezeichnet werden kann. Auf diesem Umstand beruht es der Sache nach, daß Frege behaupten konnte, der „begriffliche Inhalt" eines Urteils sei als „Funktion dieses oder jenes Arguments" anzusehen.[150] Denn etwas Begriffliches ist eine Funktion dieses oder jenes Arguments nur insofern, als etwas in ihr vorhanden ist, unter das ein Gegenstand subsumierbar ist und das, als *logisches Prädikat*, durch eine syllogistische Begriffsvariable vertreten werden kann.

Wenn Frege schreibt: „Eine Unterscheidung von *Subjekt* und *Prädikat* findet in meiner Darstellung eines Urteils *nicht statt*,"[151] so wäre es hilf-

---

[149] Zur Frage, welche Gestalt eine konsequentere Notationsweise im Zusammenhang der Deduktion des verallgemeinerten Prinzips der mathematischen Induktion aus den Axiomen der *Begriffsschrift* hätte haben können, vergleiche man meine Deduktionsskizze unten in *Anhang 2*. Ihr zufolge besteht kein Bedarf, eine Prädikatenlogik *höherer Stufe* einzuführen (und Russells Paradox möglich zu machen).

[150] *Begriffsschrift*, § 9, S. 17: „Für uns haben die verschiedenen Weisen, wie derselbe begriffliche Inhalt als Funktion dieses oder jenes Arguments aufgefaßt werden kann, keine Wichtigkeit, solange Funktion und Argument völlig bestimmt sind." - Im Vorwort zur *Begriffsschrift* hat Frege diese Erklärung auch zur Rechtfertigung des Namens 'Begriffsschrift' herangezogen. Siehe ebenda, S. IV.

[151] Ebenda, § 3, S. 3: „Eine Unterscheidung von *Subjekt* und *Prädikat* findet bei meiner Darstellung eines Urteils *nicht statt*. Um dies zu rechtfertigen, bemerke ich, daß die Inhalte von zwei Urteilen in doppelter Weise verschieden sein können: erstens so, daß die Folgerungen, die aus dem einen in Verbindung mit bestimmten anderen gezogen werden können, immer auch aus dem zweiten in Verbindung mit denselben andern Urteilen folgen; zweitens so, daß dies nicht der Fall ist. Die beiden Sätze: 'bei Plataeae siegten die Griechen über die Perser' und 'bei Plataeae wurden die Perser von den Griechen besiegt' unterscheiden sich in der erstern Weise. Wenn man nun auch eine geringe Verschieden-

reich gewesen, er hätte hier ausdrücklich darauf hingewiesen, daß die *grammatische* Unterscheidung von Subjekt und Prädikat – die von der *logischen* Subjekt-Prädikat-Unterscheidung sorgfältig unterschieden werden muß – auf Ausdrücke seiner Begriffsschrift durchaus anwendbar bleibt. Denn eine Funktion dieses oder jenes Arguments, sofern ihr Wert immer ein Wahrheitswert ist, spielt zwar nie die Rolle eines *logischen* Prädikats, aber doch immer die eines grammatischen Prädikats. Und die Leerstelle einer ungesättigten monadischen Aussagefunktion entspricht stets der Stelle eines *grammatischen* Subjekts.

Im Folgenden werde ich an der Terminologie festhalten, nach der unter einem Begriff dasjenige zu verstehen ist, wofür ein Terminus, d. h. ein nominaler Ausdruck stehen kann, mag dieser Ausdruck ein einfaches Wort oder eine beliebig komplexe Nominalphrase sein, mag es sich um einen substantivischen oder adjektivischen Ausdruck handeln. Dementsprechend möchte ich von jetzt an, wenn nicht ausdrücklich das Gegenteil vermerkt wird, vom Fallen eines Gegenstandes unter einen Begriff und von der Subordination eines Begriffs unter einen Begriff immer nur in der Weise sprechen, daß eine Formel wie ›$F(a)$‹ zu lesen ist als gleichbedeutend mit: ›a fällt unter den Begriff $('x)\ F(x)$‹, und eine Formel wie ›$(\forall x)\ (F(x) \supset G(x))$‹ so zu verstehen ist, daß sie den Begriff $('x)\ F(x)$ unter den Begriff $('x)\ G(x)$ subordiniert.

Die Vorstellung, Begriffe seien Wesen mit einer besonderen Art von leerem Magen und mit einem spezifischen Appetit auf Gegenstände, sollte man vielleicht am besten als eine mythische Fabel behandeln, die dem Funktionenkalkül und seiner Sprache geholfen haben mag, sich von der Syllogistik zu emanzipieren, die aber in logischer Hinsicht entbehrlich ist und die – seitdem es kaum noch jemanden gibt, der die Leistungsfähigkeit dieses Kalküls und seiner Sprache bezweifelt, – eher Schwierigkeiten macht als Nutzen bringt.

heit des Sinnes erkennen kann, so ist doch die Übereinstimmung überwiegend. Ich nenne nun denjenigen Teil des Inhaltes, der in beiden derselbe ist, den *begrifflichen Inhalt*."

2. Prüfung des Übersetzungsprogramms

§ 29. Subordination von Begriffen in der Sprache des Funktionenkalküls

Nachdem ich in den voranstehenden Paragraphen (§§ 25 – 8) dargestellt habe, wie Freges These von der Zurückführbarkeit aller Begriffsbeziehungen auf Beziehungen der Form F (a) genauer zu verstehen ist, möchte ich mich jetzt der Frage zuwenden, ob diese These denn auch sachlich überzeugend ist. Ist es richtig anzunehmen, man könne syllogistische Schemata für universelle, partikuläre oder singuläre Sätze in die Formelsprache des Funktionenkalküls angemessen übersetzen? Kann man überhaupt die Syllogistik in einer begriffsschriftlichen Sprache darstellen?

Um diese Fragen präzise beantworten zu können, muß man zunächst noch einmal genauer in Betracht ziehen, wie die allquantifizierten Subjunktionen eigentlich zu verstehen sind, die oben in *Figur 9* (siehe § 25) als Übersetzungen syllogistischer Satzschemata vorkamen.

Frege vertritt in § 12 seiner *Begriffsschrift*[152] die Meinung, die allquantifizierte Subjunktion

$$(\forall x)(\Phi(x) \supset \Psi(x))$$

dürfe man übersetzen *sowohl* durch den hypothetischen Ausdruck: ›Wenn etwas die Eigenschaft Φ hat, so hat es auch die Eigenschaft Ψ‹, *als auch* durch den kategorischen Ausdruck: ›Alle Φ's sind Ψ's‹. Dabei entsprechen die griechischen Großbuchstaben, die Frege in diesen beiden Übersetzungen seiner Formel gebraucht, syllogistischen Begriffsvariablen. Sie dürfen sinngemäß ersetzt werden durch ›('x)Φ(x)‹ bzw. durch ›('x)Ψ(x)‹. Analoge Übersetzungen schlägt Frege für die übrigen Formeln vor, die in *Figur 9* vorkamen und sich nur dadurch voneinander und von der soeben erwähnten Subjunktionsformel unterscheiden, daß in ihnen das Zeichen für die wahrheitsfunktionale Verneinung an unterschiedlichen Stellen auftritt.

Oben, in den §§ 1, 3 und 5, hatte ich die Schemata kategorischer und hypothetischer Sätze als Schemata von Sätzen unterschiedlicher *logischer* Form vorgestellt. Frege mißt dagegen dem Unterschied, der zwischen der kategorischen und hypothetischen Form besteht, eine nur „grammatische Bedeutung" bei.[153] Nach seiner Ansicht sind ›jedes α ist ein β‹ und ›wenn etwas ein α ist, so ist es ein β‹ nur *grammatisch* verschiedene Formen der

---

[152] Siehe *Begriffsschrift*, S. 23. An der dort entwickelten Auffassung hat Frege in späteren logischen Schriften festgehalten; vgl. Rainer Stuhlmann-Laeisz, *Gottlob Freges* ›*Logische Untersuchungen*‹, Darmstadt: Wissenschaftliche Buchgesellschaft, 1995, S. 182–191.

[153] *Begriffsschrift* § 4.

Subordination eines Begriffs unter einen anderen Begriff. Die gemeinsame logische Tiefenstruktur dieser Operation wird nach seiner Ansicht ausschließlich durch eine allquantifizierte Subjunktion zum Ausdruck gebracht.

Die Ansicht, daß es sich bei Sätzen der Form ›jedes α ist ein β‹ und ›wenn etwas ein α ist, so ist es ein β‹ um gleichbedeutende Sätze handelt, ist übrigens schon vor Frege vertreten worden. Eines der Prinzipien der traditionellen Syllogistik, das sogenannte *Dictum de omni et nullo* ist manchmal so verstanden worden, als sage es aus, ein kategorischer Satz der Form ›jedes α ist ein β‹ sei genau dann wahr, wenn ein hypothetischer Satz der Form ›wenn etwas ein α ist, so ist es ein β‹ wahr ist; und ebenso sei ein kategorischer Satz der Form ›kein α ist ein β‹ genau dann wahr, wenn ein hypothetischer Satz der Form ›wenn etwas ein α ist, so ist es kein β‹ wahr ist. Auch aus syllogistischer Sicht bringt sowohl ein universell bejahender kategorischer Satz als auch der aus ihm folgende hypothetische Satz die Subordination eines Begriffs unter einen Begriff zum Ausdruck. Aufgrund dieses Umstandes hat z. B. Christian Wolff die Ansicht vertreten, kategorische Sätze seien in Wahrheit hypothetische Sätze und auf diese reduzierbar.[154] Freges Auffassung unterscheidet sich von dieser Ansicht freilich dadurch, daß sie nicht kategorische auf hypothetische Sätze, sondern vielmehr kategorische und hypothetische Sätze gleichermaßen auf solche Sätze zurückführt, die *weder* kategorisch *noch* hypothetisch sind.

Ich möchte hier die Frage auf sich beruhen lassen, was Frege gemeint hat, wenn er in § 4 seiner *Begriffsschrift* sagt, die Unterscheidung zwischen kategorischen und hypothetischen Sätzen habe nur grammatische Bedeutung. Prüfen müssen wir aber, ob es zutrifft, wovon diese Meinung Freges abhängt, nämlich: ob kategorische Sätze der Form ›jedes $('x)\Phi(x)$ ist ein $('x)\Psi(x)$‹ und hypothetische Sätze der Form ›wenn etwas ein $('x)\Phi(x)$ ist, so ist es ein $('x)\Psi(x)$‹ zurückführbar sind auf allquantifizierte Subjunktionen der Form $(\forall x)(\Phi(x) \supset \Psi(x))$.

Zunächst werde ich mich der Frage zuwenden, wie sich hypothetische Sätze zu allquantifizierten Subjunktionen verhalten.

§ 30. Wahrheitsfunktionen und ihre Zurückführung auf nichtwahrheitsfunktionale Formen

Bei dieser Frage wird es darum gehen zu erklären, wie sich die Bedeutung des hypothetischen ›wenn ..., so ...‹ zur Bedeutung des Subjunktions-

---

[154] Siehe C. Wolff, *Philosophia Rationalis sive Logica*, Frankfurt & Leipzig, 1740, § 226.

zeichens ›... ⊃ ...‹ verhält. Oben, in § 6 und § 7, hatten wir bereits gesehen, daß diese Bedeutungen nicht übereinstimmen, da ›wenn ..., so ...‹ im Unterschied zu ›... ⊃ ...‹ keine wahrheitsfunktionale Verknüpfung ist. Die Subjunktion ›A ⊃ B‹ entspricht eher einem Satz der Form ›A nicht, ohne daß B‹ als einem Satz der Form ›wenn A, so B‹. Der Satz ›3 × 7 ist nicht gleich 21, ohne daß die Sonne scheint‹ kann wahr sein, während der entsprechende hypothetische Satz ›wenn ›3 × 7 gleich 21 ist, so scheint die Sonne‹ falsch ist. Er sagt aus, daß der Inhalt des Nachsatzes aus dem Inhalt des Vordersatzes *folgt*. Seine Wahrheit wäre daher unverträglich damit, daß einmal die Sonne nicht scheint.

Frege selbst hat den grundlegenden Unterschied zwischen ›wenn ..., so ...‹ und ›... ⊃ ...‹ deutlich erkannt und in § 5 seiner *Begriffsschrift* korrekt beschrieben.[155] Er hat jedoch gemeint, das Subjunktionszeichen könne, falls es im Wirkungsbereich eines Allquantors steht, die Bedeutung des hypothetischen ›wenn ..., so ...‹ annehmen. In diesen Fällen könne mit Hilfe des Subjunktionszeichens der „ursächliche Zusammenhang" dargestellt werden, der durch einen hypothetischen Satz wiedergegeben werde.[156] Ein in Freges Augen[157] wesentlicher Unterschied zwischen ›$p \supset q$‹ und ›$(\forall x)$ ($[x$ ist ein $('x)\Phi(x)] \supset [x$ ist ein $('x)\Psi(x)])$‹ liegt darin, daß es im ersten Fall zwei selbständige, nämlich unabhängig voneinander abgeschlossene Sätze p und q sind, die durch das Subjunktionszeichen verknüpft werden, während im zweiten Fall ein innerer Zusammenhang zwischen den Inhalten zweier offener Sätze dadurch dargestellt wird, daß beide Sätze gemeinsam mit Hilfe eines Quantors abgeschlossen werden.

Was Frege hier allerdings übersehen hat, ist der Umstand, daß der Ausdruck ›$(\forall x)$ ($[x$ ist ein $('x)\Phi(x)] \supset [x$ ist ein $('x)\Psi(x)])$‹ keineswegs gleichbedeutend ist mit dem hypothetischen Ausdruck ›$(\forall x) H$ ($[x$ ist ein $('x)\Phi(x)]$, $[x$ ist ein $('x)\Psi(x)])$‹. Während nämlich der hypothetische Satz ›wenn x, was auch immer x sein mag, ein $('x)\Phi(x)$ ist, so ist x ein $('x)\Psi(x)$‹ nur dann wahr ist, wenn der Inhalt des Nachsatzes aus dem Inhalt des Vordersatzes folgt, genügt es für das Wahrsein der Subjunktion ›$(\forall x)$ ($[x$

---

[155] Siehe *Begriffsschrift*, § 5, S. 6.
[156] Ebenda, § 12.
[157] Frege war der Ansicht, wir hätten „in der hypothetischen Satzverbindung [...] in der Regel uneigentliche Sätze der Art, daß weder der Bedingungssatz für sich noch der Folgesatz für sich einen Gedanken ausdrückt, sondern nur das ganze Satzgefüge." Siehe Freges Brief an E. Husserl vom 30. 10. bis 1. 11. 1906, *Wissenschaftlicher Briefwechsel*, S. 103. Mit hypothetischer Satzverbindung ist hier ein Gefüge gemeint, das dem Satzschema ›Wenn etwas ein α ist, so ist es ein β‹ entspricht.

§ 30. *Wahrheitsfunktionen und ihre Zurückführung* 113

ist ein $('x)\Phi(x)] \supset [x$ ist ein $('x)\Psi(x)])$‹ bereits, daß es kein x gibt, auf das der Vordersatz zutreffen würde.

Das heißt, der innere Zusammenhang zwischen zwei Sachverhalten, der durch eine allquantifizierte Subjunktion dargestellt werden kann, gehört einer ganz anderen Art von Zusammenhängen an als *der* Zusammenhang, der durch ›wenn ..., so ...‹ ausgedrückt wird. Für hypothetische Sätze gelten andere *Wahrheitsbedingungen* als für subjunktive Sätze.

Die Wahrheitsbedingungen eines Satzes der Form $(\forall x)(F(x) \supset G(x))$ entsprechen dagegen genau den Wahrheitsbedingungen eines Satzes der Form $b \subset a$. Denn damit ein Satz dieser Form wahr ist, genügt es, daß der Begriffsumfang b die Nullklasse ist. Dies folgt aus dem mengentheoretisch begründeten Theorem, das besagt, die Nullklasse sei Teilklasse jeder Klasse. Gemäß *Tabelle 2*

$b \subset a$	$(\forall x)(\Phi(x) \supset \Psi(x))$
$b \subset \bar{a}$	$(\forall x)(\Phi(x) \supset \sim \Psi(x))$
$\sim (b \subset \bar{a})$	$\sim (\forall x)(\Phi(x) \supset \sim \Psi(x))$
$\sim (b \subset a)$	$\sim (\forall x)(\Phi(x) \supset \Psi(x))$

Tabelle 2

lassen sich infolgedessen die Formeln des Funktionenkalküls in *Figur 9* (siehe oben § 25) den Formeln des Klassenkalküls in *Figur 6* (siehe oben § 17) so zuordnen, daß für jede Interpretation, nach der a der Umfang des Begriffs $('x)\Psi(x)$ und b der Umfang des Begriffs $('x)\Phi(x)$ ist, die Formeln der linken Spalte dieser Tabelle genau dann wahr sind, wenn die ihnen in der rechten Spalten gegenüberstehenden Formeln wahr sind. Keiner der Ausdrücke der rechten Spalte entspricht dagegen einer (unverneinten oder verneinten) hypothetischen Satzverknüpfung.[158]

---

[158] Man kann den Irrtum Freges, hypothetische Sätze, die eine Subordination von einem Begriff unter einen Begriff ausdrücken, seien gleichbedeutend mit bestimmten universell bejahenden kategorischen Sätzen, wohl nur historisch erklären. Boole hatte Sätze der Form $A(\alpha, \beta)$ bereits so aufgefaßt, daß sie wahr sind, wenn es keinen Gegenstand mit der Eigenschaft β gibt. Er sah sie nämlich als gleichbedeutend mit *primary propositions* der Form $A = A \cdot B$ an. Für Ausdrücke *dieser* Form war ›$(\forall x)(A(x) \supset B(x))$‹ eine durchaus angemessene Übersetzung. Angemessen kann man sie jedenfalls dann nennen, wenn man davon absieht, daß ›A‹ und ›B‹ bei Boole für Begriffsumfänge stehen, während Frege diese Buchstaben als leerstellenbehaftete Funktionsausdrücke interpretiert hat. Daß Frege bereit war, Booles *primary propositions* mit kategorischen Sätzen gleichzusetzen, zeigt sich in einem seiner frühen Aufsätze, 'Über den Zweck der Begriffsschrift' von 1882, abge-

Deshalb bedarf es einer sorgfältigeren Untersuchung, um herauszufinden, wie sich zwei Sätze der Form $(\forall x)$ ([x ist ein $('x)\Phi(x)$] $\supset$ [x ist ein $('x)\Psi(x)$]) und $(\forall x)$ H ([x ist ein $('x)\Phi(x)$], [x ist ein $('x)\Psi(x)$]) zueinander verhalten.

Oben, in § 7, hatte ich bereits die Ansicht diskutiert, ein hypothetischer Satz der Form H (A, B) sei aufzufassen als ein Ausdruck der strikten Implikation. Aus dieser Ansicht folgt, daß die allquantifizierte hypothetische Verknüpfung aufzufassen ist als allquantifizierte strikte Implikation. ›$(\forall x)$ H ([x ist ein $('x)\Phi(x)$], [x ist ein $('x)\Psi(x)$])‹ wäre demnach gleichbedeutend mit

›$(\forall x)\,\Box\,(\Phi(x) \supset \Psi(x))$‹.

Denn die strikte Implikation ›A $\dashv$ B‹ ist gleichbedeutend mit ›$\Box$ (A $\supset$ B)‹. Da nämlich ›A $\supset$ B‹ eine Abkürzung ist für ›~ (A & ~ B)‹ und ›$\Box$ ...‹ eine Abkürzung für ›~ $\Diamond$ ~ ...‹, ist ›~ $\Diamond$ (A & ~ B)‹ gleichbedeutend mit ›$\Box$ (A $\supset$ B)‹. Schließlich ist ›A $\dashv$ B‹ *per definitionem* gleichbedeutend mit ›~ $\Diamond$ (A & ~ B)‹.

Ich hatte allerdings bereits in § 14 darauf hingewiesen, daß die strikte Implikation ihrerseits weiter analysiert werden kann als eine Beziehung, die darstellbar ist mit Hilfe logischer Konstanten, von denen keine außer ›... & ...‹ ein wahrheitsfunktionaler Ausdruck ist. Deutlich geworden war auch schon: Da sich unter diesen Konstanten das hypothetische ›wenn ..., so ...‹ befindet, würde es auf eine zirkuläre Erklärung hinauslaufen, wollte man die Form des hypothetischen Satzes als strikte Implikation verstehen. Daher liegt es zunächst einmal nahe zu fragen, ob es nicht möglich ist, die strikte Implikation *vollständig* auf nicht-wahrheitsfunktionale Beziehungen zurückzuführen, und ob es nicht möglich ist, den Zirkel in der Erklärung der hypothetischen Satzform zu vermeiden.

Um diese Frage beantworten zu können, möchte ich zunächst die Frage aufwerfen, ob nicht auch die logische Konjunktion A & B als Beziehung aufgefaßt werden kann, die ausschließlich mit Hilfe nicht-wahrheitsfunktionaler Zeichen darstellbar ist.

Daß eine solche Darstellung möglich ist, kann man verhältnismäßig leicht einsehen. Man kann der logischen Konjunktion als einer Wahrheitsfunktion die folgende Wahrheitstafel zuordnen.

---

druckt in *Begriffsschrift und andere Aufsätze*, S. 97–106. Auf S. 101 setzt er explizit die „boolesche Auffassungsweise" mit der „aristotelischen" gleich.

§ 30. Wahrheitsfunktionen und ihre Zurückführung

A & B	A	B
W	W	W
F	W	F
F	F	W
F	F	F

Was diese Tafel zum Ausdruck bringt, kann man auf folgende Weise wiedergeben. Die erste Zeile unter dem Doppelstrich besagt: Bei einer Interpretation, nach der A und B Sätze sind, die einen der beiden Wahrheitswerte haben, folgt aus der Wahrheit von A und B, daß A & B wahr ist. Es gelten daher Schlußregeln nach dem Schema:

$$\frac{A \quad B}{A \& B}$$

Die drei nachfolgenden Zeilen der Wahrheitstafel besagen, daß bei einer solchen Interpretation daraus, daß mindestens einer der Sätze A oder B falsch ist, folgt, daß A & B falsch ist. Mit anderen Worten: Falls A & B wahr ist, ist auch A wahr; und weiter: falls A & B wahr ist, ist auch B wahr. Es gelten daher die sogenannten Vereinfachungsregeln, d. h. Folgerungsregeln nach den beiden Schemata:

$$\frac{A \& B}{A} \qquad \frac{A \& B}{B}$$

Vergleichen wir jetzt diese beiden Schemata mit den beiden folgenden Schlußschemata:

$$\frac{A \quad B}{A} \qquad \frac{A \quad B}{B}$$

Was diese beiden Schemata von den zwei zuvor genannten Schemata wesentlich unterscheidet, ist, daß sie *nicht aus denselben Gründen wie sie gültig* sind.¹⁵⁹ Der Grund, aus dem Folgerungsregeln nach den beiden zuvor genannten Schemata gültig sind, kann als *logischer Grund* bezeichnet werden. Er liegt *in der wahrheitsfunktionalen Bedeutung von* ›...&...‹. Dagegen kommt weder in den Prämissen noch in der Konklusion eines Schlusses, der den beiden nachfolgenden Schlußschemata entspricht, ein logisches Zeichen vor, auf dessen Bedeutung es beruhen könnte, daß ein solcher Schluß als *logisch* gültig zu betrachten wäre. Es stehe ›p‹ für einen Satz, der wahr oder falsch ist. Dann ist ein Schluß von p auf p dann und nur dann gültig, wenn der *Inhalt* – oder die *Bedeutung* – von ›p‹ überall, d. h. sowohl in der Prämisse als auch in der Konklusion, *identisch* ist. Die Annahme, eine Konklusion *folge* aus einer Prämisse dann, wenn sie denselben *Inhalt* hat wie diese, besagt, daß ein *inhaltlicher Grund* –, der als solcher kein bloß *logischer Grund* zu sein braucht, – existiert, auf dem die angenommene Folge beruht. Ich werde hier und im Folgenden nur dann eine Regel als *logisch gültig* oder als *aus logischen Gründen gültig* bezeichnen, wenn ihre Gültigkeit auf der Bedeutung einer logischen Konstante beruht, die in einer der Prämissen oder in der Konklusion der Folgerung vorkommt, auf die sich die Regel bezieht. Demnach mag zwar z. B. das Schema

$$\frac{A}{A}$$

gültig sein, aber es ist dies jedenfalls nicht *aus einem logischen Grund* (im soeben angegebenen Sinne). Es ist dies allenfalls aus einem inhaltlichen Grund: Nur weil die Formeln, für die der Buchstabe A über und unter dem Schlußstrich steht, als Sätze desselben Inhalts interpretiert werden können, sind sie geeignet, als Sätze eines gültigen Schlusses der angegebenen Form angesehen zu werden.¹⁶⁰

Wäre die Regel, nach der man aus einer Prämisse auf sie selbst schließen darf, *aus einem logischen Grund gültig*, dann wäre die Regel *Ex falso quodlibet* eine allgemeingültige logische Regel. Sie besagt, daß aus zwei Prämissen, von denen eine die andere verneint, eine beliebige Konklusion

---

[159] In einer etwas vereinfachten Redeweise nenne ich hier und im Folgenden das Schema gültiger Regeln ein gültiges Schema.

[160] Übrigens findet man bei Sextus Empiricus das Argument, es lasse sich nicht beweisen, ein hypothetischer Satz wie *'Wenn es Tag ist, so ist es Tag'* sei wahr und ein Satz könne *aus sich selbst folgen* oder in sich selbst *implizit* enthalten sein. Denn dies setze schon voraus, daß ein Beweis richtig ist, wenn aus der Konjunktion seiner Prämissen sein Schlußsatz folgt. Siehe Extus Empiricus, *Pyrrhonische Hypotyposen* 2, 111–115.

gezogen werden darf. Zu dieser Regel gelangt man, wenn man einen Schluß der Form

$$\frac{\begin{array}{c} A \\ B \end{array}}{A}$$

so umformt, daß sich ergibt:[161]

$$\frac{\begin{array}{c} A \\ N\,A \end{array}}{N\,B.}$$

Mit B = N C und unter Voraussetzung des Prinzips des affirmativen Gebrauchs doppelter Negation, das es erlaubt, von NN C zu C überzugehen, ist dann N B = C.

Es gibt nun aber keinen *logischen* Grund, die Regel *Ex falso quodlibet* für eine allgemeingültige Regel zu halten. Denn es gibt keinen logischen, sondern bloß einen inhaltlichen Grund, Schlüsse für gültig zu halten, deren Konklusion mit einer ihrer Prämissen identisch ist. Ein logischer Grund für die Geltung der Regel *Ex falso quodlibet* kann auch keineswegs in dem Umstand gesehen werden, daß es so scheint, als sei ein beliebiges Prämissenpaar gleichbedeutend mit der Verknüpfung beider Prämissen durch ›... & ...‹. Daß dies nur eine (in der Logik des 20. Jahrhunderts jedoch so gut wie allgemein verbreitete) logische Illusion ist, die im übrigen leicht aufgelöst werden kann, zeigt sich, sobald man sich nur klargemacht hat, daß es logisch durchaus zulässig ist, alle Schluß- und Folgerungsweisen, die auf der Wahrheitstafel für A & B beruhen, für logische Regeln zu halten *und doch zugleich die logische Gültigkeit aller Schlüsse zu verwerfen, deren Konklusion A mit einer ihrer Prämissen gleichbedeutend ist und in denen eine Prämisse der Form H (A, H (B, A) nicht auftritt.*[162]

---

[161] Das Recht zu dieser Umformung beruht auf der Gültigkeit einer Metaregel, die traditionell als *Reductio ad absurdum* bezeichnet wird und die in § 44 des Zweiten Teils dieser Abhandlung näher erläutert wird.

[162] Für Paul Hoyningen-Huene besteht hier ein unauflöslicher Zusammenhang; er schreibt, es sei „die Gültigkeit dieses Schlusses [von A & B auf A] bislang noch nie bezweifelt worden." Und er fügt mit einer rhetorischen Frage hinzu: „Wie sollte man dies auch angreifen: Wenn die Wahrheit von A *und* von B zugestanden ist, dann darf man doch auf die Wahrheit von A (oder die von B) schließen." P. Hoyningen-Huene, *Formale Logik. Eine philosophische Einführung*, Stuttgart: Reclam, 1998, S. 124.

Die Annahme, es sei ein Schluß aus zwei Prämissen *p* und *q* gültig, dessen Konklusion mit einer seiner Prämissen, zum Beispiel mit *p*, zusammenfällt, ist gleichbedeutend mit der Annahme, daß *p* aus *p* und *q* folgt. Diese Annahme ist wiederum gleichbedeutend mit der Annahme, daß *p* aus *q* folgt, wenn *p*. Diese Annahme kann symbolisch wiedergegeben werden durch ›H (*p*, H (*q*, *p*))‹. Sie ist ein Anwendungsfall dessen, was ich von jetzt an das *Prinzip des beliebigen zureichenden Grundes* nennen möchte. Denn so werde ich von jetzt an die Annahme nennen, daß bei jeder Interpretation, nach der A und B Sätze sind, die wahr oder falsch sind, der Satz H (A, H (B, A)) wahr ist. Dieses Prinzip besagt, daß, falls A wahr ist, die Wahrheit eines beliebigen Satzes B die hinreichende Bedingung des Wahrseins von A ist. Die Prämisse ›*p* & *q*‹ läßt nun offensichtlich eine Analyse zu, nach der sie nicht *zwei*, sondern insgesamt *drei* Prämissen zusammenfaßt, nämlich: ›*p*‹, ›*q*‹ und ›H (*p*, H (*q*, *p*))‹. Die Regel, nach der A aus A & B hervorgeht, entspricht daher der Schlußweise:

$$\frac{\begin{array}{c} A \\ B \\ H (A, H (B, A)) \end{array}}{A}$$

Die logische Gültigkeit dieser Schlußweise beruht auf dem Umstand, daß A aufgrund einer zweimaligen Anwendung des *Modus ponendo ponens* aus A und B logisch hergeleitet werden kann, *falls* ein Satz der Form H (A, H (B, A)) wahr ist (falls also das Prinzip des beliebigen zureichenden Grundes ein gültiges Prinzip ist).

Die logische Konjunktion von A und B ist daher nicht *unter allen Umständen* mit einem nur aus A und B bestehenden Formelpaar gleichbedeutend. *Nur unter der Voraussetzung*, daß das Prinzip des beliebigen zureichenden Grundes gilt, darf die logische Konjunktion von A und B und die Wahrheitsfunktion A & B miteinander vertauscht werden.

Dies bedeutet freilich nicht, daß man der Verknüpfung ›... und ...‹ nicht auch noch eine *zweite*, von ›... & ...‹ abweichende Bedeutung verschaffen könnte: ›*p* und *q*‹ kann vielmehr auch für ›beides: *p* und *q*‹ stehen und als Ausdruck verstanden werden, der *p* und *q* als Paar kompatibler Sätze hinstellt, *ohne* auszusagen, einer der Teilsätze sei auch für sich genommen wahr. ›Beides: ... und ...‹ kann als spezielle logische Konstante eingeführt werden. Ich werde für sie die Abkürzung ›(..., ...)‹ gebrauchen. ›(A, B)‹ ist kein wahrheitsfunktionaler Ausdruck. Die Bedeutung von

›(..., ...)‹

§ 30. *Wahrheitsfunktionen und ihre Zurückführung* 119

kann vielmehr definitorisch so festgelegt werden, daß für jede Interpretation, nach der A und B Sätze sind, die wahr oder falsch sind, gilt:

(1) (A, B) ist wahr, wenn A und B beide wahr sind oder N (A, B) falsch ist;
(2) (A, B) ist falsch, wenn es möglich ist, daß A oder B falsch und darum N A oder N B wahr ist.

Mit der aufgestellten Definition ist die Bedeutung von ›(A, B)‹ so festgelegt, daß dieser Ausdruck keine wahrheitsfunktionale Verknüpfung enthält. Diesem Umstand entspricht es, daß in der Hauptkolumne der Wahrheitstafel für (A, B) an all den Stellen ein Fragezeichen steht, an denen die analoge Hauptkolumne der Wahrheitstafel für A & B den Wert F enthält. Nur in der ersten Zeile stimmen die beiden Wahrheitstafeln überein:

(A, B)	A	B
W	W	W
?	W	F
?	F	W
?	F	F

Die Fragezeichen bringen zum Ausdruck, daß bei Interpretationen, nach denen zwei Formeln A und B einen der beiden Wahrheitswerte haben, der Wert F für A oder B noch nicht hinreichend festlegt, daß auch (A, B) den Wert F hat.

Bei keiner Interpretation, nach der A und B wahr oder falsch sind, folgt A oder B logisch aus (A, B). Infolgedessen folgt aus dem Falschsein von A oder aus dem Falschsein von B nicht logisch, daß (A, B) falsch ist. Das heißt, aus einem logischen Grund gültig ist zwar ein Schluß nach dem Schema

$$\frac{\begin{array}{c}A\\B\end{array}}{(A, B).}$$

Es gilt aber nicht aus einem logischen Grund weder

$$\frac{(A, B)}{A.}$$

noch

$$\frac{N\,A}{N\,(A,\,B).}$$

›(A, B)‹ ist also ein Ausdruck, mit dem eine Prämissenkonjunktion, nämlich ein Paar von Prämissen A und B, dargestellt werden kann, ohne daß mit dieser Darstellung die implizite Annahme verbunden wäre, aus A und B folge A, oder H (A, H (B, A)) sei, falls A und B für Sätze stehen, die wahr oder falsch sind, ein wahrer Satz.

Da die logische Beziehung, für die ›(..., ...)‹ steht, keine Wahrheitsfunktion ist, werde ich sie im Folgenden als *nicht-wahrheitsfunktionale* (*logische*) *Konjunktion* bezeichnen; sie heiße von jetzt an auch *elementare Konjunktion*. Elementar ist sie insofern, als sich die Bedeutung von ›... & ...‹ auf die Bedeutung von ›(..., ...)‹ zurückführen läßt. Das ergibt sich aus der folgenden Überlegung. Die Prämissenkonjunktion ›(A, B)‹ ist nach der soeben angegebenen Definition wahr, wenn beide Prämissen A und B wahr sind. Nun hatten wir soeben gesehen, daß die Bedeutung von ›(A, B)‹ gleichsam übergeht in die Bedeutung von ›A & B‹, falls bei jeder Interpretation, nach der A und B Sätze sind, die wahr oder falsch sind, nicht nur A und B, sondern auch H (A, H (B, A)) wahr ist. Diese Wahrheit vorausgesetzt, ist ein Schluß von A und B auf A gültig. Ein solcher Schluß läßt sich zurückführen auf ein Paar von Schlüssen, von denen der erste logisch gültig ist und von A und B auf (A, B) schließt, von denen aber der zweite die *nicht* logisch gültige Folgerung von A aus (A, B) enthält. Unter der Prämisse, daß H (A, H (B, A)) wahr ist, wird daher angenommen, daß sowohl A als auch B aus (A, B) folgt. Das heißt: Man darf durch den Ausdruck

›(A, B)‹

den Ausdruck ›A & B‹ substituieren genau dann, wenn ›(A, B)‹ unter der Prämisse gebraucht wird, daß das Prinzip des beliebigen zureichenden Grundes gültig ist.

Man kann diesen Sachverhalt noch in anderer Weise wiedergeben. Da nämlich ein Gebrauch von Sätzen der Form (A, B) unter der Prämisse, daß das Prinzip des beliebigen zureichenden Grundes gültig ist, genau dann stattfindet, wenn angenommen wird, daß Konjunktionen der Form ((A, B), (H ((A, B), A), H ((A, B), B))) wahr sind, trifft es zu, wenn man sagt: ›A & B‹ ist gleichbedeutend mit

›((A, B), (H ((A, B), A), H ((A, B), B)))‹.

§ 30. Wahrheitsfunktionen und ihre Zurückführung 121

Streng genommen gibt dieser Ausdruck die Bedeutung von ›A & B‹ sogar genauer wieder als die Wahrheitstafel für A & B. Denn in ihr bleibt der Fall unberücksichtigt, in dem in A oder in B (oder in beiden) ein Ausdruck der Form *N* C vorkommt. Dies ist genau derjenige Fall, in dem es manifest wird, daß ›A & B‹ eine Wahrheitsfunktion erst dadurch wird, daß stillschweigend zugleich die Gültigkeit des Prinzips des beliebigen zureichenden Grundes vorausgesetzt wird. Denn nur unter dieser Voraussetzung trifft es ganz allgemein zu, daß der Wahrheitswert von A & B wahrheitsfunktional, d. h. allein durch die Wahrheitswerte von A und B, festgelegt ist. Unter derselben Voraussetzung wird auch der Ausdruck ›((A, B), (*H* ((A, B), A), *H* ((A, B), B)))‹ zu einer Wahrheitsfunktion. Denn unter dieser Voraussetzung wird für jede Interpretation, nach der A und B Sätze sind, die wahr oder falsch sind, aus seinem Teilausdruck ›(*H* ((A, B), A), *H* ((A, B), B))‹ ein wahrer Satz. Dessen Wahrsein vorausgesetzt, ist ›(A, B)‹ ein Satz, der wie ›A & B‹ genau dann wahr ist, wenn seine Teilsätze wahr sind, und genau dann falsch, wenn nicht.[163]

›A & B‹ ist daher im Grunde nur eine Abkürzung für einen komplexeren Ausdruck, der die logische Struktur von A & B deutlicher erkennen läßt. Die Bedeutung von ›… & …‹ kann dementsprechend definitorisch zurückgeführt werden auf die Bedeutungen von ›(…, …)‹ und ›*H* ( )‹, während eine umgekehrte Zurückführung der Bedeutung von ›(…, …)‹ auf die Bedeutungen von ›… & …‹ oder anderer (wahrheitsfunktionaler oder nicht-wahrheitsfunktionaler) Ausdrücke nicht bewerkstelligt werden kann. Die nicht-wahrheitsfunktionale logische Konjunktion ist insofern elementarer als die wahrheitsfunktionale.

Jetzt dürfen wir aus demselben Grund, aus dem die durch ›(…, …)‹ wiedergegebene Konjunktion elementar ist, auch die nicht-wahrheitsfunktionale *Verneinung* als *elementar* ansehen, nämlich als elementar im Verhältnis zur wahrheitsfunktionalen Verneinung. Oben, in § 10, hatte sich herausgestellt, daß ›~ A‹ substituierbar ist durch ›*N* A‹ genau dann, wenn ›*N* A‹ unter der Prämisse gebraucht wird, daß das Prinzip des affirmativen Gebrauchs doppelter Negation für Paare von Sätzen der Form A und *N* A gültig ist. Nun findet ein solcher Gebrauch genau dann statt, wenn angenommen wird, daß dies beides gilt: *N* A und *H* (*NN* A, A). Den Ausdruck ›beides: *N* A und *H* (*NN* A, A)‹ dürfen wir jetzt abkürzen durch:

›(*N* A, *H* (*NN* A, A))‹.

---

[163] Eine genauere Ausführung dieses Gedankens findet man in *Anhang* 3.

Mit diesem Ausdruck ist ›~ A‹ daher gleichbedeutend. Dieser Ausdruck gibt die Bedeutung von ›~ A‹ sogar noch genauer wieder als die (in § 9 wiedergegebene) Wahrheitstafel für ~ A. Denn diese Tafel läßt den Fall unberücksichtigt, in dem in A ein Ausdruck der Form N B enthalten ist. Soll die Wahrheitstafel allgemeingültig sein, so ist sie dies nur, wenn mit ihr implizit angenommen wird, daß das Prinzip des affirmativen Gebrauchs doppelter Negation auch für Paare von Sätzen der Form A und N A gilt. Eben diese Annahme wird durch den Ausdruck ›(N A, H (NN A, A))‹ explizit gemacht. Auch er wird Ausdruck einer Wahrheitsfunktion erst dadurch, daß die Gültigkeit von H (NN A, A) vorausgesetzt wird. Diese Gültigkeit vorausgesetzt, ist N A genau dann wahr, wenn A falsch ist, und genau dann falsch, wenn A wahr ist.

›~ A‹ ist daher im Grunde nur eine Abkürzung für einen komplexeren Ausdruck, der die logische Struktur von ~ A deutlicher erkennen läßt. Die Bedeutung von ›~ ...‹ kann dementsprechend definitorisch zurückgeführt werden auf die Bedeutung von ›N ...‹, ›H ( )‹ und ›(..., ...)‹. Dagegen kommt eine Zurückführbarkeit der Bedeutung von ›N ...‹ auf die Bedeutung von ›~ ...‹ oder von anderen (wahrheitsfunktionalen oder nicht-wahrheitsfunktionalen) Ausdrücken nicht in Frage. Daher ist die nicht-wahrheitsfunktionale Negation elementarer als die wahrheitsfunktionale Negation.

Man bedenke nun auch noch den folgenden Sachverhalt: Alle dyadischen Wahrheitsfunktionen können mit Hilfe der Zeichen ›... & ...‹ und ›~ ...‹ dargestellt werden.[164] Deshalb können, weil *sowohl* die wahrheitsfunktionale Verneinung *als auch* die wahrheitsfunktionale Konjunktion durch Ausdrücke ersetzt werden dürfen, die ausschließlich nicht-wahrheitsfunktionale Zeichen enthalten, *alle* Wahrheitsfunktionen durch nicht-wahrheitsfunktionale Zeichen wiedergegeben werden. (Siehe *Anhang* 3.)

Auch die strikte Implikation kann jetzt vollständig auf nicht-wahrheitsfunktionale Beziehungen zurückgeführt werden. Ersetzt man nämlich in einer der Formeln, die nach § 14 die Bedeutung von ›A ⊰ B‹ wiedergibt, nämlich die Formel ›~ ◊ (... & ~ ...)‹, durch ›NM (..., N ...)‹, so ergibt sich

›NM (A, N B)‹.

---

[164] Es kann nicht mehr als 16 verschiedene Wertverläufe geben, die in der Hauptkolumne von Wahrheitstafeln dyadischer Wahrheitsfunktionen darstellbar sind. Wie aus Tabelle 4 in *Anhang* 3 zu ersehen ist, entspricht jedem der 16 möglichen Wertverläufe eine verneinte oder unverneinte logische Konjunktion.

›A ⥽ B‹ darf durch diese Formel substituiert werden genau dann, wenn sie unter der Prämisse gebraucht wird, daß die Prinzipien des affirmativen Gebrauchs doppelter Negation und des beliebigen zureichenden Grundes gültig sind. Oder anders ausgedrückt, ›A ⥽ B‹ ist gleichbedeutend mit einer Konjunktion, die den Ausdruck ›NM (A, N B)‹ mit Formeln verknüpft, die sich aus der Anwendung dieser Prinzipien auf ihn ergeben. Es seien H (NN C, C) und H ((D, E), D) gültig für beliebige Formeln C, D und E. Dann ist ›A ⥽ B‹ gleichbedeutend mit:

›(NM (A, N B), (H (NN C, C), H ((D, E), D)))‹.[165]

In dieser Formel kommt die hypothetische Satzverknüpfung (zweimal) vor. Daher ist es ausgeschlossen, die hypothetische Satzverknüpfung (›wenn ..., so ...‹) als gleichbedeutend mit dem Ausdruck für die Beziehung der strikten Implikation anzusehen. Aber man kann jetzt die hypothetische Satzverknüpfung zirkelfrei erklären. Dabei sollte man sie (gemäß § 3) so deuten, wie Lewis die strikte Implikation gedeutet hat, nämlich so (siehe oben § 7), daß ›H (A, B)‹ aussagt, *es sei unmöglich, daß A wahr und B falsch ist*. Nur sollte man diese Deutung jetzt nicht mehr wie Lewis versuchen mit Hilfe von wahrheitsfunktionalen Zeichen wiederzugeben; und man sollte auch nicht annehmen, mit dem Gebrauch der hypothetischen Satzverknüpfung werde wie beim Gebrauch der strikten Implikation stillschweigend die Gültigkeit der Prinzipien des affirmativen Gebrauchs doppelter Negation und des beliebigen zureichenden Grundes vorausgesetzt. Vielmehr darf man von jetzt an davon ausgehen, ›H (A, B)‹ sei einfach mit dem soeben gefundenen Ausdruck

›NM (A, N B)‹

gleichbedeutend. Da ›NM (A, N B)‹ sinngemäß zum Ausdruck bringt, daß A und N B miteinander unverträglich sind, kann man auch sagen, daß die hypothetische Satzverknüpfung ›H (A, B)‹ nicht nur zum Ausdruck bringt, daß B aus A folgt, sondern auch, daß A mit der elementaren Verneinung von B unverträglich ist.[166]

---

[165] Diese Formel dient hier lediglich zur Abkürzung einer sehr viel komplexeren Formel, in welcher außer den Buchstaben A und B keine Metavariablen für Formeln vorkommen.
[166] Eine ausführliche Erklärung der Begriffe der Verträglichkeit und Unverträglichkeit gebe ich in *Anhang* 4.

§ 31. Eine Erweiterung der Sprache der Syllogistik

In § 30 hat sich gezeigt, daß die Bedeutung aller wahrheitsfunktionalen Zeichen ohne Schwierigkeit erklärt werden kann durch vollständige Zurückführung auf die Bedeutung nicht-wahrheitsfunktionaler Zeichen, die abgesehen vom Zeichen für die elementare Konjunktion der syllogistischen Elementarsprache angehören. Eine vergleichbare Zurückführung in umgekehrter Richtung hat sich als unmöglich erwiesen. Damit hat sich die Meinung als Irrtum herausgestellt, in der Sprache des Funktionenkalküls könnten nicht-wahrheitsfunktionale, syllogistische Satzverknüpfungen adäquat wiedergegeben werden: *Die syllogistischen Satzverknüpfungen haben sich ihrerseits als die elementareren Ausdrücke erwiesen. Es trifft daher – ganz im Gegenteil – zu, daß wir alles, was wir durch wahrheitsfunktionale Satzverknüpfungen zum Ausdruck bringen können, in einer Sprache wiedergeben können, deren Vokabular – abgesehen vom Zeichen für die elementare Konjunktion – ausschließlich der syllogistischen Elementarsprache angehört.*

Aus diesem Grunde ist es insbesondere nicht möglich, hypothetische Ausdrücke auf subjunktive Ausdrücke zurückzuführen. Oben, in § 30, hatte ich die Frage gestellt, wie sich zwei Sätze der Form ›$(\forall x)$ ([x ist ein $('x)\Phi(x)$] ⊃ [x ist ein $('x)\Psi(x)$])‹ und ›$(\forall x) H$ ([x ist ein $('x)\Phi(x)$], [x ist ein $('x)\Psi(x)$])‹ zueinander verhalten. Diese Frage können wir jetzt beantworten, indem wir erstens erklären, wie sich ›... ⊃ ...‹ und ›H (..., ...)‹ in logischer Hinsicht zueinander verhalten, und zweitens erklären, wie der innere Zusammenhang aufzufassen ist, der zwischen den offenen Teilsätzen ›x ist ein $('x)\Phi(x)$‹ und ›x ist ein $('x)\Psi(x)$‹ dadurch zum Ausdruck gebracht wird, daß die in diesen Teilsätzen frei vorkommenden Individuenvariablen mit Hilfe eines Allquantors gemeinsam gebunden werden.

Was die erste Frage angeht, kann man sogleich eine Ähnlichkeit feststellen, die zwischen den Beziehungen A ⊃ B und H (A, B) besteht, wenn man nur berücksichtigt, daß ›A ⊃ B‹ eine Abkürzung für ›~ (A & ~ B)‹ ist und ›H (A, B)‹ nach § 30 ersetzt werden darf durch ›NM (A, N B)‹. Der diesem Ausdruck analoge Ausdruck der strikten Implikation, ›~ ◇ (A & ~ B)‹, unterscheidet sich von ›~ (A & ~ B)‹ nur durch den Auftritt des Modalzeichens ›◇‹. Der Ausdruck ›~ ◇ ...‹ ist lediglich eine modale Verstärkung von ›~ ...‹, ebenso wie ›NM ...‹ eine modale Verstärkung von ›N ...‹ ist. Das heißt: ~ A ist aus ~ ◇ A ebenso wie N A aus NM A ableitbar. Denn nach dem Prinzip *Ab esse ad posse valet consequentia* folgt ◇ A aus A bzw. M A aus A. Ebenso wie daher A ⊃ B aus A ⥽ B folgt, folgt auch N (A, N B) aus NM (A, N B). Das logische Verhältnis, das zwischen den Beziehungen

A ⊃ B und H (A, B) besteht, kann daher auf folgende Weise präzise beschrieben werden:

Aus § 30 ergibt sich, daß, wenn die Ausdrücke ›N C‹ und ›(D, E)‹ unter der Prämisse gebraucht werden, daß die Prinzipien des affirmativen Gebrauchs doppelter Negation und des beliebigen zureichenden Grundes gültig sind, dann ›~ C‹ bzw. ›D & E‹ substituiert werden dürfen durch ›N C‹ bzw. durch ›(D, E)‹. Unter derselben Prämisse ist daher ›~ (A & B)‹ (und folglich auch ›A ⊃ B‹) substituierbar durch ›N (A, N B)‹. Da nach § 30 unter derselben Prämisse ›A ⊰ B‹ durch ›H (A, B)‹ substituiert werden darf und A ⊃ B aus A ⊰ B folgt, folgt A ⊃ B unter dieser Prämisse aus H (A, B). Unter dieser Prämisse ist daher der Übergang von H (A, B) zu A ⊃ B durch eine bloß syntaktische Umformung von Formeln zu bewerkstelligen.

Was die andere Frage anlangt, die sich auf die Besonderheit *quantifizierter* Subjunktionen bezieht und die den inneren Zusammenhang zwischen den offenen Teilsätzen solcher Subjunktionen betrifft, so bewirkt der Allquantor, der in beiden Ausdrücken ›($\forall x$) ([x ist ein ('x)Φ(x)] ⊃ [x ist ein ('x)Ψ(x)]‹ und ›($\forall x$) H ([x ist ein ('x)Φ(x)], [x ist ein ('x)Ψ(x)])‹ auftritt, nicht etwa, daß die in seinem Wirkungsbereich stehenden offenen Teilsätze beide zu universellen Sätzen ergänzt würden. Durch den Allquantor wird vielmehr zum Ausdruck gebracht, daß auf jedes Individuum des vorausgesetzten Individuenbereichs, nämlich auf jedes Individuum x, zutrifft, was der im Wirkungsbereich stehende Ausdruck *als ganzer* aussagt. Auf diese Weise bewirkt der Allquantor, daß die durch ihn gebundene Individuenvariable an allen Stellen ihres Vorkommens auf dasselbe Individuum Bezug nimmt. Der subjunktive Ausdruck

›($\forall x$) ([x ist ein ('x)Φ(x)] ⊃ [x ist ein ('x)Ψ(x)])‹

ist daher gleichbedeutend mit dem folgenden Satzschema:

›irgendein x, welches Individuum des vorausgesetzten Individuenbereichs x auch sein mag, ist ein ('x)Φ(x) nicht, ohne daß *es* (nämlich das in Rede stehende x) ein ('x)Ψ(x) ist.‹

Das entsprechende hypothetische Gefüge ist das Satzschema

›wenn irgendein x, welches Individuum des vorausgesetzten Individuenbereichs x auch sein mag, ein ('x)Φ(x) ist, so ist *es* (nämlich das in Rede stehende x) ein ('x)Ψ(x).‹

I. 3. Die Sprache des logischen Funktionenkalküls

Man kann leicht erkennen, daß der Vordersatz in beiden Fällen ein partikulärer Satz ist, während der zweite Satz in beiden Fällen ein singulärer Satz ist. Denn der im Vordersatz jeweils auftretende Teilausdruck ›x, welches Individuum des vorausgesetzten Individuenbereichs x auch sein mag‹ kann sinngemäß durch eine Begriffskonstante ersetzt werden, z. B. durch die Nominalphrase ›Individuum des (mit x) vorausgesetzten Individuenbereichs‹. Das Pronomen ›es‹ nimmt in beiden Nachsätzen auf denselben Gegenstand Bezug, von dem die Vordersätze handeln, ist also gleichbedeutend mit ›das in Rede stehende Individuum des (mit x) vorausgesetzten Gegenstandsbereichs‹. Es kann also sinngemäß durch einen Ausdruck ersetzt werden, der in logisch syntaktischer Hinsicht zusammengesetzt ist aus der in singulären Sätzen auftretenden logischen Konstante ›das in Rede stehende ...‹ und dem logischen Subjekt ›Individuum des (mit x) vorausgesetzten Individuenbereichs‹. Wir können daher sowohl den allquantifizierten subjunktiven Ausdruck als auch den allquantifizierten hypothetischen Ausdruck wiedergeben durch gleichbedeutende Satzschemata, die jeweils zusammengesetzt sind aus Schemata partikulärer bzw. singulärer Sätze. Es sei ›ξ‹ Abkürzung für die Begriffskonstante ›Gegenstand‹, oder genauer gesagt: für die Begriffskonstante ›Individuum des als nicht-leer vorausgesetzten Bereichs der durch eine Individuenvariable v bezeichneten Individuen‹, dann ist die erwähnte allquantifizierte Subjunktion gleichbedeutend mit dem Satzschema

$$›I\,(('v)\,\Phi\,(v),\,\xi) \supset A\,(('v)\,\Psi\,(v),\,\xi)‹.$$

Ganz entsprechend ist der erwähnte allquantifizierte hypothetische Ausdruck gleichbedeutend mit dem Satzschema

$$›H\,(I\,(('v)\,\Phi\,(v),\,\xi),\,A\,(('v)\,\Psi\,(v),\,\xi))‹.$$

Da die Ausdrücke ›$('v)\,\Phi\,(v)$‹ und ›$('v)\,\Psi\,(v)$‹ dieselbe Rolle spielen wie Begriffsvariable, nämlich nur diejenigen Leerstellen bezeichnen, die durch Termini auszufüllen sind, darf man sagen, daß das zweite (hypothetische) Satzschema einer (im Sinne von § 15) *erweiterten* syllogistischen Sprache angehört, die sich von der Sprache der *elementaren* Syllogistik im Wesentlichen nur durch den Gebrauch der Begriffskonstanten ξ unterscheidet. Das erste (subjunktive) Satzschema läßt sich in die auf gleiche Weise erweiterte Sprache der Syllogistik transformieren, sofern man die logische Konstante der elementaren Konjunktion in diese Sprache mit aufnimmt. Hier setzt außerdem die Übersetzung von ›... ⊃ ...‹ durch ›$N\,(...,\,N\,...)$‹ die Gültigkeit der Prinzipien des affirmativen Gebrauchs doppelter Negation und des beliebigen zureichenden Grundes voraus.

Ganz entsprechend kann man die Verneinungen allquantifizierter Subjunktionen, wie sie oben in *Figur 9* (siehe § 25) aufgetreten sind, in eine nicht-wahrheitsfunktionale Sprache übersetzen; sie sind gleichbedeutend mit existenzquantifizierten Konjunktionen der Form $(\exists v)(\Phi(v)\ \&\ \Psi(v))$ bzw. der Form $(\exists v)(\Phi(v)\ \&\ {\sim}\Psi(v))$. Diese können wir sinngemäß wiedergeben durch Ausdrücke der Form A & B, in denen die Stelle von A durch $I\,('v)\Phi(v), \xi)$ und die Stelle von B durch $A\,(('v)\Psi(v), \xi)$ vertreten wird.

§ 32. Die kategorische Form in der Sprache des Funktionenkalküls

Nachdem ich in § 31 gezeigt habe, daß Freges Ansicht unhaltbar ist, es sei möglich, durch allquantifizierte Subjunktionen hypothetische Sätze wiederzugeben, möchte ich jetzt prüfen, ob seine Ansicht haltbar ist, es sei möglich, kategorische Sätze durch allquantifizierte Subjunktionen wiederzugeben und auf diese Weise „alle Begriffsbeziehungen zurückzuführen" auf die „logische Grundbeziehung" des „Fallens eines Gegenstandes unter einen Begriff."

Es besteht sogleich Anlaß, an der Haltbarkeit dieser Ansicht zu zweifeln. Wir haben ja bereits am Anfang von § 30 gesehen, daß Freges Interpretation des starken logischen Quadrats, wie sie in *Figur 9* (siehe § 25) zum Ausdruck kommt, *in genau derselben Weise unverträglich* ist mit den Regeln des logischen Quadrats, wie es die von Hilbert und Ackermann vertretene klassenlogische Interpretation dieses Quadrats ist (siehe *Tabelle 2* in § 30). Nun ist es allerdings nicht schwer, Freges Interpretation so zu modifizieren, daß alle Beziehungen des starken logischen Quadrats erhalten bleiben. Dies kann in einer Weise geschehen, die der Modifikation genau analog ist, die ich mit *Figur 8* (siehe § 20) an der Interpretation von Hilbert und Ackermann vorgenommen habe. Wir haben uns deshalb zu fragen, ob damit Freges These gerettet werden kann, kategorische Sätze hätten die logische Tiefenstruktur von allquantifizierten Subjunktionen.

Um die Beziehungen des starken logischen Quadrats aufrecht zu erhalten, könnte man versuchen, A-, E-, I- und O-Formen durch Definitionen zu erklären, wie sie in der folgenden *Tabelle 3* zusammengestellt sind.

	Definierender Ausdruck	
$A\,(('x)\,\Psi\,(x),\,('x)\,\Phi\,(x))$	$(\forall\,x)\,(\Phi\,(x) \supset \Psi\,(x))\;\&\;(\exists\,x)\,\Phi\,(x)$	*Def. 1*
$E\,(('x)\,\Psi\,(x),\,('x)\,\Phi\,(x))$	$(\forall\,x)\,(\Phi\,(x) \supset \sim \Psi\,(x))$	*Def. 2*
$I\,(('x)\,\Psi\,(x),\,('x)\,\Phi\,(x))$	$\sim (\forall\,x)\,(\Phi\,(x) \supset \sim \Psi\,(x))$	*Def. 3*
$O\,(('x)\,\Psi\,(x),\,('x)\,\Phi\,(x))$	$\sim (\forall\,x)\,(\Phi\,(x) \supset \Psi\,(x)) \vee \sim (\exists\,x)\,\Phi\,(x)$	*Def. 4*

Tabelle 3

Nur zwei dieser vier Definitionen enthalten eine Änderung an Freges Deutung des starken logischen Quadrats. *Definition 1* erklärt die *A*-Form mit Hilfe eines ergänzenden Zusatzes, nämlich mit Hilfe des zweiten Konjunktionsgliedes. *Definition 4* nimmt eine damit korrespondierende Änderung in der Erklärung der *O*-Form vor. Denn die *O*-Form entspricht der wahrheitsfunktionalen Verneinung eines Satzes der *A*-Form. Mit beiden Änderungen wird erreicht, daß das Prinzip der qualitativen Existenzbindung eingehalten wird, so daß bejahende Sätze im Gegensatz zu verneinenden Sätzen Existenzannahmen enthalten. Alle Regeln des starken logischen Quadrats bleiben daher mit diesen Definitionen in Kraft.[167]

Nun habe ich in § 31 gezeigt, daß allquantifizierte Subjunktionen, wie sie in allen vier Definitionen gemäß *Tabelle 3* auftreten, in logischer Hinsicht so behandelt werden müssen, als seien sie Ausdrücke der Form A ⊃ B. Der Umstand, daß für Funktionsausdrücke, wie sie in der mittleren Spalte dieser Tabelle auftreten, die Regeln des starken logischen Quadrats gültig sind, braucht deshalb nicht zu besagen, diese Ausdrücke würden den Sinn von *A*-, *E*-, *I*- und *O*-Sätzen wiedergeben. Vielmehr läßt sich dieser Umstand einfach aus der Tatsache erklären, daß die logischen Beziehungen, die im starken logischen Quadrat vorkommen, ausnahmslos erhalten bleiben, wenn man *A*-, *E*-, *I*- und *O*-Sätze durch diejenigen Wahrheitsfunktionen ersetzt, die, wie folgt, in *Figur 10* aufgeführt sind.

---

[167] Strawson hat die Ansicht vertreten, das (starke) logische Quadrat assertorischer Gegensätze könne in die Sprache der mathematischen Logik gar nicht übersetzt werden. Unter den von ihm in Betracht gezogenen Übersetzungen kommt allerdings die oben vorgeschlagene Übersetzung nicht vor, was merkwürdig ist in Anbetracht des Umstandes, daß er Übersetzungen mit *komplexerer* aussagenlogischer Struktur in Betracht gezogen hat. Ich habe zu seiner Deutung des Quadrats Stellung genommen in meinem Essay 'Freges Kritik an der Kantischen Urteilstafel in seiner ›Begriffsschrift‹ von 1879', in: *Die Vollständigkeit der Kantischen Urteilstafel. Mit einem Essay über Freges ›Begriffsschrift‹*, Frankfurt: Klostermann, 1995, S. 281–295.

§ 32. Die kategorische Form in der Sprache des Funktionenkalküls 129

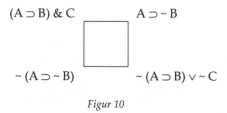

Figur 10

Ersetzt man den in *Tabelle 3* auftretenden Teilausdruck ›(∀ x) (Φ (x) ⊃ Ψ (x))‹ überall durch ›A ⊃ B‹, ferner ›(∀ x) (Φ (x) ⊃ ~ Ψ (x))‹ überall durch ›A ⊃ ~ B‹ und schließlich den Teilausdruck ›(∃ x) Φ (x)‹ überall durch ›C‹, so ergeben sich in den vier Zeilen von *Tabelle 3* vier Ausdrücke, die den vier Ausdrücken in *Figur 10* genau entsprechen und für die alle Regeln des starken logischen Quadrats gültig sind.

Die in dieser Figur auftretenden Wahrheitsfunktionen haben mit den Begriffsverhältnissen, auf die es im starken logischen Quadrat ankommt, als Verhältnissen zwischen Begriffen gar nichts zu tun. In ihnen treten ja keine anderen Buchstaben auf als Metavariable, die beliebige Aussagenvariable vertreten. Daher hängen die logischen Beziehungen, die zwischen den vier Ausdrücken in *Figur 10* bestehen, ganz offensichtlich nicht von Begriffsbeziehungen ab, wie sie in kategorischen Sätzen vorkommen.

Die Tatsache, daß die Geltung der Regeln des starken logischen Quadrats für die definierenden Ausdrücke in *Tabelle 3* in Kraft bleibt, dürfte daher kein *hinreichender* Grund dafür sein, diese Ausdrücke als Schemata *kategorischer* Sätze durchgehen zu lassen.

Natürlich steht es uns frei, die Bezeichnung 'kategorischer Satz' zu gebrauchen, wie es uns gefällt. Man mag denn auch, wenn man so will, die definierenden Ausdrücke in *Tabelle 3* als kategorische Sätze bezeichnen. Aber man sollte bedenken, daß Frege mit seiner Behauptung, es sei möglich, einen kategorischen Satz auf einen subjunktiven Ausdruck zurückzuführen, nicht etwa bloß einen neuen Wortgebrauch einführen wollte –, um den man sich dann jetzt nicht mehr zu streiten brauchte. Vielmehr wollte er mit seiner Behauptung die Ansicht angreifen, die kategorische Satzform sei logisch grundlegend und elementar, und die in einem kategorischen Satz auftretenden Begriffsbeziehungen seien nicht auf logisch fundamentalere Beziehungen zurückführbar. Nach *dieser* Ansicht sind kategorische Sätze allerdings wesentlich *logisch einfache* und *logisch unabhängige* Sätze, in denen genau zwei Begriffe, nämlich ein Subjektbegriff und ein Prädikatbegriff, durch eine der logischen Konstanten ›A ( )‹, ›E ( )‹,

›I ( )‹, ›O ( )‹, ›A ( )‹ und ›E ( )‹ *unmittelbar* aufeinander bezogen werden (siehe oben § 5).

Diese Ansicht wäre nun, wie Frege gesehen hat, zweifellos unhaltbar, würde es sich beweisen lassen, daß kategorische Sätze in Wahrheit gleichbedeutend sind mit Sätzen, die zwar wie diese nicht weiter zerlegbar sind in andere Sätze, aber sich ihrer Form nach von kategorischen Sätzen dadurch unterscheiden, daß in ihnen zwei Begriffe *nicht unmittelbar, sondern nur mittelbar* aufeinander bezogen werden, nämlich dadurch, daß unter jeden dieser Begriffe Gegenstände subsumiert werden. Dies zu beweisen, entspräche der These Freges, daß sich alle Begriffsbeziehungen auf das Fallen von Gegenständen unter Begriffe zurückführen lassen und daß jede Subordination von Begriffen eine Subsumtion von Gegenständen unter Begriffe voraussetzt. Um dieses Beweisziel zu erreichen, mußte Frege versuchen, *zweierlei* zu beweisen, nämlich: *erstens*, daß kategorische Sätze gleichbedeutend sind mit Sätzen komplexerer Struktur, wie sie für subjunktive und hypothetische Sätze charakteristisch ist; *zweitens*, daß Sätze dieser komplexeren Struktur gleichwohl unzerlegbar sind in Sätze, die als einfache Sätze doch wieder eine kategorische Form haben. Deshalb mußte Frege nicht nur beweisen, daß dieselbe Subordination, die durch einen Satz der Form ›jedes α ist ein β‹ zum Ausdruck gebracht wird, auch durch einen Satz der Form ›wenn etwas ein α ist, so ist es ein β‹ (und durch die ihm korrespondierende allquantifizierte Subjunktion) ausgedrückt werden kann. Vielmehr mußte er außerdem die Ansicht vertreten, ein Satz der Form ›wenn etwas ein α ist, so ist es ein β‹ *sei nicht zerlegbar in einfachere Sätze*; „nur das ganze Satzgefüge" bringe einen „Gedanken" zum Ausdruck, während „weder der Bedingungssatz für sich noch der Folgesatz für sich einen Gedanken" ausdrücke; diese Teilsätze seien „uneigentliche Sätze".[168] Diese Ansicht schließt es aus anzunehmen, ('uneigentliche') Sätze der Form ›etwas ist ein α‹ oder der Form ›es ist ein β‹ seien so aufzufassen, als könnte jeder von ihnen auch als selbständiger, kategorischer Satz auftreten.

Nun habe ich bereits oben, in § 31, gezeigt, daß uns gar nichts daran hindert, die Wörter ›etwas‹ und ›es‹ im Kontext eines Satzes der Form ›wenn etwas ein α ist, so ist es ein β‹ so zu verstehen, daß sie gleichbedeutend sind mit ›irgendein ξ‹ bzw. mit ›das in Rede stehende ξ‹, wobei ›ξ‹ Abkürzung ist für den Terminus ›Gegenstand‹ (wobei mit ›Gegenstand‹ genauer gesagt Gegenstände eines (mit v) vorausgesetzten Individuenbe-

---

[168] So Frege im Brief an Husserl vom 30. 10. bis 1. 11. 1906, *Wissenschaftlicher Briefwechsel*, S. 103.

§ 32. Die kategorische Form in der Sprache des Funktionenkalküls 131

reichs gemeint sind). Es ist, im Gegenteil, überhaupt nicht zu sehen, wie die Wörter ›etwas‹ und ›es‹ in diesem Zusammenhang auf sinnvolle Weise *anders* interpretiert werden könnten. Daher steht es sogleich fest, daß die Teilsätze von Sätzen der Form ›wenn etwas ein α ist, so ist es ein β‹ sinngemäß *I*- bzw. *A*- Sätze sind. Und als solche sind sie ohne weiteres geeignet, auch als selbständige, kategorische Sätze auftreten zu können.

Der Umstand, daß die Teilsätze in ›wenn etwas ein α ist, so ist es ein β‹ geeignet sind, auch als selbständige, kategorische Sätze auftreten können, zeigt sich übrigens schon darin, daß ein Schluß nach *Modus ponendo ponens* sinnvoll und allgemeingültig ist, wenn er den folgenden Inhalt hat:

> Wenn etwas ein α ist, so ist es ein β.
> Etwas ist ein α.
> Also ist es ein β.

Dasselbe gilt für einen Schluß der Form:

> Wenn etwas ein α ist, so ist es ein β.
> Nichts ist ein β.
> Also ist nichts ein α.

Dies ist eine Schlußweise, die auf den *Modus tollendo tollens* zurückgeführt werden kann, wenn die zweite Prämisse und die Konklusion als Verneinungen von ›etwas ist ein β‹ bzw. von ›etwas ist ein α‹ aufgefaßt werden. Da die Verneinung eines partikulär bejahenden Satzes universell verneinend ist und aus einem universell verneinenden Satz die Verneinung eines singulären Satzes desselben begrifflichen Inhalts folgt, darf aus dieser Verneinung in Verbindung mit dem Obersatz auf die Verneinung von dessen Vordersatz geschlossen werden.

Da also Freges These von der 'Uneigentlichkeit' der Teilsätze eines Satzes der Form ›wenn etwas ein α ist, so ist es ein β‹ unhaltbar ist, diese Teilsätze vielmehr selbständig ausgesagt werden können, ist es nicht zulässig, den logischen Unterschied zu ignorieren, der zwischen der selbständigen und der unselbständigen Form besteht, in der ein und derselbe Satz mal kategorisch mal als Teil eines hypothetischen Satzes auftreten kann.

Wegen dieses Unterschiedes dürfen auch *zwei verschiedene Arten von Subordination* nicht miteinander vermengt werden. Die Subordination eines Begriffs unter einen Begriff möchte ich, wenn sie mit einem kategorischen Satz vorgenommen wird, als *ursprüngliche* oder *primäre Subordination* bezeichnen. *Abgeleitet* oder *sekundär* nenne ich sie dagegen dann, wenn sie in einem hypothetischen Satz stattfindet. Mit dieser unterschiedlichen

Bezeichnung soll angedeutet werden, daß zwar aus einem kategorischen Satz der Form $A(\alpha, \beta)$ ein hypothetischer Satz der Form $H(I(\beta, \xi), A(\alpha, \xi))$ ableitbar ist, nicht aber umgekehrt jener aus diesem. Das *Dictum de omni et nullo* sagt aus, (1) daß, wenn ein Satz der Form $A(\alpha, \beta)$ wahr ist, stets ein Begriff γ gebildet werden kann, so daß gilt: Wenn irgendein γ ein β ist, so ist es (d. h. das in Rede stehende γ) auch ein α, und (2) daß, wenn ein Satz der Form $E(\alpha, \beta)$ wahr ist, stets ein Begriff γ gebildet werden kann, so daß gilt: Wenn irgendein γ ein β ist, so ist es (d. h. das in Rede stehende γ) kein α. (Siehe unten Teil II, Abschnitt 3, Regeln (III. 1) und (III. 2).)

Nach dem Gesagten dürfte klar sein, daß Sätze der Form $(\forall v)\,\Phi(v)$ und $(\exists v)\,\Phi(v)$ ganz gewöhnliche kategorische Sätze sind. Wir können beide Formeln, ›$(\forall v)\,\Phi(v)$‹ und ›$(\exists v)\,\Phi(v)$‹, in die erweiterte Sprache der Syllogistik übersetzen, da sie der Reihe nach gleichbedeutend sind mit den Satzschemata ›$A(('v)\,\Phi(v), \xi)$‹ und ›$I(('v)\,\Phi(v), \xi)$‹. Dementsprechend bleiben alle Regeln des starken logischen Quadrats in Kraft, wenn man die Formeln in *Figur 3* (siehe oben § 11) in der Weise ersetzt, daß die folgende *Figur 11* entsteht:

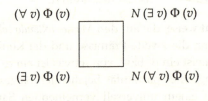

Figur 11

§ 33. Die logische Form singulärer Sätze

Wie steht es nun aber mit Ausdrücken des Typs ›$F(a)$‹, d. h. mit ›*a* fällt unter den Begriff *F*‹, also mit dem, was Frege „die allgemeine Form eines beurteilbaren Inhalts" genannt hat, „der von einem Gegenstande *a* handelt und der beurteilbar bleibt, was man auch für *a* setze"?[169] Wie wir gesehen haben (siehe § 25), wird in ›$F(a)$‹ kein *Begriff subordiniert* unter einen Begriff, sondern ein *Gegenstand subsumiert* unter einen Begriff. Demnach sieht es so aus, als bringe ›$F(a)$‹ keine Beziehung *zwischen* Begriffen zum Ausdruck und als sei ›$F(a)$‹ *nicht* kategorisch im Sinne der oben in § 5 gegebenen Erläuterung.

---

[169] Frege, *Grundlagen der Arithmetik* § 74, S. 83, siehe oben § 28.

§ 33. Die logische Form singulärer Sätze

Für ›a‹ sowie für andere Individuenkonstanten, die an der Stelle von ›a‹ stehen können, verwendet Frege die Bezeichnung „*unbestimmt andeutender*" Satzteil. Diese Konstanten unterscheiden sich nach Frege von Eigen- oder Einzelnamen wie ›(die) Zwei‹, ›der höchste Berg‹ oder ›Julius Caesar‹ dadurch, daß diese „bestimmt bezeichnende Satzteile" sind, haben aber mit diesen gemeinsam, daß sie anders als ein Funktionsausdruck keine Leerstelle haben, sondern (wie ›etwas‹) ein Individuum benennen.[170]

Die Frage, die wir uns an dieser Stelle vorzulegen haben, ist nun die: Besteht ein grundlegender Unterschied zwischen der selbständigen Bedeutung eines Einzelnamens und der selbständigen Bedeutung von Ausdrücken, die wir bereits kennengelernt haben, z. B. eines Ausdrucks vom Typ ›der in Rede stehende Gegenstand‹? Denn ein solcher Ausdruck besitzt einen bestimmten begrifflichen Inhalt, insofern er sich zusammensetzt aus einem Begriffswort (›Gegenstand‹) und einem Ausdruck, der geeignet ist, die Rolle einer logischen Konstante zu spielen: ›der in Rede stehende …‹. Haben auch Einzelnamen einen begrifflichen Inhalt?

Um diese Frage beantworten zu können, ist es zunächst zweckmäßig, *zwei Arten von Einzelnamen* zu unterscheiden. Zur ersten Art zähle ich Bezeichnungen, die man im Anschluß an John Stuart Mill *singuläre Namen* oder *singuläre Termini* nennt.[171] Zur zweiten Art zähle ich *Eigennamen* im engeren Sinne. Diese unterscheiden sich von singulären Termini dadurch, daß sie bestimmte einzelne Gegenstände bezeichnen, ohne ihnen irgendwelche (deskriptiven) Attribute beizulegen. So sind zum Beispiel ›Julius Caesar‹ oder ›die *Zwei*‹ Eigennamen, während ›die gerade Primzahl‹, ›dieser Berg‹ oder ›Karl V.‹ singuläre Termini sind. Singuläre Termini

---

[170] Frege, 'Logische Allgemeinheit', *Nachgelassene Schriften*, S. 280. - Frege gebraucht die Bezeichnungen 'Einzelname' und 'Eigenname' synonym ('Ausführungen über Sinn und Bedeutung', ebenda 128), und zwar so, daß *alle* Gegenstandsbezeichnungen, soweit sie „bestimmt bezeichnende" Namen sind, Eigennamen sind. Da es üblich ist, das Wort 'Eigenname' in einem engeren Sinne zu verwenden, werde ich mich Freges Wortgebrauch nicht anschließen, sondern nur 'Einzelname' als zusammenfassenden Terminus zur Bezeichnung für Individuen (oder individuelle Gegenstände) gebrauchen.

[171] Mill unterscheidet zwischen singulären und generellen Termini, die er 'singular names' beziehungsweise 'general names' nennt: „A general name is […] a name which is capable of being truely affirmed […] of each of an indefinite number of things. An individual or singular name is a name which is only cabable of being truely affirmed […] of one thing." Siehe J. S. Mill, *A System of Logic, ratiocinatic and inductive*, London, 1843, I. c. 1, § 3. Singulär sind nach Mill Aussagen ('propositions') dann, „when the subject is an individual name." Mit 'subject' ist hier nicht das logische, sondern das grammatische Subjekt einer Aussage gemeint. Singuläre Aussagen der Form $A\ (\alpha, \beta)$ oder $E\ (\alpha, \beta)$ werden durch Mills Erklärung singulärer Ausagen nicht erfaßt.

können freilich ihrerseits so komplex sein, daß sie auch Eigennamen enthalten, wie zum Beispiel ›die Mutter von Julius Caesar‹ oder ›Karl V‹.

Wenden wir uns zunächst den singulären Termini zu und nehmen wir an, der Buchstabe ›a‹ in ›$F\,(a)$‹ vertrete einen *solchen* Terminus. In diesem Falle führt ›a‹ offensichtlich einen begrifflichen Inhalt mit sich. Singuläre Termini lassen sich dadurch kennzeichnen, daß sie, genau wie ›der in Rede stehende Gegenstand‹, zweiteilige Ausdrücke sind, von denen der eine Teil (als bestimmter Artikel oder Demonstrativpronomen) die Rolle einer logischen Konstante spielen kann und von denen der andere Teil ein Begriffsausdruck ist. Die allgemeine Struktur eines singulären Terminus ist: ›das (in Rede stehende) α‹.

Der Umstand, daß singuläre Termini die Standardform ›das in Rede stehende α‹ haben, zeigt, daß ihre Bezeichnung als singuläre Termini im Grunde irreführend und deshalb eigentlich ganz unzweckmäßig ist. Denn als Ausdrücke der angegebenen Form gehören sie gar nicht zu *der* Art von Ausdrücken, für die ich in § 2 die Bezeichnung ›Terminus‹ eingeführt habe und für die es charakteristisch ist, daß sie die Rolle eines Subjektbegriffs oder eines Prädikatbegriffs spielen. Ein sogenannter singulärer Terminus kann schon seiner Form wegen nicht die Stelle eines Subjekt- oder Prädikatbegriffs ausfüllen, sondern immer nur die Stelle eines *grammatischen* Subjekts. (Vergleiche § 27.) Er gehört insofern weder, wie dies seine Bezeichnung als singulärer Terminus nahelegt, zu einer Unterklasse der Termini noch überhaupt zur Klasse der Termini.[172]

Es wäre im Übrigen auch nicht zweckmäßig, diejenigen Ausdrücke, die ich bisher als Termini bezeichnet habe, – und die ich auch weiterhin so bezeichnen will, – als *generelle* Termini zu bezeichnen, um sie dadurch von singulären Termini zu unterscheiden. Denn auch diese Bezeichnung wäre irreführend. Sie könnte so verstanden werden, als schlösse sie es aus, daß unter den Begriff, für den ein Terminus steht, nur ein einziger Gegenstand fällt. In Wahrheit hängt es immer nur vom *begrifflichen Inhalt* der jeweiligen Subjekt- und Prädikatbegriffe ab, auf wie viele Gegenstände sie zutreffen, falls sie nicht sogar leere Begriff sind. So fällt z. B. unter den Begriff, der durch den Terminus ›gerade Primzahl‹ bezeichnet wird, genau

---

[172] Der verbreiteten Ansicht, der sich z. B. Ernst Tugendhat und Ursula Wolf in ihrem Buch *Logisch-semantische Propädeutik*, Stuttgart: Reclam 1983, S. 94-5, angeschlossen haben, indem sie Ausdrücke des Typs ›dieses Pferd‹ als singuläre Termini, dagegen klassifizierende Ausdrücke des Typs ›Pferd‹ als generelle Termini bezeichnen, möchte ich aus diesem Grunde nicht folgen. Es beruht nur auf der Zugehörigkeit zu einem singulären bzw. universellen Satz, daß sich solche Ausdrücke auf einen einzelnen Gegenstand bzw. auf eine Gesamtheit von Gegenständen beziehen.

§ 33. *Die logische Form singulärer Sätze*   135

ein Gegenstand, nämlich die Zahl *Zwei*, – ähnlich wie unter den Begriff *Apostel* genau zwölf Individuen fallen und ähnlich wie unter den Begriff *Element der Nullklasse* gar kein Gegenstand fällt. Dennoch ist ›gerade Primzahl‹ nicht als singulärer Terminus anzusehen. Das liegt einfach daran, daß er, wie jeder andere Terminus, sowohl an der Stelle des Subjektbegriffs als auch an der Stelle des Prädikatbegriffs eines (wahren oder falschen) Satzes stehen kann (›die Drei ist (nicht) eine gerade Primzahl‹).

Aus diesem Grunde ist es eigentlich ganz unsachgemäß, von singulären und generellen Termini in der Weise, wie es in der durch Mill beeinflussten Literatur noch immer üblich ist, zu reden, nämlich so, als würde es sich um zwei Unterklassen der Klasse aller Termini handeln.[173] Um terminologische Konfusionen zu vermeiden, werde ich im Folgenden überhaupt nicht mehr von singulären Termini, sondern stattdessen nur noch von *individuellen Kennzeichnungen* reden, wenn ich Ausdrücke der Standardform ›das in Rede stehende α‹ meine.[174]

Den spezielleren begrifflichen Inhalt eines Terminus, der in eine individuelle Kennzeichnung eingeschachtelt ist, kann man durch Funktionsausdrücke wiedergeben. Enthält er einen oder mehrere Eigennamen, wie ›Caesars Mutter‹ oder ›Stadt zwischen Köln und Bonn‹, so handelt es sich um individuelle Kennzeichnungen der Form ›das in Rede stehende ($'x$) $R(x, a)$‹, ›das in Rede stehende ($'x$) $P(x, a, b)$‹ usw. Enthält er keinen Eigennamen, wie ›der in Rede stehende Gegenstand‹, so besteht die individuelle

---

[173] Dementsprechend ist es unsachgemäß, Sätze der Form $A(α, β)$, $E(α, β)$, $I(α, β)$ und $O(α, β)$ als *generelle* Sätze zu bezeichnen, wie es in der Literatur zur logischen Semantik vielfach üblich geworden ist. Siehe zum Beispiel Ernst Tugendhat & Ursula Wolf, *Logischsemantische Propädeutik*, S. 79–103. Unter *generellen Sätzen* werden Sätze verstanden, in denen ausschließlich generelle Termini vorkommen. Wenn α und β generelle Termini sind, und wenn ›das in Rede stehende β‹ ein singulärer Terminus ist, müßten Sätze der Form $A̱(α, β)$ und $E̱(α, β)$ sowohl generell als auch nicht generell sein.

[174] Diese Bezeichnung läßt nicht, wie Mills Rede von singulären Termini, das Mißverständnis aufkommen, die Fähigkeit eines Terminus (der immer nur Teil einer Aussage oder eines Urteils sein kann), auf einen bestimmten einzelnen Gegenstand Bezug zu nehmen, beruhe auf etwas Anderem als dem Urteilskontext, in dem der Terminus steht. Kein Terminus kann für sich genommen auf Gegenstände Bezug nehmen. Seine Beziehung auf Gegenstände kann immer nur *durch die logische Form des Urteils* vermittelt sein. – Ich möchte es mir hier ersparen, auf die umfangreich gewordene und immer noch anwachsende Menge *sprach*philosophischer Literatur einzugehen, die sich mit der Frage beschäftigt, wie die 'Referenz' singulärer Termini auf Gegenstände erklärt werden könne. Eine Auseinandersetzung mit dieser Literatur ist schon deshalb wenig ergiebig, weil man es sich in ihr, soweit ich sehe, überall erspart, auf die (von mir nicht erfundene, sondern von Kant, Hegel und anderen ausführlich begründete) Ansicht einzugehen, der Sach- oder Gegenstandsbezug ('die Objektivität') eines Urteils beruhe auf seiner logischen Form.

Kennzeichnung in einem Ausdruck der Form ›das in Rede stehende ('x) F (x)‹.

Ist ›a‹ eine individuelle Kennzeichnung, so läßt sich ›Φ (a)‹ durchweg wiedergeben durch Ausdrücke der Form

$$A (('x) \Phi (x), ('x) F (x)),$$
$$A (('x) \Phi (x), ('x) R (x, b)),$$
$$A (('x) \Phi (x), ('x) P (x, b, c))$$

usw.,

je nach dem, ob der Terminus, der in die individuelle Kennzeichnung eingeschachtelt ist, Eigennamen enthält oder nicht. Man kann der Form dieser Ausdrücke leicht ansehen, daß ihnen allen die allgemeinere Form A (α, β) gemeinsam ist.

Fragen wir jetzt, wie ›a‹ in ›Φ (a)‹ aufzufassen ist, falls ›a‹ selbst ein *Eigenname* ist.

Man könnte meinen, in diesem Falle führe ›a‹ schon deshalb keinen begrifflichen Inhalt mit sich, weil Eigennamen *qua* Eigennamen keinen deskriptiven Ausdruck enthalten. Denn nur darauf, daß individuelle Kennzeichnungen deskriptive Ausdrücke enthalten, scheint es zu beruhen, daß sie einen begrifflichen Inhalt haben. In Wahrheit können aber auch Eigennamen ihre Rolle als Einzelnamen nur spielen, wenn sie implizit mit begrifflichen Inhalten verbunden sind. Eigennamen sind nämlich genau so wenig wie indexikalische Ausdrücke (zum Beispiel ›dies hier‹) für sich genommen in der Lage, einen bestimmten einzelnen Gegenstand zu bezeichnen – es sei denn, der Kontext, in dem sie gebraucht werden, enthält schon eine Beantwortung der Frage, *welches* Individuum mit ihnen jeweils gemeint ist. Kontextfreie Eigennamen bezeichnen in gar keinem Fall etwas Bestimmtes. Der Gebrauch eines Eigennamens läßt immer die Rückfrage zu: Wer oder was ist gemeint? ›Dies hier‹ – auch mit einem entsprechenden deutlichen Fingerzeig verbunden – kann, ohne Erläuterung, das Brett, aber auch den Fleck auf dem Brett oder den Punkt im Fleck auf dem Brett oder die Farbe dieses Punktes oder manches Andere bedeuten. In ähnlicher Weise kann ›Julius Caesar‹ sowie jeder noch so eigentümliche, in scheinbar bestimmter Weise Bezug nehmende Eigenname jederzeit auf einen neuen Träger übertragen werden, und zwar ganz nach Belieben. Dies gilt selbstverständlich auch für die Namen der Zahlen: mit Zahlzeichen lassen sich beliebige andere Gegenstände jederzeit benennen.

Diese (– nicht nur Schiffseigentümern und Tierfreunden, sondern uns allen –) wohlbekannte Sachlage zeigt sogleich, daß ein Eigenname ›N‹ nur dann ein Einzelname sein kann, wenn er gleichbedeutend ist mit einem komplexen Ausdruck der Form ›der in Rede stehende Träger des Namens »N«‹. Dementsprechend ist der Argumentbuchstabe t in ›Φ (t)‹ gleichbedeutend mit ›der in Rede stehende Träger des Namens t‹. Als Argumentbuchstabe spielt t in ›Φ (t)‹ dieselbe Rolle, die das grammatische Subjekt in dem Satzschema ›der in Rede stehende Träger des Namens t‹ ist ein (′v) Φ (v)‹ spielt. Ersetzt man in diesem Schema den Terminus ›Träger des Namens t‹ durch eine Abkürzung, nämlich z. B. durch die Begriffskonstante ›ζ‹, können wir sagen, daß ›Φ (t)‹ gleichbedeutend ist mit dem Ausdruck ›Ą ((′v) Φ (v), ζ)‹. Auch ›Φ (t)‹ bringt also letztlich eine Begriffsbeziehung zum Ausdruck, nämlich eine Beziehung der Form Ą (α, β).[175]

Dieses Ergebnis beruht auf einer Analyse des Einzelnamencharakters von Eigennamen, die in ähnlicher Weise übrigens schon Frege vorgenommen hat.

Nach Freges Ansicht sind Eigennamen, als „bestimmt bezeichnende" Namen, (also auch Eigennamen im engeren Sinne) wesentlich zweiteilig. Sie bestehen erstens aus einem Demonstrativpronomen oder bestimmten Artikel und zweitens aus einem „Begriffswort", wie – überraschenderweise – Frege selbst ausdrücklich feststellt, indem er schreibt: „Die Sprache bildet mit dem bestimmten Artikel oder dem Demonstrativpronomen aus Begriffswörtern Eigennamen."[176] In anderem Zusammenhang weist er ausdrücklich darauf hin, daß es Begriffswörter sind, die zur Bezeichnung eines Gegenstandes dienen: „ [...] dasselbe Wort dient zur Bezeichnung eines Begriffes und eines einzelnen unter diesen fallenden Gegenstand," denn „der Unterschied zwischen Begriff und Einzelnem" sei in der Sprache nicht „ausgeprägt."[177] Es „ist in der Sprache die Schärfe des Unterschiedes [zwischen Eigennamen und Begriffswörtern] etwas verwischt, indem ursprüngliche Eigennamen (zum Beispiel »Mond«) Begriffswörter und ursprüngliche Begriffswörter (zum Beispiel »Gott«) Eigennamen werden können."[178]

---

[175] Da Eigennamen und individuelle Kennzeichnungen verkappte Ausdrücke der Form ›das in Rede stehende α ...‹ sind, teile ich nicht die von Fred Sommers vertretene Auffassung, nach der sie anaphorische Ausdrücke sind. Siehe F. Sommers, *The Logic of Natural Language*, Oxford: Clarendon Press, 1982, S. 5 und 252–281. Richtiger wäre es zu sagen, daß singuläre Sätze, in denen sie auftreten, '*phorische*' Ausdrücke sind, nämlich Ausdrücke, die anaphorisch *oder* kataphorisch auf andere Sätze verweisen, und zwar auf Sätze, die partikulär bzw. singulär sind.

[176] 'Über Schoenflies', *Nachgelassene Schriften*, S. 193.

[177] 'Über die wissenschaftliche Berechtigung einer Begriffsschrift' (1882), wieder abgedruckt in *Begriffsschrift und andere Aufsätze*, zweite Auflage, mit E. Husserls und H. Scholz' Anmerkungen herausgegeben von I. Angelelli, Darmstadt, 1964, S. 108.

[178] Brief an Heinrich Liebmann vom 25. 8. 1900, *Wissenschaftlicher Briefwechsel*, S. 150.

Es dürfte hinreichend klar sein, daß Frege in diesen Zitaten mit 'Begriff' nirgendwo eine ungesättigte monadische Aussagefunktion meint, wie man dies in Anbetracht seiner Funktionentheorie des Begriffs eigentlich erwarten sollte. Vielmehr versteht er in diesen Zitaten unter einem Begriffswort offensichtlich einen Ausdruck, dem ein unbestimmter oder bestimmter Artikel vorangestellt werden kann, folglich einen Ausdruck, der fähig ist, als Terminus verwendet zu werden.[179] Außerdem liegt es nahe, diese Zitate so zu verstehen, daß sie von Eigennamen im weiteren Sinne dieses Wortes handeln, also von Einzelnamen, zu denen, außer Eigennamen im engeren Sinne, auch individuelle Kennzeichnungen gehören.

Da Frege selbst, wie man hier sieht, mit großer Deutlichkeit gesehen hat, daß ›a‹ in ›F (a)‹ gleichbedeutend ist mit einem zweiteiligen Ausdruck der Form ›das in Rede stehende α‹, gibt es einen guten Grund, die Frage aufzuwerfen, warum er denn eigentlich so fest davon überzeugt gewesen sein konnte, ›F (a)‹ bringe bloß die Subsumtion eines Gegenstandes unter einen Begriff zum Ausdruck, *nicht aber zugleich auch eine Begriffsbeziehung*, d. h. warum er meinen konnte, ›F (a)‹ habe nicht die ganz gewöhnliche Form eines singulären kategorischen Satzes.

Um auf diese Frage eine Antwort geben zu können, muß ich ein wenig ausholen.

§ 34. *Quantorenregeln und schwaches logisches Quadrat*

Der Gebrauch von Individuenkonstanten, durch den sich die Sprache des Funktionenkalküls wesentlich von der Sprache der Syllogistik unterscheidet, macht den Gebrauch einer für die Syllogistik charakteristischen logischen Konstanten überflüssig, nämlich: den Gebrauch eines Ausdrucks, durch den die singuläre Form eines Satzes dargestellt werden kann. Während der Allquantor und der Existenzquantor dafür sorgen, daß die Formen des universellen und partikulären Satzes auch in der Sprache des Funktionenkalküls darstellbar sind, fehlt ein besonderer Quantor zur Darstellung des singulären Satzes. Der Umstand, daß ein solcher Quantor entbehrlich ist, bedeutet indessen nicht, daß er nicht auf eine sinnvolle Weise eingeführt werden könnte, z. B. als Zeichenkombination: ›(∇ x) …‹. Es bedeute ›(∇ v) F (v)‹: ›für das in Rede stehende Individuum aus dem als nicht-leer vorausgesetzten Bereich der durch v bezeichneten Individuen

---

[179] Zu Freges Gebrauch der Bezeichnung ›Begriffswort‹ siehe oben § 28, Fußnote 137.

gilt: v ist ein $('v)\ F\ (v)$‹. Dies ist ein Ausdruck, der gleichbedeutend ist mit
›$\underline{A}\ (('v)\ F\ (v),\ \xi)$‹.

Für jeden Ausdruck dieser Form bleiben selbstverständlich die Regeln des schwachen logischen Quadrats in Kraft. Durch entsprechende Einsetzungen in *Figur 4* (siehe oben § 12) ergibt sich das folgende Diagramm, in dem die Senkrechten und die Waagerechten den logischen Beziehungen genau entsprechen, die nach den Regeln des schwachen logischen Quadrats gelten.

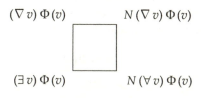

Figur 12

Da man das grammatische Subjekt des Satzes ›das in Rede stehende Individuum aus dem als nicht-leer vorausgesetzten Bereich der durch v bezeichneten Individuen ist ein $('v)\ F\ (v)$‹ jederzeit *ad hoc* durch einen Argumentbuchstaben t abkürzen und ersetzen darf, so daß ›$(\nabla v)\ \Phi(v)$‹ gleichbedeutend wird mit ›$\Phi(t)$‹, läßt sich die Sprache des Funktionenkalküls erheblich vereinfachen, indem man (wie es in dieser Sprache denn ja auch üblich ist) auf den Gebrauch eines dritten Quantors einfach verzichtet und an die Stelle einer durch diesen Quantor gebundenen Individuenvariablen regelmäßig sogleich eine Individuenkonstante setzt.

Auf diese Weise verwandeln sich dann auch sogleich die Subalternationsregeln des schwachen logischen Quadrats in *Quantorenregeln*, nämlich in Regeln, die festlegen, unter welchen Umständen ein All- oder Existenzquantor *eingeführt* oder *eliminiert* und im gleichen Zuge eine frei werdende Individuenvariable durch eine Individuenkonstante bzw. umgekehrt eine solche Konstante durch eine gebundene Variable ersetzt werden darf.

Aus der Subalternationsbeziehung, die der linken Senkrechten in *Figur 12* entspricht, wird sogleich die *Regel der Einführung des Existenzquantors* (die auch *Regel der existentiellen Generalisierung* genannt wird). Sie erlaubt es, jederzeit von $\Phi(t)$ zu $(\exists v)\ \Phi(v)$ überzugehen, so daß sich ergibt:

$$\frac{\Phi(t)}{(\exists v)\ \Phi(v).}$$

Eine zweite Quantorenregel, nämlich die *Regel der Elimination des Allquantors* (die auch *Regel der universellen Einsetzung* heißt) entspricht der rechten Senkrechten in *Figur 12*. Sie geht allerdings nicht unmittelbar aus ihr hervor, sondern setzt die Gültigkeit des Prinzips des affirmativen Gebrauchs doppelter Negation für alle Arten von Verneinung voraus. Nach *Figur 12* folgt zunächst $N\,(\forall v)\,\Phi(v)$ aus $N\,\Phi(t)$, so daß, nach der Metaregel der *Reductio ad absurdum*, $NN\,\Phi(t)$ aus $NN\,(\forall v)\,\Phi(v)$ abgeleitet werden kann. Da $NN\,A$ aus A folgt, kann $NN\,\Phi(t)$ sogleich auch aus $(\forall v)\,\Phi(v)$ abgeleitet werden. Nach dem Prinzip des affirmativen Gebrauchs doppelter Negation folgt nun aber nicht nur $NN\,A$ aus A, sondern auch A aus $NN\,A$, so daß schließlich $\Phi(t)$ aus $(\forall v)\,\Phi(v)$ folgt:[180]

$$\frac{(\forall v)\,\Phi(v)}{\Phi(t).}$$

Die Gültigkeit des Prinzips des affirmativen Gebrauchs doppelter Negation vorausgesetzt, verwandeln sich, gleichsam stillschweigend, alle elementaren Verneinungen, die in *Figur 12* vorkommen, in wahrheitsfunktionale Verneinungen. Unter dieser Voraussetzung geht die Subalternationsbeziehung, die durch die rechte Senkrechte in *Figur 12* dargestellt wird, in eine Beziehung über, nach der auch Regeln nach dem folgenden Schema gelten:

$$\frac{\sim \Phi(t)}{\sim (\forall v)\,\Phi(v).}$$

Wenn man die Formeln in *Figur 12* durch diejenigen Ausdrücke ersetzt, mit denen sich die Subalternationsbeziehungen als Quantorenregeln darstellen lassen, so erhält man das folgende Diagramm:

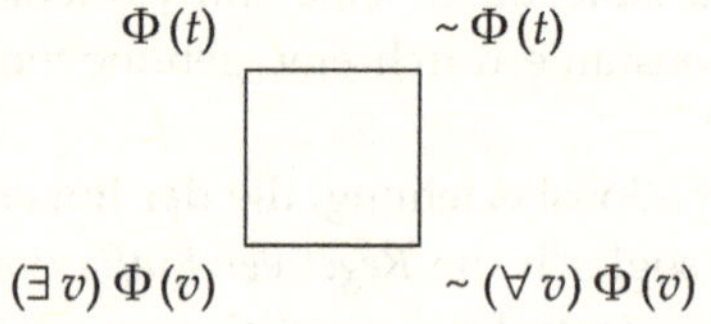

$$\begin{array}{ccc} \Phi(t) & & \sim \Phi(t) \\ & \square & \\ (\exists v)\,\Phi(v) & & \sim (\forall v)\,\Phi(v) \end{array}$$

Figur 13

---

[180] Frege hat dieser Regel in § 22 seiner *Begriffsschrift* die Gestalt eines Axioms gegeben, das der Formel ›$(\forall x)\,F(x) \supset F(y)$‹ entspricht, in der für ›F‹ beliebige andere Funktionsbuchstaben substituiert werden dürfen.

Dieses Diagramm läßt sogleich erkennen, daß infolge der Ersetzung von ›N ...‹ durch ›~ ...‹ die *Kontrarietätsregel außer Kraft getreten ist*, nach der zwei Sätze gleichen begrifflichen Inhalts, von denen der eine ein verneinter, der andere ein unverneinter singulärer Satz ist, beide falsch, aber nicht beide wahr sein können. Denn der Gebrauch von ›~ ...‹ ist nach § 9 so festgelegt, daß zwei Sätze, die sich wie A und ~ A verhalten, weder beide wahr noch falsch sein können; und die Gültigkeit der Quantorenregeln bringt es mit sich, daß zwei singuläre Sätze desselben begrifflichen Inhalts, von denen der eine den anderen verneint, sich wie A zu ~ A verhalten.

Dies ist eine logische Situation, die den konsistenten Gebrauch des wahrheitsfunktionalen Negationszeichens gefährdet, wenn nicht geeignete zusätzliche Vorkehrungen getroffen werden. Denn F (a) und ~ F (a) können beide *falsch* sein, nämlich dann, wenn es den durch ›a‹ bezeichneten Gegenstand *nicht gibt*. Nehmen wir an, ›a‹ sei eine Abkürzung für ›der gegenwärtige König von Frankreich‹ und es gebe keinen gegenwärtigen König von Frankreich; d. h. der durch ›gegenwärtiger König von Frankreich‹ bezeichnete Begriff sei leer. Dann ist, was immer das Prädikat ›('x) F (x)‹ für einen Inhalt haben mag, sowohl F (a) als auch ~ F (a) falsch. In diesem Fall wird die Quantorenregel der universellen Einsetzung ungültig. Denn insoweit es für Φ (x) überhaupt eine Interpretation geben kann, nach der (∀ x) Φ (x) wahr ist, wird nach dieser Interpretation der aus ihm folgende Satz Φ (a) falsch sein. Aus demselben Grund wird in diesem Fall auch die Regel der Einsetzung des Existenzquantors ungültig. Denn es kann für Φ (x) ebenso auch eine Interpretation geben, nach der ~ Φ (a) wahr ist, da a nicht existiert, so daß nach dieser Interpretation (∃ x) ~ Φ (x) falsch ist.

F (a) und ~ F (a) können unter Umständen auch beide wahr sein, nämlich dann, wenn sich ›a‹ in beiden Sätzen auf zwei *verschiedene* Gegenstände bezieht. Es sei ›a‹ zum Beispiel gleichbedeutend mit ›die Zwei‹. Aber ›F (a)‹ sage aus, daß die Zwei eine gerade Primzahl ist, während ›~ F (a)‹ ein Satz sei, der von einer Straßenbahnlinie handelt. Dann dürfen beide Sätze als wahr betrachtet werden, obwohl sie sich zueinander verhalten wie A zu ~ A.

Soll nun gleichwohl garantiert sein, daß zwischen A und ~ A unter allen Umständen ein kontradiktorisches Verhältnis besteht, so müssen besondere Vorkehrungen für diese Garantie getroffen werden. –

Die besonderen Vorkehrungen, die Frege diesbezüglich getroffen hat, bestehen darin, daß er einerseits daran festgehalten hat, ›a‹ in ›F (a)‹ als einen latent zweiteiligen, ein Begriffswort enthaltenden Ausdruck zu interpretieren, aber andererseits zugleich darauf gedrungen hat, es müsse der Begriff, dessen Bezeichnung zur Bildung des Namens ›a‹ gebraucht werde, spezielle Anforderungen erfüllen, um zur Bildung eines *rechtmäßig gebildeten* Einzelnamens beitragen zu können. Frege schreibt:

> Die Sprache bildet mit dem bestimmten Artikel oder dem Demonstrativpronomen aus Begriffswörtern Eigennamen. [...] Damit eine solche Bildung eines Eigennamens rechtmäßig sei, muß der Begriff, dessen Bezeichnung dabei gebraucht wird, zwei Bedingungen genügen: 1. er darf nicht leer sein, 2. es darf nur ein einziger Gegenstand unter ihn fallen.[181]

Die Erfüllung der ersten Bedingung, die Frege hier erwähnt, hat zu garantieren, daß es keine Interpretation von $\Phi(x)$ gibt, bei der $\Phi(a)$ und $\sim \Phi(a)$ zwei falsche Sätze sind. Die Erfüllung der zweiten Bedingung soll garantieren, daß von zwei solchen Sätzen nicht beide wahr sein können.

Bevor ich dazu übergehe zu prüfen, was von den beiden Anforderungen zu halten ist, die nach Freges Ansicht an die rechtmäßige Bildung von Einzelnamen zu stellen sind, möchte ich zunächst auf die Frage zurückkommen, warum Frege sich genötigt sah zu glauben, der Satz $F(a)$ bringe *keine Beziehung zwischen Begriffen*, sondern nur das Fallen eines Gegenstandes unter einen Begriff zum Ausdruck. Eine Antwort auf diese Frage ist jetzt möglich. Denn mit dem Postulat, daß ein Begriff nicht leer sein dürfe, wenn er zur Bildung eines Einzelnamens beitragen soll, ist die Ansicht verbunden, daß ›a‹ in ›$F(a)$‹ ein bloßer *Scheineigenname* ist, wenn es kein *a* gibt, und daß infolgedessen ›$F(a)$‹ in diesem Falle gar kein Satz ist, der entweder wahr oder falsch ist. Frege ist bereit, die Allgemeingültigkeit des Bivalenz-Prinzips im Hinblick auf singuläre Sätze preiszugeben. Aus dieser Preisgabe folgt sogleich: Es bringt zwar der Satz ›$F(a)$‹ eine Beziehung zwischen *leeren* Begriffen zum Ausdruck, wenn es *a* nicht gibt. Aber da in diesem Falle ›$F(a)$‹ gar kein wahrer oder falscher Satz ist und nur Sätze, die wahr oder falsch sind, logisch relevant sind, ist die zum Ausdruck gebrachte Begriffsbeziehung in logischer Hinsicht irrelevant. Damit ›$F(a)$‹ ein logisch relevanter Ausdruck ist, ist es vielmehr nötig, daß *a* ein Gegenstand ist, der unter den mit ›$F(\ )$‹ bezeichneten Begriff fällt. Also: nicht das Vorliegen einer Begriffsbeziehung, sondern vielmehr das Fallen eines Gegenstandes unter einen Begriff ist es, worauf es nach Frege beruht, daß Sätze des Typs ›$F(a)$‹ überhaupt logisch relevante Sätze sind.

---

[181] 'Über Schoenflies', *Nachgelassene Schriften*, S. 193.

§ 35. Die Voraussetzung nicht-leerer Individuenbereiche

Aber stellen wir jetzt die Frage, ob es denn überhaupt sinnvoll ist, mit Frege anzunehmen, die Bildung eines Einzelnamens sei nur dann rechtmäßig, wenn der Begriff, dessen Bezeichnung beim Gebrauch des Einzelnamens gebraucht wird, den beiden Bedingungen genügt, nämlich: daß er erstens nicht leer ist, und daß zweitens nur ein einziger Gegenstand unter ihn fällt.

Beginnen wir mit der an zweiter Stelle erwähnten Bedingung.

Die Erfüllung dieser Bedingung soll garantieren, daß es keine Interpretation von $\Phi(x)$ gibt, bei der $\Phi(a)$ und $\sim \Phi(a)$ zwei wahre Sätze sind. Nehmen wir an, ›a‹ stehe für einen Einzelnamen, zu dessen Bildung der Begriff der geraden Primzahl gebraucht wird. Dies ist ein Begriff, unter den genau ein Gegenstand fällt, nämlich die Zahl *Zwei.* ›a‹ sei also Abkürzung für den Ausdruck ›die gerade Primzahl‹. Garantiert der Umstand, daß *Zwei* die einzige gerade Primzahl ist, daß zwei Sätze der Form $\Phi(a)$ und $\sim \Phi(a)$ nicht beide wahr sind? Offensichtlich nicht. Begriffsausdrücke zeigen für sich genommen niemals an, wie viele Gegenstände es sind, die unter den Begriff fallen, der durch sie bezeichnet wird. Auch ein Begriffsausdruck wie ›gerade Primzahl‹ läßt sich jederzeit als Name gebrauchen, der sich nicht auf die Zahl Zwei bezieht: Warum sollte man nicht *rechtmäßig* z. B. seiner Lieblingslehrerin den Spitznamen ›Gerade Primzahl‹ geben dürfen? Es sind nicht die Begriffsausdrücke als solche – oder ihre Inhalte –, die in der Lage wären sicherzustellen, daß ein bestimmter Einzelname rechtmäßig gebildet ist. Vielmehr kann immer nur der *Kontext*, in dem ein Begriffsausdruck vorkommt, garantieren, daß dieser Bestandteil eines *eindeutig* gebrauchten Einzelnamens ist.[182] Zu diesem Kontext gehört jeweils in erster Linie der Satz selbst, in dem der Begriffsausdruck vorkommt. Denn es ist in erster Linie die *logische Form* des Satzes, genauer *dessen singuläre Form*, die den Begriffsausdruck zum Bestandteil eines Einzelnamens *macht*. In zweiter Linie hängt es jeweils wesentlich vom Kontext des singulären Satzes *als ganzem* ab, wie es *bestimmt* ist, daß er von *einem und nur einem* Gegenstand handelt. Das Problem der *Bestimmtheit* eines Satzes ›F (a)‹ kann im allgemeinen nur dadurch gelöst werden, daß eine hinreichend große Menge von Sätzen, zu der ›F (a)‹ ge-

---

[182] Frege hat selbst Wert auf die Feststellung gelegt: „Nur im Zusammenhange eines Satzes bedeuten die Wörter etwas." *Grundlagen der Arithmetik,* § 62. Diese Feststellung pflegt man als Freges 'Kontext-Prinzip' zu bezeichnen.

hört, herangezogen wird, um festzulegen, daß es *genau einen* Gegenstand gibt, auf den sich ›*F (a)*‹ bezieht.[183]

Ergänzend sei noch das Folgende angemerkt: In formalsprachlichen Kontexten, z. B. im Kontext einer Zeilenfolge, die in der Sprache des Funktionenkalküls eine Schlußkette wiedergibt, genügt eine bloße Festsetzung, um sicherzustellen, daß ein und dieselbe Individuenkonstante an allen Stellen ihres Vorkommens innerhalb dieses Kontextes stets auf denselben Gegenstand zu beziehen ist. In derselben Weise genügt eine bloße Konvention, um sicherzustellen, daß Ausdrücke der Form A (..., β) oder E (..., β), die im Kontext einer Zeilenfolge auftreten, mit der eine Schlußkette in der syllogistischen Elementarsprache dargestellt werden kann, an allen Stellen ihres Vorkommens stets auf denselben Gegenstand zu beziehen sind. Vom logischen Standpunkt aus betrachtet stellt daher die Garantie der Unzweideutigkeit von Einzelnamen kein Problem dar, zu dessen Lösung besondere Vorkehrungen nötig wären.

Was die andere von Frege aufgestellte Vorschrift angeht, ein Begriff dürfe *nicht leer* sein, wenn er zur rechtmäßigen Bildung eines Einzelnamens beitragen soll, so zielt diese Vorschrift, wenigstens dem Anschein nach, schon eher auf ein ernstes logisches Problem. Denn mit ihr sollen zugleich die Fälle ausgeschlossen werden, in denen die Quantorenregeln ungültig werden. Dies sind eben die Fälle, in denen zwei Ausdrücke der Form $\Phi (a)$ und $\sim \Phi (a)$ beide falsch sind. Ich möchte jetzt auch im Hinblick auf diese Vorschrift fragen, ob sie eigentlich sinnvoll ist. Insbesondere ist zu fragen, ob es wirklich nötig ist, mit Frege die Allgemeingültigkeit des Bivalenz-Prinzips preiszugeben.

Diese Preisgabe bereitet schon als solche Schwierigkeiten. Oben, in § 8, hatte ich das Bivalenz-Prinzip als streng allgemeingültiges semantisches Prinzip eingeführt. Seine Allgemeingültigkeit beruht demnach lediglich darauf, daß es die Bedeutung des Wortes ›falsch‹ festlegt. Wahrheit kann mit Hilfe einer bloßen Nominaldefinition erklärt werden als Übereinstimmung von Sätzen mit Gegenständen, von denen sie handeln. Falschsein besteht nach dem semantischen Bivalenz-Prinzip in ihrer Nicht-Übereinstimmung mit Gegenständen. Gibt man nun die Allgemeingültigkeit und den semantischen Charakter des Bivalenz-Prinzips auf, so lastet man sich das semantische Problem auf, eine neue Erklärung für das Wahr- oder Falschsein eines Satzes geben zu müssen, insbesondere er-

---

[183] Siehe W. Marciszewski, 'Definite Description', in: *Dictionary of Logic as applied in the Study of Language*, The Hague etc. 1981, S. 109.

klären zu müssen, was es bedeutet zu sagen, ein Satz sei falsch, wenn er nicht mit einem Gegenstand übereinstimmt.

Zweifelsohne würde man bereit sein sollen, sich dieses semantischen Problems anzunehmen, wenn es zwingend nötig erscheinen würde, das Bivalenz-Prinzip als allgemeingültiges semantisches Prinzip abzulehnen. Aber davon kann nun gar keine Rede sein.

Um die Gültigkeit der Quantorenregeln aufrechterhalten zu können, ist es nämlich nicht nötig, das Bivalenz-Prinzip preiszugeben. Vielmehr genügt es, sich eine Bedingung klarzumachen, von der es beim Gebrauch der Sprache des Funktionenkalküls abhängt, daß das Prinzip des affirmativen Gebrauchs doppelter Negation gültig ist. Der Umstand, daß zwei Sätze der Form A und ~ A kontradiktorisch sind, so daß es außer A und ~ A kein Drittes gibt und nicht sowohl A als auch ~ A falsch sein können, hängt nämlich keineswegs nur in Fällen, in denen A ein *singulärer* Satz ist, von einer impliziten Voraussetzung ab.

Vielmehr ist diese Voraussetzung auch bei universellen und partikulären Sätzen im Spiel. Satzpaare, die sich wie ›($\forall v$) $\Phi (v)$‹ zu ›~ ($\forall v$) $\Phi (v)$‹ oder wie ›($\exists v$) $\Phi (v)$‹ zu ›~ ($\exists v$) $\Phi (v)$‹ verhalten, bestehen nur dann aus kontradiktorischen Sätzen, *wenn es die Elemente des Individuenbereichs gibt*, auf den sich die gebundene Variable ›v‹ stillschweigend bezieht. Nach dem Prinzip der qualitativen Existenzbindung sind (bejahende) Sätze der Form $A (('v) \Phi (v), \xi)$ und $I (('v) \Phi (v), \xi)$, für die ›($\forall v$) $\Phi (v)$‹ bzw. ›($\exists v$) $\Phi (v)$‹ nur Übersetzungen sind, nur dann wahr, wenn der Begriff ξ erfüllt ist. Ebenso setzen die wahrheitsfunktionalen Verneinungen von Sätzen der Form ($\forall v$) $\Phi (v)$ bzw. ($\exists v$) $\Phi (v)$ einen nicht-leeren Individuenbereich voraus. Dies beruht auf der Verwendungsweise der Quantoren. Den Ausdrücken ›~ ($\exists v$) $\Phi (v)$‹ und ›~ ($\forall v$) $\Phi (v)$‹ entsprechen zwar nach den Regeln des starken logischen Quadrats zunächst nur die Ausdrücke ›$E (('v) \Phi (v), \xi)$‹ bzw. ›$O (('v) \Phi (v), \xi)$‹, und diese setzen (als nicht-wahrheitsfunktionale Ausdrücke) *keineswegs* voraus, daß der Begriff ξ ein nicht-leerer Begriff ist. (Denn nach dem Prinzip der qualitativen Existenzbindung sind ›$E (('v) \Phi (v), \xi)$‹ und ›$O (('v) \Phi (v), \xi)$‹ so aufzufassen, daß sie weder einen bejahenden noch einen limitativen Satz implizieren. Sie ziehen deshalb einen Existenzsatz auch nicht etwa auf indirekte Weise nach sich.) Aber der Quantor ›($\exists v$) ...‹ wird als Abkürzung für ›~ ($\forall v$) ~ ...‹ verwendet. Auch Frege, der in seiner *Begriffsschrift* auf den Gebrauch von Existenzquantoren ganz verzichtet hat, erklärt in § 12 der *Begriffsschrift*, der Ausdruck ›~ ($\forall v$) $\Phi (v)$‹ bedeute, „daß man etwas, z. B. Δ, finden könne, so daß $\Phi (\Delta)$ verneint werde. Man kann daher übersetzen: 'es gibt einige

Dinge, die nicht die Eigenschaft Φ haben.'"[184] Ganz entsprechend bedeute ›(∀ v) ~ Φ(v)‹ dasselbe wie: Etwas, „was die Eigenschaft Φ habe, gibt es nicht."[185] Hier wird gleichsam rein definitorisch festgelegt, daß erstens ›~ (∀ v) Φ(v)‹ gleichbedeutend ist mit ›(∃ v) ~ Φ(v)‹ und zweitens ›~ (∃ v) Φ(v)‹ gleichbedeutend ist mit ›(∀ v) ~ Φ(v)‹. Auf diese Weise wird aber eben festgelegt, daß nicht nur ›(∀ v) Φ (v)‹ und ›(∃ v) Φ (v)‹, sondern auch ihre wahrheitsfunktionalen Verneinungen *Existenzimplikationen* haben, nämlich implizit voraussetzen, daß die Individuenbereiche, auf die sie sich beziehen, nicht leer sind, so daß es mindestens einen Gegenstand *gibt*, der unter den Begriff ξ fällt.

Das heißt: Wenn A eine quantifizierte Formel ist, so gibt es keine Interpretation, nach der A oder ~ A ein wahrer oder falscher Satz ist, es sei denn, der Individuenbereich, den A voraussetzt, ist nicht leer. *Die Geltung des Prinzips des affirmativen Gebrauchs doppelter Negation ist in diesen Fällen offenbar gekoppelt an die Voraussetzung, daß der mit quantifizierten Formeln implizit vorausgesetzte Individuenbereich erfüllt ist.*

Dieselbe Koppelung besteht beim Gebrauch der Sprache des Funktionenkalküls nun allerdings auch im Hinblick auf singuläre Sätze: Wenn A eine Formel ist, die eine Individuenkonstante ›a‹ enthält, so gibt es keine Interpretation, nach der A oder ~ A ein wahrer oder falscher Satz ist, es sei denn, *a* ist Element des als nicht-leer vorausgesetzten Individuenbereichs. Freges Annahme, *a* müsse existieren, falls F (a) und ~ F (a) in einem kontradiktorischen Verhältnis stehen sollen, ist daher zwar richtig. Aber es ist keineswegs nötig, die Gültigkeit des Bivalenz-Prinzips zu bestreiten. Es genügt vielmehr anzunehmen, daß die Geltung des Prinzips des affirmativen Gebrauchs doppelter Negation für Paare von Sätzen der Form A und ~ A *ganz allgemein* geknüpft ist an die Voraussetzung, daß *alle* Individuenzeichen (einschließlich der Individuenkonstanten) Bezug nehmen auf Elemente nicht-leerer Individuenbereiche. In der Sprache des Funktionenkalküls werden Individuenkonstanten so gebraucht, daß sie stets gleichbedeutend sind mit Einzelnamen der Form ›das in Rede stehende ζ‹. Dabei ist ζ entweder derselbe Begriff wie ξ oder nicht derselbe, und wenn nicht derselbe, dann Unterbegriff von ξ. Jeder Gegenstand, der unter den Begriff ζ fällt, ist dabei anzusehen als ein Gegenstand, der, gleichgültig welchen Inhalt ζ hat, unter den Begriff ξ fällt. Das heißt, jeder Gegenstand, der in Rede steht, wird angesehen als ein Gegenstand, der unter den Begriff des Gegenstandes fällt, der ein Element des vorausgesetzten Indivi-

---

[184] *Begriffsschrift*, § 12.
[185] Ebenda.

duenbereichs ist. Mit der Annahme, daß der Individuenbereich nicht leer ist, wird zugleich angenommen, daß alle Individuenkonstanten Einzelnamen sind, zu deren Bildung ein Begriff gebraucht wird, der entweder der Begriff ξ ist oder diesem Begriff subordiniert ist.

Es ist aus diesem Grunde zwar richtig, daß ein zur Bildung eines Einzelnamens gebrauchter Begriff die Bedingung, nicht leer zu sein, erfüllen muß, damit ein konsistenter Gebrauch des wahrheitsfunktionalen Negationszeichens gewährleistet ist. *Aber, damit diese Bedingung erfüllt ist, brauchen innerhalb formalsprachlicher Kontexte überhaupt keine besonderen Vorkehrungen getroffen zu werden.* Es genügt vorauszusetzen, was im Funktionenkalkül sowieso vorausgesetzt werden muß, nämlich: daß der Individuenbereich nicht leer ist, auf den sich *irgendeine* Bezeichnung für Individuen bezieht; ob es sich bei einer solchen Bezeichnung um eine gebundene Variable oder um eine Individuenkonstante handelt, ist hier gleichgültig.

Es zeigt sich hier, daß es keinen vernünftigen Grund gibt, die Gültigkeit des Bivalenz-Prinzips in Frage zu stellen. Es genügt vielmehr anzunehmen, was ich ohnehin schon angenommen habe, nämlich: daß die Gültigkeit des Prinzips des affirmativen Gebrauchs doppelter Negation *nicht für jede Art von Verneinung* gültig ist. Soweit seine Gültigkeit an den ausschließlichen Gebrauch der Sprache des Funktionenkalküls, insbesondere an den Gebrauch von ›~ ...‹ geknüpft ist, hängt diese Gültigkeit (und damit eben auch der konsistente Gebrauch der Sprache des Funktionenkalküls) davon ab, daß implizit nicht-leere Individuenbereiche vorausgesetzt werden. Mit anderen Worten: Diese Gültigkeit bzw. dieser Sprachgebrauch hängt von der impliziten Annahme ab, daß bestimmte Begriffe, genauer gesagt: die Begriffe ξ und ζ, als nicht-leere Begriffe ausgezeichnet sind. –

An dieser Stelle mag ein *kurzer Exkurs* zu dem Versuch Bertrand Russells am Platze sein, die Form $\Phi(a)$ als eine bloß scheinbare Oberflächenform singulärer Sätze zu deuten und durch Zurückführung dieser Form auf eine komplexere Form gegen Frege die Allgemeingültigkeit des Bivalenz-Prinzips zu verteidigen.

Dieser Versuch basierte auf der Einführung des Jota-Operators. Russells Analyse von Sätzen der Form $\Phi(a)$ bestand, kurz gesagt, darin, den begrifflichen (oder deskriptiven) Inhalt von ›a‹ – soweit vorhanden[186] – ex-

---

[186] Russell unterschied Fälle, in denen ›a‹ einen deskriptiven Inhalt hat, von Fällen, in denen ›a‹ für einen 'logischen Eigennamen' steht. Von solchen Eigennamen, zu denen er Demonstrativa wie ›dies‹ zählte, die sich auf Sinnesdaten beziehen, nahm er - freilich

plizit zu machen, und zwar dadurch, daß er ›a‹ als Abkürzung eines Funktionsausdrucks der Form ›(ɩx) G (x)‹ – lies: ›dasjenige x, für das gilt: G (x)‹ – deutete. Mit ›(ɩx) G (x)‹ wird nach dieser Deutung angenommen, daß es genau ein x gibt, auf das G (x) zutrifft; symbolisch ausgedrückt: (∃x) G (x) & (∀ x) (∀ y) ((G (x) & G (y)) ⊃ (x = y)). Für diesen Ausdruck steht ›(ɩx) G (x)‹ als Abkürzung, so daß ›F (a)‹ gleichbedeutend ist mit ›(ɩx) (G (x) & F (x))‹ – lies: ›Es gibt genau ein x, für das gilt: G (x) und F (x)‹.

Das Bivalenz-Prinzip bleibt nach dieser Analyse in Kraft, da, falls der in ›G (x)‹ enthaltene Begriff leer ist, – falls es also für ›a‹ keinen Träger gibt, – sowohl ›(ɩx) (G (x) & F (x))‹ als auch ›(ɩx) (G (x) & ~ F (x))‹ einen Wahrheitswert hat, nämlich den Wert F. Nach dieser Analyse können daher ›F (a)‹ und ›~ F (a)‹ *beide falsch* sein. Die beiden singulären Sätze ›der 1905 amtierende König von Frankreich ist kahlköpfig‹ und ›der 1905 amtierende König von Frankreich ist nicht kahlköpfig‹ sind, falls es 1905 keinen amtierenden König Frankreichs gegeben hat, beide falsch, da sie sich nach Russells Analyse nicht wie ›p‹ zu ›~ p‹ verhalten, sondern wie zwei komplexe Sätze, deren erster Bestandteil in beiden derselbe und ein falscher Existenzsatz (›Es gibt genau ein x, so daß gilt: x ist ein 1905 amtierender König von Frankreich‹) und deren zweiter Bestandteil der offene Satz ›x ist kahlköpfig‹ bzw. der offene Satz ›x ist nicht kahlköpfig‹ ist.

Russells Analyse und seine mit dieser Analyse verknüpfte Theorie der *definite descriptions* – als die er Ausdrücke der Form (ɩx) Ψ (x) bezeichnete – hat nicht viele Anhänger gefunden, aber eine Flut von sprachphilosophisch ambitionierten Reaktionen ausgelöst. Teils zeigte man sich, wie Strawson, nicht geneigt, das Bivalenz-Prinzip anzuerkennen, und zog es vor, den *Alltagsgebrauch* der Wörter ›wahr‹ und ›falsch‹ für logisch relevant zu halten, nach dem dieses Prinzip nicht – oder doch jedenfalls nicht immer – gilt.[187] Teils nahm man Anstoß an der Voraussetzung, gewöhnliche Eigennamen seien mit einer deskriptiven Bedeutung verknüpft und auf diesem Verknüpftsein beruhe ihr Sachbezug (*reference*).

Was die deskriptive Bedeutung und den Sachbezug von Eigennamen angeht, enthält Russells Theorie – jedenfalls wie Saul A. Kripke sie verstanden hat[188] – gewiß die angreifbare Annahme, gewöhnliche und richtig verwendete Eigennamen seien stets abgekürzte oder verkleidete individu-

---

unberechtigterweise - an, daß sie ohnehin nicht verfehlen können, auf genau einen Gegenstand Bezug zu nehmen.

[187] Die Kritik, die Strawson in seinem Aufsatz 'On Referring', *Mind* 59 (1950), S. 320–344, an Russell geübt hat, wurde von ihm mit der Erwiderung, 'Mr. Strawson on Referring', *Mind* 66 (1957), S. 385–389, mit Recht zurückgewiesen.

[188] Siehe Saul A. Kripke, *Naming and Necessity*, Oxford: Blackwell, 1980, S. 27–31, 53–60.

elle Kennzeichnungen. Nach dieser Annahme wären z. B. ›Scott‹ und ›der Autor von *Waverley*‹ als Synonyme zu gebrauchen, so daß ›der Autor von *Waverley*‹ gleichbedeutend wäre mit ›Scott‹ und ein Satz wie ›Scott ist der Autor von *Waverley*‹ als analytisch wahrer Satz aufzufassen wäre –, was nicht sehr plausibel ist.

Um dieser Konsequenz zu entgehen, hat man diverse Auswege in Betracht gezogen. Von den in Betracht gezogenen Auswegen sind die folgenden drei am meisten bekannt geworden: (1) die *'Bündel-Theorie'*, nach der Eigennamen deskriptive Bedeutungen haben, die aber nur durch *Bündel* individueller Kennzeichnungen wiedergegeben werden können, von denen die meisten oder doch die wichtigsten auf den Namensträger zutreffen; (2) die *'kausale Theorie'*, nach der es eine deskriptive Bedeutung von Eigennamen nicht gibt und ihr Sachbezug lediglich auf einer Taufe beruht, die diesen Bezug herstellt und von der alles (in einer Kommunikationskette tradierte) Benennen des Namensträgers ursächlich abhängt; (3) die *'Gebrauchstheorie'*, nach der Eigennamen Bedeutung haben, aber nicht im Sinne deskriptiver Bedeutung, sondern im Sinne eines bestimmten Gebrauchs, bei dem der Name auf den Gebrauch individueller Kennzeichnungen des Namensträgers verweist. In keiner dieser Theorien wird systematisch in Betracht gezogen, daß (*a*) ein Sachbezug von Eigennamen und individuellen Kennzeichnungen nur in Sätzen vorkommt, (– auch die Anrede ist ein Satz, nämlich ein Bitt- oder Aufforderungssatz, –) daß (*b*) in Deklarativsätzen jedem Eigennamen und jeder individuellen Kennzeichnung ein zweiteiliger Ausdruck entspricht, von dem der eine Teil ein Terminus ist, während der andere Teil die logische Form des Deklarativsatzes, nämlich seine Singularität, zum Ausdruck bringt und daß (*c*) die logische Form es ist, die den Sachbezug – zunächst des Satzes selbst, dann aber mittelbar auch – aller in ihm vorkommenden Ausdrücke herstellt.

Es würde hier zu weit führen, die beschriebenen Auswege weiterzuverfolgen. Es mag stattdessen genügen, noch einmal an den Ausgangspunkt aller dieser Wege zu erinnern, nämlich daran, daß Russells Theorie der bestimmten Beschreibungen die Aufgabe hatte, das Bivalenz-Prinzip zu verteidigen durch Zurückführung der Formen $\Phi(a)$ und $\sim \Phi(a)$ auf Formen, die sich nicht wie A und $\sim$ A zueinander verhalten. Diese Theorie stand, ebenso wie die Theorien ihrer Kritiker, unter der Voraussetzung, daß die Form der wahrheitsfunktionalen Verneinung die einzige Verneinungsform ist. Das heißt, Russell und seine Kritiker haben nicht gesehen, daß keine Nötigung besteht, Paare singulärer Sätze der Umgangssprache, die sich wie ›*p*‹ und ›nicht *p*‹ zueinander verhalten, zu interpretieren als Paare von Sätzen, die sich nach ihrer Oberflächenform wie ›*p*‹ und ›$\sim p$‹ zueinander verhalten und gemäß dieser Form scheinbar gekoppelt sind erstens an die Geltung des Prinzips des affirmativen Gebrauchs doppelter Negation und zweitens an die Voraussetzung, daß die in diesen Sätzen vorkommenden Einzelnamen stets existierende Träger haben.[189]

Nun, wenn man, mit Russell und im Unterschied zu Frege, das Bivalenz-Prinzip uneingeschränkt gelten lassen will, ohne von sprachphilosophischen oder logischen Hilfsannahmen über den Sachbezug und die Bedeutung von Einzelnamen Gebrauch machen zu müssen, so wird dies, nach meiner oben durchgeführten Analyse singulärer Sätze, Konsequenzen nach sich ziehen, die in logischer und sprachphilosophischer Hinsicht von Interesse sind:

Erstens entfallen alle Gründe, an Freges Meinung festzuhalten, das Fallen eines Gegenstandes unter einen Begriff sei die logische Grundbeziehung, auf die man alles Beziehen von Begriffen auf Begriffe zurückführen könne. Alle bejahenden Sätze haben vielmehr gleichermaßen – wenn auch nicht in gleicher Weise manifest – damit zu tun, Gegenstände unter Begriffe zu subsumieren, wie sie damit zu tun haben, Begriffe auf andere Begriffe zu beziehen.

Zweitens sollte man die Ansicht aufgeben, es sei möglich, die syllogistische Elementarsprache mindestens teilweise in die Sprache des Funktionenkalküls zu übersetzen; man sollte vielmehr anerkennen, daß im Gegenteil die Sprache des Funktionenkalküls in eine Sprache übersetzt werden kann, die ohne wahrheitsfunktionales Vokabular auskommt und die sich von der syllogistischen Elementarsprache nicht[190] oder nur dadurch unterscheidet, daß sie von der elementaren Konjunktion Gebrauch macht und anstelle von Begriffsvariablen Ausdrücke der Form ('v) $\Phi(v)$ benutzt.

Drittens schließlich sollte man anerkennen, daß mit dem Gebrauch des logischen Vokabulars des Funktionenkalküls spezielle *Annahmen* oder *Voraussetzungen* verknüpft sind, von denen der Gebrauch des syllogistischen Vokabulars ganz unabhängig ist. Denn der für diesen Kalkül wesentliche Gebrauch wahrheitsfunktionaler Zeichen bringt es nicht nur, wie ich bereits in § 30 gezeigt habe, mit sich, daß die Geltung des *Prinzips des affirmativen Gebrauchs doppelter Negation* und die Geltung des *Prinzips des beliebigen zureichenden Grundes* stillschweigend in Kraft treten. Wie sich im vorliegenden Paragraphen herausgestellt hat, bringt es dieser Gebrauch, wenn er mit dem Gebrauch von Quantoren und Individuenzeichen ver-

---

[189] Vergleiche zu diesem Exkurs die Ausführungen von Fred Sommers in dessen *The Logic of Natural Language*, S. 208–226 und 327, denen ich teilweise zustimme.
[190] Siehe hierzu *Anhang* 1.

knüpft ist, vielmehr auch mit sich, daß die Geltung des Prinzips der qualitativen Existenzbindung außer Kraft tritt, so daß stattdessen angenommen wird, aus der Verneinung einer beliebigen (universellen, partikulären oder singulären) Aussage folge, daß es etwas *gibt*, (worauf das Prädikat der verneinten Aussage nicht zutrifft,) – und zwar gleichgültig, wovon in der verneinten Aussage die Rede ist. Mit anderen Worten: Der Gebrauch von Quantoren und Individuenzeichen in Verbindung mit wahrheitsfunktionalen Zeichen ist an die Voraussetzung geknüpft: *Es gibt die Gegenstände*, auf die sich Individuenkonstanten und gebundene Individuenvariable beziehen. Ich werde diese Voraussetzung als das *Prinzip der nicht-leeren Individuenbereiche* bezeichnen.

3. Grenzen der Sprache des logischen Funktionenkalküls

§ 36. Eine Formelsprache des nicht-reinen Denkens

Es hat sich in den vorangegangenen Paragraphen herausgestellt, daß Freges These unhaltbar ist, alle Begriffsbeziehungen seien zurückführbar auf Beziehungen des Fallens von Gegenständen unter Begriffe. Jeder Ausdruck Φ (*t*), der die Beziehung des Fallens eines Gegenstandes unter einen Begriff darstellt, ist vielmehr aufzufassen als Ausdruck einer Begriffsbeziehung. Außerdem hat sich gezeigt, daß sich die Sprache des Funktionenkalküls vollständig in eine Formelsprache übersetzen läßt, deren Vokabular sich von dem der syllogistischen Elementarsprache dadurch unterscheidet, daß es erstens die Satzverknüpfung der elementaren Konjunktion als zusätzliche logische Konstante enthält, zweitens Ausdrücke der Form ('*v*) Φ (*v*) anstelle von Begriffsvariablen benutzt und schließlich drittens mit den Begriffskonstanten ξ und ζ Abkürzungen für spezielle Begriffe ins Spiel bringt.[191]

---

[191] Der Standpunkt, auf den dieser Befund hinausläuft, unterscheidet sich übrigens in mindestens einer wichtigen Hinsicht von demjenigen Standpunkt, den Fred Sommers und die ihm folgenden Anhänger der sogenannten 'Neuen Syllogistik' eingenommen haben. Auch Sommers knüpft mit seiner 'Logik der natürlichen Sprache' an die vor-Fregeanische Tradition der logischen Theorie an, für die es außer Zweifel stand, daß Sätze der natürlichen Sprache, soweit sie deduktivem Schließen unterworfen werden, zu logischen Zwecken einer Analyse bedürfen, die sich an der Subjekt-Prädikat- (oder Nominalphrasen-Verbalphrasen)-Syntax orientiert, der auch Noam Chomsky mit seiner generativen

Dieser Befund nötigt uns, Abschied zu nehmen von festsitzenden Überzeugungen, die sich mit der Verdrängung syllogistischer Logiksysteme im Zuge der Etablierung und Verzweigung der mathematischen Logik immer mehr ausgebreitet haben und die das systematische Verhältnis zwischen Syllogistik und Funktionenkalkül (klassischer Prädikatenlogik) betreffen. Zu diesen Überzeugungen gehört nicht zuletzt eine Ansicht, die für den Standpunkt Freges kennzeichnend gewesen und von den meisten seiner Anhänger ohne große Bedenken übernommen oder doch hingenommen worden ist, nämlich die Überzeugung, die Sprache des Funktionenkalküls oder das, was Frege „Begriffsschrift" genannt hat, sei so etwas wie eine „Formelsprache des reinen Denkens".[192]

Daß auch diese Überzeugung unhaltbar ist, wird man jetzt leicht einsehen können, wenn man nur etwas genauer ihren Inhalt beachtet. Frege war überzeugt, seine Begriffsschrift-Sprache beschränke sich „auf den Ausdruck solcher Beziehungen", „die von der besonderen Beschaffenheit der Dinge unabhängig sind."[193] Dem entsprechend verstand er unter einem „rein logischen" Verfahren ein „von der besondern Beschaffenheit der Dinge absehendes" Verfahren, in das sich nicht „etwas Anschauliches eindrängen" dürfe.[194]

In seiner Charakterisierung des 'rein Logischen' und in seiner Rede vom 'Anschaulichen' kommt deutlich zum Ausdruck, daß Frege an Auffassungen anknüpft, die für Kants Standpunkt charakteristisch gewesen sind. Das Absehen von allen besonderen Beschaffenheiten der Dinge und das Weglassen alles anschaulichen Inhalts war auch aus der Sicht *Kants* ein wesentliches Kennzeichen für reines Denken und für die Reinheit dessen, was Kant *formale Logik* genannt hat.[195] Für Kant lieferte die Syllogistik

---

Transformationsgrammatik Respekt zollt und nach der ›ein Mensch‹, ›irgendein Mensch‹, ›Sokrates‹, ›jeder Mensch‹ und ›der Schneemensch‹ allesamt Ausdrücke sind, die ein und derselben Substitutionsklasse angehören. Aber das von Sommers entwickelte syllogistische System, das so leistungsfähig zu sein beansprucht wie die moderne (Fregeanische) Quantorenlogik, ist immer noch ein wahrheitsfunktionales System. Aus diesem Grunde sind die Einwände nicht unberechtigt, die Peter F. Strawson gegen den Anspruch auf den Titel einer 'Logik der natürlichen Sprache' erhoben hat, ohne die Leistungsfähigkeit dieses Systems in Frage zu stellen. Siehe P. F. Strawson, 'Review: The Logic of Natural Language', *The Journal of Philosophy*, 79, 1982, S. 786–790; nachgedruckt in: George Englebretsen (ed.), *The New Syllogistic*, New York etc., 1987, S. 99–104.

[192] Freges *Begriffsschrift* trägt den Untertitel: „Eine der arithmetischen nachgebildete Formelsprache des reinen Denkens".

[193] *Begriffsschrift*, S. IV.

[194] *Begriffsschrift*, S. III und IV.

[195] Siehe Michael Wolff, 'Die Reinheit der Logik: Kant und Frege', in: *Kant in der Gegenwart*, hrsg. von J. Stolzenberg, Berlin: De Gruyter, 2007, S. 53 – 70.

§ 36. Eine Formelsprache des nicht-reinen Denkens

das Paradigma der formalen Logik eben deshalb, weil sie nur mit Begriffsbeziehungen zu tun hat und dabei von allem Inhalt der Begriffe und von allen Beziehungen auf Gegenstände abstrahiert.[196] Dieser Standpunkt Kants stimmt überein mit der Beschreibung, die ich oben, in den §§ 1 – 15, von den Grundzügen der elementaren Syllogistik gegeben habe.

Der spezifisch formale, reine Charakter der Syllogistik kann genau darin gesehen werden, daß ihre Regeln Operationen betreffen, deren Operationsfeld ausschließlich aus Begriffen besteht. Im wesentlichen bestehen diese Operationen (worauf ich schon in § 1 hingewiesen habe) in nichts Anderem als im Beziehen von Begriffen auf Begriffe, nämlich: im Subordinieren oder Koordinieren.[197] Begriffsvariable sind dementsprechend die einzigen Variablen, die es in der syllogistischen Elementarsprache außer den Variablen für Aussagen gibt. *Formale* und damit *reine Logik* ist die Syllogistik genau in dem Sinne, daß sie als solche weder von Begriffs*konstanten* Gebrauch macht noch sonstige Interpretationen für Begriffsvariable in Betracht zieht (so daß sie den *Inhalt* von Begriffen völlig außer Acht läßt). Sie macht somit weder von *Individuen*variablen noch von *Individuen*konstanten Gebrauch und sieht daher von allem *Anschaulichen* und *Nichtbegrifflichen*, folglich von allen Beziehungen der Begriffe auf *Gegenstände* ab. Das Subsumieren von Gegenständen unter Begriffe kommt für die Syllogistik nur *insoweit* in Betracht, *als es bereits zur logischen Form von Urteilen gehört, auf Gegenstände in der und der Weise Bezug zu nehmen,* auch wenn dies jeweils nur in einer ganz *abstrakten Form* geschieht.[198]

---

[196] Siehe *Kritik der reinen Vernunft*, A 130-1 / B 169 in Verbindung mit A 266 / B 322, A 132-3 / B 171-2 und A 55 = B 79. Vgl. Michael Wolff, *Die Vollständigkeit der kantischen Urteilstafel*, Frankfurt: Klostermann, 1995, S. 120-24. In diesem Buch zeige ich, daß für Kant die formale Logik dasjenige Teilgebiet der Logik ist, das sich durch Allgemeinheit und Reinheit auszeichnet und dessen Formalität darin besteht, von der „logischen Materie" der Urteile, d. h. vom Inhalt der in ihnen auftretenden Begriffe zu abstrahieren. John MacFarlane hat in seiner Dissertation *What Does it Mean to Say that Logic is Formal*, University of Pittsburgh, 2000, und in seinem Aufsatz 'Kant, Frege, and the Logic of Logicism', *The Philosophical Review*, 111, 2002, S. 25–65, die Meinung vertreten, nach Kants Ansicht sei die Formalität der Logik eine Folge aus ihrer Allgemeinheit. MacFarlanes Ansicht, daß die allgemeine Logik aus der Sicht Kants und Freges in genau demselben Sinne allgemein sei (ebenda S. 60), ist nicht haltbar, weil Frege nicht Kants Ansicht teilt, die allgemeine und reine Logik habe als formale Logik von der logischen Materie der Urteile, d. h. vom Inhalt der Begriffe vollständig zu abstrahieren.

[197] Kant faßt diese Operationen dementsprechend unter dem Begriff des logischen Verstandesgebrauchs, - des *usus logicus intellectus*, - zusammen. Siehe *Kritik der reinen Vernunft*, A 67 / B 92, und *Dissertation* von 1771, § 5, *Akademie-Ausgabe*, Band 2, S. 393-394.

[198] Es dürfte nach dem Gesagten vielleicht nicht überflüssig sein, ausdrücklich festzustellen, daß nicht nur in singulären, sondern auch in partikulären und universellen Urtei-

Im Unterschied zu den Ausdrücken der Syllogistik beziehen sich Ausdrücke für Aussagefunktionen *nicht* auf *rein* logische Operationen, jedenfalls nicht auf rein logische Operationen im soeben beschriebenen Sinne. Aussagefunktionen können zwar gleichfalls als Operationen betrachtet werden, deren Operationsfeld aus Begriffen besteht, aber schon ihre Form, wesentlich mit Leerstellen ausgestattet zu sein, die für *Individuenzeichen* vorgesehen sind, zeigt an, daß in Aussagefunktionen Begriffe *nur unter dem Aspekt* in Betracht gezogen werden, daß sie sich unmittelbar auf Gegenstände, und nicht auf Begriffe, beziehen. Insofern Individuenzeichen teils gebundene Variable teils Konstanten sind, werden hier teils Gegenstände im Allgemeinen (als Elemente des vorausgesetzten Individuenbereichs) teils Gegenstände im Besonderen (als Träger spezieller Bezeichnungen oder Eigennamen) explizit in Betracht gezogen.[199] Die Logik des Funktionenkalküls ist *insofern* gerade keine *formale Logik*. Da sie implizit, mit Begriffen wie ξ und ζ, spezielle begriffliche Inhalte in Betracht zieht, ist sie jedenfalls keine formale Logik *in dem präzisen und radikalen Sinne, in dem die Syllogistik formal ist*. Die Logik des Funktionenkalküls ist auch nicht *rein in dem präzisen und radikalen Sinne, in dem die Syllogistik rein ist*. Da es die Logik des Funktionenkalküls als eine ihrer Voraussetzungen gelten läßt, daß Begriffe wie ξ und ζ *weder* denselben Inhalt haben *noch* leer sind, ist es *weder* zutreffend, mit Frege zu sagen, das Verfahren des Funktionenkalküls sehe „von der besonderen Beschaffenheit der Dinge" ab, *noch* ist es richtig anzunehmen, es dränge sich in dieses Verfahren nichts „Anschauliches" ein.

Was das Absehen von der besonderen Beschaffenheit der Dinge angeht, so sollte man nicht übersehen, daß schon die *Zugehörigkeit zu einem bestimmten, stillschweigend als nicht-leer vorausgesetzten Individuenbereich* und schon die *Eigenschaft, Träger eines bestimmten Namens* oder *Träger einer bestimmten Kennzeichnung zu sein*, besondere Beschaffenheiten sind, durch die sich Gegenstände voneinander unterscheiden lassen und von denen der Funktionenkalkül nicht absieht.

---

len Gegenstände unter Begriffe subsumiert werden. Das *grammatische Subjekt* partikulärer oder universeller Sätze, dessen Standardform durch ›irgendein α‹ bzw. ›jedes α‹ wiedergegeben werden kann, steht wie ›a‹ in ›F (a)‹ für genau denjenigen Gegenstand, der jeweils mit Hilfe dieser Sätze unter einen Begriff subsumiert wird.

[199] Ich sehe hier ganz davon ab, daß der Funktionenkalkül besondere Beschaffenheiten von Gegenständen auch insofern in Betracht zieht, als die Zugehörigkeit zu einem *n*-Tupel, das (reflexive) Beziehen auf sich selbst und andere Eigenschaften eines Gegenstandes durch die Anzahl und die Art der Ausfüllung der Leerstellen eines Funktionsausdrucks näher bestimmt werden können.

§ 36. *Eine Formelsprache des nicht-reinen Denkens*

Was das Sich-eindrängen anschaulicher Vorstellungen angeht, so sollte man nicht unbeachtet lassen, daß schon die bestimmte, wenn auch verhältnismäßig abstrakte Vorstellung eines nicht-leeren Individuenbereichs eine *anschauliche* Vorstellung im Sinne Kants ist. Nach *Kants* Terminologie – die Frege mit seiner Rede vom Anschaulichen aufgegriffen hat – sind *alle* Vorstellungen, sofern mit ihnen unmittelbar Einzelnes vorgestellt wird, *Anschauungen*.[200] Ob dabei das Einzelne, das mit ihnen vorgestellt wird, etwas Räumliches, etwas Zeitliches, etwas Raum-Zeitliches oder sogar etwas ist, was in gar keiner *sinnlichen* Weise anschaulich ist, ist eine durchaus zweitrangige Frage. Die Vorstellung eines nicht-leeren Individuenbereichs ist *eo ipso* die Vorstellung von etwas Einzelnem, nämlich: die Vorstellung von einer einzelnen, wenn auch unbestimmt großen Menge einzelner Gegenstände. Nicht leer ist ein vorausgesetzter Individuenbereich genau dann, wenn er mindestens *ein* Element enthält, – wie immer dieser einzelne Gegenstand sonst noch näher bestimmt sein mag. Die Annahme, es gebe einen bestimmten, wenn auch nicht näher bezeichneten Individuenbereich, der nicht leer ist, sondern mindestens *ein* einzelnes Element enthält, ist – wenigstens nach dem, was Kant unter 'anschaulich' verstanden hat – *in genau demselben Maße anschaulich*, wie z. B. die geometrische Annahme anschaulich ist, es gebe einen Raum (nämlich einen Bereich räumlicher Gegenstände) und dieser enthalte als seine Elemente Punkte, Linien, Flächen usw. Der Unterschied, der zwischen beiden Annahmen besteht, liegt nicht darin, daß die erste Annahme unanschaulich wäre; er liegt nur darin, daß diese es unbestimmt läßt, *mit welcher Art von Anschauung* die Elemente des in Rede stehenden Individuenbereichs vorgestellt werden können.[201]

---

[200] Vergleiche Jaakko Hintikka 'Kant on the Mathematical Method', in: Carl C. Posy, (ed.), *Kant's Philosophy of Mathematics: Modern Essays*, Kluwer Academic Publishers, Dordrecht & Boston & London 1992, S. 23: „According to his definition, presented in the first paragraph of his lectures on logic, every particular idea as distinguished from general concepts is an intuition. Everything, in other words which in the human mind represents an individual is an intuition. There is, we may say, nothing 'intuitive' about intuitions so defined. Intuitivity means simply individuality." Ders., S. 26–27: „If we can assume that the symbols we use in algebra stand for individual numbers, then it becomes trivially true to say that algebra is based on the use of intuitions, i. e., on the use of representations of individuals as distinguished from general concepts."

[201] Nach § 2 der *Kritik der reinen Vernunft* ist alles, was den 'inneren Sinn' bestimmt, Inhalt innerer Anschauung. Demnach sind z. B. auch Gedanken, insofern sie der Reihe nach aufzählbar sind, - insofern sie also den inneren Sinn der Reihe nach 'affizieren' können, - selbstverständlich *etwas Anschauliches*.

Die Sprache des Funktionenkalküls ist zwar in der Lage, es unbestimmt zu lassen, mit *welcher* Art von Anschauung das Einzelne vorgestellt werden kann, das der jeweils vorausgesetzte Individuenbereich umfaßt. Aber schon *mit* der Voraussetzung, daß der jeweils vorausgesetzte Individuenbereich nicht leer ist, drängt sich in den Gebrauch dieser Sprache Anschauliches ein. Als Sprache 'des reinen Denkens' läßt sie sich insofern nicht verwenden.

Man beschreibt aus diesem Grunde die Sprache des Funktionenkalküls nicht korrekt, wenn man sie mit Frege als 'Formelsprache des reinen Denkens' klassifiziert. Es ist aus demselben Grunde unangemessen, den Funktionenkalkül als eine 'reine Logik' zu charakterisieren.

§ 37. Anschauungsbezug und symbolische Konstruktion

Statt in diesem Zusammenhang vom reinen Denken zu sprechen, wäre es, wollte man an Kants Terminologie festhalten, schon angemessener, von einer Sprache der *symbolischen Konstruktion* zu sprechen. Ich möchte diesen Gedanken etwas näher erläutern.

'Konstruktion' nennt Kant das Beziehen, insbesondere das *Subsumieren*, besonderer Gegenstände oder besonderer Anschauungen unter Begriffe. Er bezeichnet dieses Beziehen auch als ein 'Darstellen' von Begriffen 'in' Anschauungen. 'Symbolisch' nennt Kant eine solche Konstruktion, wenn an die Stelle *besonderer* Anschauungen, in denen ein Begriff dargestellt werden soll, stellvertretende Symbole (oder 'Charaktere', d. h. Zeichen) treten, welche die Art (oder die Arten) der Anschauung ganz unbestimmt lassen, in der die Darstellung stattfinden kann. Zu einer solchen Stellvertretung kommt es z. B. in der analytischen Geometrie. In ihr treten Buchstaben an die Stelle räumlicher Gegenstände, z. B. an die Stelle von Liniensegmenten. Bei einer solchen Stellvertretung bleibt es völlig unbestimmt, welche Art von (reiner oder empirischer) Anschauung es ist, für die es dasjenige *gibt*, worauf das stellvertretende Zeichen bezogen werden kann.[202]

Kant hat die Bezeichnung 'symbolische Konstruktion' speziell auf *algebraische* Operationen bezogen, wie sie in der analytischen Geometrie und

---

[202] Auch eine Zahlenformel wie ›7 + 5 = 12‹ kann als eine symbolische Konstruktion im Sinne Kants angesehen werden. Hier sind Ziffern die Symbole, die stellvertretend für anschauliche Größen stehen. Sie vertreten Größen von Mengen empirischer Objekte, die Größen räumlicher Ausdehnungen, die Größen von Zeitabschnitten usw.

anderswo vorkommen. Ein Buchstabe wie ›a‹ in ›$a^3 = 8$‹ läßt verschiedene Interpretationen zu: Er ist interpretierbar als Liniensegment, als Zeiteinheit, als Abschnitt, der sowohl auf einer Abszisse als auch auf einer Koordinate abgetragen werden kann usw.; ›a‹ läßt insofern anschauliche Interpretationen unterschiedlicher Art zu. Es kommt aber bei der symbolischen Konstruktion eines Begriffs auf keine dieser speziellen Interpretationen an. Konstruiert wird in der Formel ›$a^3 = 8$‹ nur der abstrakte Begriff der Kubikwurzel aus Acht. Er kann mit ›$a^3 = b$‹ durch den noch abstrakteren Begriff der Kubikwurzel aus b ersetzt werden. Ist ein solcher Begriff erst einmal konstruiert, können algebraische Aufgaben gestellt werden, z. B. die Aufgabe, herauszufinden, womit a, das Quadrat von a, das Fünffache von a usw. identisch ist. Bei solchen Aufgaben kann, muß aber nicht, ein spezieller Individuenbereich vorausgesetzt werden, z. B. der Bereich der natürlichen Zahlen. Die Lösung solcher Aufgaben kann als Kette informeller Schlußfolgerungen dargestellt werden, etwa auf folgende Weise:

$$\frac{a^3 = 8}{\frac{a = 2}{a^2 = 4}}$$
$$\vdots$$

Hier wird bei jeder Schlußfolgerung immer nur von einer auf eine andere symbolische Konstruktion geschlossen. Es gibt aber innerhalb der Algebra auch logische Operationen, bei denen auf *algebraische Gesetze* geschlossen wird. Für diese Operationen, die nach der Regel der vollständigen Induktion stattfinden, können Schlüsse aus symbolischen Konstruktionen die Grundlage bilden. Da $a^2 = 4$ aus $a^3 = 8$ folgt, kann ein hypothetischer, und folglich auch ein subjunktiver, Satz gleichen Inhalts als erste Prämisse eines Schlusses der Form

$$\frac{F\,(a)}{F\,(n) \supset F\,(n+1)}$$
$$F\,(n)$$

formuliert werden, so daß sich ergibt:

$$(a^3 = 8) \supset (a^2 = 4)$$
$$((n^3 = 8) \supset (n^2 = 4)) \supset (((n + 1)^3 = 8) \supset ((n + 1)^2 = 4))$$
$$\overline{}$$
$$(n^3 = 8) \supset (n^2 = 4).$$

Der Buchstabe ›n‹ wird hier, wie in der älteren Algebra noch allgemein üblich, als Stellvertreter für eine *beliebige natürliche Zahl* gebraucht, und zwar so, daß ›n‹ gleichbedeutend ist mit ›$(\forall x) \ldots x \ldots$‹, mit $x \in \mathbb{N}$, wobei in jeder Zeile der Wirkungsbereich des Allquantors alle Vorkommnisse von x umfaßt. Auf diese Weise bringt die Konklusion ein für alle natürlichen Zahlen gültiges algebraisches Gesetz zum Ausdruck.

Der beschriebene Schluß bleibt auch dann gültig, wenn als Individuenbereich ein *beliebiger nicht-leerer Individuenbereich* vorausgesetzt wird und wenn sowohl die zweite Prämisse als auch die Konklusion *explizit* mit dem Hinweis verknüpft wird, n sei ein Element aus der Menge der natürlichen Zahlen. Der Schluß lautet dann:

$$(a^3 = 8) \supset (a^2 = 4)$$
$$(\forall n)\, (((n^3 = 8) \supset (n^2 = 4)) \supset (((n + 1)^3 = 8) \supset ((n + 1)^2 = 4)))$$
$$\overline{}$$
$$(\forall n)\, (n \in \mathbb{N} \supset ((n^3 = 8) \supset (n^2 = 4))).$$

Mit ›$(\forall n) \ldots n \ldots$‹ wird nicht nur auf alle natürlichen Zahlen Bezug genommen. Anstelle von ›n‹ darf vielmehr eine beliebige Individuenvariable treten, so daß die Konklusion des Schlusses eine Gesetzesaussage ist, die sich mit ›n‹ auf „alles Denkbare" bezieht.[203]

Obwohl sich der beschriebene Schluß mit seinen allquantifizierten Sätzen auf alles Denkbare bezieht, handeln diese immer noch von etwas Anschaulichem. Denn wenn auch Denken und Anschauen entgegengesetzte Tätigkeiten sind, so ist doch mit *dem* Denkbaren im vorliegenden Zusammenhang etwas Anschauliches gemeint. *Etwas* Denkbares, als Element eines nicht-leeren Individuenbereichs, ist irgendein einzelnes Individuum, wie immer es sonst näher bestimmt sein mag; *insofern* dieses Individuum völlig unbestimmt bleibt, wird es vorgestellt als etwas, das zwar unter Begriffe subsumiert werden *kann*, aber nicht schon durch einen Begriff bestimmt *ist*. Insofern wird es *nicht begrifflich* vorgestellt, sondern *ohne begriff-*

---

[203] Vgl. Frege, 'Über formale Theorien der Arithmetik' [1885], *Kleine Schriften*, S. 103.

§ 37. Anschauungsbezug und symbolische Konstruktion 159

liche Vermittlung. Eine solche, *ohne begriffliche Vermittlung stattfindende, Vorstellung von etwas Einzelnem* ist genau das, was Kant *Anschauung* nennt.[204]

Algebraische Schlüsse, sofern sie wie der soeben beschriebene Schluß nach der Regel der vollständigen Induktion verfahren, bestehen daher aus Sätzen, die wesentlich auf Anschauung oder auf Anschauliches Bezug nehmen; und diese Bezugnahme kann stattfinden, da in diesen Sätzen von einer Sprache der symbolischen Konstruktion Gebrauch gemacht wird.

Frege hat richtig gesehen, daß man das Gebiet der Algebra oder das Gebiet der Arithmetik im Grunde nicht verläßt, wenn man von algebraischen Schlüssen, wie ich sie zuletzt beschrieben habe, weiter aufsteigt zu den Regeln, nach denen hier geschlossen wird. Man bleibt ohnehin noch ganz im Gebiet der Algebra, wenn man in den Sätzen des zuletzt beschriebenen Schlusses an die Stelle der Gleichungen ›$n^2 = 4$‹ und ›$n^3 = 8$‹ abkürzende Ausdrücke wie ›$F(x)$‹ bzw. ›$G(x)$‹ setzt. Daran ändert sich schließlich auch dann nichts Wesentliches, wenn man außerdem an die Stelle von Funktionskonstanten Funktionsvariable und an die Stelle von speziellen Satzverknüpfungen allgemeinere Ausdrücke setzt, so daß zum Beispiel ›$F(x) \supset G(x)$‹ durch ›$\Phi(x)$‹ ersetzt wird. Man erhält nämlich dann zwar (durch eine entsprechende Umformung der oben beschriebenen Schlußweise mit $a = 0$) das Schema für eine allgemeine Regel, nämlich das Schema für die Regel der vollständigen Induktion

$$\frac{\Phi(0) \quad\quad\quad\quad\quad\quad}{(\forall x)(\Phi(x) \supset \Phi(x+1))}$$
$$(\forall x)(x \in \mathbb{N} \supset \Phi(x)).$$

Aber mit dem Zeichen für die Null, mit ›$x + 1$‹ und mit ›$x \in \mathbb{N}$‹ ist noch immer ein spezifisch arithmetisches Vokabular im Spiel, mit dem der vorausgesetzte Individuenbereich auf den Bereich der natürlichen Zahlen eingeschränkt ist.

Es war Freges großartige Entdeckung, daß die Begriffe, als deren symbolische Konstruktionen wir ›$x + 1$‹ und ›$x \in \mathbb{N}$‹ ansehen dürfen, fast ausschließlich mit Hilfe von Ausdrücken definiert werden können, die zum Vokabular des Funktionenkalküls gehören.[205] Der Begriff, der mit ›$a = b + 1$‹ symbolisch konstruiert wird, ist der Prädikatbegriff in ›a ist Nachfolger von b in der mit Null anfangenden Reihe‹. Von diesem Begriff

---

[204] Siehe oben § 36, insbesondere S. 155 und Fußnote 200.
[205] Siehe hierzu *Anhang 2*.

konnte Frege zeigen, daß er Unterbegriff eines abstrakteren Begriffs ist, in dem auf die Zahl Null gar nicht mehr Bezug genommen wird. Dieser Begriff ist der Prädikatbegriff in dem Ausdruck ›b vererbt die Eigenschaft ($'x$) Φ (x) in der ψ-Reihe auf a‹, und dieser Ausdruck läßt sich, mittels einer Definition, vollständig in der Sprache des Funktionenkalküls wiedergeben. Was schließlich den Begriff angeht, der mit ›$a \in \mathbb{N}$‹ symbolisch konstruiert wird, so entspricht dieser dem logischen Prädikat im Ausdruck ›a ist gleich Null oder folgt in der mit Null anfangenden Reihe auf einen der Nachfolger von Null‹. Und auch von diesem Begriff konnte Frege zeigen, daß er Unterbegriff eines abstrakteren Begriffs ist, der sich gleichfalls, mittels einer Definition, ganz in der Sprache der Begriffsschrift wiedergeben läßt, so daß auch in ihm von der Null nicht mehr die Rede ist. Dieser Begriff entspricht dem logischen Prädikat in ›a folgt in der ψ-Reihe auf b‹. Es war eines der Hauptziele, das Frege mit seiner *Begriffsschrift* erreichen wollte, zu zeigen, daß das oben angeführte Schlußschema der vollständigen Induktion gültig ist, weil ein noch abstrakteres Schlußschema gültig ist, nämlich das Schema:

$$\frac{\Phi(x) \quad \Phi \text{ vererbt sich in der } \psi\text{-Reihe von } x \text{ auf } y}{[y \text{ folgt in der } \psi\text{-Reihe auf } x] \supset \Phi(y).}$$

Von diesem Schema konnte Frege zeigen, daß es ganz in der Sprache des Funktionenkalküls wiedergegeben werden kann.[206]

Frege zog aus seiner Entdeckung den richtigen Schluß, daß zwischen der mathematischen Schlußregel der vollständigen Induktion und der im Vergleich zu ihr allgemeineren rein begriffsschriftlichen Schlußregel kein sehr großer Unterschied besteht. Der Unterschied, der hier besteht, reduziert sich im Wesentlichen auf den Umstand, daß zur Formulierung der rein begriffsschriftlichen Schlußregel weder ein algebraisches Zeichen (wie das Zeichen der Null) noch das Identitätszeichen (›... = ...‹) gebraucht wird. Frege meinte aus diesem Grunde, daß Arithmetik und Logik letztlich dasselbe sind.[207] Mit 'Logik' war hier die Logik des Funktionenkalküls

---

[206] Siehe hierzu *Anhang* 2.

[207] Ich sehe hier davon ab, daß Frege in den *Grundlagen der Arithmetik* noch einen Schritt weiter ging, indem er dort zeigen wollte, daß auch Zahlbegriffe wie der Begriff der Null und der Begriff des Nachfolgers der Null in einer (nur unwesentlich erweiterten) Sprache des Funktionenkalküls definiert werden können.

gemeint, und insoweit *nur* sie gemeint war, ist schwerlich zu erkennen, welcher überzeugende Einwand gegen Freges Schlußfolgerung spräche.

Aber, mathematische und reine Logik – die Logik des Funktionenkalküls und die Syllogistik – können eben doch deutlich auseinandergehalten werden. Was Frege nicht bemerkt hat, ist erstens der Umstand, daß mit Ausdrücken des Typs ›b vererbt die Eigenschaft ('x) Φ (x) in der ψ-Reihe auf a‹ und ›a folgt in der ψ-Reihe auf b‹ genauso wie mit ›x + 1‹ und mit ›x ∈ ℕ‹ Begriffe symbolisch in der Anschauung konstruiert werden. Daher konnte er die Sprache, in der sie formulierbar sind, für eine Sprache des *reinen*, d. h. von Anschauung ganz absehenden, *Denkens* halten. Zweitens war Frege irrtümlicherweise davon überzeugt, daß sich die Regeln der Syllogistik auf die Regeln des Funktionenkalküls zurückführen lassen. Er glaubte, syllogistische Satzschemata würden sich in der Sprache des Funktionenkalküls wiedergeben lassen. Er konnte deshalb meinen, die Gültigkeit syllogistischer Regeln sei beweisbar innerhalb des logischen Systems der *Begriffsschrift*.[208]

§ 38. *Das Problem synthetischer Sätze a priori in der Arithmetik*

Der Gründungsvater der logischen Sprachanalyse hatte seine Überzeugung, der Funktionenkalkül gehöre zu dem Gebiet, das Kant 'reine Logik' genannt hatte, oder falle zusammen mit ihm, nicht auf eine Analyse der Sprachen gestützt, von denen *innerhalb* der Logik Gebrauch gemacht wird. Bestimmend war für seine Überzeugung vielmehr das spekulative, philosophische Ziel, Kants Ansicht vom synthetischen Charakter der Arithmetik in Zweifel zu ziehen. Um dieses Ziel zu erreichen, mußte Frege voraussetzen, daß mit dem Gebrauch der Sprache des Funktionenkalküls keine von Anschauung abhängigen Annahmen verknüpft sind, daß diese Sprache vielmehr eine Formelsprache des reinen Denkens sei, – eine Voraussetzung, von der ich in den §§ 36 – 7 nachgewiesen habe, daß sie sich nicht halten läßt.

Das spekulative, philosophische Ziel, das Frege verfolgt hat, kommt bereits in seiner *Begriffsschrift*, und zwar im Kontext der 'allgemeinen Rei-

---

[208] *Begriffsschrift*, § 6, S. 9–10.

henlehre' deutlich zum Ausdruck, die Frege im Dritten Teil dieser Schrift entwickelt hat. In diesem Teil soll das Prinzip der vollständigen Induktion aus den Grundformeln des logischen Systems der *Begriffsschrift* hergeleitet werden. Von den oben (in § 37) erwähnten Definitionen, die Frege in diesem Teil der *Begriffsschrift* aufstellt, nimmt er ausdrücklich an, sie seien *keine* synthetischen Urteile; und Frege unterläßt es nicht, hier sogleich hinzuzufügen:

> „Ich bemerke dies, weil Kant alle Urteile der Mathematik für synthetische hält."[209]

Von den Grundformeln seines logischen Systems scheint Frege also anzunehmen, ihre Allgemeingültigkeit folge aus der bloßen Bedeutung der in ihnen auftretenden logischen Konstanten;[210] sie seien folglich analytisch wahre Ausdrücke.

Wie Frege bereits im 'Vorwort' zur *Begriffsschrift* ausführt, war es sein Hauptziel nachzuweisen, daß *arithmetische* Urteile „rein logisch"[211] bewiesen werden können, und zwar „durch Schlüsse allein", ohne Berufung auf Anschauung, „nur gestützt auf die Gesetze des Denkens, die über allen Besonderheiten erhaben sind."[212] Mit der Herleitung des für die Arithmetik grundlegenden Prinzips der vollständigen Induktion sollte gezeigt werden, „wie das von jedem durch die Sinne oder selbst durch eine Anschauung *a priori* gegebenen Inhalte absehende reine Denken allein aus dem Inhalte, welcher seiner eigenen Beschaffenheit entspringt, Urteile hervorzubringen vermag, die auf den ersten Blick nur auf Grund irgendeiner Anschauung möglich zu sein scheinen."[213]

Um die Verwunderung darüber, daß „reine Logik" und „reines Denken" in der Lage seien, „Urteile hervorzubringen, die auf den ersten Blick nur auf Grund irgendeiner Anschauung möglich sind," sogleich zu zerstreuen, vergleicht Frege – nicht ohne Stolz – den Erfolg seines Unternehmens mit einem Fortschritt in der experimentellen Naturwissenschaft: Man könne diesen Erfolg

---

[209] Ebenda, § 24.
[210] So führt Frege z. B. die Gültigkeit der Grundformel A ⊃ (B ⊃ A) in § 14 der *Begriffsschrift* unmittelbar auf die in § 5 erklärte Bedeutung von ›... ⊃ ...‹ zurück.
[211] Ebenda, S. III.
[212] Ebenda, S. IV.
[213] Ebenda, § 23.

§ 38. Das Problem synthetischer Sätze a priori in der Arithmetik 163

mit der Verdichtung vergleichen, mittels deren es gelungen ist, die dem kindlichen Bewußtsein als Nichts erscheinende Luft in eine sichtbar tropfenbildende Flüssigkeit zu verwandeln.[214]

Das wissenschaftliche „Bewußtsein", dem der beschriebene Verdichtungsvorgang nicht als *creatio ex nihilo*, sondern als bloße Umformung schon vorhandener Materie erscheint, dürfte, wenn Frege rechthatte, bereit sein, auch die Herleitung des verallgemeinerten Induktionsprinzips als bloße *Umformung eines Inhalts* anzusehen, der mit den Grundformeln und Definitionen bereits gegeben ist, aus denen die Herleitung erfolgt.[215] Um den Nachweis zu erbringen, „arithmetische Schlußweisen" seien „rein logischer Natur"[216] und machten nicht *implizit schon* von synthetischen Sätzen Gebrauch, hätte Frege daher nachweisen sollen, daß sich unter den Grundannahmen, aus denen sie herleitbar sind, *keine* synthetischen Annahmen befinden. Einen solchen Nachweis hat er aber, soviel ich weiß, nicht geführt.

Am Ende von § 35 hatte ich bereits zusammenfassend darauf hingewiesen, daß mit dem Gebrauch der Sprache des Funktionenkalküls *drei* Grundannahmen verbunden sind, von denen *keine* über jeden Verdacht erhaben ist, eine nicht-analytische, *synthetische* Annahme zu sein. Es handelte sich um die folgenden drei Grundannahmen:

– erstens das *Prinzip des affirmativen Gebrauchs doppelter Negation*,
– zweitens das *Prinzip des beliebigen zureichenden Grundes*,
– drittens das *Prinzip der nicht-leeren Individuenbereiche*.

Bis jetzt ist nicht einmal auch nur im Umriß klar, wie eigentlich widerlegt werden könnte, daß diese Grundannahmen synthetisch sind.

---

[214] Ebenda, § 23, S. 55.
[215] Zur Frage, was es heißt, daß die *Begriffsschrift* das *verallgemeinerte* Prinzip der mathematischen Induktion herzuleiten beansprucht, siehe Michael Wolff, 'Kantische Urteilstafel und vollständige Induktion', in: *Zeitschrift für philosophische Forschung*, 54 (2000), S. 87–96.
[216] 'Über formale Theorien der Arithmetik', *Kleine Schriften*, S. 103.

4. Das Vokabular der Universalsprache der deduktiven Logik

§ 39. Nicht-syllogistische Grundregeln in der Sprache der Syllogistik

Die voranstehende Analyse logischer Sprachen hat gezeigt, daß sich die Sprache der Syllogistik weder in die Sprache des Klassenkalküls noch in die Sprache des Funktionenkalküls sachgemäß und ohne Verlust übersetzen läßt. Umgekehrt läßt sich dagegen die Sprache des Funktionenkalküls – und *a fortiori* auch die Sprache des Klassenkalküls – vollständig in eine Sprache übersetzen, die sich von der erweiterten Sprache der Syllogistik nur dadurch unterscheidet, daß sie von der elementaren Konjunktion Gebrauch macht und anstelle von Begriffsvariablen Ausdrücke der Form ($'v$) Φ (v) benutzt.[217]

Die Annahme, daß die Sprache des Funktionenkalküls auf eine nicht-wahrheitsfunktionale Formelsprache[218] 'zurückführbar' ist, darf nun aber nicht mißverstanden werden. Sie bedeutet nicht, daß es möglich wäre, die Gültigkeit logischer Regeln und Gesetze des Funktionenkalküls vollständig auf die Gültigkeit von Prinzipien zurückzuführen, die innerhalb der Syllogistik oder innerhalb einer nicht-wahrheitsfunktionalen Logik gelten. Mit dem Gebrauch der Sprache des Funktionenkalküls ist vielmehr die Anerkennung von Prinzipien verbunden, die innerhalb der Syllogistik oder innerhalb einer nicht-wahrheitsfunktionalen Logik nicht – oder doch nicht ohne weiteres – gültig sind. Zu diesen Prinzipien gehören die drei am Ende der §§ 35 und 38 aufgezählten Grundsätze, nämlich:

– das *Prinzip des affirmativen Gebrauchs doppelter Negation*,
– das *Prinzip des beliebigen zureichenden Grundes* und
– das *Prinzip der nicht-leeren Individuenbereiche*.

---

[217] Es wäre aus diesem Grunde nicht richtig, zu meinen, es würden sich in der Sprache der Syllogistik Schlüsse aus mehrstelligen Aussagefunktionen (d. h. Schlüsse, für die ich am Ende von § 24 (siehe oben S. 84) ein Beispiel gegeben habe) nicht darstellen und in ihrer Gültigkeit beweisen lassen. Siehe hierzu die Beispiele von Regeln, die unten (in § 66 und § 76) abgehandelt werden.

[218] Da die nicht-wahrheitsfunktionale Sprache der Syllogistik auch als *nicht-extensionale* Sprache betrachtet werden kann, verhält sich der Befund, daß auf sie die wahrheitsfunktionale Sprache des Funktionenkalküls zurückführbar ist, entgegengesetzt zu dem von Rudolf Carnap und anderen Philosophen zeitweilig vertretenen Extensionalismus.

§ 39. Nicht-syllogistische Grundregeln in der Sprache der Syllogistik

Noch habe ich nicht vorgeführt, in welcher Weise sich die Syllogistik als ein System von Regeln darstellen läßt, das von diesen drei Grundsätzen *keinen* Gebrauch macht. Diese Darstellung wird nur darin bestehen können, ein leistungsfähiges System von Regeln, die für die Syllogistik charakteristisch sind, aufzustellen und diese auf Prinzipien zurückzuführen, deren Gültigkeit ausschließlich auf der Bedeutung des in den Regeln gebrauchten logischen Vokabulars besteht, d. h. auf Prinzipien, zu denen die soeben drei aufgezählten nicht gehören. Diese Darstellung wird erst zu den Aufgaben des Zweiten Teils dieser Abhandlung gehören. Jedoch darf man jetzt schon so viel erwarten: Auch wenn zu den Prinzipien, auf die sich syllogistische Regeln zurückführen lassen, die aufgezählten drei Grundsätze *nicht* gehören, d. h. auch wenn diese drei Grundsätze innerhalb der Syllogistik *keine* Gültigkeit haben, bedeutet dies nicht etwa, daß diese Grundsätze nicht *vollständig in syllogistischer Sprache formulierbar* wären. *Diese Sprache erweist sich hier vielmehr als die Universalsprache der deduktiven Logik.*

Was das Prinzip des affirmativen Gebrauchs doppelter Negation angeht, hatte ich bereits in § 10 ausgeführt, daß mit ihm angenommen wird, die doppelte elementare Verneinung von A sei gleichbedeutend mit A. Es besagt also, daß nicht nur Regeln gelten, die dem Schema

$$\frac{A}{NN\ A,}$$

entsprechen und bereits aus logischen Gründen, nämlich aufgrund der Bedeutung von ›*N A*‹, gültig sind, sondern auch Regeln, die dem umgekehrten Schema (*duplex negatio affirmat*) entsprechen, d. h. dem Schema

$$\frac{NN\ A}{A.}$$

Ich werde die Vorschrift, auch Regeln nach diesem Schema als gültig zu betrachten, im Folgenden das *Postulat des affirmativen Gebrauchs doppelter Negation* nennen.

Es ist möglich, auch dem in § 30 eingeführten Prinzip des beliebigen zureichenden Grundes die Gestalt eines Schlußschemas zu geben, ohne dabei von nicht-syllogistischem Vokabular Gebrauch machen zu müssen. Dieses Schema ist:

$$\frac{\begin{array}{c}A\\B\end{array}}{A,}$$

denn ein Schluß dieser Form ist genau dann gültig, wenn ein Satz der Form $H(A, H(B, A))$ oder ein Satz der Form $H((A, B), A)$ wahr ist. Im Folgenden werde ich die Vorschrift, Regeln als gültig zu betrachten, falls sie diesem Schema entsprechen, als das *Postulat des beliebigen zureichenden Grundes* bezeichnen.

Schließlich kann auch das am Ende von § 35 eingeführte Prinzip der nicht-leeren Individuenbereiche, d. h. die Annahme, es gebe Gegenstände, die Elemente des Individuenbereichs sind, auf den sich eine gesättigte Aussagefunktion bezieht, in syllogistischer Sprache wiedergegeben werden. Da mit dieser Annahme insbesondere angenommen wird, daß Verneinungen universell bejahender Sätze stets Existenzimplikationen haben (siehe § 35), läßt sie sich wiedergeben als die Vorschrift, die beiden Folgerungsschemata

$$\frac{N\,A\,(\alpha, \beta)}{I\,(^N\alpha, \beta)} \quad \text{und} \quad \frac{N\,A\,(^N\alpha, \beta)}{I\,(\alpha, \beta).}$$

als gültig zu betrachten. Ersetzt man hier ›α‹ durch ›$('v)\,\Phi\,(v)$‹. so ergeben sich die Schemata

$$\frac{N\,A\,(('v)\,\Phi\,(v), \beta)}{I\,(('v)\,N\,\Phi\,(v), \beta)} \quad \text{und} \quad \frac{N\,A\,(('v)\,N\,\Phi\,(v), \beta)}{I\,(('v)\,\Phi\,(v), \beta).}$$

Ersetzt man auch noch ›β‹, und zwar durch die Begriffskonstante ›ξ‹, so gehen die zwei Schemata über in Ausdrücke von Folgerungsregeln, die sich von Quantorenregeln nur noch dadurch unterscheiden, daß in ihnen anstelle der wahrheitsfunktionalen Verneinung die elementare Verneinung auftritt. Sie entsprechen nämlich den beiden Folgerungsschemata

$$\frac{N\,(\forall\,v)\,\Phi\,(v)}{(\exists\,v)\,N\,\Phi\,(v).} \quad \text{und} \quad \frac{N\,(\forall\,v)\,N\,\Phi\,(v)}{(\exists\,v)\,\Phi\,(v).}$$

§ 39. Nicht-syllogistische Grundregeln in der Sprache der Syllogistik 167

Die in § 35 erwähnte, für den Gebrauch der Quantorenregeln grundlegende Gleichsetzung von ›~ (∀ v) Φ (v)‹ und ›(∃ v) ~ Φ (v)‹ setzt die Gültigkeit dieser beiden Folgerungsschemata voraus. Ich werde die Vorschrift, Regeln als gültig zu betrachten, die diesen Schemata zugrunde liegen und in der Sprache der elementaren Syllogistik formuliert werden können, als das *Postulat der nicht-leeren Individuenbereiche* bezeichnen. Mit diesem Postulat wird offensichtlich das in der Syllogistik geltende Prinzip der qualitativen Existenzbindung außer Kraft gesetzt. Denn als Vorschrift sorgt es dafür, Verneinungen, gleichgültig ob sie nun Verneinungen universeller, partikulärer oder singulärer Sätze sind, mit einer Existenzannahme bezüglich der Gegenstände zu verbinden, von denen sie handeln. Denn Verneinungen singulärer oder partikulärer Sätze implizieren jeweils die Verneinung eines universellen Satzes mit gleichem begrifflichen Inhalt. Es wird also mit diesem Prinzip garantiert, daß die Begriffe, für die die Variablen α und β stehen, nicht leer sind.

Von bloßen *Postulaten* spreche ich im Hinblick auf die hier erwähnten drei Prinzipien deshalb, weil es sich um Prinzipien handelt, deren Geltung nicht auf der Bedeutung der logischen Konstanten beruht, die zu ihrer Formulierung benötigt werden. Eben darin unterscheiden sich diese Postulate (wie sich im Zweiten Teil dieser Abhandlung noch deutlicher zeigen wird) von anderen Prinzipien der deduktiven Logik.

Formt man die drei (als Regelschemata formulierten) Postulate (durch Konditionalisierung[219]) in Schemata hypothetischer Sätze um, so ergeben sich für jede Interpretation, nach der aus jedem dieser Schemata ein Satz wird, der wahr oder falsch ist, Gesetze, deren Gültigkeit mit den Regeln und Gesetzen des Funktionenkalküls vorausgesetzt wird und die *insofern* als *logische* Gesetze angesehen werden können. Aber diese Gesetze sind *keineswegs Sätze, die aus rein logischen Gründen wahr oder gültig sind*.

So wird mit dem *Prinzip des affirmativen Gebrauchs doppelter Negation* angenommen, daß ›H (NN A, A)‹ ein gültiges Gesetzesschema ist. Aber es beruht keineswegs auf logischen, sondern allenfalls auf inhaltlichen Gründen, daß ein Satz der Form H (NN A, A) wahr ist. Die Verneinung eines solchen Satzes würde nicht notwendigerweise einen Widerspruch oder irgendeine Art von Inkonsistenz enthalten.

---

[219] Die Umformung (des Schemas) einer Folgerungsregel in einen hypothetischen Ausdruck ist zulässig, weil jeder hypothetische Satz sinngemäß nur aussagt, daß eine Regel gültig ist, nach der sein Nachsatz aus seinem Vordersatz folgt. Siehe hierzu und zu den Regeln der Umformung durch Konditionalisierung § 48 und § 50.

Dem *Prinzip des beliebigen zureichenden Grundes* entsprechen Sätze der Form $H\,((A, B), A)$ oder Sätze der Form $H\,(A, H\,(B, A))$.[220] Auch von Sätzen dieser Form ist nicht anzunehmen, sie seien aus rein logischen Gründen wahr. Mit der Wahrheit von Sätzen einer solchen Form wird angenommen, daß nicht nur (A, B), sondern auch A aus einem Prämissenpaar A und B folgt. Diese Annahme schließt die Annahme ein, es folge aus A die Wahrheit eines beliebigen Satzes der Form $H\,(B, A)$. Es würde sich auch hier kein Widerspruch oder irgendeine Art von Inkonsistenz ergeben, würde man *verneinen*, ein Satz der Form $H\,(B, A)$ folge aus einem Satz der Form A. Also wäre es fehlerhaft zu meinen, ›$H\,((A, B), A)$‹ und ›$H\,(A, H\,(B, A))$‹ seien Schemata für Gesetze, die aus rein logischen Gründen gültig sind.

Schließlich gibt auch das *Prinzip der nicht-leeren Individuenbereiche* kein allgemeingültiges Gesetzesschema her. Diesem Prinzip entsprechen die beiden Schemata ›$H\,(N\,A\,(\alpha, \beta), I\,(^N\alpha, \beta))$‹ und ›$H\,(N\,A\,(^N\alpha, \beta), I\,(\alpha, \beta))$‹. Daß diesen Schemata nicht notwendigerweise Sätze entsprechen, die aus rein logischen Gründen wahr sind, ergibt sich schon daraus, daß die Existenz von Gegenständen nichts ist, was einen rein logischen Grund haben könnte. Es folgt nichts Widersprüchliches oder Inkonsistentes, setzt man leere Individuenbereiche voraus.

Weil die drei Prinzipien nicht aufgrund von Erfahrung gültig sind und auch widerspruchsfrei verneint werden können, darf man sie als nichtanalytische (oder synthetische) Grundsätze *a priori* bezeichnen. Setzt man ihre Gültigkeit voraus und postuliert man die Gültigkeit von Folgerungsregeln, die ihnen in der soeben angegebenen Weise entsprechen, so nehmen die syllogistischen Zeichen ›N …‹ und ›$H\,(…, …)$‹ wahrheitsfunktionale Bedeutung an, und die Regeln des logischen Quadrats verwandeln sich in Regeln des Quantorengebrauchs.

Der folgende Teil II dieser Abhandlung wird erstens zeigen, daß die Syllogistik, wie sie hier verstanden wird, vollständig unabhängig ist von der Annahme, daß eines der drei soeben erwähnten Prinzipien gültig ist. Zweitens wird er zeigen, daß der logische Funktionenkalkül aus syllogistischen Grundannahmen allein mit Hilfe dieser drei Prinzipien ableitbar ist.

---

[220] Siehe oben § 30.

§ 40. Die Entbehrlichkeit eines Ausdrucks für die logische Konjunktion in der syllogistischen Elementarsprache

Ich habe in den vorigen Paragraphen gezeigt, daß mit dem Gebrauch der Sprache des Funktionenkalküls die Anerkennung von drei nicht-syllogistischen Prinzipien verbunden ist. Es wird die Aufgabe des Zweiten Teils dieser Abhandlung sein darzustellen, in welcher Weise die Regeln und Gesetze des Funktionenkalküls die Gültigkeit dieser drei Prinzipien voraussetzen. Ich werde in diesem Zweiten Teil zeigen, daß es für den Aufbau des Funktionenkalküls genügt, außer diesen drei Prinzipien nur diejenigen Prinzipien als gültig vorauszusetzen, die auch in der Syllogistik als gültig vorausgesetzt werden müssen.

Welche Prinzipien es sind, die zur Syllogistik gezählt werden müssen, hängt freilich von der Sprache ab, die man als die Sprache der Syllogistik definitiv auszeichnen will. *Begriffs*konstanten werden in dieser Sprache gewiß nicht benötigt, da sich die Syllogistik in ihrem *formalen* Charakter vom Funktionenkalkül dadurch unterscheidet, daß sie von Begriffsinhalten vollständig abstrahiert, ihre Sprache daher nur Begriffsvariablen enthält (von den Satzvariablen abgesehen).

Es erhebt sich aber die Frage, ob man in dieser Sprache mit den *logischen* Konstanten auskommt, die nach § 15 zur syllogistischen Elementarsprache gehören, oder ob diese Sprache um die in § 30 eingeführte logische Konstante der elementaren Konjunktion erweitert werden muß?

Falls man in dieser Sprache ohne elementare Konjunktion auskommt, wird man ein Regelsystem erhalten, das, wie sich unten (in Teil II) zeigen wird, Ähnlichkeit mit der *Aristotelischen Syllogistik* hat (oder mit ihr zusammenfällt), während sich andernfalls ein Regelsystem ergibt, das auch ein Element der *Stoischen Syllogistik* enthält. Die Aristotelische Variante kann sich nur dann ergeben, wenn es möglich ist, alle Ausdrücke, in denen die elementare Konjunktion vorkommt, auf gleichbedeutende syllogistische Ausdrücke zurückzuführen, in denen die elementare Konjunktion nicht vorkommt. Um festzustellen, ob eine solche Zurückführung möglich ist, muß man sich die folgenden Sachverhalte klarmachen.

Die elementare Konjunktion von A und B ist dadurch *definiert*, gleichbedeutend mit einem aus A und B bestehenden Prämissenpaar zu sein (siehe oben § 30). Ein Schluß der Form

$$\frac{\begin{array}{c}A\\B\end{array}}{(A, B)}$$

ist daher allgemeingültig. Nach der Regel der *Reductio ad absurdum* kann diese Schlußweise überführt werden in die Schlußweise

$$\frac{\begin{array}{c}N\,(A, B)\\A\end{array}}{N\,B.}$$

Die erste dieser beiden Schlußweisen bringt lediglich zum Ausdruck, daß jede Prämisse der Form (A, B) durch ein Prämissenpaar A und B ersetzt werden kann. Ausdrücke der Form (A, B) sind deshalb als Prämissenausdrücke entbehrlich. Die zweite dieser beiden Schlußweisen ist dagegen von Chrysipp und anderen Vertretern der stoischen Logik als Schlußweise angesehen worden, bei der von einem Prämissenausdruck Gebrauch gemacht wird, der nicht durch andere Ausdrücke ersetzbar ist. Allerdings haben Chrysipp und andere Stoiker nicht deutlich zwischen einer wahrheitsfunktionalen und einer nicht-wahrheitsfunktionalen Verneinung unterschieden. Der griechische Aristoteles-Kommentator Alexander von Aphrodisias hat die stoische Ansicht zurückgewiesen, der Ausdruck N (A, B) sei logisch unentbehrlich. Er hat behauptet, eine verneinte konjunktive Aussage, bestehend aus zwei Teilaussagen p und q sei gleichbedeutend mit einer hypothetischen Aussage, deren Vordersatz p und deren Nachsatz die Verneinung von q ist.[221] Eine ähnliche Ansicht hat auch Galen vertreten.[222]

Tatsächlich sind Sätze der Form N (A, B) und H (A, N B) miteinander austauschbar, weil zweierlei gilt, nämlich: erstens daß ein Satz der Form H (A, N B) aus einem Satz der Form N (A, B) logisch folgt, und zweitens, daß umgekehrt ein Satz der Form N (A, B) aus einem Satz der Form H (A, N B) logisch folgt.

---

[221] Alexander, *In An. pr.* 264, 14–17 und 264, 33. Vgl. Michael Frede, *Die stoische Logik*, Abhandlungen der Akademie der Wissenschaften in Göttingen, Philologisch-historische Klasse, dritte Folge Nr. 88, Göttingen: Vandenhoeck & Ruprecht, 1974, S. 151–152.

[222] Siehe Galen, *Institutio logica*, ed. Kalbfleisch, 32, 17–21; 34, 9–10. Hierzu Michael Frede, 'Stoic vs. Aristotelian Syllogistic', *Essays in Ancient Philosophy*, Minneapolis: University of Minnesota Press, 1987, S. 118.

§ 40. Die Entbehrlichkeit eines Ausdrucks der elementaren Konjunktion

Daß ein Satz der Form $H\,(A,\,N\,B)$ aus einem Satz der Form $N\,(A,\,B)$ logisch folgt, ergibt sich, wenn man ein Prinzip anerkennt, daß auch von den Vertretern der stoischen Logik anerkannt worden ist.[223] Ich nenne dieses Prinzip (dem die unten in § 48 dargestellte Regel (II. 1) entspricht) das *Konditionalisierungsprinzip.* (Zu dieser Benennung siehe § 50, Regel (II. 29), Scholium.) Nach diesem Prinzip darf man von einem Schluß aus zwei Prämissen dazu übergehen, aus der ersten Prämisse dieses Schlusses einen hypothetischen Satz zu folgern, dessen Vordersatz aus der zweiten Prämisse dieses Schlusses und dessen Nachsatz aus der Konklusion dieses Schlusses besteht. Von Chrysipps Regel, wonach aus einer ersten Prämisse der Form $N\,(A,\,B)$ und einer zweiten Prämisse der Form A eine Konklusion der Form $N\,B$ logisch folgt, darf man nach dem Konditionalisierungsprinzip sogleich übergehen zu einer Folgerung der Form

$$\frac{N\,(A,\,B)}{H\,(A,\,N\,B).}$$

Daher folgt ein Satz der Form $H\,(A,\,N\,B)$ rein logisch aus einem Satz der Form $N\,(A,\,B)$.

Es folgt aber auch umgekehrt ein Satz der Form $N\,(A,\,B)$ rein logisch aus einem Satz der Form $H\,(A,\,N\,B)$. Denn ›$H\,(A,\,N\,B)$‹ bedeutet, dass A und B unverträglich sind, es also nicht möglich ist, daß die elementare Konjunktion von A und B wahr ist. Darum folgt $NM\,(A,\,B)$ logisch aus $H\,(A,\,N\,B)$. Nun ist 'nicht möglich' gleichbedeutend mit 'notwendigerweise nicht' (›LN‹), und aus der logisch stärkeren Formel $LN\,(A,\,B)$ folgt die logisch schwächere Formel $N\,(A,\,B)$. Also gilt auch:

$$\frac{H\,(A,\,N\,B)}{N\,(A,\,B).}\text{[224]}$$

›$N\,(A,\,B)$‹ *darf daher überall durch* den gleichbedeutenden Ausdruck ›$H\,(A,\,N\,B)$‹ *ersetzt werden.*[225]

---

[223] Siehe Sextus Empiricus, *Adversus Mathematicos*, VIII, 415–23. Benson Mates, *Stoic Logic*, Berkeley etc.: University of California Press, 1973, S. 74–77 und Appendix A, ebenda, S. 106–8.
[224] Zu den Beziehungen zwischen elementarer Konjunktion und ›wenn …, so …‹ siehe unten den ausführlicheren *Anhang* 1.

Schließlich ist auch das Schema eines Satzgefüges, in das ein konjunktiver Ausdruck *eingeschachtelt* ist, ersetzbar durch ein konjunktionsfreies Schema. Zwei Fälle sind denkbar. Entweder ist das Satzgefüge hypothetisch, oder es ist disjunktiv. Wenn disjunktiv, ist es gleichbedeutend mit einer Konjunktion aus hypothetischen Gefügen. (Siehe unten § 47, Definition 3.) Wenn das Satzgefüge hypothetisch ist, kann entweder der Vordersatz oder der Nachsatz eine Konjunktion enthalten. Im ersten Fall hat es die Form H ((A, B), C) und ist ersetzbar durch den nach § 30 gleichbedeutenden Ausdruck H (A, H (B, C)). Im zweiten Fall hat es die Form H (A, (B, C)) und ist ersetzbar durch H (A, NH (B, N C)). Diese Ersetzbarkeit beruht auf der allgemeinen Ersetzbarkeit konjunktiver Ausdrücke der Form (A, B) durch verneinte hypothetische Ausdrücke. (Zum ausführlichen Beweis dieser Ersetzbarkeit siehe *Anhang* 1.)

Aus diesen Überlegungen folgt: *Die elementare Konjunktion ist als logische Konstante der Syllogistik entbehrlich.*

Die Prinzipien der Syllogistik können infolgedessen vollständig in einem Vokabular abgefaßt werden, zu dem weder die elementare noch die wahrheitsfunktionale logische Konjunktion gehört. Auch die drei nichtsyllogistischen Prinzipien, auf denen der Funktionenkalkül beruht, können, ja müssen in diesem Vokabular abgefaßt werden. Zu ihrer Darstellung genügt die syllogistische Elementarsprache.[226] Die Prinzipien der Syllogistik fallen daher mit den Prinzipien der (im Sinne von § 15) elementaren Syllogistik zusammen.

---

[225] Am Ende von § 30 hatte sich herausgestellt, daß ›H (A, B)‹ mit ›NM (A, N B)‹ gleichbedeutend ist. Hier stellt sich nun außerdem heraus, daß ›N (A, B)‹ mit ›H (A, N B)‹ gleichbedeutend ist.

[226] Insofern haben Galen und Alexander von Aphrodisias mit ihren Einwänden gegen Chrysipp Recht behalten. Aus demselben Grund läßt sich Kants Behauptung der Vollständigkeit seiner Urteilstafel aufrechterhalten.

II. Synthetischer Teil
Der Aufbau des logischen Funktionenkalküls aus Elementen der Syllogistik

§ 41. *Allgemeine Vorbemerkung*

Der hier beginnende Teil der vorliegenden Abhandlung ist so angeordnet, daß in dessen ersten fünf Abschnitten ausschließlich von *syllogistischen* Regeln und ihren Prinzipien die Rede sein wird. Erst im sechsten und siebten Abschnitt werden *nicht-syllogistische* Regeln und Prinzipien abgehandelt. Unter *syllogistischen Regeln* verstehe ich hier ausschließlich solche Regeln, die in einer Sprache, die ich oben – am Ende von § 15 – als syllogistische Elementarsprache bezeichnet habe, formuliert werden können und deren Gültigkeit ausschließlich auf der Bedeutung der logischen Konstanten beruht, die in dieser Sprache vorkommen. Um nicht-syllogistische Regeln formulieren zu können, werden zwar keine anderen logischen Konstanten mehr benötigt als die der elementaren Syllogistik. Aber die Gültigkeit dieser Regeln beruht nicht auf der Bedeutung dieser Konstanten. Ich möchte zeigen, daß alle logischen Regeln, die in der Sprache des Funktionenkalküls ausgedrückt werden können, auf syllogistische Regeln zurückführbar sind, *vorausgesetzt*, man räumt den drei nicht streng allgemeingültigen Prinzipien des affirmativen Gebrauchs doppelter Negation (für Paare von Sätzen der Form A und N A), des beliebigen zureichenden Grundes und der nicht-leeren Individuenbereiche Geltung ein (siehe oben § 39), da diese Geltung im Funktionenkalkül implizit vorausgesetzt wird.[227] Innerhalb der elementaren Syllogistik gelten sie nicht, lassen sich allerdings in ihrer Sprache (und eigentlich nur in ihrer Sprache) formulieren.

Um zu zeigen, daß die Geltung syllogistischer Regeln ausschließlich auf der Bedeutung logischer Konstanten beruht, die in den Ausdrücken für diese Regeln vorkommen, ist es zunächst nötig, diese Bedeutung durch *Definitionen* explizit festzulegen. Regeln, deren Gültigkeit unmittelbar auf Definitionen gestützt werden kann, nenne ich *Prinzipien*. Sie sollen ledig-

---

[227] Der Funktionenkalkül zweiter und höherer Stufe, in dessen Sprache es ungerechtfertigterweise (siehe § 28 und § 37) zugelassen ist, auch über Funktionsvariablen zu quantifizieren, bleibt im Folgenden außer Betracht. In Anhang 2 zeige ich, daß der Schritt in die Prädikatenlogik zweiter Stufe, den Frege zur Herleitung des verallgemeinerten Prinzips der mathematischen Induktion aus den Grundsätzen seiner *Begriffsschrift* vollzogen hat (siehe *Begriffsschrift* § 26), vermieden werden kann.

lich in anderer Form zum Ausdruck bringen, was auch schon die Definitionen zum Ausdruck bringen. Ihr Inhalt beruht im Wesentlichen auf der im Ersten Teil dieser Abhandlung durchgeführten Analyse logischen Vokabulars.

Allerdings möchte ich nicht *allen* Definitionen, die im Folgenden aufgestellt werden sollen, die Aufgabe zuweisen, die Gültigkeit von Prinzipien verständlich zu machen und zu erklären. Wie ich im Ersten Teil dieser Abhandlung gezeigt habe, läßt sich das Vokabular des Funktionenkalküls, soweit es aus nicht-syllogistischen logischen Konstanten und Quantoren besteht, dadurch erklären, daß es zur Abkürzung komplexer Ausdrücke dient, und zwar solcher Ausdrücke, die vollständig in einer Sprache wiedergegeben werden können, die ich am Ende von § 15 als syllogistische Elementarsprache bezeichnet habe. Aus der Erläuterung des Quantorengebrauchs (in § 65) und aus der Erklärung der Bedeutung wahrheitsfunktionaler Konstanten (in § 71) ergeben sich daher keine neuen Grundregeln, sondern nur Regeln zur Abkürzung von Ausdrücken.

Die syllogistischen und nicht-syllogistischen Prinzipien werden im Folgenden weder als Sätze noch als Satzschemata aufgestellt. Sie werden vielmehr ausschließlich die Form von Regeln haben und in Schlußschemata zum Ausdruck gebracht werden. Auch wenn es stets möglich ist, Regeln und Schlußschemata in Form von ›Wenn-so‹-Ausdrücken wiederzugeben, werde ich auf diese Darstellungsweise ganz verzichten. Ich werde die Bedeutung von ›wenn ..., so ...‹ mit Hilfe einer Definition erklären, bei welcher der Begriff des *regelmäßigen Folgens* von Sätzen aus anderen Sätzen vorausgesetzt wird (s. § 47 Definition 2). Diese Erklärung läuft auf dasselbe hinaus, wie die am Ende von § 30 gegebene Erklärung, nach der ›wenn ..., so ...‹ gleichbedeutend ist mit ›unmöglich beides: ... und nicht ...‹. Was es für einen Satz heißt, aus anderen Sätzen regelmäßig zu folgen, wird in § 43 Definition 3 mit eben diesem Ausdruck erklärt.

Definition 3 in § 43 gehört zu den wenigen grundlegenden Definitionen, auf denen die Gültigkeit derjenigen *besonderen Grundregeln* beruht, die in Anspruch genommen werden müssen, damit überhaupt Regeln aus anderen Regeln abgeleitet werden können. Diese Grundregeln sind *metalogische* Regeln. Sie müssen zuallererst aufgestellt werden, da auf ihnen das synthetische Ableitungsverfahren insgesamt beruht, das den Inhalt des ganzen Zweiten Teils dieses Buches ausmacht.

Wegen des metalogischen Charakters dieses Verfahrens wäre es nicht korrekt, es als *deduktiv* oder *axiomatisch* zu bezeichnen, – obwohl es einige Hinsichten gibt, in denen es einem deduktiv-axiomatischen Verfahren ähnlich ist. Bei einer deduktiv-axiomatischen Methode wird üblicherweise bereits Gebrauch gemacht von Regeln des deduktiven Schließens und zwar in Anwendung auf Prinzipien, die *nicht* regelförmig, sondern satzförmig sind. Eine deduktiv-axiomatische Methode ist synthetisch in dem Sinne, daß sie vorausgesetzte Prinzipien oder schon abgeleitete Theoreme als Prämissen oder Prämissenschemata so miteinander verbindet, daß, gemäß einer vorausgesetzten Grundregel, eine Konklusion bzw. ein Konklusionsschema zustande kommt. Jedes nach deduktiv-axiomatischer Methode abgeleitete Theorem ist nach einer Schlußregel als Konklusion bzw. als Konklusionsschema abgeleitet. Dagegen besteht die synthetische Methode, von der ich im Folgenden Gebrauch mache, darin, daß sie Prinzipien –, die ihrerseits nur Regeln wiedergeben, – und Theoreme –, die gleichfalls nur Regeln ausdrücken, – nicht zu Schlüssen oder Schlußschemata, sondern zu *Schemata von Kettenschlüssen* vereinigt. Metalogische Regeln werden hier benötigt, um Schemata von Schlüssen und von Kettenschlüssen auf andere Schemata zu reduzieren und Schlußketten abzukürzen.

Im wesentlichen lassen sich alle metalogischen Regeln, von denen ich Gebrauch mache, auf *drei metalogische Grundregeln* zurückführen, deren Gültigkeit auf Definitionen logischer Konstanten und metalogischer Zeichen (nämlich der Zeichen des regelmäßigen und logischen Folgens) beruht. Eine dieser drei Regeln gibt an, wie man Schlußketten abkürzen darf. Sie ist schon in der Schule des Aristoteles, und zwar unter dem Namen „synthetisches Theorem", bekannt gewesen und wird unten (in § 44) durch die Regel (I. 3) wiedergegeben.

Die zweite Grundregel (s. § 44, Regel (I. 2)) gibt lediglich an, wie man unter Voraussetzung der Gültigkeit eines einzigen Schlusses zu einem anderen Schluß übergehen darf. Diese Regel entspricht gleichfalls einer alten, sogar schon in voraristotelischer Zeit bekannten Argumentationsregel, die ich im Anschluß an eine traditionelle Nomenklatur ›*Reductio ad absurdum*‹ nenne und die in der aristotelischen Syllogistik als *Reductio ad impossibile* vorkommt. Als metalogische Regel darf sie selbstverständlich nicht verwechselt werden mit der gleichfalls unter der Bezeichnung *Reductio ad absurdum* vorkommenden Regel, die nach der Methode des sog. natürlichen Schließens (*natural deduction*) als Regel zur Einführung des wahrheitsfunktionalen Negationszeichens zur Anwendung kommt.

Auch bei der dritten metalogischen Grundregel schließlich (s. § 48, Regel (II. 1)) handelt es sich um eine bereits antiken Logikern geläufige Regel. Nach ihr ist es erlaubt, von einem Schluß, dessen Gültigkeit man bereits eingeräumt hat, überzugehen zu einem zweiten Schluß, dessen Prämissen mit einer Ausnahme dieselben sind wie die des ersten und dessen Konklusion ein hypothetischer Satz ist, dessen Vordersatz die ausgenommene Prämisse und dessen Nachsatz die Konklusion des ersten Schlusses ist. Ich nenne diese Grundregel das *Prinzip der Konditionalisierung*.

Der *synthetische* Charakter des Ableitungsverfahrens, von dem ich hier Gebrauch mache, beruht nach der soeben gegebenen Beschreibung im Wesentlichen auf der Anwendung der an erster Stelle erwähnten metalogischen Grundregel, nämlich auf der Anwendung des synthetischen Theorems der älteren Peripatetiker. Aus diesem Grunde könnte man die Methode, nach der ich im Folgenden die Ableitung logischer Regeln vornehme, als *Methode der Kettenschlußabkürzung* bezeichnen. Ich möchte sie nach ihrer Herkunft aus der antiken Syllogistik *syllogistische Ableitungsmethode* nennen.[228]

---

[228] Ich setze bei der im Folgenden vorgenommenen Rekonstruktion der Gültigkeitsbeweise der aristotelischen Syllogistik voraus, daß Aristoteles diese Methode *im Wesentlichen* bekannt gewesen ist. Direkte Nachweise für oder gegen eine Bekanntschaft (oder die Wahrscheinlichkeit einer Bekanntschaft) des Aristoteles mit den Regeln (I. 3) und (II. 1) sind bisher, soweit ich weiß, nicht geführt worden. Meine Annahme, daß er nicht nur von der Regel (I. 2), sondern auch von diesen Regeln Gebrauch gemacht hat, ist aber schon deshalb nicht unplausibel, weil die syllogistische Methode nachweislich auf die Schule des Aristoteles zurückgeht und andere Methoden zum Beweis der Gültigkeit von Syllogismen aus der Antike nicht überliefert sind. Auch ist die Beweisführung nach syllogistischer Methode so einfach, übersichtlich, bequem und kurz, daß sie der Methode des sogenannten natürlichen Schließens, die Aristoteles (trotz ihres Namens) mit Sicherheit nicht kennen konnte (da sie erst im vergangenen Jahrhundert von Gerhard Gentzen entwickelt worden ist), von der aber einige seiner modernen Kommentatoren und Ausleger (z. B. Theodor Ebert und Ulrich Nortmann in ihrem Kommentar zum Ersten Buch der *Analytica priora*) Gebrauch machen, um Aristotelische Beweise zu rekonstruieren, an 'Natürlichkeit' in nichts nachsteht, sie darin eher noch übertrifft.

Erster Abschnitt
Ableitungsregeln für Regeln

1. Prinzipien

§ 42. Notation

Die Sprache der elementaren Syllogistik soll in diesem und in den folgenden vier Abschnitten sukzessiv aufgebaut werden. In den nächsten drei Paragraphen haben wir es nur mit wenigen, nämlich nur mit solchen Zeichen zu tun, auf die diese Sprache angewiesen ist, um die Ableitung von Regeln aus anderen Regeln darstellen zu können. Es sind die folgenden:

(1) Deskriptive Symbole: ›p_1‹, ›p_2‹, ..., ›p_n‹ gebrauche ich als Satzzeichen. Jedes dieser Zeichen steht für einen bestimmten Aussagesatz und kann als Abkürzung für einen solchen angesehen werden. Als Abkürzung für die ersten drei Zeichen ›p_1‹, ›p_2‹ und ›p_3‹ benutze ich ›p‹, ›q‹ und ›r‹.

(2) Logische Konstanten: Von den logischen Zeichen, die innerhalb eines Satzes auftreten können, kommt in diesem Abschnitt als einziges das Zeichen ›N ...‹ für die elementare Verneinung vor. Seine Bedeutung wird in § 43 Definition 2 erklärt.

(3) Metalogische Zeichen: Um über die logischen Eigenschaften von Sätzen und über die durch logische Konstanten wiedergegebenen Beziehungen zwischen Sätzen sprechen zu können, werden mehr als nur eine Art von Zeichen benötigt. Als Namen (oder Metavariable) für Formeln, die für Aussagesätze stehen, wie z. B. ›p_1‹, ›$N\,p_2$‹ oder ›$NN\,p_3$‹, verwende ich einen nicht-kursiven Großbuchstaben, z. B. A, mit einer tiefgestellten Indexzahl: ›A_1‹, ›A_2‹, ›A_3‹, ... ›A_n‹. Um abzukürzen, schreibe ich statt der ersten fünf dieser Zeichen auch ›A‹, ›B‹, ›C‹, ›D‹ und ›E‹.

Um auszudrücken, daß ein Satz B aus einer Menge von Sätzen A_1, ..., A_n *regelmäßig folgt*, schreibe ich ›A_1, ..., A_n ≺ B‹. Um auszudrücken, daß er daraus *logisch folgt*, schreibe ich ›A_1, ..., A_n ∴ B‹. Mit den Definitionen 3 und 4 in § 43 wird der Unterschied erklärt, der zwischen regelmäßiger und logischer Folge besteht.

Um auszudrücken, daß eine Schlußregel σ_{n+1} auf eine Schlußregel σ_n oder auf mehrere Schlußregeln σ_1, ..., σ_n *reduziert* werden kann, schreibe ich ›σ_1, ..., σ_n / σ_{n+1}‹. Die durch ›... / ...‹ zum Ausdruck gebrachte Beziehung zwischen Schlüssen wird in § 43 Definition 5 erklärt.

(4) Interpunktionszeichen:

(a) Komma: Um Platz zu sparen, werden erstens Prämissen eines Schlusses nicht untereinandergeschrieben, etwa nach dem Muster

$$\frac{\begin{array}{c}A\\B\end{array}}{C,}$$

sondern nebeneinander durch Komma abgetrennt, nach dem Muster A, B ∴ C bzw. A, B ≺ C. Zweitens wird durch ›A₁, ..., Aₙ ≺ B, C‹ und ›A₁, ..., Aₙ ∴ B, C‹ zum Ausdruck gebracht, daß B und C jeweils aus denselben Prämissen folgen.

(b) Klammern: Die Bindungsstärke von Ausdrücken der Form ›N ...‹, ›..., ...‹, ›... ≺ ...‹ (oder ›... ∴ ...‹) und ›... / ...‹ nimmt in dieser Reihenfolge ab. Durch Einschließen eines Ausdrucks, der eine logische Konstante oder ein metalogisches Zeichen enthält, in runde Klammern, ›(...‹ und ›...)‹, werden die Teile dieses Ausdrucks stärker miteinander gebunden als mit Ausdrücken außerhalb der Klammern.

(5) Vereinfachungsregeln:

(a) Äußere Klammern einer Formel dürfen weggelassen werden.

(b) Zwei Ausdrücke ›A₁, ..., Aₙ ∴ B‹ und ›A₁, ..., Aₙ ∴ C‹ dürfen zusammengefaßt werden zu dem Ausdruck ›A₁, ..., Aₙ ∴ B, C‹. Ebenso dürfen zwei Ausdrücke ›A₁, ..., Aⱼ ∴ B‹ und ›Aₖ, ..., Aₙ ∴ B‹ zusammengefaßt werden zu dem Ausdruck ›A₁, ..., Aⱼ, Aₖ, ..., Aₙ ∴ B‹.

(c) Zwei Ausdrücke ›A₁, ..., Aₙ ∴ B₁, ..., Bₙ‹ und ›B₁, ..., Bₙ ∴ A₁, ..., Aₙ‹ dürfen zusammengefaßt werden zu dem Ausdruck ›A₁, ..., Aₙ ∷ B₁, ..., Bₙ‹. Ebenso dürfen zwei Ausdrücke ›A₁, ..., Aₙ ≺ B₁, ..., Bₙ‹ und ›B₁, ..., Bₙ ≺ A₁, ..., Aₙ‹ zusammengefaßt werden zu dem Ausdruck ›A₁, ..., Aₙ ≻≺ B₁, ..., Bₙ‹.

(d) Die Reihenfolge von Aussageformeln A₁, A₂, ..., B, C usw. darf beliebig vertauscht werden, wenn sie durch kein anderes Zeichen als durch Komma voneinander abgetrennt sind und als einzige Ausdrücke vor oder hinter dem Zeichen ≺ bzw. ∴ auftreten. So darf ›A₁, ..., Aₙ, B ∴ C, D‹ durch ›B, A₁, ..., Aₙ ∴ D, C‹ ersetzt werden.

§ 43. *Definitionen*

1. A ist ein *negationsfähiger Ausdruck* genau dann, wenn eine der beiden folgenden Bedingungen erfüllt ist: (a) A ist Stellvertreter für einen der Satzbuchstaben $p_1, ..., p_n$, d. h. es gibt eine Interpretation, nach der A ein wahrer oder falscher Satz ist, oder (b) A ist gleich N B und B ist wiederum ein negationsfähiger Ausdruck.

§ 43. Definitionen

2. A ist eine *elementare Verneinung*, d. h. A ist gleich N B – in Worten: *Nicht B* – genau dann, wenn für jede Interpretation, nach der B und C wahr oder falsch sind, gilt: (1) A ist wahr, wenn B falsch ist oder es einen falschen Satz C, mit B = N C, gibt und es möglich ist, daß N B und N C beide wahr sind; (2) A ist falsch, wenn B wahr ist oder es einen wahren Satz C, mit B = N C, gibt und es möglich ist, daß N B und N C beide falsch sind.

Scholium: ›Falsch‹ soll hier so viel heißen wie ›nicht wahr‹. Sätze sind nach diesem Sprachgebrauch wahr oder falsch (also bivalent).[229]

Die elementare Verneinung, wie sie hier definiert ist, ist keine Wahrheitsfunktion; d. h., die möglichen Wahrheitswerte der elementaren Verneinung sind durch den Wahrheitswert des verneinten Satzes nicht hinreichend festgelegt. Man könnte auch sagen: Es gibt für N B keine zweispaltige Wahrheitstafel – es sei denn, man setzt für eine solche Tafel voraus, daß es keinen Satz C von der Art gibt, daß B gleich N C ist. Aber auch in diesem Fall enthält die Hauptkolumne der Tafel eine Zeile, die nicht durch W oder F ausgefüllt werden darf, da es vorkommt, daß B und N B *beide* falsch sind.[230]

N B	B
?	W
?	F

Das Fragezeichen in dieser Tafel soll jeweils zum Ausdruck bringen, daß das Wahr- oder Falschsein von B unter bestimmten Umständen mit dem Falschsein bzw. dem Wahrsein von N B verträglich ist. Das Falschsein von B ist keine hinreichende Bedingung dafür, daß N B wahr ist. Falls B und N B beide falsch sind, ist N B hinsichtlich seines Wahrheitswerts *ambivalent*, d. h. *auch* wahr. In diesem Fall ist nämlich N B wahr, insofern N B einen falschen Satz zutreffend verneint, und zugleich falsch, insofern N B von NN B zutreffend verneint wird. Wegen der möglichen Wahrheitsambivalenz von Ausdrücken der

---

[229] Ein Satz wie „die Zehn ist nicht eine boshafte Zahl" – den man für sinnlos, und insofern für *weder* wahr *noch* falsch halten mag, – ist unter allen Umständen falsch, wenn man ihn als elementare Verneinung des Satzes ›die Zehn ist eine boshafte Zahl‹ auffaßt. Daß er falsch ist, bedeutet dann nicht, daß der verneinte Satz wahr ist. Vergleiche meine Ausführungen oben in § 10.

[230] Siehe oben §§ 8 bis 10.

Form NC kann der Fall auftreten, in dem NC und NNC beide wahr sind. Dieser Fall wird in der Tafel mitberücksichtigt. Dies ist nämlich der Fall, in dem $B = NC$ ist und C und NC beide falsch sind. Nur der Fall, in dem B ein wahrer Satz ist und es *keinen* falschen Satz C mit $B = NC$ gibt, ist zugleich ein Fall, in dem auch NNB wahr ist.

3. Sind $A_1, ..., A_n$ (mit $n \geq 1$) und B Formeln, die eine Interpretation als Sätze zulassen, die wahr oder falsch sind, so *folgt* B in Bezug auf diese Interpretation *regelmäßig* aus $A_1, ..., A_n$ (symbolisch ausgedrückt: $A_1, ..., A_n \prec B$) genau dann, wenn es unmöglich ist, daß sowohl jede der Prämissen $A_1, ..., A_n$ als auch NB wahr ist, und es unmöglich ist, daß, falls B ein verneinter Satz der Form NC ist, sowohl jede der Prämissen $A_1, ..., A_n$ als auch C wahr ist.[231]

Scholium: Diese Definition stimmt im Wesentlichen mit vier Grundsätzen überein, die Aristoteles in *An. pr.* B 1–4 aufgestellt hat, um den Begriff der Folge einzugrenzen. Diese Grundsätze lauten sinngemäß: (1) Aus Wahrem folgt immer nur Wahres; (2) aus Falschem kann Wahres oder Falsches folgen; (3) Falsches kann nur folgen, wenn wenigstens eine Prämisse falsch ist; und (4) Wahres kann folgen aus Prämissen, die wahr oder falsch sind.

Die in der obenstehenden Definition und in dem aristotelischen Grundsatz (1) zum Ausdruck gebrachte Modalität kann so verstanden werden, daß sie besagt, es gelte *zu keiner Zeit* und *unter keinen denkbaren Umständen*, daß ein Satz wahr ist, dessen Folgesatz aber falsch ist. Dementsprechend folgt ein Satz q regelmäßig aus einem Satz p genau dann, wenn es – aus welchen Gründen auch immer – zu keiner Zeit und unter keinen denkbaren Umständen zutrifft, daß p und die Verneinung von q wahr sind. In diesem Sinne kann man zum Beispiel sagen, es folge regelmäßig – etwa aus Gründen der geometrischen Optik –, daß der Mond als Halbkreis erscheint, daraus, daß er in Quadratur steht. Im gleichen Sinne kann man sagen, es fol-

---

[231] Alfred Tarski hat in seinem Aufsatz 'Über den Begriff der logischen Folgerung', *Actes du Congrès Internationale de Philosophie Scientifique*, Paris 1936, 7, S. 1–11, den Begriff der *logischen* Folgerung in ähnlicher Weise definiert, wie ich hier den (weiteren) Begriff der *regelmäßigen* Folge definiert habe, nämlich so: „Die Aussageform B ist eine logische Folgerung der Aussageformen $A_1, ..., A_n$, wenn jede Interpretation der in $A_1, ..., A_n$ und B auftretenden Satz-, Prädikaten- und Individuenvariablen, die sämtliche $A_1, ..., A_n$ in wahre Aussagen überführt, auch B in eine wahre Aussage überführt." In § 77 werde ich auf das Verhältnis des heute üblichen, auf Tarski zurückgehenden ('semantischen') Begriffs der *logischen Folge* zum hier definierten Begriff der *regelmäßigen Folge* näher eingehen.

ge – aus medizinischen Gründen – die Diagnose einer Krankheit aus der Feststellung aller eindeutigen Symptome dieser Krankheit. Gültige Regeln, nach denen solche Folgen stattfinden und die inhaltliches Schließen ermöglichen, können Regeln *beliebigen* Inhalts sein, z. B. Gewohnheitsregeln, Naturgesetze oder mathematische Lehrsätze; sie müssen keine *logischen* Regeln sein: nicht alle Gründe, aus denen es *unmöglich* oder *notwendig* ist, daß verschiedene Sätze ungleiche bzw. gleiche Wahrheitswerte haben, sind logische Gründe.

4. Sind $A_1, ..., A_n$ (mit $n \geq 1$) und B Formeln, die eine Interpretation als Sätze zulassen, die wahr oder falsch sind, so *folgt* B *logisch* aus $A_1, ..., A_n$ (symbolisch ausgedrückt: $A_1, ..., A_n \therefore$ B) genau dann, wenn der Satz B aus $A_1, ..., A_n$ regelmäßig folgt und diese Folge allein auf der Definition der logischen Konstanten beruht, die in B und $A_1, ..., A_n$ vorkommen.

Scholium: Die logische Folge ist ein Unterfall der regelmäßigen Folge, nämlich dasselbe wie die Folge aufgrund der Bedeutung der logischen Konstanten, die in den Sätzen vorkommen, zwischen denen das Folgeverhältnis besteht.

Einen Schluß aus zwei Prämissen, dessen Konklusion aus ihnen logisch folgt, nenne ich *formalen Schluß* oder *Syllogismus*.

5. Sind $\sigma_1, ..., \sigma_n$ und σ_{n+1} Regeln, nach denen Sätze aus anderen Sätzen regelmäßig folgen, so ist σ_{n+1} auf $\sigma_1, ..., \sigma_n$ *reduzierbar* (symbolisch ausgedrückt: $\sigma_1, ..., \sigma_n / \sigma_{n+1}$) genau dann, wenn unter der Voraussetzung, daß $\sigma_1, ..., \sigma_n$ gültige Regeln sind, σ_{n+1} keine ungültige Regel sein kann.

§ 44. Grundregeln

Unter *Grundregeln* verstehe ich hier und im Folgenden nur solche Regeln, deren Gültigkeit ausschließlich auf der Bedeutung der logischen bzw. metalogischen Zeichen beruht, die zu ihrer Formulierung verwendet werden. Um ihre Gültigkeit einzusehen, genügt es, die Definitionen in Betracht zu ziehen, die den darin verwendeten Zeichen zugrunde gelegt worden sind. Möchte man ihre Gültigkeit bestreiten, so ergibt sich ein Widerspruch zu den jeweiligen Definitionen.

Sind $A, A_i, ..., A_k, B, C_m, ..., C_n$ und D Formeln, die eine Interpretation als Sätze zulassen, die einen der beiden Wahrheitswerte haben, so gelten Regeln, die den Schemata (I. 1) bis (I. 3) entsprechen:

1. Doppelte Verneinung infolge einer Bejahung:

A ∴ NN A (mit A ≠ N B, für beliebige B) [232] (I. 1)

2. Reduktionsregeln:

Reduktionsregeln sind metalogische Regeln, d. h. Regeln zur Ableitung logischer Regeln.

Reductio ad absurdum (oder Regel der Schlußkonversion):

$(A_1, ..., A_n \therefore A) / (N A, A_2, ..., A_n \therefore N A_1), ..., (N A, A_1, ..., A_{n-1} \therefore N A_n)$ (mit $n \geq 1$) (I. 2)

Scholium: Das Schema (I. 2) entspricht einer metalogischen Grundregel der aristotelischen Syllogistik.[233] Apuleius formuliert sie so: „Wenn sich aus zwei Sätzen ein dritter ergibt, so ergibt sich aus jedem der beiden Sätze zusammen mit der Verneinung der Konklusion die Verneinung des anderen Satzes." (*De int.* 191, 5 ff.)[234] Die Indexzeichen geben keine feste Reihenfolge der Prämissenformeln an. Diese Reihenfolge darf in einer Ableitung vielmehr beliebig verändert werden.

Peripatetische Kettenschlußregel:

$(A_i, ..., A_k \therefore B), (B, C_m, ..., C_n \therefore D) / (A_i, ..., A_k, B, C_m, ..., C_n \therefore D)$
($i \geq 0, k \geq i, m \geq 0$ und $n \geq m$) (I. 3)

---

[232] Das konverse Gegenstück zu (I. 1), das heißt: $NN A \therefore A$, ist nicht gültig, da $NN A$ nicht aussagt, daß A wahr ist, sondern nur, daß $N A$ falsch ist, und es nicht ausgeschlossen ist, daß A und $N A$ *beide* falsch sind. Die mittelalterliche Lehre „*duplicata negatio efficit affirmatio*" – die aufgrund von Diogenes Laertius, *Vitae*, VII. 69 manchmal schon dem Chrysipp zugeschrieben wird – gilt nur für $A = N B$ mit $B \neq N C$ (für beliebige C) oder in der Form (VI. 4) $NN A \prec A$, siehe unten § 72.

[233] Siehe Aristoteles, *Sophistici Elenchi* 163 a 32 und *Analytica priora* 59 b 1 ff.; vgl. Alexander, *In an. pr.* 29, 7 ff., derselbe, *In top.* 582, 23 ff. und Philoponus, *In an. pr.* 423, 4 ff. Zu diesen Stellen siehe Frede, *Die stoische Logik*, S. 172. – Die Regel spielt unter dem Namen ›erste Direktive‹ (πρῶτον θέμα) auch in der stoischen Logik eine grundlegende Rolle. Siehe Frede, ebenda, S. 172–173, und Benson Mates, *Stoic Logic*, Berkeley etc.: University of California Press, 1973, S. 77.

[234] Man vergleiche hierzu Frede, *Die stoische Logik*, S. 173.

Scholium: Das Schlußkettenschema (I. 3) entspricht dem sogenannten synthetischen Theorem der peripatetischen Syllogistik.[235] Seine Gültigkeit ergibt sich aus der Transitivität der Beziehung der logischen Folge, weshalb B an der dritten Stelle auch entfallen darf. Die Indexzeichen geben auch hier keine feste Reihenfolge der Prämissenformeln an. Diese Reihenfolge darf in einer Ableitung (nach § 42 (5) (*d*)) beliebig verändert werden.

2. Abgeleitete Regeln

§ 45. Aus den Grundregeln abgeleitete Regeln

Sind A, A_i, ..., A_k, B, C_m, ..., C_n und D Formeln, die eine Interpretation als Sätze zulassen, die wahr oder falsch sind, so gelten die folgenden Regeln (I. 4) bis (I. 8):

1. Metalogische Regeln: [236]

Einfache Transitivität im Kettenschluß: [237]

$(A_i, ..., A_k \therefore B), (B, C \therefore D) / A_i, ..., A_k, C \therefore D$ (mit $i \geq 0, k \geq i$) **(I. 4)**

Ableitung:

[1] $(A_i, ..., A_k \therefore B), (B, C_m, ..., C_n \therefore D) / A_i, ..., A_k, C_m, ..., C_n \therefore D$
[2] $(A_i, ..., A_k \therefore B), (B, C \therefore D) / A_i, ..., A_k, C \therefore D$

---

[235] Siehe Alexander von Aphrodisias, *In an. pr.* 284, 13–15; vgl. Frede, *Die stoische Logik*, S. 173; Frede hat das synthetische Theorem in einer Form wiedergegeben, die dem Schema (I. 3) der Sache nach genau entspricht.

[236] Die Regeln (I. 4), (I. 5) und (II. 6) entsprechen drei metalogischen Regeln – sogenannten Direktiven (θέματα) – der stoischen Syllogistik. Sie laufen bei ihnen unter der Bezeichnung „Zweite", „Dritte" bzw. „Vierte Direktive". Nach Alexander von Aphrodisias haben die Stoiker diese drei Regeln aus dem synthetischen Theorem der peripatetischen Logik entwickelt. Siehe Alexander, *In an. pr.* 284, 13–15. Die Weise, in der ich diese Regeln hier darstelle, entspricht der Rekonstruktion dieser Regeln durch Frede; vergleiche seine Darstellung in *Die stoische Logik*, S. 178–180. Anstelle von Buchstaben als Metavariablen verwenden die Stoiker Bezeichnungen für Ordnungszahlen: „Das Erste", „das Zweite" usw.

[237] Die Regel (I. 4) stimmt mit der dritten Direktive der stoischen Syllogistik überein; vgl. Fredes Rekonstruktion in *Die stoische Logik*, S. 192–3.

Die Reduktionsformel in Zeile [1] dieser Ableitung ist identisch mit (I. 3). Der Übergang von [1] nach [2] ergibt sich aus der Festsetzung von $m = 1$ und $C_n = C_m$.

Komplexe Transitivität im Kettenschluß:[238]

$(A_i, \ldots, A_k \therefore A), (A_{k+1}, \ldots, A_n \therefore B_1), (A, B_1 \therefore D) / A_1, \ldots, A_n \therefore D$
(mit $i \geq 0, k \geq i, n \geq k + 1$) (I. 5)

Ableitung:

[1] $(A_i, \ldots, A_k \therefore B), (B, C \therefore D) / (A_i, \ldots, A_k, C \therefore D)$
[2] $(A_i, \ldots, A_k \therefore B), (B, C_m, \ldots, C_n \therefore D)$
  $/ (A_i, \ldots, A_k, C_m, \ldots, C_n \therefore D)$
[3] $(A_{k+1}, \ldots, A_n \therefore C), (A_i, \ldots, A_k, C \therefore D)$
  $/ (A_i, \ldots, A_k, A_{k+1}, \ldots, A_n \therefore D)$
[4] $(A_i, \ldots, A_k \therefore B), (A_{k+1}, \ldots, A_n \therefore C), (B, C \therefore D)$
  $/ (A_i, \ldots, A_n \therefore D)$

Die Reduktionsformel in Zeile [1] entspricht der Regel (I. 4), die Reduktionsformel in Zeile [2] entspricht der Grundregel (I. 3). Der Übergang von [2] zu [3] beruht lediglich auf Substitutionen, nämlich auf der Substitution (1) von C für B, (2) von $A_{k+1}, \ldots, A_n$ (mit $n \geq k + 1$) für $A_i, \ldots, A_k$ und (3) von $A_i, \ldots, A_k$ (mit $i \geq 0$ und $k \geq I$) für $C_m, \ldots, C_n$. Der Übergang zu [4] ist aus dem folgenden Grund möglich: Derselbe Ausdruck, nämlich ›$A_i, \ldots, A_k, C \therefore D$‹, steht in Zeile [1] *hinter*, in Zeile [3] *vor* dem Zeichen ›/‹. Dies bedeutet, daß er in [3] ersetzt werden darf durch den ganzen Ausdruck, der in [1] *vor* dem Zeichen ›/‹ steht. Die Erlaubnis zu dieser Ersetzung beruht auf der Transitivität der Beziehung der Reduzierbarkeit. Die Reduktionsformel ist insofern eine Zusammenfassung der Reduktionsformeln der Zeilen [1] und [3].

2. Verneinungsregeln:

$NNN\ A \therefore N\ A$ (mit $A \neq N\ B$, für beliebige B) (I. 6)

Beweis:[239]

---

[238] Das Schema (I. 5) entspricht der vierten stoischen Direktive; vgl. Frede, ebd. S. 193–194.

§ 45. Aus den Grundregeln abgeleitete Regeln

[1] A ∴ NN A (I. 1)
[2] NNN A ∴ N A (I. 2) [1]

Allgemeine Notiz zur Schreibweise:

Ich gebrauche folgende Abkürzungen in Beweisen für die Gültigkeit von Regeln, die keine metalogischen Regel sind:

Alle Zeilen des Beweises werden auf der linken Seite durch Ziffern in eckigen Klammern bezeichnet. Jeweils rechts neben dieser Bezeichnung steht ein symbolischer Ausdruck, durch den das Schema entweder einer Grundregel oder einer schon als gültig bewiesenen Regel oder einer beweisbaren Regel angegeben wird. Handelt es sich um eine Grundregel oder um eine schon bewiesene Regel, so steht auf der rechten Seite der Zeile nur die jeweilige Bezeichnung ihres Schemas (z. B. ›(I. 1)‹ wie in Zeile [1] des obenstehenden, für (I. 6) geführten Beweises). Handelt es sich um eine beweisbare (oder um die zu beweisende) Regel, so stehen auf der rechten Seite der Zeile zwei Hinweise. Der erste Hinweis bezeichnet die Regel, nach welcher der in derselben Zeile stehende Ausdruck abgeleitet worden ist (z. B. die Regel (I. 2) wie in Zeile [2] des obenstehenden Beweises). Der zweite Hinweis, rechts daneben, bezeichnet in eckigen Klammern entweder eine oder mehrere der vorangegangenen Zeilen, auf deren Formel die erwähnte Regel angewandt worden ist.

NN A ∴ NNNN A (mit A ≠ N B, für beliebige B) **(I. 7)**

Beweis:

[1] NNN A ∴ N A (I. 6)
[2] NN A ∴ NNNN A (I. 2) [1]

A ∴ NNNN A (mit A ≠ N B, für beliebige B) **(I. 8)**

Beweis:

[1] A ∴ NN A (I. 1)
[2] NN A ∴ NNNN A (I. 8)
[3] A ∴ NNNN A (I. 4) [1, 2]

---

[239] Hier und im Folgenden bezeichne ich als 'Beweis' die Anwendung metalogischer Regeln auf logische Grundregeln oder auf daraus schon abgeleitete logische Regeln.

Scholium: Der in (I. 1), (I. 7) und (I. 8) auftretende Zusatz „(mit A ≠ N B, für beliebige B)" verbietet fehlerhafte Substitutionen. So wäre eine Regel offensichtlich ungültig, die dem Schema N B ∴ NNN B (mit B ≠ N C für ein beliebiges C) entsprechen und aus (I. 1) durch Substitution gewonnen würde. Nehmen wir den Fall, daß eine Interpretation vorliegt, nach der B und N B beide falsch sind. N B ist in diesem Fall mit NN B verträglich. Also ist es nicht unmöglich, daß N B wahr, aber NNN B falsch ist. Es folgt daher NNN B nicht logisch aus N B, – vorausgesetzt, „logisches Folgen" wird im Sinne von § 43 Definition 4 verstanden.

Würde N B ∴ NNN B eine gültige Regel abgeben, so wäre aufgrund von (I. 7) – mit Hilfe von (I. 4) – auch die Gültigkeit von N B ∴ N B beweisbar. Denkbar ist aber, wie gesagt, der Fall, daß N B mit NN B verträglich ist. Daher kann es nicht zutreffen, daß N B aus N B logisch folgt.

Da eine Regel der Form N B ∴ N B offensichtlich ungültig ist, ist es auch offensichtlich, daß eine Regel der Form A ∴ A ungültig ist. Um dies einzusehen, hätte es den Umweg über die Einsicht in die Ungültigkeit von N B ∴ N B nicht bedurft. Vielmehr ergibt sich die Tatsache, daß dem Ausdruck ›A ∴ A‹ keine gültige Regel entspricht, schon daraus, daß in diesem Ausdruck keine logische Konstante auftritt, auf deren Bedeutung es nach § 43 Definition 4 beruhen könnte, daß A aus A logisch folgt.

Der Grund, aus dem es unmöglich ist, daß A als Prämisse wahr, als Konklusion aber falsch ist, kann vielmehr nur darin bestehen, daß A an den Stellen seines Vorkommens eine *Interpretation verlangt*, nach der A mit N A unverträglich ist. Nichts zwingt uns aber, diesen Grund als *logischen* Grund anzusehen, zumal es schon feststeht, daß es für A eine Interpretation *gibt*, nach der A gleich N B und N B mit NN B verträglich ist.

Wenn es eine gültige Regel gibt, nach der ein Satz aus sich selbst folgt, so kann sie keine *logische*, sondern allenfalls eine *regelmäßige* Folge zum Ausdruck bringen und die Form haben: ›A ≺ A‹. Von einer solchen Regel wird weiter unten die Rede sein (siehe § 72, Scholium zu Regel (VI. 3)).

ZWEITER ABSCHNITT
HYPOTHETISCHE UND DISJUNKTIVE SYLLOGISTIK

1. Vorbemerkung

Unter *hypothetischer Syllogistik* verstehe ich die Theorie der gültigen Schlüsse, die aus einem oder mehreren ›Wenn–so‹-Sätzen, auch in Verbindung mit anderen Prämissen, gezogen werden können. Als *disjunktive Syllogistik* bezeichne ich eine Theorie, die sich in entsprechender Weise auf ›Entweder–oder‹-Sätze bezieht. Dabei wird die Bedeutung von ›wenn ..., so ...‹ bzw. von ›entweder ..., oder ...‹ durch die Definitionen festgelegt, die ich unten in § 47 für das hypothetische bzw. disjunktive Satzgefüge aufstellen werde. Man könnte beide Theorien zusammengenommen – die hypothetische und disjunktive Syllogistik – als *Logik bedingter Aussagen* bezeichnen, da hypothetische und disjunktive Sätze aufgefaßt werden können als Sätze, mit denen man den Aussagen der Teilsätze, aus denen sie bestehen, nur bedingt Wahrheit zuschreibt.

Entgegen einer verbreiteten Meinung, nach der Aristoteles nur eine kategorische Syllogistik gekannt haben soll, sind die Grundzüge der hypothetischen und disjunktiven Syllogistik auf Aristoteles und seine Schule zurückzuführen. Bei ihm rangieren hypothetische und disjunktive Syllogismen unter der gemeinsamen Bezeichnung der Syllogismen ἐξ ὑποθέσεως. Die Theorie, die solche Schlußweisen systematisch behandeln soll, erwähnt Aristoteles in *Analytica priora* I. 44, 50 b 1–2 allerdings nur als ein noch auszuführendes Programm. Mit Nachdruck erwähnt er in 1. 44, 50 a 16–17, daß diese Schlußweisen nicht auf kategorische zurückführbar sind. In 1. 45 b 19–20 kündigt er sogar eine Systematik der nicht-kategorischen Syllogistik an, nach der zu untersuchen sei, wieviele Arten des Schließens ἐξ ὑποθέσεως es gebe. Nach Alexander von Aphrodisias, *In An. pr.* 390, 1 ff., beruht Aristoteles' System der Voraussetzungsschlüsse auf der Annahme von insgesamt vier elementaren Schlußregeln, darunter vermutlich dem *Modus ponendo ponens* (siehe unten Regel (II. 2)). Die Schüler des Aristoteles Theophrast von Eresos und Eudem von Rhodos sollen nach Alexander die aristotelischen Voraussetzungsschlüsse zum systematischen Gegenstand logischer Untersuchungen gemacht haben.[240]

Niko Strobach und Theodor Ebert haben die Ansicht vertreten, daß die von Aristoteles als Syllogismen ἐξ ὑποθέσεως bezeichneten Schlüsse keine Syllogismen im Sinne der einschlägigen Definition des Syllogismus in *An. pr.* I. 1, 24 b 18–22 sind, wo Aristoteles „den Begriff des Syllogismus so

---

[240] Siehe hierzu des näheren Frede, *Die stoische Logik*, S. 17–18.

festgelegt" habe, „daß als Syllogismen nur Schlüsse gelten sollen, die aus prädikativen Aussagen eine prädikative Aussage erschließen"; diese „Festlegung" zeige sich an einer „Bestimmung" in der von Aristoteles gebrauchten „Definitionsformel", nach der „'es keines weiteren Terminus bedarf, um das Notwendige zustande kommen zu lassen' (24 b 21 f.)".[241] Mit dieser Bestimmung habe sich Aristoteles „den Weg verbaut, Schlüsse in seine logische Theorie aufzunehmen, in denen Konditionalaussagen eine Rolle spielen", wie sie für Voraussetzungsschlüsse, z. B. für Schlüsse des *Modus ponendo ponens*, charakteristisch sind.[242] – Was hier übersehen wird, ist der Umstand, daß Aristoteles auch für Voraussetzungsschlüsse ausdrücklich annimmt, daß sie Schlüsse von prädikativen Aussagen auf prädikative Aussagen sind. Er sagt nämlich, daß „jeder Syllogismus notwendigerweise zeigt, daß etwas entweder zukommt oder nicht zukommt, und zwar dies entweder allgemein oder partikulär, und weiterhin entweder durch direkten Beweis oder ἐξ ὑποθέσεως"23, 40 b 23–25).[243] Demnach sind *alle* Syllogismen, auch Syllogismen ἐξ ὑποθέσεως, als Schlüsse anzusehen, deren Prämissen und Konklusionen prädikative Sätze sind oder prädikative Sätze enthalten, auch wenn dieser Umstand für die logische Form dieser Schlüsse selbst gar keine Rolle zu spielen braucht. Auch Voraussetzungsschlüsse bedürfen daher keines „weiteren" (keines „von außen" (ἔξωθεν) hinzukommenden, d. h. in einer Zusatzprämisse enthaltenen) „Terminus" (ὅρος), um eine zwingende Folgerung zu sein. Ebert weist übrigens in seinem Kommentar zur fraglichen Stelle 24 b 18–22 selbst darauf hin, daß das Wort ὅρος von Aristoteles nicht nur im Sinne von „Terminus" gebraucht werde: Vielmehr rede er „hier und auch sonst in den *Analytiken* oft so, daß er von einem Terminus spricht, aber eine Aussage meint, in der dieser Terminus vorkommt".[244] Es ist also gar keine Inkonsequenz, wenn Aristoteles Voraussetzungsschlüsse, und damit das, was ich hier und im Folgenden unter hypothetischen Syllogismen verstehe, ohne Bedenken als Syllogismen bezeichnet.

---

[241] Ebert & Nortmann, *Aristoteles, Analytica priora, Buch I*, S. 859.

[242] Ebenda S. 859. Eine ähnliche Ansicht vertritt N. Strobach, 'Schlüsse aus Annahmen bei Aristoteles. Eine argumentationstheoretische Deutung des *syllogismos ex hypotheseôs*', in: *Zeitschrift für philosophische Forschung 55*, 2001, S. 248–257.

[243] Aristoteles, *Analytica priora*, I. 23, 40 b 23–25.

[244] Ebert & Nortmann, *Aristoteles, Analytica priora, Buch I*, S. 227.

2. Prinzipien

§ 46. Notation

Zusätzlich zu den in § 42 eingeführten Zeichen werden in diesem Abschnitt zwei weitere Zeichen benötigt. Es handelt sich um die logischen Konstanten ›H (..., ...)‹ und ›D ( )‹ (mit mindestens zwei Leerstellen). Ein zweistelliger Relationsausdruck der Form H (A, B) steht für das *hypothetische Satzgefüge* im Sinne von § 47 Definition 2. Der n-stellige Relationsausdruck D (A$_1$, ..., A$_n$), mit $n \geq 2$, steht für das *disjunktive Satzgefüge* im Sinne von § 47 Definition 3.

§ 47. Definitionen

1. A ist eine *Formel der hypothetischen und disjunktiven Syllogistik* genau dann, wenn A eine der folgenden Bedingungen erfüllt: (*a*) A ist ein negationsfähiger Ausdruck (im Sinne von § 43 Definition 1), oder (*b*) A ist ein hypothetisches oder disjunktives Satzgefüge.

2. A ist ein *hypothetisches Satzgefüge*, d. h. A ist gleich H (B, C) – in Worten: *Wenn B, so C* – genau dann, wenn B, C und D Formeln der hypothetischen und disjunktiven Syllogistik sind und für jede Interpretation, nach der B, C und D Sätze sind, die einen der beiden Wahrheitswerte haben, gilt: A ist genau dann wahr, wenn C aus B (gemäß § 43, Definition 3) regelmäßig folgt, so daß B mit N C und, falls C die Form N D hat, auch mit D unverträglich ist.

Scholium: Hypothetische Satzgefüge können durch ›Wenn – so‹- *Sätze* wiedergegeben werden. Sie sind nach der soeben gegebenen Definition keine Wahrheitsfunktionen; d. h. der Wahrheitswert eines hypothetischen Satzes hängt nicht ausschließlich von den Wahrheitswerten seiner Teilsätze ab. Er ist zwar nur dann wahr, wenn diese Werte in bestimmter Weise auf seine Teilsätze verteilt sind. Aber diese Verteilung reicht nicht aus, um ihn wahr zu machen. Auch genügt es nicht, daß sein Vordersatz falsch ist. Nur in einer der vier Zeilen der Hauptkolumne in der Wahrheitstafel für ›H (A, B)‹ steht ein bestimmter Wert, nämlich der Wert F, aufgrund der Wahrheitswerte beider Teilsätze fest; für die übrigen drei Zeilen existiert kein solcher Wert. Die Fragezeichen in diesen Zeilen stehen nicht für einen dritten Wahrheitswert – etwa den Wert *Unbestimmt* –, sie zeigen bloß an, daß der Wahrheitswert in drei Fällen nicht hinreichend durch die Wahrheitswerte der Teilsätze bestimmt ist:

H (A, B)	A	B
?	W	W
F	W	F
?	F	W
?	F	F

Die Ansicht, daß nur das Vorliegen einer *Folge* (ἀκολουθία, *consequentia*) einen hypothetischen Satz wahr machen kann, entspricht einer seit der Antike verbreiteten Lehre, nach der die Bedeutung eines ›Wenn–so‹-Satzes mit Hilfe des Begriffs der *Folge* expliziert werden muß. Sextus Empiricus berichtet:

> „Alle Logiker stimmen darin überein, daß ein hypothetischer Satz zutreffe, wenn sein Nachsatz aus seinem Vordersatz folgt. Nur in der Frage, wann und wie er folge, stimmen sie nicht überein und schlagen für dieses Folgen Kriterien vor, die unvereinbar sind."[245]

Der Stoiker Chrysipp scheint unter den antiken Logikern derjenige gewesen zu sein, von dem Sextus Empiricus berichtet, er habe die Ansicht vertreten, ›wenn *p*, so *q*‹ bedeute, daß die Verneinung von *q* dem Vordersatz *p* „widerstreitet".[246] Chrysipp hat demnach das Folgen, von der ein hypothetischer Satz handele, in ähnlicher Weise erklärt, wie Lewis und Langford diejenige Beziehung erklärt haben, die sie ›strikte Implikation‹ genannt haben: „That *p* strictly implies *q* means that *p* is inconsistent with the denial of *q*."[247] Der Unterschied zwischen der Auffassung Chrysipps und der Auffassung von Lewis & Langford besteht bloß darin, daß Chrysipp das, was er Verneinung und Widerstreit genannt hat, nicht mit Hilfe unzweideutig wahrheitsfunktionaler Ausdrücke expliziert zu haben scheint. Ersetzen

---

[245] *Adversus Mathematicos* VIII, 112. Über verschiedene Ansätze, die vor allem in der stoischen und megarischen Logik gemacht worden sind, um die Wahrheitsbedingungen des hypothetischen Satzes näher einzugrenzen, berichtet Sextus Empiricus in seinen *Pyrrhonischen Hypotyposen* 2, 110–111. Nach diesem Bericht hat Philon von Megara eine wahrheitsfunktionale Deutung des hypothetischen Satzes vertreten: „Philon [...] nennt einen wahren hypothetischen Satz einen solchen, der nicht mit Wahrem beginnt und mit Falschem endet, z. B. [wenn Tag ist und ich mich unterhalte] den Satz ›Wenn Tag ist, unterhalte ich mich‹." – Vgl. Theodor Ebert, *Dialektiker und frühe Stoiker bei Sextus Empiricus*, Göttingen 1991, S. 84–130; 319.

[246] Sextus Empiricus, *Pyrrhonische Hypotyposen* 2, 112.

[247] Lewis & Langford, *Symbolic Logic*, S. 154.

§ 47. Definitionen

wir alle wahrheitsfunktionalen Zeichen, die in dem Ausdruck ›~ ◊ (*p* & ~ *q*)‹ vorkommen, der nach Lewis und Langford die strikte Implikation von *q* durch *p* wiedergibt, durch nicht-wahrheitsfunktionale Zeichen gemäß § 30, so erhalten wir einen Ausdruck – ›*NM* (*p*, *N q*)‹ – , der nach meiner Definition des hypothetischen Satzgefüges mit ›wenn *p*, so *q*‹ gleichbedeutend ist und sich zur Explikation von Chrysipps Erklärung der hypothetischen Satzverknüpfung zumindest nicht weniger eignet als die Definition der strikten Implikation.

Während in der obenstehenden Definition die Bedeutung von ›wenn ..., so ...‹ auf die Bedeutung des Begriffs des regelmäßigen Folgens zurückgeführt wird, scheint es ein Interesse der stoischen Logik gewesen zu sein, umgekehrt die Bedeutung des Begriffs der Folge mit Hilfe der Wahrheitsbedingungen des hypothetischen Satzes erklären zu können. Was eine schlüssige Folgerung ist, wollten sie anscheinend mittels des Begriffs des wahren hypothetischen Satzes bestimmen:

> „Schlüsse sind gültig, wenn ein hypothetischer Satz wahr ist, dessen Vordersatz aus der Konjunktion der Prämissen besteht und dessen Nachsatz die Konklusion ist."[248]

Dabei kann der Gedanke, daß die Bedeutung von ›wenn ..., so ...‹ mit Hilfe des Begriffs der regelmäßigen Folge festgesetzt werden kann, auch den Stoikern nicht völlig fremd gewesen sein. Sie vertraten nämlich die Ansicht,[249] aus der Bedeutung von ›wenn ..., so ...‹ ergebe sich, daß die beiden von ihnen für elementar gehaltenen hypothetischen Syllogismen, der *Modus ponendo ponens* und der *Modus tollendo tollens*, gültige Syllogismen sind. Sie vertraten damit die Ansicht, daß jemand, der einen Satz der Form *H* (A, B) als wahr (oder als erste Prämisse eines Schlusses) voraussetzt, sogleich auch voraussetzt, daß B aus A folgt (so daß dann sogleich A oder *N* B als zweite Prämisse und B bzw. *N* A als Konklusion eines gültigen Schlusses anzusehen sind). – Nach der Darstellung Michael Fredes gingen die stoischen Logiker davon aus, daß ein hypothetisches Satzgefüge stets „Ausdruck einer möglicherweise zu beweisenden Annahme über den Zusammenhang von Sachverhalten" ist, während Logiker wie Aristoteles und Theophrast umgekehrt dazu neigten, hypothetische

---

[248] Sextus, *Pyrrhonische Hypotyposen* II, 137; vgl. ebenda 113, 138, 145 und 249; *Adversus Mathematicos* VIII, 304, 415 und 417; Diogenes Laertius *Vitae* VII, 77. Zur Kritik am stoischen Kriterium der Gültigkeit eines Schlusses siehe Frede, *Die stoische Logik*, S. 120.
[249] Siehe unten das Scholium zu (II. 7).

Satzgefüge anzusehen als „Ausdruck einer Übereinkunft, daß etwas als bewiesen oder widerlegt gelten soll, *wenn* etwas Anderes bewiesen oder widerlegt worden ist."[250] – Das von mir eingeschlagene Definitionsverfahren entspricht eher der aristotelischen als der stoischen Auffassung des hypothetischen Satzgefüges. Was ein hypothetisches Satzgefüge ist, ergibt sich demnach daraus, was es heißt, ein zu beweisender Satz *folge* aus einem schon zugegebenen Satz, oder aus einem zu widerlegenden Satz *folge* ein anderer, bereits bestrittener Satz.

3. A ist ein *disjunktives Satzgefüge*, d. h. A ist gleich $D(A_1, ..., A_n)$, mit $n > 1$, – in Worten: *Entweder* A_1, *oder* ..., *oder* A_n – genau dann, wenn für jede Interpretation, nach der $A_1, ..., A_n$ Sätze sind, die wahr oder falsch sind, die folgende Bedingung erfüllt ist: A ist genau dann wahr, wenn aus einem der Sätze $A_1, ..., A_n$ die Verneinung jedes der übrigen Sätze regelmäßig folgt (d. h. wenn aus A_i, mit $n \geq i \geq 1$, $N A_k$, mit $n \geq k \neq i$, regelmäßig folgt), und wenn aus der Verneinung eines der Sätze $A_1, ..., A_n$ genau einer der übrigen Sätze regelmäßig folgt (d. h. wenn aus $N A_i$, mit $n \geq i \geq 1$, genau einer der Sätze A_k, mit $n \geq k \neq i$, regelmäßig folgt).

Scholium: Auch das disjunktive Satzgefüge ist keine Wahrheitsfunktion. Für das Wahrsein eines disjunktiven Satzes genügt es nicht, daß genau einer seiner Teilsätze wahr ist. Daher ist die Wahrheitstafel auch für disjunktive Gefüge notwendigerweise lückenhaft, und ihre Hauptkolumne enthält für den Fall, daß die Wahrheitswerte der Teilsätze eindeutig bestimmt sind, nur den Wert F. Zum Beispiel sieht für das dreigliedrige Disjunktionsgefüge die Tafel so aus:

$D(A, B, C)$	A	B	C
F	W	W	W
F	W	W	F
F	W	F	W
?	W	F	F
F	F	W	W
?	F	W	F
?	F	F	W
F	F	F	F

[250] Frede, *Die stoische Logik*, S. 16. Zum Beleg der aristotelischen Ansicht verweist Frede auf Aristoteles *An. pr.* 40 b 23–25; 41 a 40; 50 a 18; 50 a 25.

§ 47. Definitionen

Um den Unterschied zwischen einem wahrheitsfunktionalen und nicht-wahrheitsfunktionalen disjunktiven Gefüge deutlicher werden zu lassen, betrachte man ein Beispiel, das in der antiken Logik diskutiert worden ist:[251]

Der Satz ›Entweder jetzt ist Tag, oder jetzt ist Nacht,‹ ist bei wahrheitsfunktional verstandenem ›entweder ..., oder ...‹ schon dann wahr, wenn jetzt, sagen wir am Mittag des 30. Januar 2009, Tag und nicht Nacht ist. Ob es Zeitpunkte außerhalb von Tag und Nacht gibt, ob überhaupt eine Einteilung einer Gesamtheit von Alternativen vorliegt, ist nach diesem Verständnis für das Wahrsein des Satzes irrelevant. Als Wahrheitsfunktion wäre derselbe Satz auch dann wahr, wenn sein zweiter Teil lauten würde: ›..., oder Dreiecke haben nur zwei Ecken‹. Aber als vollständige Aufzählung von Alternativen ist der Satz keinesfalls wahr und daher, als disjunktiver Satz im Sinne der oben aufgestellten Definition, falsch. Andernfalls dürfte in dem folgenden Schluß die zweite Prämisse nicht wahr und die Konklusion nicht falsch sein:[252]

> Entweder jetzt ist Nacht, oder jetzt ist Tag.
> Wenn jetzt nichts existiert, [was den Unterschied von Tag und Nacht bewirkt,] ist jetzt nicht Nacht.
> Also: wenn jetzt nichts existiert, [was den Unterschied von Tag und Nacht bewirkt,] ist jetzt Tag.

Da der Schlußsatz offensichtlich falsch ist, und da die zweite Prämisse unbestreitbar wahr ist, kann die erste Prämisse nicht wahr sein. Da sie aber ein disjunktiver Satz ist, außerdem jetzt Tag und nicht Nacht ist, kann sie als falscher Satz nur disjunktiv im Sinne der Definition, d. h. keine Wahrheitsfunktion sein.

---

[251] Über die Bedeutung von ›(entweder) ... oder ...‹ hat es in der antiken Logik eine Diskussion gegeben, die der über die Bedeutung von ›wenn ..., so ...‹ ziemlich genau entspricht. Nach Mates (*Stoic Logic*, S. 51) sind von den Stoikern zwei Typen der Disjunktion unterschieden worden, die exklusive und die inklusive. Die inklusive Disjunktion entspricht der modernen (wahrheitsfunktionalen) Adjunktion (›p oder q, oder beides: p und q‹). Einige Stoiker fordern für disjunktive Glieder allerdings Inkompatibilität (ebenda, S. 52-3), also Exklusivität. Diese Deutung scheint der modernen (wahrheitsfunktionalen) Bisubtraktion – ›p oder q, aber nicht beides‹ – zu entsprechen, soweit nur zweigliedrige Disjunktionen in Betracht gezogen werden. Frede (*Die stoische Logik*, S. 96) erwähnt allerdings die Feststellung Plutarchs (*De Sollertia Animalium* 969 A), eine mehrgliedrige Disjunktion müsse „vollständig" sein, „wenn es weder möglich sein soll, daß die Glieder zusammen wahr sind, noch auch, daß sie zusammen falsch sind." Diese Feststellung gehört zu einer Tradition, der sich auch Kant (siehe *KrV* § 9) angeschlossen hat.

[252] Alexander, *In an. pr.* 374, 25 ff.

§ 48. Grundregeln

Sind A, A$_1$, ..., A$_n$, B und C Formeln, die eine Interpretation als Sätze zulassen, die einen der beiden Wahrheitswerte haben, so gelten die folgenden Regeln (II. 1) bis (II. 4).

1. Erweiterung des Systems metalogischer Reduktionsregeln:

   Prinzip der Konditionalisierung:[253]

   $$A_i, ..., A_k, B \therefore C / A_i, ..., A_k \therefore H(B, C) \text{ (mit } i \geqq 0 \text{ und } k \geqq i) \quad \text{(II. 1)}$$

   Die Gültigkeit dieser Grundregel beruht auf den Definitionen des hypothetischen Satzgefüges und des logischen Folgens. Der durch den hinter dem Reduktionsstrich ›/‹ stehenden Ausdruck wiedergegebene Umstand, daß, unter Voraussetzung von A$_i$, ..., A$_k$, C aus B *regelmäßig* folgt, unter dieser Voraussetzung $H(B, C)$ daher (nach § 47, Definition 2) wahr ist, ist nach § 43 Definition 4 eine notwendige Bedingung dafür, daß C aus B und A$_i$, ..., A$_k$ *logisch* folgt.

2. Grundregel der hypothetischen und disjunktiven Syllogistik:

   Modus ponendo ponens:

   $$H(A, B), A \therefore B \quad \text{(II. 2)}$$

   Scholium: Es gibt Indizien dafür, daß Aristoteles und seine Schüler, ebenso die megarischen Logiker, den *Modus ponendo ponens* als nicht weiter zurückführbare Grundregel angesehen haben. (Siehe meine Vorbemerkung zu diesem Abschnitt und Michael Frede, *Die stoische Logik*, S. 15–18.)

3. Reduktion disjunktiver Gefüge auf hypothetische Gefüge:

   Reduktion zweigliedriger disjunktiver Gefüge:

   $$D(A_1, A_2) :: H(A_1, NA_2), H(NA_1, A_2), H(NA_2, A_1), H(A_2, NA_1) \quad \text{(II. 3)}$$

   Reduktion dreigliedriger disjunktiver Gefüge:

   $$\begin{aligned} D(A_1, A_2, A_3) :: \ & H(D(A_1, A_2), NA_3), \\ & H(D(A_1, A_3), NA_2), \\ & H(D(A_2, A_3), NA_1), \\ & H(NA_1, D(A_2, A_3)), \\ & H(NA_2, D(A_1, A_3)), H(NA_3, D(A_1, A_2)) \end{aligned} \quad \text{(II. 4)}$$

---

[253] Zur Erläuterung der Bezeichnung ›Prinzip der Konditionalisierung‹ vergleiche man das Scholium zu (II. 28); siehe unten § 50.

3. Ableitung von Formeln der hypothetischen und disjunktiven Syllogistik

§ 49. Abgeleitete Regeln

Sind A, A_1, ..., A_n, B und C Formeln, die eine Interpretation als Sätze zulassen, die einen der beiden Wahrheitswerte haben, so gelten zum Beispiel die folgenden Regeln (II. 5) bis (II. 27).

1. Metalogische Regeln:

Dekonditionalisierung einer Konklusion:

A_i, ..., A_k ∴ H (B, C) / A_i, ..., A_k, B ∴ C (mit $i \geq 0$ und $k \geq 0$)   (II. 5)

Ableitung:

[1] (A_i, ..., A_k ∴ H (C, D)), (H (C, D), C ∴ D) /
     (A_i, ..., A_k, C ∴ D)
[2] A_i, ..., A_k ∴ H (C, D) / A_i, ..., A_k, C ∴ D

Die Zeile [1] ist ein Anwendungsfall der metalogischen Grundregel (I. 3), mit H (C, D) für B und mit C für C_m, ..., C_n. Zeile [2] zeigt an, daß in Zeile [1], zwecks Abkürzung, die Schlußformel H (C, D), C ∴ D weggelassen werden darf, da diese den *Modus ponendo ponens* (II. 2) und damit eine ohnehin allgemeingültige Regel wiedergibt.

Scholium: Die metalogischen Regeln, die durch (II. 1) und (II. 5) wiedergegeben werden, liegen gemeinsam einer Regel zugrunde, von denen in der stoischen Logik Gebrauch gemacht worden ist (siehe unten das Scholium zu (II. 29)).

Idempotenzregel:[254]

A_i ..., A_k, A_1, A_1 ∴ D / A_1, A_i, ..., A_k ∴ D (mit $i \geq 0$, $k \geq i$)   (II. 6)

Gemäß Definition 4 in § 43 folgt Satz D aus zwei identischen Sätzen A_1 und A_1 in Verbindung mit anderen Sätzen logisch genau dann, wenn D aus all diesen Sätzen regelmäßig folgt und diese Folge allein auf der Definition der logischen Konstanten beruht, die in diesen Sätzen oder in D vorkommen. Für das Folgen von D aus A_1 ist es

---

[254] Das Schema (II. 6) entspricht der zweiten stoischen Direktive nach Fredes Rekonstruktion. Siehe ebenda, S. 185–190.

deshalb gleichgültig, ob A₁ unter den Prämissen von D mehr als einmal vorkommt.

Mit anderen Worten: Grundregeln bleiben gültig, wenn ihre Vordersätze vervielfältigt werden, wie z. B. durch diese Umformungen von (II. 2):

H (A, B), A, A $\therefore$ B,

H (A, B), H (A, B), A $\therefore$ B.

2. Regeln des hypothetischen Schließens:

Modus tollendo tollens:

N B, H (A, B) $\therefore$ N A (**II. 7**)

Beweis:

[1] A, H (A, B) $\therefore$ B (II. 2)
[2] N B, H (A, B) $\therefore$ N A (I. 2) [1]

Scholium: Die Stoiker haben Schlüsse nach dem *Modus tollendo tollens* zu den elementaren, d. h. gültigen, aber 'unbeweisbaren' und nicht weiter zurückführbaren Schlüssen gerechnet. Die Gültigkeit dieser Schlüsse beruht nach ihrer Ansicht, ebenso wie die Gültigkeit der Schlüsse des *Modus ponendo ponens*, unmittelbar auf der Bedeutung der logischen Konstanten, die in ihren hypothetischen Prämissen vorkommen.[255] Man vermutet – wenn auch unzweideutige Belege dafür fehlen –, daß Aristoteles und seine Schüler, ebenso die megarischen Logiker, den *Modus tollendo tollens* als elementare, d. h. als nicht weiter zurückführbare Regel angesehen haben.[256]

Kontraposition:

H (A, B) $\therefore$ H (N B, N A) (**II. 8**)

Beweis:

[1] H (A, B), N B $\therefore$ N A (II. 7)
[2] H (A, B) $\therefore$ H (N B, N A) (II. 1) [1]

Scholium: Diese Schlußweise erwähnt Aristoteles in *Analytica priora* II. 2, 53 b 12–13 mit den Worten: „Wenn es unter der Voraussetzung,

---

[255] Siehe Frede, *Die stoische Logik*, S. 199.
[256] Vergleiche Frede, ebenda, S. 16–18.

daß A, notwendig ist, daß B, so ist es unter der Voraussetzung, daß nicht B, notwendig, daß nicht A." Bemerkenswert ist, daß Aristoteles hier Buchstabensymbole nicht als Begriffsvariable, sondern als Platzhalter für etwas verwendet, das wahr oder falsch ist.

Peritrope:[257]

H (A, N A) ∴ N A (mit A ≠ N B, für beliebige B) (**II. 9**)

Beweis:

[1]	H (A, N A), A ∴ N A	(II. 2)
[2]	NN A, A ∴ N H (A, N A)	(I. 2) [1]
[3]	A ∴ NN A	(I. 1)
[4]	A, A ∴ N H (A, N A)	(I. 4) [2, 3]
[5]	A ∴ N H (A, N A)	(II. 6) [4]
[6]	NN H (A, N A) ∴ N A	(I. 2) [5]
[7]	H (A, N A) ∴ NN H (A, N A)	(I. 1)
[8]	H (A, N A) ∴ N A	(I. 4) [6, 7]

Scholium: (II. 9) entspricht einer Regel, die unter der Bezeichnung περιτροπή bei Sextus Empiricus, *Adversus Mathematicos* VII, 389–390, überliefert ist. Frühe Beispiele für ihre Anwendung findet man bei den Vorsokratikern (siehe Jonathan Barnes, *Presocratic Philosophers*, London etc.: Routledge & Kegan Paul, 1982, S. 279), bei Platon, *Theaetet* 169 A – 171 E und *Euthydem* 286 B–C, sowie in Euklids *Elementen*, Buch IX, *prop.* 12. Als logische Regel wird sie von Christian Wolff, *Philosophia Rationalis* § 558. 9, Johann Heinrich Lambert, *Neues Organon, Dianoiologie*, 1764, § 383, und Bernard Bolzano, *Wissenschaftslehre*, IV § 530 Anm. 3, behandelt.

Umkehrung der *Peritrope:*

H (N A, A) ∴ NN A (**II. 10**)

Beweis:

[1]	H (N A, A), N A ∴ A	(II. 2)
[2]	N A, N A ∴ NH (N A, A)	(I. 2) [1]
[3]	N A ∴ NH (N A, A)	(II. 6) [2]
[4]	NNH (N A, A) ∴ NN A	(I. 2) [3]
[5]	H (N A, A) ∴ NNH (N A, A)	(I. 1)

---

[257] Eine andere herkömmliche Bezeichnung der dem Schema (II. 9) entsprechenden Folgerungsweise ist *Consequentia mirabilis* oder *Lex Clavii*.

[6]   H (N A, A) ∴ NN A   (I. 4) [5, 4]

Austausch der Vordersätze eines geschachtelten hypothetischen Satzes:

H (A, H (B, C)) ∴ H (B, H (A, C))   **(II. 11)**

Beweis:
[1]   H (A, H (B, C)), A ∴ H (B, C)   (II. 2)
[2]   H (B, C), B ∴ C   (II. 2)
[3]   H (A, H (B, C)), B, A ∴ C   (I. 4) [1, 2]
[4]   H (A, H (B, C)), B ∴ H (A, C)   (II. 1) [3]
[5]   H (A, H (B, C)) ∴ H (B, H (A, C))   (II. 1) [4]

Elimination eines Vordersatzes im geschachtelten hypothetischen Satz:

H (A, H (A, B)) ∴ H (A, B)   **(II. 12)**

Beweis:
[1]   H (A, H (A, B)), A ∴ H (A, B)   (II. 2)
[2]   H (A, B), A ∴ B   (II. 2)
[3]   H (A, H (A, B)), A, A ∴ B   (I. 4) [1, 2]
[4]   H (A, H (A, B)), A ∴ B   (II. 6) [3]
[5]   H (A, H (A, B)) ∴ H (A, B)   (II. 1) [4]

Grundform rein hypothetischer Syllogismen:

H (A, B), H (B, C) ∴ H (A, C)   **(II. 13)**

Beweis:
[1]   H (A, B), A ∴ B   (II. 2)
[2]   H (B, C), B ∴ C   (II. 2)
[3]   H (A, B), H (B, C), A ∴ C   (I. 4) [1, 2]
[4]   H (A, B), H (B, C) ∴ H (A, C)   (II. 1) [3]

Scholium: Durch Verneinung von A, B oder C und durch Vertauschung ihrer Rolle als Vorder- bzw. Nachsätze hypothetischer Satzgefüge lassen sich mehrere Arten rein hypothetischer Syllogismen erzeugen. Theophrast soll diese Arten, nach dem Vorbild von Aristoteles' Einteilung kategorischer Syllogismen, nach drei ›Figuren‹ rein *hypothetischer Syllogismen* systematisch geordnet haben. Siehe William & Martha Kneale, *The Development of Logic*, S. 110. Nach ihrem Bericht (ebd.), der sich auf Alexander von Aphrodisias' Kommentar zu

Aristoteles *Analytica Priora* stützt (*Commentaria in Aristotelem Graeca* II. 1, S. 326), hat bereits Aristoteles mit dem folgenden Schluß ein Beispiel für die Grundform des rein hypothetischen Syllogismus (II. 13) geliefert: „Wenn ein Mensch existiert, existiert ein Lebewesen; wenn ein Lebewesen existiert, existiert eine Substanz; also wenn ein Mensch existiert, existiert eine Substanz" (cf. *Analytica priora* I. 32, 47 a 28–30). Innerhalb der Stoischen Logik hat anscheinend keine der Arten des rein hypothetischen Syllogismus Berücksichtigung gefunden, obwohl sie sich, wie der oben geführte Beweis für die Grundform dieser Arten zeigt, auf die von den Stoikern als elementar angesehenen Syllogismen zurückführen lassen. Nach der Fredes Ansicht (*Die stoische Logik*, S. 183 und 197) war die stoische Logik systematisch unvollständig, da sie eine solche Zurückführung nicht erlaube. (Siehe dagegen obigen Beweis.)

Schließen auf eine nicht-hypothetische Konklusion:

H (A, B), H (A, N B) ∴ N A (mit B ≠ N C, für beliebige C)   **(II. 14)**

Beweis:

[1]	H (A, N B) ∴ NNH (A, N B)	(I. 1)
[2]	A, H (A, N B) ∴ N B	(II. 2)
[3]	A, H (A, B) ∴ B	(II. 2)
[4]	B ∴ NN B	(I. 1)
[5]	NN B, A ∴ NH (A, N B)	(I. 2) [2]
[6]	A, A, H (A, B) ∴ NH (A, N B)	(I. 4) [3, 4, 5]
[7]	A, H (A, B) ∴ NH (A, N B)	(II. 6) [6]
[8]	H (A, B), NNH (A, N B) ∴ N A	(I. 2) [7]
[9]	H (A, B), H (A, N B) ∴ N A	(I. 4) [1, 8]

Scholium: Aristoteles diskutiert eine Variante von (II. 14), nämlich den Schluß aus zwei Prämissen der Form (1) H (p, q) und (2) H (N p, q), in *Analytica priora* II. 4, 57 a 36 – b 17. Er scheint hier den Schluß auf p verwerfen zu wollen. Nach William & Martha Kneale (*The Development of Logic*, S. 97) argumentiert Aristoteles sinngemäß wie folgt: Aus (1) erhält man durch Kontraposition, d. h. aufgrund von (II. 8): (3) H (N q, N p). Aus (3) und (2) erhält man anschließend nach der Regel des durchgängig hypothetischen Syllogismus (II. 13) die weitere Konsequenz: (4) H (N q, q). Die beiden Kneales meinen, Aristoteles dürfe von hier aus auf q schließen, da die Umkehrung der *Peritrope*, (II. 10), anwendbar sei. Sie setzen dabei aber stillschweigend voraus, die Umkehrung der *Peritrope* lasse ebenso wie diese selbst nicht nur den Schluß auf *NN p*, sondern auch den Schluß auf *p* zu.

Schließen aus einer geschachtelten hypothetischen Prämisse:

$H(A, H(A, B)), A \therefore B$ **(II. 15)**

Beweis:

[1]	$H(A, B), A \therefore B$	(II. 2)
[2]	$H(A, H(A, B)), A \therefore H(A, B)$	(II. 2)
[3]	$H(A, H(A, B)), A, A \therefore B$	(I. 4) [2, 1]
[4]	$H(A, H(A, B)), A \therefore B$	(II. 6) [3]

Scholium: In der stoischen Logik rangieren Syllogismen mit geschachtelten hypothetischen Prämissen unter dem Namen ἄπειρος ὕλη. (Siehe Frede, *Die stoische Logik*, S. 186.)

Rein hypothetisches Schließen aus einer geschachtelten hypothetischen Prämisse:

$H(H(A, C), H(B, C)), H(D, C), H(C, D) \therefore H(H(A, D), H(B, D))$ **(II. 16)**

Beweis:

[1]	$H(A, D), H(D, C) \therefore H(A, C)$	(II. 13)
[2]	$H(H(A, C), H(B, C)), H(A, C) \therefore H(B, C)$	(II. 2)
[3]	$H(H(A, C), H(B, C)), H(A, D), H(D, C) \therefore H(B, C)$	(I. 4) [1, 2]
[4]	$H(B, C), H(C, D) \therefore H(B, D)$	(II. 13)
[5]	$H(H(A, C), H(B, C)), H(A, D), H(D, C), H(C, D)$	
	$\therefore H(B, D)$	(I. 4) [3, 4]
[6]	$H(H(A, C), H(B, C)), H(D, C), H(C, D)$	
	$\therefore H(H(A, D), H(B, D))$	(II. 1) [5]

$H(H(A, C), H(B, C)), H(D, H(A, C)) \therefore H(D, H(B, C))$ **(II. 17)**

Beweis:

[1]	$H(H(A, C), H(B, C)), H(A, C) \therefore H(B, C)$	(II. 2)
[2]	$H(D, H(A, C)), D \therefore H(A, C)$	(II. 2)
[3]	$H(H(A, C), H(B, C)), H(D, H(A, C)), D \therefore H(B, C)$	(I. 4) [2, 1]
[4]	$H(H(A, C), H(B, C)), H(D, H(A, C))$	
	$\therefore H(D, H(B, C))$	(II. 1) [3]

$H(H(A, C), H(B, C)), H(A, D) \therefore H(H(D, C), H(B, C))$ **(II. 18)**

§ 49. Abgeleitete Regeln

Beweis:

[1]	$H(A, D), H(D, C) \therefore H(A, C)$	(II. 13)
[2]	$H(H(A, C), H(B, C)), H(A, C) \therefore H(B, C)$	(II. 2)
[3]	$H(H(A, C), H(B, C)), H(A, D), H(D, C) \therefore H(B, C)$	(I. 4) [1, 2]
[4]	$H(H(A, C), H(B, C)), H(A, D)$	
	$\therefore H(H(D, C), H(B, C))$	(II. 1) [3]

$H(H(A, C), H(B, C)), H(D, B) \therefore H(H(A, C), H(D, C))$ **(II. 19)**

Beweis:

[1]	$H(H(A, C), H(B, C)), H(A, C) \therefore H(B, C)$	(II. 2)
[2]	$H(D, B), H(B, C) \therefore H(D, C))$	(II. 13)
[3]	$H(H(A, C), H(B, C)), H(A, C), H(D, B) \therefore H(D, C))$	(I. 4) [1, 2]
[4]	$H(H(A, C), H(B, C)), H(D, B)$	
	$\therefore H(H(A, C), H(D, C))$	(II. 1) [3]

$H(A, N B) \therefore H(B, N A)$ (mit $B \neq N C$, für beliebige C) **(II. 20)**

Beweis:

[1]	$H(A, N B), A \therefore N B$	(II. 2)
[2]	$H(A, N B), NN B \therefore N A$	(I. 2) [1]
[3]	$B \therefore NN B$	(I. 1)
[4]	$H(A, N B), B \therefore N A$	(I. 4)[3, 2]
[5]	$H(A, N B) \therefore H(B, N A)$	(II. 1) [4]

3. Regeln des disjunktiven und disjunktiv-hypothetischen Schließens:[258]

Modus ponendo tollens:

$D(A, B), A \therefore N B$ **(II. 21)**

Beweis:

[1]	$D(A, B) \therefore H(A, N B)$	(II. 3)
[2]	$H(A, N B), A \therefore N B$	(II. 2)
[3]	$D(A, B), A \therefore N B$	(I. 4) [2, 3]

---

[258] Nach der Systematik der stoischen Logik gehören die gemischten Schlüsse, bei denen eine nicht zusammengesetzte oder einfache Aussage ausschließlich aus zwei oder drei hypothetischen Prämissen gefolgert wird, zu den Syllogismen διὰ δύο τροπικῶν beziehungsweise zu den Syllogismen διὰ τριῶν τροπικῶν.

Modus tollendo ponens:

D (A, B), N A ∴ B (**II. 22**)

Beweis:

[1] D (A, B) ∴ H (N A, B) (II. 3)
[2] H (N A, B), N A ∴ B (II. 2)
[3] D (A, B), N A ∴ B (I. 4) [1, 2]

Scholium: Zu den fünf Syllogismen, welche die Stoiker für elementar, d. h. für gültig, aber 'unbeweisbar' hielten, gehören zwei Regeln, die (II. 21) und (II. 22) entsprechen. Nach stoischer Ansicht sind sie gültig aufgrund der Bedeutung der logischen Konstanten, die im Obersatz des disjunktiven Syllogismus vorkommt (siehe Frede, *Die stoische Logik*, S. 199). Man vermutet (aber es fehlen unzweideutige Belege dafür), daß die Stoiker mit dieser Ansicht nicht allein waren, daß vielmehr auch Aristoteles und die Megariker elementare disjunktive Syllogismen anerkannten; vgl. Frede, S. 16–18.

Destruktives Dilemma:

D (N B, N C), H (A, B), H (A, C) ∴ N A
(mit B ≠ N D und C ≠ N E, für beliebige D und E) (**II. 23**)

Beweis:

[1] D (N B, N C), NN C ∴ N B (II. 22)
[2] NN C, NN B ∴ ND (N B, N C) (I. 2) [1]
[3] H (A, B), A ∴ B (II. 2)
[4] B ∴ NN B (I. 1)
[5] H (A, B), A ∴ NN B (I. 4) [3, 4]
[6] H (A, C), A ∴ C (II. 2)
[7] C ∴ NN C (I. 1)
[8] H (A, C), A ∴ NN C (I. 4) [6, 7]
[9] H (A, B), H (A, C), A, A ∴ ND (N B, N C) (I. 5) [5, 8, 2]
[10] H (A, B), H (A, C), A ∴ ND (N B, N C) (II. 6) [9]
[11] H (A, B), H (A, C), NND (N B, N C) ∴ N A (I. 2) [10]
[12] D (N B, N C) ∴ NND (N B, N C) (I. 1)
[13] D (N B, N C), H (A, B), H (A, C) ∴ N A (I. 4) [12, 11]

Schwach konstruktives Dilemma:

H (A, B), H (C, B), D (A, C) ∴ NN B (**II. 24**)

Beweis:

§ 49. *Abgeleitete Regeln* 203

[1] $D(A, C), NC \therefore A$ (II. 22)
[2] $NA, NC \therefore ND(A, C)$ (I. 2) [1]
[3] $H(C, B), NB \therefore NC$ (II. 7)
[4] $H(A, B), NB \therefore NA$ (II. 7)
[5] $H(C, B), NB, H(A, B), NB \therefore ND(A, C)$ (I. 5) [3, 4, 2]
[6] $H(C, B), NB, H(A, B) \therefore ND(A, C)$ (II. 6) [5]
[7] $H(C, B), NND(A, C), H(A, B) \therefore NNB$ (I. 2) [6]
[8] $D(A, C) \therefore NND(A, C)$ (I. 1)
[9] $H(C, B), H(A, B), D(A, C) \therefore NNB$ (I. 4) [8, 7]

Konstruktives Dilemma:

$H(NA, A), H(A, A), D(NA, A) \therefore A$ **(II. 25)**

Beweis:

[1] $H(NA, A), NA \therefore A$ (II. 2)
[2] $NA, NA \therefore NH(NA, A)$ (I. 2) [1]
[3] $H(A, A), NA \therefore NA$ (II. 7)
[4] $H(A, A), NA, NA \therefore NH(NA, A)$ (I. 4) [3, 2]
[5] $H(A, A), NA \therefore NH(NA, A)$ (II. 6) [4]
[6] $H(A, A), NNH(NA, A) \therefore NNA$ (I. 2) [5]
[7] $D(A, NA), NNA \therefore A$ (II. 22)
[8] $NNH(NA, A), H(A, A), D(NA, A) \therefore A$ (I. 4) [6, 7]
[9] $H(NA, A) \therefore NNH(NA, A)$ (I. 1)
[10] $H(NA, A), H(A, A), D(NA, A) \therefore A$ (I. 4) [9, 8]

Scholium: Einen Anwendungsfall von (II. 25) findet man bei Aristoteles; siehe *Aristotelis Fragmenta*, ed. V. Rose, frag. 51: „Entweder sollten wir philosophieren, oder wir sollten es nicht. Wenn wir es sollten, dann sollten wir es. Wenn wir es nicht sollten, dann sollten wir es gleichfalls [weil wir anders nicht rechtfertigen könnten, daß wir es nicht sollten]. Also sollten wir in jedem Falle philosophieren."

Einfache disjunktive Konversion:

$D(A, B) \therefore D(B, A)$ **(II. 26)**

Beweis:

[1] $D(A, B) \therefore H(A, NB), H(NA, B), H(NB, A), H(B, NA)$ (II. 3)
[2] $H(B, NA), H(NB, A), H(NA, B), H(A, NB) \therefore D(B, A)$ (II. 3)
[3] $D(A, B) \therefore D(B, A)$ (I. 4) [1, 2]

Komplexe disjunktive Konversion:

D (D (A, B), NH (A, N B))
∴ D (D (B, A), NH (B, N A))) (mit B ≠ N C, für beliebige C)   **(II. 27)**

Beweis:

[1]   D (D (A, B), NH (A, N B))
      ∴ H (D (A, B), NNH (A, N B))   (II. 3)
[2]   D (D (A, B), NH (A, N B)), D (A, B) ∴ NNH (A, N B)   (II. 5) [1]
[3]   D (D (A, B), NH (A, N B))
      ∴ H (ND (A, B), NH (A, N B))   (II. 3)
[4]   D (D (A, B), NH (A, N B)), ND (A, B) ∴ NH (A, N B)   (II. 5) [3]
[5]   D (D (A, B), NH (A, N B))
      ∴ H (NNH (A, N B), D (A, B))   (II. 3)
[6]   D (D (A, B), NH (A, N B)), NNH (A, N B) ∴ D (A, B)   (II. 5) [5]
[7]   D (B, A) ∴ D (A, B)   (II. 26)
[8]   D (D (A, B), NH (A, N B)), D (B, A) ∴ NNH (A, N B)   (I. 4) [7, 2]
[9]   D (A, B) ∴ D (B, A)   (II. 26)
[10] ND (B, A) ∴ ND (A, B)   (I. 2) [9]
[11] H (A, N B) ∴ H (B, N A)   (II. 20)
[12] NH (B, N A) ∴ H (A, N B)   (I. 2) [11]
[13] NNH (A, N B) ∴ NNH (B, N A)   (I. 2) [12]
[14] D (D (A, B), NH (A, N B)), D (B, A) ∴ NNH (B, N A)   (I. 4) [8, 13]
[15] D (D (A, B), NH (A, N B)) ∴ H (D (B, A), NNH (B, N A))   (II. 1) [14]
[16] D (D (A, B), NH (A, N B)), ND (B, A) ∴ NH (A, N B)   (I. 4) [10, 4]
[17] D (D (A, B), NH (A, N B)) ∴ H (ND (B, A), NH (A, N B))   (II. 1) [16]
[18] D (D (A, B), NH (A, N B)), NNH (A, N B) ∴ D (B, A)   (I. 4) [6, 9]
[19] D (D (A, B), NH (A, N B)) ∴ H (NNH (A, N B), D (B, A))   (II. 1) [18]
[20] D (D (A, B), NH (A, N B))
      ∴ H (NH (A, N B), ND (A, B))   (II. 3)
[21] D (D (A, B), NH (A, N B)), NH (A, N B) ∴ ND (A, B)   (II. 5) [20]
[22] ND (A, B) ∴ ND (B, A)   (I. 2) [7]
[23] D (D (A, B), NH (A, N B)), NH (A, N B) ∴ ND (B, A)   (I. 4) [21, 22]
[24] D (D (A, B), NH (A, N B)) ∴ H (NH (A, N B), ND (B, A))   (II. 1) [23]
[25] H (D (B, A), NNH (B, N A)),
      H (ND (B, A), NH (A, N B)),
      H (NNH (A, N B), D (B, A)),
      H (NH (A, N B), ND (B, A))
      ∴ D (D (B, A), NH (B, N A))   (II. 3)
[26] D (D (A, B), NH (A, N B)),

$D\,(D\,(A, B), NH\,(A, N\,B))$,
$D\,(D\,(A, B), NH\,(A, N\,B))$,
$D\,(D\,(A, B), NH\,(A, N\,B))$
$\therefore D\,(D\,(B, A), NH\,(B, N\,A))$ (I. 4) [1, 3, 5, 24, 25]
[27] $D\,(D\,(A, B), NH\,(A, N\,B))$,
$\therefore D\,(D\,(B, A), NH\,(B, N\,A))$ (II. 6) [26]

§ 50. Konditionalisierung

1. Ableitung metalogischer Regeln

Sind A, B und C Formeln der deduktiven Logik, so gilt eine metalogische Regel, die dem folgenden Schema entspricht.

Regel der Konditionalisierung:

    $*, B \therefore C\,/\,* \therefore H\,(B, C)$ **(II. 28)**

Ableitung:

[1] $A_i, ..., A_k, B \therefore C\,/\,A_i, ..., A_k \therefore H\,(B, C)$ (II. 1)
[2] $*, B \therefore C\,/\,* \therefore H\,(B, C)$

Zeile [2] ergibt sich durch Substitution der leeren Prämissenmenge, die hier, wie im Folgenden, durch den Asterisk ›*‹ bezeichnet wird, für $A_i, ..., A_k$.[259] Diese Substitution ist erlaubt, da das durch ›$H\,(B, C)$‹ wiedergegebene regelmäßige Folgen nach § 43 Definition 3 auch dann eine notwendige Bedingung für das logische Folgen von C aus B ist, wenn dieses Folgen von sonstigen Prämissen unabhängig ist.

Scholium: Die Annahme, daß eine Aussage aus der leeren Prämissenmenge logisch folgt, ist gleichbedeutend mit der Annahme, daß diese

---

[259] Im Gebrauch dieser Notationsweise folge ich hier und im Folgenden Rudolf Carnap, *Die logische Syntax der Sprache*, Wien, 1934, § 31 und § 47. Die Rede von einer leeren Prämissenmenge ist vielleicht mißverständlich. Das Sternchen * soll andeuten, daß die vollständige Verwandlung eines Schlußschemas in ein Satzschema durch Konditionalisierung zum Abschluß gekommen ist. Ein solcher Abschluß kommt zustande, sobald alle Prämissenschemata, die dem konditionalisierten Schlußschema angehört haben, in (mehr oder weniger verschachtelte) ›Wenn‹-Sätze umgeformt worden sind. Mit anderen Worten: ›A folgt logisch aus der leeren Prämissenmenge‹ bedeutet dasselbe wie: ›A ist gültig, weil der Nachsatz C von A (= $H\,(B, C)$) aus dem Vordersatz B von A logisch folgt.‹

Aussage logisch gültig ist. Man darf daher, falls C aus B logisch folgt, zu ›*∴ $H(B, C)$‹ und von dort zu ›$H(B, C)$‹ übergehen.

Verallgemeinerte Regel der Konditionalisierung:

$A_1, A_i, ..., A_n \therefore B \, / \, {*}\therefore H(A_1, H(A_i, H(..., H(A_n, B))) ...)$
(mit $i \geq 1, n \geq i$) **(II. 29)**

Ableitung:

[1]	$A_1, A_i, ..., A_n \therefore B \, / \, A_1, ..., A_{n-1} \therefore H(A_n, B)$	(II. 1)
[2]	$A_1, ..., A_{n-1} \therefore H(A_n, B) \, /$	
	$A_1, ..., A_{n-2} \therefore H(A_{n-1}, H(A_n, B))$	(II. 1)
⋮		
[n]	$A_1 \therefore H(A_i, H(..., H(A_n, B))) ...) \, /$	(II. 1)
	$*\therefore H(A_1, H(A_i, H(..., H(A_n, B))) ...)$	
[n+1]	$A_1, A_i, ..., A_n \therefore B \, / \, {*}\therefore H(A_1, H(A_i, H(..., H(A_n, B))) ...)$	

Zeile [n+1] darf hier wegen der Transitivität der Reduzierbarkeitsbeziehung angefügt werden.

Scholium: Die verallgemeinerte Konditionalisierungsregel entspricht einem metalogischen Grundsatz, der nach Jan Łukasiewicz, 'Zur Geschichte der Aussagenlogik', *Erkenntnis 5* (1935), S. 115, schon ein stoischer Grundsatz war. Er muß allerdings stärker gewesen sein als (II. 29), da er besagt haben soll, daß ein Schluß *genau dann* gültig ist, wenn eine hypothetische Aussage wahr ist, deren Vordersatz aus der Konjunktion der Prämissen besteht und deren Nachsatz mit der Konklusion identisch ist. Das heißt: auch das konverse Gegenstück zur verallgemeinerten Regel der Konditionalisierung, d. h. (II. 30), muß von den Stoikern anerkannt worden sein. Man vergleiche dazu den Bericht bei Sextus Empiricus, *Adversus Mathematicos*, VIII, 415-423. Benson Mates hat in seinem Buch *Stoic Logic* (S. 74 ff. und Appendix A, ebenda, S. 106–8) den von Łukasiewicz herausgestellten stoischen Grundsatz mit dem verglichen, was er selbst *principle of conditionalization* genannt hat. Dieses Prinzip lautet: „Wenn eine Konklusion β in gültiger Weise ableitbar ist aus den Prämissen $\alpha_1, \alpha_2, ..., \alpha_n$, so ist die Konditionalaussage ›$(\alpha_1, \alpha_2, ..., \alpha_n) \supset \beta$‹ logisch wahr."[260] Mates betont freilich: (1) Die Stoiker haben ihr Prinzip immer als Äquivalenzbehauptung, nicht bloß als Bedingungssatz for-

---

[260] Mates, *Stoic Logic*, S. 74–75.

muliert; (2) die Kontexte, in denen das stoische Prinzip auftritt, sind immer Kontexte, in denen Sextus die Stoiker so interpretiert, als versuchten sie, ein Kriterium für die Gültigkeit von Schlüssen zu geben; (3) 'logisch wahr' ist durch einen anderen Ausdruck zu ersetzen – Mates schlägt vor: durch „Diodorian-true" – ; und (4) es ist kein Beleg dafür vorhanden, daß die Stoiker ihr Prinzip als Schlußregel verwendet haben. – Es wäre angebracht, noch einen fünften Hinweis zu geben, nämlich: (5) die Stoiker haben ›wenn ..., so ...‹ nicht im Sinne von ›... ⊃ ...‹ verstanden, d. h. nicht im Sinne von ›wenn ..., so ...‹ in Philonischer Bedeutung.[261] – Zur Frage, ob und auf welche Weise die Stoiker das, was Mates Konditionalisierungsprinzip genannt hat, verwendet haben, vergleiche man Frede, *Die stoische Logik*, S. 105-6.

Ich habe das Wort ›Konditionalisierungsprinzip‹ übernommen, um mit ihm etwas Anderes zu benennen als Mates, nämlich die durch (II. 1) wiedergegebene Regel. Weil von dieser Regel die übrigen Konditionalisierungsregeln (II. 5) und (II. 28) bis (II. 30) abhängen, halte ich die Abweichung von Mates' Bezeichnungsweise für zweckmäßig.

Dekonditionalisierung (das konverse Gegenstück zur verallgemeinerten Regel der Konditionalisierung):

$*\therefore H(A_1, H(A_i, H(..., H(A_n, B)))...) / *, A_1, A_i, ..., A_n \therefore B$
(mit $i \geq 1, n \geq i$) **(II. 30)**

Ableitung:

[1]	$*\therefore H(A_1, H(A_i, H(..., H(A_n, B)))...) /$	
	$A_1 \therefore H(A_i, H(..., H(A_n, B))...)$	(II. 5)
[2]	$A_1 \therefore H(A_i, H(..., H(A_n, B))...) /$	
	$A_1, A_i \therefore H(A_{i+1}, H(..., H(A_n, B))...)$	(II. 5)
⋮		
[n]	$A_1, A_i, ... A_{n-1} \therefore H(A_n, B) /$	
	$A_1, A_i, ... A_n \therefore B$	(II. 5)
[n+1]	$*\therefore H(A_1, H(A_i, H(..., H(A_n, B)))...) /$	
	$*, A_1, A_i, ... A_n \therefore B$	–

Zeile [n+1] darf wegen der Transitivität der Reduzierbarkeitsbeziehung angefügt werden.

---

[261] Siehe oben Scholium zu § 47 Definition 2.

2. Ableitung allgemeingültiger Satzschemata:

Durch Konditionalisierung gemäß (II. 28) kann jede allgemeingültige Regel der deduktiven Logik in eine Formel überführt werden, die bei geeigneter Interpretation zu einem geschachtelten hypothetischen Satz wird, der logisch gültig ist. Ich werde eine solche Formel im Folgenden ein ›allgemeingültiges Satzschema‹ nennen.

Sind A, B und C Formeln der deduktiven Logik, so sind die Ausdrücke (II. 31) bis (II. 33) allgemeingültige Satzschemata.

*∴ H (A, NN A) (mit A ≠ N B, für beliebige B)		**(II. 31)**

Beweis:

[1]	A ∴ NN A	(I. 1)
[2]	*, A ∴ NN A / *∴ H (A, NN A)	(II. 28)
[3]	*∴ H (A, NN A)	[2] [1]

Aus *Modus ponendo ponens* kann das folgende allgemeingültige Satzschema gewonnen werden:

*∴ H (A, H (H (A, B), B))	**(II. 32)**

Beweis:

[1]	A, H (A, B) ∴ B	(II. 2)
[2]	A ∴ H (H (A, B), B)	(I. 2) [1]
[3]	*∴ H (A, H (H (A, B), B))	(II. 28) [2]

Auch sehr viel kompliziertere allgemeingültige Satzschemata lassen sich aus *Modus ponendo ponens* herleiten, z. B. das folgende:

*∴ H (H (A, H (B, C)), H (H (A, B), H (A, C)))	**(II. 33)**

Beweis:

[1]	H (A, B), A ∴ B	(II. 2)
[2]	B, H (B, C) ∴ C	(II. 2)
[3]	H (A, H (B, C)), A ∴ H (B, C)	(II. 2)
[4]	H (A, B), H (B, C), A ∴ C	(I. 4) [1, 2]
[5]	H (A, H (B, C)), H (A, B), A, A ∴ C	(I. 4) [3, 4]
[6]	H (A, H (B, C)), H (A, B), A ∴ C	(II. 6) [5]
[7]	H (A, H (B, C)), H (A, B) ∴ H (A, C)	(II. 1) [6]
[8]	H (A, H (B, C)) ∴ H (H (A, B), H (A, C))	(II. 1) [7]
[9]	*∴ H (H (A, H (B, C)), H (H (A, B), H (A, C)))	(II. 28) [8]

§ 50. Konditionalisierung

Scholium: Angesichts der Formeln, die aus allgemeingültigen Regeln gewonnen werden können, zeigt sich ein interessanter Unterschied, der zwischen Formen geschachtelter hypothetischer Sätze einerseits und Formen analog geschachtelter Subjunktionen und Formen ebenso geschachtelter 'strenger Implikationen' besteht, wie sie von Wilhelm Ackermann eingeführt worden sind.[262]

Man vergleiche z. B. mit der Formel (II. 32) die beiden folgenden, ähnlich geschachtelten Ausdrücke, in denen der Pfeil, ›... → ...‹, die Beziehung der strengen Implikation andeutet:

$A \to ((A \to B) \to B)$,
$A \to (B \to A)$.

Nach Wilhelm Ackermann ist *keine* der beiden Formeln allgemeingültig. Würde ›... → ...‹ als Subjunktion gelesen, so wären *beide* Formeln allgemeingültig. Würde ›... → ...‹ als hypothetische Satzverknüpfung genommen, wäre die erste Formel gültig, die zweite nicht.

---

[262] Siehe Wilhelm Ackermann, 'Begründung einer strengen Implikation', *Journal of Symbolic Logic 21*, 1956, S. 113–128; sowie Hilbert & Ackermann, *Grundzüge*, S. 36–40.

DRITTER ABSCHNITT
KATEGORISCHE SYLLOGISTIK

1. Vorbemerkung

Die kategorische Syllogistik hat im Gegensatz zur hypothetischen und disjunktiven Syllogistik mit Regeln des Schließens nur aus logisch nicht zusammengesetzten Aussagen zu tun. Die Regeln des kategorischen Schließens beruhen daher nicht auf Definitionen, durch die die Bedeutung von Satzverknüpfungen festgelegt ist, sondern auf Definitionen, durch die die Bedeutung von Ausdrücken festgelegt ist, die zur logischen Verknüpfung von Begriffsausdrücken gebraucht werden.

2. Prinzipien

§ 51. *Notation*

In diesem Abschnitt werden die Zeichen weiterverwendet, die in § 42 und § 46 eingeführt wurden, außerdem kommen noch die folgenden Zeichen hinzu:

(1) Buchstabensymbole: ›α_1‹, ..., ›α_n‹ als Begriffsvariable (d. h. als Stellvertreter für Termini). Ich kürze ab, indem ich die ersten vier Begriffsvariable ›α_1‹, ›α_2‹, ›α_3‹ und ›α_4‹ durch ›α‹, ›β‹, ›γ‹ und ›δ‹ ersetze.

(2) Logische Konstanten: ›A (..., ...)‹, ›I (..., ...)‹, und ›$\underline{A}$ (..., ...)‹ für zweistellige Relationen, in deren Leerstellen Begriffsvariable auftreten, sowie ›^{N}...‹ zur Bezeichnung von Gegenbegriffen.

§ 52. *Definitionen*

1. A ist eine *Formel der kategorischen Syllogistik* genau dann, wenn A eine der folgenden Bedingungen erfüllt: (*a*) A gibt die Form eines universell, partikulär oder singulär bejahenden Satzes wieder, oder (*b*) A ist ein negationsfähiger Ausdruck (im Sinne von § 43) und gleich N B oder gleich NN C und B und C geben jeweils die Form eines universell, partikulär oder singulär bejahenden Satzes wieder.

Scholium: Kategorische Sätze sind keine Wahrheitsfunktionen, weil sie nicht auf einfachere Sätze zurückgeführt werden können oder sie als Sätze der Form N A keine wahrheitsfunktionale Verneinung enthalten. Das Wahrsein bejahender kategorischer Sätze besteht darin, daß sie auf die Gegenstände zutreffen, von denen sie handeln. Es setzt voraus, daß diese Gegenstände existieren oder jedenfalls einer *Zuschreibungswelt* im Sinne von § 20 angehören. Das Wahrsein verneinender kategorischer Sätze ist von einer solchen Voraussetzung unabhängig.[263]

2. A ist ein *universell bejahender Satz*, d. h. ein Satz der Form $A\,(\alpha, \beta)$ – in Worten: *Jedes β ist ein α* –, genau dann, wenn für jede Interpretation von α und β, nach der A ein wahrer oder falscher Satz ist, gilt: (1) A ist wahr genau dann, wenn β kein leerer Begriff ist (also irgendein Gegenstand, der unter den Begriff β fällt, jedenfalls ein β ist) und es außerdem zutrifft, daß, wenn irgendein Gegenstand – er falle unter einen beliebigen Begriff γ oder δ oder welchen Begriff auch immer – unter den Begriff β fällt, dieser in Rede stehende Gegenstand γ auch unter den Begriff α fällt; (2) A ist falsch genau dann, wenn $N\,A\,(=\,O\,(\alpha, \beta))$ wahr und $NN\,A\,(=\,N\,O\,(\alpha, \beta))$ falsch ist (so daß ein beliebiger Begriff – er heiße γ oder δ oder wie auch immer – gebildet werden kann, für den gilt: keiner der Gegenstände, die unter ihn fallen, fällt unter den Begriff α, aber es gibt einen Gegenstand, der unter ihn fällt, und dieser fällt unter den Begriff β, wenn es denn überhaupt einen Gegenstand gibt, der unter den Begriff β fällt).

---

[263] Ich mache hier Gebrauch von einem Gedanken, den ich im Dritten Abschnitt von Teil I (insbesondere in § 32) entwickelt habe, nämlich dem Gedanken, daß die allgemeine Form des kategorischen Satzes in der Sprache des Funktionenkalküls nicht wiedergegeben werden kann und daß sie gekennzeichnet werden muß durch das, was ich qualitative Existenzbindung genannt habe. Dieser Gedanke scheint mir auch mit der Auffassung des kategorischen Satzes bei Aristoteles vereinbar zu sein. Günther Patzig kann sich nicht auf den Aristoteles-Text stützen, wenn er schreibt: "Die Form des Satzes ›Das A kommt allen B zu‹ ist in der mathematischen Logik $(x)\,(Bx \supset Ax)$. Für Aristoteles ist das Subjekt dieses Satzes nicht die Allklasse der Individuen, sondern die Klasse der Individuen, von denen B gilt, also kurz die Klasse B. Und das Prädikat des Satzes ist das Prädikat A. Die Auffassung des Aristoteles unterscheidet sich also von der Auffassung der mathematischen Logik dadurch, daß bei Aristoteles das *universe of discourse* auf die Gegenstände eingeschränkt ist, von denen B gilt. Diese Einschränkung hat zur Folge, daß der aristotelische Satz zwar nicht in irgendeinem Falle wahr ist, in dem der Satz in der Auffassung der mathematischen Logik falsch ist, daß aber in einigen Fällen der Satz des Aristoteles weder wahr noch falsch, nämlich sinnlos ist, in denen er nach der Interpretation der mathematischen Logik wahr ist: dies ist er nämlich in allen den Fällen, in denen für x ein Individuum eingesetzt wird, das nicht der Klasse B angehört. Über diese sagt der aristotelische Satz überhaupt nichts; der Satz in der mathematischen Logik hingegen bleibt dann wahr: er behauptet ja nur, daß dem x das Prädikat A zukommt, *wenn* ihm das Prädikat B zukommt." G. Patzig, *Die aristotelische Syllogistik*, Göttingen, 1969, S. 47-8.

Korollarium zu Definition 2: Wenn ein Satz der Form $A\,(α, β)$ falsch ist, so daß $N\,A\,(α, β)$ wahr ist, so bedeutet dies nach Definition 2, daß $β$ ein leerer Begriff ist oder es nicht zutrifft, daß, wenn irgendein Gegenstand, der unter einen beliebigen Begriff $γ$ fällt, auch unter den Begriff $β$ fällt, dieser in Rede stehende Gegenstand $γ$ unter den Begriff $α$ fällt. Dies bedeutet: Wenn $N\,A\,(α, β)$ wahr ist, so kann ein Begriff $γ$ – z. B. der Begriff eines $β$, das nicht ein $α$ ist, – gebildet werden, für den gilt: Es gibt, falls $β$ kein leerer Begriff ist (so daß irgendein Gegenstand, der unter den Begriff $β$ fällt, ein $β$ ist), einen Gegenstand, der unter den Begriff $γ$ fällt, und dieser in Rede stehende Gegenstand $γ$ fällt dann auch unter den Begriff $β$, aber kein Gegenstand, der unter den Begriff $γ$ fällt, fällt unter den Begriff $α$.

Scholium: Definition 2 bestimmt die Bedeutung sowohl der logischen Konstante $A\,(…, …)$ als auch der logischen Konstante $O\,(…, …)$. Diese Bestimmung entspricht der Art und Weise, wie Aristoteles sie versteht. Die Bedeutung der Konstante $A\,(…, …)$ legt er mit den folgenden Worten fest (siehe *An. pr.* I. 1, 24 b 28–30): „Wir sagen ›[α] kommt allen [β] zu‹, wenn nichts (μηδὲν)[264] [kein β] herauszugreifen (λαβεῖν) ist, von dem der andere Terminus [α] nicht ausgesagt werden kann; und wir sagen ›[α] kommt keinem [β] zu‹, wenn Entsprechendes gilt: [wenn also kein β herauszugreifen ist, von dem α ausgesagt werden kann]." Was die Konstante $O\,(…, …)$ betrifft, so hat Michael Wedin, 'Negation and Quantification in Aristotle', *History and Philosophy of Logic,* 11, 1990, S. 134–135, auf den interessanten Umstand hingewiesen, daß Aristoteles nicht ›Irgendein S ist nicht P‹, sondern ›Nicht jedes S ist P‹ als kanonische Form des O-Satzes wählt und daß diese Wahl offenbar die Ansicht zum Ausdruck bringt, daß O-Sätze ohne 'existential import' auskommen, um wahr zu sein. Daß Aristoteles für diese Wahl noch ein zusätzliches Motiv hat, zeigt der Umstand, daß er die Form ›Irgendein S ist nicht P‹ ausdrücklich für die Form eines (quantitativ) unbestimmten (ἀδιόριστος) Satzes hält (*An. pr.* I. 4, 26 b 14–19), d. h. für die Form eines Satzes, der zugleich als O- und als E-Satz (nämlich als verneinter I-Satz) verstanden wer-

---

[264] Überliefert sind in den MSS die Lesarten μηδὲν τοῦ ὑποκειμένου und μηδὲν τῶν τοῦ ὑποκειμένου („nichts [kein γ], das zu dem Zugrundeliegenden [β] gehört" bzw. „keines der [γ], die zu dem Zugrundeliegenden [β]"). Ross folgt in seiner Ausgabe entgegen allen MSS Alexander von Aphrodisias, der den Text einer älteren Handschrift bringt, die diese Genitive wegläßt. Sie sind als sinnvoll kommentierende Zusätze zum Original aufzufassen.

den kann. Tatsächlich scheint Aristoteles die Form ›Irgendein S ist nicht P‹ als Form eines (quantitativ bestimmten) O-Satzes nur dort zu verwenden, wo aufgrund des Kontextes nicht nur feststeht, welche Quantität dem Satz zukommt, sondern auch feststeht, daß S existiert.[265]

3. A ist ein *partikulär bejahender Satz*, d. h. ein Satz der Form $I(\alpha, \beta)$ – in Worten: *Irgendein β ist ein α* – genau dann, wenn für jede Interpretation von α und β, nach der A ein wahrer oder falscher Satz ist, gilt: (1) A ist wahr genau dann, wenn irgendein Begriff (z. B. der Begriff eines α, das ein β ist,) – er heiße γ oder δ oder wie auch immer – gebildet werden kann, für den gilt: es gibt einen Gegenstand, der unter ihn fällt, und es trifft sowohl zu, daß dieser Gegenstand unter die Begriffe α und β fällt, als auch, daß jeder Gegenstand, der unter diesen Begriff fällt, unter die Begriffe α und β fällt; (2) A ist falsch genau dann, wenn $N A (= E(\alpha, \beta))$ wahr und $NN A$ falsch ist (so daß, wenn irgendein Gegenstand, der unter den Begriff γ oder δ oder welchen Begriff auch immer fällt, unter einen der Begriffe α und β fällt, dieser in Rede stehende Gegenstand nicht unter den anderen dieser beiden Begriffe fällt).

Korollarium zu Definition 3: Wenn ein Satz der Form $I(\alpha, \beta)$ wahr ist, so kann ein Begriff γ – zum Beispiel der Begriff eines β, das ein α ist, – gebildet werden,[266] so daß gilt: Unter den Begriff γ fällt irgendein Individuum, und dieses in Rede stehende Individuum mit dem Prädikat γ ist ein β, und es gibt kein γ, das nicht unter den Begriff α fällt. Wenn dagegen ein Satz der Form $I(\alpha, \beta)$ falsch ist, bedeutet dies

---

[265] Die mit dieser Beobachtung unverträgliche Meinung Hermann Weidemanns (siehe dessen Anmerkungen zu seiner Ausgabe von Aristoteles' Schrift Peri Hermeneias, in: *Aristoteles' Werke in deutscher Übersetzung*, Band 1, Teil 2, Berlin 1994, S. 208) Aristoteles nehme an, eine Aussage der Form ›nicht jedes S ist P‹ impliziere die Aussage ›irgendein S ist nicht P‹, beruht auf einer Übersetzung, die mir den Sinn von An. pr. I. 4, 26 b 15–16 nicht vollständig und daher entstellend wiederzugeben scheint. Dort ist von einer solchen Implikation nicht die Rede, sondern davon, daß, wenn eine quantitativ unbestimmte negative Prämisse (›B kommt irgendeinem C nicht zu‹) vorliegt, diese in beiden Bedeutungen (sowohl in der partikulären als auch in der universellen Bedeutung) wahr ist, so daß sie also wahr ist „sowohl, wenn B keinem C zukommt, als auch, wenn es nicht jedem C zukommt", und zwar „weil B irgendeinem C nicht zukommt" (ὅτι τινὶ οὐχ ὑπάρχει). Weidemann nimmt mit seiner Übersetzung, die den ὅτι-Satz als ›Daß‹-Satz wiedergibt, in Kauf, daß dieser redundant wird. Als ›Daß‹-Satz sagt dieser Satz aus, was schon durch einen vorangegangenen Satzteil, nämlich den Nominalausdruck τὸ [...] ὑπάρχειν ausgesagt wird.

[266] Zur exemplarischen Verdeutlichung setze man für α, β und γ der Reihe nach die Begriffswörter ›weiß‹, ›Pferd‹ und ›Schimmel‹ (›Weißpferd‹) ein.

nach Definition 3, daß ein Satz der Form $N\,I\,(\alpha, \beta)$ wahr ist und daß, wenn irgendein Individuum, das unter einen beliebigen Begriff γ fällt, auch unter einen der beiden Begriffe α und β fällt, dieses in Rede stehende Individuum γ dann nicht unter den anderen dieser beiden Begriffe fällt.

Scholium: Der letzte Satz des Korollariums zu Definition 3 setzt fest, worin die Bedeutung der logischen Konstante $E\,(..., ...)$ besteht. Diese Festsetzung entspricht der Erläuterung, mit der Aristoteles die Bedeutung dieser Konstanten erklärt. (Siehe *An. pr.* 1, 1, 24 b 28–30.)

4. A ist ein *singulär bejahender Satz*, d. h. ein Satz der Form $\underline{A}\,(\alpha, \beta)$ – in Worten: *Das in Rede stehende β ist ein α* –, genau dann, wenn für jede Interpretation von α und β, nach der A ein wahrer oder falscher Satz ist, gilt: (1) A ist wahr genau dann, wenn es irgendeinen Gegenstand β gibt, dem das Prädikat α zukommt, und dieser in Rede stehende Gegenstand derselbe ist wie derjenige Gegenstand β, von dem in $\underline{A}\,(\alpha, \beta)$ und im Kontext von $\underline{A}\,(\alpha, \beta)$ die Rede ist (falls es einen solchen Kontext gibt); (2) A ist falsch genau dann, wenn $N\,\underline{A}\,(=\underline{E}\,(\alpha, \beta))$ wahr oder β ein leerer Begriff ist.

Scholium: Imprädikative Sätze wie ›Es regnet‹ werden häufig als nicht-kategorische Sätze aufgefaßt, aber sie können in der Regel als Sätze verstanden werden, die verkappte singuläre kategorische Sätze sind. So handelt der Satz ›Es regnet‹ vom Wetter und sagt sinngemäß aus: ›Dieses Wetter – das Wetter, von dem gerade die Rede ist bzw. auf das gerade die Rede gebracht werden soll – ist ein Regenwetter.‹

5. A ist ein *limitativer Satz*, d. h. ein Satz der Form $Y\,(^{N}\alpha, \beta)$ (mit $Y = A$, $Y = I$ oder $Y = \underline{A}$) – in Worten: *Jedes bzw. irgendein bzw. das in Rede stehende β ist ein nicht-α* –, genau dann, wenn für jede Interpretation der Begriffsvariablen α und β, nach der A ein wahrer oder falscher Satz ist, gilt: (1) A ist wahr genau dann, wenn das Prädikat β kein leerer Begriff ist und $N\,Z\,(\alpha, \beta)$, mit $Z = I$, $Z = A$ oder $Z = \underline{A}$, ein wahrer Satz ist, dessen Quantität dieselbe ist wie die des Satzes $Y\,(^{N}\alpha, \beta)$, und (2) A ist falsch genau dann, wenn $N\,A$ wahr oder β ein leerer Begriff ist.

§ 53. *Grundregeln*

Die Grundregeln, aus denen alle Regeln der kategorischen Syllogistik abzuleiten sind und die in diesem Paragraphen abgehandelt werden, beruhen auf den durch die in § 52 aufgestellten Definitionen festgelegten Bedeutungen der logischen Konstanten $A(\ )$, $I(\ )$, $\underset{.}{A}(\ )$ und $^N....$ Genauer: Die Regel (III. 1) entspricht Definition 2 (1). Die Regeln (III. 2) und (III. 3) entsprechen Satz 2 bzw. Satz 1 im Korollarium zu Definition 3. Regel (III. 4) entspricht dem Korollarium zu Definition 2. Regel (III. 5) entspricht Definition 1 (2), Regel (III. 6) Definition 3 (2). Die Gültigkeit von (III. 7) geht aus Definition 4 hervor, während sich die Gültigkeit der Regeln (III. 8) bis (III. 10) aus Definition 5 ergibt.

Sind α, β und γ Begriffsvariable, so gelten die Regeln (III. 1) und (III. 2) (vgl. Aristoteles, *An. pr.* I. 1, 24 b 28–30):

Dictum de omni:

$$A(\alpha, \beta) :: I(\beta, \beta), H(I(\beta, \gamma), \underset{.}{A}(\alpha, \gamma)) \tag{III. 1}$$

Dictum de nullo:

$$N I(\alpha, \beta) :: H(I(\beta, \gamma), N \underset{.}{A}(\alpha, \gamma)) \tag{III. 2}$$

Die Regeln (III. 1) und (III. 2) bleiben auch dann gültig, wenn die Begriffsvariable γ an allen Stellen ihres Vorkommens in den Formeln, die diese Regeln wiedergeben, ersetzt wird.

Es sei γ eine Variable, die in keiner Prämissenformel der Zeilen eines Beweises vorkommt, die der Zeile vorangehen, in der eine der beiden folgenden Formeln (III. 3) und (III. 4) steht. Dann und nur dann bringt diese Formel eine gültige Regel zum Ausdruck:

Erste Expositionsregel:

$$I(\alpha, \beta) \therefore A(\alpha, \gamma), \underset{.}{A}(\beta, \gamma) \tag{III. 3}$$

Zweite Expositionsregel:

$$N A(\alpha, \beta) \therefore N I(\alpha, \gamma), H(I(\beta, \beta), \underset{.}{A}(\beta, \gamma)) \tag{III. 4}$$

Scholium: Es fällt auf, daß Ähnlichkeiten bestehen zwischen der Art, wie Aristoteles die von ihm als ἔκθεσις („Exposition") bezeichnete Operation beschreibt, und der Art, wie er in *An. pr.* I. 1, 24 b 28–30 zum Ausdruck bringt, was die logischen Konstanten ›kommt allen zu‹ und ›kommt keinem zu‹ bedeuten. Zur Erklärung dieser Bedeutung benutzt er nämlich dasselbe griechische Wort für „herausgreifen" (λαβεῖν), das er auch für das expositorische Verfahren gebraucht. Er schreibt in *An. pr.* I. 1, 24 b 28–30: „Wir sagen ›[α] kommt allen [β] zu‹, wenn keines von den [γ], die zu dem zugrunde liegenden [β] gehören, (μηδὲν τῶν τοῦ ὑποκειμένου)[267] herauszugreifen (λαβεῖν) ist, von dem der andere Terminus [α] nicht ausgesagt werden kann; und wir sagen ›[α] kommt keinem [β] zu‹, wenn Entsprechendes gilt: [wenn also kein γ herauszugreifen ist, von dem α ausgesagt werden kann]." Was hier gemeint ist, dürfte sich zwanglos aus *An. pr.* I. 41 ergeben. Dort (49 b 14–32) sagt er etwas mehr über die Bedeutung von ›α kommt allen β zu‹. Er sagt, ›$A(α, β)$‹ bedeute: „Das α kommt allem zu, dem allem β zukommt."[268] Diese Aussage kann auf folgende Weise paraphrasiert werden: Wenn man nur *irgendein* Exemplar derjenigen Gegenstände, denen das Prädikat β zukommt, herausgreift und z. B. als ein γ bezeichnet (so daß zutrifft: $I(β, γ)$), so gilt unter der Voraussetzung, daß $A(α, β)$ zutrifft, sogleich auch, daß *dieses* γ ein α ist. Das heißt: ›$A(α, β)$‹ bedeutet, daß kein Begriff, z. B. kein Begriff γ, gebildet werden kann, für den nicht zugleich gelten würde: Wenn *irgendein* γ ein β ist, so ist *dieses* γ ein α; symbolisch ausgedrückt: $A(α, β) \therefore H(I(β, γ), A(α, γ))$. Dies entspricht dem *Dictum de omni* in der obigen Formulierung (III. 1).

Kontradiktionsregeln des logischen Quadrats:

$NN A(α, β) \therefore A(α, β)$ (III. 5)

$NN I(α, β) \therefore I(α, β)$ (III. 6)

Die Regeln (III. 5) und (III. 6) nenne ich Kontradiktionsregeln, da sie gleichbedeutend sind mit Regeln, die zusammen mit bestimmten anderen Regeln zum Ausdruck bringen, daß zwei Sätze der Form $N A(α, β)$ und $A(α, β)$ bzw. zwei Sätze der Form $N I(α, β)$ und $I(α, β)$ sich zueinander kontradiktorisch verhalten. Diese anderen Regeln brauchen nicht ausdrücklich als Grundregeln eingeführt zu werden, da sich ihre Gültigkeit aus der Gültigkeit allgemeinerer Grundregeln ergibt. Es handelt sich hier um die konversen Gegenstücke zu (III. 5) und (III. 6), nämlich um

(1) $A(α, β) \therefore NN A(α, β)$ und

(2) $I(α, β) \therefore NN I(α, β)$,

also um unmittelbare Anwendungsfälle der Regel (I. 1), aus denen – aufgrund von (I. 4) – in Verbindung mit (III. 5) bzw. (III. 6) sogleich die Regeln $A(α, β) \therefore A(α, β)$ bzw. $I(α, β) \therefore I(α, β)$ ableitbar sind.

---

[267] Vergleiche oben Fußnote 264.

[268] So Günther Patzigs Übersetzung dieser Stelle in der zweiten Auflage seines Buches *Die aristotelische Syllogistik*, 1963, S. 43, Fußnote 1.

§ 53. Grundregeln

Aus diesen wiederum ergeben sich – aufgrund von (I. 2) – die beiden folgenden Regeln:

(3) $N A (\alpha, \beta) \therefore N A (\alpha, \beta)$ und
(4) $N I (\alpha, \beta) \therefore N I (\alpha, \beta)$.

Nimmt man ›$E (\alpha, \beta)$‹ und ›$O (\alpha, \beta)$‹ als Abkürzungen für ›$N I (\alpha, \beta)$‹ bzw. ›$N A (\alpha, \beta)$‹, so lassen sich (3) und (4) als Ausdrücke verstehen, die vier Kontradiktionsregeln des logischen Quadrats zusammenfassen; ihnen entsprechen die folgenden Formeln:

$N A (\alpha, \beta) :: O (\alpha, \beta)$ und
$N I (\alpha, \beta) :: E (\alpha, \beta)$.

Die restlichen Kontradiktionsregeln des logischen Quadrats, d. h.

$N O (\alpha, \beta) :: A (\alpha, \beta)$ und
$N E (\alpha, \beta) :: I (\alpha, \beta)$,

sind nur Umformungen der Regeln (III. 5) bzw. (III. 6) bzw. von deren konversen Gegenstücken (1) und (2).

Subalternation im schwachen logischen Quadrat:

$A (\alpha, \beta) \therefore I (\alpha, \beta)$ **(III. 7)**

Was die übrigen Regeln des logischen Quadrats betrifft, so können sie allesamt als abgeleitete Regeln der kategorischen Syllogistik aufgefaßt werden (siehe unten § 54).

Grundregeln des limitativen Satzes:

$A (^N\alpha, \beta) \therefore N I (\alpha, \beta)$ **(III. 8)**
$I (^N\alpha, \beta) \therefore N A (\alpha, \beta)$ **(III. 9)**
$A (^N\alpha, \beta) \therefore N A (\alpha, \beta)$ **(III. 10)**

Nach diesen Regeln folgt logisch ein verneinender Satz aus einem limitativen Satz gleicher Quantität, wenn die Subjektbegriffe beider Sätze übereinstimmen und der Prädikatbegriff des limitativen Satzes der Gegenbegriff des Prädikatbegriffs im verneinenden Satz ist (siehe auch Aristoteles, *An. pr.* I. 46, 51 b 41 – 52 a 5. Im Übrigen ändert sich an der Gültigkeit eines Schlusses nichts, wenn in ihm ein positiver Begriffsausdruck an allen Stellen seines Vorkommens durch einen negativen Begriffsausdruck der Form $^N\alpha$ ersetzt wird.

3. Abgeleitete Regeln

§ 54. Regeln des starken und schwachen logischen Quadrats

Mit der Einteilung der Regeln des logischen Quadrats, die Aristoteles in *De Interpretatione* 7 und *Analytica priora* II. 15 behandelt, in Grundregeln ((III. 5) bis (III. 7)) und abgeleitete Regeln ((III. 11) bis (III. 16)) beanspruche ich nicht, eine aristotelische Einteilung wiederzugeben. Allerdings ist anzunehmen, daß die sechs Regeln, die ich hier zur Ableitung der Regeln (III. 11) bis (III. 16) benutze, Aristoteles bekannt gewesen sind. Dies sind die Regeln (I. 1), (I. 2), (I. 4), (I. 5), (II. 2) und (II. 6). Was die Regel (I. 1) angeht, handelt es sich bei ihr der Sache nach lediglich um eine Zusammenfassung von Regeln des logischen Quadrats. Was die Bekanntschaft des Aristoteles mit der Regel des *Modus ponendo ponens* (II. 2) angeht, so verweise ich auf meine Anmerkung zu dieser Regel in § 48.[269] Was seine Bekanntschaft mit den vier metalogischen Regeln (I. 2), (I. 4), (I. 5) und (II. 6) angeht, so ist zwar die Befolgung der syllogistischen Beweismethode, und damit im allgemeinen der Gebrauch metalogischer Regeln in der Schule des Aristoteles gut belegt (siehe oben § 41), es fehlt aber an Untersuchungen, die der Frage nachgehen, in welcher Weise und in welchem Umfang die *Analytiken* des Aristoteles deutliche Spuren der Anwendung dieser Regeln erkennen lassen. Dies gilt insbesondere für die Anwendung der aus dem synthetischen Theorem, d. h. der Peripatetischen Kettenschlußregel (I. 3), folgenden Regeln (I. 4) und (I. 5) sowie der Idempotenzregel (II. 6). Die Regel (I. 2) wird von Aristoteles ausdrücklich unter dem Namen der ἀπαγωγὴ εἰς τὸ ἀδύνατον verwendet.

1. Subordinationsregel:

$A(\alpha, \beta) \therefore \underline{A}(\alpha, \beta)$ (III. 11)

Beweis:

[1] $A(\alpha, \beta) \therefore I(\beta, \beta)$ (III. 1)
[2] $A(\alpha, \beta) \therefore H(I(\beta, \beta), \underline{A}(\alpha, \beta))$ (III. 1)

---

[269] Obwohl Theodor Ebert meint, daß der *Modus ponendo ponens* für Aristoteles „kein gültiger *syllogistischer* Modus" ist (Ebert & Nortmann, *Aristoteles, Analytica priora, Buch I*, S. 329), nimmt auch er an, daß Aristoteles in seiner Syllogistik von dieser Schlußform Gebrauch macht. Er führt den Umstand, daß Aristoteles auf diesen Gebrauch nicht ausdrücklich hinweist, auf „die Selbstverständlichkeit dieser Folgerung" zurück (S. 329).

§ 54. *Regeln des logischen Quadrats* 219

[3] H (I (β, β), A (α, β)), I (β, β) ∴ A (α, β) (II. 2)
[4] A (α, β), A (α, β) ∴ A (α, β) (I. 6) [1, 2, 3]
[5] A (α, β) ∴ A (α, β) (II. 6) [4]

2. Abgeleitete Regeln des schwachen logischen Quadrats:

Subalternation:

N A (α, β) ∴ N A (α, β) **(III. 12)**

Beweis:

[1] A (α, β) ∴ A (α, β) (III. 11)
[2] N A (α, β) ∴ N A (α, β) (I. 2) [1]

(III. 12) ist das negative Gegenstück zur Subalternationsregel (III. 7). Sofern ›N A (α, β)‹ durch ›E (α, β)‹ und ›N A (α, β)‹ durch ›O (α, β)‹ abgekürzt werden kann, bringt die Regel (III. 12) zum Ausdruck, daß sich ein Satz der Form O (α, β) subaltern verhält zu einem Satz der Form E (α, β).

Kontrarietät:

Der Umstand, daß zwischen A (α, β) und N A (α, β) ein konträres Verhältnis besteht, so daß zwei Sätze dieser Form beide falsch, aber nicht beide wahr sein können, ergibt sich unmittelbar daraus, daß NN A (α, β) nach Regel (I. 1) aus A (α, β) logisch folgt und nach § 52 Definition 4 (2) A (α, β) falsch ist, wenn N A (α, β) wahr ist, aber sowohl A (α, β) als auch N A (α, β) falsch sind, falls β ein leerer Begriff ist.

3. Abgeleitete Regeln des starken logischen Quadrates.

Subalternation:

A (α, β) ∴ I (α, β) **(III. 13)**

Beweis:

[1] A (α, β) ∴ A (α, β) (III. 11)
[2] A (α, β) ∴ I (α, β) (III. 7)
[3] A (α, β) ∴ I (α, β) (I. 4) [1, 2]

$NI(\alpha, \beta) \therefore NA(\alpha, \beta)$ (III. 14)

Beweis:

[1] $A(\alpha, \beta) \therefore I(\alpha, \beta)$ (III. 13)
[2] $NI(\alpha, \beta) \therefore NA(\alpha, \beta)$ (I. 2) [1]

In (III. 14) sind drei weitere Regeln des logischen Quadrats zusammengefaßt, die sogleich voneinander unterscheidbar werden, falls man ›$NI(\alpha, \beta)$‹ durch ›$E(\alpha, \beta)$‹ und ›$NA(\alpha, \beta)$‹ durch ›$O(\alpha, \beta)$‹ ersetzt. Es sind die Subalternationsregeln

$E(\alpha, \beta) \therefore O(\alpha, \beta)$,
$NI(\alpha, \beta) \therefore O(\alpha, \beta)$ und
$E(\alpha, \beta) \therefore NA(\alpha, \beta)$.

Subkontrarietät:

$NNA(\alpha, \beta) \therefore I(\alpha, \beta)$ (III. 15)

Beweis:

[1] $NI(\alpha, \beta) \therefore NA(\alpha, \beta)$ (III. 14)
[2] $NNA(\alpha, \beta) \therefore NNI(\alpha, \beta)$ (I. 2) [1]
[3] $NNI(\alpha, \beta) \therefore I(\alpha, \beta)$ (III. 6)
[4] $NNA(\alpha, \beta) \therefore I(\alpha, \beta)$ (I. 4) [2, 3]

Kontrarietät:

$A(\alpha, \beta) \therefore NNI(\alpha, \beta)$ (III. 16)

Beweis:

[1] $A(\alpha, \beta) \therefore NNA(\alpha, \beta)$ (I. 1)
[2] $NI(\alpha, \beta) \therefore NA(\alpha, \beta)$ (III. 14)
[3] $NNA(\alpha, \beta) \therefore NNI(\alpha, \beta)$ (I. 2) [2]
[4] $A(\alpha, \beta) \therefore NNI(\alpha, \beta)$ (I. 4) [1, 3]

Scholium: Die Regel, welche die Kontrarietät von $\underset{\sim}{A}(\alpha, \beta)$ und $N\underset{\sim}{A}(\alpha, \beta)$ anzeigt, nämlich

$\underset{\sim}{A}(\alpha, \beta) \therefore NN\underset{\sim}{A}(\alpha, \beta)$,

bedarf keiner Ableitung, da sie auf der unmittelbaren Anwendung von (I. 1) beruht. Der Umstand, daß das Verhältnis zwischen $\underset{\sim}{A}(\alpha, \beta)$ und $N\underset{\sim}{A}(\alpha, \beta)$ nicht kontradiktorisch ist, ergibt sich aus der Ungültigkeit der Regel $NN\underset{\sim}{A}(\alpha, \beta) \therefore \underset{\sim}{A}(\alpha, \beta)$.

§ 55. Konversionsregeln

1. Einfache Konversion (*conversio simplex*):

Konversion von *E*-Sätzen (mit *E* = *N I*):

$N I (\alpha, \beta) \therefore N I (\beta, \alpha)$ **(III. 17)**

Beweis:

[1]	$I (\beta, \alpha) \therefore A (\alpha, \gamma), A (\beta, \gamma)$	(III. 3)
[2]	$A (\beta, \gamma) \therefore I (\beta, \gamma)$	(III. 13)
[3]	$I (\beta, \alpha) \therefore I (\beta, \gamma)$	(I. 4) [1, 2]
[4]	$N A (\alpha, \gamma) \therefore N I (\beta, \alpha)$	(I. 2) [1]
[5]	$N I (\alpha, \beta) \therefore H (I (\beta, \gamma), N A (\alpha, \gamma))$	(III. 2)
[6]	$N I (\alpha, \beta), I (\beta, \gamma) \therefore N A (\alpha, \gamma)$	(II. 5) [5]
[7]	$N I (\alpha, \beta), I (\beta, \gamma) \therefore N I (\beta, \alpha)$	(I. 4) [6, 4]
[8]	$N I (\alpha, \beta), I (\beta, \alpha) \therefore N I (\beta, \alpha)$	(I. 4) [3, 7]
[9]	$N I (\alpha, \beta) \therefore H (I (\beta, \alpha), N I (\beta, \alpha))$	(II. 1) [8]
[10]	$H (I (\beta, \alpha), N I (\beta, \alpha)) \therefore N I (\beta, \alpha)$	(II. 9)
[11]	$N I (\alpha, \beta) \therefore N I (\beta, \alpha)$	(I. 4) [9, 10]

Hier handelt es sich um einen (indirekten) Beweis durch *Reductio ad impossibile* (nach Regel (I. 2)), Exposition (III. 3) und durch *Peritrope* (II. 9). Auch Aristoteles nimmt an (*An. pr.* I, 2, 25 a 15–17), daß (III. 17) indirekt, und zwar durch Exposition (wie in Zeile [1] nach Regel (III. 3)), zu beweisen ist und daß dieser Beweis nicht wie der folgende kürzere Beweis die Gültigkeit von (III. 18) schon voraussetzt.

[1]	$I (\beta, \alpha) \therefore I (\alpha, \beta)$	(III. 18)
[2]	$N I (\alpha, \beta) \therefore N I (\beta, \alpha)$	(I. 2) [1]

Konversion von *I*-Sätzen:

$I (\beta, \alpha) \therefore I (\alpha, \beta)$ **(III. 18)**

Beweis:

[1]	$I (\beta, \alpha) \therefore A (\alpha, \gamma), A (\beta, \gamma)$	(III. 3)
[2]	$N I (\alpha, \beta) \therefore H (I (\beta, \gamma), N A (\alpha, \gamma))$	(III. 2)
[3]	$N I (\alpha, \beta), I (\beta, \gamma) \therefore N A (\alpha, \gamma)$	(II. 5) [2]
[4]	$A (\beta, \gamma) \therefore I (\beta, \gamma)$	(III. 13)
[5]	$N I (\alpha, \beta), A (\beta, \gamma) \therefore N A (\alpha, \gamma)$	(I. 4) [3, 4]
[6]	$NN A (\alpha, \gamma), A (\beta, \gamma) \therefore NN I (\alpha, \beta)$	(I. 2) [5]

[7]	$A(\alpha, \gamma) \therefore NN\,A(\alpha, \gamma)$	(I. 1)
[8]	$A(\alpha, \gamma), A(\beta, \gamma) \therefore NN\,I(\alpha, \beta)$	(I. 4) [6, 7]
[9]	$NN\,I(\alpha, \beta) \therefore I(\alpha, \beta)$	(III. 6)
[10]	$A(\alpha, \gamma), A(\beta, \gamma) \therefore I(\alpha, \beta)$	(I. 4) [8, 9]
[11]	$I(\beta, \alpha) \therefore I(\alpha, \beta)$	(I. 4) [1, 10]

Die in Zeile [10] abgeleitete Regel unterscheidet sich vom *Modus Darapti* (III. 30) dadurch, daß sie nicht nur universelle Prämissen ins Spiel bringt. Die Gültigkeit von (III. 17) setzt daher nicht, wie manchmal angenommen wird, die Gültigkeit von *Darapti* voraus.

Theodor Ebert setzt bei seiner Rekonstruktion des aristotelischen Beweises der Gültigkeit der *I*-Konversion die Konvertierbarkeit von *E*-Sätzen voraus. Bei seiner Rekonstruktion des (indirekten) Beweises der Konvertierbarkeit der *E*-Sätze führt er aber eine *I*-Konversion aus, aufgrund der Annahme, daß *I*-Sätze die Form $(\exists x)(A\,x\,\&\,B\,x)$ haben und wegen der Kommutativität der &-Relation konvertierbar sind (siehe Ebert & Nortmann, *Aristoteles, Analytica priora*, Buch I, S. 235–238). Aristoteles vermeidet nach dieser Rekonstruktion nur dadurch einen Zirkel im Gültigkeitsbeweis für die *E*-Konversion, daß er (anders als es in seinem Text steht) zwei verschiedene Beweise für die Gültigkeit der *I*-Konversion führt und sich dabei einer Theorie (nämlich der modernen Quantifikationstheorie) bedient, die er nicht kennen konnte. Der indirekte Beweis für die Gültigkeit der *I*-Konversion erscheint nach dieser Rekonstruktion als unnötiger Umweg.

2. Konversion von *A*-Sätzen *per accidens*:

$A(\alpha, \beta) \therefore I(\beta, \alpha)$ **(III. 19)**

Beweis:

[1]	$A(\alpha, \beta) \therefore I(\alpha, \beta)$	(III. 13)
[2]	$N\,I(\beta, \alpha) \therefore N\,I(\alpha, \beta)$	(III. 17)
[3]	$NN\,I(\alpha, \beta) \therefore NN\,I(\beta, \alpha)$	(I. 2) [2]
[4]	$I(\alpha, \beta) \therefore NN\,I(\alpha, \beta)$	(I. 1)
[5]	$NN\,I(\beta, \alpha) \therefore I(\beta, \alpha)$	(III. 6)
[6]	$I(\alpha, \beta) \therefore I(\beta, \alpha)$	(I. 4) [4, 3, 5]
[7]	$A(\alpha, \beta) \therefore I(\beta, \alpha)$	(I. 4) [1, 6]

Scholium: Die drei Konversionsregeln werden bei Aristoteles in derselben Reihenfolge wie oben bewiesen, auch in derselben Weise, nämlich indirekt. [270]

Da universell verneinende Sätze konvertierbar sind, läßt sich einfach durch *Subalternation* beweisen, daß auch die Regel $N\,I\,(\alpha,\,\beta)\,\therefore\,N\,A\,(\beta,\,\alpha)$ gültig ist. Dieser Umstand erlaubt es natürlich nicht, zu sagen, auch *partikulär* verneinende Sätze seien konvertierbar. Konvertierbar sind vielmehr nur *E-*, *I-* und *A*-Sätze, davon letztere nur *per accidens*. Dies dürfte der schlichte Grund dafür sein, daß Aristoteles nur *drei* Regeln als Konversionsregeln in Betracht zieht. Ebert sieht diesen Grund dagegen darin, daß Aristoteles „die Konvertierbarkeit von *BeA* zu *AoB*" für die Gültigkeitsbeweise gültiger Modi in der zweiten und dritten Figur nicht benötigt habe (Ebert & Nortmann, *Aristoteles, Analytica priora, Buch I*, S. 238-9). Sachgemäßer wäre es, zu sagen: Aristoteles hat für *diese* Gültigkeitsbeweise nicht die einfache Konversion negativer universeller Sätze (III. 17) (mit anschließender Subalternation) benötigt.

§ 56. Kategorische Syllogismen

1. Vollkommene Syllogismen:

Die Bezeichnung ›vollkommene Syllogismen‹ entspricht einer Klassifikation von Schlußregeln, die auf Aristoteles zurückgeht.[271] Unter modernen Aristoteles-Interpreten herrscht die Meinung vor, die Vollkommenheit von Syllogismen bestehe nach Aristoteles in ihrer 'Evidenz', und diese Evidenz bewirke, daß eine Ableitung aus tieferliegenden Prinzipien (wie es das *Dictum de omni* (III. 1) und das *Dictum de nullo* (III. 2) sind) weder nötig noch möglich sei. Für Robin Smith steht es außer Frage, daß Aristoteles mit seiner Unterscheidung zwischen vollkommenen und unvollkommenen Syllogismen nichts anderes vor Augen habe als „the difference between a valid and an *evidently* valid argument".[272] Günther Patzig hat

---

[270] Zur Beweisrekonstruktion s. Michael Wolff, 'Prinzipien und expositorische Beweise in Aristoteles' Syllogistik,' *Philosophiegeschichte und logische Analyse*, 1, 1998, S. 131–170.

[271] Die Ansicht, daß Syllogismen für Aristoteles nicht Sätze, sondern Regeln sind, auch wenn er sie oft nur durch ›Wenn-so‹-Sätze wiedergibt, ist zwar von Łukasiewicz und anderen bestritten worden, läßt sich aber mit guten Gründen verteidigen. Hierzu siehe Ebert & Nortmann, *Aristoteles. Analytica priora. Buch I*, S. 220–225.

[272] Aristotle, *Prior Analytics*, translated, with introduction, notes, and commentary by Robin Smith, Indianapolis: Hackett, 1989, S. 110.

für diese Auslegung auch eine Begründung zu liefern versucht.²⁷³ Was ein vollkommener Syllogismus nach Aristoteles sei, faßt er mit folgenden Worten zusammen:

> „[...] ein vollkommener Schluß ist ein Schluß, bei dem die definierte Notwendigkeit nicht nur vorliegt, sondern 'erscheint' oder einleuchtet, während ein unvollkommener Schluß diese Notwendigkeit zwar auch besitzt, aber noch gewisser Operationen bedarf, um diese Notwendigkeit auch 'erscheinen' oder einleuchten zu machen. Mit einem Wort: Vollkommene Schlüsse sind *evidente* Schlüsse. Entsprechend nennt Aristoteles die 'vollkommenen' Schlüsse auch 'offenbare' Schlüsse."²⁷⁴

Diese Meinung kann sich allerdings nicht auf den Aristoteles-Text stützen. Nach der einschlägigen Definition des vollkommenen Syllogismus in 1. 1, 24 b 22–26 unterscheiden sich nämlich vollkommene von unvollkommenen Syllogismen nicht durch Evidenz, auch nicht durch einen höheren Evidenzgrad, sondern nur dadurch, daß sie, „um evident zu sein" (πρὸς τὸ φανῆναι), „nichts Anderes benötigen über das hinaus, was [mit ihren Prämissen] bereits angenommen worden ist" (παρὰ τὰ εἰλημμένα).²⁷⁵ M. a. W.: Vollkommen ist ein Syllogismus dann, wenn seine Gültigkeit (d. h. wenn die Notwendigkeit, mit der aus seinen Prämissen seine Konklusion folgt,) eingesehen werden kann, ohne daß (wie es bei unvollkommenen Syllogismen nötig ist) *mehr* in Betracht zu ziehen ist, als was mit ihren als wahr angenommenen Prämissen und ihrer Bedeutung vorliegt.

Diese Erklärung des vollkommenen Syllogismus schließt natürlich nicht nur nicht aus, sondern sieht geradezu vor, daß die Gültigkeit auch der vollkommenen Syllogismen aufgrund tieferer Prinzipien bewiesen werden kann. Aber dieser Gültigkeitsbeweis muß sich wesentlich von dem eines unvollkommenen Syllogismus unterscheiden. Unvollkommene Syllogismen werden von Aristoteles durch *Reductio ad impossibile* (nach Regel (I. 2)), durch Exposition (nach Regel (III. 3) oder (III. 4)) oder durch Konversion (nach einer der Regeln (III. 17) bis (III. 19)) bewiesen. Alle diese Beweise beruhen darauf, daß von einer Annahme Gebrauch gemacht wird, die *nicht* zu den Prämissen des jeweils zu beweisenden Syllogismus

---

²⁷³ Siehe Patzig, *Die aristotelische Syllogistik*, 1969, S. 51–93.
²⁷⁴ Ebenda, S. 54.
²⁷⁵ *An. pr.* I. 1, 24 b 22–26: „Einen vollkommenen Schluß nenne ich den, der [über das Angenommene hinaus] keines anderen bedarf, um das Notwendige [am Ergebnis der Argumentation] einsichtig zu machen (πρὸς τὸ φανῆναι τὸ ἀναγκαῖον); einen unvollkommenen Schluß [dagegen nenne ich] den, der dazu noch [zusätzlich] einer oder mehrerer [Annahmen] bedarf, die zwar [implizit] notwendig sind wegen der zugrundeliegenden Termini, aber durch die Prämissen selbst nicht [explizit] angenommen sind."

§ 56. Kategorische Syllogismen

gehört. Denn: Um einen Beweis durch *Reductio ad impossibile* führen zu können, muß man eine Annahme ins Spiel bringen, die nicht zu den Prämissen des zu beweisenden Syllogismus gehört; vielmehr handelt es sich um eine Annahme, die das kontradiktorische Gegenteil der Konklusion des zu beweisenden Syllogismus ist und aus der in Verbindung mit einer seiner Prämissen gerade das kontradiktorische Gegenteil der anderen Prämisse folgt. Auch Expositionsbeweise lassen sich nur durch Einführung einer Zusatzannahme führen, denn mit der Anwendung von einer der Expositionsregeln (III. 3) und (III. 4) ist die Einführung einer Begriffsvariablen verbunden, die unter den Variablen der zu beweisenden Schlußregel selbst gar nicht vorkommt. Schließlich beruhen auch Konversionen auf der Einführung einer Zusatzannahme. Wie nämlich die oben durchgeführten Beweise für die Gültigkeit der Konversionsregeln (III. 17) bis (III. 19) zeigen, besteht jede Anwendung von einer dieser Regeln in der Abkürzung eines Verfahrens, bei dem durch Exposition eine Begriffsvariable, die in der zu konvertierenden Formel nicht schon vorkommt, zusätzlich eingeführt wird und außerdem jeweils noch eine *Reductio ad impossibile* ins Spiel kommt. Dagegen werden die Gültigkeitsbeweise für vollkommene Syllogismen direkt und ausschließlich aus den in ihnen selbst vorkommenden Prämissen geführt. Um die Gültigkeit eines vollkommenen Syllogismus einzusehen, genügt es nämlich, auf die durch Definition festgelegte Bedeutung der logischen Konstanten zu achten, die in den beiden Prämissen des Syllogismus vorkommen. Das heißt, es genügt hier, vom *Dictum de omni et nullo*, nämlich von den Grundregeln (III. 1) und (III. 2) Gebrauch zu machen, die gemäß Definition 2 und 3 in § 52 (bzw. gemäß den Definitionen, die Aristoteles im Anschluß an seine Erklärung des vollkommenen Syllogismus am Ende von *Analytica priora* Buch I, Kapitel 1 einführt (24 b 28–30)) explizit machen, was es für Prämissen der Form $A(\alpha, \beta)$ bzw. $N I (\alpha, \beta)$ heißt, wahr zu sein.

Die Unterscheidung zwischen vollkommenen und unvollkommenen Syllogismen beruht demnach auf einem grundlegenden Strukturunterschied, der zwischen den Gültigkeitsbeweisen vollkommener und unvollkommener Syllogismen besteht. Diesen Strukturunterschied kann man nur erkennen, wenn man erfaßt, worauf nach Aristoteles Konversionsbeweise beruhen. Glaubt man mit Ebert und anderen Aristoteles-Auslegern, die *I*-Konversion lasse sich nur auf der Grundlage einer modernen Quantifikationstheorie erklären (siehe oben meine Anmerkung zu (III. 18)), verbaut man sich die Möglichkeit, den von Aristoteles beschriebenen Unterschied zwischen der Vollkommenheit und Unvollkommenheit von Syllogismen zu verstehen.

Ebert nimmt mit Günther Patzig an, daß sich vollkommene Syllogismen als evidenterweise gültige Schlußweisen durch die „*Formulierung* ihrer Prämissen" und „die *Stellung des Mittelterminus* zwischen den beiden Außentermini" auszeichnen.[276] Aristoteles dagegen erklärt die Vollkommenheit von Syllogismen an keiner Stelle durch Eigenarten ihres inneren Aufbaus. Vielmehr führt er ihre Vollkommenheit ganz ausdrücklich auf die Art der Beweise ihrer Gültigkeit zurück. So sagt er, daß Syllogismen deshalb vollkommen seien, weil sie „direkt" (εὐθύς (*An. pr.* I. 16, 36 a 6–7)) „durch die von Anfang an angenommenen Prämissen zum Ziel geführt werden" (*An. pr.* I. 4, 26 b 30)). An anderen Stellen sagt er von vollkommenen Syllogismen, ihre Gültigkeit sei „einsehbar aufgrund der Definition" (φανερὸν ἐκ τοῦ ὁρισμοῦ (14, 32 b 40 und 14, 33 a 24 f.)), nämlich aufgrund der Definition der in ihren Prämissen vorkommenden logischen Konstanten; und er bezeichnet die Herleitung ihrer Gültigkeit „aufgrund der Definition" ausdrücklich als „Beweis" (ἀπόδειξις (14, 33 a 27 und 15, 35 a 35)). Dagegen sagt er von unvollkommenen Syllogismen, es werde „durch ihren Beweis deutlich, daß sie unvollkommen sind" (16, 36 a 1). Unvollkommen seien bestimmte Syllogismen deshalb, weil „sie nicht nur aus den von Anfang an [angenommenen Prämissen], sondern aus anderen [Annahmen]" (1. 5, 27 a 16 f.; vgl. 28 a 5–7) als gültig bewiesen werden.

Aus diesem Grund entspricht es nicht den Ansichten des Aristoteles, wenn man, wie es in der neueren und neuesten Aristotelesliteratur üblich ist, vollkommene Syllogismen als Schlußweisen behandelt, deren Gültigkeit keines Beweises bedarf.

Modus Barbara:

$A(\alpha, \beta), A(\beta, \gamma) \therefore A(\alpha, \gamma)$ (III. 20)

Beweis:

[1] $A(\alpha, \beta) \therefore H(I(\beta, \gamma), A(\alpha, \gamma))$ (III. 1)
[2] $A(\beta, \gamma) \therefore I(\gamma, \gamma)$ (III. 13)
[3] $A(\beta, \gamma) \therefore H(I(\gamma, \gamma), A(\beta, \gamma))$ (III. 1)
[4] $A(\beta, \gamma) \therefore I(\beta, \gamma)$ (III. 7)
[5] $\ast \therefore H(A(\beta, \gamma), I(\beta, \gamma))$ (II. 28) [4]
[6] $H(I(\gamma, \gamma), A(\beta, \gamma)), H(A(\beta, \gamma), I(\beta, \gamma))$
     $\therefore H(I(\gamma, \gamma), I(\beta, \gamma))$ (II. 13)
[7] $\ast, A(\beta, \gamma) \therefore H(I(\gamma, \gamma), I(\beta, \gamma))$ (I. 5) [3, 5, 6]

---

[276] Ebert & Nortmann, *Aristoteles, Analytica priora, Buch I*, S. 296.

§ 56. Kategorische Syllogismen   227

[8] $H (I (\gamma, \gamma), I (\beta, \gamma)), H (I (\beta, \gamma), A (\alpha, \gamma))$
      $\therefore H (I (\gamma, \gamma), A (\alpha, \gamma))$ (II. 13)
[9] $*, A (\beta, \gamma), A (\alpha, \beta) \therefore H (I (\gamma, \gamma), A (\alpha, \gamma))$ (I. 5) [7, 1, 8]
[10] $I (\gamma, \gamma), H (I (\gamma, \gamma), A (\alpha, \gamma)) \therefore A (\alpha, \gamma)$ (III. 1)
[11] $*, A (\beta, \gamma), A (\beta, \gamma), A (\alpha, \beta) \therefore A (\alpha, \gamma)$ (I. 5) [2, 9, 10]
[12] $*, A (\alpha, \beta), A (\beta, \gamma) \therefore A (\alpha, \gamma)$ (II. 6) [11]

Diese Ableitung von *Barbara* aus der Grundregel (III. 1) entspricht der Begründung, die Aristoteles in *An. pr.* I. 4, 25 b 37–40 für seine Annahme der Gültigkeit von *Barbara* angibt: Diese beruhe auf der Bedeutung des Ausdrucks (d. h. der logischen Konstante) ›... wird von jedem ... ausgesagt‹. Eine analoge Begründung gibt er in 25 b 40 – 26 a 2 für die Annahme der Gültigkeit von *Celarent*. Dementsprechend verläuft der folgende Beweis analog zum Beweis für *Barbara*.

Modus Celarent:

$N I (\alpha, \beta), A (\beta, \gamma) \therefore N I (\alpha, \gamma)$ **(III. 21)**

Beweis:

[1] $N I (\alpha, \beta) \therefore H (I (\beta, \gamma), N A (\alpha, \gamma))$ (III. 2)
[2] $A (\beta, \gamma) \therefore H (I (\gamma, \gamma), A (\beta, \gamma))$ (III. 1)
[3] $A (\beta, \gamma) \therefore I (\beta, \gamma)$ (III. 7)
[4] $* \therefore H (A (\beta, \gamma), I (\beta, \gamma))$ (II. 28) [3]
[5] $H (I (\gamma, \gamma), A (\beta, \gamma)), H (A (\beta, \gamma), I (\beta, \gamma))$
      $\therefore H (I (\gamma, \gamma), I (\beta, \gamma))$ (II. 13)
[6] $*, A (\beta, \gamma) \therefore H (I (\gamma, \gamma), I (\beta, \gamma))$ (I. 5) [2, 4, 5]
[7] $H (I (\gamma, \gamma), I (\beta, \gamma)), H (I (\beta, \gamma), N A (\alpha, \gamma))$
      $\therefore H (I (\gamma, \gamma), N A (\alpha, \gamma))$ (II. 13)
[8] $*, A (\beta, \gamma), N I (\alpha, \beta) \therefore H (I (\gamma, \gamma), N A (\alpha, \gamma))$ (I. 5) [6, 1, 7]
[9] $H (I (\gamma, \gamma), N A (\alpha, \gamma)) \therefore N I (\alpha, \gamma)$ (III. 2)
[10] $*, A (\beta, \gamma), N I (\alpha, \beta) \therefore N I (\alpha, \gamma)$ (I. 4) [8, 9]

Aus *Barbara* und *Celarent* lassen sich durch Abschwächung der Konklusion nach den Subalternationsregeln (III. 13) und (III. 14) Syllogismen des Modus *Barbari* bzw. *Celaront* ableiten. Entsprechendes gilt für alle im Folgenden abzuhandelnden Syllogismen mit universellen Konklusionen.

Obwohl sich die folgenden beiden Modi (III. 22) und (III. 23), d. h. *Darii* und *Ferio*, aus Modi der zweiten Figur, nämlich aus (III. 25) bzw. (III. 24), d. h. aus *Camestres* bzw. *Cesare*, ableiten lassen (siehe

(III. 28) und (III. 29)), können auch sie als vollkommene Syllogismen gelten, da sie sich wie *Barbara* und *Celarent* direkt aus den Grundregeln (III. 1) bzw. (III. 2) ableiten lassen (vgl. *An. pr.* I. 4, 26 a 17–23). Dies geschieht auf folgende Weise:

Modus Darii:

$A\,(\alpha,\beta),\,I\,(\beta,\gamma) \therefore I\,(\alpha,\gamma)$ **(III. 22)**

Beweis:

[1]	$A\,(\alpha,\beta) \therefore H\,(I\,(\beta,\gamma),\,\underset{\cdot}{A}\,(\alpha,\gamma))$	(III. 1)
[2]	$A\,(\alpha,\beta),\,I\,(\beta,\gamma) \therefore \underset{\cdot}{A}\,(\alpha,\gamma)$	(II. 5) [1]
[3]	$\underset{\cdot}{A}\,(\alpha,\gamma) \therefore I\,(\alpha,\gamma)$	(III. 7)
[4]	$A\,(\alpha,\beta),\,I\,(\beta,\gamma) \therefore I\,(\alpha,\gamma)$	(I. 4) [2, 3]

Modus Ferio:

$N\,I\,(\alpha,\beta),\,I\,(\beta,\gamma) \therefore N\,A\,(\alpha,\gamma)$ **(III. 23)**

Beweis:

[1]	$N\,I\,(\alpha,\beta) \therefore H\,(I\,(\beta,\gamma),\,N\,\underset{\cdot}{A}\,(\alpha,\gamma))$	(III. 2)
[2]	$N\,I\,(\alpha,\beta),\,I\,(\beta,\gamma) \therefore N\,\underset{\cdot}{A}\,(\alpha,\gamma)$	(II. 5) [1]
[3]	$N\,\underset{\cdot}{A}\,(\alpha,\gamma) \therefore N\,A\,(\alpha,\gamma)$	(III. 12)
[4]	$N\,I\,(\alpha,\beta),\,I\,(\beta,\gamma) \therefore N\,A\,(\alpha,\gamma)$	(I. 4) [2, 3]

Im Unterschied zur Konklusion von *Ferio* lassen sich die Konklusionen von *Barbara*, *Celarent* und *Darii* jeweils nach einer der Regeln (III. 17) bis (III. 19) konvertieren. Dies ist ein Umstand, auf den Aristoteles in *An. pr.* II. 1, 53 a 3–14 hinweist. Aus diesen Konversionen ergeben sich jeweils Modi der traditionellerweise so genannten vierten Figur, nämlich der Reihe nach *Bamalip*, *Calemes* und *Dimatis*. Modi der vierten Figur, bei denen die Konklusion ein partikulär verneinender Satz ist, nämlich *Fesapo* und *Fresison*, lassen sich unmittelbar durch Konversion einer universell verneinenden Prämisse von einem der Modi der dritten Figur ableiten.[277] (Siehe unten meine Bemerkungen zu (III. 31) und (III. 35).)

---

[277] Es trifft nicht zu, wenn Theodor Ebert meint, aus Modi der zweiten und dritten Figur würden sich durch die von Aristoteles in *An. pr.* I. 7, 29 a 21–27 beschriebene Prämissenkonversion „niemals neue" Syllogismen ergeben, sondern immer nur schon bewiesene Syllogismen der zweiten oder dritten Figur. Siehe seinen Kommentar zu *An. pr.* I. 7, 29 a 21–27 in Ebert & Nortmann, *Aristoteles, Analytica priora, Buch I*, S. 347.

2. Unvollkommene Syllogismen

Unvollkommene Syllogismen werden in der aristotelischen Syllogistik durch eine der drei folgenden Operationen auf vollkommene Syllogismen zurückgeführt: (1) durch Konversion (gemäß (III. 17), (III. 18) oder (III. 19)), (2) durch Exposition (gemäß (III. 3)) oder (3) durch indirekten Beweis (das heißt, durch *Reductio ad absurdum* gemäß (I. 2)).

(1) Konversionsbeweise beruhen allesamt auf Regeln, deren Gültigkeit von der Gültigkeit der Expositionsregeln (III. 3) abhängt (siehe die Beweise für (III. 17) und (III. 18)). Beweise durch Konversion – auch solche durch *conversio per accidens* (III. 19), die von (III. 17) abhängt – sind insofern indirekt Beweise durch Exposition. (2) Beweise durch Exposition beruhen, wie die Regeln (III. 3) und (III. 4) zeigen, wesentlich auf der Einführung eines Terminus, der in den Prämissen des Syllogismus, dessen Gültigkeit durch Exposition bewiesen werden soll, gar nicht vorkommt. (3) Die dritte Art von Beweisen, die *Reductio ad absurdum*, gehört zum Typus der indirekten Beweise; solche können nur dadurch geführt werden, daß eine zusätzliche Prämisse in die Argumentation eingeführt wird, nämlich die Verneinung der Konklusion. – Da keine anderen als die genannten drei Beweisarten ins Spiel gebracht werden müssen, ist es völlig angemessen und verständlich, wenn Aristoteles die 'unvollkommen' genannten Syllogismen als Deduktionen definiert, die sich von vollkommenen Syllogismen nicht etwa durch einen Mangel an Evidenz unterscheiden, sondern die, um evident zu sein, „eine oder mehrere Annahmen zusätzlich erforderlich machen, die zwar wegen der in ihnen vorkommenden Termini notwendig sind, aber nicht mit ihren Prämissen selbst schon gemacht werden." (1. 1, 24 b 24–6)

a. Die kategorischen Syllogismen der zweiten Figur:

Cesare:

$N I (\beta, \alpha), A (\beta, \gamma) \therefore N I (\alpha, \gamma)$ **(III. 24)**

Beweis:

[1] $N I (\alpha, \beta), A (\beta, \gamma) \therefore N I (\alpha, \gamma)$ (III. 21)
[2] $N I (\beta, \alpha) \therefore N I (\alpha, \beta)$ (III. 17)
[3] $N I (\beta, \alpha), A (\beta, \gamma) \therefore N I (\alpha, \gamma)$ (I. 4) [2, 1]

Dieser durch Konversion geführte Beweis entspricht der Beweisskizze des Aristoteles in *An. pr.* I. 5, 27 a 5–9.

II. 3. *Kategorische Syllogistik*

Camestres:

$A(\beta, \alpha), NI(\beta, \gamma) \therefore NI(\alpha, \gamma)$ (III. 25)

Beweis:

[1] $NI(\gamma, \beta), A(\beta, \alpha) \therefore NI(\gamma, \alpha)$ (III. 21)
[2] $NI(\gamma, \alpha) \therefore NI(\alpha, \gamma)$ (III. 17)
[3] $NI(\gamma, \beta), A(\beta, \alpha) \therefore NI(\alpha,\gamma)$ (I. 4) [1, 2]
[4] $NI(\beta, \gamma) \therefore NI(\gamma, \beta)$ (III. 17)
[5] $A(\beta, \alpha), NI(\beta, \gamma) \therefore NI(\alpha,\gamma)$ (I. 4) [4, 3]

Vgl. den entsprechenden Konversionsbeweis bei Aristoteles, *An. pr.* I. 5, 27 a 9–14. Die Gültigkeit von *Camestres* läßt sich – worauf Aristoteles in *An. pr.* I. 5, 27 a 14–15 hinweist – auch indirekt, durch *Reductio ad impossibile*, nämlich durch Anwendung der Regel (I. 2) auf *Darii* beweisen, nämlich so:

[1] $A(\beta, \alpha), I(\alpha, \gamma) \therefore I(\beta, \gamma)$ (III. 22)
[2] $NI(\beta, \gamma), A(\beta, \alpha) \therefore NI(\alpha, \gamma)$ (I. 2) [1]

Festino:

$NI(\beta, \alpha), I(\beta, \gamma) \therefore NA(\alpha, \gamma)$ (III. 26)

Beweis:

[1] $NI(\alpha, \beta), I(\beta, \gamma) \therefore NA(\alpha, \gamma)$ (III. 23)
[2] $NI(\beta, \alpha) \therefore NI(\alpha, \beta)$ (III. 17)
[3] $NI(\beta, \alpha), I(\beta, \gamma) \therefore NA(\alpha, \gamma)$ (I. 4) [1, 2]

Dieser durch Konversion geführte Beweis, den Aristoteles in *An. pr.* I. 5, 73 a 32 skizziert, kann durch einen indirekten Beweis ersetzt werden, nämlich durch diesen:

[1] $NI(\beta, \alpha), A(\alpha, \gamma) \therefore NI(\beta, \gamma)$ (III. 21)
[2] $NI(\beta, \alpha), NNI(\beta, \gamma) \therefore NA(\alpha, \gamma)$ (I. 2) [1]
[3] $I(\beta, \gamma) \therefore NNI(\beta, \gamma)$ (I. 1)
[4] $NI(\beta, \alpha), I(\beta, \gamma) \therefore NA(\alpha, \gamma)$ (I. 4) [2, 3]

Baroco:

$A(\beta, \alpha), NA(\beta, \gamma) \therefore NA(\alpha, \gamma)$ (III. 27)

Beweis:

[1] $A(\beta, \alpha), A(\alpha, \gamma) \therefore A(\beta, \gamma)$ (III. 20)
[2] $A(\beta, \alpha), NA(\beta, \gamma) \therefore NA(\alpha, \gamma)$ (I. 2) [1]

§ 56. *Kategorische Syllogismen*   231

Dieser indirekte Beweis entspricht Aristoteles' Beweisskizze in *An. pr.* I. 5, 27 a 36 ff.

b. Die auf *Celarent* zurückführbaren kategorischen Syllogismen der ersten Figur:

Darii:

$A(\alpha, \beta), I(\beta, \gamma) \therefore I(\alpha, \gamma)$ **(III. 28)**

Beweis:

[1]	$A(\alpha, \beta), NI(\alpha, \gamma) \therefore NI(\beta, \gamma)$	(III. 25)
[2]	$A(\alpha, \beta), NNI(\beta, \gamma) \therefore NNI(\alpha, \gamma)$	(I. 2) [1]
[3]	$NNI(\alpha, \gamma) \therefore I(\alpha, \gamma)$	(III. 6)
[4]	$A(\alpha, \beta), NNI(\beta, \gamma) \therefore I(\alpha, \gamma)$	(I. 4) [2, 3]
[5]	$I(\beta, \gamma) \therefore NNI(\beta, \gamma)$	(I. 1)
[6]	$A(\alpha, \beta), I(\beta, \gamma) \therefore I(\alpha, \gamma)$	(I. 4) [4, 5]

Ferio:

$NI(\alpha, \beta), I(\beta, \gamma) \therefore NA(\alpha, \gamma)$ **(III. 29)**

Beweis:

[1]	$NI(\alpha, \beta), A(\alpha, \gamma) \therefore NI(\beta, \gamma)$	(III. 24)
[2]	$NI(\alpha, \beta), NNI(\beta, \gamma) \therefore NA(\alpha, \gamma)$	(I. 2) [1]
[3]	$I(\beta, \gamma) \therefore NNI(\beta, \gamma)$	(I. 1)
[4]	$NI(\alpha, \beta), I(\beta, \gamma) \therefore NA(\alpha, \gamma)$	(I. 4) [2, 3]

Der schon von Aristoteles (*An. pr.* I. 7, 29 b 6–15) bemerkte Umstand, daß sich *Darii* und *Ferio* beide aus Modi der zweiten Figur, nämlich aus *Camestres* bzw. *Cesare*, ableiten lassen, deren Gültigkeit jeweils auf der Gültigkeit von *Celarent* beruht, zeigt, daß sich alle unvollkommenen Syllogismen, die auf *Darii* oder *Ferio* zurückführbar sind, weiter auf *Celarent* zurückführen lassen.

c. Die kategorischen Syllogismen der dritten Figur:

Darapti:

$A(\alpha, \beta), A(\gamma, \beta) \therefore I(\alpha, \gamma)$ **(III. 30)**

Beweis:

[1]	$A(\alpha, \beta), I(\beta, \gamma) \therefore I(\alpha, \gamma)$	(III. 22)
[2]	$A(\gamma, \beta) \therefore I(\beta, \gamma)$	(III. 19)

[3] $A(\alpha, \beta), A(\gamma, \beta) \therefore I(\alpha, \gamma)$ (I. 4) [1, 2]

Darapti kann nicht nur, wie hier, durch Konversion, aus *Darii*, sondern auch durch *Reductio ad impossibile* aus *Celarent* abgeleitet werden, nämlich so:

[1] $NI(\alpha, \gamma), A(\gamma, \beta) \therefore NI(\alpha, \beta)$ (III. 21)
[2] $NNI(\alpha, \beta), A(\gamma, \beta) \therefore NNI(\alpha, \gamma)$ (I. 2) [1]
[3] $A(\alpha, \beta) \therefore NNI(\alpha, \beta)$ (III. 16)
[4] $NNI(\alpha, \gamma) \therefore I(\alpha, \gamma)$ (III. 6)
[5] $A(\alpha, \beta), A(\gamma, \beta) \therefore I(\alpha, \gamma)$ (I. 4) [3, 2, 4]

Auch ein Beweis durch Ekthesis ist möglich. Er sieht so aus:

[1] $I(\alpha, \beta) \therefore A(\beta, \delta)$ (III. 3)
[2] $A(\beta, \delta) \therefore I(\beta, \delta)$ (III. 7)
[3] $A(\alpha, \beta) \therefore I(\alpha, \beta)$ (III. 13)
[4] $A(\alpha, \beta) \therefore I(\beta, \delta)$ (I. 4) [3, 1, 2]
[5] $I(\alpha, \beta) \therefore A(\alpha, \delta)$ (III. 3)
[6] $A(\alpha, \beta) \therefore A(\alpha, \delta)$ (I. 4) [3, 5]
[7] $A(\gamma, \beta), I(\beta, \delta) \therefore I(\gamma, \delta)$ (III. 22)
[8] $A(\gamma, \beta), A(\alpha, \beta) \therefore I(\gamma, \delta)$ (I. 4) [4, 7]
[9] $I(\gamma, \delta) \therefore I(\delta, \gamma)$ (III. 18)
[10] $A(\gamma, \beta), A(\alpha, \beta) \therefore I(\delta, \gamma)$ (I. 4) [8, 9]
[11] $A(\alpha, \delta), I(\delta, \gamma) \therefore I(\alpha, \gamma)$ (III. 22)
[12] $A(\alpha, \beta), A(\alpha, \beta), A(\gamma, \beta) \therefore I(\alpha, \gamma)$ (I. 5) [6, 10, 11]
[13] $A(\alpha, \beta), A(\gamma, \beta) \therefore I(\alpha, \gamma)$ (II. 6) [12]

Zu den drei von Aristoteles erwähnten Arten von Beweisen für die Gültigkeit von *Darapti* siehe *An. pr.* I. 6, 28 a 18– 25. Er skizziert dort aber nur den Konversions- und den Expositionsbeweis. Daß es einen Beweis durch *Reductio ad impossibile* gibt, behauptet er nur.

Scholium: Da diese Beweise gültig sind, zielt die von Hilbert und Ackermann an der syllogistischen Behandlung von *Darapti* geübte Kritik (siehe oben § 17) ins Leere. Auch sind die Belege untauglich, die Bertrand Russell in seinem Aufsatz 'The Philosophy of Logical Atomism' (*The Monist* 29, 1919, S. 190-1.) anführt, um die im letzten Satz des folgenden Zitats aufgestellte (zweifellos richtige) Behauptung zu belegen, indem er schreibt:

"I want to say emphatically that general propositions are to be interpreted as not involving existence. [...] This notion, of course, of general propositions not involving existence is one which is not in the traditional doctrine of the syllogism. In the traditional doctrine of the syllogism it was assumed that when you have such a statement as ›All Greeks are men,‹ that implies that there are Greeks, and this produced fallacies. For instance, ›All chimeras are animals, and all chimeras breathe flame, therefore some animals breathe flame.‹ This is a syllogism in *Darapti*, but that mood of the syllogism is fallacious, as this instance shows. That was a point, by the way, which had a certain historical interest, because it impeded Leibniz in his attempts to construct a mathematical logic. He [...] was always failing because of his respect for Aristotle. Whenever he invented a really good system, as he did several times, it always brought out that such moods as *Darapti* are fallacious. If you say ›All A is B and all A is C, therefore some B is C‹ – if you say this you incur a fallacy, but he could not bring himself to believe that it was fallacious, so he began again. *That shows that you should not have too much respect for distinguished men.*" (Hervorhebung von mir.)

Felapton:

N I (α, β), A (γ, β) ∴ N A (α, γ)   **(III. 31)**

Beweis:

[1]   N I (α, β), I (β, γ) ∴ N A (α, γ)   (III. 23)
[2]   A (γ, β) ∴ I (β, γ)   (III. 19)
[3]   N I (α, β), A (γ, β) ∴ N A (α, γ)   (I. 4) [1, 2]

Diesen Beweis durch Konversion erwähnt Aristoteles in *An. pr.* I. 6, 28 a 26–30; er erwähnt außerdem einen Beweis *per impossibile*, der wie folgt verlaufen könnte:

[1]   A (α, γ), A (γ, β) ∴ A (α, β)   (III. 20)
[2]   N A (α, β), A (γ, β) ∴ N A (α, γ)   (I. 2) [1]
[3]   N I (α, β) ∴ N A (α, β)   (III. 14)
[4]   N I (α, β), A (γ, β) ∴ N A (α, γ)   (I. 4) [3, 2]

Die ersten beiden Zeilen stellen bereits einen indirekten Beweis für *Bocardo* (III. 34) dar, der als ein Beweis *per impossibile* von Aristoteles in *An. pr.* I. 6, 28 b 17–20 beschrieben wird. In ähnlicher Weise lassen sich auch *Disamis* und *Datisi* durch *Reductio ad impossibile* beweisen. Nur ist in diesen Fällen statt von *Barbara* (III. 20) jeweils von *Celarent* (III. 21) auszugehen. Aristoteles deutet in *An. pr.* I. 6, 28 b 7–15 noch auf die Möglichkeit hin, *Disamis* und *Datisi* durch Konversion oder Ekthesis zu beweisen. Dies kann auf folgende Weise geschehen:

Disamis:

$I(\alpha, \beta), A(\gamma, \beta) \therefore I(\alpha, \gamma)$ (III. 32)

Beweis:

[1] $A(\gamma, \beta), I(\beta, \alpha) \therefore I(\gamma, \alpha)$ (III. 28)
[2] $I(\beta, \alpha) \therefore I(\alpha, \beta)$ (III. 18)
[3] $I(\gamma, \alpha) \therefore I(\alpha, \gamma)$ (III. 18)
[4] $I(\alpha, \beta), A(\gamma, \beta) \therefore I(\alpha, \gamma)$ (I. 4) [2, 1, 3]

Ein Expositionsbeweis für *Disamis* läßt sich auf folgende Weise führen:

[1] $I(\alpha, \beta) \therefore A(\alpha, \delta)$ (III. 3)
[2] $I(\alpha, \beta) \therefore \underset{.}{A}(\beta, \delta)$ (III. 3)
[3] $\underset{.}{A}(\beta, \delta) \therefore I(\beta, \delta)$ (III. 7)
[4] $I(\alpha, \beta) \therefore I(\beta, \delta)$ (I. 4) [2, 3]
[5] $A(\gamma, \beta), I(\beta, \delta) \therefore I(\gamma, \delta)$ (III. 22)
[6] $A(\gamma, \beta), I(\alpha, \beta) \therefore I(\gamma, \delta)$ (I. 4) [4, 5]
[7] $I(\gamma, \delta) \therefore I(\delta, \gamma)$ (III. 18)
[8] $A(\gamma, \beta), I(\alpha, \beta) \therefore I(\delta, \gamma)$ (I. 4) [6, 7]
[9] $A(\alpha, \delta), I(\delta, \gamma) \therefore I(\alpha, \gamma)$ (III. 22)
[10] $I(\alpha, \beta), A(\gamma, \beta), I(\alpha, \beta) \therefore I(\alpha, \gamma)$ (I. 5) [1, 8, 9]
[11] $I(\alpha, \beta), A(\gamma, \beta) \therefore I(\alpha, \gamma)$ (II. 6) [10]

Datisi:

$A(\alpha, \beta), I(\gamma, \beta) \therefore I(\alpha, \gamma)$ (III. 33)

Beweis:

[1] $A(\alpha, \beta), I(\beta, \gamma) \therefore I(\alpha, \gamma)$ (III. 28)
[2] $I(\gamma, \beta) \therefore I(\beta, \gamma)$ (III. 18)
[3] $A(\alpha, \beta), I(\gamma, \beta) \therefore I(\alpha, \gamma)$ (I. 4) [1, 2]

Ein Expositionsbeweis für *Datisi* verläuft genau analog zum Expositionsbeweis für *Disamis*, nämlich so:

[1] $I(\gamma, \beta) \therefore A(\gamma, \delta)$ (III. 3)
[2] $I(\gamma, \beta) \therefore \underset{.}{A}(\beta, \delta)$ (III. 3)
[3] $\underset{.}{A}(\beta, \delta) \therefore I(\beta, \delta)$ (III. 7)

§ 56. *Kategorische Syllogismen* 235

[4] $I(\gamma, \beta) \therefore I(\beta, \delta)$ (I. 4) [2, 3]
[5] $A(\alpha, \beta), I(\beta, \delta) \therefore I(\alpha, \delta)$ (III. 22)
[6] $A(\alpha, \beta), I(\gamma, \beta) \therefore I(\alpha, \delta)$ (I. 4) [4, 5]
[7] $I(\alpha, \delta) \therefore I(\delta, \alpha)$ (III. 18)
[8] $A(\alpha, \beta), I(\gamma, \beta) \therefore I(\delta, \alpha)$ (I. 4) [6, 7]
[9] $A(\gamma, \delta), I(\delta, \alpha) \therefore I(\gamma, \alpha)$ (III. 22)
[10] $I(\gamma, \alpha) \therefore I(\alpha, \gamma)$ (III. 18)
[11] $A(\gamma, \delta), I(\delta, \alpha) \therefore I(\alpha, \gamma)$ (I. 4) [9, 10]
[12] $I(\gamma, \beta), A(\alpha, \beta), I(\gamma, \beta) \therefore I(\alpha, \gamma)$ (I. 5) [1, 8, 11]
[13] $A(\alpha, \beta), I(\gamma, \beta) \therefore I(\alpha, \gamma)$ (II. 6) [12]

Bocardo:

$NA(\alpha, \beta), A(\gamma, \beta) \therefore NA(\alpha, \gamma)$ **(III. 34)**

Beweis:

[1] $NA(\alpha, \beta) \therefore NI(\alpha, \delta)$ (III. 4)
[2] $NA(\alpha, \beta) \therefore H(I(\beta, \beta), \underset{.}{A}(\beta, \delta))$ (III. 4)
[3] $NA(\alpha, \beta), I(\beta, \beta) \therefore \underset{.}{A}(\beta, \delta)$ (II. 5) [2]
[4] $A(\gamma, \beta) \therefore I(\beta, \beta)$ (III. 1)
[5] $NA(\alpha, \beta), A(\gamma, \beta) \therefore \underset{.}{A}(\beta, \delta)$ (I. 4) [4, 3]
[6] $A(\gamma, \beta) \therefore H(I(\beta, \delta), \underset{.}{A}(\gamma, \delta))$ (III. 1)
[7] $A(\gamma, \beta), I(\beta, \delta) \therefore \underset{.}{A}(\gamma, \delta)$ (II. 5) [6]
[8] $\underset{.}{A}(\gamma, \delta) \therefore I(\gamma, \delta)$ (III. 7)
[9] $I(\gamma, \delta) \therefore I(\delta, \gamma)$ (III. 18)
[10] $A(\gamma, \beta), I(\beta, \delta) \therefore I(\delta, \gamma)$ (I. 4) [7, 8, 9]
[11] $NI(\alpha, \delta), I(\delta, \gamma) \therefore NA(\alpha, \gamma)$ (III. 29)
[12] $NA(\alpha, \beta), A(\gamma, \beta), I(\beta, \delta) \therefore NA(\alpha, \gamma)$ (I. 5) [1, 10, 11]
[13] $\underset{.}{A}(\beta, \delta) \therefore I(\beta, \delta)$ (III. 13)
[14] $NA(\alpha, \beta), A(\gamma, \beta), \underset{.}{A}(\beta, \delta) \therefore NA(\alpha, \gamma)$ (I. 4) [13, 12]
[15] $NA(\alpha, \beta), A(\gamma, \beta), NA(\alpha, \beta), A(\gamma, \beta)$
     $\therefore NA(\alpha, \gamma)$ (I. 4) [5, 14]
[16] $NA(\alpha, \beta), A(\gamma, \beta) \therefore NA(\alpha, \gamma)$ (II. 6) [15]

Wie die Zeilen [1] und [2] zeigen, beruht dieser Beweis auf Exposition. Daß ein solcher Beweis für *Bocardo* möglich ist, wird von Aristoteles in *An. pr.* I. 6, 28 b 17–21 behauptet. Eine nähere Beschreibung gibt er von diesem Beweis allerdings nicht. Er skizziert dort vielmehr nur den schon im indirekten Beweis für *Felapton* mit enthaltenen Beweis *per impossibile*. (Siehe oben meine Bemerkungen zu (III. 31).)

Ferison:

$NI(\alpha, \beta), I(\gamma, \beta) \therefore NA(\alpha, \gamma)$ **(III. 35)**

Beweis:

[1] $NI(\alpha, \beta), I(\beta, \gamma) \therefore NA(\alpha, \gamma)$ (III. 29)
[2] $I(\gamma, \beta) \therefore I(\beta, \gamma)$ (III. 18)
[3] $NI(\alpha, \beta), I(\gamma, \beta) \therefore NA(\alpha, \gamma)$ (I. 4) [1, 2]

Dieser Beweis durch Konversion entspricht der Beweisskizze des Aristoteles in *An. pr.* I. 6, 28 b 33–35.

Durch Konversion der ersten Prämisse von *Ferison* nach Regel (III. 17) läßt sich ein Modus der sogenannten vierten Figur, traditionellerweise genannt *Fresison*, aus *Ferison* ableiten, worauf Aristoteles in *An. pr.* I. 7, 29 a 21–27 hinweist.

Aristoteles spricht allerdings weder von einer vierten Figur noch von Modi, da die Reihenfolge von Prämissen für seine Systematik irrelevant ist.

3. Singuläre Syllogismen:

Syllogismen der ersten und zweiten Figur mit zwei universellen Prämissen bleiben gültig, wenn die Minor und die Konklusion durch singuläre Ausdrücke ersetzt werden. Syllogismen der dritten Figur mit zwei universellen Prämissen bleiben gültig, wenn diese durch singuläre Prämissen ersetzt werden.

a. Erste Figur:

Barbara abgewandelt:

$A(\alpha, \beta), \dot{A}(\beta, \gamma) \therefore \dot{A}(\alpha, \gamma)$ **(III. 36)**

Beweis:

[1] $A(\alpha, \beta) \therefore H(I(\beta, \gamma), \dot{A}(\alpha, \gamma))$ (III. 1)
[2] $A(\alpha, \beta), I(\beta, \gamma) \therefore \dot{A}(\alpha, \gamma)$ (II. 5) [1]
[3] $\dot{A}(\beta, \gamma) \therefore I(\beta, \gamma)$ (III. 7)
[4] $A(\alpha, \beta), \dot{A}(\beta, \gamma) \therefore \dot{A}(\alpha, \gamma)$ (I. 4) [3, 2]

Bei Sextus Empiricus – *Pyrrhonische Hypotyposen* II, 163-66 – wird als Beispiel für einen der „kategorischen Syllogismen", die „hauptsäch-

§ 56. *Kategorische Syllogismen* 237

lich von den Peripatetikern gebraucht werden" ein Syllogismus diskutiert, welcher der Regel (III. 36) entspricht:

> „Sokrates ist ein Mensch;
> alle Menschen sind Lebewesen;
> also ist Sokrates ein Lebewesen."

Syllogismen dieses Typs, die Aristoteles noch nicht explizit zum Thema gemacht hat, werden von Logikern des Mittelalters ausführlicher behandelt, z. B. von William Ockham. Bei ihm wird der von Sextus erwähnte Syllogismus diskutiert in *Summa Logicae*, III 1. 20; 41 rb.

Celarent abgewandelt:

$N I (\alpha, \beta), A (\beta, \gamma) \therefore N A (\alpha, \gamma)$ **(III. 37)**

Beweis:

[1] $N I (\alpha, \beta) \therefore H (I (\beta, \gamma), N A (\alpha, \gamma))$ (III. 2)
[2] $N I (\alpha, \beta), I (\beta, \gamma) \therefore A (\alpha, \gamma)$ (II. 5) [1]
[3] $A (\beta, \gamma) \therefore I (\beta, \gamma)$ (III. 7)
[4] $N I (\alpha, \beta), A (\beta, \gamma) \therefore N A (\alpha, \gamma)$ (I. 4) [3, 2]

b. Zweite Figur:

Cesare abgewandelt:

$N I (\beta, \alpha), A (\beta, \gamma) \therefore N A (\alpha, \gamma)$ **(III. 38)**

Beweis:

[1] $N I (\alpha, \beta), A (\beta, \gamma) \therefore N A (\alpha, \gamma)$ (III. 37)
[2] $N I (\beta, \alpha) \therefore N I (\alpha, \beta)$ (III. 17)
[3] $A (\beta, \gamma), N I (\beta, \alpha) \therefore N A (\alpha, \gamma)$ (I. 4) [1, 2]

Camestres abgewandelt:

$A (\beta, \alpha), N A (\beta, \gamma) \therefore N A (\alpha, \gamma)$ **(III. 39)**

Beweis:

[1] $A (\beta, \alpha), A (\alpha, \gamma) \therefore A (\beta, \gamma)$ (III. 36)
[2] $A (\beta, \alpha), N A (\beta, \gamma) \therefore N A (\alpha, \gamma)$ (I. 2) [1]

c. Dritte Figur:

Darapti abgewandelt:

$A (\alpha, \beta), A (\gamma, \beta) \therefore I (\alpha, \gamma)$ **(III. 40)**

Beweis:

[1]	$NI(\alpha, \gamma), A(\alpha, \beta) \therefore NA(\gamma, \beta)$	(III. 38)
[2]	$NNA(\gamma, \beta), A(\alpha, \beta) \therefore NNI(\alpha, \gamma)$	(I. 2) [1]
[3]	$A(\gamma, \beta) \therefore NNA(\gamma, \beta)$	(I. 1)
[4]	$NNI(\alpha, \gamma) \therefore I(\alpha, \gamma)$	(III. 6)
[5]	$A(\alpha, \beta), A(\gamma, \beta) \therefore I(\alpha, \gamma)$	(I. 4) [3, 2, 4]

Felapton abgewandelt:

$NA(\alpha, \beta), A(\gamma, \beta) \therefore NA(\alpha, \gamma)$ **(III. 41)**

Beweis:

[1]	$A(\alpha, \gamma), A(\gamma, \beta) \therefore A(\alpha, \beta)$	(III. 36)
[2]	$NA(\alpha, \beta), A(\gamma, \beta) \therefore NA(\alpha, \gamma)$	(I. 2) [1]

§ 57. *Allgemeingültige Satzschemata*

Durch Konditionalisierung gemäß (II. 28) können alle allgemeingültigen Regeln des kategorischen Schließens in allgemeingültige Satzschemata verwandelt werden. So kann z. B. aus (III. 18) das Schema

*$\therefore H(I(\alpha, \beta), I(\beta, \alpha))$. **(III. 42)**

oder aus (III. 20) das Schema

*$\therefore H(A(\alpha, \beta), H(A(\beta, \gamma), A(\alpha, \gamma)))$ **(III. 43)**

abgeleitet werden. Die einfachen Beweise für die Allgemeingültigkeit dieser beiden Satzschemata erspare ich mir.

Dagegen sind Formeln wie

*$\therefore I(\beta, \beta)$, *$\therefore A(\beta, \beta)$ oder *$\therefore A(\beta, \beta)$

weder aus den oben aufgestellten Prinzipien ableitbar noch bringen solche Formeln Prinzipien zum Ausdruck, die innerhalb der kategorischen Syllogistik als gültig vorausgesetzt werden dürften. Ableitbar sind allenfalls Formeln, in denen ein tautologischer Ausdruck als Teilformel vorkommt, zum Beispiel:

*$\therefore H(I(\alpha, \beta), A(\beta, \beta))$. **(III. 44)**

Diese Formel ist ableitbar, weil die folgende Regel ableitbar ist.

$I(\alpha, \beta) \therefore A(\beta, \beta)$ **(III. 45)**

Beweis:

[1]	$NA(\beta, \beta) \therefore NI(\beta, \alpha)$	(III. 4)

§ 57. Allgemeingültige Satzschemata 239

[2] $NI(\beta, \alpha) \therefore NI(\alpha, \beta)$ (III. 17)
[3] $NA(\beta, \beta) \therefore NI(\alpha, \beta)$ (I. 4) [1, 2]
[4] $NNI(\alpha, \beta) \therefore NNA(\beta, \beta)$ (I. 2) [3]
[5] $I(\alpha, \beta) \therefore NNI(\alpha, \beta)$ (I. 1)
[6] $NNA(\beta, \beta) \therefore A(\beta, \beta)$ (III. 5)
[7] $I(\alpha, \beta) \therefore A(\beta, \beta)$ (I. 4) [5, 4, 6]

Aufgrund von (III. 45) sind, wie man sich leicht klarmachen kann, auch die folgenden Formeln ableitbar:

$*\therefore H(\underline{A}(\alpha, \beta), A(\beta, \beta)),$	**(III. 46)**
$*\therefore H(A(\alpha, \beta), A(\beta, \beta)),$	**(III. 47)**
$*\therefore H(I(\alpha, \beta), I(\beta, \beta)),$	**(III. 48)**
$*\therefore H(\underline{A}(\alpha, \beta), I(\beta, \beta)),$	**(III. 49)**
$*\therefore H(A(\alpha, \beta), I(\beta, \beta)),$	**(III. 50)**
$*\therefore H(A(\alpha, \beta), \underline{A}(\beta, \beta)),$	**(III. 51)**
$*\therefore H(I(\alpha, \beta), \underline{A}(\beta, \beta))$ und	**(III. 52)**
$*\therefore H(\underline{A}(\alpha, \beta), \underline{A}(\beta, \beta)).$	**(III. 53)**

Der Umstand, daß tautologische Sätze der *kategorischen* Form $A(\alpha, \alpha)$, $I(\alpha, \alpha)$ oder $\underline{A}(\alpha, \alpha)$ innerhalb der elementaren Syllogistik nicht als wahr vorausgesetzt werden können, ist als Ausdruck eines tieferliegenden logischen Sachverhalts zu deuten. Die Wahrheit eines bejahenden kategorischen Satzes hängt nämlich davon ab, ob die Begriffe, auf die sich ihre Termini beziehen, erfüllt oder leer sind (siehe § 52, Scholium zu Definition 1). Also hängt es bei jeder Interpretation, die man Ausdrücken der Form $A(\alpha, \alpha)$, $I(\alpha, \alpha)$ oder $\underline{A}(\alpha, \alpha)$ verleiht, vom Inhalt des Begriffs ab, für den die Begriffsvariable α steht, ob ein wahrer oder falscher Ausdruck vorliegt. Ein Satz der Form $A(\alpha, \alpha)$ kann demnach falsch sein, wenn der Begriff α leer ist. Nimmt man an, daß ein Satz dieser Form analytisch ist, gibt es – entgegen einer verbreiteten Überzeugung – analytische Sätze, die falsch sind.

VIERTER ABSCHNITT

MODALE SYLLOGISTIK

1. *Vorbemerkung*

Dieser Abschnitt ist im Hinblick auf das Hauptziel des Zweiten Teils dieser Abhandlung, nämlich im Hinblick auf die Zurückführung des Funktionenkalküls auf syllogistische Prinzipien und auf eine Trias nicht streng allgemeingültiger Postulate, überflüssig, da dieser Kalkül keine modalen Ausdrücke enthält. Ich möchte in diesem Abschnitt allerdings zeigen, wie die oben eingeschlagene Methode, syllogistische Regeln abzuleiten, auch in der modalen Syllogistik konsequent und erfolgreich eingehalten werden kann, und daß die Grundregeln, auf denen die modale Syllogistik beruht, einem gewöhnlichen Gebrauch der einschlägigen Modalausdrücke entsprechen und in der Sprache der elementaren Syllogistik wiedergegeben werden können, d. h. in einer Sprache, die sich einerseits auf den oben normierten Gebrauch syllogistischen Vokabulars beschränkt, andererseits geeignet und reichhaltig genug ist, allgemeingültige Regeln der Modallogik wiederzugeben, von denen implizit auch die im Rahmen des Funktionenkalküls entwickelten Systeme der modernen Modallogik Gebrauch machen (wie in *Anhang* 5 gezeigt).

Was das syllogistische Vokabular angeht, benötige ich, um die Gültigkeitsbehauptungen des Aristoteles verifizierbar und seine Beweisführungen nachvollziehbar zu machen, zur Wiedergabe von *de re*-Modalitäten (gemäß § 6) keine anderen logischen Konstanten als zur Wiedergabe von *de dicto*-Modalitäten. Auch wird es sich als unnötig erweisen, Modalitäten unterschiedlicher Stärke zu unterscheiden (wie sie z. B. in $\exists x (A x \;\&\; \Box B x)$ und $\exists x \Box (A x \;\&\; \Box B x)$ vorkommen). Auf diese Weise zeigt sich die aristotelische Modallogik als ein Regelsystem von größerer Einheit und Geschlossenheit, als alle mir bekannten modernen Darstellungen und Rekonstruktionsversuche ihr zugestehen.[278]

Die in § 59 aufgestellten Definitionen liefern für die in diesem System auftretenden modalen Ausdrücke (›notwendigerweise‹, ›möglicherweise‹ etc.) eine einheitliche formale Semantik, die sowohl ihrem natürlichen Gebrauch entspricht als auch der von Aristoteles angedeuteten Semantik mo-

---

[278] Eine sehr gute systematische Beschreibung sowohl von Problemen, die sich aus der Wiedergabe aristotelischer Modalausdrücke durch modalisierte Ausdrücke der Quantorenlogik ergeben, als auch von Strategien, die seit Albrecht Becker zur Lösung dieser Probleme gewählt worden sind, gibt Ulrich Nortmann in Ebert & Nortmann, *Aristoteles, Analytica priora, Buch I*, S. 242–266 und S. 365–373.

daler Ausdrücke mindestens sehr nahekommt. In § 60 werden Grundregeln aufgestellt, die sich aus diesen Definitionen ergeben. Auf der Grundlage dieser Grundregeln sowie der aus ihnen in § 61 abgeleiteten Regeln werde ich in § 62 eine detaillierte Rekonstruktion der Beweise vornehmen, die Aristoteles in Buch I (Kapitel 8 bis 22) seiner *Analytica priora* für die Gültigkeit modaler Syllogismen meist zwar nur andeutungsweise, aber doch in bewundernswerter Zuverlässigkeit und Systematik geliefert hat.[279]

2. Prinzipien

§ 58. Notation

In diesem Abschnitt werden die Zeichen weiterverwendet, die ich in § 42, § 46 und § 51 eingeführt habe; außerdem kommen als logische Konstanten hinzu: ›L ...‹, ›M ...‹ und ›K ...‹ (wie in § 13 und § 14). Ihre Bedeutung wird in den Definitionen des folgenden Paragraphen festgelegt.

§ 59. Definitionen

1. A ist eine *Formel der modalen Syllogistik* genau dann, wenn A eine der folgenden Bedingungen erfüllt: (*a*) A ist eine Formel der kategorischen, hypothetischen oder disjunktiven Syllogistik (im Sinne von § 47 bzw. § 52) oder (*b*) A gibt die Form eines apodiktischen, problematischen oder kontingenten Satzes wieder.

2. A ist ein *apodiktischer Satz*, d. h. ein Satz der Form $L\,B$ – in Worten: *Notwendigerweise (ist es wahr, daß)* B, – genau dann, wenn für jede Interpretation, nach der B und C wahr oder falsch sind, gilt: (1) A ist genau dann wahr, wenn erstens B unter keinen denkbaren Umständen falsch, sondern unter allen denkbaren Umständen wahr ist, zweitens jeder Satz C, der aus B regelmäßig folgt, gleichfalls unter keinen denkbaren Umständen falsch, sondern unter allen denkbaren Umständen wahr ist und drittens, falls B ein kategorischer Satz ist, A die Wahrheitsbedingungen gemäß einer der folgenden Definitionen 5, 6 und 7 erfüllt; (2) A ist genau dann falsch, wenn

---

[279] Im Rahmen dieser Abhandlung kann ich mich mit der umfangreichen Interpretationsliteratur zu Aristoteles nur sehr begrenzt auseinandersetzen. Daher lasse ich philologische Fragen so weit wie möglich außer Betracht. Auch beschränke ich mich weitgehend auf die Rekonstruktion aristotelischer Gültigkeitsbeweise und gehe auf die in den *Analytiken* durch Beispielsätze geführten Ungültigkeitsbeweise nur insoweit ein, als ihre Beweiskraft in der Aristotelesliteratur umstritten ist.

es irgendeinen denkbaren Umstand gibt, unter dem B falsch ist, es daher möglicherweise wahr ist, daß N B.

3. A ist ein *problematischer Satz*, d. h. ein Satz der Form M B – in Worten: *Möglicherweise (ist es wahr, daß)* B, – genau dann, wenn für jede Interpretation, nach der B ein Satz ist, der wahr oder falsch ist, gilt: (1) A ist genau dann wahr, wenn erstens B nicht notwendigerweise falsch ist und zweitens, falls B ein kategorischer Satz ist, A die Wahrheitsbedingungen gemäß einer der folgenden Definitionen 8, 9 und 10 erfüllt; (2) A ist genau dann falsch, wenn N B notwendigerweise wahr ist.

4. A ist ein *kontingenter Satz*, d. h. A ist gleich K B – in Worten: *Kontingenterweise (ist es wahr, daß)* B, – genau dann, wenn für jede Interpretation, nach der B wahr oder falsch ist, gilt: A ist genau dann wahr, wenn erstens B ein kategorischer Satz der Form Y (α, β), mit Y gleich A, I oder $\mathcal{A}$, oder ein kategorischer Satz der Form Z (α, β), mit Z gleich N Y, ist, zweitens Y (α, β) die Wahrheitsbedingungen gemäß einer der Definitionen 11, 12 und 13 erfüllt und drittens es sowohl möglicherweise wahr ist, daß Y (α, β), als auch möglicherweise wahr ist, daß Z (α, β), so daß, wenn Y = A, dann Z = I, wenn Y = I, dann Z = A, und wenn Y = $\mathcal{A}$, dann Z = $\mathcal{A}$ ist.

Scholium: Nach dieser Definition ist K B nicht etwa gleichbedeutend damit, daß sowohl M B als auch MN B wahr ist. Kontingenz ist nach Definition 4 nur für kategorische Sätze definiert und zwar so, daß K B gleichbedeutend ist damit, daß M B und MN B beide wahr sind *und sowohl* B *als auch* N B *kategorische Sätze gleicher Quantität sind*. In ähnlicher Weise läßt sich die Definition verstehen, mit der Aristoteles das Kontingente – das (zweiseitig) Mögliche – definiert hat (siehe *An. pr.* I. 13, 32 a 18–20) (siehe oben § 6 Fußnote 49). Diese Definition wird zwar oft so aufgefaßt, als setze Aristoteles das Kontingente *allgemein* gleich mit dem, was weder notwendig noch unmöglich ist. Aber diese Auffassung trifft nicht genau zu. Aristoteles sagt vielmehr, er gebrauche ›kontingent sein‹ und ›kontingent‹ für das, was nicht notwendig ist, bei dem sich aber ›unter der Annahme, es treffe zu, nichts Unmögliches ergibt.‹ Für ›zutreffen‹ gebraucht Aristoteles hier ein Wort (ὑπάρχειν), das er üblicherweise auf Prädikate bezieht. Demnach kann man ihn so verstehen, daß es eigentlich Prädikate sind, denen er die Eigenschaft, kontingent zu sein, zuschreiben möchte, und daß Sätze nur insofern kontingent sind, als in ihnen kontingente Prädikate ausgesagt werden. Für kontingent scheint er ein Prädikat genau dann zu halten, wenn es sich um ein Prädikat handelt, das entweder auf jedes oder auf irgendein oder auf das gerade in Rede stehende Exemplar einer bestimmten Art sowohl möglicherweise zutrifft als auch möglicherweise nicht zutrifft.[280] Aristoteles hat darauf hingewiesen, daß die logische Form kontingenter verneinender Sätze, d. h. die Form *KN B*, von der logischen Form gewöhnlicher verneinender Sätze, d. h. von der Form *N B*, und von der Form problematischer verneinender Sätze, d. h. von der Form *MN B*, insofern abweicht, als sie eigentlich eine „bejahende Form" ist (*An. pr.* I. 3, 25 b 20–21), nämlich grundsätzlich eine Bejahung wie in „es ist nicht-gut" zum Ausdruck bringe (*An. pr.* I. 3, 25 b 21–24).[281] Was damit gemeint ist, kann man sich an einem Beispiel klarmachen: Der Satz ›*Auf jedes Säugetier trifft es kontingenterweise zu, daß es nicht schläft*‹ und der gleichbedeutende Satz ›*Jedes Säugetier schläft kontingenterweise nicht*‹ bedeuten, daß jedes Säugetier sowohl schlafen als auch nicht schlafen kann. Daß jedes Säugetier nicht schlafen kann, bedeutet in diesem Zusammenhang also gerade nicht, daß kein Säugetier schlafen kann, sondern nur, daß jedes Säugetier fähig ist, nicht zu schlafen, nämlich zum Nicht-schlafen ebenso fähig ist wie zum Schlafen. Kontingente verneinende Sätze haben daher ebenso wie bejahende und limitative Sätze, d. h. wie Sätze der Form Y ($^N\alpha$, β), eine qualitative Existenzbindung.

5. A ist ein *apodiktischer universell bejahender Satz*, d. h. ein Satz der Form *L A* (α, β) – in Worten: *Notwendigerweise ist* (*es wahr, daß*) *jedes* β *ein* α (*ist*) – genau dann, wenn für jede Interpretation von α und β, nach der A wahr oder falsch ist, gilt: A ist genau dann wahr, wenn β ein nicht-leerer Begriff ist (so daß irgendein Gegenstand, der unter den Begriff β fällt, ein β ist) und es zutrifft, daß, wenn irgendein Gegenstand – er falle unter einen beliebigen Begriff γ oder δ oder welchen Begriff auch immer – unter den Begriff β fällt, dieser in Rede stehende Gegenstand notwendigerweise unter den Begriff α fällt.

Anmerkung: Definition 5 unterscheidet sich ebenso wie die folgenden Definitionen 6 bis 13 von allen bisherigen Definitionen dadurch, daß sie keine neue logische Konstante einführen. Der Grund hierfür ist

---

[280] Patzig (*Die aristotelische Syllogistik*, 1969, S. 71) mißversteht daher die Bedeutung von ›*K* ...‹, wenn er den Satz ›*K* [alle Frauen sind größer als 1, 90 m]‹ für wahr und folglich *Barbara XKM* (siehe unten die Regel (IV. 90)) für ungültig hält.

[281] Zu einer anderen Lesart dieser Stelle vergleiche man den Kommentar in Ebert & Nortmann, *Aristoteles, Analytica priora, Buch I*, S. 282–286.

lediglich darstellungstechnischer Natur; er besteht in meiner Absicht, das Verständnis der Definitionen 2 bis 4 nicht durch Einschachtelung zusätzlicher Nebensätze zu erschweren. Eine solche Einschachtelung wäre sonst an den Stellen nötig, wo in diesen früheren Definitionen ausdrücklich auf die Definitionen 5 bis 13 hingewiesen wird.

Der Umstand, daß mit Definition 5 keine neue logische Konstante eingeführt wird, bedeutet, daß die logische Form apodiktischer universell bejahender Sätze von der logischen Form anderer apodiktischer Sätze insofern nicht zu unterscheiden ist, als für alle apodiktischen Sätze die in Definition 2 angegebenen Wahrheitsbedingungen gelten. Besondere Wahrheitsbedingungen für universelle bejahende Sätze müssen nur insofern angegeben werden, als sich aus der Definition universell bejahender Sätze, wie sie oben in § 52 zu finden ist, noch nicht ergibt, wie sich die Modalisierung auf diese Sätze auswirkt. Das heißt, aus Definition 2 in § 52 ergibt sich nicht von selbst, was es für den in ihr auftretenden definierenden Ausdruck bedeutet, ›$A(\alpha, \beta)$‹ mit der logischen Konstante ›$L\ldots$‹ zu verbinden. Aus genau analogen Gründen sind die folgenden Definitionen 6 bis 13 für den Aufbau einer modalen kategorischen Syllogistik erforderlich.

Der Umstand, daß in den Definitionen 5 bis 13 keine neue logische Konstante eingeführt wird, bedeutet auch, daß es *in logischer Hinsicht* keinen Unterschied ausmacht, ob Ausdrücke der Notwendigkeit, Möglichkeit und der Kontingenz *de dicto* oder *de re* gebraucht werden. Das heißt, in logischer Hinsicht besteht kein Unterschied zwischen Ausdrücken der Form ›es ist notwendigerweise wahr, daß ... β ein α ist‹ und Sätzen der Form ›... β ist notwendigerweise ein α‹, und ebenso besteht kein Unterschied zwischen analog geformten Ausdrücken, in denen an der Stelle von ›notwendigerweise‹ ein Ausdruck wie ›möglicherweise‹ bzw. ›kontingenterweise‹ steht.

6. A ist ein *apodiktischer partikulär bejahender Satz*, d. h. ein Satz der Form $L\,I\,(\alpha, \beta)$ – in Worten: *Notwendigerweise ist (es wahr, daß) irgendein β ein α (ist)* – genau dann, wenn für jede Interpretation von α und β, nach der A ein wahrer oder falscher Satz ist, gilt: (1) A ist wahr genau dann, wenn irgendein Begriff (z. B. der Begriff eines β, das ein α ist,) – er heiße γ oder δ oder wie auch immer – gebildet werden kann, für den gilt: es gibt einen Gegenstand, der unter diesen Begriff fällt, so daß dieser Gegenstand notwendigerweise unter den Begriff α oder notwendigerweise unter den Begriff β fällt; (2) A ist genau dann falsch, wenn es zutrifft, daß, falls irgendein Gegenstand – er falle unter einen beliebigen Begriff γ oder δ oder welchen auch immer – möglicherweise unter einen der beiden Begriffe α

§ 59. *Definitionen* 245

und β fällt, dieser in Rede stehende Gegenstand dann möglicherweise nicht auch unter den anderen dieser beiden Begriffe α und β fällt.

7. A ist ein *apodiktischer singulär bejahender Satz*, d. h. ein Satz der Form L A (α, β) – in Worten: *Notwendigerweise ist (es wahr, daß) das in Rede stehende β ein α (ist)* – genau dann, wenn für jede Interpretation von α und β, nach der A wahr oder falsch ist, gilt: (1) A ist wahr genau dann, wenn irgendein β notwendigerweise ein α ist und dieses in Rede stehende β identisch ist mit demjenigen Gegenstand β, von dem in A und im Kontext von A die Rede ist (falls es einen solchen Kontext gibt); (2) A ist genau dann falsch, wenn ein Begriff (z. B. der Begriff eines β, das ein α ist,) – er heiße γ oder δ oder wie auch immer – gebildet werden kann, für den gilt: entweder es gibt keinen Gegenstand, der unter die Begriffe γ und β fällt, oder es gibt zwar einen solchen Gegenstand, und dieser in Rede stehende Gegenstand ist identisch mit demjenigen, von dem in A und gegebenenfalls im Kontext von A die Rede ist, aber er fällt möglicherweise nicht unter den Begriff α.

8. A ist ein *problematischer universell bejahender Satz*, d. h. ein Satz der Form M A (α, β), – in Worten: *Möglicherweise ist (es wahr, daß) jedes β ein α (ist)* – genau dann, wenn für jede Interpretation von α und β, nach der A wahr oder falsch ist, gilt: (1) A ist genau dann wahr, wenn α und β nicht-leere Begriffe sind (so daß irgendein Gegenstand, der unter den Begriff α fällt, ein α ist und irgendein Gegenstand, der unter den Begriff β fällt, ein β ist) und es zutrifft, daß, wenn irgendein Gegenstand – er falle unter einen beliebigen Begriff γ oder δ oder welchen auch immer – möglicherweise unter den Begriff β fällt, dieser in Rede stehende Gegenstand möglicherweise auch unter den Begriff α fällt; (2) A ist genau dann falsch, wenn irgendein Begriff (z. B. der Begriff eines β, das nicht ein α ist,) – er heiße γ oder δ oder wie auch immer – gebildet werden kann, für den gilt: es gibt einen Gegenstand, der unter ihn fällt, so daß dieser Gegenstand unter den Begriff β fällt, und notwendigerweise keiner der Gegenstände, die gleichfalls unter ihn fallen, unter den Begriff α fällt.

9. A ist ein *problematischer partikulär bejahender Satz*, d. h. ein Satz der Form M I (α, β) – in Worten: *Möglicherweise ist (es wahr, daß) irgendein β ein α (ist,)* – genau dann, wenn für jede Interpretation von α und β, nach der A ein wahrer oder falscher Satz ist, gilt: (1) A ist wahr genau dann, wenn α und β nicht-leere Begriffe sind (so daß irgendein Gegenstand, der unter den Begriff α fällt, ein α ist und irgendein Gegenstand, der unter den Begriff β fällt, ein β ist) und irgendein Begriff – er heiße γ oder δ oder wie auch immer – gebildet werden kann, für den gilt: es gibt einen Gegenstand, der unter ihn fällt, so daß dieser Gegenstand sowohl möglicherweise unter

den Begriff α als auch möglicherweise unter den Begriff β fällt; (2) A ist genau dann falsch, wenn, falls irgendein Gegenstand – er falle unter einen beliebigen Begriff γ oder δ oder welchen auch immer – möglicherweise unter einen der beiden Begriffe α und β fällt, dieser in Rede stehende Gegenstand notwendigerweise dann nicht auch unter den anderen dieser beiden Begriffe fällt.

10. A ist ein *problematischer singulär bejahender Satz*, d. h. ein Satz der Form M A̲ (α, β) – in Worten: *Möglicherweise ist (es wahr, daß) das in Rede stehende β ein α (ist)* –, genau dann, wenn für jede Interpretation von α und β, nach der A wahr oder falsch ist, gilt: (1) A ist wahr genau dann, wenn irgendein β möglicherweise ein α und dieses in Rede stehende α identisch ist mit demjenigen Gegenstand β, von dem in A und im Kontext von A die Rede ist (falls es einen solchen Kontext gibt); (2) A ist genau dann falsch, wenn ein beliebiger Begriff – er heiße γ oder δ oder wie auch immer – gebildet werden kann, für den gilt: entweder es gibt keinen Gegenstand, der unter die Begriffe β und γ fällt, oder es gibt zwar einen solchen und dieser in Rede stehende Gegenstand ist identisch mit demjenigen Gegenstand β, von dem in A und gegebenenfalls im Kontext von A die Rede ist, aber er fällt notwendigerweise nicht unter den Begriff α.

11. A ist ein *kontingenter universeller Satz*, d. h. ein Satz der Form KX (α, β), mit X gleich A oder N I, – in Worten: *Kontingenterweise ist (es wahr, daß) jedes β (nicht) ein α (ist)* – genau dann, wenn für jede Interpretation von α und β, nach der A wahr oder falsch ist, gilt: A ist genau dann wahr, wenn α und β nicht-leere Begriffe sind (so daß irgendein Gegenstand, der unter den Begriff α fällt, ein α ist und irgendein Gegenstand, der unter den Begriff β fällt, ein β ist) und es zutrifft, daß, wenn irgendein Gegenstand – er falle unter den Begriff γ oder δ oder welchen auch immer – unter den Begriff β fällt, dieser in Rede stehende Gegenstand kontingenterweise auch unter den Begriff α fällt.

12. A ist ein *kontingenter partikulärer Satz*, d. h. ein Satz der Form K X (α, β), mit X gleich I oder N A, – in Worten: *Kontingenterweise ist (es wahr, daß) irgendein β (nicht) ein α (ist)* – genau dann, wenn für jede Interpretation von α und β, nach der A ein wahrer oder falscher Satz ist, gilt: A ist wahr genau dann, wenn irgendein Begriff – er heiße γ oder δ oder wie auch immer – gebildet werden kann, für den gilt: es gibt einen Gegenstand, der unter ihn fällt, und es trifft sowohl zu, daß dieser in Rede stehende Gegenstand möglicherweise unter den Begriff α und möglicherweise unter den Begriff β fällt, als auch, daß er möglicherweise nicht unter den Begriff α und möglicherweise nicht unter den Begriff β fällt.

13. A ist ein *kontingenter singulärer Satz*, d. h. ein Satz der Form $K\,X\,(\alpha, \beta)$, mit X gleich A oder $N\,A$, – in Worten: *Kontingenterweise ist (es wahr, daß) das in Rede stehende β ein α (ist)* – genau dann, wenn für jede Interpretation von α und β, nach der A wahr oder falsch ist, gilt: A ist wahr genau dann, wenn irgendein Begriff – er heiße γ oder δ oder wie auch immer – gebildet werden kann, für den gilt: es gibt einen Gegenstand, der unter ihn und unter den Begriff β fällt und der identisch ist mit demjenigen Gegenstand, von dem in A und im Kontext von A die Rede ist, und es trifft zu, daß dieser in Rede stehende Gegenstand möglicherweise unter den Begriff α, möglicherweise aber auch nicht unter den Begriff α fällt.

Allgemeine Anmerkung zu diesen Definitionen: Aristoteles setzt in seiner modalen Syllogistik ebenso wie in seiner assertorischen Syllogistik voraus, daß es Definitionen (ὁρισμοί) für die logischen Konstanten gibt, die in den zugehörigen Syllogismen auftreten. Denn ohne solche Definitionen gibt es nach seiner Ansicht keine vollkommenen Syllogismen (siehe meine Vorbemerkungen zu § 56 Abschnitt I und § 63 Abschnitt I). Allerdings findet man in den *Analytica priora* allenfalls Andeutungen zum Inhalt dieser Definitionen. Dies gilt für die modale Syllogistik noch mehr als für die assertorische, wo die Bedeutung von ›A ...‹ und ›E ...‹ hinreichend deutlich erklärt wird (siehe oben § 52, Scholium zu Definition 2.) Für ›L ...‹, ›M ...‹ und ›K ...‹ fehlen hinreichend deutliche Erläuterungen. Man muß daher die Bedeutung, die Aristoteles diesen Ausdrücken geben will, weitgehend aus ihrem Gebrauch erschließen. Man kann die diesbezügliche Nachlässigkeit des Aristoteles ebenso wie die Skizzenhaftigkeit seiner Darstellung in vielen Einzelheiten wohl nur damit erklären, daß die „Textsorte" des Ersten Buches der *Analytica priora* „nach allem, was wir wissen", der Gattung von Vorlesungsmanuskripten zuzurechnen ist, die für einen „Lehrbetrieb" bestimmt waren, in dem „durch mündliche Erläuterungen vieles wettgemacht werden konnte" (Ebert & Nortmann, *Aristoteles, Analytica priora, Buch I*, S. 419). Gerade bei den Definitionen mag ein entsprechendes Vorgehen nahegelegen haben. Denn im Rahmen einer Vorlesung ist es viel weniger hilfreich, eine exakte vollständige Definition vom Manuskript abzulesen, als von Fall zu Fall da, wo es auf das Erfassen bestimmter Aspekte einer Wortbedeutung ankommt, kurze sachdienliche Hinweise zu geben. Was die Bedeutung von ›L ...‹ angeht, findet sich ein solcher Hinweis z. B. in *An. pr.* I. 8, 30 a 2–3, wo von einem „analogen [wörtlich: ähnlichen] Verstehen" des logischen Vokabulars in assertorischen und apodiktischen universellen Sätzen die Rede ist. Zugleich warnt Aristoteles davor, außer Acht zu lassen, daß Analogien zwischen assertorischen und apodiktischen Sätzen nicht durchgängig genau sind, sondern nur „ungefähr" (σχεδόν) bestehen (8, 29 b 36–37). Einen etwas ausführlicheren Hinweis bezüglich der Bedeutungen von ›M ...‹ und ›K ...‹ findet man zu Beginn von *An. pr.* I. 13, 32 a 18–21. Er lautet so: „Ich verstehe unter Möglichsein (ἐνδέχεσθαι) und Möglichem (ἐνδεχόμενον) das, was nicht notwendig (ἀναγκαῖον) ist und wodurch, wenn es als zukommend (ὑπάρχειν) gesetzt wird, sich nichts Unmögliches (ἀδύνατον) ergibt. Daß nämlich das Notwendige (ἀναγκαῖον) möglich (ἐνδέχεσθαι) sei, sagen wir nämlich auf homonyme Weise." Hiermit wird angedeutet, daß M A aus L A logisch folgt (siehe die folgende Regel (IV. 1)), aber nur dann, wenn ›M ...‹ nicht im Sinne von ›K ...‹ gebraucht wird. Dementsprechend gibt Aristoteles im Anschluß an diese Andeutung eine Reihe konkreterer Hinweise auf die unterschiedlichen Anwendungen von ›M ...‹ und ›K ...‹ auf affirmative und negative Aussagen und auf die Anwendung des Verneinungszeichens auf ›M ...‹ und ›K ...‹ (*An. pr.* I. 13, 32 a 21 – b 3). Hinweise auf das unterschiedliche Konversionsverhalten von Sätzen, die von einem Möglichsein (ἐνδέχεσθαι) handeln (und zwar „in der Weise, wie wir das Mögliche definieren" (καθ' ὃν τρόπον διορίζομεν τὸ ἐνδεχόμενον), nimmt Aristoteles schon in *An. pr.* I. 3, 25 b 14 ff. vorweg.

§ 60. *Grundregeln*

1. Allgemeingültige Regeln, die auf Definition 2 in § 59 beruhen:

   A necesse esse ad esse valet consequentia:

L B ∴ B	(IV. 1)
L B, H (B, C) ∴ L C	(IV. 2)

2. Allgemeingültige Intermodalregeln, die auf den Definitionen 2 und 3 in § 59 beruhen:

M B : : NLN B	(IV. 3)
NM B : : LN B	(IV. 4)
L B : : NMN B	(IV. 5)

NL B : : MN B $\hspace{4cm}$ (IV. 6)

Auf die Regeln (IV. 3) und (IV. 4) verweist Aristoteles in *An. pr.* I. 13, 32 a 25–27.bzw. 22–24. Eine Regel, die (IV. 5) entspricht, formuliert Aristoteles in *An. pr.* I. 16, 37 a 9 ff.

3. Allgemeingültige Regeln, die auf Definition 4 in § 59 beruhen:

Es sei Y ein Zeichen, das an allen Stellen seines Vorkommens innerhalb einer der Formeln (IV. 7) und (IV. 8) durch eines der Zeichen A, I oder $\underline{A}$ zu ersetzen ist, und Z ein Zeichen, das an allen Stellen seines Vorkommens innerhalb dieser Formeln durch $N\,I$, $N\,A$ oder $N\,\underline{A}$ zu ersetzen ist, so daß in dieser Formel Z = $N\,I$ ist, wenn Y = A ist, und Z = $N\,A$ ist, wenn Y = I ist, und schließlich Z = $N\,\underline{A}$ ist, wenn Y = $\underline{A}$ ist; dann geben diese Formeln jeweils eine gültige Regel wieder:

K Y (α, β) : : M Y (α, β), M Z (α, β) $\hspace{2cm}$ (IV. 7)

K Z (α, β) : : M Y (α, β), M Z (α, β) $\hspace{2cm}$ (IV. 8)

Man kann K A (α, β) und $KN\,I$ (α, β) nach den Regeln (IV. 7) bzw. (IV. 8) wiedergeben durch ›für jedes β ist es möglich, sowohl ein α als auch nicht ein α zu sein‹. Genau entsprechend lassen sich $K\,I$ (α, β) und $KN\,A$ (α, β) wiedergeben durch ›für irgendein β ist es möglich, sowohl ein α als auch nicht ein α zu sein‹.

Oft setzt man die Bedeutung von K A mit der Bedeutung der Konjunktion von M A und MN A gleich. Aber diese Gleichsetzung entspricht nicht unter allen Umständen dem Gebrauch, der in und ausserhalb der Logik von Ausdrücken wie ›Es ist kontingenterweise wahr, daß …‹ und ›kontingenterweise‹ gemacht wird. Sie entspricht auch nicht genau dem aristotelischen Gebrauch (s. § 59 Def. 4 Scholium). Die Bedeutung von K A fällt nur dann mit der Prämissenkonjunktion von M A und MN A zusammen, wenn sowohl A als auch N A für Ausdrücke kategorischer Sätze derselben Quantität (mit qualitativer Existenzbindung) stehen. Dabei muß zudem die grammatische Form dieser Sätze in einigen Sprachen (wie z. B. im Deutschen) auf geeignete Weise normiert sein (siehe oben § 6). Z. B. muß, wenn A einen universellen Satz der Form ›jedes β ist ein α‹ vertritt, N A für einen Satz der grammatisch gleichartigen Form ›jedes β ist nicht ein α‹ stehen. Die Verneinung von A ist in diesem Fall weder der (partikuläre) Satz ›nicht jedes β ist ein α‹ noch der (universelle) Satz ›kein β ist ein α‹. Andernfalls sind K A und die Konjunktion von M A und

MN A nicht gleichbedeutend. Entsprechendes gilt für den Fall, daß K A ein partikulärer Satz ist. In diesem Fall ist er gleichbedeutend mit der Konjunktion von ›M [irgendein β ist ein α]‹ und ›M [irgendein β ist nicht ein α]‹. D. h., MN A steht hier weder für ›M [kein β ist ein α]‹ noch für ›M [nicht jedes β ist ein α]‹. Die einfache Gleichsetzung von K A mit der Konjunktion von M A und MN A setzt, wie man hier sieht, eine spezielle Grammatik voraus und führt logisch in die Irre.

4. Modalsyllogistische Versionen des *Dictum de omni*, die der Reihe nach auf den Definitionen 5, 8, 11 und 13 in § 59 beruhen:

Die folgenden Regeln (IV. 9) bis (IV. 11) gelten für beliebige γ und bleiben auch gültig, wenn die Begriffsvariable γ durch eine beliebige andere Begriffsvariable an allen Stellen ihres Vorkommens in der Formel ersetzt wird, die eine dieser Regeln zum Ausdruck bringt:

$L\,A\,(\alpha, \beta) :: I\,(\beta, \beta), H\,(I\,(\beta, \gamma), L\,\underline{A}\,(\alpha, \gamma))$ **(IV. 9)**

$M\,A\,(\alpha, \beta) :: I\,(\alpha, \alpha), I\,(\beta, \beta), H\,(M\,I\,(\beta, \gamma), M\,\underline{A}\,(\alpha, \gamma))$ **(IV. 10)**

$K\,A\,(\alpha, \beta) :: I\,(\alpha, \alpha), I\,(\beta, \beta), H\,(I\,(\beta, \gamma), M\,\underline{A}\,(\alpha, \gamma)),$
$\qquad\qquad H\,(I\,(\beta, \gamma), MN\,\underline{A}\,(\alpha, \gamma))$ **(IV. 11)**

5. Modalsyllogistische Versionen des *Dictum de nullo*, die auf den Definitionen 6 und 9 in § 59 beruhen:

Die folgenden Regeln (IV. 12) bis (IV. 14) gelten für beliebige γ und bleiben auch gültig, wenn die Variable γ durch eine beliebige andere Begriffsvariable an allen Stellen ihres Vorkommens in der Formel ersetzt wird, die eine dieser Regeln zum Ausdruck bringt:

$NL\,I\,(\alpha, \beta) :: H\,(M\,I\,(\beta, \gamma), MN\,\underline{A}\,(\alpha, \gamma))$ **(IV. 12)**

$NM\,I\,(\alpha, \beta) :: H\,(M\,I\,(\beta, \gamma), LN\,\underline{A}\,(\alpha, \gamma))$ **(IV. 13)**

$NM\,I\,(\alpha, \beta) :: H\,(M\,I\,(\beta, \beta), LN\,\underline{A}\,(\alpha, \beta))$ **(IV. 14)**

6. Modalsyllogistische Expositionsregeln, die der Reihe nach auf den Definitionen 6, 8, 9 und 12 in § 59 beruhen:

Es sei γ eine Variable, die in keiner Prämissenformel der Zeilen eines Beweises vorkommt, die der Zeile vorangehen, in der eine der Formeln (IV. 16) bis (IV. 18) steht; dann bringt diese Formel eine gültige Regel zum Ausdruck (andernfalls gilt diese Regel nur dann, wenn die Variable γ an allen Stellen ihres Vorkommens in der Formel, die eine dieser Regeln zum Ausdruck bringt, durch eine andere Begriffsvariable ersetzt wird):

$L\,I\,(\alpha, \beta) :: D\,(D\,(L\,\underset{.}{A}\,(\beta, \gamma), L\,\underset{.}{A}\,(\alpha, \gamma)), NH\,(L\,\underset{.}{A}\,(\alpha, \gamma), NL\,\underset{.}{A}\,(\beta, \gamma))),$
$\quad H\,(L\,\underset{.}{A}\,(\beta, \gamma), H\,(L\,\underset{.}{A}\,(\alpha, \gamma), L\,\underset{.}{A}\,(\beta, \gamma))),$
$\quad H\,(L\,\underset{.}{A}\,(\alpha, \gamma), H\,(L\,\underset{.}{A}\,(\beta, \gamma), L\,\underset{.}{A}\,(\alpha, \gamma)))$ **(IV. 15)**
$NM\,A\,(\alpha, \beta) \therefore LN\,I\,(\alpha, \gamma), A\,(\beta, \gamma))$ **(IV. 16)**
$M\,I\,(\alpha, \beta) \therefore M\,\underset{.}{A}\,(\alpha, \gamma), M\,\underset{.}{A}\,(\beta, \gamma), I\,(\alpha, \alpha), I\,(\beta, \beta)$ **(IV. 17)**
$K\,I\,(\alpha, \beta) :: M\,\underset{.}{A}\,(\alpha, \gamma), MN\,\underset{.}{A}\,(\alpha, \gamma), M\,\underset{.}{A}\,(\beta, \gamma), MN\,\underset{.}{A}\,(\beta, \gamma)$ **(IV. 18)**

Keine der Regeln (IV. 7) bis (IV. 18) wird von Aristoteles explizit vorausgesetzt; aber in *Analytica priora* I. 9, 30 a 21–23 argumentiert er in einer Weise, die sich so deuten läßt, als setze er wenigstens die Gültigkeit der Regeln (IV. 9) und (IV. 12) voraus. Im Hinblick auf die Regeln (IV. 11), (IV. 13) und (IV. 14) finden sich entsprechende implizite Annahmen in *An. pr.* I. 13, 32 b 31–37.

3. Abgeleitete Regeln

§ 61. Modale Folgerungsregeln

1. Folgerungsregeln für apodiktische Sätze:

$H\,(A, B) \therefore H\,(L\,A, L\,B)$ **(IV. 19)**

Beweis:

| [1] | $L\,A, H\,(A, B) \therefore L\,B$ | (IV. 2) |
| [2] | $H\,(A, B) \therefore H\,(L\,A, L\,B)$ | (II. 1) [1] |

Aristoteles setzt in *An. pr.* I. 15, 34 a 22–24 die Gültigkeit der Regel (IV. 19) voraus. Er behauptet, daß, wenn man mit A die Prämissen eines Schlusses bezeichnet und mit B dessen Konklusion, dann bei vorausgesetzter Notwendigkeit von A auch B notwendig sei.

$L\,A \therefore LNN\,A$ **(IV. 20)**

Beweis:

[1]	$NMN\,A \therefore LNN\,A$	(IV. 4)
[2]	$L\,A \therefore NMN\,A$	(IV. 5)
[3]	$L\,A \therefore LNN\,A$	(III) [2, 1]

$LNN\,A \therefore L\,A$ **(IV. 21)**

Beweis:

[1]	$LNN\,A \therefore NMN\,A$	(IV. 4)
[2]	$NMN\,A \therefore L\,A$	(IV. 5)
[3]	$LNN\,A \therefore L\,A$	(III) [1, 2]

$L\,A \therefore NNL\,A$ **(IV. 22)**

Beweis:

[1]	$L\,A \therefore LNN\,A$	(IV. 20)
[2]	$LNN\,A \therefore NMN\,A$	(IV. 4)
[3]	$NL\,A \therefore MN\,A$	(IV. 6)
[4]	$NMN\,A \therefore NNL\,A$	(I) [3]
[5]	$L\,A \therefore NNL\,A$	(III) [1, 2, 4]

Wie dieser Beweis zeigt, gilt die Regel (IV. 22) auch unabhängig von der Gültigkeit der Grundregel (I. 1).

$NNL\,A \therefore L\,A$ **(IV. 23)**

Beweis:

[1]	$MN\,A \therefore NL\,A$	(IV. 6)
[2]	$NNL\,A \therefore NMN\,A$	(I. 1) [1]
[3]	$NMN\,A \therefore LNN\,A$	(IV. 4)
[4]	$LNN\,A \therefore L\,A$	(IV. 21)
[5]	$NNL\,A \therefore L\,A$	(III) [2, 3, 4]

$L\,A\,(\alpha, \beta) \therefore L\,I\,(\beta, \alpha)$ **(IV. 24)**

Beweis:

[1]	$A\,(\alpha, \beta) \therefore I\,(\alpha, \beta)$	(III. 13)
[2]	$* \therefore H(A\,(\alpha, \beta), I\,(\alpha, \beta))$	(II. 28) [1]
[3]	$H(A\,(\alpha, \beta), I\,(\alpha, \beta)), L\,A\,(\alpha, \beta) \therefore L\,I\,(\alpha, \beta)$	(IV. 2)
[4]	$*, L\,A\,(\alpha, \beta) \therefore L\,I\,(\alpha, \beta)$	(I. 4) [2, 3]

2. Folgerungsregeln für problematische Sätze:

Ab esse ad posse valet consequentia:

$A \therefore M\,A$ **(IV. 25)**

Beweis:

| [1] | $LN\,A \therefore N\,A$ | (IV. 1) |

§ 61. Modale Folgerungsregeln 253

[2]   NN A ∴ NLN A (I. 2) [1]
[3]   A ∴ NN A (I. 1)
[4]   NLN A ∴ M A (IV. 3)
[5]   A ∴ M A (III) [3, 2, 4]

A necesse esse ad posse valet consequentia:
L A ∴ M A **(IV. 26)**
Beweis:

[1]   L A ∴ A (IV. 1)
[2]   A ∴ M A (IV. 25)
[3]   L A ∴ M A (I. 4) [1, 2]

Vergleiche Aristoteles, *De Interpretatione* 23 a 17.

M A ∴ NNM A **(IV. 27)**
Beweis:

[1]   M A ∴ NLN A (IV. 3)
[2]   NM A ∴ LN A (IV. 4)
[3]   NLN A ∴ NNM A (I) [2]
[4]   M A ∴ NNM A (III) [1, 3]

Wie dieser Beweis zeigt, gilt die Regel (IV. 27) auch unabhängig von der Gültigkeit der Grundregel (I. 1).

NNM A ∴ M A **(IV. 28)**
Beweis:

[1]   LN A ∴ NM A (IV. 4)
[2]   NNM A ∴ NLN A (I. 1) [1]
[3]   NLN A ∴ M A (IV. 3)
[4]   NNM A ∴ M A (III) [2, 3]

H (A, B) ∴ H (M A, M B) **(IV. 29)**
Beweis:

[1]   H (A, B) ∴ H (N B, N A) (II. 8)
[2]   H (N B, N A) ∴ H (LN B, LN A) (IV. 19)
[3]   H (LN B, LN A) ∴ H (NLN A, NLN B) (II. 8)
[4]   H (NLN A, NLN B), H (NLN B, M B) ∴ H (NLN A, M B) (II. 13)
[5]   NLN B ∴ M B (IV. 3)
[6]   * ∴ H (NLN B, M B) (II. 28) [5]

[7]   *, H (NLN A, NLN B) ∴ H (NLN A, M B)   (I. 4) [6, 4]
[8]   *, H (A, B) ∴ H (NLN A, M B)   (I. 4) [1, 2, 3, 7]
[9]   *, H (A, B), NLN A ∴ M B   (II. 5) [8]
[10] M A ∴ NLN A   (IV. 3)
[11] *, H (A, B), M A ∴ M B   (I. 4) [10, 9]
[12] *, H (A, B) ∴ H (M A, M B)   (II. 1) [11]

Aristoteles setzt in *An. pr.* I. 15, 34 a 22–24 die Gültigkeit der Regel (IV. 29) ohne Einschränkung voraus. Er behauptet dort, daß, wenn man mit A die Prämissen eines Schlusses und mit B dessen Konklusion bezeichnet, dann gelte, es sei, wenn A möglich ist, dann auch B möglich.

M A ∴ MNN A   **(IV. 30)**
Beweis:

[1]   NLN A ∴ MNN A   (IV. 6)
[2]   M A ∴ NLN A   (IV. 3)
[3]   M A ∴ MNN A   (III) [2, 1]

MNN A ∴ M A   **(IV. 31)**
Beweis:

[1]   MNN A ∴ NLN A   (IV. 6)
[2]   NLN A ∴ M A   (IV. 3)
[3]   MNN A ∴ M A   (III) [1, 2]

M A (α, β) ∴ M I (α, β)   **(IV. 32)**
Beweis:

[1]   A (α, β) ∴ I (α, β)   (III. 13)
[2]   * ∴ H (A (α, β), I (α, β))   (II. 28) [1]
[3]   H (A (α, β), I (α, β)) ∴ H (M A (α, β), M I (α, β))   (IV. 29)
[4]   * ∴ H (M A (α, β), M I (α, β))   (I. 4) [2, 3]
[5]   *, M A (α, β) ∴ M I (α, β)   (II. 30) [4]

MN A̭ (α, γ) ∴ MN A (α, γ)   **(IV. 33)**
Beweis:

[1]   N A̭ (α, γ) ∴ N A (α, γ)   (III. 12)
[2]   * ∴ H (N A̭ (α, γ), N A (α, γ))   (II. 28) [1]
[3]   H (N A̭ (α, γ), MN A (α, γ))

§ 61. Modale Folgerungsregeln   255

$\therefore H (MN \underset{.}{A} (\alpha, \gamma), MN A (\alpha, \gamma))$ (IV. 29)
[4] * $\therefore H (MN \underset{.}{A} (\alpha, \gamma), MN A (\alpha, \gamma))$ (I. 4) [2, 3]
[5] *, $MN \underset{.}{A} (\alpha, \gamma) \therefore MN A (\alpha, \gamma)$ (II. 30) [4]

$M \underset{.}{A} (\alpha, \gamma) \therefore M I (\alpha, \gamma)$ **(IV. 34)**
Beweis:
[1] $\underset{.}{A} (\alpha, \gamma) \therefore I (\alpha, \gamma)$ (III. 7)
[2]   * $\therefore H (\underset{.}{A} (\alpha, \gamma), I (\alpha, \gamma))$ (II. 28) [1]
[3] $H (\underset{.}{A} (\alpha, \gamma), I (\alpha, \gamma)) \therefore H (M \underset{.}{A} (\alpha, \gamma), M I (\alpha, \gamma))$ (IV. 29)
[4]   * $\therefore H (M \underset{.}{A} (\alpha, \gamma), M I (\alpha, \gamma))$ (I. 4) [2, 3]
[5]   *, $M \underset{.}{A} (\alpha, \gamma) \therefore M I (\alpha, \gamma)$ (II. 30) [14]

$MN I (\alpha, \beta) \therefore MN A (\alpha, \beta)$ **(IV. 35)**
Beweis:
[1] $A (\alpha, \beta) \therefore I (\alpha, \beta)$ (III. 13)
[2]   * $\therefore H (A (\alpha, \beta), I (\alpha, \beta))$ (II. 28) [1]
[3] $H (A (\alpha, \beta), I (\alpha, \beta)), L A (\alpha, \beta) \therefore L I (\alpha, \beta)$ (IV. 2)
[4]   *, $L A (\alpha, \beta) \therefore L I (\alpha, \beta)$ (I. 4) [2, 3]
[5]   *, $NL I (\alpha, \beta) \therefore NL A (\alpha, \beta)$ (I. 2) [4]
[6] $MN I (\alpha, \beta) \therefore NL I (\alpha, \beta)$ (IV. 6)
[7] $NL A (\alpha, \beta) \therefore MN A (\alpha, \beta)$ (IV. 6)
[8]   *, $MN I (\alpha, \beta) \therefore MN A (\alpha, \beta)$ (I. 4) [6, 5, 7]

3. Folgerungsregeln für kontingente Sätze:

$K A (\alpha, \beta) \therefore H (M I (\beta, \gamma), M \underset{.}{A} (\alpha, \gamma))$ **(IV. 36)**
Beweis:
[1] $M A (\alpha, \beta) \therefore H (M I (\beta, \gamma), M \underset{.}{A} (\alpha, \gamma))$ (IV. 10)
[2] $K A (\alpha, \beta) \therefore M A (\alpha, \beta)$ (IV. 7)
[3] $K A (\alpha, \beta) \therefore H (M I (\beta, \gamma), M \underset{.}{A} (\alpha, \gamma))$ (I. 4) [1, 2]

$K A (\alpha, \beta) \therefore H (M I (\beta, \gamma), MN \underset{.}{A} (\alpha, \gamma))$ **(IV. 37)**
Beweis:
[1] $MN I (\alpha, \beta) \therefore NL I (\alpha, \beta)$ (IV 6)
[2] $NL I (\alpha, \beta) \therefore H (M I (\beta, \gamma), MN \underset{.}{A} (\alpha, \gamma))$ (IV. 12)
[3] $MN I (\alpha, \beta) \therefore H (M I (\beta, \gamma), MN \underset{.}{A} (\alpha, \gamma))$ (I. 4) [1, 2]
[4] $K A (\alpha, \beta) \therefore MN I (\alpha, \beta)$ (IV. 7)
[5] $K A (\alpha, \beta) \therefore H (M I (\beta, \gamma), MN \underset{.}{A} (\alpha, \gamma))$ (I. 4) [3, 4]

$KNI(\alpha, \beta) \therefore H(MI(\beta, \gamma), M\underset{\sim}{A}(\alpha, \gamma))$ **(IV. 38)**

Beweis:

[1] $MA(\alpha, \beta) \therefore H(MI(\beta, \gamma), M\underset{\sim}{A}(\alpha, \gamma))$ (IV. 10)
[2] $KNI(\alpha, \beta) \therefore MA(\alpha, \beta)$ (IV. 8)
[3] $KNI(\alpha, \beta) \therefore H(MI(\beta, \gamma), M\underset{\sim}{A}(\alpha, \gamma))$ (I. 4) [1, 2]

$KNI(\alpha, \beta) \therefore H(MI(\beta, \gamma), MN\underset{\sim}{A}(\alpha, \gamma))$ **(IV. 39)**

Beweis:

[1] $MNI(\alpha, \beta) \therefore NLI(\alpha, \beta)$ (IV. 6)
[2] $NLI(\alpha, \beta) \therefore H(MI(\beta, \gamma), MN\underset{\sim}{A}(\alpha, \gamma))$ (IV. 12)
[3] $MNI(\alpha, \beta) \therefore H(MI(\beta, \gamma), MN\underset{\sim}{A}(\alpha, \gamma))$ (I. 4) [1, 2]
[4] $KNI(\alpha, \beta) \therefore MNI(\alpha, \beta)$ (IV. 8)
[5] $KNI(\alpha, \beta) \therefore H(MI(\beta, \gamma), MN\underset{\sim}{A}(\alpha, \gamma))$ (I. 4) [3, 4]

$H(MI(\beta, \gamma), M\underset{\sim}{A}(\alpha, \gamma)), H(MI(\beta, \gamma), MN\underset{\sim}{A}(\alpha, \gamma)), I(\alpha, \alpha), I(\beta, \beta)$
$\therefore KNI(\alpha, \beta)$ **(IV. 40)**

Beweis:

[1] $H(MI(\beta, \gamma), M\underset{\sim}{A}(\alpha, \gamma)), I(\alpha, \alpha), I(\beta, \beta) \therefore MA(\alpha, \beta)$ (IV. 10)
[2] $H(MI(\beta, \gamma), MN\underset{\sim}{A}(\alpha, \gamma)) \therefore NLI(\alpha, \beta)$ (IV. 12)
[3] $NLI(\alpha, \beta) \therefore MNI(\alpha, \beta)$ (IV. 6)
[4] $H(MI(\beta, \gamma), MN\underset{\sim}{A}(\alpha, \gamma)) \therefore MNI(\alpha, \beta)$ (I. 4) [2, 3]
[5] $MA(\alpha, \beta), MNI(\alpha, \beta) \therefore KNI(\alpha, \beta)$ (IV. 8)
[6] $H(MI(\beta, \gamma), M\underset{\sim}{A}(\alpha, \gamma)), H(MI(\beta, \gamma),$
$MN\underset{\sim}{A}(\alpha, \gamma)), I(\alpha, \alpha), I(\beta, \beta) \therefore KNI(\alpha, \beta)$ (I. 5) [1, 4, 5]

$H(MI(\beta, \gamma), M\underset{\sim}{A}(\alpha, \gamma)), H(MI(\beta, \gamma), MN\underset{\sim}{A}(\alpha, \gamma)), I(\alpha, \alpha), I(\beta, \beta)$
$\therefore KA(\alpha, \beta)$ **(IV. 41)**

Beweis:

[1] $H(MI(\beta, \gamma), M\underset{\sim}{A}(\alpha, \gamma)), I(\alpha, \alpha), I(\beta, \beta) \therefore MA(\alpha, \beta)$ (IV. 10)
[2] $H(MI(\beta, \gamma), MN\underset{\sim}{A}(\alpha, \gamma)) \therefore NLI(\alpha, \beta)$ (IV. 12)
[3] $NLI(\alpha, \beta) \therefore MNI(\alpha, \beta)$ (IV. 6)
[4] $H(MI(\beta, \gamma), MN\underset{\sim}{A}(\alpha, \gamma)) \therefore MNI(\alpha, \beta)$ (I. 4) [2, 3]
[5] $MA(\alpha, \beta), MNI(\alpha, \beta) \therefore KA(\alpha, \beta)$ (IV. 7)
[6] $H(MI(\beta, \gamma), M\underset{\sim}{A}(\alpha, \gamma)), H(MI(\beta, \gamma),$
$MN\underset{\sim}{A}(\alpha, \gamma)), I(\alpha, \alpha), I(\beta, \beta) \therefore KA(\alpha, \beta)$ (I. 5) [1, 4, 5]

Aristoteles deutet in *An. pr.* I. 13, 32 b 23–37 an, daß universelle kontingente Sätze eine unterschiedliche Bedeutung haben können. Nach der einen Bedeutung enthält ein Satz der Form ›jedes β ist kontingenterweise (nicht) ein α‹ die Aussage ›wenn etwas (z. B. ein γ) *möglicherweise* ein β ist, so ist es kontingenterweise (nicht) ein α‹. Nach der anderen Bedeutung enthält er dagegen die Aussage ›wenn etwas (z. B. ein γ) *(faktisch)* ein β ist, so ist es kontingenterweise (nicht) ein α‹. Nach der ersten Bedeutung hat man ihn also so zu verstehen, daß die Regeln (IV. 36) bis (IV. 41) gelten, die nur auf den Grundregeln (IV. 7) und (IV. 8) beruhen. Nach der zweiten Bedeutung dagegen ist ein universeller kontingenter Satz so zu verstehen, daß die Grundregel (IV. 11) und die aus (IV. 11) abgeleitete Regel (IV. 42) (in Verbindung mit den Regeln (IV. 43) bis (IV. 46)) gelten. Aristoteles deutet in *An. pr.* I. 13, 32 b 23–37 an, daß die vollkommenen *KKK*-Syllogismen (siehe (IV. 73) und (IV. 74)) die erste Bedeutung voraussetzen, während für vollkommene Syllogismen mit nur *einer* kontingenten Prämisse (siehe (IV. 75) und (IV. 76)) *auch* die zweite Bedeutung angenommen werden kann.

Dieser Hinweis des Aristoteles ist insofern von Interesse, als er zeigt, daß man die ganze Kontingenz-Syllogistik auch aufbauen könnte, würde man auf den Ausdruck ›kontingenterweise (ist es wahr, daß) (nicht) …‹ als einer speziellen *logischen Konstante* und auf die auf diese Konstante bezogenen Definitionen 11 bis 13 in § 59 ganz verzichten. In diesem Falle wären die Definition 4 in § 59 und die Grundregeln (IV. 7) und (IV. 8) nur als Konventionen zu verstehen, die festlegen, wie bestimmte Paare problematischer Sätze durch einen einzigen Satz zusammengefaßt werden dürfen. Auch auf diese Konventionen könnte beim Aufbau der ganzen Kontingenz-Syllogistik verzichtet werden. Anstelle der Zusammenfassungen von Paaren problematischer Sätze würden in den Syllogismen der Kontingenz-Syllogistik dann jeweils nur problematische Sätze stehen. Genauer gesagt, stünden anstelle von *K*-Prämissen und *K*-Konklusionen überall *M*-Sätze gleicher Qualität und Quantität. In den zugehörigen Gültigkeitsbeweisen kämen allerdings auch die in den *K*-Sätzen jeweils mitberücksichtigten *MN*-Sätze gleicher Quantität vor. Dadurch würden *M*-Prämissen und *M*-Konklusionen die für kontingente Sätze spezifische Nebenbedeutung annehmen, so daß ›möglicherweise (ist es wahr, daß) …‹ zugleich ›möglicherweise (ist es wahr, daß) nicht …‹ mit aussagt und umgekehrt ›möglicherweise (ist es wahr, daß) nicht …‹ zugleich ›möglicherweise (ist es wahr, daß) …‹ mit aussagt. Dieser Umstand dürfte die Tatsache erklären, daß Aristoteles selbst noch gar keinen besonderen Ausdruck für Kontingenz benutzt, sondern immer nur von einem Möglichsein oder Können spricht.

258   II. 4. *Modale Syllogistik*

$H(I(\beta, \gamma), MA(\alpha, \gamma)), H(I(\beta, \gamma), MNA(\alpha, \gamma)), I(\alpha, \alpha), I(\beta, \beta)$
∴ $KNI(\alpha, \beta)$ **(IV. 42)**

Beweis:

[1] $H(I(\beta, \gamma), MA(\alpha, \gamma)), H(I(\beta, \gamma), MA(\alpha, \gamma)),$ (IV. 11)
     $I(\alpha, \alpha), I(\beta, \beta)$ ∴ $KA(\alpha, \beta)$
[2] $KA(\alpha, \beta)$ ∴ $MA(\alpha, \beta)$ (IV. 7)
[3] $KA(\alpha, \beta)$ ∴ $MNI(\alpha, \beta)$ (IV. 7)
[4] $MA(\alpha, \beta), MNI(\alpha, \beta)$ ∴ $KNI(\alpha, \beta)$ (IV. 8)
[5] $H(I(\beta, \gamma), MA(\alpha, \gamma)), H(I(\beta, \gamma), MA(\alpha, \gamma)),$
     $I(\alpha, \alpha), I(\beta, \beta)$ ∴ $KNI(\alpha, \beta)$ (I. 5) [1, 2, 3, 4]

$KA(\alpha, \beta)$ ∴ $H(I(\beta, \gamma), MA(\alpha, \gamma))$ **(IV. 43)**

Beweis:

[1] $KA(\alpha, \beta)$ ∴ $H(MI(\beta, \gamma), MA(\alpha, \gamma))$ (IV. 36)
[2] $KA(\alpha, \beta), MI(\beta, \gamma)$ ∴ $MA(\alpha, \gamma)$ (II. 5) [1]
[3] $I(\beta, \gamma)$ ∴ $MI(\beta, \gamma)$ (IV. 25)
[4] $KA(\alpha, \beta), I(\beta, \gamma)$ ∴ $MA(\alpha, \gamma)$ (I. 4) [2, 3]
[5] $KA(\alpha, \beta)$ ∴ $H(I(\beta, \gamma), MA(\alpha, \gamma))$ (II. 1) [4]

$KA(\alpha, \beta)$ ∴ $H(I(\beta, \gamma), MNA(\alpha, \gamma))$ **(IV. 44)**

Beweis:

[1] $KA(\alpha, \beta)$ ∴ $H(MI(\beta, \gamma), MNA(\alpha, \gamma))$ (IV. 37)
[2] $KA(\alpha, \beta), MI(\beta, \gamma)$ ∴ $MNA(\alpha, \gamma)$ (II. 5) [1]
[3] $I(\beta, \gamma)$ ∴ $MI(\beta, \gamma)$ (IV. 25)
[4] $KA(\alpha, \beta), I(\beta, \gamma)$ ∴ $MNA(\alpha, \gamma)$ (I. 4) [2, 3]
[5] $KA(\alpha, \beta)$ ∴ $H(I(\beta, \gamma), MNA(\alpha, \gamma))$ (II. 1) [4]

$KNI(\alpha, \beta)$ ∴ $H(I(\beta, \gamma), MNA(\alpha, \gamma))$ **(IV. 45)**

Beweis:

[1] $KNI(\alpha, \beta)$ ∴ $H(MI(\beta, \gamma), MNA(\alpha, \gamma))$ (IV. 39)
[2] $KA(\alpha, \beta), MI(\beta, \gamma)$ ∴ $MNA(\alpha, \gamma)$ (II. 5) [1]
[3] $I(\beta, \gamma)$ ∴ $MI(\beta, \gamma)$ (IV. 25)
[4] $KNI(\alpha, \beta), I(\beta, \gamma)$ ∴ $MNA(\alpha, \gamma)$ (I. 4) [2, 3]
[5] $KNI(\alpha, \beta)$ ∴ $H(I(\beta, \gamma), MNA(\alpha, \gamma))$ (II. 1) [4]

$KNI(\alpha, \beta)$ ∴ $H(I(\beta, \gamma), MA(\alpha, \gamma))$ **(IV. 46)**

Beweis:

[1] $KNI(\alpha, \beta)$ ∴ $H(MI(\beta, \gamma), MA(\alpha, \gamma))$ (IV. 38)

§ 61. Modale Folgerungsregeln 259

[2] $KA(\alpha, \beta), MI(\beta, \gamma) \therefore K\underset{.}{A}(\alpha, \gamma)$ (II. 5) [1]
[3] $I(\beta, \gamma) \therefore MI(\beta, \gamma)$ (IV. 25)
[4] $KNI(\alpha, \beta), I(\beta, \gamma) \therefore M\underset{.}{A}(\alpha, \gamma)$ (I. 4) [2, 3]
[5] $KNI(\alpha, \beta) \therefore H(I(\beta, \gamma), M\underset{.}{A}(\alpha, \gamma))$ (II. 1) [4]

$KA(\alpha, \beta) \therefore KNI(\alpha, \beta)$ **(IV. 47)**
Beweis:

[1] $KA(\alpha, \beta) \therefore MA(\alpha, \beta)$ (IV. 7)
[2] $KA(\alpha, \beta) \therefore MNI(\alpha, \beta)$ (IV. 7)
[3] $MA(\alpha, \beta), MNI(\alpha, \beta) \therefore KNI(\alpha, \beta)$ (IV. 8)
[4] $KA(\alpha, \beta), KA(\alpha, \beta) \therefore KNI(\alpha, \beta)$ (I. 5) [1, 2, 3]
[5] $KA(\alpha, \beta) \therefore KNI(\alpha, \beta)$ (II. 6) [4]

Vergleiche *Analytica priora* I. 13, 32 a 35 ff. Für die Regeln (IV. 47) bis (IV. 50) hat William David Ross die Bezeichnung „complementary conversion" eingeführt. (Siehe seine Ausgabe *Aristotle's Prior and Posterior Analytics*, S. 298.) Mit Konversionen im eigentlichen Sinne haben es diese Regeln im Unterschied zu den Regeln (IV. 51) bis (IV. 60) allerdings nicht zu tun.

$KNI(\alpha, \beta) \therefore KA(\alpha, \beta)$ **(IV. 48)**
Beweis:

[1] $KNI(\alpha, \beta) \therefore MA(\alpha, \beta)$ (IV. 8)
[2] $KNI(\alpha, \beta) \therefore MNI(\alpha, \beta)$ (IV. 8)
[3] $MA(\alpha, \beta), MNI(\alpha, \beta) \therefore KA(\alpha, \beta)$ (IV. 7)
[4] $KNI(\alpha, \beta), KNI(\alpha, \beta) \therefore KA(\alpha, \beta)$ (I. 5) [1, 2, 3]
[5] $KNI(\alpha, \beta) \therefore KA(\alpha, \beta)$ (II. 6) [4]

$KI(\alpha, \beta) \therefore KNA(\alpha, \beta)$ **(IV. 49)**
Beweis:

[1] $KI(\alpha, \beta) \therefore MI(\alpha, \beta)$ (IV. 7)
[2] $KI(\alpha, \beta) \therefore MNA(\alpha, \beta)$ (IV. 7)
[3] $MI(\alpha, \beta), MNA(\alpha, \beta) \therefore KNA(\alpha, \beta)$ (IV. 8)
[4] $KI(\alpha, \beta), KI(\alpha, \beta) \therefore KNA(\alpha, \beta)$ (I. 5) [1, 2, 3]
[5] $KI(\alpha, \beta) \therefore KNA(\alpha, \beta)$ (II. 6) [4]

$KNA(\alpha, \beta) \therefore KI(\alpha, \beta)$ **(IV. 50)**
Beweis:

[1] $KNA(\alpha, \beta) \therefore MI(\alpha, \beta)$ (IV. 8)
[2] $KNA(\alpha, \beta) \therefore MNA(\alpha, \beta)$ (IV. 8)

[3] $M I (\alpha, \beta), MN A (\alpha, \beta) \therefore K I (\alpha, \beta)$ (IV. 7)
[4] $KN A (\alpha, \beta), KN A (\alpha, \beta) \therefore K I (\alpha, \beta)$ (I. 5) [1, 2, 3]
[5] $KN A (\alpha, \beta) \therefore K I (\alpha, \beta)$ (II. 6) [4]

§ 62. Modale Konversionsregeln[282]

1. Konversion apodiktischer Sätze:

$LN I (\alpha, \beta) \therefore LN I (\beta, \alpha)$ **(IV. 51)**

Beweis:

[1] $M I (\beta, \alpha) \therefore M A (\alpha, \gamma), M A (\beta, \gamma)$ (IV. 17)
[2] $NM A (\alpha, \gamma) \therefore NM I (\beta, \alpha)$ (I. 2) [1]
[3] $LN A (\alpha, \gamma) \therefore NM A (\alpha, \gamma)$ (IV. 4)
[4] $LN A (\alpha, \gamma) \therefore NM I (\beta, \alpha)$ (I. 4) [2, 3]
[5] $M A (\beta, \gamma) \therefore M I (\beta, \gamma)$ (IV. 34)
[6] $M I (\beta, \alpha) \therefore M I (\beta, \gamma)$ (I. 4) [1, 5]
[7] $NM I (\alpha, \beta) \therefore H (M I (\beta, \gamma), LN A (\alpha, \gamma))$ (IV. 13)
[8] $NM I (\alpha, \beta), M I (\beta, \gamma) \therefore LN A (\alpha, \gamma)$ (II. 5) [7]
[9] $NM I (\alpha, \beta), M I (\beta, \gamma) \therefore NM I (\beta, \alpha)$ (I. 4) [4, 8]
[10] $NM I (\alpha, \beta), M I (\beta, \alpha) \therefore NM I (\beta, \alpha)$ (I. 4) [6, 9]
[11] $NM I (\alpha, \beta) \therefore H (M I (\beta, \alpha), NM I (\beta, \alpha))$ (II. 1) [10]
[12] $H (M I (\beta, \alpha), NM I (\beta, \alpha)) \therefore NM I (\beta, \alpha)$ (II. 9)
[13] $NM I (\alpha, \beta) \therefore NM I (\beta, \alpha)$ (I. 4) [11, 12]
[14] $LN I (\alpha, \beta) \therefore NM I (\alpha, \beta)$ (IV. 4)
[15] $NM I (\beta, \alpha) \therefore LN I (\beta, \alpha)$ (IV. 4)
[16] $LN I (\alpha, \beta) \therefore LN I (\beta, \alpha)$ (I. 4) [14, 13, 15]

Aus Zeile [2] geht hervor, daß es sich hier um einen indirekten Beweis handelt, d. h. um einen Beweis durch *reductio ad impossibile* (nach Regel I. 2). Diese Form des Beweises entspricht der kurzen Beschreibung, die Aristoteles von ihm gibt in *Analytica priora* I. 3, 25 a 27 ff. Bemerkenswert ist, daß in Zeile [12], wie beim Beweis der *N I*–Konvertierbarkeit (III. 17), von einer *Peritrope* (II. 9) Gebrauch gemacht wird. – Auf einen alternativen Beweis (der aber nicht hinreichend beweiskräftig ist, da er nicht auf die volle Bedeutung von ›*L* …‹ gemäß § 52 Definition 2 Rücksicht nimmt) weise ich unten in meiner Anmerkung zu (IV. 52) hin.

---

[282] Diese Regeln diskutiert Aristoteles vor allem in *An. pr.* I. 3 und 1. 13.

§ 62. Modale Konversionsregeln

Mit dem vorliegenden Gültigkeitsbeweis für (IV. 51) wird natürlich Nortmanns Behauptung nicht widerlegt, „in voller Allgemeinheit" habe zu gelten, „daß es keine Modallogik geben kann, die ein entsprechendes Äquivalenztheorem [gemeint ist das Theorem, $\forall\, x\, (B\, x \supset \Box \sim A\, x)$ sei äquivalent zu $\forall\, x\, (A\, x \supset \Box \sim B\, x)$] enthalten und dabei doch den Unterschied zwischen Notwendigkeit und Wirklichkeit wahren würde." (Ebert & Nortmann, *Aristoteles, Analytica priora, Buch I*, S. 370, vgl. Nortmann, *Modale Syllogismen, mögliche Welten, Essentialismus*, S. 56-7.) Vielmehr zeigt der Beweis nur, daß die Annahme der Konvertierbarkeit apodiktischer universeller negativer Sätze nicht auf der Annahme zu beruhen braucht, daß die logische Form dieser Sätze durch Formeln des Typs $\forall\, x\, (B\, x \supset \Box \sim A\, x)$ wiedergegeben werden kann. Nortmann hat gezeigt, daß diese Sätze konvertierbar sind, wenn sie eine Struktur haben, die man durch eine Formel wie $\forall\, x\, \Box\, (B\, x \supset \Box \sim A\, x)$ wiedergeben kann, und wenn man voraussetzt, daß das modallogische System S5 in der aristotelischen Syllogistik gilt. Diese Voraussetzung kann indessen, wie Nortmann selbst einräumt, auf „erhebliche Bedenken" stoßen, da sie „für eine Reihe von modalsyllogistischen Prämissenkombinationen stärkere als die von Aristoteles behaupteten Konklusionen möglich werden" läßt (a. a. O. S. 519). Nortmann hat das System S5 auch zur Rekonstruktion des Beweises der Gültigkeit von *Darii KKK* herangezogen und dieses Vorgehen mit der Annahme gerechtfertigt, daß „Aristoteles selbst" es sei, „der immer dann, wenn er eine e_N-Aussage [gemeint ist (nach der von mir gebrauchten Notation) eine *LN I*-Aussage] konvertiert, im Effekt S5-logische Mittel benutzt – auch wenn er das nicht ahnen und schon gar nicht mit den heute gebräuchlichen Konzepten auf den Begriff bringen konnte" (S. 520-1). Der vorliegende Beweis macht die Hypothese, die Nortmanns Argumentation zugrunde liegt, überflüssig, die Struktur von *LN I*-Sätzen werde durch Formeln wie $\forall\, x\, \Box\, (B\, x \supset \Box \sim A\, x)$ erfaßt und wegen dieser Struktur seien *LN I*-Sätze nur unter Voraussetzung einer S5-Logik konvertierbar.[283]

$L\, I\, (\alpha, \beta) \therefore L\, I\, (\beta, \alpha)$ (IV. 52)

Beweis:

[1] $D(D(L\!A\,(\alpha,\gamma), L\!A\,(\beta,\gamma)), NH(L\!A\,(\beta,\gamma), NL\!A\,(\alpha,\gamma))) \therefore$
      $D(D(L\!A\,(\beta,\gamma), L\!A\,(\alpha,\gamma)), NH(L\!A\,(\alpha,\gamma), NL\!A\,(\beta,\gamma)))$ (II. 30)

---

[283] Zum Verhältnis zwischen Modalsyllogistik und S5-Logik siehe *Anhang* 5.

[2] $LI(\alpha, \beta) \therefore D(D(LA(\alpha, \gamma), LA(\beta, \gamma)), NH(LA(\beta, \gamma), NLA(\alpha, \gamma))),$
    $H(LA(\alpha, \gamma), H(LA(\beta, \gamma), LA(\alpha, \gamma))),$
    $H(LA(\beta, \gamma), H(LA(\alpha, \gamma), LA(\beta, \gamma)))$ (IV. 15)

[3] $D(D(LA(\beta, \gamma), LA(\alpha, \gamma)), NH(LA(\alpha, \gamma), NLA(\beta, \gamma))),$
    $H(LA(\beta, \gamma), H(LA(\alpha, \gamma), LA(\beta, \gamma))),$
    $H(LA(\alpha, \gamma), H(LA(\beta, \gamma), LA(\alpha, \gamma))) \therefore LI(\beta, \alpha)$ (IV. 15)

[4] $LI(\alpha, \beta) \therefore LI(\beta, \alpha)$ (I. 4) [24, 23, 25]

Die hier zweimal zur Anwendung kommende Expositionsregel (IV. 15) ist leichter zu verstehen, wenn man einmal erkannt hat, daß sie der Regel

$$LI(\alpha, \beta) :: LA(\alpha, \gamma) \lor LA(\beta, \gamma)$$

entspricht (in der › ∨ ‹ für die logische Adjunktion, d. h. für das nichtausschließende ›... oder ...‹ steht).

In *Analytica priora* I. 3, 25 a 33–34 wird angedeutet, daß es für (IV. 52) und (IV. 53) einen indirekten Beweis gibt. Der hier geführte Beweis ist dagegen ebenso wie der für (IV. 53) geführte Beweis direkt.

Ein indirekter Beweis für (IV. 52) wäre möglich, wenn anstelle von Definition 6 in § 59 der apodiktische partikuläre Satz so definiert wäre, daß bei jedem wahren Satz der Form $LI(\alpha, \beta)$ die Bildung eines Begriffs γ möglich ist, für den gilt, daß unter ihn ein Gegenstand fällt, dem *beide* Begriffe α und β notwendigerweise zukommen. In diesem Falle wäre es möglich, anstelle von (IV. 15) (wie im vorigen Beweis) eine Regel anzuwenden, die in Zeile [1] des folgenden Beweises in Anspruch genommen wird:

[1] $LI(\alpha, \beta) \therefore LA(\beta, \gamma), LA(\alpha, \gamma)$
[2] $NLA(\beta, \gamma) \therefore NLI(\alpha, \beta)$ (I. 2) [1]
[3] $MNA(\beta, \gamma) \therefore NLA(\beta, \gamma)$ (IV. 6)
[4] $MNA(\beta, \gamma) \therefore NLI(\alpha, \beta)$ (I. 4) [2, 3]
[5] $NLI(\beta, \alpha) \therefore H(MI(\alpha, \gamma), MNA(\beta, \gamma))$ (IV. 12)
[6] $NLI(\beta, \alpha), MI(\alpha, \gamma) \therefore MNA(\beta, \gamma)$ (II. 5) [5]
[7] $NLI(\beta, \alpha), MI(\alpha, \gamma) \therefore NLI(\alpha, \beta)$ (I. 4) [4, 6]
[8] $MA(\alpha, \gamma) \therefore MI(\alpha, \gamma)$ (IV. 34)
[9] $LA(\alpha, \gamma) \therefore MA(\alpha, \gamma)$ (IV. 26)
[10] $LI(\alpha, \beta) \therefore MI(\alpha, \gamma)$ (I. 4) [1, 9, 8]
[11] $NLI(\beta, \alpha), LI(\alpha, \beta) \therefore NLI(\alpha, \beta)$ (I. 4) [10, 7]
[12] $NNLI(\alpha, \beta), LI(\alpha, \beta) \therefore NNLI(\beta, \alpha)$ (I. 2) [11]
[13] $LI(\alpha, \beta) \therefore NNLI(\alpha, \beta)$ (IV. 22)

[14] $NNL\,I\,(\beta, \alpha) \therefore L\,I\,(\beta, \alpha)$ (IV. 23)
[15] $L\,I\,(\alpha, \beta), L\,I\,(\alpha, \beta) \therefore L\,I\,(\beta, \alpha)$ (I. 4) [13, 12, 14]
[16] $L\,I\,(\alpha, \beta) \therefore L\,I\,(\beta, \alpha)$ (I. 6) [15]

Aber die von diesem Beweis vorausgesetzte Definition für $L\,I$ ist nicht nur mit einigen der Fälle unverträglich, in denen Aristoteles eine $L\,I$-Konversion benötigt (siehe unten meine Bemerkungen zu (IV. 88) und (IV. 89)), sondern sie entspricht auch nicht dem gewöhnlichen Gebrauch von $L\,I$. Daher wäre es wenig plausibel, diesen Beweis für aristotelisch zu halten.

Wahrscheinlicher ist es, daß Aristoteles angenommen hat, die $L\,I$-Konvertierbarkeit sei deshalb indirekt beweisbar, weil man sie auf folgende Weise aus der indirekt beweisbaren I-Konvertierbarkeit ableiten kann:

[1] $I\,(\alpha, \beta) \therefore I\,(\beta, \alpha)$ (III. 18)
[2] $* \therefore H\,(I\,(\alpha, \beta), I\,(\beta, \alpha))$ (II. 28) [1]
[3] $H\,(I\,(\alpha, \beta), I\,(\beta, \alpha)) \therefore H\,(L\,I\,(\alpha, \beta), L\,I\,(\beta, \alpha))$ (IV. 19)
[4] $H\,(I\,(\alpha, \beta), I\,(\beta, \alpha)), L\,I\,(\alpha, \beta) \therefore L\,I\,(\beta, \alpha)$ (II. 30) [3]
[5] $*, L\,I\,(\alpha, \beta) \therefore L\,I\,(\beta, \alpha)$ (I. 4) [2, 4]

Dafür, daß Aristoteles an eine solche Ableitung gedacht haben könnte, spricht vielleicht seine Bemerkung in *An. pr.* I. 8, 30 a 1–3, bei Notwendigkeitsaussagen sei „die (universell) verneinende (Aussage) ebenso konvertierbar" wie bei assertorischen Aussagen, und die logischen Konstanten der assertorischen Syllogistik, nämlich „das ‚in (etwas als) einem Ganzen sein' wie auch das ‚von jedem (ausgesagt werden)'", seien bei apodiktischen und assertorischen Aussagen „analog zu verstehen". Aristoteles könnte hier an eine Analogie denken, wie sie in der soeben in Zeile [3] angewandten Regel (IV. 19) zum Ausdruck kommt und die sich insofern nicht nur auf apodiktische universell verneinende, sondern auch auf apodiktische partikulär bejahende Aussagen hinsichtlich ihrer Konvertierbarkeit auswirkt. Für apodiktische universell verneinende Sätze wäre ja ein Beweis wie der zuletzt geführte in genau derselben Weise möglich. Er würde sich von diesem nur dadurch unterscheiden, daß in Zeile [1] von (III. 17) statt von (III. 18) Gebrauch gemacht wird.

$L\,A\,(\alpha, \beta) \therefore L\,I\,(\beta, \alpha)$ **(IV. 53)**
Beweis:

[1] $L\,A\,(\alpha, \beta) \therefore L\,I\,(\alpha, \beta)$ (IV. 24)

[2] L I (α, β) ∴ L I (β, α) (IV. 52)
[3] L A (α, β) ∴ L I (β, α) (I. 4) [1, 2]

Vergleiche *Analytica priora* I. 3, 25 a 40 – 25 b 3.

2. Konversion problematischer Sätze:

MN I (α, β) ∴ MN I (β, α) **(IV. 54)**
Beweis:

[1] L I (β, α) ∴ L I (α, β) (IV. 52)
[2] NL I (α, β) ∴ NL I (β, α) (I. 2) [1]
[3] MN I (α, β) ∴ NL I (α, β) (IV. 6)
[4] NL I (β, α) ∴ MN I (β, α) (IV. 6)
[5] MN I (α, β) ∴ MN I (β, α) (I. 4) [2, 3, 4]

Der Kommentar von Ebert & Nortmann (*Aristoteles, Analytica priora, Buch I*, S. 273) macht darauf aufmerksam, daß das in *An. pr.* I. 3, 25 b 11 vorgebrachte Argument für die Gültigkeit von (IV. 54) die Gültigkeit der *L I*-Konversion (IV. 52) voraussetzt, wie dies auch im vorliegenden Beweis der Fall ist. Dies bedeutet aber nicht, daß ein Beweiszirkel vorliegen würde, da der Beweis für (IV. 52) direkt geführt werden kann und auch hier oben so geführt wurde. (Zu dem „generellen Zirkularitätsvorbehalt" (ebenda S. 273), der in der Aristotelesliteratur gegenüber den Konversionsbeweisen in *An. pr.* I. 3 besteht, siehe die Ausführungen dieses Kommentars auf S. 266.)

M I (α, β) ∴ M I (β, α) **(IV. 55)**
Beweis:

[1] LN I (β, α) ∴ LN I (α, β) (IV. 51)
[2] NLN I (α, β) ∴ NLN I (β, α) (I. 2) [1]
[3] M I (α, β) ∴ NLN I (α, β) (IV. 3)
[4] NLN I (β, α) ∴ M I (β, α) (IV. 3)
[5] M I (α, β) ∴ M I (β, α) (I. 4) [3, 2, 4]

Die Konvertierbarkeit von *M I* (α, β) wird hier indirekt bewiesen. Dies entspricht der spärlichen Beschreibung des Beweises für die Gültigkeit von (IV. 55) in *Analytica priora* I. 3, 25 a 40 – 25 b 2. Obwohl dieser Beweis die Gültigkeit der *LN I*-Konversion (IV. 51) voraussetzt und auch diese gemäß der Argumentationslinie des Aristoteles indirekt bewiesen wird, liegt kein Beweiszirkel vor, da die Gültigkeit von (IV. 55) im Beweis für die Gültigkeit von (IV. 51) nicht vorausgesetzt wird.

$M A (\alpha, \beta) \therefore M I (\beta, \alpha)$ (IV. 56)

Beweis:

[1] $M A (\alpha, \beta) \therefore M I (\alpha, \beta)$ (IV. 32)
[2] $M I (\alpha, \beta) \therefore M I (\beta, \alpha)$ (IV. 55)
[3] $M A (\alpha, \beta) \therefore M I (\beta, \alpha)$ (I. 4) [1, 2]

Vergleiche *Analytica priora* I. 3, 25 a 40 – 25 b 2.

3. Konversion kontingenter Sätze:

$K I (\alpha, \beta) \therefore K I (\beta, \alpha)$ (IV. 57)

Beweis:

[1] $K I (\alpha, \beta)$
$\therefore M A (\alpha, \gamma), MN A (\alpha, \gamma), M A (\beta, \gamma), MN A (\beta, \gamma)$ (IV. 18)
[2] $M A (\beta, \gamma), MN A (\beta, \gamma), M A (\alpha, \gamma), MN A (\alpha, \gamma)$
$\therefore K I (\beta, \alpha)$ (IV. 18)
[3] $K I (\alpha, \beta) \therefore K I (\beta, \alpha)$ (I. 4) [1, 2]

Vergleiche *Analytica priora* I. 3, 25 a 40 – 25 b 2.

$K A (\alpha, \beta) \therefore K I (\beta, \alpha)$ (IV. 58)

Beweis:

[1] $K A (\alpha, \beta) \therefore M A (\alpha, \beta)$ (IV. 7)
[2] $M A (\alpha, \beta) \therefore M I (\alpha, \beta)$ (IV. 32)
[3] $K A (\alpha, \beta) \therefore M I (\alpha, \beta)$ (I. 4) [1, 2]
[4] $K A (\alpha, \beta) \therefore MN I (\alpha, \beta)$ (IV. 7)
[5] $MN I (\alpha, \beta) \therefore MN A (\alpha, \beta)$ (IV. 35)
[6] $K A (\alpha, \beta) \therefore MN A (\alpha, \beta)$ (I. 4) [4, 5]
[7] $M I (\alpha, \beta), MN A (\alpha, \beta) \therefore K I (\alpha, \beta)$ (IV. 7)
[8] $K A (\alpha, \beta), K A (\alpha, \beta) \therefore K I (\alpha, \beta)$ (I. 5) [3, 6, 7]
[9] $K A (\alpha, \beta) \therefore K I (\alpha, \beta)$ (II. 6) [8]
[10] $K I (\alpha, \beta) \therefore K I (\beta, \alpha)$ (IV. 57)
[11] $K A (\alpha, \beta) \therefore K I (\beta, \alpha)$ (I. 4) [9, 10]

Vergleiche *Analytica priora* I. 3, 25 a 40 – 25 b 2.

$KN\,A\,(\alpha, \beta) \therefore KN\,A\,(\beta, \alpha)$ \hfill **(IV. 59)**

Beweis:

[1] $KN\,A\,(\alpha, \beta) \therefore K\,I\,(\alpha, \beta)$ \hfill (IV. 50)
[2] $K\,I\,(\alpha, \beta) \therefore K\,I\,(\beta, \alpha)$ \hfill (IV. 57)
[3] $K\,I\,(\beta, \alpha) \therefore KN\,A\,(\beta, \alpha)$ \hfill (IV. 49)
[4] $KN\,A\,(\alpha, \beta) \therefore KN\,A\,(\beta, \alpha)$ \hfill (I. 4) [1, 2, 3]

Vergleiche *Analytica priora* I. 3, 25 b 17 f.

$K\,A\,(\alpha, \beta) \therefore KN\,A\,(\beta, \alpha)$ \hfill **(IV. 60)**

Beweis:

[1] $K\,A\,(\alpha, \beta) \therefore K\,I\,(\beta, \alpha)$ \hfill (IV. 58)
[2] $K\,I\,(\beta, \alpha) \therefore KN\,A\,(\beta, \alpha)$ \hfill (IV. 49)
[3] $K\,A\,(\alpha, \beta) \therefore KN\,A\,(\beta, \alpha)$ \hfill (I. 4) [1, 2]

§ 63. Modale Syllogismen

I. Vollkommene modale Syllogismen

„Vollkommen" nennt Aristoteles die im Folgenden abzuleitenden Syllogismen in dem Sinne, daß ihre Gültigkeit bewiesen werden kann, ohne daß man von Konversionsregeln, Expositionsregeln oder von einer *Reductio ad impossibile* (d. h. der Regel (I. 2)) Gebrauch machen müßte. Darin stimmen diese Syllogismen mit den vollkommenen assertorischen Syllogismen des vorigen Abschnitts überein (siehe § 56). Der Umstand, daß ein vollkommener modaler Syllogismus beweisbar ist, ohne daß eine Konversion, Exposition oder *Reductio ad impossibile* durchgeführt werden müßte, bedeutet, daß es zum Beweis eines solchen Syllogismus nicht erforderlich ist, zusätzlich zu dessen beiden Prämissen (oder zusätzlich zu den in diesen Prämissen explizit enthaltenen Annahmen) weitere Annahmen einzuführen. Mit einer *Reductio ad absurdum* würde eine solche Annahme eingeführt, da mit ihr ein Satz herangezogen würde, der nicht zu den Prämissen des zu beweisenden Syllogismus gehört, sondern die Verneinung der aus diesen Prämissen folgenden Konklusion ausdrückt. Auch Konversionen bringen eine weitere Annahme ins Spiel. Dies gilt auch für Konversionen von *M*-, *L*- oder *K*-Sätzen, wie aus den Beweisen der diesbezüglichen Konversionsregeln (IV. 51) bis (IV. 60) hervorgeht. Diese Beweise beruhen ja ausnahmslos darauf, daß durch Exposition Begriffsausdrücke (bzw. Begriffsvariablen) eingeführt werden, die in den zu konvertieren-

§ 63. I. Vollkommene modale Syllogismen

den Sätzen (bzw. Formeln) nicht enthalten sind. Dies zeigen die Gültigkeitsbeweise für die Regeln (IV. 51), (IV. 52) und (IV. 57), auf denen die übrigen modalen Konversionsregeln beruhen.

Mit Bezug auf einzelne modale vollkommene Syllogismen sagt Aristoteles ausdrücklich, ihre Gültigkeit sei „offensichtlich aufgrund der Definition" (φανερὸν ἐκ τοῦ ὁρισμοῦ) der in ihren Prämissen vorkommenden modallogischen Konstanten (14, 32 b 40 und 14, 33 a 24 f.). Dabei führt er das Offensichtlichsein ihrer Gültigkeit ausdrücklich auf ihren „Beweis" (ἀπόδειξις) (14, 33 a 27 und 15, 35 a 35) zurück. Dem entspricht es, daß Aristoteles von „unvollkommenen" Syllogismen behauptet, es werde „durch ihren Beweis klar (δῆλον), daß sie unvollkommen sind" (16, 36 a 1). Aus diesen Hinweisen ergibt sich, daß es den Ansichten des Aristoteles nicht entspricht, wenn man die modalen vollkommenen Syllogismen so behandelt, wie es in der neueren Aristoteles-Lliteratur üblich geworden ist, d. h. wenn man sie als „syllogistische Implikationsbeziehungen" mit „Evidenzcharakter" ansieht.[284] Vielmehr sollte man sie als Schlußweisen behandeln, deren Gültigkeit eines Beweises bedarf, der sich in seiner Struktur von Beweisen der Gültigkeit unvollkommener Syllogismen wesentlich unterscheidet.

1. Zwei apodiktische Prämissen in der ersten Figur (*An. pr.* I. 8):

Barbara LLL:

$L A (\alpha, \beta), L A (\beta, \gamma) \therefore L A (\alpha, \gamma)$ **(IV. 61)**

Beweis:

[1]	$L A (\alpha, \beta) \therefore H (I (\beta, \gamma), L A (\alpha, \gamma))$	(IV. 9)
[2]	$L A (\beta, \gamma) \therefore I (\gamma, \gamma)$	(IV. 9)
[3]	$L A (\beta, \gamma) \therefore H (I (\gamma, \gamma), L A (\beta, \gamma))$	(IV. 9)
[4]	$L A (\beta, \gamma) \therefore A (\beta, \gamma)$	(IV. 1)
[5]	$A (\beta, \gamma) \therefore I (\beta, \gamma)$	(III. 7)
[6]	$L A (\beta, \gamma) \therefore I (\beta, \gamma)$	(I. 4) [4, 5]
[7]	$* \therefore H (L A (\beta, \gamma), I (\beta, \gamma))$	(II. 28) [6]
[8]	$H (I (\gamma, \gamma), L A (\beta, \gamma)), H (L A (\beta, \gamma), I (\beta, \gamma))$	
	$\therefore H (I (\gamma, \gamma), I (\beta, \gamma))$	(II. 13)
[9]	$*, L A (\beta, \gamma) \therefore H (I (\gamma, \gamma), I (\beta, \gamma))$	(I. 5) [3, 7, 8]
[10]	$H (I (\gamma, \gamma), I (\beta, \gamma)), H (I (\beta, \gamma), L A (\alpha, \gamma))$	
	$\therefore H (I (\gamma, \gamma), L A (\alpha, \gamma))$	(II. 13)
[11]	$*, L A (\beta, \gamma), L A (\alpha, \beta) \therefore H (I (\gamma, \gamma), L A (\alpha, \gamma))$	(I. 5) [9, 1, 10]
[12]	$I (\gamma, \gamma), H (I (\gamma, \gamma), L A (\alpha, \gamma)) \therefore L A (\alpha, \gamma)$	(IV. 9)

---

[284] Ebert & Nortmann, *Aristoteles, Analytica priora, Buch I*, S. 385.

[13] *, L A (β, γ), L A (β, γ), L A (α, β) ∴ L A (α, γ)   (I. 5) [2, 11, 12]
[14] *, L A (α, β), L A (β, γ) ∴ L A (α, γ)   (II. 6) [13]

Im Großen und Ganzen verläuft dieser Beweis analog zum Beweis für *Barbara* (III. 20). Diesem Umstand entspricht es, daß Aristoteles in *An. pr.* I. 8, 29 b 36 ff. sich im Hinblick auf die Frage nach der Gültigkeit vollkommener Syllogismen mit ausschließlich apodiktischen Prämissen mit der allgemeinen Erklärung begnügt, bei den Notwendigkeitssyllogismen verhalte es sich „ungefähr ähnlich" (σχεδὸν ὁμοίως) wie bei den assertorischen. „Denn es wird sich im Fall des notwendigerweise Zukommens oder Nicht-Zukommens bei Voraussetzung derselben (Verhältnisse der) Begriffe wie für das Zukommen ein Syllogismus ergeben oder nicht, und ein Unterschied wird nur darin bestehen, daß (im ersteren Fall) den Begriffen das Zukommen oder das Nicht-zukommen *mit Notwendigkeit* hinzugefügt ist" (29 b 37 – 30 a 2; Übersetzung in Ebert & Nortmann, *Aristoteles, Analytica priora, Buch I*, S. 30). Zu dieser Bemerkung paßt es, daß auch die folgenden Beweise für *Celarent LLL*, *Darii LLL* und *Ferio LLL* im Großen und Ganzen analog zu den Beweisen für *Celarent* (III. 21), *Darii* (III. 22) bzw. *Ferio* (III. 23) verlaufen.

Celarent LLL:

LN I (α, β), L A (β, γ) ∴ LN I (α, γ)   **(IV. 62)**

Beweis:

[1]   LN I (α, β) ∴ NM I (α, β)   (IV. 4)
[2]   NM I (α, β) ∴ H (M I (β, γ), LN A̧ (α, γ))   (IV. 13)
[3]   LN I (α, β) ∴ H (M I (β, γ), LN A̧ (α, γ))   (I. 4) [1, 2]
[4]   L A (β, γ) ∴ H (I (γ, γ), L A̧ (β, γ))   (IV. 9)
[5]   L A̧ (β, γ) ∴ A̧ (β, γ)   (IV. 1)
[6]   A̧ (β, γ) ∴ I (β, γ)   (III. 7)
[7]   L A̧ (β, γ) ∴ I (β, γ)   (I. 4) [5, 6]
[8]   * ∴ H (L A̧ (β, γ), I (β, γ))   (II. 28) [7]
[9]   H (I (γ, γ), L A̧ (β, γ)), H (L A̧ (β, γ), I (β, γ))
      ∴ H (I (γ, γ), I (β, γ))   (II. 13)
[10] *, L A (β, γ) ∴ H (I (γ, γ), I (β, γ))   (I. 5) [4, 8, 9]
[11] H (I (γ, γ), I (β, γ)) ∴ H (M I (γ, γ), M I (β, γ))   (IV. 29)
[12] *, L A (β, γ) ∴ H (M I (γ, γ), M I (β, γ))   (I. 4) [10, 11]
[13] H (M I (γ, γ), M I (β, γ)), H (M I (β, γ), LN A̧ (α, γ))
      ∴ H (M I (γ, γ), LN A̧ (α, γ))   (II. 13)
[14] *, L A (β, γ), LN I (α, β)

$$\therefore H\,(I\,(\gamma,\gamma),\,LN\,A\,(\alpha,\gamma)) \qquad \text{(I. 5) [10, 3, 13]}$$

[15] $H\,(M\,I\,(\gamma,\gamma),\,LN\,A\,(\alpha,\gamma)) \therefore NM\,I\,(\alpha,\gamma)$ (IV. 14)
[16] $NM\,I\,(\alpha,\gamma) \therefore LN\,I\,(\alpha,\gamma)$ (IV. 4)
[17] *, $LN\,I\,(\alpha,\beta),\,L\,A\,(\beta,\gamma) \therefore LN\,I\,(\alpha,\gamma)$ (I. 4) [14, 15, 16]

Darii LLL:

$L\,A\,(\alpha,\beta),\,L\,I\,(\beta,\gamma) \therefore L\,I\,(\alpha,\gamma)$ **(IV. 63)**

Beweis:

[1] $L\,A\,(\alpha,\beta) \therefore H\,(I\,(\beta,\gamma),\,L\,A\,(\alpha,\gamma))$ (IV. 9)
[2] $L\,A\,(\alpha,\beta),\,I\,(\beta,\gamma) \therefore L\,A\,(\alpha,\gamma)$ (II. 5) [1]
[3] $L\,I\,(\beta,\gamma) \therefore I\,(\beta,\gamma)$ (IV. 1)
[4] $L\,A\,(\alpha,\beta),\,L\,I\,(\beta,\gamma) \therefore L\,A\,(\alpha,\gamma)$ (I. 4) [3, 2]
[5] $A\,(\alpha,\gamma) \therefore I\,(\alpha,\gamma)$ (III. 7)
[6] * $\therefore H\,(A\,(\alpha,\gamma),\,I\,(\alpha,\gamma))$ (II. 28) [5]
[7] $H\,(A\,(\alpha,\gamma),\,I\,(\alpha,\gamma)),\,L\,A\,(\alpha,\gamma) \therefore L\,I\,(\alpha,\gamma)$ (IV. 2)
[8] *, $L\,A\,(\alpha,\gamma) \therefore L\,I\,(\alpha,\gamma)$ (I. 4) [6, 7]
[9] *, $L\,A\,(\alpha,\beta),\,L\,I\,(\beta,\gamma) \therefore L\,I\,(\alpha,\gamma)$ (I. 4) [4, 8]

Ferio LLL:

$LN\,I\,(\alpha,\beta),\,L\,I\,(\beta,\gamma) \therefore LN\,A\,(\alpha,\gamma)$ **(IV. 64)**

Beweis:

[1] $LN\,I\,(\alpha,\beta) \therefore NM\,I\,(\alpha,\beta)$ (IV. 4)
[2] $NM\,I\,(\alpha,\beta) \therefore H\,(M\,I\,(\beta,\gamma),\,LN\,A\,(\alpha,\gamma))$ (IV. 13)
[3] $LN\,I\,(\alpha,\beta) \therefore H\,(M\,I\,(\beta,\gamma),\,LN\,A\,(\alpha,\gamma))$ (I. 4) [1, 2]
[4] $LN\,I\,(\alpha,\beta),\,M\,I\,(\beta,\gamma) \therefore LN\,A\,(\alpha,\gamma)$ (II. 5) [3]
[5] $L\,I\,(\beta,\gamma) \therefore M\,I\,(\beta,\gamma)$ (IV. 26)
[6] $LN\,I\,(\alpha,\beta),\,L\,I\,(\beta,\gamma) \therefore LN\,A\,(\alpha,\gamma)$ (I. 4) [5, 4]
[7] $N\,A\,(\alpha,\gamma) \therefore N\,A\,(\alpha,\gamma)$ (III. 12)
[8] * $\therefore H\,(N\,A\,(\alpha,\gamma),\,N\,A\,(\alpha,\gamma))$ (II. 28) [7]
[9] $H\,(N\,A\,(\alpha,\gamma),\,N\,A\,(\alpha,\gamma)),\,LN\,A\,(\alpha,\gamma) \therefore LN\,A\,(\alpha,\gamma)$ (IV. 2)
[10] *, $LN\,A\,(\alpha,\gamma) \therefore LN\,A\,(\alpha,\gamma)$ (I. 4) [8, 9]
[11] *, $LN\,I\,(\alpha,\beta),\,L\,I\,(\beta,\gamma) \therefore LN\,A\,(\alpha,\gamma)$ (I. 4) [6, 10]

2. Eine assertorische und eine apodiktische Prämisse in der ersten Figur:

Barbara LXL:

$L\,A\,(\alpha,\beta),\,A\,(\beta,\gamma) \therefore L\,A\,(\alpha,\gamma)$ **(IV. 65)**

Beweis:

[1] $L\,A\,(\alpha,\beta) \therefore H\,(I\,(\beta,\gamma),\,L\,A\,(\alpha,\gamma))$ (IV. 9)
[2] $A\,(\beta,\gamma) \therefore I\,(\gamma,\gamma)$ (III. 1)

[3] $A(\beta, \gamma) \therefore H(I(\gamma, \gamma), A(\beta, \gamma))$ (III. 1)
[4] $A(\beta, \gamma) \therefore I(\beta, \gamma)$ (III. 7)
[5] $* \therefore H(A(\beta, \gamma), I(\beta, \gamma))$ (II. 28) [4]
[6] $H(I(\gamma, \gamma), A(\beta, \gamma)), H(A(\beta, \gamma), I(\beta, \gamma))$
      $\therefore H(I(\gamma, \gamma), I(\beta, \gamma))$ (II. 13)
[7] $*, A(\beta, \gamma) \therefore H(I(\gamma, \gamma), I(\beta, \gamma))$ (I. 5) [3, 5, 6]
[8] $H(I(\gamma, \gamma), I(\beta, \gamma)), H(I(\beta, \gamma), L A(\alpha, \gamma))$
      $\therefore H(I(\gamma, \gamma), L A(\alpha, \gamma))$ (II. 13)
[9] $*, A(\beta, \gamma), L A(\alpha, \beta) \therefore H(I(\gamma, \gamma), L A(\alpha, \gamma))$ (I. 5) [7, 1, 8]
[10] $I(\gamma, \gamma), H(I(\gamma, \gamma), L A(\alpha, \gamma)) \therefore L A(\alpha, \gamma)$ (IV. 9)
[11] $*, A(\beta, \gamma), A(\beta, \gamma), L A(\alpha, \beta) \therefore L A(\alpha, \gamma)$ (I. 5) [2, 9, 10]
[12] $*, L A(\alpha, \beta), A(\beta, \gamma) \therefore L A(\alpha, \gamma)$ (II. 6) [11]

Vergleiche *Analytica priora* I. 9, 30 a 15–23. Nach Nortmann handelt es sich bei *Barbara LXL* um eine Prämissenkombination, die am besten durch $\forall x \,\square\, (B\,x \supset \square\, A\,x)$ & $\forall x\, (C\,x \supset B\,x)$ wiederzugeben sei. Er weist allerdings selbst darauf hin, daß aus dieser Kombination nur eine abgeschwächte Notwendigkeitsaussage folgen würde, nämlich eine Aussage der Form $\forall x\, (C\,x \supset \square\, A\,x)$.[285] Da *Barbara LXL* zu den vollkommenen Syllogismen gehört, deren Gültigkeit nach Aristoteles nur auf den Definitionen der in ihnen selbst vorkommenden logischen Konstanten beruht, ist es aber gewiß nicht zu vermuten, daß Aristoteles angenommen hat, dasselbe logische Vokabular könnte, wenn es an verschiedenen Stellen eines vollkommenen Syllogismus auftritt, in unterschiedlicher Bedeutung gebraucht werden.

Nortmann ist indessen der Meinung, daß „die reine *de dicto*-Lesart von Notwendigkeitsaussagen", als die er die (auch von mir verwendete) Wiedergabe dieser Aussagen durch Ausdrücke des Typs ›L A (α, β)‹ bezeichnet, „aufgegeben werden" müsse, „wenn Behauptungen wie diejenige der Gültigkeit von *Barbara NXN* [gemeint ist *Barbara LXL* in der von mir verwendeten Notationsweise] verifikationsfähig werden sollen".[286] Als Grund für diese Meinung gibt Nortmann an, daß bei der ,reinen *de dicto*-Lesart' von Notwendigkeitsaussagen der in *Barbara LXL* vollzogene Übergang von $L A (\alpha, \beta)$ und $A (\beta, \gamma)$ zu $L A (\alpha, \gamma)$ nur dann gerechtfertigt wäre, wenn man von $L A (\alpha, \beta)$ & $A (\beta, \gamma)$ zu $L (A (\alpha, \beta) \,\&\, A (\beta, \gamma))$ übergehen dürfte.[287] Er weist da-

---

[285] Ebert & Nortmann, *Aristoteles, Analytica priora, Buch I*, S. 386 ff. – Ich benutze hier und im Folgenden eine andere Notationsweise als Nortmann.
[286] Ebenda S. 384.
[287] Ebert & Nortmann, *Aristoteles, Analytica priora, Buch I*, S. 383-4.

rauf hin, daß dieser Übergang unzulässig ist, weil er, da $L\,(A\,(\alpha, \beta)$ & $A\,(\beta, \gamma))$ gleichwertig ist mit $L\,A\,(\alpha, \beta)$ & $L\,A\,(\beta, \gamma))$, einen Übergang von $A\,(\beta, \gamma)$ zu $L\,A\,(\beta, \gamma)$ einschlösse und dieser Übergang keinem sinnvollen Gebrauch des Notwendigkeitsbegriffs entspräche (S. 383-4). Diesen Hinweis möchte ich nicht in Frage stellen. Aber es fehlt mir eine Begründung für Nortmanns stillschweigende Annahme, es gebe für den Übergang von $L\,A\,(\alpha, \beta)$ und $A\,(\beta, \gamma)$ zu $L\,A\,(\alpha, \gamma)$ in *Barbara LXL* gar keine *andere* Rechtfertigung als die von ihm für unzulässig erklärte. Daß es eine andere Rechtfertigung sehr wohl gibt, zeigt der von mir oben dargestellte Beweis für (IV. 65). Die in diesem Beweis zur Anwendung kommenden Regeln lassen zugleich erkennen, daß es allerdings unzutreffend wäre, die von mir benutzte Wiedergabe von Notwendigkeitsaussagen durch Ausdrücke des Typs ›$L\,A\,(\alpha, \beta)$‹ als 'reine *de dicto*-Lesart' solcher Aussagen zu bezeichnen. Zwar entspricht dem Ausdruck ›$L\,A\,...$‹ der *de dicto*-Gebrauch von ›notwendig‹, da dieser Ausdruck gleichbedeutend ist mit ›es ist notwendig(erweise wahr), daß ...‹. Aber $L\,A\,(\alpha, \beta)$ impliziert nach § 59, Definition 6, und nach Regel (IV. 9) zugleich ›Wenn irgendein γ ein β ist, so ist dieses γ notwendigerweise ein α‹. Insofern enthält $L\,A\,(\alpha, \beta)$ zugleich eine Aussage über eine *de re*-Notwendigkeit.

Celarent LXL:

$LN\,I\,(\alpha, \beta), A\,(\beta, \gamma) \therefore LN\,I\,(\alpha, \gamma)$ **(IV. 66)**

Beweis:

[1] $LN\,I\,(\alpha, \beta) \therefore NM\,I\,(\alpha, \beta)$ (IV. 4)
[2] $NM\,I\,(\alpha, \beta) \therefore H\,(M\,I\,(\beta, \gamma), LN\,A\,(\alpha, \gamma))$ (IV. 13)
[3] $LN\,I\,(\alpha, \beta) \therefore H\,(M\,I\,(\beta, \gamma), LN\,A\,(\alpha, \gamma))$ (I. 4) [1, 2]
[4] $A\,(\beta, \gamma) \therefore H\,(I\,(\gamma, \gamma), A\,(\beta, \gamma))$ (III. 1)
[5] $A\,(\beta, \gamma) \therefore I\,(\beta, \gamma)$ (III. 7)
[6] $* \therefore H\,(A\,(\beta, \gamma), I\,(\beta, \gamma))$ (II. 28) [5]
[7] $H\,(I\,(\gamma, \gamma), A\,(\beta, \gamma)), H\,(A\,(\beta, \gamma), I\,(\beta, \gamma))$
      $\therefore H\,(I\,(\gamma, \gamma), I\,(\beta, \gamma))$ (II. 13)
[8] $*, A\,(\beta, \gamma) \therefore H\,(I\,(\gamma, \gamma), I\,(\beta, \gamma))$ (I. 5) [4, 6, 7]
[9] $H\,(I\,(\gamma, \gamma), I\,(\beta, \gamma)) \therefore H\,(M\,I\,(\gamma, \gamma), M\,I\,(\beta, \gamma))$ (IV. 29)
[10] $*, A\,(\beta, \gamma) \therefore H\,(M\,I\,(\gamma, \gamma), M\,I\,(\beta, \gamma))$ (I. 4) [8, 9]
[11] $H\,(M\,I\,(\gamma, \gamma), M\,I\,(\beta, \gamma)), H\,(M\,I\,(\beta, \gamma), LN\,A\,(\alpha, \gamma))$
      $\therefore H\,(M\,I\,(\gamma, \gamma), LN\,A\,(\alpha, \gamma))$ (II. 13)
[12] $*, A\,(\beta, \gamma), LN\,I\,(\alpha, \beta)$
      $\therefore H\,(M\,I\,(\gamma, \gamma), LN\,A\,(\alpha, \gamma))$ (I. 5) [10, 3, 11]

[13] $H(MI(\gamma, \gamma), LN\underset{.}{A}(\alpha, \gamma)) \therefore NMI(\alpha, \gamma)$ (IV. 14)
[14] $*, A(\beta, \gamma), LNI(\alpha, \beta) \therefore NMI(\alpha, \gamma)$ (I. 4) [12, 13]
[15] $NMI(\alpha, \gamma) \therefore LNI(\alpha, \gamma)$ (IV. 4)
[16] $*, LNI(\alpha, \beta), A(\beta, \gamma) \therefore LNI(\alpha, \gamma)$ (I. 4) [14, 15]

Vergleiche *Analytica priora* I. 9, 30 a 15–23.

Nach Nortmanns Interpretation würde sich analog zu *Barbara LXL* auch für *Celarent LXL* eine Konklusion ergeben, deren logische Form von der Form des Obersatzes abweicht. Während die Form des Obersatzes nach dieser Interpretation durch $\forall x \, \Box \, (B\,x \supset \Box \sim A\,x)$, wiederzugeben wäre, müßte sich dementsprechend für die Konklusion die Form $\forall x \, (B\,x \supset \Box \sim A\,x)$ ergeben. Nortmann hat allerdings selbst darauf aufmerksam gemacht, daß eine Konklusion dieser Form nicht konvertierbar wäre. Dies ist ein Umstand, der nicht mit der Annahme des Aristoteles verträglich ist, daß die Gültigkeit von *Camestres XLL, Darapti XLL* und *Disamis XLL* durch Konversion der Konklusion von *Celarent LXL* beweisbar ist. Nortmann hält denn auch die Behauptung der Gültigkeit von *Camestres XLL, Darapti XLL* und *Disamis XLL* für einen logischen Irrtum des Aristoteles. (Siehe Ebert & Nortmann, *Aristoteles, Analytica priora, Buch I*, S. 388 und 419 und 456.)

Auch nach der modalprädikatenlogischen Deutung Klaus J. Schmidts ist *Celarent LXL* eine Schlußweise, die nur dann gültig ist, wenn in ihr Notwendigkeitsaussagen in Konklusionsposition eine andere Struktur haben als in Prämissenposition. Nach seiner Ansicht ist die eine Struktur durch die Formel $\forall x \, \Box \, (\Diamond\,B\,x \supset \Box\,A\,x)$, die andere durch die Formel $\forall x \, (C\,x \supset \Box\,A\,x)$ wiederzugeben. Außerdem weist Schmidt darauf hin, daß diese Formel aus den Prämissenformeln nur unter Voraussetzung einer B-Logik ableitbar ist[288]

Darii LXL:

$L\,A\,(\alpha, \beta), I\,(\beta, \gamma) \therefore L\,I\,(\alpha, \gamma)$ **(IV. 67)**

Beweis:

[1] $L\,A\,(\alpha, \beta) \therefore H(I(\beta, \gamma), L\underset{.}{A}(\alpha, \gamma))$ (IV. 9)
[2] $L\,A\,(\alpha, \beta), I(\beta, \gamma) \therefore L\underset{.}{A}(\alpha, \gamma)$ (II. 5) [1]

---

[288] K. J. Schmidt, *Die modale Syllogistik des Aristoteles. Eine modal-prädikatenlogische Interpretation*, Paderborn: Mentis, 2000, S. 44. Ich verwende hier und im Folgenden eine andere Notationsweise als Schmidt. Zum Verhältnis zwischen B-Logik (dem Brouwerschen System) und modaler Syllogistik siehe *Anhang 5*.

§ 63. I. Vollkommene modale Syllogismen   273

[3] $A(\alpha, \gamma) \therefore I(\alpha, \gamma)$ (III. 7)
[4] $* \therefore H(A(\alpha, \gamma), I(\alpha, \gamma))$ (II. 28) [3]
[5] $H(A(\alpha, \gamma), I(\alpha, \gamma)) \therefore H(L\,A(\alpha, \gamma), L\,I(\alpha, \gamma))$ (II. 13)
[6] $* \therefore H(L\,A(\alpha, \gamma), L\,I(\alpha, \gamma))$ (I. 4) [4, 5]
[7] $*, L\,A(\alpha, \gamma) \therefore L\,I(\alpha, \gamma)$ (II. 30) [6]
[8] $*, L\,A(\alpha, \beta), I(\beta, \gamma) \therefore L\,I(\alpha, \gamma)$ (I. 4) [2, 7]

Vergleiche *Analytica priora* I. 9, 30 a 33–40.

Ferio LXL:

$LN\,I(\alpha, \beta), I(\beta, \gamma) \therefore LN\,A(\alpha, \gamma)$ (IV. 68)

Beweis:

[1] $NM\,I(\alpha, \beta) \therefore LN\,I(\alpha, \beta)$ (IV. 4)
[2] $NM\,I(\alpha, \beta) \therefore H(M\,I(\beta, \gamma), LN\,A(\alpha, \gamma))$ (IV. 13)
[3] $LN\,I(\alpha, \beta) \therefore H(M\,I(\beta, \gamma), LN\,A(\alpha, \gamma))$ (I. 4) [1, 2]
[4] $LN\,I(\alpha, \beta), M\,I(\beta, \gamma) \therefore LN\,A(\alpha, \gamma))$ (II. 5) [3]
[5] $I(\beta, \gamma) \therefore M\,I(\beta, \gamma)$ (IV. 25)
[6] $LN\,I(\alpha, \beta), I(\beta, \gamma) \therefore LN\,A(\alpha, \gamma))$ (I. 4) [4, 5]
[7] $N\,A(\alpha, \gamma) \therefore N\,A(\alpha, \gamma)$ (III. 12)
[8] $* \therefore H(N\,A(\alpha, \gamma), N\,A(\alpha, \gamma))$ (II. 28) [7]
[9] $H(N\,A(\alpha, \gamma), N\,A(\alpha, \gamma)) \therefore H(LN\,A(\alpha, \gamma), LN\,A(\alpha, \gamma))$ (II. 13)
[10] $* \therefore H(LN\,A(\alpha, \gamma), LN\,A(\alpha, \gamma))$ (I. 4) [8, 9]
[11] $*, LN\,A(\alpha, \gamma) \therefore LN\,A(\alpha, \gamma)$ (II. 30) [10]
[12] $*, LN\,I(\alpha, \beta), I(\beta, \gamma) \therefore LN\,A(\alpha, \gamma)$ (I. 4) [6, 11]

Vergleiche *Analytica priora* I. 9, 30 b 1 f.

3. Eine apodiktische und eine assertorische Prämisse in der ersten Figur:

Barbara XLX:

$A(\alpha, \beta), L\,A(\beta, \gamma) \therefore A(\alpha, \gamma)$ (IV. 69)

Beweis:

[1] $A(\alpha, \beta) \therefore H(I(\beta, \gamma), A(\alpha, \gamma))$ (III. 1)
[2] $L\,A(\beta, \gamma) \therefore A(\beta, \gamma)$ (IV. 1)
[3] $A(\beta, \gamma) \therefore I(\gamma, \gamma)$ (III. 1)
[4] $L\,A(\beta, \gamma) \therefore I(\gamma, \gamma)$ (I. 4) [2, 3]
[5] $L\,A(\beta, \gamma) \therefore H(I(\gamma, \gamma), L\,A(\beta, \gamma))$ (IV. 9)
[6] $L\,A(\beta, \gamma) \therefore A(\beta, \gamma)$ (IV. 1)
[7] $A(\beta, \gamma) \therefore I(\beta, \gamma)$ (III. 7)
[8] $L\,A(\beta, \gamma) \therefore I(\beta, \gamma)$ (I. 4) [6, 7]

II. 4. Modale Syllogistik

[9]   * ∴ H (L A̯ (β, γ), I (β, γ))   (II. 28) [8]

[10]   H (I (γ, γ), L A̯ (β, γ)), H (L A̯ (β, γ), I (β, γ))
∴ H (I (γ, γ), I (β, γ))   (II. 13)

[11]   *, L A (β, γ) ∴ H (I (γ, γ), I (β, γ))   (I. 5) [5, 9, 10]

[12]   H (I (γ, γ), I (β, γ)), H (I (β, γ), A̯ (α, γ))
∴ H (I (γ, γ), A̯ (α, γ))   (II. 13)

[13]   *, L A (β, γ), A (α, β) ∴ H (I (γ, γ), A̯ (α, γ))   (I. 5) [11, 1, 12]

[14]   I (γ, γ), H (I (γ, γ), A̯ (α, γ)) ∴ A (α, γ)   (III. 1)

[15]   *, L A (β, γ), L A (β, γ), A (α, β) ∴ A (α, γ)   (I. 5) [4, 13, 14]

[16]   *, A (α, β), L A (β, γ) ∴ A (α, γ)   (II. 6) [15]

Vergleiche *Analytica priora* I. 9, 30 a 23–32.

Celarent XLX:

N I (α, β), L A (β, γ) ∴ N I (α, γ)   **(IV. 70)**

Beweis:

[1]   N I (α, β) ∴ H (I (β, γ), N A̯ (α, γ))   (III. 2)

[2]   L A (β, γ) ∴ H (I (γ, γ), L A̯ (β, γ))   (IV. 9)

[3]   L A̯ (β, γ) ∴ A̯ (β, γ)   (IV. 1)

[4]   A̯ (β, γ) ∴ I (β, γ)   (III. 7)

[5]   L A̯ (β, γ) ∴ I (β, γ)   (I. 4) [3, 4]

[6]   * ∴ H (L A̯ (β, γ), I (β, γ))   (II. 28) [5]

[7]   H (I (γ, γ), L A̯ (β, γ)), H (L A̯ (β, γ), I (β, γ))
∴ H (I (γ, γ), I (β, γ))   (II. 13)

[8]   *, L A (β, γ) ∴ H (I (γ, γ), I (β, γ))   (I. 5) [2, 6, 7]

[9]   H (I (γ, γ), I (β, γ)), H (I (β, γ), N A̯ (α, γ))
∴ H (I (γ, γ), N A̯ (α, γ))   (II. 13)

[10]   *, L A (β, γ), N I (α, β) ∴ H (I (γ, γ), N A̯ (α, γ))   (I. 5) [8, 1, 9]

[11]   H (I (γ, γ), N A̯ (α, γ)) ∴ N I (α, γ)   (III. 2)

[12]   *, L A (β, γ), N I (α, β) ∴ N I (α, γ)   (I. 5) [10, 11]

Vergleiche *Analytica priora* I. 9, 30 a 32 f.

Darii XLX:

A (α, β), L I (β, γ) ∴ I (α, γ)   **(IV. 71)**

Beweis:

[1]   A (α, β) ∴ H (I (β, γ), A̯ (α, γ))   (III. 1)

[2]   A (α, β), I (β, γ) ∴ A̯ (α, γ)   (II. 5) [1]

[3]   L I (β, γ) ∴ I (β, γ)   (IV. 1)

[4]   A (α, β), L I (β, γ) ∴ A̯ (α, γ)   (I. 4) [3, 2]

[5]   A̯ (α, γ) ∴ I (α, γ)   (III. 7)

§ 63. I. Vollkommene modale Syllogismen 275

[6] $A(\alpha, \beta), L\,I(\beta, \gamma) \therefore I(\alpha, \gamma)$ (I. 4) [4, 5]

Vergleiche *Analytica priora* I. 9, 30 b 2–6.

Ferio XLX:

$N\,I(\alpha, \beta), L\,I(\beta, \gamma) \therefore N\,A(\alpha, \gamma)$ **(IV. 72)**

Beweis:

[1] $N\,I(\alpha, \beta) \therefore H(I(\beta, \gamma), N\underset{\cdot}{A}(\alpha, \gamma))$ (III. 1)
[2] $N\,I(\alpha, \beta), I(\beta, \gamma) \therefore N\underset{\cdot}{A}(\alpha, \gamma)$ (II. 5) [1]
[3] $L\,I(\beta, \gamma) \therefore I(\beta, \gamma)$ (IV. 1)
[4] $N\,I(\alpha, \beta), L\,I(\beta, \gamma) \therefore N\underset{\cdot}{A}(\alpha, \gamma)$ (I. 4) [3, 2]
[5] $N\underset{\cdot}{A}(\alpha, \gamma) \therefore N\,A(\alpha, \gamma)$ (III. 13)
[6] $N\,I(\alpha, \beta), L\,I(\beta, \gamma) \therefore N\,A(\alpha, \gamma)$ (I. 4) [4, 5]

Vergleiche *Analytica priora* I. 9, 30 b 2–6.

4. Zwei Kontingenz-Prämissen in der ersten Figur:

Barbara KKK:

$K\,A(\alpha, \beta), K\,A(\beta, \gamma) \therefore K\,A(\alpha, \gamma)$ **(IV. 73)**

Beweis:

[1] $K\,A(\alpha, \beta) \therefore H(M\,I(\beta, \gamma), M\underset{\cdot}{A}(\alpha, \gamma))$ (IV. 36)
[2] $K\,A(\beta, \gamma) \therefore M\,A(\alpha, \gamma)$ (IV. 7)
[3] $M\,A(\alpha, \gamma) \therefore I(\alpha, \alpha), I(\gamma, \gamma)$ (IV. 10)
[4] $K\,A(\beta, \gamma) \therefore I(\alpha, \alpha), I(\gamma, \gamma)$ (I. 4) [2, 3]
[5] $K\,A(\beta, \gamma) \therefore H(M\,I(\gamma, \gamma), M\underset{\cdot}{A}(\beta, \gamma))$ (IV. 36)
[6] $K\,A(\beta, \gamma) \therefore H(M\,I(\gamma, \gamma), MN\underset{\cdot}{A}(\beta, \gamma))$ (IV. 37)
[7] $\underset{\cdot}{A}(\beta, \gamma) \therefore I(\beta, \gamma)$ (III. 7)
[8] $* \therefore H(\underset{\cdot}{A}(\beta, \gamma), I(\beta, \gamma))$ (II. 28) [7]
[9] $H(\underset{\cdot}{A}(\beta, \gamma), I(\beta, \gamma)) \therefore H(M\underset{\cdot}{A}(\beta, \gamma), M\,I(\beta, \gamma))$ (IV. 29)
[10] $* \therefore H(M\underset{\cdot}{A}(\beta, \gamma), M\,I(\beta, \gamma))$ (I. 4) [8, 9]
[11] $H(M\,I(\gamma, \gamma), M\underset{\cdot}{A}(\beta, \gamma)), H(M\underset{\cdot}{A}(\beta, \gamma), M\,I(\beta, \gamma))$
        $\therefore H(M\,I(\gamma, \gamma), M\,I(\beta, \gamma))$ (II. 13)
[12] $*, K\,A(\beta, \gamma) \therefore H(M\,I(\gamma, \gamma), M\,I(\beta, \gamma))$ (I. 5) [5, 10, 11]
[13] $H(M\,I(\gamma, \gamma), M\,I(\beta, \gamma)), H(M\,I(\beta, \gamma), M\underset{\cdot}{A}(\alpha, \gamma))$
        $\therefore H(M\,I(\gamma, \gamma), M\underset{\cdot}{A}(\alpha, \gamma))$ (II. 13)
[14] $*, K\,A(\beta, \gamma), K\,A(\alpha, \beta)$
        $\therefore H(M\,I(\gamma, \gamma), M\underset{\cdot}{A}(\alpha, \gamma))$ (I. 5) [12, 1, 13]
[15] $H(M\,I(\gamma, \gamma), M\underset{\cdot}{A}(\alpha, \gamma)), H(M\,I(\gamma, \gamma), MN\underset{\cdot}{A}(\alpha, \gamma)),$
        $I(\alpha, \alpha), I(\gamma, \gamma) \therefore K\,A(\alpha, \gamma)$ (IV. 41)

[16]   *, $KA(\alpha, \beta)$, $KA(\beta, \gamma)$, $KA(\beta, \gamma)$, $KA(\beta, \gamma)$
∴ $KA(\alpha, \gamma)$ (I. 5) [4, 14, 6, 15]

[17]   *, $KA(\alpha, \beta)$, $KA(\beta, \gamma)$ ∴ $KA(\alpha, \gamma)$ (II. 6) [16]

Vergleiche *Analytica priora* I. 14, 32 b 38–33 a 1.

Der Beweis für *Celarent KKK*, den Aristoteles in *An. pr.* I. 14, 33 a 1–5 darstellt, verläuft genau analog zum Beweis für *Barbara KKK*. Ebenso besteht eine Analogie zwischen dem Beweis für (IV. 73) und *Celarent KKK*. Dieser unterscheidet sich von dem für (IV. 73) nur dadurch, daß in Zeile [1] die Regel (IV. 38) und in Zeile [17] die Regel (IV. 40) angewendet wird.

Darii KKK

$KA(\alpha, \beta)$, $KI(\beta, \gamma)$ ∴ $KI(\alpha, \gamma)$ **(IV. 74)**

Beweis:

[1] $KA(\alpha, \beta)$ ∴ $H(MI(\beta, \gamma), M\underline{A}(\alpha, \gamma))$ (IV. 36)
[2] $KA(\alpha, \beta)$ ∴ $H(MI(\beta, \gamma), MN\underline{A}(\alpha, \gamma))$ (IV. 37)
[3] $KA(\alpha, \beta)$, $MI(\beta, \gamma)$ ∴ $M\underline{A}(\alpha, \gamma)$ (II. 5) [1]
[4] $KA(\alpha, \beta)$, $MI(\beta, \gamma)$ ∴ $MN\underline{A}(\alpha, \gamma)$ (II. 5) [2]
[5] $KI(\beta, \gamma)$ ∴ $MI(\beta, \gamma)$ (IV. 7)
[6] $KA(\alpha, \beta)$, $KI(\beta, \gamma)$ ∴ $MN\underline{A}(\alpha, \gamma)$ (I. 4) [5, 3]
[7] $KA(\alpha, \beta)$, $KI(\beta, \gamma)$ ∴ $M\underline{A}(\alpha, \gamma)$ (I. 4) [5, 4]
[8] $MN\underline{A}(\alpha, \gamma)$ ∴ $MNA(\alpha, \gamma)$ (IV. 33)
[9] $M\underline{A}(\alpha, \gamma)$ ∴ $MI(\alpha, \gamma)$ (IV. 34)
[10] $KA(\alpha, \beta)$, $KI(\beta, \gamma)$ ∴ $MNA(\alpha, \gamma)$ (I. 4) [6, 8]
[11] $KA(\alpha, \beta)$, $KI(\beta, \gamma)$ ∴ $MI(\alpha, \gamma)$ (I. 4) [7, 9]
[12] $MNA(\alpha, \gamma)$, $MI(\alpha, \gamma)$ ∴ $KI(\alpha, \gamma)$ (IV. 7)
[13] $KA(\alpha, \beta)$, $KI(\beta, \gamma)$, $KA(\alpha, \beta)$, $KI(\beta, \gamma)$
∴ $KI(\alpha, \gamma)$ (I. 5) [10, 11, 12]
[14] $KA(\alpha, \beta)$, $KI(\beta, \gamma)$ ∴ $KI(\alpha, \gamma)$ (II. 6) [13]

Vergleiche *Analytica priora* I. 14, 33 a 23–25.

Der Beweis für *Ferio KKK*, den Aristoteles in *An. pr.* I. 14, 33 a 25–27 behandelt, unterscheidet sich von dem für (IV. 74) nur dadurch, daß in Zeile [1] die Regel (IV. 38), in Zeile [2] die Regel (IV. 39) und in Zeile [9] die Regel (IV. 8) angewendet wird.

Autoren, die *Darii KKK* eine modalprädikatenlogische Interpretation geben, räumen dieser Schlußform keine Gültigkeit ein, ohne anzunehmen, daß die logische Struktur der beiden hier vorkommenden

§ 63. I. Vollkommene modale Syllogismen

K-Prämissen und damit die Bedeutung von ›kontingenterweise (ist es wahr, daß) ...‹ in beiden Prämissen verschieden ist. Nach K. J. Schmidt handelt es sich bei *Darii KKK* um Prämissen der Form ∀ x (◊ B x ⊃ ○ A x) bzw. ∃ x (○ C x & ○ B x) (mit ○ A = ◊ A & ◊ ~ A).[289] Nortmann legt seiner Interpretation die Prämissenformeln ∀ x □ (B x ⊃ ○ A x) und ∃ x ○ (C x & ○ B x) zugrunde. Er zeigt, daß unter Voraussetzung einer S5-Logik, die das Gesetz der Möglichkeitsvereinfachung (◊ ◊ A ⊃ ◊ A) zuläßt, ein gültiger Schluß auf ∃ x ○ (C x & ○ A x) zustande kommt.[290] Da Aristoteles *Darii KKK* zu den vollkommenen Syllogismen zählt, d. h. zu den Schlußweisen, deren Gültigkeit allein auf der Bedeutung der in ihnen vorkommenden logischen Konstanten beruht, sind die Rekonstruktionsvorschläge von Schmidt und Nortmann wohl eher abzulehnen.

5. Eine Kontingenz-Prämisse und eine assertorische Prämisse in der ersten Figur:

Barbara KXK:

K A (α, β), A (β, γ) ∴ K A (α, γ)   (IV. 75)

Beweis:

[1]   K A (α, β) ∴ H (M I (β, γ), M A̲ (α, γ))   (IV. 36)
[2]   K A (α, β) ∴ H (M I (β, γ), MN A̲ (α, γ))   (IV. 37)
[3]   K A (α, β) ∴ M A (α, β)   (IV. 7)
[4]   M A (α, β) ∴ I (α, α)   (IV. 10)
[5]   K A (α, β) ∴ I (α, α)   (I. 4) [3, 4]
[6]   A (β, γ) ∴ I (γ, γ)   (III. 1)
[7]   A (β, γ) ∴ H (I (γ, γ), A̲ (β, γ))   (III. 1)
[8]   A̲ (β, γ) ∴ I (β, γ)   (III. 7)
[9]   * ∴ H (A̲ (β, γ), I (β, γ))   (II. 28) [8]
[10] H (I (γ, γ), A̲ (β, γ)), H (A̲ (β, γ), I (β, γ))
      ∴ H (I (γ, γ), I (β, γ))   (II. 13)
[11] *, A (β, γ) ∴ H (I (γ, γ), I (β, γ))   (I. 5) [7, 9, 10]
[12] H (I (γ, γ), I (β, γ)) ∴ H (M I (γ, γ), M I (β, γ))   (IV. 29)
[13] *, A (β, γ) ∴ H (M I (γ, γ), M I (β, γ))   (I. 4) [11, 12]
[14] H (M I (γ, γ), M I (β, γ)), H (M I (β, γ), M A̲ (α, γ))
      ∴ H (M I (γ, γ), M A̲ (α, γ))   (II. 13)

---

[289] K. J. Schmidt, *Die modale Syllogistik des Aristoteles*, S. 121.
[290] Ebert & Nortmann, *Aristoteles, Analytica priora, Buch I*, S. 516–518. Zum Verhältnis zwischen Modalsyllogistik und S5-Logik siehe *Anhang 5*.

[15] *, $A(\beta, \gamma)$, $KA(\alpha, \beta)$
∴ $H(MI(\gamma, \gamma), M\underset{.}{A}(\alpha, \gamma))$ (I. 5) [13, 1, 14]
[16] $H(MI(\gamma, \gamma), M\underset{.}{A}(\alpha, \gamma))$, $H(MI(\gamma, \gamma), MN\underset{.}{A}(\alpha, \gamma))$,
$I(\alpha, \alpha)$, $I(\gamma, \gamma)$ ∴ $KA(\alpha, \gamma)$ (IV. 41)
[17] *, $A(\beta, \gamma)$, $A(\beta, \gamma)$, $KA(\alpha, \beta)$, $KA(\alpha, \beta)$, K
$A(\alpha, \beta)$ ∴ $KA(\alpha, \gamma)$ (I. 5) [5, 6, 15, 2, 16]
[18] *, $KA(\alpha, \beta)$, $A(\beta, \gamma)$ ∴ $KA(\alpha, \gamma)$ (II. 6) [17]

Vergleiche *Analytica priora* I. 15, 33 b 33–36.

Ein zu diesem Beweis analoger Beweis kann für *Celarent KXK* geführt werden. Er unterscheidet sich von dem für (IV. 75) nur dadurch, daß in den Zeilen [1] und [2] die Regeln (IV. 38) und (IV. 39) angewendet werden und in Zeile [16] die Regel (IV. 40) zum Einsatz kommt. Auch nach Aristoteles verläuft dieser Beweis analog zum Beweis für *Barbara KXK* (siehe *An. pr.* I. 15, 33 b 36–40.)

Darii KXK:

$KA(\alpha, \beta)$, $I(\beta, \gamma)$ ∴ $KI(\alpha, \gamma)$ (**IV. 76**)

Beweis:

[1] $KA(\alpha, \beta)$ ∴ $H(I(\beta, \gamma), M\underset{.}{A}(\alpha, \gamma))$ (IV. 43)
[2] $KA(\alpha, \beta)$ ∴ $H(I(\beta, \gamma), MN\underset{.}{A}(\alpha, \gamma))$ (IV. 44)
[3] $KA(\alpha, \beta)$, $I(\beta, \gamma)$ ∴ $M\underset{.}{A}(\alpha, \gamma)$ (II. 5) [1]
[4] $KA(\alpha, \beta)$, $I(\beta, \gamma)$ ∴ $MN\underset{.}{A}(\alpha, \gamma)$ (II. 5) [2]
[5] $MN\underset{.}{A}(\alpha, \gamma)$ ∴ $MNA(\alpha, \gamma)$ (IV. 33)
[6] $M\underset{.}{A}(\alpha, \gamma)$ ∴ $MI(\alpha, \gamma)$ (IV. 34)
[7] $MNA(\alpha, \gamma)$, $MI(\alpha, \gamma)$ ∴ $KI(\alpha, \gamma)$ (IV. 7)
[8] $KA(\alpha, \beta)$, $I(\beta, \gamma)$ ∴ $KI(\alpha, \gamma)$ (I. 4) [3, 6, 4, 5, 7]

Vergleiche *Analytica priora* I. 15, 35 a 30–35.

Der hierzu analoge Beweis für *Ferio KXK* kann so geführt werden, daß in Zeile [1] nach Regel (IV. 46), in Zeile [2] nach Regel (IV. 45) und in Zeile [7] nach Regel (IV. 8) geschlossen wird. Aristoteles, der den Beweis für *Ferio KXK* in *An. pr.* I. 15, 35 a 30–35 behandelt, deutet die bestehende Analogie in der Beweisführung an.

6. Eine Kontingenz-Prämisse und eine apodiktische Prämisse in der ersten Figur:

Barbara KLK:

$KA(\alpha, \beta)$, $LA(\beta, \gamma)$ ∴ $KA(\alpha, \gamma)$ (**IV. 77**)

Beweis:

[1] $KA\,(\alpha, \beta), A\,(\beta, \gamma) \therefore KA\,(\alpha, \gamma)$ (IV. 75)
[2] $LA\,(\beta, \gamma) \therefore A\,(\beta, \gamma)$ (IV. 1)
[3] $KA\,(\alpha, \beta), LA\,(\beta, \gamma) \therefore KA\,(\alpha, \gamma)$ (I. 4) [2, 1]

Vergleiche *Analytica priora* I. 16, 35 b 23 ff. Nach Klaus J. Schmidt hat die Notwendigkeitsprämisse von *Barbara KLK* die Form $\forall\,x\,(C\,x \supset \Box\,B\,x)$, abweichend vom *Modus Barbara LKM* (IV. 94), in dem diese Prämisse die Form $\Box\,\forall\,x\,(B\,x \supset A\,x)$ haben soll.[291] Eine einheitliche Formalisierung der Modalsyllogistik ist insofern nach dieser Deutung nicht möglich. Nach Nortmann hat die Notwendigkeitsprämisse von *Barbara KLK* die Form $\Box\,\forall\,x\,(C\,x \supset \Box\,B\,x)$.[292] Schmidt und Nortmann stimmen darin überein, daß sie die Vollkommenheit des *Modus Barbara KLK* in dessen innerer Struktur zu erkennen glauben. Nortmann meint, aufgrund dieser Struktur habe dieser Modus „die Einfachheit" eines „leicht überschaubaren Transitivitätsschlusses" (s. Ebert & Nortmann, *Aristoteles, Analytica priora, Buch I*, S. 602).

Der Beweis für *Celarent KLK*, den Aristoteles in *An. pr.* I. 16, 36 a 17–21 behandelt, unterscheidet sich von dem für (IV. 77) nur dadurch, daß in Zeile [1] von *Celarent KXK* statt von *Barbara KXK* ausgegangen wird. Genau analog können *Darii KLK* und *Ferio KLK* aus *Darii KXK* bzw. *Ferio KXK* abgeleitet werden. Diese Formen kommen bei Aristoteles übrigens nicht vor, sind aber mit seinen Annahmen verträglich. Er schließt in *An. pr.* I. 16, 36 a 39– 36 b 2 lediglich aus, daß auf eine assertorische Konklusion aus den Prämissen geschlossen werden kann, die nach diesen Regeln angenommen werden.

II. Unvollkommene modale Syllogismen

1. Unvermischt apodiktische Syllogismen der zweiten und dritten Figur:

Cesare LLL

$LNI\,(\beta, \alpha), LA\,(\beta, \gamma) \therefore LNI\,(\alpha, \gamma)$ **(IV. 78)**

Beweis:

[1] $LNI\,(\alpha, \beta), LA\,(\beta, \gamma) \therefore LNI\,(\alpha, \gamma)$ (IV. 62)

---

[291] K. J. Schmidt, *Die modale Syllogistik des Aristoteles*, S. 146–149.
[292] U. Nortmann, *Modale Syllogismen, mögliche Welten, Essentialismus*. Berlin: De Gruyter, 1996, S. 115.

[2] $LN\,I\,(\beta, \alpha) \therefore LN\,I\,(\alpha, \beta)$ (IV. 51)
[3] $LN\,I\,(\beta, \alpha), L\,A\,(\beta, \gamma) \therefore LN\,I\,(\alpha, \gamma)$ (I. 4) [2, 1]

Vergleiche *Analytica priora* I, 8.

Camestres LLL:

$L\,A\,(\beta, \alpha), LN\,I\,(\beta, \gamma) \therefore LN\,I\,(\alpha, \gamma)$ **(IV. 79)**

Beweis:

[1] $LN\,I\,(\gamma, \beta), L\,A\,(\beta, \alpha) \therefore LN\,I\,(\gamma, \alpha)$ (IV. 62)
[2] $LN\,I\,(\beta, \gamma) \therefore LN\,I\,(\gamma, \beta)$ (IV. 51)
[3] $L\,A\,(\beta, \alpha), LN\,I\,(\beta, \gamma) \therefore LN\,I\,(\gamma, \alpha)$ (I. 4) [1, 2]
[4] $LN\,I\,(\gamma, \alpha) \therefore LN\,I\,(\alpha, \gamma)$ (IV. 51)
[5] $L\,A\,(\beta, \alpha), LN\,I\,(\beta, \gamma) \therefore LN\,I\,(\alpha, \gamma)$ (I. 4) [3, 4]

Vergleiche *Analytica priora* I, 8.

Festino LLL:

$LN\,I\,(\beta, \alpha), L\,I\,(\beta, \gamma) \therefore LN\,A\,(\alpha, \gamma)$ **(IV. 80)**

Beweis:

[1] $LN\,I\,(\alpha, \beta), L\,I\,(\beta, \gamma) \therefore LN\,A\,(\alpha, \gamma)$ (IV. 64)
[2] $LN\,I\,(\beta, \alpha) \therefore LN\,I\,(\alpha, \beta)$ (IV. 51)
[3] $LN\,I\,(\beta, \alpha), L\,I\,(\beta, \gamma) \therefore LN\,A\,(\alpha, \gamma)$ (I. 4) [1, 2]

Baroco LLL:

$L\,A\,(\beta, \alpha), LN\,A\,(\beta, \gamma) \therefore LN\,A\,(\alpha, \gamma)$ **(IV. 81)**

Beweis:

[1] $LN\,A\,(\beta, \gamma) \therefore NM\,A\,(\beta, \gamma)$ (IV. 4)
[2] $NM\,A\,(\beta, \gamma) \therefore LN\,I\,(\beta, \delta)$ (IV. 16)
[3] $LN\,A\,(\beta, \gamma) \therefore LN\,I\,(\beta, \delta)$ (I. 4) [1, 2]
[4] $NM\,A\,(\beta, \gamma) \therefore \underset{\sim}{A}\,(\gamma, \delta)$ (IV. 16)
[5] $LN\,A\,(\beta, \gamma) \therefore \underset{\sim}{A}\,(\gamma, \delta)$ (I. 4) [1, 4]
[6] $\underset{\sim}{A}\,(\gamma, \delta) \therefore I\,(\gamma, \delta)$ (III. 7)
[7] $I\,(\gamma, \delta) \therefore M\,I\,(\gamma, \delta)$ (IV. 25)
[8] $M\,I\,(\gamma, \delta) \therefore M\,I\,(\delta, \gamma)$ (IV. 55)
[9] $\underset{\sim}{A}\,(\gamma, \delta) \therefore M\,I\,(\delta, \gamma)$ (I. 4) [6, 7, 8]
[10] $L\,A\,(\beta, \alpha), LN\,I\,(\beta, \delta) \therefore LN\,I\,(\alpha, \delta)$ (IV. 79)
[11] $NM\,I\,(\alpha, \delta) \therefore H\,(M\,I\,(\delta, \gamma), LN\,\underset{\sim}{A}\,(\alpha, \gamma))$ (IV. 13)
[12] $LN\,I\,(\alpha, \delta) \therefore NM\,I\,(\alpha, \delta)$ (IV. 4)
[13] $LN\,I\,(\alpha, \delta) \therefore H\,(M\,I\,(\delta, \gamma), LN\,\underset{\sim}{A}\,(\alpha, \gamma))$ (I. 4) [11, 12]
[14] $LN\,I\,(\alpha, \delta), M\,I\,(\delta, \gamma) \therefore LN\,\underset{\sim}{A}\,(\alpha, \gamma)$ (II. 5) [13]

§ 63. II. *Unvollkommene modale Syllogismen* 281

[15] L A (β, α), LN I (β, δ), M I (δ, γ) ∴ LN A̭ (α, γ)   (I. 4) [10, 1, 14]
[16] LN I (β, δ), L A (β, α), A̭ (γ, δ) ∴ LN A̭ (α, γ)   (I. 4) [9, 15]
[17] L A (β, α), LN A (β, γ), LN A (β, γ) ∴ LN A̭ (α, γ)   (I. 4) [3, 5, 16]
[18] L A (β, α), LN A (β, γ) ∴ LN A̭ (α, γ)   (II. 6) [17]
[19] N A̭ (α, γ) ∴ N A (α, γ)   (III. 12)
[20] * ∴ H (N A̭ (α, γ), N A (α, γ))   (II. 28) [19]
[21] H (N A̭ (α, γ), N A (α, γ)), LN A̭ (α, γ) ∴ LN A (α, γ)   (IV. 2)
[22] *, LN A̭ (α, γ) ∴ LN A (α, γ)   (I. 4) [20, 21]
[23] *, L A (β, α), LN A (β, γ) ∴ LN A (α, γ)   (I. 4) [18, 22]

Dieser komplizierte Beweis, mit Exposition in den Zeilen [2] und [4], entspricht den Andeutungen des Aristoteles in *Analytica priora* I. 8, 30 a 9 f.

Disamis LLL:

L I (α, γ), L A (β, γ) ∴ L I (α, β)   **(IV. 82)**

Beweis:

[1] L A (β, γ), L I (γ, α) ∴ L I (β, α)   (IV. 63)
[2] L I (α, γ) ∴ L I (γ, α)   (IV. 52)
[3] L I (β, α) ∴ L I (α, β)   (IV. 52)
[4] L I (α, γ), L A (β, γ) ∴ L I (α, β)   (I. 4) [2, 1, 3]

Datisi LLL:

L A (α, γ), L I (β, γ) ∴ L I (α, β)   **(IV. 83)**

Beweis:

[1] L A (α, γ), L I (γ, β) ∴ L I (α, β)   (IV. 63)
[2] L I (β, γ) ∴ L I (γ, β)   (IV. 52)
[3] L A (α, γ), L I (β, γ) ∴ L I (α, β)   (I. 4) [2, 1]

Ferison LLL:

LN I (α, γ), L I (β, γ) ∴ LN A (α, β)   **(IV. 84)**

Beweis:

[1] LN I (α, γ), L I (γ, β) ∴ LN A (α, β)   (IV. 64)
[2] L I (γ, β) ∴ L I (β, γ)   (IV. 52)
[3] LN I (α, γ), L I (β, γ) ∴ LN A (α, β)   (I. 4) [2, 1]

Bocardo LLL:

LN A (α, γ), L A (β, γ) ∴ LN A (α, β)   **(IV. 85)**

Beweis:

[1] LN A (α, γ) ∴ NM A (α, γ)   (IV. 4)

[2] $NM\,A\,(\alpha, \gamma) \therefore LN\,I\,(\alpha, \delta)$ (IV. 16)
[3] $LN\,A\,(\alpha, \gamma) \therefore LN\,I\,(\alpha, \delta)$ (I. 4) [1, 2]
[4] $NM\,A\,(\alpha, \gamma) \therefore \underset{.}{A}\,(\gamma, \delta)$ (IV. 16)
[5] $\underset{.}{A}\,(\gamma, \delta) \therefore I\,(\gamma, \delta)$ (III. 7)
[6] $I\,(\gamma, \delta) \therefore I\,(\delta, \gamma)$ (III. 18)
[7] $LN\,A\,(\alpha, \gamma) \therefore I\,(\delta, \gamma)$ (I. 4) [1, 4, 5, 6]
[8] $L\,A\,(\beta, \gamma) \therefore H\,(I\,(\delta, \gamma), L\,\underset{.}{A}\,(\beta, \delta))$ (IV. 9)
[9] $L\,A\,(\beta, \gamma), I\,(\delta, \gamma) \therefore L\,\underset{.}{A}\,(\beta, \delta)$ (II. 5) [8]
[10] $\underset{.}{A}\,(\beta, \delta) \therefore I\,(\beta, \delta)$ (III. 7)
[11] $* \therefore H\,(\underset{.}{A}\,(\beta, \delta), I\,(\beta, \delta))$ (II. 28) [10]
[12] $H\,(\underset{.}{A}\,(\beta, \delta), I\,(\beta, \delta)), L\,\underset{.}{A}\,(\beta, \delta) \therefore L\,I\,(\beta, \delta)$ (IV. 2)
[13] $*, L\,\underset{.}{A}\,(\beta, \delta) \therefore L\,I\,(\beta, \delta)$ (I. 4) [11, 12]
[14] $*, L\,A\,(\beta, \gamma), I\,(\delta, \gamma) \therefore L\,I\,(\beta, \delta)$ (I. 4) [9, 13]
[15] $LN\,I\,(\alpha, \delta), L\,I\,(\beta, \delta) \therefore LN\,A\,(\alpha, \beta)$ (IV. 84)
[16] $*, LN\,I\,(\alpha, \delta), L\,A\,(\beta, \gamma), I\,(\delta, \gamma) \therefore LN\,A\,(\alpha, \beta)$ (I. 4) [14, 15]
[17] $*, LN\,A\,(\alpha, \gamma), L\,A\,(\beta, \gamma), LN\,A\,(\alpha, \gamma) \therefore LN\,A\,(\alpha, \beta)$ (I. 4) [3, 7, 16]
[18] $*, LN\,A\,(\alpha, \gamma), L\,A\,(\beta, \gamma) \therefore LN\,A\,(\alpha, \beta)$ (II. 6) [17]

Dieser Beweis durch Exposition in den Zeilen [2] und [4] entspricht Aristoteles' Beschreibung in *An. pr.* I. 8, 30 a 9 f.

2. Syllogismen der zweiten und dritten Figur mit einer assertorischen und einer apodiktischen Prämisse:

Cesare LXL:

$LN\,I\,(\alpha, \beta), A\,(\alpha, \gamma) \therefore LN\,I\,(\beta, \gamma)$ **(IV. 86)**

Beweis:

[1] $LN\,I\,(\beta, \alpha), A\,(\alpha, \gamma) \therefore LN\,I\,(\beta, \gamma)$ (IV. 66)
[2] $LN\,I\,(\alpha, \beta) \therefore LN\,I\,(\beta, \alpha)$ (IV. 51)
[3] $LN\,I\,(\alpha, \beta), A\,(\alpha, \gamma) \therefore LN\,I\,(\beta, \gamma)$ (I. 4) [2, 1]

Vergleiche *Analytica priora* I. 10, 30 b 7–13.

Allgemeine Anmerkung zu Abschnitt 2 ((IV. 86) bis (IV. 89)):

Für alle Syllogismen mit der Prämissenkombination LX oder XL in der zweiten und dritten Figur lassen sich, abgesehen von *Baroco* und *Bocardo*, Gültigkeitsbeweise durch Konversion führen, ähnlich wie für Syllogismen dieser Figuren mit der Prämissenkombination LL (siehe oben (IV. 78) bis (IV. 85)). In diesen Beweisen wird die Gültigkeit von Syllogismen der ersten Figur mit entsprechenden Prämissenkombinationen vorausgesetzt. Bei einer Prämissenkombination *LX* oder *XL* ergeben sich apodiktische Konklusionen in der zweiten Figur nur noch bei *Camestres XLL* und *Festino LXL*, in der dritten Figur nur bei *Darapti LXL* und *XLL*, *Felapton LXL*, *Disamis XLL*, *Datisi LXL* und *Ferison LXL*. *Baroco* und *Bocardo* haben bei nur einer apodiktischen und nur einer assertorischen Prämisse keine apodiktische Konklusion. Daß hier wie bei einigen der übrigen Syllogismen mit der Prämissenkombination *LX* oder *XL* apodiktische Konklusionen nicht vorkommen, beweist Aristoteles, wie es auch sonst bei ihm üblich ist, mit Hilfe exemplarischer Einsetzungen für α, β und γ.

Die diesbezüglichen Ungültigkeitsbeweise sind ebenso leicht nachvollziehbar wie die Gültigkeitsbeweise durch Konversion. Diese folgen im Allgemeinen dem Muster, nach dem *Cesare LXL* (IV. 86) bewiesen wird. Es mag deshalb hier genügen, auf Einwände einzugehen, die gegen die Beweiskraft einiger dieser Beweise erhoben worden sind.

So ist gegen den Ungültigkeitsbeweis für *Bocardo LXL* (*An. pr.* I. 11, 32, a 4 f.), d. h. für

$$LN\,A\,(\alpha, \gamma),\,A\,(\beta, \gamma) \therefore LN\,A\,(\alpha, \beta),$$

eingewandt worden, eine *schwach* apodiktische Konklusion könne durch ihn nicht ausgeschlossen werden. Aristoteles setzt für α, β und γ der Reihe nach die Termini ›zweifüßig‹, ›in Bewegung‹ und ›Lebewesen‹ ein. Sein Argument ist so zu verstehen, daß es besagt, die Annahme, daß notwendigerweise nicht jedes Lebewesen (z. B. kein Pferd) zweifüßig ist und daß (faktisch) jedes Lebewesen in Bewegung ist, sei verträglich mit der Annahme, daß es möglich ist, daß alles, was in Bewegung ist, zweifüßig ist (während alles übrige, einschließlich der nicht-zweifüßigen Lebewesen, nicht in Bewegung ist). Diesem Argument zufolge ist *Bocardo LXL* keine allgemeingültige Schlußform. Um die Beweiskraft dieser Argumentation zu erkennen, genügt es, einerseits anzunehmen, daß Lebewesen sowohl fähig sind, in Bewegung zu sein, als auch fähig sind, nicht in Bewegung zu sein, und andererseits stillschweigend eine begrenzte Menge von Gegenständen als Individuenbereich vorauszusetzen. Setzt man z. B. voraus, daß mit Lebewesen die Haustiere Athens und mit den in Bewegung befindlichen Gegenständen die Gegenstände gemeint sind, die in Athen auf den Beinen sind, so ist der Fall, in dem alles zweifüßig ist, was in Athen auf den Beinen ist, kaum weniger möglich als der Fall, in dem ausnahmslos alle Haustiere Athens in Bewegung sind.

Wenn daher (wie hier in der zweiten Prämisse) der Fall, in dem ausnahmslos alle Haustiere Athens in Bewegung sind, trotz seiner Unwahrscheinlichkeit sogar als faktisch wahr vorausgesetzt wird, dann läßt sich doch wenigstens die bloße Möglichkeit des Falles gar nicht ausschließen, daß alles, was sich in Athen bewegt, zweifüßig ist, selbst wenn man mit der ersten Prämisse zugibt, daß notwendigerweise nicht jedes Lebewesen (auch nicht jedes Haustier Athens) zweifüßig ist.

Der Einwand gegen diese Argumentation besteht nun nicht etwa in der Annahme, daß Aristoteles' Auswahl exemplarischer Termini für seinen Ungültigkeitsbeweis ungeeignet sei, sondern in der These, daß *Bocardo LXL* gültig und daher ein diesbezüglicher Ungültigkeitsbeweis unmöglich sei. Diese These beruht allerdings auf der Voraussetzung, daß die L-Prämisse in *Bocardo LXL* entweder (nach Nortmann) die Form $\exists x \,\square\, (C x \,\&\, \square \sim A x)$ oder (nach Schmidt) die schwächere Form $\exists x \,(C x \,\&\, \square \sim A x)$ hat, während die X-Prämisse die Form $\forall x \,(C x \supset B x)$ hat. Unter dieser Voraussetzung hat *Bocardo LXL* eine relativ zu $\exists x \,\square\, (B x \,\&\, \square \sim A x)$ schwach apodiktische Konklusion der Form $\exists x \,(B x \,\&\, \square \sim A x)$.[293] Es zeigt sich hier, daß der vorgebrachte Einwand nur dann überzeugend ist, wenn man annimmt, daß die aristotelische Syllogistik eine Variabilität in der Bedeutung logischer Konstanten zuläßt. Denn auch Schmidt setzt hier eine solche Variabilität voraus, da er für die Struktur des apodiktischen partikulär verneinenden Satzes annimmt, daß sie zwar nicht (wie nach Nortmann) innerhalb ein und desselben Syllogismus, wohl aber innerhalb des Systems der aristotelischen Modalsyllogistik variiert, nämlich mal durch Formeln des Typs $\exists x \,(B x \,\&\, \square \sim A x)$, mal aber auch durch Formeln des Typs $\exists x \,\square\, (B x \,\&\, \sim A x)$ wiedergegeben werden muß.[294] Eine solche Variabilität verträgt sich nicht mit den Grundannahmen des Aristoteles.

Fehlerhaft ist nach Nortmanns Ansicht auch der Beweis, den Aristoteles für die Gültigkeit von *Camestres XLL* skizziert. Man kann diesen Beweis wie folgt wiedergeben:

Camestres XLL:

$A\,(\alpha, \beta), LN\,I\,(\alpha, \gamma) \therefore LN\,I\,(\beta, \gamma)$ (IV. 87)

---

[293] Ebert & Nortmann, *Aristoteles, Analytica priora, Buch I*, S. 461. K. J. Schmidt, *Die modale Syllogistik des Aristoteles*, S. 59.
[294] Siehe Schmidt, *Die modale Syllogistik des Aristoteles*, S. 36 und S. 43.

Beweis:

[1]	$LN\,I\,(\gamma, \alpha), A\,(\alpha, \beta) \therefore LN\,I\,(\gamma, \beta)$	(IV. 66)
[2]	$LN\,I\,(\alpha, \gamma) \therefore LN\,I\,(\gamma, \alpha)$	(IV. 51)
[3]	$LN\,I\,(\gamma, \beta) \therefore LN\,I\,(\beta, \gamma)$	(IV. 51)
[4]	$LN\,I\,(\alpha, \beta), A\,(\alpha, \beta) \therefore LN\,I\,(\beta, \gamma)$	(I. 4) [2, 1, 3]

Vergleiche *Analytica priora* I. 10, 30 b 14–18.

Nach Nortmann besteht der Fehler einer solchen Beweisführung darin, daß nach seiner Ansicht die logische Form der Konklusion von *Celarent LXL* (IV. 66), deren Konversion in Zeile [3] nach Regel (IV. 51) vorgenommen wird, nur durch die Formel $\forall x\,(B\,x \supset \Box \sim C\,x)$ wiederzugeben ist, diese aber nicht die Formel $\forall x\,(C\,x \supset \Box \sim B\,x)$ impliziert. Die Konversion in Zeile [3] sei daher nicht zulässig. Die Aufdeckung des hier vorliegenden vermeintlichen logischen Irrtums mit Hilfe der modalen Quantorenlogik ist in den Augen Nortmanns so signifikant, daß er festhält: „Man sieht an Fällen wie diesem, daß die üblichen, sich auf die traditionelle Notation beschränkenden schematischen Darstellungen syllogistischer Reduktionen im modallogischen Bereich oft zu undifferenziert ausfallen, als daß sie eine zuverlässige Einschätzung der jeweiligen logischen Verhältnisse garantieren könnten." (Ebert & Nortmann, *Aristoteles, Analytica priora, Buch I,* S. 419.) Nortmann geht hier allerdings von Voraussetzungen aus, die nach meiner Ansicht gar nicht erfüllt sind. Denn erstens setzt sein Einwand gegen den Beweis für *Camestres XLL* voraus, daß die Konklusion von *Celarent LXL* (siehe meine Bemerkungen zu (IV. 66)), in ihrer logischen Form von der logischen Form des Obersatzes dieser Schlußform abweicht. Eine solche Variabilität verträgt sich allerdings nicht mit den Grundannahmen des Aristoteles, sie verträgt sich insbesondere nicht mit dem Umstand, daß *Celarent LXL* zu den vollkommenen Syllogismen gehört, deren Gültigkeit nur auf der Definition der in ihnen selbst vorkommenden logischen Konstanten beruht und bei denen schon deshalb nicht anzunehmen ist, daß, wenn dasselbe logische Vokabular (hier der Ausdruck ›*LN I* …‹) in ihnen zweimal vorkommt, es dann jedesmal in anderer Bedeutung gebraucht wird. Zweitens setzt Nortmann voraus, daß apodiktische universell verneinende Sätze nur dann konvertierbar sind, wenn sie eine Struktur wie in der Prämissenposition von *Celarent LXL* haben, nämlich eine Struktur, die durch eine (S5-logisch konvertierbare) Formel des Typs $\forall x\,\Box\,(A\,x \supset \Box \sim B\,x)$ wiedergegeben werden kann.

Auch diese Voraussetzung ist nicht erfüllt (siehe § 59 Definition 9) in Verbindung mit Regel (IV. 13) und den Beweis zu (IV. 51).[295]

Nortmann erhebt gegen die von Aristoteles geführten Beweise für die Gültigkeit von *Darapti XLL* und *Disamis XLL* ähnliche Einwände wie gegen *Camestres XLL*. Diese Beweise lassen sich wie folgt darstellen:

Darapti XLL:

$A(\alpha, \gamma), LA(\beta, \gamma) \therefore LI(\alpha, \beta)$ **(IV. 88)**

Beweis:

[1]	$LA(\beta, \gamma), I(\gamma, \alpha) \therefore LI(\beta, \alpha)$	(IV. 67)
[2]	$A(\alpha, \gamma) \therefore I(\gamma, \alpha)$	(III. 19)
[3]	$LI(\beta, \alpha) \therefore LI(\alpha, \beta)$	(IV. 52)
[4]	$A(\alpha, \gamma), LA(\beta, \gamma) \therefore LI(\alpha, \beta)$	(I. 4) [2, 1, 3]

Vergleiche *Analytica priora* I. 11, 31 a 31–33.

Disamis XLL:

$I(\alpha, \gamma), LA(\beta, \gamma) \therefore LI(\alpha, \beta)$ **(IV. 89)**

Beweis:

[1]	$LA(\beta, \gamma), I(\gamma, \alpha) \therefore LI(\beta, \alpha)$	(IV. 67)
[2]	$I(\alpha, \gamma) \therefore I(\gamma, \alpha)$	(III. 18)
[3]	$LI(\beta, \alpha) \therefore LI(\alpha, \beta)$	(IV. 52)
[4]	$I(\alpha, \gamma), LA(\beta, \gamma) \therefore LI(\alpha, \beta)$	(I. 4) [2, 1, 3]

Vergleiche *Analytica priora* I. 11, 31 b 16–20.

Die in diesen beiden Beweisen in Zeile [3] durchgeführte Konversion der *L I*-Konklusion des jeweils in Zeile [1] herangezogenen *Modus Darii LXL* (IV. 67) ist nach Nortmanns Ansicht unzulässig, da die logische Form dieser Konklusion nach seiner Meinung angemessen nur durch die Formel $\exists x (A x \, \& \, \Box \sim B x)$ wiedergegeben werden kann, aber diese (nur *schwach* apodiktische) Formel nicht die Formel $\exists x (B x \, \& \, \Box \sim A x)$ impliziert. (Siehe Ebert & Nortmann, *Aristoteles, Analytica priora, Buch I*, S. 445-6 und S. 456.) Zutreffend ist zweifellos, daß die zu konvertierende *L I*-Konklusion in der ersten Zeile beider

---

[295] K. J. Schmidt hält *Camestres XLL* für gültig, nimmt aber gleichfalls an, daß die apodiktische Form in Prämissenposition von der apodiktischen Form in Konklusionsposition abweicht. Diese könne durch die Formel $\forall x \Box (C x \supset \Diamond \sim B x)$, jene durch die Formel $\forall x \Box (\Diamond C x \supset \sim A x)$ dargestellt werden. Siehe K. J. Schmidt, *Die modale Syllogistik des Aristoteles*, S. 51.

Beweise jeweils nur so zu verstehen ist, daß mit ihr von einem Gegenstand das notwendige Zukommen eines Prädikats β, aber nicht auch das notwendige Zukommen von α ausgesagt wird. Denn nach dem Ausdruck der zweiten Prämisse in dieser Zeile, d. h. nach ›I (γ, α)‹, und nach der in Zeile [2] durchgeführten Konversion von I (γ, α) kommt das Prädikat α einem Gegenstand γ, der unter die Begriffe α und β fällt, nur faktisch zu. Daher braucht ihm α nicht notwendigerweise zuzukommen. Unzutreffend ist es aber anzunehmen, daß deshalb die zu konvertierende L I-Konklusion angemessen nur durch die Formel ∃ x (A x & □ ~ B x) wiedergegeben werden könne. Vielmehr läßt diese Konklusion eine Deutung im Sinne von Definition 7 in § 59 und dementsprechend auch eine Konversion nach Regel (IV. 51) zu.

3. Unvollkommene Syllogismen der ersten Figur:

Barbara XKM:

A (α, β), K A (β, γ) ∴ M A (α, γ)   **(IV. 90)**

Beweis:

[1]	N A (α, γ), A (β, γ) ∴ N A (α, β)	(III. 34)
[2]	NN A (α, β), A (β, γ) ∴ NN A (α, γ)	(I. 2) [1]
[3]	NN A (α, β) ∴ H (A (β, γ), NN A (α, γ))	(II. 1) [2]
[4]	H (A (β, γ), NN A (α, γ)) ∴ H (M A (β, γ), MNN A (α, γ))	(IV. 29)
[5]	NN A (α, β) ∴ H (M A (β, γ), MNN A (α, γ))	(I. 4) [3, 4]
[6]	NN A (α, β), M A (β, γ) ∴ MNN A (α, γ)	(II. 5) [5]
[7]	A (α, β) ∴ NN A (α, β)	(I. 1)
[8]	K A (β, γ) ∴ M A (β, γ)	(IV. 7)
[9]	MNN A (α, γ) ∴ NLN A (α, γ)	(IV. 6)
[10]	NLN A (α, γ) ∴ M A (α, γ)	(IV. 3)
[11]	MNN A (α, γ) ∴ M A (α, γ)	(I. 4) [9, 10]
[12]	A (α, β), K A (β, γ) ∴ M A (α, γ)	(I. 4) [7, 8, 6, 11]

Aristoteles beweist die Gültigkeit der Regel (IV. 90) in *An. pr.* I. 15, 34 a 34 – b 2) gleichfalls durch *Reductio ad impossibile,* d. h. mit Hilfe von (I. 2). Als Ausgangspunkt seines Beweises wählt er eine Regel der dritten Figur und deutet an, daß es sich dabei um den *Modus Bocardo* (III. 34) wie in Zeile [1] handelt. Das Verfahren, bei diesem Beweis die *K*-Prämisse zunächst durch eine nicht-modalisierte Prämisse zu ersetzen, bezeichnet Alexander von Aphrodisias als Metalepsis (*In de An. pr.* 217, 10). – Nach K. J. Schmidt ist *Barbara XKM* nicht allgemeingültig (siehe Schmidt, *Die modale Syllogistik des Aristoteles*, S. 128-38). Nach Nortmann läßt sich im Rahmen einer S4-Logik *Barbara XKM* als ein Schluß aus der Prämisse $\forall x \,\square\, (B\,x \supset A\,x)$, die hier (trotz des ›□‹) als assertorisch zu gelten habe, und der Prämisse $\forall x \,\square\, (C\,x \supset (\lozenge\, B\,x\, \&\, \lozenge \sim B\,x))$ auf $\forall x \,\square\, (C\,x \supset \lozenge\, A\,x)$ rechtfertigen (siehe Ebert & Nortmann, *Aristoteles, Analytica priora, Buch I*, S. 557).[296]

Die Wiedergabe einer assertorischen Prämisse durch $\forall x \,\square\, (B\,x \supset A\,x)$ rechtfertigt Nortmann durch einen Hinweis auf 34 b 7 ff., wo Aristoteles sagt, im vorliegenden Fall dürfe die *A*-Prämisse nicht als Aussage über eine zeitlich eingeschränkte, kontingente Tatsache angesehen werden, andernfalls lasse sich auch ein Ungültigkeitsbeweis für *Barbara XKM* führen. Aristoteles dürfte hier an eine Art von Ungültigkeitsbeweis denken, wie er ihn schon vorher für *Bocardo LXL* in (*An. pr.* I. 11, 32, a 4 f.) (s. meine *Allgemeine Anmerkung zu Abschnitt* 2, (IV. 86) *bis* (IV. 89)) geführt hat. Die Unterscheidung, die Aristoteles hier an assertorischen Aussagen vornimmt, entspricht der Unterscheidung zweier Arten des Faktischen, auf die ich oben in § 6 Fußnote 49 hingewiesen habe. Nortmann zufolge müßte man annehmen, daß diese Unterscheidung der Unterscheidung zwischen den Formeln $\forall x \,\square\, (B\,x \supset A\,x)$ und $\forall x\, (B\,x \supset A\,x)$ entspricht. Dies ist aber keinesfalls anzunehmen. Denn eine Aussage der Form $\forall x\, (B\,x \supset A\,x)$ ist schon dann wahr, wenn es ein x gar nicht gibt, auf das $B\,x$ zutreffen würde. Dementsprechend wäre z. B. der Satz $\forall x\, ([\text{bewegt sich jetzt auf diesem Tisch}]\, x \supset [\text{ist eine Ameise}]\, x)$ schon dann wahr, wenn es gar nichts gibt, was sich jetzt auf diesem Tisch bewegt. Dagegen wird man in diesem Fall den Satz ›Alles, was sich jetzt auf diesem Tisch bewegt, ist eine Ameise‹, als falsch ansehen müssen, wenn er zu verstehen ist als Satz, der eine Aussage über eine kontingente Tatsache enthält. –

Den Beweis für *Celarent XKM* beschreibt Aristoteles in *An. pr.* I. 15, 34 b 19–26 als einen Beweis, der analog zum Beweis für *Barbara XKM* verläuft und den *Modus Disamis* zum Ausgangspunkt nimmt. Die in beiden Beweisen benutzte Regel (IV. 29) führt Aristoteles in *An. pr.* I. 15, 34 a 20–25 ein, kurz bevor er die beiden Beweise skizziert.

---

[296] Zum Verhältnis zwischen Modalsyllogistik und S4-Logik siehe *Anhang* 5.

Celarent XKM:

N I (α, β), K A (β, γ) ∴ MN I (α, γ) (**IV. 91**)

Beweis:

[1]	I (α, γ), A (β, γ) ∴ I (α, β)	(III. 32)
[2]	N I (α, β), A (β, γ) ∴ N I (α, γ)	(I. 2) [1]
[3]	N I (α, β) ∴ H (A (β, γ), N I (α, γ))	(II. 1) [2]
[4]	H (A (β, γ), N I (α, γ)) ∴ H (M A (β, γ), MN I (α, γ))	(IV. 29)
[5]	N I (α, β) ∴ H (M A (β, γ), MN I (α, γ))	(I. 4) [3, 4]
[6]	N I (α, β), M A (β, γ) ∴ MN I (α, γ)	(II. 5) [5]
[7]	K A (β, γ) ∴ M A (β, γ)	(IV. 7)
[8]	N I (α, β), K A (β, γ) ∴ MN I (α, γ)	(I. 4) [7, 6]

In *An. pr.* I. 15, 35 a 3–20 weist Aristoteles darauf hin, daß wegen der 'komplementären Konvertierbarkeit' von Sätzen der Form *KN I* (β, γ) zu *K A* (β, γ) nach Regel (IV. 48) die zweite Prämisse in Syllogismen der Form *Barbara XKM* und *Celarent XKM* austauschbar ist gegen *KN I* (β, γ).

Darii XKM:

A (α, β), K I (β, γ) ∴ M I (α, γ) (**IV. 92**)

Beweis:

[1]	N I (α, γ), I (β, γ) ∴ N A (α, β)	(III. 35)
[2]	NN A (α, β), I (β, γ) ∴ NN I (α, γ)	(I. 2) [1]
[3]	NN A (α, β) ∴ H (I (β, γ), NN I (α, γ))	(II. 1) [2]
[4]	H (I (β, γ), NN I (α, γ)) ∴ H (M I (β, γ), MNN I (α, γ))	(IV. 29)
[5]	NN A (α, β) ∴ H (M I (β, γ), MNN I (α, γ))	(I. 4) [3, 4]
[6]	NN A (α, β), M I (β, γ) ∴ MNN I (α, γ)	(II. 5) [5]
[7]	A (α, β) ∴ NN A (α, β)	(I. 1)
[8]	K I (β, γ) ∴ M I (β, γ)	(IV. 7)
[9]	MNN I (α, γ) ∴ NLN I (α, γ)	(IV. 6)
[10]	NLN I (α, γ) ∴ M I (α, γ)	(IV. 3)
[11]	MNN I (α, γ) ∴ M I (α, γ)	(I. 4) [9, 10]
[12]	A (α, β), K I (β, γ) ∴ M I (α, γ)	(I. 4) [7, 8, 6, 11]

Aristoteles weist in *An. pr.* I. 15, 35 a 35–40 darauf hin, daß die Beweise für die Gültigkeit von *Darii XKM* und *Ferio XKM* genau analog zu den Beweisen für *Barbara XKM* bzw. *Celarent XKM* zu führen sind. Im Anschluß daran (15, 35 b 2–8) weist er außerdem darauf hin, daß wegen der 'komplementären Konvertierbarkeit' von Sätzen der Form *KN A* (β, γ) zu *K I* (β, γ) nach Regel (IV. 50) die zweite Prämisse in Syllogismen der Form *Darii XKM* und *Ferio XKM* austauschbar ist gegen *KN A* (β, γ). – Nach Nortmann ist *Darii XKM* gültig, wenn man annimmt, daß es sich um die Folgerung von ∃ x (◊ B x & ◊ A x) aus ∀ x □ (C x ⊃ A x) und ∃ x (◦ B x & ◦ C x) (mit ◦ A = ◊ A & ◊ ~ A) handelt. Dabei soll ∀ x □ (C x ⊃ A x) trotz des Auftritts von □ als assertorische Formel gelten.[297]

Ferio XKM:

N I (α, β), K I (β, γ) ∴ MN A (α, γ)   **(IV. 93)**

Beweis:

[1]	A (α, γ), I (β, γ) ∴ I (α, β)	(III. 33)
[2]	N I (α, β), I (β, γ) ∴ N A (α, γ)	(I. 2) [1]
[3]	N I (α, β) ∴ H (I (β, γ), N A (α, γ))	(II. 1) [2]
[4]	H (I (β, γ), N A (α, γ)) ∴ H (M I (β, γ), MN A (α, γ))	(IV. 29)
[5]	N I (α, β) ∴ H (M I (β, γ), MN A (α, γ))	(I. 4) [3, 4]
[6]	N I (α, β), M I (β, γ) ∴ MN A (α, γ)	(II. 5) [5]
[7]	K I (β, γ) ∴ M I (β, γ)	(IV. 7)
[8]	N I (α, β), K I (β, γ) ∴ MN A (α, γ)	(I. 4) [7, 6]

Barbara LKM:

L A (α, β), K A (β, γ) ∴ M A (α, γ)   **(IV. 94)**

Beweis:

[1]	L A (α, β), LN A (α, γ) ∴ LN A (β, γ)	(IV. 81)
[2]	L A (α, β), NLN A (β, γ) ∴ NLN A (α, γ)	(I. 2) [1]
[3]	NLN A (α, γ) ∴ M A (α, γ)	(IV. 3)
[4]	M A (β, γ) ∴ NLN A (β, γ)	(IV. 3)
[5]	K A (β, γ) ∴ M A (β, γ)	(IV. 7)
[6]	L A (α, β), K A (β, γ) ∴ M A (α, γ)	(I. 4) [4, 5, 2, 3]

Aristoteles beweist die Gültigkeit von *Barbara LKM* in *Analytica priora* I. 16, 36 b 38 – 36 a 1.

Celarent LKX:

LN I (α, β), K A (β, γ) ∴ N I (α, γ)   **(IV. 95)**

Beweis:

[1]	LN I (β, α), I (α, γ) ∴ LN A (β, γ)	(IV. 68)
[2]	LN I (β, α), NLN A (β, γ) ∴ N I (α, γ)	(I. 2) [1]

---

[297] Ebert & Nortmann, *Aristoteles, Analytica priora, Buch I*, S. 696.

[3]	$MA(\beta, \gamma) \therefore NLNA(\beta, \gamma)$	(IV. 3)
[4]	$KA(\beta, \gamma) \therefore MA(\beta, \gamma)$	(IV. 7)
[5]	$LNI(\beta, \alpha), KA(\beta, \gamma) \therefore NI(\alpha, \gamma)$	(I. 4) [4, 3, 2]
[6]	$LNI(\alpha, \beta) \therefore LNI(\beta, \alpha)$	(IV. 51)
[7]	$LNI(\alpha, \beta), KA(\beta, \gamma) \therefore NI(\alpha, \gamma)$	(I. 4) [6, 5]

Vergleiche *Analytica priora* I. 16, 36 a 8–10.

Ferio LKX:

$LNI(\alpha, \beta), KI(\beta, \gamma) \therefore NA(\alpha, \gamma)$ **(IV. 96)**

Beweis:

[1]	$LNI(\beta, \alpha), A(\alpha, \gamma) \therefore LNI(\beta, \gamma)$	(IV. 66)
[2]	$LNI(\beta, \alpha), NLNI(\beta, \gamma) \therefore NA(\alpha, \gamma)$	(I. 2) [1]
[3]	$MI(\beta, \gamma) \therefore NLNI(\beta, \gamma)$	(IV. 3)
[4]	$KI(\beta, \gamma) \therefore MI(\beta, \gamma)$	(IV. 7)
[5]	$LNI(\beta, \alpha), KI(\beta, \gamma) \therefore NA(\alpha, \gamma)$	(I. 4) [4, 3, 2]
[6]	$LNI(\alpha, \beta) \therefore LNI(\beta, \alpha)$	(IV. 51)
[7]	$LNI(\alpha, \beta), KI(\beta, \gamma) \therefore NA(\alpha, \gamma)$	(I. 4) [6, 5]

Vergleiche *Analytica priora* I, 16, 36 a 34–36.

Darii LKM:

$LA(\alpha, \beta), KI(\beta, \gamma) \therefore MI(\alpha, \gamma)$ **(IV. 97)**

Beweis:

[1]	$LA(\alpha, \beta), LNI(\alpha, \gamma) \therefore LNI(\beta, \gamma)$	(IV. 79)
[2]	$LA(\alpha, \beta), NLNI(\beta, \gamma) \therefore NLNI(\alpha, \gamma)$	(I. 2) [1]
[3]	$NLNI(\alpha, \gamma) \therefore MI(\alpha, \gamma)$	(IV. 3)
[4]	$MI(\beta, \gamma) \therefore NLNI(\beta, \gamma)$	(IV. 3)
[5]	$KI(\beta, \gamma) \therefore MI(\beta, \gamma)$	(IV. 7)
[6]	$LA(\alpha, \beta), KI(\beta, \gamma) \therefore MI(\alpha, \gamma)$	(I. 4) [4, 5, 2, 3]

Celarent LKM:

$LNI(\alpha, \beta), KA(\beta, \gamma) \therefore MNI(\alpha, \gamma)$ **(IV. 98)**

Beweis:

[1]	$LNI(\alpha, \beta), KA(\beta, \gamma) \therefore NI(\alpha, \gamma)$	IV. 95)
[2]	$NI(\alpha, \gamma) \therefore MNI(\alpha, \gamma)$	(IV. 25)
[3]	$LNI(\alpha, \beta), KA(\beta, \gamma) \therefore MNI(\alpha, \gamma)$	(I. 4) [1, 2]

Vergleiche *Analytica priora* I, 16, 36 a 15–17. Analog zum Beweis für die Gültigkeit von *Celarent LKM* läßt sich, unter Voraussetzung von

(IV. 96), auch die Gültigkeit von *Ferio LKM* beweisen. Vergleiche *Analytica priora* I. 16, 36 a 32 f.

4. Syllogismen der zweiten Figur, eine Prämisse assertorisch, die andere kontingent:

Cesare XKM

$N I (\alpha, \beta), K A (\alpha, \gamma) \therefore MN I (\beta, \gamma)$ (IV. 99)

Beweis:

[1] $N I (\beta, \alpha), K A (\alpha, \gamma) \therefore MN I (\beta, \gamma)$ (IV. 91)
[2] $N I (\alpha, \beta) \therefore N I (\beta, \alpha)$ (III. 17)
[3] $N I (\alpha, \beta), K A (\alpha, \gamma) \therefore MN I (\beta, \gamma)$ (I. 4) [2, 1]

Vergleiche *Analytica priora* I. 18. 37 b 23 –28. Für *Festino XKM* läßt sich ein Beweis genau analog führen, wenn man in Zeile [1] statt von *Celarent XKM* von *Ferio XKM* (IV. 93) ausgeht. Vergleiche Aristoteles, *An. pr.* I. 18, 38 a 3 f.

Camestres KXM:

$K A (\alpha, \beta), N I (\alpha, \gamma) \therefore MN I (\beta, \gamma)$ (IV. 100)

Beweis:

[1] $N I (\gamma, \alpha), K A (\alpha, \beta) \therefore MN I (\gamma, \beta)$ (IV. 91)
[2] $N I (\alpha, \gamma) \therefore N I (\gamma, \alpha)$ (III. 17)
[3] $MN I (\gamma, \beta) \therefore MN I (\beta, \gamma)$ (IV. 54)
[4] $K A (\alpha, \beta), N I (\alpha, \gamma) \therefore MN I (\beta, \gamma)$ (I. 4) [2, 1, 3]

Vergleiche *Analytica priora* I. 18, 37 b 29.

5. Syllogismen der zweiten Figur, eine Prämisse apodiktisch, die andere kontingent

Cesare LKM

$LN I (\alpha, \beta), K A (\alpha, \gamma) \therefore MN I (\beta, \gamma)$ (IV. 101)

Beweis:

[1] $N I (\beta, \alpha), K A (\alpha, \gamma) \therefore MN I (\beta, \gamma)$ (IV. 91)
[2] $LN I (\alpha, \beta) \therefore LN I (\beta, \alpha)$ (IV. 51)
[3] $LN I (\beta, \alpha) \therefore N I (\beta, \alpha)$ (IV. 1)
[4] $LN I (\alpha, \beta) \therefore N I (\beta, \alpha)$ (I. 4) [2, 3]
[5] $LN I (\alpha, \beta), K A (\alpha, \gamma) \therefore MN I (\beta, \gamma)$ (I. 4) [4, 1]

§ 63. II. *Unvollkommene modale Syllogismen* 293

Vergleiche *Analytica priora* I. 19, 38 a 16 - 21. Der Beweis könnte auch durch Abschwächung der Konklusion in (IV. 102) zu einer *M*-Konklusion nach Regel (IV. 25) geführt werden. Analog dazu lassen sich *Camestres LKM* und *Festino LKM* aus *Camestres KLX* (IV. 103) bzw. aus *Festino LKX* (IV. 104) ableiten.

Cesare LKX

$LN I (\alpha, \beta), K A (\alpha, \gamma) \therefore N I (\beta, \gamma)$ (IV. 102)

Beweis:

[1]	$LN I (\alpha, \beta), I (\beta, \gamma) \therefore LN A (\alpha, \gamma)$	(IV. 68)
[2]	$LN I (\alpha, \beta), NLN A (\alpha, \gamma) \therefore N I (\beta, \gamma)$	(I. 2) [1]
[3]	$M A (\alpha, \gamma) \therefore NLN A (\alpha, \gamma)$	(IV. 3)
[4]	$K A (\alpha, \gamma) \therefore M A (\alpha, \gamma)$	(IV. 7)
[5]	$LN I (\alpha, \beta), K A (\alpha, \gamma) \therefore N I (\beta, \gamma)$	(I. 4) [4, 3, 2]

Vergleiche *Analytica priora* I. 19, 38 a 21 - 25.

Camestres KLX:

$K A (\alpha, \beta), LN I (\alpha, \gamma) \therefore N I (\beta, \gamma)$ (IV. 103)

Beweis:

[1]	$LN I (\alpha, \gamma), I (\gamma, \beta) \therefore LN A (\alpha, \beta)$	(IV. 68)
[2]	$NLN A (\alpha, \beta), LN I (\alpha, \gamma) \therefore N I (\gamma, \beta)$	(I. 2) [1]
[3]	$M A (\alpha, \beta) \therefore NLN A (\alpha, \beta)$	(IV. 3)
[4]	$K A (\alpha, \beta) \therefore M A (\alpha, \beta)$	(IV. 7)
[5]	$K A (\alpha, \beta), LN I (\alpha, \gamma) \therefore N I (\beta, \gamma)$	(I. 4) [4, 3, 2]

Vergleiche *Analytica priora* I. 19, 38 a 25 f.

Festino LKX:

$LN I (\alpha, \beta), K I (\alpha, \gamma) \therefore N A (\beta, \gamma)$ (IV. 104)

Beweis:

[1]	$LN I (\beta, \alpha), K I (\alpha, \gamma) \therefore N A (\beta, \gamma)$	(IV. 96)
[2]	$LN I (\alpha, \beta) \therefore LN I (\beta, \alpha)$	(IV. 51)
[3]	$LN I (\alpha, \beta), K I (\alpha, \gamma) \therefore N A (\beta, \gamma)$	(I. 4) [1, 2]

Vergleiche *Analytica priora* I. 19, 38 a 25 - 27.

Aus *Festino LKX* läßt sich durch 'komplementäre Konversion' nach Regel (IV. 50) der nicht-kanonische Syllogismus $LN I (\alpha, \beta), KN A (\alpha, \gamma) \therefore N A (\beta, \gamma)$ ableiten. Analog dazu lassen sich weitere nicht-kanonische Syllogismen der zweiten Figur durch 'komplementäre Konversion' nach einer der Regeln (IV. 47) bis (IV. 50) aus gültigen Syllogismen der ersten Figur mit einer *K*-Prämisse ableiten, z. B. einer mit je drei Sätzen der Form *LNI*, *KNI* und *MNI* (19, 38 b 6–12), oder *LNI*, *KNA* und *MNA* (19, 38 b 31–35), oder *KNI*, *LNI* und *MNI* (19. 38 b 12).

Allgemeine Anmerkung zu Abschnitt 5 ((IV. 101) bis (IV. 104)):

Was Syllogismen der zweiten Figur betrifft, deren eine Prämisse apodiktisch, deren andere Prämisse kontingent ist, so hat man in der modernen Literatur weniger die diesbezüglichen Gültigkeitsbeweise des Aristoteles als vielmehr dessen Beweise für die Ungültigkeit einzelner Schlußweisen mit der Prämissenkombination *KL* und *LK* angefochten. Anfechtungsmöglichkeiten scheinen mir aber nur insofern zu bestehen, als man von einem Verständnis der in diesen Schlußweisen vorkommenden logischen Konstanten ausgeht, das mit dem in den Definitionen des § 59 zum Ausdruck gebrachten Verständnis nicht übereinstimmt. Es soll hier genügen, diesen Sachverhalt anhand eines Beispiels zu erläutern. So gilt der Ungültigkeitsbeweis des Aristoteles für *Cesare KLX*, d. h. für die Schlußform

$$KN\,I\,(\alpha,\,\beta),\,L\,A\,(\alpha,\,\gamma)\,\therefore\,N\,I\,(\beta,\,\gamma),$$

in den Augen von Nortmann als fehlerhaft. Aristoteles führt den Beweis (siehe *An. pr.* I. 19, 38 a 38–42) durch Einsetzung der Termini ›in Bewegung‹, ›Lebewesen‹ und ›im Wachzustand‹ für α, β und γ der Reihe nach. Er nimmt dementsprechend an, daß der Schluß:

Jedes Lebewesen ist kontingenterweise einmal nicht in Bewegung,
jedes Wesen, das sich in einem Wachzustand befindet, ist notwendigerweise in Bewegung,
Also: Kein Wesen, das sich in einem Wachzustand befindet, ist ein Lebewesen,

deshalb ungültig ist, weil die Konklusion falsch sei. Aristoteles nimmt sogar an, daß nicht nur das kontradiktorische Gegenteil dieser Konklusion (nämlich ›Irgendein Wesen, das sich in einem Wachzustand befindet, ist ein Lebewesen‹), sondern auch die stärkere Aussage ›Jedes Wesen, das sich in einem Wachzustand befindet, ist ein Lebewesen‹ (38 b 1–2) wahr sei. Diese Annahme ist erläuterungsbedürftig, denn offensichtlich setzt Aristoteles mit ihr – wie es in seinen Ungültigkeitsbeweisen auch sonst gelegentlich vorkommt (z. B. im Ungültigkeitsbeweis für *Bocardo LXL* (s. o. S. 283–4)) – einen eingeschränkten Individuenbereich voraus. Nach den sonst von Aristoteles vertretenen Ansichten gibt es belebte Wesen (z. B. Pflanzen), denen so etwas wie ein Wachzustand kaum zuzuschreiben ist. Dementsprechend muß man unterstellen, daß Aristoteles einen eingeschränkten Individuenbereich annimmt, so daß mit Lebewesen in der Konklusion des Schlusses (dann aber konsequenterweise auch schon in seiner ersten Prämisse) z. B. nur Tiere oder Säugetiere gemeint sind. Auch die beiden übrigen Termini bedürfen einer Interpretation, wenn beide Prämissen (nach Aristoteles' eigenen Maßstäben) als wahr gelten sollen. Sie sind allenfalls dann wahr, wenn mit Bewegung – Aristoteles spricht im vorliegenden Kontext sogar allgemeiner von „Veränderung" (κίνησις, 38 a 42) – *besondere* Bewegungen oder Veränderungen gemeint sind. Denn (auch aus der Sicht des Aristoteles) dürfte für alle Lebewesen ausnahmslos gelten, daß ihnen (*irgendeine* Art von) Bewegung oder Veränderung notwendigerweise zukommt. Die zweite Prämisse legt die Vermutung nahe, daß Aristoteles in beiden Prämissen an eine Bewegungsart denkt, die bei Lebewesen in Wachzuständen notwendigerweise auftritt. Nach dieser Vermutung wäre unter Bewegung z. B. so etwas wie die aktive Aufnahme von Sinnesreizen zu verstehen.[298] Nach dieser Deutung wäre die erste Prämisse zu ersetzen durch den sicherlich wahren Satz ›Jedes Säugetier ist kontingenterweise nicht in einem Zustand der aktiven Aufnahme von Sinnesreizen‹; die zweite Prämisse wäre zu ersetzen durch den gleichfalls wahren Satz ›Alles, was sich in einem Wachzustand befindet, ist notwendigerweise in einem Zustand der aktiven Aufnahme von Sinnesreizen‹. Die Argumentation des Aristoteles läßt auf diese Weise eine Deutung zu, die aufzeigt, daß es ein Beispiel für ungültige Schlüsse nach *Modus Cesare KLX* gibt, nämlich ein Beispiel, bei dem die Prämissen wahr und die Konklusion falsch ist. Insofern ist der vorliegende Ungültigkeitsbeweis einwandfrei.

---

[298] Daß Aristoteles an Bewegungen oder Veränderungen denkt, die mit dem Wachsein notwendig, d. h. unter allen Umständen, verbunden sind, legt nicht zuletzt die Tatsache nahe, daß er von seiner Annahme, in Bewegung zu sein komme allem Wachenden zu, auch in anderen Ungültigkeitsbeweisen formelhaft Gebrauch macht. Siehe z. B. 38 b 35–7 oder 40 a 36–38. Man beachte aber vor allem, daß in *Parva Naturalia* 454 b 24–27 das „Lebewesen" oder „Tier" (ζῷον) *definiert* wird durch das „Haben von Sinnesempfindung (αἴσθησις)"; der Schlaf sei „eine der Sinnesempfindung auferlegte Bewegungslosigkeit (ἀκινησία) oder als [eine die Sinnesempfindung] gleichsam [bindende] Fessel"; das Aufwachen sei „die Auflösung und Entfernung dieser Fessel".

Nach Nortmanns Ansicht ist dieser Beweis dagegen nicht einwandfrei.[299] Sein Einwand richtet sich gegen die Annahme der Wahrheit der zweiten Prämisse, d. h. des Satzes:

Jedes Wesen, das sich in einem Wachzustand befindet, ist notwendigerweise in Bewegung.

Nach Nortmanns Meinung ist dieser Satz zu verstehen entweder als Aussage über eine reine *de dicto*-Notwendigkeit, d. h. als Aussage der Form

(1) $\Box \forall x$ ([*ist wach*] $x \supset$ [*ist bewegt*] x),

oder als Aussage einer der folgenden Formen (wenn nicht als Aussage, die einer dieser Formen wenigstens nahekommt):

(2) $\forall x$ ([*ist wach*] $x \supset \Box$ [*ist bewegt*] x),
$\forall x$ ($\Box$ [*ist wach*] $x \supset \Box$ [*ist bewegt*] x),
$\forall x$ ($\Diamond$ [*ist wach*] $x \supset \Box$ [*ist bewegt*] x).

Als Aussage der Form (1) könne, so meint Nortmann, die fragliche Prämisse zwar als „plausibel" erscheinen, habe aber dann eine logische Form, die Notwendigkeitsaussagen im Rahmen der modalen Syllogistik des Aristoteles gerade nicht haben. Denn es könne „als hinreichend gesichert" gelten, daß die aristotelische Modalsyllogistik Notwendigkeitsaussagen nicht wie Sätze der Form (1) behandelt. Als Aussage von einer der unter (2) rangierenden Formen müsse die fragliche Prämisse dagegen „wohl als falsch gelten". „Denn für jedes wache Lebewesen besteht die Möglichkeit, (einzuschlafen und dann) nicht in Bewegung zu sein."

Dieser Einwand ist allerdings nur dann überzeugend, wenn vorausgesetzt werden darf, daß die in ihm angenommene Alternative der Formen (1) und (2) vollständig ist. Diese Voraussetzung ist aber nicht erfüllt. Denn unberücksichtigt bleibt bei dieser Alternative die Form

(3) *LA* (*bewegt, wach*),

die nach § 59, Definition 6, und nach Regel (IV. 9) den Ausdruck ›Wenn etwas (z. B. ein ξ) wach ist, so ist es (dieses ξ) notwendigerweise bewegt‹ impliziert, dessen logische Form durch

---

[299] Siehe zum folgenden Ebert & Nortmann, *Aristoteles, Analytica priora, Buch I*, S. 662 ff und S. 672.

§ 63. II. *Unvollkommene modale Syllogismen* 297

(3′) H (I (*wach*, ξ), L A̲ (*bewegt*, ξ))

wiederzugeben ist. Man kann zwar (3) (ähnlich wie (1)) als Form einer Aussage über eine *de dicto*-Notwendigkeit betrachten. Denn (3) läßt sich wiedergeben durch den Satz ›Es ist notwendigerweise wahr, daß alles Wache bewegt ist‹. Aber da (3) die Form (3′) impliziert, läßt sich (3) ebensogut (in ähnlicher Weise wie (2)) als Form einer Aussage über eine *de re*-Notwendigkeit verstehen. (3) ist insofern eine Notwendigkeitsaussage weder „vom reinen *de dicto*-Typ", noch (wie $\forall x (A x \supset \Box B x)$) „vom reinen *de re*-Typ" (um Nortmanns Redeweise zu gebrauchen). Dies liegt daran, daß (3′) gleichbedeutend ist mit der *de dicto*-Notwendigkeits-Aussage

(3″) LH (I (*Wach*, ξ), A̲ (*Bewegt*, ξ)).

Man kann daher (3′) als Notwendigkeitsaussage von latentem *de dicto*-Typ ansehen, ebenso wie man (3) als Notwendigkeitsaussage von latentem *de re*-Typ ansehen kann. (3) und (3′) sind insofern Ausdrücke, die nicht verschiedene Arten von Notwendigkeit, sondern ein und dieselbe Art notwendiger Wahrheit wiedergeben sollen, d. h. eine Art von Wahrheit, die sich von bloß faktischer Wahrheit unterscheidet, z. B. der Wahrheit des Satzes ›Alles Wachende ist in einem Alter von weniger als 134 Jahren‹ (falls dies wirklich einmal oder über größere Zeiträume hinweg wahr sein sollte). Da mit dem Terminus ›bewegt‹ im Kontext des soeben behandelten Ungültigkeitsbeweises (wie bereits erwähnt) ein Zustand gemeint sein muß, der notwendigerweise in Wachzuständen enthalten ist, ist (3′) als Satz aufzufassen, der nicht als falsch gelten kann. Die für jedes wache Lebewesen bestehende (und von Nortmann erwähnte) Möglichkeit, einschlafen zu können und dann nicht mehr in Bewegung zu sein, steht nicht in einem logischen Konflikt mit der Aussage der zweiten Prämisse, daß, wenn etwas (z. B. ein Lebewesen) wach ist, es notwendigerweise auch bewegt ist. Die Notwendigkeit der Wahrheit dieser Aussage beruht einfach darauf, daß der Begriff des im Wachzustand enthaltenen Bewegungszustandes dem Begriff des Wachzustandes subordiniert ist, so daß auch der Begriff des Gegenstandes, der infolge seines Wachzustandes auf spezifische Weise bewegt ist, dem Begriff des Wachen subordiniert ist (ebenso wie der Begriff des Menschen dem des Lebewesens subordiniert ist), während andererseits der Begriff des Gegenstandes, der sich in einem für Lebewesen kontingenten Bewegungszustand befindet, dem Begriff des Lebewesens nicht subordiniert ist.

6. Syllogismen der dritten Figur, beide Prämissen kontingent:

Darapti KKK:

$KA(\alpha, \gamma), KA(\beta, \gamma) \therefore KI(\alpha, \beta)$ (IV. 105)

Beweis:

[1] $KA(\alpha, \gamma), KI(\gamma, \beta) \therefore KI(\alpha, \beta)$ (IV. 74)
[2] $KA(\beta, \gamma) \therefore KI(\gamma, \beta)$ (IV. 58)
[3] $KA(\alpha, \gamma), KA(\beta, \gamma) \therefore KI(\alpha, \beta)$ (I. 4) [2, 1]

Vergleiche *Analytica priora* I. 20, 39 a 14–19. *Felapton KKK* läßt sich gleichfalls in drei Zeilen ableiten, im Ausgang von *Ferio KKK* statt von *Darii KKK* (IV. 74). Vergleiche *Analytica priora* I. 19, 39 a 19–23.

Datisi KKK:

$KA(\alpha, \gamma), KI(\beta, \gamma) \therefore KI(\alpha, \beta)$ (IV. 106)

Beweis:

[1] $KA(\alpha, \gamma), KI(\gamma, \beta) \therefore KI(\alpha, \beta)$ (IV. 74)
[2] $KI(\beta, \gamma) \therefore KI(\gamma, \beta)$ (IV. 57)
[3] $KA(\alpha, \gamma), KI(\beta, \gamma) \therefore KI(\alpha, \beta)$ (I. 4) [2, 1]

Vergleiche *Analytica priora* I. 20, 39 a 31–35.

Disamis KKK:

$KI(\alpha, \gamma), KA(\beta, \gamma) \therefore KI(\alpha, \beta)$ (IV. 107)

Beweis:

[1] $KA(\beta, \gamma), KI(\gamma, \alpha) \therefore KI(\beta, \alpha)$ (IV. 74)
[2] $KI(\alpha, \gamma) \therefore KI(\gamma, \alpha)$ (IV. 57)
[3] $KI(\beta, \alpha) \therefore KI(\alpha, \beta)$ (IV. 57)
[4] $KI(\alpha, \gamma), KA(\beta, \gamma) \therefore KI(\alpha, \beta)$ (I. 4) [2, 1, 3]

Vergleiche *Analytica priora* I. 20, 39 a 35 f.

Bocardo KKK:

$KNA(\alpha, \gamma), KA(\beta, \gamma) \therefore KNA(\alpha, \beta)$ (IV. 108)

Beweis:

[1] $KNI(\beta, \gamma), KI(\gamma, \alpha) \therefore KNA(\beta, \alpha)$ *Ferio KKK*
[2] $KNA(\alpha, \gamma) \therefore KI(\alpha, \gamma)$ (IV. 50)

§ 63. II. *Unvollkommene modale Syllogismen*

[3]   K I (α, γ) ∴ K I (γ, α)   (IV. 57)
[4]   KN A (α, γ) ∴ K I (γ, α)   (I. 4) [2, 3]
[5]   K A (β, γ) ∴ KN I (β, γ)   (IV. 47)
[6]   KN A (β, α) ∴ KN A (α, β)   (IV. 59)
[7]   KN A (α, γ), K A (β, γ) ∴ KN A (α, β)   (I. 4) [4, 5, 1, 6]

Vergleiche *Analytica priora* I. 20, 39 a 36 f.

Ferison KKK:

KN I (α, γ), K I (β, γ) ∴ KN A (α, β)   **(IV. 109)**

Beweis:

[1]   KN I (α, γ), K I (γ, β) ∴ KN A (α, β)   Ferio KKK
[2]   K I (β, γ) ∴ K I (γ, β)   (IV. 57)
[3]   KN I (α, γ), K I (β, γ) ∴ KN A (α, β)   (I. 4) [2, 1]

Vergleiche *Analytica priora* I. 20, 39 a 36 f.

Durch 'komplementäre Konversion' nach den Regeln (IV. 47) bis (IV. 50) lassen sich weitere Modi der dritten Figur mit zwei kontingenten Prämissen aus den schon als gültig bewiesenen, kanonischen Modi ableiten. Auf die drei folgenden nicht-kanonischen Modi (IV.107) bis (IV. 112) weist Aristoteles ausdrücklich hin:

KN I (α, γ), KN I (β, γ) ∴ K I (α, β)   **(IV. 110)**

Beweis:

[1]   K A (α, γ), K A (β, γ) ∴ K I (α, β)   IV. 105)
[2]   KN I (α, γ) ∴ K A (α, γ)   (IV. 48)
[3]   KN I (β, γ) ∴ K A (β, γ)   (IV. 48)
[4]   KN I (α, γ), KN I (β, γ) ∴ K I (α, β)   (I. 4) [3, 2, 1]

Vergleiche *Analytica priora* I. 20, 39 a 26–28.

KN I (α, γ), KN A (β, γ) ∴ KN A (α, β)   **(IV. 111)**

Beweis:

[1]   K A (α, γ), K I (β, γ) ∴ K I (α, β)   IV. 106)
[2]   KN I (α, γ) ∴ K A (α, γ)   (IV. 48)
[3]   KN A (β, γ) ∴ K I (β, γ)   (IV. 50)
[4]   K I (α, β) ∴ KN A (α, β)   (IV. 49)
[5]   KN I (α, γ), KN A (β, γ) ∴ KN A (α, β)   (I. 4) [3, 2, 1, 4]

Vergleiche *Analytica priora* I. 20, 39 a 26–28.

$KN\,I\,(\alpha, \gamma), KN\,A\,(\beta, \gamma) \therefore K\,I\,(\alpha, \beta)$ \hfill **(IV. 112)**

Beweis:

[1] $KN\,I\,(\alpha, \gamma), K\,I\,(\beta, \gamma) \therefore KN\,A\,(\alpha, \beta)$ \hfill IV. 109
[2] $KN\,A\,(\beta, \gamma) \therefore K\,I\,(\beta, \gamma)$ \hfill (IV. 50)
[3] $KN\,A\,(\alpha, \beta) \therefore K\,I\,(\alpha, \beta)$ \hfill (IV. 50)
[3] $KN\,I\,(\alpha, \gamma), KN\,A\,(\beta, \gamma) \therefore K\,I\,(\alpha, \beta)$ \hfill (I. 4) [2, 1, 3]

Vergleiche *Analytica priora* I. 20, 39 a 38 – b 2. Nach demselben Muster hätte Aristoteles noch weitere nicht-kanonische Modi ableiten können, wie z. B. den folgenden:

$K\,A\,(\alpha, \gamma), KN\,I\,(\beta, \gamma) \therefore K\,I\,(\alpha, \beta)$ \hfill **(IV. 113)**

Beweis:

[1] $K\,A\,(\alpha, \gamma), K\,A\,(\beta, \gamma) \therefore K\,I\,(\alpha, \beta)$ \hfill IV. 105
[2] $K\,A\,(\beta, \gamma) \therefore KN\,I\,(\beta, \gamma)$ \hfill (IV. 47)
[3] $K\,A\,(\alpha, \gamma), KN\,I\,(\beta, \gamma) \therefore K\,I\,(\alpha, \beta)$ \hfill (I. 4) [2, 1]

7. Syllogismen der dritten Figur, eine Prämisse assertorisch, die andere kontingent:

Darapti XKM:

$A\,(\alpha, \gamma), K\,A\,(\beta, \gamma) \therefore M\,I\,(\alpha, \beta)$ \hfill **(IV. 114)**

Beweis:

[1] $A\,(\alpha, \gamma), K\,I\,(\gamma, \beta) \therefore M\,I\,(\alpha, \gamma)$ \hfill IV. 92
[2] $K\,A\,(\beta, \gamma) \therefore K\,I\,(\gamma, \beta)$ \hfill (IV. 58)
[3] $A\,(\alpha, \gamma), K\,A\,(\beta, \gamma) \therefore M\,I\,(\alpha, \beta)$ \hfill (I. 4) [2, 1]

Vergleiche *Analytica priora* I. 21, 39 b 10–14.

Wird in Zeile [2] die Regel (IV. 57) angewandt, nach der man von $K\,I\,(\beta, \gamma)$ zu $K\,I\,(\gamma, \beta)$ übergehen darf, ergibt sich *Datisi XKM* (*An. pr.* I. 21, 39 a 39 b 26–31). *Felapton XKM* ergibt sich dagegen, wenn man in Zeile [1] von *Ferio XKM* statt von *Darii XKM* (IV. 92) ausgeht (vergleiche *An. pr.* I. 21, 39 b 17–19). Zur Ableitung von *Ferison XKM* kann man in Zeile [1] gleichfalls von *Ferio XKM* ausgehen, hat dann aber für die Konversion in Zeile [2] von $K\,I\,(\beta, \gamma)$ auszugehen, also die Regel (IV. 57) anzuwenden. Vergleiche *An. pr.* I. 21, 39 b 26–31.

Aus *Darapti XKM* und *Felapton XKM* sind durch 'komplementäre Konversion' nach Regel (IV. 48) Syllogismen der 3. Figur abzuleiten,

§ 63. II. *Unvollkommene modale Syllogismen* 301

die aus je drei Sätzen der Form *A, KNI* und *MI* bzw. *NI, KNI* und *MNA* bestehen (39 b 22–25).

Nach Nortmann ist *Darapti XKM* als eine S4-logische Folgerung von $\exists x (\Diamond B x \& \Diamond A x)$ aus $\forall x \Box (C x \supset A x)$ und $\forall x \Box (C x \supset \circ B x)$ & $\exists x \Diamond C x$) (mit $\circ A = \Diamond A \& \Diamond \sim A$) anzusehen.[300]

Darapti KXK:

$K A (\alpha, \gamma), A (\beta, \gamma) \therefore K I (\alpha, \beta)$ **(IV. 115)**
Beweis:

[1] $K A (\alpha, \beta), I (\beta, \gamma) \therefore K I (\alpha, \gamma)$ (IV. 76)
[2] $A (\beta, \gamma) \therefore I (\gamma, \beta)$ (III. 19)
[3] $K A (\alpha, \gamma), A (\beta, \gamma) \therefore K I (\alpha, \beta)$ (I. 4) [2, 1]

Vergleiche *Analytica priora* I. 21, 39 b 16–20. *Felapton KXK* läßt sich nach derselben Regel ableiten, wenn man in Zeile [1] die Regel (IV. 76), d. h. *Darii KXK*, durch *Ferio KXK* ersetzt (*An. pr.* I. 21, 39 b 17–19). *Datisi KXK* ergibt sich dagegen, wenn man auf *Darii KXK* die Regel der partikulären *I*-Konversion (III. 18) anwendet. Vergleiche *An. pr.* I. 21, 39 b 26–31.

Disamis XKK:

$I (\alpha, \gamma), K A (\beta, \gamma) \therefore K I (\alpha, \beta)$ **(IV. 116)**
Beweis:

[1] $K A (\beta, \gamma), I (\gamma, \alpha) \therefore K I (\beta, \alpha)$ (IV. 76)
[2] $I (\alpha, \gamma) \therefore I (\gamma, \alpha)$ (III. 18)
[3] $K I (\beta, \alpha) \therefore K I (\alpha, \beta)$ (IV. 57)
[4] $I (\alpha, \gamma), K A (\beta, \gamma) \therefore K I (\alpha, \beta)$ (I. 4) [2, 1, 3]

Ob Aristoteles die Regel (IV. 116) im Sinn hat, wenn er in *An. pr.* I. 21, 39 b 26–31 eine für *Disamis XKK* charakteristische Prämissenverbindung mit einem Schluß auf ein „Möglichsein" (Ebert & Nortmann, *Aristoteles, Analytica priora, Buch I*, S. 57) erwähnt, ist fraglich.

Disamis KXM:

$K I (\alpha, \gamma), A (\beta, \gamma) \therefore M I (\alpha, \beta)$ **(IV. 117)**
Beweis:

---

[300] Siehe Ebert & Nortmann, *Aristoteles, Analytica priora, Buch I*, S. 698. Zum Verhältnis der S4-Logik zur modalen Syllogistik siehe *Anhang 5*.

[1] $A(\beta, \gamma), KI(\gamma, \alpha) \therefore MI(\beta, \alpha)$ (IV. 92)
[2] $KI(\alpha, \gamma) \therefore KI(\gamma, \alpha)$ (IV. 57)
[3] $MI(\beta, \alpha) \therefore MI(\alpha, \beta)$ (IV. 55)
[4] $KI(\alpha, \gamma), A(\beta, \gamma) \therefore MI(\alpha, \beta)$ (I. 4) [2, 1, 3]

Vergleiche *Analytica priora* I. 21, 39 b 26 - 31.

Bocardo KXM:

$KNA(\alpha, \gamma), A(\beta, \gamma) \therefore MNA(\alpha, \beta)$ **(IV. 118)**

Beweis:

[1] $LA(\alpha, \beta), A(\beta, \gamma) \therefore LA(\alpha, \gamma)$ (IV. 65)
[2] $NLA(\alpha, \gamma), A(\beta, \gamma) \therefore NLA(\alpha, \beta)$ (I. 2) [1]
[3] $NLA(\alpha, \beta) \therefore MNA(\alpha, \beta)$ (IV. 6)
[4] $MNA(\alpha, \gamma) \therefore NLA(\alpha, \gamma)$ (IV. 6)
[5] $KNA(\alpha, \gamma) \therefore MNA(\alpha, \gamma)$ (IV. 8)
[6] $KNA(\alpha, \gamma) \therefore NLA(\alpha, \gamma)$ (I. 4) [5, 4]
[7] $KNA(\alpha, \gamma), A(\beta, \gamma) \therefore MNA(\alpha, \beta)$ (I. 4) [6, 3, 2]

Vergleiche *Analytica priora* I. 21, 39 b 31–39. – Da nach den Regeln (IV. 49) und (IV. 50) *K I*-Sätze und *KN A*-Sätze ineinander überführt werden dürfen, lassen sich aus (IV. 114) bis (IV. 118) weitere Modi ableiten.

Nortmann legt seiner Rekonstruktion des Gültigkeitsbeweises für *Bocardo KXM* (IV. 118) die Annahme zugrunde, daß man die Formel der Konklusion von *Barbara LXL* (IV. 65) (d. h. die Formel $LA(\alpha, \gamma)$ (siehe Zeile [1])) übersetzen dürfe in die Formel $\forall x \square (Cx \supset \square Ax)$, so daß von hier aus, allerdings nur im Rahmen einer S5-Logik, der Beweis erfolgreich zu Ende zu führen sei.[301] In seiner Rekonstruktion des Gültigkeitsbeweises für *Barbara LXL* hatte er allerdings angenommen, daß für diese Schlußweise nur eine abgeschwächte Konklusion in Frage komme, nämlich $\forall x (Cx \supset \square Ax)$. (Siehe oben meine Bemerkungen zu (IV. 65).)

8. Syllogismen der dritten Figur, eine Prämisse apodiktisch, die andere kontingent:

Darapti LKM:

$LA(\alpha, \gamma), KA(\beta, \gamma) \therefore MI(\alpha, \beta)$ **(IV. 119)**

---

[301] Ebert & Nortmann, *Aristoteles, Analytica priora, Buch I*, S. 706-12.

§ 63. II. *Unvollkommene modale Syllogismen* 303

Beweis:

[1]	$L A (\alpha, \gamma), K I (\gamma, \beta) \therefore M I (\alpha, \beta)$	IV. 97)
[2]	$K A (\beta, \gamma) \therefore K I (\gamma, \beta)$	(IV. 58)
[3]	$L A (\alpha, \gamma), K A (\beta, \gamma) \therefore M I (\alpha, \beta)$	(I. 4) [2, 1]

Vergleiche *Analytica priora* I. 21, 40 a 11–15.

Darapti KLK:

$K A (\alpha, \gamma), L A (\beta, \gamma) \therefore K I (\alpha, \beta)$ **(IV. 120)**

Beweis:

[1]	$K A (\alpha, \gamma), L I (\gamma, \beta) \therefore K I (\alpha, \beta)$	*Darii KLK*
[2]	$L A (\beta, \gamma) \therefore L I (\gamma, \beta)$	(IV. 53)
[3]	$K A (\alpha, \gamma), L A (\beta, \gamma) \therefore K I (\alpha, \beta)$	(I. 4) [2, 1]

Vergleiche *Analytica priora* I. 21, 40 a 16–18.

Felapton KLK:

$KN I (\alpha, \gamma), L A (\beta, \gamma) \therefore KN A (\alpha, \beta)$ **(IV. 121)**

Beweis:

[1]	$KN I (\alpha, \gamma), L I (\gamma, \beta) \therefore KN A (\alpha, \beta)$	*Ferio KLK*
[2]	$L A (\beta, \gamma) \therefore L I (\gamma, \beta)$	(IV. 53)
[3]	$KN I (\alpha, \gamma), L A (\beta, \gamma) \therefore KN A (\alpha, \beta)$	(I. 4) [2, 1]

Vergleiche *Analytica priora* I. 21, 40 a 18–23.

Felapton LKX:

$LN I (\alpha, \gamma), K A (\beta, \gamma) \therefore N A (\alpha, \beta)$ **(IV. 122)**

Beweis:

[1]	$LN I (\alpha, \gamma), K I (\gamma, \beta) \therefore N A (\alpha, \beta)$	IV. 96)
[2]	$K A (\beta, \gamma) \therefore K I (\gamma, \beta)$	(IV. 58)
[3]	$LN I (\alpha, \gamma), K A (\beta, \gamma) \therefore N A (\alpha, \beta)$	(I. 4) [2, 1]

Vergleiche *Analytica priora* I. 21, 40 a 25–32.

Durch 'komplementäre Konversion' nach einer der Regeln (IV. 47) bis (IV. 50) lassen sich aus *Darapti LKM, Darapti KLK, Felapton KLK* und *Felapton LKX* weitere Modi ableiten.

Datisi LKM

$L A (\alpha, \gamma), K I (\beta, \gamma) \therefore M I (\alpha, \beta)$ **(IV. 123)**

Beweis:

[1] L A (α, γ), K I (γ, β) ∴ M I (α, β)   IV. 97)
[2] K I (β, γ) ∴ K I (γ, β)   (IV. 57)
[3] L A (α, γ), K I (β, γ) ∴ M I (α, β)   (I. 4) [2, 1, 3]

Vgl. *Analytica priora* I. 22, 40 a 40 – 40 b 2. Durch 'komplementäre Konversion' nach Regel (IV. 50) läßt sich aus *Datisi LKM* ein Modus der dritten Figur mit einer Kombination aus einer *L A*- und einer *KN A*-Prämisse ableiten.

Datisi KLK

K A (α, γ), L I (β, γ) ∴ K I (α, β)   **(IV. 124)**

Beweis:

[1] K A (α, γ), L I (γ, β) ∴ K I (α, β)   *Darii KLK*
[2] L I (β, γ) ∴ L I (γ, β)   (IV. 52)
[3] K A (α, γ), L I (β, γ) ∴ K I (α, β)   (I. 4) [2, 1]

Vergleiche *Analytica priora* I. 22, 40 a 40 – 40 b 2.

Disamis LKK

L I (α, γ), K A (β, γ) ∴ K I (α, β)   **(IV. 125)**

Beweis:

[1] K A (β, γ), L I (γ, α) ∴ K I (β, α)   *Darii KLK*
[2] L I (α, γ) ∴ L I (γ, α)   (IV. 52)
[3] K I (β, α) ∴ K I (α, β)   (IV. 57)
[4] L I (α, γ), K A (β, γ) ∴ K I (α, β)   (I. 4) [2, 1, 3]

Vergleiche *Analytica priora* I. 22, 40 a 40 – 40 b 2. Da eine Konversion in Zeile [3] nach Regel (IV. 57) möglich ist und es nicht nötig ist, den Prämissen in Zeile [1] modalprädikatenlogische Formeln zuzuordnen, braucht man nicht mit Nortmann anzunehmen, es sei für *Disamis* mit einem *L*-Obersatz und einem *K*-Untersatz nur eine schwächere *M*-Konklusion denkbar. (Siehe den Kommentar zur Stelle in Ebert & Nortmann *Aristoteles, Analytica priora, Buch I*, S 730-1.)

Durch 'komplementäre Konversion' nach Regel (IV. 48) und (IV. 49) lassen sich aus *Disamis LKK* Modi der dritten Figur mit einer *KN I*-Prämisse oder mit einer *KN A*-Konklusion ableiten.

Entsprechendes gilt für die Anwendung der 'komplementären Konversion' nach den Regeln (IV. 50) und (IV. 49) auf *Disamis KLK*. Vergleiche *Analytica priora* I. 22, 40 b 8–10.

Disamis KLK

$LI(\alpha, \gamma)$, $KA(\beta, \gamma) \therefore KI(\alpha, \beta)$ **(IV. 126)**

Beweis:

[1]	$KA(\beta, \gamma)$, $LI(\gamma, \alpha) \therefore KI(\beta, \alpha)$	Darii KLK
[2]	$LI(\alpha, \gamma) \therefore LI(\gamma, \alpha)$	(IV. 52)
[3]	$LI(\alpha, \gamma)$, $KA(\beta, \gamma) \therefore KI(\alpha, \beta)$	(I. 4) [2, 1]

Vergleiche *Analytica priora* I. 22, 40 a 40 – 40 b 2.

Ferison KLK

$KNI(\alpha, \gamma)$, $LI(\beta, \gamma) \therefore KNA(\alpha, \beta)$ **(IV. 127)**

Beweis:

[1]	$KNI(\alpha, \gamma)$, $LI(\gamma, \beta) \therefore KNA(\alpha, \beta)$	Ferio KLK
[2]	$LI(\beta, \gamma) \therefore LI(\gamma, \beta)$	(IV. 52)
[3]	$KNI(\alpha, \gamma)$, $LI(\beta, \gamma) \therefore KNA(\alpha, \beta)$	(I. 4) [2, 1]

Vergleiche *Analytica priora* I. 22, 40 b 2 f.

Ferison LKX

$LNI(\alpha, \gamma)$, $KI(\beta, \gamma) \therefore NA(\alpha, \beta)$ **(IV. 128)**

Beweis:

[1]	$LNI(\alpha, \gamma)$, $KI(\gamma, \beta) \therefore NA(\alpha, \beta)$	IV. 96)
[2]	$KI(\beta, \gamma) \therefore KI(\gamma, \beta)$	(IV. 57)
[3]	$LNI(\alpha, \gamma)$, $KI(\beta, \gamma) \therefore NA(\alpha, \beta)$	(I. 4) [2, 1]

Vergleiche *Analytica priora* I. 22, 40 b 3 f.

Bocardo KLM

$KNA(\alpha, \gamma)$, $LA(\beta, \gamma) \therefore MNA(\alpha, \beta)$ **(IV. 129)**

Beweis:

[1]	$LA(\beta, \gamma)$, $KI(\gamma, \alpha) \therefore MI(\beta, \alpha)$	Darii LKM
[2]	$KNA(\alpha, \gamma) \therefore KI(\alpha, \gamma)$	(IV. 50)
[3]	$KI(\alpha, \gamma) \therefore KI(\gamma, \alpha)$	(IV. 57)
[4]	$KNA(\alpha, \gamma) \therefore KI(\gamma, \alpha)$	(I. 4) [2, 3]
[5]	$MI(\beta, \alpha) \therefore MI(\alpha, \beta)$	(IV. 55)
[6]	$KNA(\alpha, \gamma)$, $LA(\beta, \gamma) \therefore MNA(\alpha, \beta)$	(I. 4) [4, 1, 5]

Vergleiche *Analytica priora* I. 22, 40 b 2 f.

Bocardo LKX

$LN\,A\,(\alpha, \gamma), K\,A\,(\beta, \gamma) \therefore N\,A\,(\alpha, \beta)$ (IV. 130)

Beweis:

[1] $A\,(\alpha, \beta), K\,A\,(\beta, \gamma) \therefore M\,A\,(\alpha, \gamma)$ IV. 90)
[2] $NM\,A\,(\alpha, \gamma), K\,A\,(\beta, \gamma) \therefore N\,A\,(\alpha, \beta)$ (I. 2) [1]
[3] $LN\,A\,(\alpha, \gamma) \therefore NM\,A\,(\alpha, \gamma)$ (IV. 4)
[4] $LN\,A\,(\alpha, \gamma), K\,A\,(\beta, \gamma) \therefore N\,A\,(\alpha, \beta)$ (I. 4) [2, 1, 3]

Vergleiche *Analytica priora* I. 22, 40 b 3–6. Aristoteles macht in *An. pr.* 1, 22, 40 b 8–10 darauf aufmerksam, daß sich durch 'komplementäre Konversion' nach einer der Regeln (IV. 47) bis (IV. 50) weitere, nichtkanonische Modi aus den bereits als gültig bewiesenen Modi ableiten lassen, wie z. B. der folgende Modus:

$L\,I\,(\alpha, \gamma), KN\,I\,(\beta, \gamma) \therefore K\,I\,(\alpha, \beta)$ (IV. 131)

Beweis:

[1] $L\,I\,(\alpha, \gamma), K\,A\,(\beta, \gamma) \therefore K\,I\,(\alpha, \beta)$ IV. 126)
[2] $KN\,I\,(\beta, \gamma) \therefore K\,A\,(\beta, \gamma)$ (IV. 48)
[3] $L\,I\,(\alpha, \gamma), KN\,I\,(\beta, \gamma) \therefore K\,I\,(\alpha, \beta)$ (I. 4) [2, 1]

III. Abschließende Bemerkungen zur Modalsyllogistik.

Die in diesem Abschnitt durchgeführte Rekonstruktion von Beweisen der Gültigkeit aristotelischer Modalsyllogismen sowie der Ungültigkeit einzelner von Aristoteles für ungültig gehaltener modallogischer Schlußweisen zeigt, daß die aristotelische Modalsyllogistik ein einheitliches und in sich kohärentes und konsistentes Regelsystem ist. Ich habe mich bei dieser Rekonstruktion, ganz ähnlich wie Ulrich Nortmann, von der „interessanten und einer wohletablierten Forschungstradition entsprechenden Frage" leiten lassen, „wie weit man den modalsyllogistischen Kapiteln insgesamt mit einheitlichen Darstellungen der relevanten Aussagetypen gerecht werden kann."[302] Als hilfreich erwies sich die von Nortmann aufgestellte Interpretationsmaxime, zwar einerseits die Hypothese zuzulassen, „Aristoteles könnten hier und da logische Fehler unterlaufen sein", aber andererseits gelten zu lassen, daß „jede Interpretation der modalen Syllogistik zum Ziel haben" muß, „Aristoteles weder allzu viele Fehler zu unterstel-

---

[302] Ebert & Nortmann, *Aristoteles, Analytica priora, Buch I*, S. 451.

§ 63. III. Abschließende Bemerkungen

len noch ihn mit allzu trivialen Fehlern zu belasten."[303] „Man wird", so hat Nortmann zu bedenken gegeben, „kaum etwas anderes erwarten, als daß sich zu jeder Gültigkeitsbehauptung des Aristoteles, auf die man im modalen Teil seiner Syllogistik stößt, irgendeine modalprädikatenlogische Darstellung der jeweils thematisierten syllogistischen Aussagen finden läßt, welche die Behauptung verifikationsfähig werden läßt – so daß sich mit einer entsprechenden Variation der Darstellungen die Anzahl der bei Aristoteles etwa diagnostizierten Fehler leicht minimieren läßt."[304] Ein solches Unternehmen, möglichst viele Teile der aristotelischen Modalsyllogistik auf Kosten ihrer Kohärenz und systematischen Einheit zu retten, schien mir (ähnlich wie Nortmann) ein weniger interessantes und produktives Unternehmen zu sein als der Versuch, einen einzigen und möglichst einfachen Interpretationsansatz bei der Rekonstruktion dieses Systems von vorne bis hinten durchzuhalten.

Mir scheint ein solcher Versuch mit dem von mir gewählten Interpretationsansatz im vorliegenden Abschnitt erfolgreich ausgeführt zu sein, auch wenn ich einräume, daß in manchen Einzelheiten genauere Textanalysen nötig wären, um zu verifizieren, daß dieser Ansatz mit den Grundannahmen und den Argumentationsschritten des Aristoteles nirgendwo in Konflikt gerät. Dies ist eine Aufgabe, denen nach meiner Meinung künftige Untersuchungen gewidmet werden sollten. Es könnte sich bei der Lösung dieser Aufgabe herausstellen, daß hier und da Modifikationen meines Interpretationsansatzes erforderlich sind. Jedoch scheint mir der Umstand, daß meine in § 59 formulierten Annahmen bezüglich der Bedeutung der von Aristoteles angenommenen logischen Konstanten und die diesen Annahmen entsprechenden Grundregeln des § 60 sich darin bewährt haben, daß auf ihrer Grundlage die durchgängige Schlüssigkeit der Beweise in unterschiedlichen Teilen des modallogischen Systems des Aristoteles nachweisbar ist, dafür zu sprechen, daß diese Annahmen im Wesentlichen mit den Grundannahmen des Aristoteles übereinstimmen. Die Definitionen des § 59 mögen zwar in manchen Einzelheiten andere sein als die Definitionen, die Aristoteles ausdrücklich erwähnt und von denen anzunehmen ist, daß er sie seinen Beweisen für vollkommene Syllogismen zugrunde gelegt hat. Ihrer Form nach sind sie mit Sicherheit andere. Aber ihrem Inhalt nach dürften sie weitgehend mit aristotelischen Definitionen übereinstimmen. Achtet man auf den genauen Inhalt dieser Definitionen, so dürfte sich zeigen, daß die mit ihnen festgelegten Bedeu-

---

[303] Ebenda S. 277.
[304] Ebenda S. 451.

tungen logischer Konstanten einem natürlichen und alltäglichen Gebrauch von Ausdrücken des modalsyllogistischen Vokabulars mindestens nahekommen.

Die vorliegende Rekonstruktion zeigt auf diese Weise auch, daß das Unternehmen, Regeln der aristotelischen Syllogistik in einer Sprache wiederzugeben, die ich im Ersten Teil dieses Buches als elementare Sprache der Syllogistik bezeichnet habe, den Versuchen einer Übersetzung dieser Regeln in die mit modallogischem Vokabular angereicherte Sprache des Funktionenkalküls (d. h. der klassischen Prädikatenlogik) deutlich überlegen ist. Bis jetzt hat, soviel ich weiß, niemand zeigen können, daß eine modalprädikatenlogische Interpretation der aristotelischen Modalsyllogistik als eines einheitlichen, kohärenten, konsistenten und auf genauen und lückenlosen Beweisen beruhenden Regelsystems möglich ist. Dagegen ist es, wie sich gezeigt hat, durchaus möglich, die aristotelische Modalsyllogistik als ein mit solchen Qualitäten ausgestattetes System darzustellen, wenn es in einer Notationsweise geschieht, die die Sprache der elementaren Syllogistik ist.

Auf diese Weise hat sich schließlich, nimmt man die Ergebnisse der ersten drei Abschnitte von Teil II dieses Buches mit hinzu, auch gezeigt, daß es möglich ist, die *ganze* aristotelische Syllogistik als einheitliches, kohärentes, konsistentes und auf einwandfreien Beweisen beruhendes System darzustellen. In dieser Darstellung ist die Logik des Aristoteles als eine dauerhafte wissenschaftliche Leistung zu erkennen, von der Hegel mit Recht gesagt hat, daß sie „uns mit der höchsten Bewunderung für die Stärke dieses Geistes erfüllen muß" (G. W. F. Hegel, *Wissenschaft der Logik* (1816), *GW* 12, 28. 21 – 22). Diese Leistung betrifft aus heutiger Sicht zwar nur ein verhältnismäßig kleines Gebiet der Logik im Ganzen. Da es aber unzutreffend wäre, die aristotelische Syllogistik mit Günther Patzig nur als „die Theorie eines speziellen Gebiets der zweistelligen Relationenlogik" anzusehen, die als „spezielle Theorie" nicht „allgemein" sein könne,[305] es vielmehr zutreffend ist zu sagen, daß ihre Regeln wegen ihrer Allgemeingültigkeit für die Logik insgesamt grundlegend sind, kann man Aristoteles mit größerem Recht als irgendeinen anderen Logiker als den Begründer der *allgemeinen* Logik ansehen. Daß dies so ist, wird sich im Folgenden noch deutlicher zeigen.

---

[305] Günther Patzig, *Die aristotelische Syllogistik*, 1969, S. 198.

FÜNFTER ABSCHNITT
INHALTLICHES SYLLOGISTISCHES SCHLIESSEN

Inhaltliches syllogistisches Schließen besteht einfach darin, daß an die Stelle von Satz- und Begriffsvariablen in syllogistischen Schluß- und Folgerungsschemata inhaltlich bestimmte Sätze bzw. Begriffsausdrücke treten, d. h. Sätze wie ›Sokrates ist sterblich‹ oder Begriffsausdrücke wie ›sterblich‹ und ›Mensch‹. Im vorliegenden Abschnitt werde ich inhaltliches syllogistisches Schließen allerdings nur insoweit in Betracht ziehen, als darin inhaltlich bestimmte Begriffsausdrücke vorkommen, die implizit auch im Funktionenkalkül auftreten und darin eine grundlegende Rolle spielen. Dieser Abschnitt hat insofern nur vorbereitenden Charakter im Hinblick auf den sechsten und siebten Abschnitt. Er zeigt, daß die Sprache des Funktionenkalküls von der Sprache der Syllogistik sich hauptsächlich dadurch unterscheidet, daß sie komplexe Begriffsinhalte und logisch relevante Strukturen solcher Inhalte mitberücksichtigt. Dieser Abschnitt zeigt auch, daß diese Berücksichtigung eine sprachliche Umformung der logischen Regeln der Syllogistik nach sich zieht, ohne daß sich an der Gültigkeit dieser Regeln etwas ändert. Er zeigt schließlich, daß, entgegen einer verbreiteten Meinung, die Syllogistik durchaus in der Lage ist, die logische Gültigkeit von Schlüssen zu erklären, die scheinbar keine anderen Regeln befolgen als solche, die dem Funktionenkalkül eigentümlich sind.

§ 64. *Notation*

Um einige konkrete begriffliche Inhalte darstellen zu können, die in Prämissen und Konklusionen syllogistischer Schlüsse vorkommen mögen, werde ich Begriffsvariable teils durch bestimmte Begriffskonstanten teils durch bestimmte Konstellationen logischer und deskriptiver Zeichen der folgenden Art ersetzen.

(1) Als logische Zeichen verwende ich dabei:

  (*a*) die drei Quantorenpräfixe ›($\forall x_i$) ...‹ (als Präfix des Allquantors), ›($\exists x_i$) ...‹ (als Präfix des Existenzquantors) und ›(∇x_i) ...‹ (als Quantorenpräfix eines singulären Satzes) (jeweils mit $i \geq 1$),

  (*b*) das Prädikatorenpräfix ›($'x_i$) ...‹ (mit $i \geq 1$).

(2) Als deskriptive Zeichen verwende ich:

  (*a*) Individuenkonstanten ›a_1‹, ›a_2‹, ›a_3‹ usw.;

(b) Funktionsausdrücke

›$F_1(x_1)$‹, ›$F_2(x_1)$‹, ›$F_3(x_1)$‹, usw.,
›$F_1(x_1, x_2)$‹, ›$F_2(x_1, x_2)$‹, ›$F_3(x_1, x_2)$‹, usw.,
⋮
›$F_1(x_1, ..., x_n)$‹, ›$F_2(x_1, ..., x_n)$‹, ›$F_3(x_1, ..., x_n)$‹, (mit $n > 2$) usw.;

darin können die verschiedenen Argumentstellen (an denen die Individuenvariablen ›x_1‹, ›x_2‹, ..., ›x_n‹ auftreten) alle oder teilweise durch Individuenkonstanten besetzt werden; sie können auch, alle oder teilweise, durch ein und dieselbe Individuenkonstante oder ein und dieselbe Individuenvariable besetzt werden;

(c) Begriffskonstanten ›ξ_1‹, ›ξ_2‹, ›ξ_3‹ usw. und ›ζ_1‹, ›ζ_2‹, ›ζ_3‹ usw.

(3) Metasprachliche Bezeichnungen:

(a) Als Stellvertreter für eine Individuenvariable ›x_1‹ oder ›x_2‹ oder ›x_3‹ usw. verwende ich den kursiven Kleinbuchstaben ›v‹.

(b) Als Stellvertreter für eine Individuenkonstante ›a_1‹ oder ›a_2‹ oder ›a_3‹ usw. verwende ich den kursiven Kleinbuchstaben ›t‹.

(c) Als Stellvertreter für einen beliebigen (und beliebig komplexen) Funktionsausdruck, der aber nur eine einzige frei vorkommende Individuenvariable ›v‹ enthält, verwende ich einen der Ausdrücke ›A (v)‹, ›B (v)‹, ›C (v)‹ usw.

(d) Als Stellvertreter für eine Begriffskonstante ›ξ_1‹ oder ›ξ_2‹ oder ›ξ_3‹ usw. verwende ich ›ξ‹ (ohne Indexziffer) und demgemäß für eine Begriffskonstante ›ζ_1‹ oder ›ζ_2‹ oder ›ζ_3‹ usw. ›ζ‹ (ohne Indexziffer).

(4) Abkürzungen:

(a) ›F_1‹, ›F_2‹ und ›F_3‹ dürfen durch ›F‹, ›G‹ und ›K‹, ›x_1‹, ›x_2‹, ›x_3‹ durch ›x‹, ›y‹ und ›z‹ und schließlich ›a_1‹, ›a_2‹ und ›a_3‹ durch ›a‹, ›b‹ und ›c‹ abgekürzt werden.

(b) ›$\underset{\sim}{A}(('v) A(v), \zeta)$‹ werde abgekürzt durch ›[A (t)]‹,
›$A(('v) A(v), \xi)$‹ durch ›$(\forall v) A(v)$‹,
›$I(('v) A(v), \xi)$‹ durch ›$(\exists v) A(v)$‹ und schließlich
›$\underset{\sim}{A}(('v) A(v), \xi)$‹ durch ›$(\nabla v) A(v)$‹.

Besondere Beachtung verdienen die eckigen Klammern in ›[A (t)]‹, die nicht ohne weiteres beiseitegelassen werden dürfen. Ist nämlich A gleich N B, so wird mit ›[A (t)]‹ der Ausdruck ›$\underset{\sim}{A}(('v) N B(v), \zeta)$‹ abgekürzt, der wohlgemerkt nicht gleichbedeutend ist mit ›$N \underset{\sim}{A}(('v) B(v), \zeta)$‹. Gleichbedeutend sind daher auch nicht ›[N B (t)]‹ und ›N [B (t)]‹. Nur wenn beweisbar ist, daß zwei Formeln, die sich ausschließlich durch den Auftritt von jeweils einem dieser beiden Ausdrücke unterscheiden, gleichermaßen gültige Regeln wiedergeben, dürfen die eckigen Klammern weggelassen werden.

§ 65. *Erläuterungen zur Notation*

Mit den Zeichen und Zeichenverbindungen, die ich in § 64 eingeführt habe und die ich im Folgenden genauer erläutern möchte, wurden Ausdrücke eingeführt, die Begriffswörter oder Bestandteile bestimmter Begriffsausdrücke vertreten. Zu solchen Bestandteilen zähle ich auch die Ausdrücke, die in modernen Logikbüchern Quantoren genannt werden. Es handelt sich bei ihnen um Abkürzungen für Ausdrücke, die in kategorischen Sätzen die Stelle des *grammatischen* Subjekts einnehmen, aber auch in Begriffswörtern als Bestandteile auftreten können.

1. Die Begriffskonstante ξ ist Abkürzung für den speziellen Begriffsausdruck ›Gegenstand, der ein Mitglied des nicht-leeren Bereichs der mit ›v‹ bezeichneten Gegenstände ist‹. Diese Konstante kann in einem syllogistischen Ausdruck die Stelle einer Begriffsvariable einnehmen.

2. Die Begriffskonstante ζ ist Abkürzung für den speziellen Begriffsausdruck ›Träger des Eigennamens t‹. Auch diese Konstante kann in einem syllogistischen Ausdruck die Stelle einer Begriffsvariable einnehmen.

3. Der Prädikator ($'v$) tritt immer nur als Präfix auf, und zwar in Verbindung mit einem Funktionsausdruck, der für sich genommen eine frei vorkommende Individuenvariable v enthält. Dieses Präfix verwandelt einen offenen Satz der Form A (v) in einen Begriffsausdruck, so daß ›($'v$) A (v)‹ gleichbedeutend ist mit dem Begriffsausdruck ›Gegenstand, der in A (v) mit ›v‹ bezeichnet wird und für den gilt: A (v)‹.

4. Der Allquantor ($\forall v$) tritt immer nur als Präfix auf, und zwar in Verbindung mit einem Funktionsausdruck, der für sich genommen eine frei vorkommende Individuenvariable v enthält. Dieses Präfix verwandelt einen offenen Satz der Form A (v) in einen universell bejahenden kategorischen Satz, so daß ›($\forall v$) A (v)‹ gleichbedeutend ist mit dem syllogistischen Ausdruck $A (('v) A (v), \xi)$.

5. Der Existenzquantor ($\exists v$) tritt immer nur als Präfix auf, und zwar in Verbindung mit einem Funktionsausdruck, der für sich genommen eine frei vorkommende Individuenvariable v enthält. Dieses Präfix verwandelt einen offenen Satz der Form A (v) in einen partikulär bejahenden kategori-

schen Satz, so daß ›(∃ v) A (v)‹ gleichbedeutend ist mit dem syllogistischen Ausdruck $I\,(('v)\,A\,(v),\,\xi)$.

6. Der Quantor (∇ v) tritt immer nur als Präfix auf, und zwar in Verbindung mit einem Funktionsausdruck, der für sich genommen eine frei vorkommende Individuenvariable v enthält. Dieses Präfix verwandelt einen offenen Satz der Form A (v) in einen singulär bejahenden kategorischen Satz, so daß ›(∇ v) A (v)‹ gleichbedeutend ist mit dem Ausdruck syllogistischen $\underset{\cdot}{A}\,(('v)\,A\,(v),\,\xi)$.

Anmerkung: Das Verhältnis zwischen einem offenen Satz A (v) und einem der Ausdrücke, die diesen Satz in einen geschlossenen Satz verwandeln, d. h. das Verhältnis zwischen A (v) und einem der Ausdrücke t, (∀ v), (∃ v) und (∇ v) entspricht dem Verhältnis, das zwischen dem *grammatischen* Prädikat und einem *grammatischen* Subjekt eines kategorischen Satzes besteht. Das grammatische Subjekt ist nämlich derjenige Satzteil, der angibt oder benennt, wovon ein kategorischer Satz handelt. Das grammatische Prädikat dagegen ist derjenige Satzteil, der enthält, was der kategorische Satz von dem, wovon er handelt, aussagt (vgl. § 27). So wird mit t, (∀ v), (∃ v) oder (∇ v) benannt oder angegeben, wovon ein bestimmter kategorischer Satz handelt, nämlich der Reihe nach: das in Rede stehende Individuum t, jedes Individuum v, irgendein Individuum v oder das gerade in Rede stehende Individuum v. A (v) dagegen enthält genau dasjenige, was von diesen Aussagegegenständen kategorisch ausgesagt wird, nämlich: daß A (v). (›A (v)‹ bedeutet hier dasselbe wie ›v ist ein A‹, wobei ›v‹ nur eine Leerstelle bezeichnet.)

Man kann daher das Präfix ('v) als einen Operator auffassen, der ein grammatisches Prädikat A (v) in ein logisches Prädikat, d. h. in einen Begriffsausdruck (einen sog. Terminus), verwandelt. ›('x) A x‹, ›('y) B (y)‹ usw. sind nämlich als Ausdrücke anzusehen, die in derselben Weise wie ›α‹, ›β‹ usw. in der Lage sind, Begriffsausdrücke eines *beliebigen* Inhalts zu vertreten. Sie erfüllen mit anderen Worten dieselbe Aufgabe wie Begriffsvariable. Im Unterschied zu ihnen vertreten ›('x) F (x)‹, ›('y) G (y)‹ usw. immer nur Begriffsausdrücke eines speziellen Inhalts. Diese Ausdrücke deuten nämlich an, daß sie ausschließlich *einstelligen* (monadischen) Funktionsausdrücken ›F (x)‹, ›G (y)‹ usw. entsprechen.

Frege hat geahnt, daß Funktionen etwas mit Begriffen und Gegenstände etwas mit Funktionsargumenten zu tun haben. Da er grammatische Prädikate mit logischen Prädikaten und grammatische Subjekte mit logischen Subjekten verwechselte, hat er allerdings irrtümlicherweise gemeint, er dürfe Begriffe mit Funktionen gleichsetzen und ›F (a)‹ bringe kein Verhältnis zwischen Begriffen zum Ausdruck, sondern stehe für eine „logische Grundbeziehung" (siehe oben §§ 25-8 und §§ 32-35).

§ 66. Beispiele inhaltlichen syllogistischen Schließens

Die in § 65 erläuterte Zeichensprache kann unmittelbar so verwendet werden, daß mit ihrer Hilfe konkrete inhaltliche Schlüsse (nicht nur Schlußweisen oder Schlußregeln) dargestellt werden. Es versteht sich von selbst, daß alle gültigen Regeln und Schlußweisen in den §§ 53 – 63 gültig bleiben, wenn Begriffsausdrücke der Form $('v)\ \Phi\ (v)$ mit beliebiger Interpretation für Φ eine Begriffsvariable (α oder β oder ...) an allen Stellen ihres Vorkommens ersetzen. Es gibt nun aber auch ein inhaltliches Schließen, dessen Gültigkeit zwar auf den allgemeingültigen syllogistischen Grundregeln beruht, aber nicht aus diesen wie bisher ableitbar ist. Zur Illustration betrachten wir folgenden Schluß.

Beispiel:
> *Alle Kreise sind Figuren.*
> *Also: Wenn jemand etwas zeichnet, das keine Figur ist, dann zeichnet jemand etwas, das kein Kreis ist.*

Symbolisch kann man diesen Schluß in der Weise darstellen, daß man ausschließlich von syllogistischen Formeln Gebrauch macht, aber dabei eine Notationsweise verwendet, wie sie in § 65 erläutert wurde.

Zu diesem Zweck kann man zur Übersetzung der Termini ›Kreis‹ und ›Figur‹ folgende Konventionen einführen. Das Funktionszeichen ›$K(x_1)$‹ sei Abkürzung für den offenen Satz (oder das grammatische Prädikat) '... ist ein Kreis'. Dann steht die Formel ›$('x_1)\ K(x_1)$‹ für den speziellen Terminus ›Kreis‹. In genau entsprechender Weise diene ›$F(x_1)$‹ zur Abkürzung für das grammatische Prädikat ›... ist eine Figur‹, so daß ›$('x_1)\ F(x_1)$‹ den speziellen Terminus ›Figur‹ vertritt. Die Prämisse des obigen Schlusses: ›Alle Kreise sind Figuren‹ dürfen wir aufgrund dieser beiden Festsetzungen durch die Formel

›$A\ (('x_1)\ F(x_1),\ ('x_1)\ K(x_1))$‹

wiedergeben. Außerdem dürfen wir den Satz ›der in Rede stehende Gegenstand ist ein Kreis‹ wiedergeben durch die Formel

›$\underline{A}\ (('x_1)\ K(x_1),\ \xi_1)$‹,

und in entsprechender Weise den Satz ›wenn etwas ein Kreis ist, so ist es eine Figur‹ durch die Formel

314   II. 5. *Inhaltliches syllogistisches Schließen*

›H (I (('x₁) K (x₁), ξ₁), A (('x₁) F (x₁), ξ₁)‹.

Nun sei das Funktionszeichen ›G (x₂, x₁)‹ Abkürzung für ›x₂ zeichnet x₁‹. Der Ausdruck ›('x₂) (∃ x₁) G (x₂, x₁)‹ ist dementsprechend gleichbedeutend mit dem Terminus ›Zeichner von etwas‹, wobei mit ›etwas‹ ein Mitglied des Individuenbereichs gemeint ist, von dem an den x₂-Stellen der im vorliegenden Kontext auftretenden Funktionszeichen die Rede ist. Aufgrund dieser weiteren Festsetzung dürfen wir für ›jemand zeichnet einen Gegenstand‹ schreiben:

›I (('x₂) (∃ x₁) G (x₂, x₁), ξ₂))‹.

Der Satz ›Wenn jemand etwas zeichnet, so ist dies keine Figur‹ kann dann durch die Formel

›H (I (('x₂) (∃ x₁) G (x₂, x₁), ξ₂), N A (('x₁) F (x₁), ξ₁))‹

ausgedrückt werden, so daß der Satz ›Wenn jemand etwas zeichnet, das keine Figur ist, so zeichnet jemand etwas, das kein Kreis ist‹ die folgende Gestalt annimmt:

H (H (I (('x₂) (∃ x₁) G (x₂, x₁), ξ₂), N A (('x₁) F (x₁), ξ₁)),
H (A (('x₂) (∃ x₁) G (x₂, x₁), ξ₂), N A (('x₁) K (x₁), ξ₁))).

Demnach hat der Schluß, den wir oben in Worten ausgedrückt haben, die Form:

A (('x₁) F (x₁), ('x₁) K (x₁))
∴ H (H (I (('x₂) (∃ x₁) G (x₂, x₁), ξ₂), N A (('x₁) F (x₁), ξ₁)),
H (A (('x₂) (∃ x₁) G (x₂, x₁), ξ₂), N A (('x₁) K (x₁), ξ₁))).

Der folgende Beweis zeigt, daß ausschließlich syllogistische Regeln herangezogen zu werden brauchen, um die Gültigkeit dieses Schlusses einsichtig zu machen.

Beweis:

[1] A (('x₁) F (x₁), ('x₁) K (x₁))
∴ H (I (('x₁) K (x₁), ξ₁), A (('x₁) F (x₁), ξ₁))   (III. 1)
[2] A (('x₁) F (x₁), ('x₁) K (x₁)), I (('x₁) K (x₁), ξ₁)   (II. 5) [1]
∴ A (('x₁) F (x₁), ξ₁)
[3] A (('x₁) K (x₁), ξ₁) ∴ I (('x₁) K (x₁), ξ₁)   (III. 7)
[4] A (('x₁) F (x₁), ('x₁) K (x₁)), A (('x₁) K (x₁), ξ₁)
∴ A (('x₁) F (x₁), ξ₁)   (I. 4) [2, 3]
[5] A (('x₁) F (x₁), ('x₁) K (x₁)), N A (('x₁) F (x₁), ξ₁)
∴ N A (('x₁) K (x₁), ξ₁))   (I. 2) [4]
[6] A (('x₁) F (x₁), ('x₁) K (x₁))
∴ H (N A (('x₁) F (x₁), ξ₁), N A (('x₁) K (x₁), ξ₁))   (II. 1) [5]

§ 66. Beispiele inhaltlichen syllogistischen Schließens 315

[7] $H(I(('x_2)(\exists x_1) G(x_2, x_1), \xi_2), N\,A(('x_1) F(x_1), \xi_1))$,
    $H(N\,A(('x_1) F(x_1), \xi_1), N\,A(('x_1) K(x_1), \xi_1))$
    $\therefore H(I(('x_2)(\exists x_1) G(x_2, x_1), \xi_2), N\,A(('x_1) K(x_1), \xi_1))$ (II. 13)

[8] $A(('x_1) F(x_1), ('x_1) K(x_1))$,
    $H(I(('x_2)(\exists x_1) G(x_2, x_1), \xi_2), N\,A(('x_1) F(x_1), \xi_1))$
    $\therefore H(I(('x_2)(\exists x_1) G(x_2, x_1), \xi_2), N\,A(('x_1) K(x_1), \xi_1))$ (I. 4) [6, 7]

[9] $A(('x_1) F(x_1), ('x_1) K(x_1)) \therefore$
    $H((H(I(('x_2)(\exists x_1) G(x_2, x_1), \xi_2), N\,A(('x_1) F(x_1), \xi_1))$,   (II. 1) [8]
    $H(I(('x_2)(\exists x_1) G(x_2, x_1), \xi_2), N\,A(('x_1) K(x_1), \xi_1)))$

Zweites Beispiel:

> *Alle Kreise sind Figuren.*
>
> *Also: Wenn, falls etwas eine Figur ist, a sie nicht gezeichnet hat, dann hat, falls etwas ein Kreis ist, a ihn nicht gezeichnet.*

Symbolisch:

    $A(('x) F(x), ('x) K(x))$
    $\therefore H(H(I(('x) F(x), \xi_1), N\,A(('x) G(a, x), \xi_1))$,
    $H(I(('x) K(x), \xi_1), N\,A(('x) G(a, x), \xi_1)))$.

Beweis:

[1] $H(I(('x) K(x), \xi_1), I(('x) F(x), \xi_1))$,
    $H(I(('x) F(x), \xi_1), N\,A(('x) G(a, x), \xi_1))$
    $\therefore H(I(('x) K(x), \xi_1), N\,A(('x) G(a, x), \xi_1))$ (II. 13)

[2] $H(I(('x) K(x), \xi_1), I(('x) F(x), \xi_1))$
    $\therefore H(H(I(('x) F(x), \xi_1), N\,A(('x) G(a, x), \xi_1))$,
    $H(I(('x) K(x), \xi_1), N\,A(('x) G(a, x), \xi_1)))$ (II. 1) [1]

[3] $A(('x) F(x), ('x) K(x))$
    $\therefore H(I(('x) K(x), \xi_1), A(('x) F(x), \xi_1))$ (III. 1)

[4] $H(I(('x) K(x), \xi_1), A(('x) F(x), \xi_1))$,
    $H(A(('x) F(x), \xi_1), I(('x) F(x), \xi_1))$
    $\therefore H(I(('x) K(x), \xi_1), I(('x) F(x), \xi_1))$ (II. 13)

[5] $A(('x) F(x), \xi_1) \therefore I(('x) F(x), \xi_1))$ (III. 7)

[6] $* \therefore H(A(('x) F(x), \xi_1), I(('x) F(x), \xi_1))$ (II. 30) [5]

[7] $*, H(I(('x) K(x), \xi_1), A(('x) F(x), \xi_1))$
    $\therefore H(I(('x) K(x), \xi_1), I(('x) F(x), \xi_1))$ (I. 4) [6, 4]

[8] $A(('x) F(x), ('x) K(x))$
    $\therefore H(I(('x) K(x), \xi_1), I(('x) F(x), \xi_1))$ (I. 4) [3, 7]

[9] $A(('x) F(x), ('x) K(x)) \therefore$
    $H(H(I(('x) F(x), \xi_1), N\,A(('x) G(a, x), \xi_1))$,
    $H(I(('x) K(x), \xi_1), N\,A(('x) G(a, x), \xi_1)))$ (I. 4) [8, 2]

Wie das soeben diskutierte Beispiel zeigt, ist es keineswegs schon der bloße Gebrauch von Funktionszeichen, der zu einer die Grenzen der Syllogistik sprengenden Erweiterung des Bereichs der deduktiven Logik führen würde. Wie sich weiter unten, und zwar im Anschluß an § 72, zeigen wird, überschreitet man diese Grenzen erst dann, wenn wir unsere bisherige Praxis aufgeben, nur solche Regeln gelten zu lassen, die allein aufgrund von Definitionen gültig sind.

§ 67. *Abkürzungsregeln*

Wenn man die in den §§ 64 und 65 vorgeschlagenen Konventionen voraussetzt, kann man syllogistische Ausdrücke gemäß den folgenden Regeln so umformen, daß unter den benötigten deskriptiven Zeichen sowohl Begriffsvariablen als auch Begriffskonstanten überflüssig werden und die Zeichen für Begriffsrelationen als logische Konstanten entbehrlich werden:

1. Abkürzung einer Formel für einen singulären kategorischen Satz:

$$A\left(({'v})\,A\,(v),\,\zeta\right) \succ\!\!\prec [A\,(t)] \qquad\qquad (V.\,1)$$

2. Abkürzung einer Formel für einen universellen kategorischen Satz:

$$A\left(({'v})\,A\,(v),\,\xi\right) \succ\!\!\prec (\forall\,v)\,A\,(v) \qquad\qquad (V.\,2)$$

3. Abkürzung einer Formel für einen partikulären kategorischen Satz:

$$I\left(({'v})\,A\,(v),\,\xi\right) \succ\!\!\prec (\exists\,v)\,A\,(v) \qquad\qquad (V.\,3)$$

4. Abkürzung einer Formel für einen singulären kategorischen Satz:

$$A\left(({'v})\,A\,(v),\,\xi\right) \succ\!\!\prec (\nabla\,v)\,A\,(v) \qquad\qquad (V.\,4)$$

Die Gültigkeit dieser acht Regeln folgt unmittelbar aus den in § 65 gegebenen Erläuterungen der in § 64 eingeführten Notationsweise. Da nach diesen Erläuterungen Quantoren eigentlich keine logischen Konstanten, sondern nur Zeichen zur Abkürzung syllogistischer Ausdrücke einer bestimmten Quantität sind, sind diese Regeln nicht als Prinzipien, sondern als Transformationsregeln anzusehen, die lediglich der Abkürzung syllogistischer Ausdrücke für bestimmte kategorische Sätze mit komplexen Prädikatausdrücken dienen.

§ 68. Beispiele inhaltlichen syllogistischen Schließens (Fortsetzung)

Wie wir in § 66 gesehen haben, ist die Gültigkeit des Schlusses

> *Alle Kreise sind Figuren;*
> *also: Wenn jemand etwas gezeichnet hat, das keine Figur ist, dann hat jemand etwas gezeichnet, das kein Kreis ist.*

nach syllogistischen Regeln beweisbar, wenn man ihn in der folgenden Gestalt darstellt:

$A\,(('x_1)\,F(x_1),\,('x_1)\,K(x_1))$
$\therefore H\,(H\,(I\,(('x_1)\,(\exists x_2)\,G(x_2, x_1),\,\xi_1),\,N\,\underset{\sim}{A}\,(('x_1)\,F(x_1),\,\xi_1)),$
$H\,(\underset{\sim}{A}\,(('x_1)\,(\exists x_2)\,G(x_2, x_1),\,\xi_1),\,N\,\underset{\sim}{A}\,(('x_1)\,K(x_1),\,\xi_1)))$.

Nach den in § 67 aufgezählten Transformationsregeln kann die Konklusion dieses Schlusses jetzt umgeformt und abgekürzt werden, und zwar so, daß alle in ihr auftretenden Begriffsvariablen, Begriffskonstanten und Ausdrücke für Begriffsrelationen verschwinden. Für den Ausdruck ›$I\,(('x_1)\,(\exists x_2)\,G(x_2, x_1),\,\xi_1)$‹ dürfen wir ›$(\exists x)\,(\exists y)\,G(y, x)$‹ substituieren. Für ›$\underset{\sim}{A}\,(('x_1)\,K(x_1),\,\xi_1)$‹ und ›$\underset{\sim}{A}\,(('x_1)\,F(x_1),\,\xi_1)$‹ können wir die Ausdrücke ›$(\nabla x)\,K(x)$‹ und ›$(\nabla x)\,F(x)$‹ einsetzen. Wir erhalten dann:

›$H\,(H\,((\exists x)\,(\exists y)\,G(y, x),\,N\,(\nabla x)\,F(x)),$
$H\,((\exists x)\,(\exists y)\,G(y, x),\,N\,(\nabla x)\,K(x))$‹.

Zu dieser Formel gelangt man auch dann, wenn man die Regeln (V. 3) und (V. 4) auf die letzte Zeile der Ableitung von § 66 anwendet.

In ganz entsprechender Weise kann man jetzt auch den Schluß

> *Alle Kreise sind Figuren;*
> *also: Wenn, falls etwas eine Figur ist, a sie nicht gezeichnet hat, dann hat, falls etwas ein Kreis ist, a ihn nicht gezeichnet.*

darstellen, indem man schreibt:

$A\,(('x)\,F(x),\,('x)\,K(x))$
$\therefore H\,(H\,((\exists x)\,F(x),\,N\,(\nabla x)\,G(a, x)),$
$H\,((\exists x)\,K(x),\,N\,(\nabla x)\,G(a, x)))$.

Falls man auch noch den Gebrauch der Zeichen ›$(\nabla x)\,...$‹ und ›$('x)\,...$‹ vermeiden will, so muß man, was die hier in Betracht gezogenen Schluß-Beispiele angeht, sowohl die logische Form der Prämissen als auch die logische Form der Konklusionen abwandeln. Dies kann etwa in der Weise geschehen, daß erstens die kategorische Form, wie sie in den Prämissen auftritt, zu einer hypothetischen Form abgeschwächt wird und zweitens die gebundenen Variablen, wie sie in den Konklusionen auftreten, an allen Stellen durch dieselbe Individuenkonstante ersetzt werden. Der zuletzt in Betracht gezogene Schluß geht auf diese Weise über in den Schluß:

> *Wenn etwas ein Kreis ist, so ist es eine Figur;*
> *also: Wenn a, falls b eine Figur ist, b nicht gezeichnet hat, dann hat a, falls b ein Kreis ist, b nicht gezeichnet.*

oder in den Schluß:

> *Wenn b ein Kreis ist, so ist b eine Figur;*
> *also: Wenn a, falls b eine Figur ist, b nicht gezeichnet hat, dann hat a, falls b ein Kreis ist, b nicht gezeichnet.*

Auch ein Schluß dieser Form kann mit der syllogistischen Ableitungsmethode bewiesen werden. Er hat die symbolische Form:

$$H\,([K\,(b)],\,[F\,(b)])$$
$$\therefore H\,(H\,([F\,(b)],\,N\,[G\,(a,\,b)],\,H\,([K\,(b)],\,N\,[G\,(a,\,b)])).$$

Seine Gültigkeit kann wie folgt bewiesen werden:

Beweis:
[1] $H\,(A\,((\prime x)\,K\,(x),\,\zeta_2),\,A\,((\prime x)\,F\,(x),\,\zeta_2))$,
      $H\,(A\,((\prime x)\,F\,(x),\,\zeta_2),\,N\,A\,((\prime x)\,G\,(a,\,x),\,\zeta_2))$
      $\therefore H\,(A\,((\prime x)\,K\,(x),\,\zeta_2),\,N\,A\,((\prime x)\,G\,(a,\,x),\,\zeta_2))$ (II. 13)
[2] $H\,(A\,((\prime x)\,K\,(x),\,\zeta_2),\,A\,((\prime x)\,F\,(x),\,\zeta_2))$
      $\therefore H\,(H\,(A\,((\prime x)\,F\,(x),\,\zeta_2),\,N\,A\,((\prime x)\,G\,(a,\,x),\,\zeta_2)),$
      $H\,(A\,((\prime x)\,K\,(x),\,\zeta_2),\,N\,A\,((\prime x)\,G\,(a,\,x),\,\zeta_2)))$ (II. 1) [1]

Durch Substitution von ›$G\,(a,\,b)$‹, ›$[K\,(b)]$‹ und ›$[F\,(b)]$‹ für ›$A\,((\prime x)\,G\,(a,\,x),\,\zeta_2)$‹, ›$A\,((\prime x)\,K\,(x),\,\zeta_2)$‹ und ›$A\,((\prime x)\,F\,(x),\,\zeta_2)$‹ in Zeile [2] dieser Ableitung erhält man die abzuleitende Formel

> ›$H\,([K\,(b)],\,[F\,(b)])$
> $\therefore H\,(H\,([F\,(b)],\,N\,[G\,(a,\,b)],\,H\,([K\,(b)],\,N\,[G\,(a,\,b)]))$‹.

Diese Formel erhält man nämlich, wenn man auf Zeile [2] die Transformationsregel (V. 1) aus § 67 anwendet.

§ 69. Weitere Abkürzungsregeln

Aus den Konventionen des § 65 lassen sich nicht nur die Transformationsregeln des § 67 gewinnen. Vielmehr wird durch sie die Notationsweise für syllogistische Ausdrücke so geregelt, daß weitere Abkürzungsregeln formuliert werden können. Nach der in § 65 Ziffer 3 gegebenen Erklärung des Begriffsausdrucks ›('v) A (v)‹ und nach der Anmerkung zu § 65 sind Begriffsausdrücke des Typs ›('x) A (x)‹ im Unterschied zu Ausdrücken des Typs ›('x) F (x)‹ so unbestimmt, daß sie dieselbe Rolle wie Begriffsvariablen α, β usw. spielen können. Man kann daher sagen, daß α, β usw. *der Sache nach* die Rolle von Abkürzungen für Ausdrücke des Typs ›('v) A (v)‹, ›('v) B (v)‹ usw. spielen können. Genau entsprechend können die Begriffsausdrücke ›('v) N A (v)‹, ›('v) N B (v)‹ usw. durch die gleichbedeutenden kürzeren Begriffsausdrücke $^N\alpha$, $^N\beta$ usw. vertreten werden. Daher unterscheiden sich die Ausdrücke Y (('v) A (v), β) und Y (('v) N A (v), β), mit Y gleich A, I oder A̠, nur durch die Notationsweise von den Ausdrücken Y (α, β) und Y ($^N\alpha$, β). Wegen dieser Bedeutungsgleichheit gilt die Regel:

Y (('v) A (v), β) ≻≺ Y (α, β) (mit Y = A, I oder A̠) **(V. 5)**

Y (('v) N A (v), β) ≻≺ Y ($^N\alpha$, β) (mit Y = A, I oder A̠) **(V. 6)**

Auch diese Regeln sind als Abkürzungsregeln zu betrachten.

Nach § 53 gelten für Ausdrücke der Form A ($^N\alpha$, β), I ($^N\alpha$, β) und A̠ ($^N\alpha$, β) der Reihe nach die Regeln (III. 8) bis (III. 10). Aus der Anwendung der Regeln (V. 5) und (V. 6) auf diese drei Regeln ergeben sich die Regeln (V. 7) bis (V. 9):

A (('v) N A (v), β) ≺ N I (('v) A (v), β) **(V. 7)**

I (('v) N A (v), β) ≺ N A (('v) A (v), β) **(V. 8)**

A̠ (('v) N A (v), β) ≺ N A̠ (('v) A (v), β) **(V. 9)**

Sechster Abschnitt
Ableitung von Formeln im Rahmen eines über die Grenzen der elementaren deduktiven Logik erweiterten Systems

1. *Prinzipien und metalogische Regeln*

§ 70. *Notation*

Die Sprache der erweiterten deduktiven Logik, wie sie im Folgenden verwendet werden soll, unterscheidet sich von der in § 64 erweiterten Sprache der Syllogistik, wie sie in den vorangegangenen fünf Abschnitten entwickelt worden ist, lediglich durch den Gebrauch

    (a) des Zeichens der wahrheitsfunktionalen Verneinung: ›~ ...‹, und
    (b) des Subjunktionszeichens: ›... ⊃ ...‹.

Die Formeln A und ~ A dürfen an die Stelle von NN A bzw. von N A treten, falls H (NN A, A) eine gültige Formel ist (siehe § 10, § 31 und § 71 Definition 4).

Die Formel A ⊃ B darf an die Stelle von H (A, B) treten, falls H (B, H (A, B)) und H (NN A, A) gültige Formeln sind (siehe § 31 und § 71 Definition 3).

Was den Gebrauch eckiger Klammern nach § 64 Absatz (4) angeht, so dürfen N [A (t)] als Abkürzung für N A (($'v$) A (v), ζ) und [N A (t)] als Abkürzung für A (($'v$) N A (v), ζ) beide durch N A (t) (ohne eckige Klammern) ersetzt werden, falls N [A (t)] in einer gültigen Formel vorkommt und eine zweite Formel gültig ist, die sich von der ersten nur dadurch unterscheidet, daß sie in dieser die Teilformel N [A (t)] an allen Stellen ihres Vorkommens durch [N A (t)] ersetzt.

§ 71. *Definitionen*

Mit den folgenden Definitionen wird die Bedeutung der in § 70 neu eingeführten Zeichen ›~ ...‹ und ›... ⊃ ...‹ auf die Bedeutung der logischen Konstanten ›N ...‹ und ›H (..., ...)‹ zurückgeführt.

1. A ist eine *Formel der erweiterten deduktiven Logik* genau dann, wenn auch B und C Formeln der erweiterten deduktiven Logik sind, d. h. aus Zeichen bestehen, die ich in § 42, § 46, § 51 und § 64 eingeführt habe, und mindestens eine der folgenden vier Bedingungen erfüllt ist: (*a*) A ist eine Formel

§ 71. Definitionen

der kategorischen, hypothetischen oder disjunktiven Syllogistik, oder (*b*) A ist ein logischer Funktionsausdruck, oder (*c*) A ist eine Subjunktion der Form B ⊃ C, oder (*d*) A ist eine wahrheitsfunktionale Verneinung der Form ~ B.

2. A ist ein *logischer Funktionsausdruck* genau dann, wenn A eine Formel ist, die einem der in § 64 eingeführten Ausdrücke B *(t)*, [B *(t)*], (∀ *v*) B *(v)*, (∃ *v*) B *(v)* oder (∇ *v*) B *(v)* entspricht.

3. A ist eine *Subjunktion*, d. h. ein Ausdruck der Form B ⊃ C, wenn für jede Interpretation, nach der B und C Sätze sind, die wahr oder falsch sind, die folgende Bedingung erfüllt ist: A ist genau dann wahr, wenn *H* (B, C) wahr ist und gemäß § 72 die Postulate des beliebigen zureichenden Grundes (d. h. die Regel (VI. 3)) und des affirmativen Gebrauchs doppelter Negation (d. h. die Regel (VI. 4)) gültig sind.

> *Korollar zu Definition 3:*
>
> Sind A und B Formeln der erweiterten deduktiven Logik und sind sowohl A, B ≺ A nach (VI. 3) als auch *NN* A ≺ A nach (VI. 4) gültige Regeln, so gilt nach dieser Definition (und wegen der Bedeutungsgleichheit von ›*H* (A, B)‹ und ›*N* (A, *N* B)‹ (siehe § 40)) die Regel
>
> *H* (A, B) ⋈ A ⊃ B. (VI. 1)

4. A ist eine *wahrheitsfunktionale Verneinung*, d. h. ein Ausdruck der Form ~ B, wenn für jede Interpretation, nach der B ein Satz ist, der wahr oder falsch ist, gilt: A ist genau dann wahr, wenn *N* B wahr ist und gemäß § 72 das Postulat des affirmativen Gebrauchs doppelter Negation für Paare von Sätzen der Form B und *N* B (d. h. die Regel (VI. 4)) gültig ist.

> *Korollar zu Definition 4:*
>
> Ist A eine Formel der erweiterten deduktiven Logik und ist *NN* A ≺ A (nach (VI. 4)) eine gültige Regel, so daß – aufgrund von Regel (II. 29)[a] (nach § 73, siehe dort) – *H* (*NN* A, A) ein gültiges Satzschema ist, so gilt nach dieser Definition (und nach § 30) die Regel
>
> *N* A ⋈ ~ A (VI. 2)

§ 72. Postulate

1. Das Postulat des beliebigen zureichenden Grundes:

Es gelte:

$$A, B \prec A \qquad \text{(VI. 3)}$$

Scholium: Die Gültigkeit von (VI. 3) beruht nicht auf der Bedeutung einer logischen Konstanten, sondern auf bloßer Annahme oder auf dem Inhalt der Sätze, für die A und B stehen. Falls B gleich N A ist, ist es nicht unmöglich, daß beides, nämlich sowohl A als auch B wahr, und gleichwohl A falsch (infolgedessen N A wahr) ist. Gemäß § 43 Def. 3 findet in diesem Fall keine regelmäßige Folge statt.[306]

Wäre A, B $\therefore$ A eine gültige Regel, so müßte nach dem Konditionalisierungsprinzip (II. 1) auch A $\therefore$ H (B, A) gültig sein.

Steht B für die leere Prämissenmenge, so geht (VI. 3) über in die Regel A $\prec$ A. Sie besagt, daß unmöglich A wahr und N A falsch ist. Der Grund für diese Unmöglichkeit kann kein logischer Grund sein. Andernfalls müßte der Ausdruck A $\prec$ A eine logische Konstante enthalten, von deren Bedeutung diese Unmöglichkeit abhinge (vgl. § 45 Scholium).

2. Das Postulat des affirmativen Gebrauchs doppelter Negation:

NN A sei gleichbedeutend mit A. Das heißt, es gelte nicht nur (I. 1), sondern außerdem:

$$NN\, A \prec A \qquad \text{(VI. 4)}$$

---

[306] Die Annahme, es folge aus Beliebigem Wahres – *Ex quolibet verum* – und aus Falschem Beliebiges – *Ex falso quodlibet* –, ist eine Konsequenz der Ansicht, aus A und B folge A. (Siehe oben § 30.) Um die Annahme der Allgemeingültigkeit des *Ex falso quodlibet* vermeiden zu können, muß man die regelmäßige von der logischen Folge sorgfältig unterscheiden. Paul Hoyningen-Huene hat in seinem Buch *Formale Logik*, Stuttgart: Reclam, 1998, S. 123-29, die Meinung vertreten, man könne diese Annahme vermeiden, *ohne* die Gültigkeit der Regel, nach der A aus A und B folgt, „generell [zu] bestreiten"; es genüge vielmehr schon, „ihre Anwendbarkeit auf diejenigen Fälle [zu] beschränken, in denen B verschieden von ~ A ist (wenn A und B atomare Aussagen sind)." Aber dieser Vorschlag erreicht nicht sein Ziel: Auch wenn B nicht gleich ~ A ist, ist es bereits mit einer *Reductio ad absurdum* möglich, von ›A, B, also A‹ zu einer Regel überzugehen, nach der die Verneinung eines *beliebigen* B aus A und der Verneinung von A folgt. – Durch Konditionalisierung ist außerdem ein Übergang von ›A, B, also A‹ zu ›B, also H (A, A)‹ möglich. (VI. 1) vorausgesetzt, gilt dann sogleich ›B, also A $\supset$ A‹ –: *Ex quolibet verum*.

§ 72. Postulate

3. Das Postulat der nicht-leeren Individuenbereiche:

Es gelte sowohl:

$N\ A\ (\alpha, \beta) \prec I\ (^N\alpha, \beta)$, als auch: (VI. 5)

$N\ A\ (^N\alpha, \beta) \prec I\ (\alpha, \beta)$ (VI. 6)

Anmerkung: Nach den Regeln (V. 5) und (V. 6) (siehe § 69) darf in den Formeln (VI. 5) und (VI. 6) die Begriffsvariable ›α‹ überall durch ›('v) A (v)‹ und der Ausdruck ›$^N\alpha$‹ überall durch ›('v) N A (v)‹ ersetzt werden.

Scholium: Mit der Annahme der Gültigkeit von (VI. 5) und (VI. 6) wird angenommen, daß der Individuenbereich nicht leer ist, auf den sich Sätze der Form $N\ A\ (\alpha, \beta)$ und $N\ A\ (^N\alpha, \beta)$ beziehen (siehe oben § 35). Die Gültigkeit von (VI. 5) erlaubt es nämlich, von $N\ A\ (\alpha, \beta)$, $N\ I\ (\alpha, \beta)$, α) oder $N\ A\ (\alpha, \beta)$ gemäß den Regeln des logischen Quadrats zu $I\ (^N\alpha, \beta)$ überzugehen; und *a fortiori* erlaubt sie es, von $N\ (\forall\ v)\ A\ (v)$, $N\ (\exists\ v)\ A\ (v)$ oder von $(\forall\ v)\ A\ (v)$ zu $(\exists v)\ N\ A\ (v)$ überzugehen. Entsprechendes gilt für (VI. 6). Nur unter Voraussetzung der Gültigkeit von (VI. 5) und (VI. 6) ist es demnach möglich, aus der Verneinung eines bejahenden Satzes einen nicht negativen Existenzsatz abzuleiten. Auf diesem Umstand beruht es letztlich, daß innerhalb der erweiterten deduktiven Logik gültige Existenzformeln, d. h. Formeln des Typs $(\exists\ v)\ A\ (v)$, abgeleitet werden können.[307]

Die Postulate (VI. 3) und (VI. 4) garantieren erst, daß jeder Formel des Systems der erweiterten deduktiven Logik, sofern sie keine freie Individuenvariable enthält, eine lückenlose Wahrheitstafel zugeordnet werden kann.

Das Postulat der nicht-leeren Individuenbereiche, das in den Regeln (VI. 5) und (VI. 6) zum Ausdruck kommt, garantiert, daß alle deskriptiven Zeichen der erweiterten deduktiven Logik einen bestimmten semantischen Wert haben, so daß sich Individuensymbole stets auf Gegenstände eines erfüllten Individuenbereichs beziehen. Ein gleichartiger semantischer Wert ist dagegen für die deskriptiven Zeichen der elementaren Syllogistik nicht festgelegt. Nichts garantiert, daß syllogistische Begriffsausdrücke für erfüllbare oder gar erfüllte Begriffe stehen.

---

[307] Beispiele solcher Existenzformeln sind $(\exists y)(F\ (y) \supset (\forall x)\ F\ (x))$, $(\exists y)((\exists x)\ F\ (x) \supset F\ (y))$ oder $(\exists\ y)\ ((\forall x)\ F\ (x) \supset F\ (y))$. Siehe hierzu § 80, Theorem (15). Vgl. W. V. O. Quine, 'Meaning and Existential Inference', in: *From a Logical Point of View*, 1963, 160-67.

Der Umstand, daß die Grundregeln (VI. 3) bis (VI. 6) bloße Postulate sind, bedeutet, daß ihnen Sätze entsprechen, aus deren Verneinung keine Inkonsistenz ableitbar ist. Solche Sätze können durch Konditionalisierung (gemäß (II. 29)*a*) (siehe § 73) und anschließende Interpretation aus ihnen erzeugt werden. Sätze, aus deren Verneinung keine Inkonsistenz ableitbar ist, sind nach § 39 als nicht-analytische (d. h. als synthetische) Sätze aufzufassen und, sofern es sich nicht um Erfahrungssätze handelt, als nicht-analytische Sätze *a priori*.

Man kann die Frage aufwerfen, unter welchen Umständen es eigentlich *zweckmäßig* ist, die Regeln (VI. 3) bis (VI. 6) als gültige Postulate anzunehmen. Die Antwort lautet: Wenn vorausgesetzt werden darf, daß der Individuenbereich, auf den sich Individuenkonstanten und quantifizierte Individuenvariablen beziehen, nicht leer ist, darf postuliert werden, daß diese Grundregeln gültig sind. Diese Voraussetzung darf z. B. bei der Anwendung des logischen Funktionenkalküls in Arithmetik und Geometrie gemacht werden, nämlich dann, wenn sich bei dieser Anwendung Individuenzeichen in Zeichen für Gegenstände verwandeln, deren Existenz oder Gegebensein (als Zahlen, Größen, Liniensegmente etc.) vorauszusetzen ist. Bei dieser Anwendung verwandeln sich die Grundregeln (VI. 3) bis (VI. 6) in mathematische Postulate, deren Gültigkeit eines Beweises weder bedürftig noch fähig ist. Dies gilt unmittelbar für die Regeln (VI. 5) und (VI. 6), mittelbar aber auch für die Regeln (VI. 3) und (VI. 4). Denn wenn der Fall auszuschließen ist, daß singuläre Sätze keine Existenzpräsupposition haben, so ist auch auszuschließen, daß aus Sätzen der Form NN A̱ (α, β) nicht Sätze der Form A̱ (α, β) folgen und daher aus Sätzen der Form NN A nicht Sätze der Form A folgen. Also gilt dann (VI. 4). Es gilt dann aber auch (VI. 3), denn wenn stets gelten soll, daß A aus NN A folgt, dann soll damit auch gelten, daß es kein Paar von Sätzen gibt, die sich wie A und NN A zueinander verhalten und zugleich *beide* einen falschen Satz verneinen, die als solche beide wahr sind. Damit wird postuliert, daß es keinen Satz gibt, der in einer Hinsicht (insofern er einen falschen Satz verneint) wahr, in anderer Hinsicht aber (insofern er von einem wahren Satz verneint wird) falsch ist. Nach diesem Postulat soll es nur noch Sätze geben, von denen auch angenommen werden darf, daß sie (allein oder in Verbindung mit anderen Sätzen) aus sich selbst folgen.[308]

§ 73. Metalogische Regeln

Nach § 72 macht die erweiterte deduktive Logik im Gegensatz zur Syllogistik von Regeln Gebrauch, deren Gültigkeit nicht auf Definitionen beruht, sondern nur postuliert wird. Diese Regeln handeln daher nicht von Beziehungen der logischen Folge, sondern nur von Beziehungen der regelmäßigen Folge (siehe § 43, Definitionen 3 und 4). Zur Ableitung von Regeln aus diesen Postulaten benötigt man daher metalogische Regeln, die größtenteils als analoge Varianten der metalogischen Regeln angesehen werden dürfen, die oben, in den §§ 44 bis 50, eingeführt wurden und anwendbar sind auf Beziehungen der *logischen* Folge. Genau analoge Regeln gelten für Beziehungen der *regelmäßigen* Folge, da logisches Folgen nur ein Unterfall regelmäßigen Folgens ist (siehe § 43 Definition 4). Um Beziehungen der regelmäßigen Folge auf andere Beziehungen der regelmäßigen Folge reduzieren zu können, genügt es darum, die metalogischen Grundregeln (I. 2) (*Reductio ad absurdum*), (I. 3) (Peripatetische Kettenschlußregel) und (II. 1) (Prinzip der Konditionalisierung) so umzuformulieren, daß in ihnen das Zeichen › ∴ ‹ an allen Stellen seines Auftretens durch das Zeichen › ≺ ‹ ersetzt wird. Man erhält dann drei neue Ausdrücke, die für Reduktionsregeln stehen, für (I. 2)^a, (I. 3)^a und (II. 1)^a, zu denen schließlich noch die Abschwächungsregel (VI. 7) hinzukommt:

1. Metalogische Grundregeln.

   Reductio ad absurdum – Variante zu (I. 2):

   $(A_1, ..., A_n \prec A) / (N A, A_1, ..., A_{n-1} \prec N A_n), ...,$
   $(N A, A_2, ..., A_n \prec N A_1)$ (mit $n \geq 1$)   (I. 2)$^{a\,309}$

   Peripatetische Kettenschlußregel – Variante zu (I. 3):

   $(A_k, ..., A_n \prec A), (A, B_1, ..., B_m \prec B) / (A_k, ..., A_n, B_1, ..., B_m \prec B)$
   (mit $k \geq 0$, $n \geq k$ und $m \geq 1$)   (I. 3)^a

---

[308] Die Grundregeln (VI. 3) bis (VI. 6) regeln als Postulate den mathematischen Buchstabengebrauch und haben wie die sogenannten Postulate der euklidischen Geometrie das Erfülltsein von Begriffen zu garantieren.

[309] Der hochgestellte Kleinbuchstabe *a* steht hier und im Folgenden für 'abgeschwächt'. Die Abschwächung der Regel (I. 2)^a gegenüber der analogen Regel (I. 2) besteht darin, daß sie das Zeichen der logischen Folge durch das der regelmäßigen Folge an allen Stellen seines Vorkommens ersetzt.

Prinzip der Konditionalisierung – Variante zu (II. 1):

$A_1, ..., A_n, B \prec C / A_1, ..., A_n \prec H (B, C)$ **(II. 1)**^{a}

Scholium: Die Gründe, aus denen diese drei Regeln gültig sind, unterscheiden sich nicht von den Gründen, aus denen die Regeln (I. 2), (I. 3) bzw. (II. 1) gültig sind. Denn (I. 2)^a ist gültig, weil es *per definitionem* auf die regelmäßige Folge ebenso wie auf die logische Folge zutrifft, daß der Folgesatz nicht falsch sein kann, ohne daß wenigstens eine der Prämissen falsch ist; (I. 3)^a ist gültig, weil sowohl die regelmäßige als auch die logische Folgebeziehung transitiv ist; und (II. 1)^a ist gültig, weil die Definition des hypothetischen Satzgefüges (siehe oben § 47 Definition 2) auf die Beziehung des regelmäßigen Folgens Bezug nimmt, von der die Beziehung des logischen Folgens nur ein Unterfall ist (siehe § 43 Definitionen 3 und 4).

Abschwächung der logischen Folge:

$A_1, ..., A_n \therefore B / A_1, ..., A_n \prec B$ (mit $n \geq 1$) **(VI. 7)**

Die Gültigkeit von (VI. 7) beruht darauf, daß die logische Folge nach § 43 Definitionen 3 und 4 ein Unterfall der regelmäßigen Folge ist.

Notiz zur Schreibweise:
Um abzukürzen, werde ich wie bisher so auch in den folgenden Ableitungen in die rechte Spalte einer Zeile, hinter die Bezeichnung einer Regel, den hochgestellten Kleinbuchstaben *a* (als Abkürzung für '*abgeschwächt*') anbringen. Dieser Buchstabe soll hier überall andeuten, daß zwei Zeilen einer Ableitung, von denen die zweite auf einer Anwendung von (VI. 7) beruht, in eine Zeile zusammengezogen worden sind. Zum Beispiel dürfen die beiden Zeilen

$[n]$ $A \therefore NN\,A$ (I. 1)
$[n+m]$ $A \prec NN\,A$ (mit $m \geq 1$) (VI. 7) [1]

durch die folgende Zeile

$[n]$ $A \prec NN\,A$ (I. 1)^a

ersetzt werden.

2. Ableitbare metalogische Regeln

Aus den metalogischen Grundregeln (I. 2)^a, (I. 3)^a und (II. 1)^a lassen sich Regeln ableiten, die den metalogischen Regeln (I. 4), (I. 5), (II. 5) und (II. 6) sowie den Regeln (II. 29) und (II. 30) genau analog sind und sich von

§ 73. Metalogische Regeln

ihnen nur durch den Auftritt von › ≺ ‹ an Stelle von › ∴ ‹ unterscheiden. Es handelt sich um die folgenden:

Einfache Transitivität im Kettenschluß – Variante zu (I. 4):

$(A_i, ..., A_k \prec B), (B, C \prec D) / A_i, ..., A_k, C \prec D$ (mit $i \geq 0, k \geq i$) **(I. 4)^a**

Komplexe Transitivität im Kettenschluß – Variante zu (I. 5):

$(A_i, ..., A_k \therefore A), (A_{k+1}, ..., A_n \prec B_1), (A, B_1 \prec D) / A_1, ..., A_n \prec D$
(mit $i \geq 0, k \geq i, n \geq k+1$) **(I. 5)^a**

Dekonditionalisierung einer Konklusion – Variante zu (II. 5):

$A_i, ..., A_k \prec H(B, C) / A_i, ..., A_k, B \prec C$ (mit $i \geq 0$ und $k \geq 0$) **(II. 5)^a**

Idempotenzregel – Variante zu (II. 6):

$A_i ..., A_k, A_1, A_1 \prec D / A_1, A_i, ..., A_k \prec D$ (mit $i \geq 0, k \geq i$) **(II. 6)^a**

Konditionalisierungsregel – Variante zu (II. 29):

$A_1, A_i, ..., A_n \prec B / * \prec H(A_1, H(A_i, H(..., H(A_n, B))) ...)$
(mit $i \geq 1, n \geq i$) **(II. 29)^a**

Dekonditionalisierung – Variante zu (II. 30):

$* \prec H(A_1, H(A_i, H(..., H(A_n, B))) ...) / *, A_1, A_i, ..., A_n \prec B$
(mit $i \geq 1, n \geq i$) **(II. 30)^a**

Die Ableitungen, die für (I. 4)^a, (I. 5)^a, (II. 5)^a, (II. 6)^a, (II. 29)^a und (II. 30)^a ausgeführt werden können, verhalten sich genau analog zu den Beweisen, die oben, in § 45, § 49 und § 50 für die Gültigkeit der Regeln (I. 4), (I. 5), (II. 6), (II. 29) bzw. (II. 30) geführt worden sind.

2. Abgeleitete Formeln

§ 74. Ableitung wahrheitsfunktionaler Regeln

Sind A, B und C Formeln der erweiterten deduktiven Logik im Sinne von § 71 Definition 1, so sind die folgenden Regeln (VI. 8) bis (VI. 16) aus den oben aufgestellten Prinzipien ableitbar:

Einfache Abtrennungsregel:

A ⊃ B, A ≺ B **(VI. 8)**[310]

Beweis:

[1] H (A, B), A ≺ B (II. 2)^a
[2] A ⊃ B, A ≺ B (VI. 1) [1]

Komplexe Abtrennungsregel:

(A ⊃ B), (B ⊃ C), A ≺ C **(VI. 9)**

Beweis:

[1] (A ⊃ B), A ≺ B (VI. 8)
[2] (B ⊃ C), B ≺ C (VI. 8)
[3] (A ⊃ B), (B ⊃ C), A ≺ C (I. 4)^a [1, 2]

Generalisierungsregel:

Falls *t* nur an den Argumentstellen von A (*t*) vorkommt, gilt:
A (*t*) ≺ (∀ *v*) A (*v*) **(VI. 10)**

Beweis:

[1] A (('*v*) A (*v*), ζ) ≺ I (('*v*) A (*v*), ζ) (III. 7)^a
[2] I (('*v*) A (*v*), ζ) ≺ A (('*v*) A (*v*), ξ) (III. 3)^a
[3] A (('*v*) A (*v*), ζ) ≺ A (('*v*) A (*v*), ξ) (I. 4)^a [1, 2]
[4] [A (*t*)] ≺ A (('*v*) A (*v*), ζ) (V. 1)
[5] A (('*v*) A (*v*), ξ) ≺ (∀ *v*) A (*v*) (V. 2)
[6] [A (*t*)] ≺ (∀ *v*) A (*v*) (I. 4)^a [3, 4, 5]

Der Beweis ist hiermit noch nicht abgeschlossen, da die eckigen Klammern in Zeile [6] noch verschwinden müssen. ›A (*t*)‹ und ›[A (*t*)]‹ sind ja nach § 64 (4) nicht gleichbedeutend. Ist A gleich *N* B, so ist mit Zeile [6] noch nicht bewiesen, daß (∀ *v*) *N* B (*v*) aus *N* [B (*t*)] folgt. Bewiesen ist bisher nur, daß (∀ *v*) *N* B (*v*) aus [*N* B (*t*)] regelmäßig folgt. Der Beweis für (VI. 10) ist daher erst dann ausgeführt, wenn

---

[310] In Logikbüchern wird gewöhnlich nicht unterschieden zwischen A, A ⊃ B ∴ B und A, A ⊃ B ≺ B, daher auch nicht beachtet, daß A, A ⊃ B ∴ B strenggenommen keine gültige Regel ist. Außerdem besteht die Gewohnheit, A, A ⊃ B ∴ B bzw. A, A ⊃ B ≺ B mit dem *Modus ponendo ponens* (II. 2) zu verwechseln. Dabei wird der Unterschied übersehen, der zwischen H (A, B) und A ⊃ B besteht. Frege (siehe § 6 seiner *Begriffsschrift*) geht so weit, seine Ableitungsregel, die gleichfalls dem Ausdruck (VI. 8) ähnelt, als „Modus ponens" zu bezeichnen, als ob schließlich auch die Unterscheidung zwischen dem *Modus ponendo ponens* und dem *Modus tollendo ponens* unbeachtet bleiben dürfte.

§ 74. *Ableitung wahrheitsfunktionaler Regeln*

auch die Formel $N [B (t)] \prec (\forall v) N B (v)$ abgeleitet ist. Diese Ableitung kann auf folgende Weise durchgeführt werden:

[1']	$\underset{.}{A} (('v) B (v), \zeta) \prec [B (t)]$	(V. 1)
[2']	$N [B (t)] \prec N \underset{.}{A} (('v) B (v), \zeta)$	(I. 2)^a [1']
[3']	$\underset{.}{A} (('v) B (v), \zeta) \prec A (('v) B (v), \zeta)$	(III. 11)^a
[4']	$N \underset{.}{A} (('v) B (v), \zeta) \prec N A (('v) B (v), \zeta)$	(I. 2)^a [3']
[5']	$N A (('v) B (v), \zeta) \prec I (('v) N B (v), \zeta)$	(VI. 5)
[6']	$I (('v) N B (v), \zeta) \prec A (('v) N B (v), \xi)$	(III. 3)^a
[7']	$A (('v) N B (v), \xi) \prec (\forall v) N B (v)$	(V. 2)
[8']	$N [B (t)] \prec (\forall v) N B (v)$	(I. 4)^a [2', 4', 5', 6', 7']

Die nicht uneingeschränkt zulässige Anwendung von (III. 3), d. h. der Ersten Expositionsregel, in den Zeilen [2] und [6'] ist erlaubt, da ›ξ‹ weder im Prämissenausdruck der Zeile [1] noch in einem der Prämissenausdrücke der Zeilen [1'] bis [5'] an der Stelle einer Begriffsvariablen vorkommt. Diesen Umstand lassen die durch A (t) bzw. ($\forall v$) A (v) abgekürzten Formeln, zwischen denen der durch (III. 3) ermöglichte Übergang stattfindet, nämlich die Formeln $\underset{.}{A} (('v) B (v), \zeta)$ und $N \underset{.}{A} (('v) B (v), \zeta)$ bzw. die Formeln $A (('v) A (v), \xi)$ und $A (('v) N B (v), \xi)$ deutlich erkennen. Darin unterscheiden sich diese Formeln von den sie abkürzenden Ausdrücken, die in der Formel für die Regel (VI. 10) vorkommen, nämlich den Ausdrücken A (t) und ($\forall v$) A (v). In Bezug auf diese Ausdrücke muß, wenn die Regel (VI. 10) gültig sein soll, ausdrücklich festgelegt werden, daß der Buchstabe t – und damit implizit auch der Begriffsausdruck ζ – nicht an einer anderen Stelle des Funktionsausdrucks A (t) als an dessen Argumentstellen (die durch den in ›($\forall v$) A (v)‹ durch ›v‹ bezeichnet werden) noch einmal auftritt. Durch diese Festlegung wird garantiert, daß ›t‹ beim Übergang von A (t) zu ›($\forall v$) A (v)‹ durch ›v‹ ebenso ersetzt wird wie ›ζ‹ durch ›ξ‹.

Regel der hinteren Generalisierung:

Falls *t* nur an den Argumentstellen von B (t) vorkommt, gilt:
$(A \supset B (t)) \prec (A \supset (\forall v) B (v))$ **(VI. 11)**

Beweis:

[1]	$(A \supset B (t)), A \prec B (t)$	(VI. 8)
[2]	$B (t) \prec (\forall v) B (v)$	(VI. 10)
[3]	$(A \supset B (t)), A \prec (\forall v) B (v)$	(I. 4)^a [1, 2]

[4] $(A \supset B(t)) \prec H(A, (\forall v) B(v))$ (II. 1)^a [3]
[5] $H(A, (\forall v) B(v)) \prec (A \supset (\forall v) B(v))$ (VI. 1)
[6] $(A \supset B(t)) \prec (A \supset (\forall v) B(v))$ (I. 4)^a [4, 5]

Da in Zeile [2] die eingeschränkt gültige Regel (VI. 10) zur Anwendung kommt, besteht für die Gültigkeit der in Zeile [6] abgeleiteten Regel dieselbe Einschränkung wie für die Gültigkeit der Regel (VI. 10).

$(\forall v) B(v) \prec A(('v) NN B(v), \xi)$ **(VI. 12)**

Beweis:

[1] $N A(('v) NN B(v), \xi) \prec I(('v) N B(v), \xi)$ (VI. 6)
[2] $I(('v) N B(v), \xi) \prec N A(('v) B(v), \xi)$ (V. 8)
[3] $N A(('v) NN B(v), \xi) \prec N A(('v) B(v), \xi)$ (I. 4)^a [1, 2]
[4] $NN A(('v) B(v), \xi) \prec NN A(('v) NN B(v), \xi)$ (I. 2)^a [3]
[5] $A(('v) B(v), \xi) \prec NN A(('v) B(v), \xi)$ (I. 1)^a
[6] $NN A(('v) NN B(v), \xi) \prec A(('v) NN B(v), \xi)$ (VI. 4)
[7] $A(('v) B(v), \xi) \prec A(('v) NN B(v), \xi)$ (I. 4)^a [5, 4, 6]
[8] $(\forall v) B(v) \prec A(('v) B(v), \xi)$ (V. 2)
[9] $(\forall v) B(v) \prec A(('v) NN B(v), \xi)$ (I. 4)^a [7, 8]

Partikularisierungsregel:

$B(t) \prec (\exists v) B(v)$ **(VI. 13)**

Beweis:

[1] $\underline{A}(('v) N B(v), \zeta) \prec N \underline{A}(('v) B(v), \zeta)$ (V. 9)
[2] $NN \underline{A}(('v) B(v), \zeta) \prec N \underline{A}(('v) N B(v), \zeta)$ (I. 2)^a [1]
[3] $\underline{A}(('v) B(v), \zeta) \prec NN \underline{A}(('v) B(v), \zeta)$ (I. 1)^a
[4] $\underline{A}(('v) B(v), \zeta) \prec N \underline{A}(('v) N B(v), \zeta)$ (I. 4)^a [3, 2]
[5] $A(('v) N B(v), \zeta) \prec \underline{A}(('v) N B(v), \zeta)$ (III. 11)^a
[6] $N \underline{A}(('v) N B(v), \zeta) \prec N A(('v) N B(v), \zeta)$ (I. 2)^a [5]
[7] $N A(('v) N B(v), \zeta) \prec I(('v) B(v), \zeta)$ (VI. 6)
[8] $I(('v) B(v), \zeta) \prec A(('v) B(v), \xi)$ (III. 3)^a
[9] $A(('v) B(v), \xi) \prec I(('v) B(v), \xi)$ (III. 14)^a
[10] $\underline{A}(('v) B(v), \zeta) \prec I(('v) B(v), \xi)$ (I. 4)^a [4, 6, 7, 8, 9]
[11] $[B(t)] \prec \underline{A}(('v) B(v), \zeta)$ (V. 1)
[12] $I(('v) B(v), \xi) \prec (\exists v) B(v)$ (V. 3)
[13] $[B(t)] \prec (\exists v) B(v)$ (I. 4)^a [11, 10, 12]

Zur Beseitigung der eckigen Klammern in Zeile [13] muß der Beweis gemäß § 64 (4) für den Fall, daß B gleich N B ist, durch die Ableitung

§ 74. *Ableitung wahrheitsfunktionaler Regeln* 331

der Formel N [C (t)] ≺ (∃ v) N C (v) vervollständigt werden. Dies geschieht durch den Beweis der Regel (VI. 14):

Partikularisierungsregel mit eckigen Klammern:
N [C (t)] ≺ (∃ v) N C (v)   **(VI. 14)**

Beweis:

[1']	A (('v) C (v), ζ) ≺ A (('v) C (v), ζ)	(III. 11)[a]
[2']	N A (('v) C (v), ζ) ≺ N A (('v) C (v), ζ)	(I. 2)[a] [1']
[3']	N A (('v) C (v), ζ) ≺ I (('v) N C (v), ζ)	(VI. 5)
[4']	I (('v) N C (v), ζ) ≺ A (('v) N C (v), ξ)	(III. 3)[a]
[5']	A (('v) N C (v), ξ) ≺ I (('v) N C (v), ξ)	(III. 14)[a]
[6']	N A (('v) C (v), ζ) ≺ I (('v) N C (v), ξ)	(I. 4)[a] [2', 3', 4', 5']
[7']	A (('v) C (v), ζ) ≺ [C (t)]	(V. 1)
[8']	N [C (t)] ≺ N A (('v) C (v), ζ)	(I. 2)[a] [7']
[9']	I (('v) N C (v), ξ) ≺ (∃ v) N C (v)	(V. 3)
[10']	N [C (t)] ≺ (∃ v) N C (v)	(I. 4)[a] [8', 6', 9']

Singularisierungsregel:
(∀ v) B (v) ≺ B (t)   **(VI. 15)**

Beweis:

[1]	N [B (t)] ≺ (∃ v) N B (v)	(VI. 14)
[2]	(∃ v) N B (v) ≺ I (('v) N B (v), ξ)	(V. 3)
[3]	N [B (t)] ≺ I (('v) N B (v), ξ)	(I. 4)[a] [1, 2]
[4]	N I (('v) N B (v), ξ) ≺ N N [B (t)]	(I. 2)[a] [3]
[5]	N N [B (t)] ≺ [B (t)]	(VI. 4)[a]
[6]	A (('v) N N B (v), ξ) ≺ N I (('v) N B (v), ξ)	(V. 7)
[7]	(∀ v) B (v) ≺ A (('v) N N B (v), ξ)	(VI. 12)
[8]	(∀ v) B (v) ≺ [B (t)]	(I. 4)[a] [7, 6, 4, 5]

Auch hier muß zur Beseitigung der eckigen Klammern, die in Zeile [10] auftreten, der Beweis gemäß § 64 (4) vervollständigt werden. Dies geschieht durch den Beweis der Regel (VI. 16), die für den Fall, daß B gleich N C ist, den regelmäßigen Übergang von (∀ v) N C (v) zu N [C (t)], also nicht nur (wie die Regel (VI. 15)) zu [N C (t)], ermöglicht:

Singularisierungsregel mit eckigen Klammern:
(∀ v) N C (v) ≺ N [C (t)]   **(VI. 16)**

Beweis:

[1]	$[C(t)] \prec (\exists v) C(v)$	(VI. 13)
[2]	$(\exists v) C(v) \prec I(('v) C(v), \xi)$	(V. 3)
[3]	$N I(('x) C(x), \xi) \prec N [C(t)]$	(I. 2)^a [2]
[4]	$A(('v) N C(v), \xi) \prec N I(('v) C(v), \xi)$	(V. 7)
[5]	$(\forall v) A(v) \prec A(('v) N C(v), \xi)$	(V. 2)
[6]	$(\forall v) A(v) \prec N [C(t)]$	(I. 4)^a [5, 4, 3]

§ 75. Ableitung wahrheitsfunktionaler Gesetze

Sind A, B und C Formeln der erweiterten deduktiven Logik im Sinne von § 72 Definition 1, so sind die folgenden Wahrheitsfunktionen (VI. 17) bis (VI. 27) aus den oben aufgestellten Prinzipien ableitbar. Die Ausdrücke (VI. 17) bis (VI. 24), mit Ausnahme von (VI. 23), entsprechen sieben von insgesamt neun „Grundsätzen", die Frege in Teil II seiner *Begriffsschrift* als Axiome seines Systems von „Gesetzen des Denkens" aufgestellt und als dessen „Kern" bezeichnet hat.[311] Die beiden Axiome, die ich hier beiseitelasse, unterscheiden sich dadurch von den übrigen, daß sie das Zeichen der „Inhaltsgleichheit" ('... ≡ ...') enthalten, das Frege in späteren Schriften durch das gewöhnliche Gleichheitszeichen ('... = ...') ersetzt hat. Sie werden in den §§ 20 und 21 der *Begriffsschrift* mit den Formeln '⊢ $(c = d) \supset (A(c) \supset A(d))$' und '⊢ $c = d$' wiedergegeben.

$* \prec A \supset (B \supset A)$ (VI. 17)

Beweis:

[1]	$A, B \prec A$	(VI. 3)
[2]	$A \prec H(B, A)$	(II. 1)^a [1]
[3]	$H(B, A) \prec B \supset A$	(VI. 1)
[4]	$A \prec B \supset A$	(I. 4)^a [2, 3]
[5]	$* \prec H(A, (B \supset A))$	(II. 29)^a [4]
[6]	$H(A, (B \supset A)) \prec (A \supset (B \supset A))$	(VI. 1)
[7]	$* \prec A \supset (B \supset A)$	(I. 4)^a [5, 6]

$* \prec (A \supset (B \supset C)) \supset ((A \supset B) \supset (A \supset C))$ (VI. 18)

Beweis:

---

[311] Frege, *Begriffsschrift*, § 13, S. 25–26.

§ 75. *Ableitung wahrheitsfunktionaler Gesetze*

[1] $(A \supset B), (B \supset C), A \prec C$ (VI. 9)
[2] $(A \supset (B \supset C)), A \prec (B \supset C)$ (VI. 8)
[3] $(A \supset (B \supset C)), (A \supset B), A, A \prec C$ (I. 4)^a [2, 1]
[4] $(A \supset (B \supset C)), (A \supset B), A \prec C$ (II. 6)^a [3]
[5] $(A \supset (B \supset C)), (A \supset B) \prec H(A, C)$ (II. 1)^a [4]
[6] $H(A, C) \prec (A \supset C)$ (VI. 1)
[7] $(A \supset (B \supset C)), (A \supset B) \prec (A \supset C)$ (I. 4)^a [5, 6]
[8] $(A \supset (B \supset C)) \prec H((A \supset B), (A \supset C))$ (II. 1)^a [7]
[9] $H((A \supset B), (A \supset C)) \prec ((A \supset B) \supset (A \supset C))$ (VI. 1)
[10] $(A \supset (B \supset C)) \prec ((A \supset B) \supset (A \supset C))$ (I. 4)^a [8, 9]
[11] $\ast \prec H(A \supset (B \supset C)), ((A \supset B) \supset (A \supset C)))$ (II. 29)^a [10]
[12] $H(A \supset (B \supset C)), ((A \supset B) \supset (A \supset C)))$
     $\prec (A \supset (B \supset C)) \supset ((A \supset B) \supset (A \supset C)))$ (VI. 1)
[13] $\ast \prec (A \supset (B \supset C)) \supset ((A \supset B) \supset (A \supset C))$ (I. 4)^a [11, 12]

$\ast \prec (A \supset (B \supset C)) \supset (B \supset (A \supset C))$ **(VI. 19)**

Beweis:

[1] $H(A, H(B, C)), A \prec H(B, C)$ (II. 2)^a
[2] $H(A, H(B, C)), A, B \prec C$ (II. 5)^a [1]
[3] $H(A, H(B, C)), B \prec H(A, C)$ (II. 1)^a [2]
[4] $H(A, C) \prec (A \supset C)$ (VI. 1)
[5] $H(A, H(B, C)), B \prec (A \supset C)$ (I. 4)^a [3, 4]
[6] $H(A, H(B, C)) \prec H(B, (A \supset C))$ (II. 1)^a [5]
[7] $H(B, (A \supset C)) \prec (B \supset (A \supset C))$ (VI. 1)
[8] $H(A, H(B, C)) \prec (B \supset (A \supset C))$ (I. 4)^a [6, 7]
[9] $(A \supset (B \supset C)), A \prec (B \supset C)$ (VI. 8)
[10] $(B \supset C), B \prec C$ (VI. 8)
[11] $(B \supset C) \prec H(B, C)$ (II. 1)^a [10]
[12] $(A \supset (B \supset C)), A \prec H(B, C)$ (I. 4)^a [9, 11]
[13] $(A \supset (B \supset C)) \prec H(A, H(B\ C))$ (II. 1)^a [12]
[14] $(A \supset (B \supset C)) \prec (B \supset (A \supset C))$ (I. 4)^a [13, 8]
[15] $\ast \prec H((A \supset (B \supset C)), (B \supset (A \supset C)))$ (II. 29)^a [14]
[16] $H((A \supset (B \supset C)), (B \supset (A \supset C)))$
     $\prec ((A \supset (B \supset C)) \supset (B \supset (A \supset C)))$ (VI. 1)
[17] $\ast \prec (A \supset (B \supset C)) \supset (B \supset (A \supset C))$ (I. 4)^a [15, 16]

II. 6. *Erweitertes System der deduktiven Logik*

Die Ausdrücke (VI. 17) bis (VI. 19) entsprechen den drei Grundgesetzen der „Bedingtheit",[312] die Frege in den §§ 14 und 16 seiner *Begriffsschrift* als Axiome aufstellt.

Wahrheitsfunktionale Kontraposition:

*≺ (A ⊃ B) ⊃ (~ B ⊃ ~ A) (VI. 20)

Beweis:

[1]	H (A, B), N B ≺ N A	(II. 7)^a
[2]	N A ≺ ~ A	(VI. 2)
[3]	H (A, B), N B ≺ ~ A	(I. 4)^a [1, 2]
[4]	~ B ≺ N B	(VI. 2)
[5]	H (A, B), ~ B ≺ ~ A	(I. 4)^a [4, 3]
[6]	H (A, B) ≺ H (~ B, ~ A)	(II. 1)^a [5]
[7]	H (~ B, ~ A) ≺ (~ B ⊃ ~ A)	(VI. 1)
[8]	H (A, B) ≺ (~ B ⊃ ~ A)	(I. 4)^a [6, 7]
[9]	(A ⊃ B), A ≺ B	(VI. 8)]
[10]	(A ⊃ B) ≺ H (A, B)	(II. 1)^a [9]
[11]	(A ⊃ B) ≺ (~ B ⊃ ~ A)	(I. 4)^a [10, 8]
[12]	*≺ H ((A ⊃ B), (~ B ⊃ ~ A))	(II. 29)^a [11]
[13]	H ((A ⊃ B), (~ B ⊃ ~ A)) ≺ ((A ⊃ B) ⊃ (~ B ⊃ ~ A))	(VI. 1)
[14]	*≺ (A ⊃ B) ⊃ (~ B ⊃ ~ A)	(I. 4)^a [12, 13]

Wahrheitsfunktionale Variante zu (I. 1):

*≺ A ⊃ ~ ~ A (VI. 21)[313]

Beweis:

[1]	~ A ≺ N A	(VI. 2)
[2]	NN A ≺ N ~ A	(I. 2)^a [1]
[3]	A ≺ NN A	(I. 1)^a
[4]	A ≺ N ~ A	(I. 4)^a [3, 2]
[5]	N ~ A ≺ ~ ~ A	(VI. 2)
[6]	A ≺ ~ ~ A	(I. 4)^a [4, 5]
[7]	* ≺ H (A, ~ ~ A)	(II. 29)^a [6]
[8]	H (A, ~ ~ A) ≺ (A ⊃ ~ ~ A)	(VI. 1)

---

[312] Frege, *Begriffsschrift* § 13, S. 26.

[313] (VI. 21) und (VI. 23) werden hier strenggenommen nur für A ≠ N B (für beliebige B) bewiesen. Die Verallgemeinerung ist jedoch in beiden Fällen zulässig, da N B ≺ NNN B aus (VI. 4) mit Hilfe von (I. 2)^a direkt ableitbar ist, so daß N B für A in der dritten Zeile beider Beweise jeweils substituiert werden darf.

§ 75. Ableitung wahrheitsfunktionaler Gesetze   335

[9]   * ≺ A ⊃ ~ ~ A   (I. 4)^a [7, 8]

Umkehrung dieser Variante:

*≺ ~ ~ A ⊃ A   **(VI. 22)**

Beweis:

[1]   N A ≺ ~ A   (VI. 2)
[2]   N ~ A ≺ NN A   (I. 2)^a [1]
[3]   ~ ~ A ≺ N ~ A   (VI. 2)
[4]   ~ ~ A ≺ NN A   (I. 4)^a [3, 2]
[5]   NN A ≺ A   (VI. 4)
[6]   ~ ~ A ≺ A   (I. 4)^a [4, 5]
[7]   * ≺ H (~ ~ A, A)   (II. 29)^a [6]
[8]   H (~ ~ A, A) ≺ (~ ~ A ⊃ A)   (VI. 1)
[9]   * ≺ ~ ~ A ⊃ A   (I. 4)^a [7, 8]

Die Ausdrücke (VI. 20) bis (VI. 22) entsprechen den drei Grundgesetzen der „Verneinung",[314] die Frege in den §§ 17 bis 19 seiner *Begriffsschrift* als Axiome aufgestellt hat.

Umkehrung der wahrheitsfunktionalen Kontraposition:

*≺ (~ B ⊃ ~ A) ⊃ (A ⊃ B)   **(VI. 23)**

Beweis:

[1]   H (N B, N A), NN A ≺ NN B   (II. 7)^a
[2]   NN B ≺ B   (VI. 4)
[3]   A ≺ NN A   (I. 1)^a
[4]   H (N B, N A), A ≺ B   (I. 4)^a [3, 1, 2]
[5]   H (N B, N A) ≺ H (A, B)   (II. 1)^a [4]
[6]   H (A, B) ≺ (A ⊃ B)   (VI. 1)
[7]   H (N B, N A) ≺ (A ⊃ B)   (I. 4)^a [5, 6]
[8]   ~ A ≺ N A   (VI. 2)
[9]   * ≺ H (~ A, N A)   (II. 29)^a [8]
[10]   H (N B, ~ A), H (~ A, N A) ≺ H (N B, N A)   (II. 13)^a
[11]   *, H (N B, ~ A) ≺ H (N B, N A)   (I. 4)^a [9, 10]
[12]   N B ≺ ~ B   (VI. 2)
[13]   * ≺ H (N B, ~ B)   (II. 29)^a [12]
[14]   H (N B, ~ B), H (~B, ~ A) ≺ H (N B, ~ A)   (II. 13)^a

---

[314] Frege, *Begriffsschrift* § 13, S. 26.

[15]	*, H (~B, ~ A) ≺ H (N B, ~ A)	(I. 4)^a [13, 14]
[16]	*, *, H (~B, ~ A) ≺ H (N B, N A)	(I. 4)^a [15, 11]
[17]	*, *, H (~B, ~ A) ≺ (A ⊃ B)	(I. 4)^a [16, 7]
[18]	(~ B ⊃ ~ A), ~ B ≺ ~ A	(VI. 8)
[19]	(~ B ⊃ ~ A) ≺ H (~B, ~ A)	(II. 1)^a [18]
[20]	*, *, (~ B ⊃ ~ A) ≺ (A ⊃ B)	(I. 4)^a [19, 17]
[21]	*, *, *≺ H ((~B ⊃ ~ A), (A ⊃ B))	(II. 29)^a [20]
[22]	H ((~B ⊃ ~ A), (A ⊃ B)) ≺ ((~B ⊃ ~ A) ⊃ (A ⊃ B))	(VI. 1)
[23]	*, *, *≺ ((~B ⊃ ~ A) ⊃ (A ⊃ B))	(I. 4)^a [21, 22]
[24]	*≺ (~B ⊃ ~ A) ⊃ (A ⊃ B)	(II. 6)^a [23]

Singularisierungsgesetz:

*≺ (∀ v) A (v) ⊃ A (t) **(VI. 24)**

Beweis:

[1]	(∀ v) A (v) ≺ A (t)	(VI. 15)
[2]	*≺ H ((∀ v) A (v), A (t))	(II. 29)^a [1]
[3]	H ((∀ v) A (v), A (t)) ≺ ((∀ v) A (v) ⊃ A (t))	(VI. 1)
[4]	*≺ (∀ v) A (v) ⊃ A (t)	(I. 4)^a [2, 3]

Der Ausdruck (VI. 24) entspricht dem neunten Axiom in § 22 von Freges *Begriffsschrift*. Anstelle von '*≺ …' gebrauchte Frege das Zeichen '⊢ …'. Es bedeutet aber etwas Anderes, nämlich: dass der rechts von ihm stehende Ausdruck eine „Wahrheit" wiedergibt[315] oder einer „Tatsache" entspricht (ebd. § 4).[316] Es bezeichnet damit eine Eigenschaft aller Formeln, die ein wahrheitsfunktionales Gesetz wiedergeben. Diese Eigenschaft resultiert daraus, daß es für jede dieser Formeln gemäß (VI. 24) ausgeschlossen ist, einen leeren Begriff zu enthalten, und es für jede dieser Formeln gemäß (VI. 17) bis (VI. 22) garantiert ist, daß sie bei beliebiger Verteilung der Wahrheitswerte W und F auf A, B oder C keinen anderen Wert (als Funktionswert) haben kann als den Wert W.

Partikularisierungsgesetz:

*≺ B (t) ⊃ (∃ v) B (v) **(VI. 25)**

Beweis:

---

[315] Frege, *Begriffsschrift* § 1, S.2.
[316] Ebenda § 4.

§ 75. Ableitung wahrheitsfunktionaler Gesetze 337

[1] B $(t) \prec (\exists v)$ B (v) (VI. 13)
[2] $* \prec H$ (B (t), $(\exists v)$ B (v)) (II. 29)^a [1]
[3] H (B (t), $(\exists v)$ B (v)) $\prec$ (B $(v) \supset (\exists v)$ B (v)) (VI. 1)
[4] $* \prec$ B $(t) \supset (\exists v)$ B (v) (I. 4)^a [2, 3]

$* \prec \sim (\forall v) \sim$ A $(v) \supset (\exists v)$ A (v) **(VI. 26)**

Beweis:

[1] $* \prec$ A $(t) \supset (\exists v)$ A (v) (VI. 25)
[2] $* \prec$ (A $(t) \supset (\exists v)$ A (v)) $\supset (\sim (\exists v)$ A $(v) \supset \sim$ A (t)) (VI. 20)
[3] ((A $(t) \supset (\exists v)$ A (v)) $\supset (\sim (\exists v)$ A $(v) \supset \sim$ A (t)),
     (A $(t) \supset (\exists v)$ A (v)) $\prec (\sim (\exists v)$ A $(v) \supset \sim$ A (t)) (VI. 8)
[4] $*, * \prec \sim (\exists v)$ A $(v) \supset \sim$ A (t) (I. 5)^a [1, 2, 3]
[5] $\sim$ A $(t) \prec (\forall v) \sim$ A (v) (VI. 10)
[6] $* \prec H (\sim$ A (t), $(\forall v) \sim$ A (v)) (II. 29)^a [5]
[7] $H (\sim$ A (t), $(\forall v) \sim$ A (v)) $\prec (\sim$ A $(t) \supset (\forall v) \sim$ A (v)) (VI. 1)
[8] $* \prec \sim$ A $(t) \supset (\forall v) \sim$ A (v) (I. 4)^a [6, 7]
[9] $(\sim (\exists v)$ A $(v) \supset \sim$ A (t)), $(\sim$ A $(t) \supset (\forall v) \sim$ A (v)),
     $\sim (\exists v)$ A $(v) \prec (\forall v) \sim$ A (v) (VI. 9)
[10] $*, *, *, \sim (\exists v)$ A $(v) \prec (\forall v) \sim$ A (v) (I. 5)^a [4, 8, 9]
[11] $N (\exists v)$ A $(v) \prec \sim (\exists v)$ A (v) (VI. 2)
[12] $*, *, *, N (\exists v)$ A $(v) \prec (\forall v) \sim$ A (v) (I. 4)^a [11, 10]
[13] $*, *, *, N (\forall v) \sim$ A $(v) \prec NN (\exists v)$ A (v) (I. 2)^a [12]
[14] $\sim (\forall v) \sim$ A $(v) \prec N (\forall v) \sim$ A (v) (VI. 2)
[15] $NN (\exists v)$ A $(v) \prec (\exists v)$ A (v) (VI. 4)
[16] $***, \sim (\forall v) \sim$ A $(v) \prec (\exists v)$ A (v) (I. 4)^a [14, 13, 15]
[17] $*, \sim (\forall v) \sim$ A $(v) \prec (\exists v)$ A (v) (II. 6)^a [16]
[18] $* \prec H (\sim (\forall v) \sim$ A (v), $(\exists v)$ A (v)) (II. 29)^a [17]
[19] $H (\sim (\forall v) \sim$ A (v), $(\exists v)$ A (v))
     $\prec (\sim (\forall v) \sim$ A $(v) \supset (\exists v)$ A (v)) (VI. 1)
[20] $* \prec \sim (\forall v) \sim$ A $(v) \supset (\exists v)$ A (v) (I. 4)^a [18, 19]

$* \prec (\exists v)$ A $(v) \supset \sim (\forall v) \sim$ A (v) **(VI. 27)**

Beweis:

[1] $A (('v) N$ A $(v), \xi) \prec N I (('v)$ A $(v), \xi)$ (V. 7)
[2] $NN I (('v)$ A $(v), \xi) \prec N A (('v) N$ A $(v), \xi)$ (I. 2)^a [1]
[3] $I (('v)$ A $(v), \xi) \prec NN I (('v)$ A $(v), \xi)$ (I. 1)^a
[4] $(\exists v)$ A $(v) \prec I (('v)$ A $(v), \xi)$ (V. 3)
[5] $(\exists v)$ A $(v) \prec N A (('v) N$ A $(v), \xi)$ (I. 4)^a [4, 3, 2]

[6]	$(\forall v) \, N \, A \, (v) \prec A \, (('v) \, N \, A \, (v), \xi)$	(V. 2)
[7]	$N \, A \, (('v) \, N \, A \, (v), \xi) \prec N \, (\forall v) \, N \, A \, (v)$	(I. 2)^a [6]
[8]	$N \, A \, (t) \prec (\forall v) \, N \, A \, (v)$	(VI. 10)
[9]	$N \, (\forall v) \, N \, A \, (v) \prec NN \, A \, (t)$	(I. 2)^a [8]
[10]	$NN \, A \, (t) \prec A \, (t)$	(VI. 4)
[11]	$* \prec A \, (t) \supset \mathord{\sim}\mathord{\sim} A \, (t)$	(VI. 21)
[12]	$* \prec ((\forall v) \mathord{\sim} A \, (v) \supset \mathord{\sim} A \, (t))$	(VI. 24)
[13]	$* \prec (((\forall v) \mathord{\sim} A \, (v) \supset \mathord{\sim} A \, (t))$	
	$\supset (\mathord{\sim}\mathord{\sim} A \, (t) \supset \mathord{\sim} (\forall v) \mathord{\sim} A \, (v)))$	(VI. 20)
[14]	$(((\forall v) \mathord{\sim} A \, (v) \supset \mathord{\sim} A \, (t)) \supset (\mathord{\sim}\mathord{\sim} A \, (t) \supset \mathord{\sim} (\forall v) \mathord{\sim} A \, (v)))$,	
	$((\forall v) \mathord{\sim} A \, (v) \supset \mathord{\sim} A \, (t))$	
	$\prec (\mathord{\sim}\mathord{\sim} A \, (t) \supset \mathord{\sim} (\forall v) \mathord{\sim} A \, (v))$	(VI. 8)
[15]	$*, * \prec (\mathord{\sim}\mathord{\sim} A \, (t) \supset \mathord{\sim} (\forall v) \mathord{\sim} A \, (v))$	(I. 5)^a [12, 13, 14]
[16]	$(A \, (t) \supset \mathord{\sim}\mathord{\sim} A \, (t)), (\mathord{\sim}\mathord{\sim} A \, (t) \supset \mathord{\sim} (\forall v) \mathord{\sim} A \, (v)), A \, (t)$	
	$\prec \mathord{\sim} (\forall v) \mathord{\sim} A \, (v)$	(VI. 9)
[17]	$*, *, A \, (t) \prec \mathord{\sim} (\forall v) \mathord{\sim} A \, (v)$	(I. 5)^a [11, 15, 16]
[18]	$*, *, (\exists v) \, A \, (v) \prec \mathord{\sim} (\forall v) \mathord{\sim} A \, (v)$	(I. 4)^a [5, 7, 9, 10, 17]
[19]	$*, (\exists v) \, A \, (v) \prec \mathord{\sim} (\forall v) \mathord{\sim} A \, (v)$	(II. 6)^a [18]
[20]	$* \prec H \, ((\exists v) \, A \, (v), \mathord{\sim} (\forall v) \mathord{\sim} A \, (v))$	(II. 29)^a [19]
[21]	$H \, ((\exists v) \, A \, (v), \mathord{\sim} (\forall v) \mathord{\sim} A \, (v)) \prec (\exists v) \, A \, (v) \supset \mathord{\sim} (\forall v) \mathord{\sim} A \, (v)$	(IV. 1)
[22]	$* \prec (\exists v) \, A \, (v) \supset \mathord{\sim} (\forall v) \mathord{\sim} A \, (v)$	(I. 4)^a [20, 21]

§ 76. *Inhaltliches Schließen*

Erstes Beispiel:

Wir haben oben, in § 68, gesehen, daß die Gültigkeit des Schlusses

> *Wenn b ein Kreis ist, so ist b eine Figur;*
> *also: Wenn a, falls b eine Figur ist, b nicht gezeichnet hat, dann hat a,*
> *falls b ein Kreis ist, b nicht gezeichnet,*

gültig ist und daß ihm die Form

$H \, ([K \, (b)], [F \, (b)])$
$\therefore H \, (H \, ([F \, (b)], N \, [G \, (a, b)], H \, ([K \, (b)], N \, [G \, (a, b)]))$.

entspricht. Weder ein Schluß dieser Form noch ein Schluß aus kategorischen Sätzen, wie z. B. der in § 66 behandelte Schluß:

> *Alle Kreise sind Figuren;*

§ 75. *Ableitung wahrheitsfunktionaler Gesetze* 339

> *also: Wenn, falls etwas eine Figur ist, a sie nicht gezeichnet hat, dann hat, falls etwas ein Kreis ist, a ihn nicht gezeichnet,* –

kann in der Sprache des Funktionenkalküls ausgedrückt werden, da in dieser Sprache kategorische oder hypothetische Satzformen nicht dargestellt werden können.

Wohl aber ist es möglich, in dieser Sprache ganz ähnliche korrekte Schlüsse darzustellen. Ersetzen wir z. B. in den soeben beschriebenen Schlüssen die logischen Konstanten ›H (..., ...)‹ und ›N ...‹ überall durch ›... ⊃ ...‹ bzw. durch ›~ ...‹, und ersetzen wir das Zeichen der logischen Folge durch das Zeichen der regelmäßigen Folge, so erhalten wir aus dem oben an erster Stelle erwähnten Schluß den folgenden Schluß:

$$[K(b)] \supset [F(b)])$$
$$\prec ([F(b)] \supset \sim G(a, b)) \supset ([K(b)] \supset \sim G(a, b)),$$

denselben in Worten:

> *b ist kein Kreis, ohne daß b eine Figur ist;*
> *also: Daß b keine Figur ist, ohne daß a b nicht gezeichnet hat, trifft nicht zu, ohne daß es zutrifft, daß b kein Kreis ist, ohne daß a b nicht gezeichnet hat.*

Durch Generalisierung läßt sich dieser Schluß außerdem umwandeln in den Schluß:

$$(\forall x)(K(x) \supset F(x))$$
$$\prec (\forall y)((\exists x)(K(x) \,\&\, G(y, x)) \supset (\exists x)(F(x) \,\&\, G(y, x)),$$

– in Worten:

> *Für alle x gilt: x ist kein Kreis, ohne daß x eine Figur ist;*
> *also: Für alle y gilt: Es gibt ein x, so daß x ein Kreis ist und y x gezeichnet hat, nicht ohne daß es ein x gibt, so daß x eine Figur ist und y x gezeichnet hat.*

Es ist aber bemerkenswert, daß ein solcher auf Wahrheitsfunktionen beruhender Schluß nur dann gültig ist, wenn man in ihm das Wörtchen ›also‹ nur als Ausdruck einer *regelmäßigen* Folge, nicht als Ausdruck einer *logischen* Folge (im Sinne von § 44, Definitionen 3 und 4) versteht, also das Zeichen ›≺‹ nicht durch das Zeichen ›∴‹ ersetzt. Dieser Umstand wird

dadurch einsehbar, daß man auf die Regeln achtgibt, nach denen der in §
68 betrachtete Schluß

$H([K(b)], [F(b)])$
$\therefore H(H([F(b)], N[G(a, b)], H([K(b)], N[G(a, b)]]))$

in den Schluß

$(\forall x)(K(x) \supset F(x))$
$\prec (\forall y)((\exists x)(K(x) \& G(y, x)) \supset (\exists x)(F(x) \& G(y, x))$

umzuformen ist. Zu diesen Regeln gehören nämlich wesentlich Regeln,
deren Gültigkeit nach § 72 nur postuliert wird oder (nach § 74 und § 75)
auf den Postulaten des § 72 beruht. Betrachten wir diese Umformung, bei
der die Regeln (VI. 1), (VI. 2), (VI. 8), (VI. 10) und (VI. 15) zur Anwendung
kommen, Schritt für Schritt. Zur leichteren Übersicht ersetze ich dabei ab
Zeile [2] die Ausdrücke ›[K (b)]‹, ›[F (b)]‹ und ›[G (a, b)]‹ der Reihe nach
durch die Buchstaben ›k‹, ›f‹ und ›g‹:

[1]	$H(k, f)$	
	$\prec H(H(f, N g), H(k, N g))$	
[2]	$(k \supset f), k \prec f$	(VI. 8)
[3]	$(k \supset f) \prec H(k, f)$	(II. 1)[a] [2]
[4]	$(k \supset f)$	
	$\prec H(H(f, N g), H(k, N g))$	(I. 4)[a] [3, 1]

Anschließend kann die Prämisse in Zeile [4] generalisiert werden:

[5]	$(\forall x)(K(x) \supset F(x)) \prec (k \supset f)$	(VI. 15)
[6]	$(\forall x)(K(x) \supset F(x))$	
	$\prec H(H(f, N g), H(k, N g))$	(I. 4)[a] [5, 4]

Dann sind die beiden hypothetischen Teilsätze der Konklusion durch
Wahrheitsfunktionen, nämlich durch $f \supset {\sim} g$ bzw. durch $k \supset {\sim} g$) zu ersetzen:

[7]	$N g \prec {\sim} g$	(VI. 2)
[8]	$* \prec H(N g, {\sim} g)$	(II. 29)[a] [7]
[9]	${\sim} g \prec N g$	(VI. 2)
[10]	$* \prec H({\sim} g, N g)$	(II. 29)[a] [9]
[11]	$H(H(f, N g), H(k, N g))$,	
	$H({\sim} g, N g), H(N g, {\sim} g)$	

§ 76. *Inhaltliches Schließen* 341

$\qquad \prec H(H(f, \sim g), H(k, \sim g))$ (II. 16)^a
[12] $\quad *, *, H(H(f, Ng), H(k, Ng))$
$\qquad \prec H(H(f, \sim g), H(k, \sim g))$ (I. 5)^a [8, 10, 11]
[13] $\quad *, *, (\forall x)(K(x) \supset F(x))$
$\qquad \prec H(H(f, \sim g), H(k, \sim g))$ (I. 4)^a [6, 12]
[14] $\quad H(H(f, \sim g), H(k, \sim g)),$
$\qquad H((f \supset \sim g), H(f, \sim g))$
$\qquad \prec H((f \supset \sim g), H(k, \sim g))$ (II. 17)^a
[15] $\quad (f \supset \sim g), f \prec \sim g$ (VI. 8)
[16] $\quad (f \supset \sim g) \prec H((f, \sim g)$ (II. 1)^a [15]
[17] $\quad * \prec H((f \supset \sim g), H(f, \sim g))$ (II. 29)^a [16]
[18] $\quad *, H(H(f, \sim g), H(k, \sim g))$
$\qquad \prec H(f \supset \sim g, H(k, \sim g))$ (I. 4)^a [17, 14]
[19] $\quad *, *, *, (\forall x)(K(x) \supset F(x))$
$\qquad \prec H((f \supset \sim g), H(k, \sim g))$ (I. 4)^a [13, 18]
[20] $\quad H(k, \sim g) \prec (k \supset \sim g)$ (VI. 1)
[21] $\quad * \prec H(H(k, \sim g), (k \supset \sim g))$ (II. 29)^a [20]
[22] $\quad H((f \supset \sim g), H(k, \sim g)),$
$\qquad H(H(k, \sim g), (k \supset \sim g))$
$\qquad \prec H((f \supset \sim g), (k \supset \sim g))$ (II. 13)^a
[23] $\quad *, H((f \supset \sim g), H(k, \sim g))$
$\qquad \prec H((f \supset \sim g), (k \supset \sim g))$ (I. 4)^a [21, 22]
[24] $\quad *, *, *, *, (\forall x)(K(x) \supset F(x))$
$\qquad \prec H((f \supset \sim g), (k \supset \sim g))$ (I. 4)^a [19, 23]

Im Anschluß hieran lassen sich die beiden wahrheitsfunktionalen Teilsätze der Konklusion generalisieren:

[25] $(\forall x)(F(x) \supset \sim [G(a, x)]) \prec (f \supset \sim g)$ (VI. 15)
[26] $* \prec H(((\forall x)(F(x) \supset \sim [G(a, x)]), (f \supset \sim [G(a, x)]))$ (II. 29)^a [25]
[27] $H(((\forall x)(F(x) \supset \sim [G(a, x)]), (f \supset \sim g)),$
$\qquad H((f \supset \sim g), (k \supset \sim g))$
$\qquad \prec H((\forall x)(F(x) \supset \sim [G(a, x)]), (k \supset \sim g))$ (II. 13)^a
[28] $*, H((f \supset \sim g), (k \supset \sim g))$
$\qquad \prec H((\forall x)(F(x) \supset \sim [G(a, x)]), (k \supset \sim g))$ (I. 4)^a [26, 27]
[29] $*, *, *, *, (\forall x)(K(x) \supset F(x))$
$\qquad \prec H((\forall x)(F(x) \supset \sim [G(a, x)]), (k \supset \sim g))$ (I. 4)^a [24, 28]
[30] $(k \supset \sim g) \prec (\forall x)(K(x) \supset \sim [G(a, x)])$ (VI. 10)
[31] $* \prec H((k \supset \sim g), (\forall x)(K(x) \supset \sim [G(a, x)]))$ (II. 29)^a [30]
[32] $H((\forall x)(F(x) \supset \sim [G(a, x)]), (k \supset \sim g)),$
$\qquad H((k \supset \sim g), (\forall x)(K(x) \supset \sim [G(a, x)]))$

342   II. 6. *Erweitertes System der deduktiven Logik*

$\quad\quad\quad \prec H((\forall x)(F(x) \supset \sim [G(a,x)]), (\forall x)(K(x) \supset \sim [G(a,x)]))$ (II. 13)^a
[33] $*, H((\forall x)(F(x) \supset \sim [G(a,x)]), (k \supset \sim g))$
$\quad\quad\quad \prec H((\forall x)(F(x) \supset \sim [G(a,x)]), (\forall x)(K(x) \supset \sim [G(a,x)]))$ (I. 4)^a
$\quad\quad\quad\quad\quad\quad\quad\quad\quad\quad\quad\quad\quad\quad\quad\quad\quad\quad\quad\quad\quad\quad\quad\quad$ [31, 32]
[34] $*, *, *, *, *, *, (\forall x)(K(x) \supset F(x)) \prec$
$\quad\quad H((\forall x)(F(x) \supset \sim [G(a,x)]), (\forall x)(K(x) \supset \sim [G(a,x)]))$ (I. 4)^a [29, 33]

Auf die Konklusion kann die Kontrapositionsregel angewendet werden:

[35] $\quad H((\forall x)(F(x) \supset \sim [G(a,x)]), (\forall x)(K(x) \supset \sim [G(a,x)]))$
$\quad\quad \prec H(N(\forall x)(K(x) \supset \sim [G(a,x)]), N(\forall x)(F(x) \supset \sim [G(a,x)]))$ (II. 8)^a
[36] $*, *, *, *, *, *, (\forall x)(K(x) \supset F(x))$
$\quad\quad \prec H(N(\forall x)(K(x) \supset \sim [G(a,x)]),$ $\quad\quad\quad\quad\quad\quad$ (I. 4)^a [34, 35]
$\quad\quad N(\forall x)(F(x) \supset \sim [G(a,x)]))$

Die beiden Teilsätze der Konklusion können in Wahrheitsfunktionen umgeformt werden:

[37] $\sim (\forall x)(K(x) \supset \sim [G(a,x)])$
$\quad\quad \prec N(\forall x)(K(x) \supset \sim [G(a,x)]))$ $\quad\quad\quad\quad\quad\quad\quad\quad\quad\quad$ (VI. 2)
[38] $* \prec H(\sim (\forall x)(K(x) \supset \sim [G(a,x)]),$
$\quad\quad N(\forall x)(K(x) \supset \sim [G(a,x)]))$ $\quad\quad\quad\quad\quad\quad\quad\quad$ (II. 29)^a [37]
[39] $H(\sim (\forall x)(K(x) \supset \sim [G(a,x)]), N(\forall x)(K(x) \supset \sim [G(a,x)])),$
$\quad\quad H(N(\forall x)(K(x) \supset \sim [G(a,x)]), N(\forall x)(F(x) \supset \sim [G(a,x)]))$
$\quad\quad \prec H(\sim (\forall x)(K(x) \supset \sim [G(a,x)]),$
$\quad\quad N(\forall x)(F(x) \supset \sim [G(a,x)]))$ $\quad\quad\quad\quad\quad\quad\quad\quad\quad$ (II. 13)^a
[40] $*, H(N(\forall x)(K(x) \supset \sim [G(a,x)]), N(\forall x)(F(x) \supset \sim [G(a,x)]))$
$\quad\quad \prec H(\sim (\forall x)(K(x) \supset \sim [G(a,x)]),$
$\quad\quad N(\forall x)(F(x) \supset \sim [G(a,x)]))$ $\quad\quad\quad\quad\quad\quad\quad\quad$ (I. 4)^a [38, 39]
[41] $*, *, *, *, *, *, *, (\forall x)(K(x) \supset F(x))$
$\quad\quad \prec H(\sim (\forall x)(K(x) \supset \sim [G(a,x)]),$ $\quad\quad\quad\quad\quad\quad\quad\quad$ (I. 4)^a
$\quad\quad N(\forall x)(F(x) \supset \sim [G(a,x)])$ $\quad\quad\quad\quad\quad\quad\quad\quad\quad\quad$ [36, 40]
[42] $N(\forall x)(F(x) \supset \sim [G(a,x)]) \prec \sim (\forall x)(F(x) \supset \sim [G(a,x)])$ (VI. 2)
[43] $* \prec H(N(\forall x)(F(x) \supset \sim [G(a,x)]),$
$\quad\quad \sim (\forall x)(F(x) \supset \sim [G(a,x)]))$ $\quad\quad\quad\quad\quad\quad\quad\quad\quad$ (II. 29)^a [42]
[44] $H(\sim (\forall x)(K(x) \supset \sim [G(a,x)]), N(\forall x)(F(x) \supset \sim [G(a,x)])),$
$\quad\quad H(N(\forall x)(F(x) \supset \sim [G(a,x)]), \sim (\forall x)(F(x) \supset \sim [G(a,x)]))$
$\quad\quad \prec H(\sim (\forall x)(K(x) \supset \sim [G(a,x)]),$
$\quad\quad \sim (\forall x)(F(x) \supset \sim [G(a,x)]))$ $\quad\quad\quad\quad\quad\quad\quad\quad\quad$ (II. 13)^a
[45] $*, H(\sim (\forall x)(K(x) \supset \sim [G(a,x)]), N(\forall x)(F(x) \supset \sim [G(a,x)]))$
$\quad\quad \prec H(\sim (\forall x)(K(x) \supset \sim [G(a,x)]),$ $\quad\quad\quad\quad\quad\quad\quad\quad$ (I. 4)^a

§ 76. Inhaltliches Schließen

$\sim (\forall x)(F(x) \supset \sim [G(a, x)]))$ [43, 44]
[46] *,*,*,*,*,*,*,*, $(\forall x)(K(x) \supset F(x))$
$\prec H(\sim (\forall x)(K(x) \supset \sim [G(a, x)]),$
$\sim (\forall x)(F(x) \supset \sim [G(a, x)]))$ (I. 4)^a [41, 45]

Zum Schluß kann die hypothetische Konklusion in eine generalisierte Wahrheitsfunktion verwandelt werden:

[47] $H(\sim (\forall x)(K(x) \supset \sim [G(a, x)]), \sim (\forall x)(F(x) \supset \sim [G(a, x)]))$
$\prec (\sim (\forall x)(K(x) \supset \sim [G(a, x)]) \supset \sim (\forall x)(F(x) \supset \sim [G(a, x)]))$ (VI. 1)
[48] $\sim (\forall x)(K(x) \supset \sim [G(a, x)]) \supset \sim (\forall x)(F(x) \supset \sim [G(a, x)]))$
$\prec (\forall y)(\sim (\forall x)(K(x) \supset \sim G(y, x)) \supset \sim (\forall x)(F(x) \supset \sim G(y, x)))$ (VI. 10)
[49] *,*,*,*,*,*,*,*, $(\forall x)(K(x) \supset F(x)) \prec$
$(\forall y)(\sim (\forall x)(K(x) \supset \sim G(y, x)) \supset \sim (\forall x)(F(x) \supset \sim G(y, x)))$ (I. 4)^a [46, 47, 48]
[50] *, $(\forall x)(K(x) \supset F(x)) \prec$
$(\forall y)(\sim (\forall x)(K(x) \supset \sim G(y, x)) \supset \sim (\forall x)(F(x) \supset \sim G(y, x)))$ (II. 6)^a [49]

Da $(\exists v) A(v)$ gemäß (VI. 26) und (VI. 27) eine Abkürzung für $\sim (\forall x) \sim A(v)$‹ und ›$\sim (\ldots \& \sim \ldots)$‹ gleichbedeutend ist mit ›$\ldots \supset \ldots$‹, ist die Folgerung in Zeile [50] gleichbedeutend mit:

$(\forall x)(K(x) \supset F(x))$
$\prec (\forall y)((\exists x)(K(x) \& G(y, x)) \supset (\exists x)(F(x) \& G(y, x)))$.[317]

Zweites Beispiel:

Es gibt etwas, woraus Alles besteht.
Also: Alles besteht aus etwas.

Die Gültigkeit dieses Schlusses ist beweisbar, wenn er wie folgt präzisiert wird – ›$F(x, y)$‹ sei Abkürzung für ›x besteht aus y‹ –:

$(\exists y)(\forall x) F(x, y) \prec (\forall x)(\exists y) F(x, y)$

Obwohl in diesem Schluß, anders als im ersten Beispiel, unmittelbar keine Wahrheitsfunktionen vorkommen, sondern nur eine Vertauschung von Quantoren stattfindet, läßt sich seine Gültigkeit nur unter Anwendung von Regeln beweisen, deren Gültigkeit nach § 72 postuliert wird oder nach

---

[317] Ersetzen wir hier ›… $\prec$ …‹ durch ›… ∴ …‹, so erhalten wir den – etwas weniger korrekten – Ausdruck, den Quine in *Methods of Logic*, § 30, als Übersetzung angibt für den seit dem Mittelalter (als Exempel einer nicht-syllogistischen Folgerung) vieldiskutierten Schluß ›Alle Kreise sind Figuren; also: Alle, die Kreise zeichnen, zeichnen Figuren‹.

§ 74 und § 75 auf den Postulaten des § 72 beruht. Wie der folgende Beweis zeigt, handelt es sich dabei um die Regeln (VI. 1), (VI. 2), (VI. 4), (VI. 5), (VI. 10) und (VI. 15). Wegen dieser Regeln darf das Zeichen ›≺‹ nicht durch das Zeichen ›∴‹ ersetzt werden.

[1] $N A (('x) (\exists y) F(x,y), \xi_1) \prec I (('x) N (\exists y) F(x,y), \xi_1)$ (VI. 5)
[2] $I (('x) N (\exists y) F(x,y), \xi_1) \prec A (('x) N (\exists y) F(x,y), \zeta_1)$ (III. 3)^a
[3] $A (('x) N (\exists y) F(x,y), \zeta_1) \prec \underset{\sim}{A} (('x) N (\exists y) F(x,y), \zeta_1)$ (III. 11)^a
[4] $\underset{\sim}{A} (('x) N (\exists y) F(x,y), \zeta_1) \prec N A (('x) (\exists y) F(x,y), \zeta_1)$ (V. 9)
[5] $[(\exists y) F(a,y)] \prec A (('x) (\exists y) F(x,y), \zeta_1)$ (V. 1)
[6] $N A (('x) (\exists y) F(x,y), \zeta_1) \prec N [(\exists y) F(a,y)]$ (I. 2)^a [5]
[7] $N A (('x) (\exists y) F(x,y), \xi_1) \prec N [(\exists y) F(a,y)]$ (I. 4)^a [1, 2, 3, 4, 6]
[8] $I (('y) F(a,y), \xi_2) \prec (\exists y) F(a,y)$ (V. 3)
[9] $N [(\exists y) F(a,y)] \prec N I (('y) F(a,y), \xi_2)$ (I. 2)^a [8]
[10] $N I (('y) F(a,y), \xi_2) \prec N A (('y) F(a,y), \xi_2)$ (III. 14)^a
[11] $N A (('y) F(a,y), \xi_2) \prec I (('y) N F(a,y), \xi_2)$ (VI. 5)
[12] $I (('y) N F(a,y), \xi_2) \prec A (('y) N F(a,y), \zeta_2)$ (III. 3)^a
[13] $A (('y) N F(a,y), \zeta_2) \prec \underset{\sim}{A} (('y) N F(a,y), \zeta_2)$ (III. 11)^a
[14] $\underset{\sim}{A} (('y) N F(a,y), \zeta_2) \prec N [F(a,b)]$ (I. 4)^a [14, 16]
[15] $N A (('x) (\exists y) F(x,y), \xi_1) \prec N [F(a,b)]$ (I. 4)^a [7,9,10,11,12,13,14]
[16] $(\forall x) F(x,b) \prec [F(a,b)]$ (VI. 15)
[17] $N [F(a,b)] \prec N (\forall x) F(x,b)$ (I. 2)^a [16]
[18] $N (\forall x) F(x,b) \prec \sim (\forall x) F(x,b)$ (VI. 2)
[19] $\sim (\forall x) F(x,b) \prec (\forall y) \sim (\forall x) F(x,y)$ (VI. 10)
[20] $N [F(a,b)] \prec (\forall y) \sim (\forall x) F(x,y)$ (I. 4)^a [17, 18, 19]]
[21] $N A (('x) (\exists y) F(x,y), \xi_1) \prec (\forall y) \sim (\forall x) F(x,y)$ (I. 4)^a [15, 20]
[22] $N (\forall y) \sim (\forall x) F(x,y) \prec NN A (('x) (\exists y) F(x,y), \xi_1)$ (I. 2)^a [21]
[23] $\sim (\forall y) \sim (\forall x) F(x,y) \prec N (\forall y) \sim (\forall x) F(x,y)$ (VI. 2)
[24] $* \prec (\exists y) (\forall x) F(x,y) \supset \sim (\forall y) \sim (\forall x) F(x,y)$ (VI. 27)
[25] $((\exists y) (\forall x) F(x,y) \supset \sim (\forall y) \sim (\forall x) F(x,y))$
    $\prec H ((\exists y) (\forall x) F(x,y), \sim (\forall y) \sim (\forall x) F(x,y))$ (VI. 1)
[26] $* \prec H ((\exists y) (\forall x) F(x,y), \sim (\forall y) \sim (\forall x) F(x,y))$ (I. 4)^a [24, 25]
[27] $*, (\exists y) (\forall x) F(x,y) \prec \sim (\forall y) \sim (\forall x) F(x,y))$ (II. 30)^a [26]
[28] $NN A (('x) (\exists y) F(x,y), \xi_1) \prec A (('x) (\exists y) F(x,y), \xi_1)$ (VI. 4)
[29] $A (('x) (\exists y) F(x,y), \xi_1) \prec (\forall x) (\exists y) F(x,y)$ (V. 2)
[30] $(\exists y) (\forall x) F(x,y) \prec (\forall x) (\exists y) F(x,y)$ (I. 4)^a [27, 23, 22, 28, 29]

Im Rahmen des Funktionenkalküls (d. h. in der klassischen Prädikatenlogik) gibt es für die Gültigkeitsbeweise der beiden hier diskutierten Beispiele inhaltlichen Schließens viel kürzere und einfachere Methoden. Hier, in § 76, sollte nicht bloß gezeigt werden, daß es eine umständlichere und kompliziertere Methode gibt. Vielmehr sollten die Beispiele deutlich machen, daß schon bei geringer Komplexität des begrifflichen Inhalts kategorischer Sätze die Zahl der logischen Schritte sehr groß sein kann, die dem auf diesen Inhalt bezogenen Schließen zugrunde liegen. Bei den kürzeren und einfacheren Beweismethoden der klassischen Prädikatenlogik finden diese Schritte im Verborgenen statt.

SIEBTER ABSCHNITT
BEWEISBARKEIT UND ABLEITBARKEIT INNERHALB DES
LOGISCHEN FUNKTIONENKALKÜLS

§ 77. Notation

Das System der erweiterten deduktiven Logik, soweit ich es im sechsten Abschnitt entfaltet habe, enthält eine Reihe von Transformations- und Bedeutungsregeln, die es erlauben, dieses System in einer reduzierten symbolischen Sprache darzustellen, in der syllogistische Regeln nicht zum Ausdruck gebracht werden können, wohl aber Regeln, die nicht zur Syllogistik gehören. Diese Reduktion der Symbolsprache besteht in der Beschränkung auf den Gebrauch einer verhältnismäßig kleinen Menge deskriptiver und logischer Zeichen.

Was zunächst die deskriptiven Zeichen betrifft, sind in dieser reduzierten Sprache alle Symbole beiseitezulassen, die unmittelbar zur Darstellung eines begrifflichen Inhalts gebraucht werden. Aufgrund der oben eingeführten Abkürzungen für Sätze, deren begrifflicher Inhalt durch logische Funktionsausdrücke (im Sinne von § 71 Definition 2) wiedergegeben werden kann, sind nämlich Regeln der erweiterten deduktiven Logik auf eine Weise darstellbar, die alle in § 51 eingeführten Begriffsvariablen entbehrlich macht. Auch alle in § 64 eingeführten Begriffskonstanten sind bei dieser Darstellungsweise entbehrlich. Dasselbe gilt schließlich für alle Arten von Begriffsausdrücken, die in § 65 und § 71 definiert wurden und die auf dem Gebrauch eines Präfixes, nämlich auf dem Gebrauch des Prädikators, beruhen, der damit jetzt gleichfalls überflüssig geworden ist.

Was den Gebrauch der übrigen Präfixe angeht, so kann das Zeichenarsenal im Hinblick auf sie erheblich verringert werden. Aufgrund der logischen Beziehungen, die (unter Voraussetzung der Postulate (VI. 5) und (VI. 6)) zwischen dem All- und dem Existenzquantor bestehen, ist es möglich, auf einen dieser beiden Quantoren ganz zu verzichten. So darf ›($\exists x$) ( )‹ überall durch ›~ ($\forall x$) ~ ( )‹ ersetzt werden (aufgrund von (VI. 26) und (VI. 27)).

Unter Voraussetzung der Postulate (VI. 3) und (VI. 4) ist es außerdem möglich geworden, das Zeichen für die elementare Verneinung überall durch die wahrheitsfunktionale Verneinung zu ersetzen. Auch die logischen Konstanten, mit denen hypothetische und disjunktive Satzgefüge angezeigt werden, sind unter dieser Voraussetzung durch wahrheitsfunktionale Zeichen ersetzbar geworden. Art und Menge wahrheitsfunktionaler Zeichen, die nach dieser Ersetzung in Gebrauch bleiben müssen, hängen freilich davon ab, welche Abkürzungsweisen benutzt werden sollen. Im sechsten Abschnitt wurden ›... ⊃ ...‹ und ›~ ...‹ als einzige wahrheitsfunktionale Zeichen eingeführt. Jetzt könnte man ›A & B‹ als Abkürzung für ›~ (A ⊃ ~ B)‹ verwenden und ›A ⊃ B‹ durch ›~ (A & ~ B)‹ ersetzen. Außerdem könnten zusätzliche Abkürzungen eingeführt werden, zum Beispiel ›A ∨ B‹ für ›~ A ⊃ B‹, oder ›A ≡ B‹ für ›(A ⊃ B) & (B ⊃ A)‹, oder ›A | B‹ für ›~ (A & B)‹. Unter allen Umständen würde man mit zwei Junktoren auskommen. Da ›~ A‹ mit ›A | A‹ und ›(A & B)‹ mit ›(A | B) | (A | B)‹ gleichbedeutend ist, wäre es sogar möglich, mit einem einzigen Junktor auszukommen (dem sogenannten Sheffer-Strich).

Formeln, die ausschließlich Zeichen der soeben beschriebenen vereinfachten und reduzierten Sprache der erweiterten deduktiven Logik enthalten, werden im Folgenden durch die metalogischen Zeichen $\mathfrak{A}_1$, $\mathfrak{A}_2$, ..., $\mathfrak{A}_n$, oder $\mathfrak{A}$, $\mathfrak{B}$, $\mathfrak{C}$ bezeichnet. $\mathfrak{A}$ wird also eine Formel sein, in der als deskriptive Zeichen nur Funktionsausdrücke und Satzbuchstaben (›p‹, ›q‹, ›r‹ usw.), außerdem als Ausdrücke für nicht-quantifizierte oder singuläre Sätze nur vereinfachte (d. h. ohne eckige Klammern auftretende und quantorenfreie) Ausdrücke der Form $\mathfrak{B}$ (t) bzw. $\mathfrak{B}$ (v) und schließlich als logische Zeichen nur Quantoren oder wahrheitsfunktionale Junktoren vorkommen. Die reduzierte Sprache, zu der diese Formeln gehören, nenne ich *Sprache des logischen Funktionenkalküls*. Alle axiomatischen Systeme des logischen Funktionenkalküls machen von einer solchen Sprache Gebrauch. Sie unterscheiden sich im Wesentlichen nur dadurch voneinander, daß sie von unterschiedlich vielen und unterschiedlich gearteten Quantoren und Junktoren Gebrauch machen.

Was die übrigen metalogischen Zeichen angeht, so werden im Folgenden die beiden Zeichen ›(...) ⊢ ...‹ und ›(...) ⊨ ...‹ benötigt, deren Bedeutung weiter unten, in § 79 bzw. § 81, definiert werden wird.

§ 78. Ein axiomatisches System des logischen Funktionenkalküls

In der reduzierten Sprache des logischen Funktionenkalküls lassen sich logische Regeln nicht mehr in derselben Weise aus Prinzipien ableiten, in der ich bisher, in den §§ 45–75, Regeln aus Prinzipien abgeleitet habe. Mein bisheriges Ableitungsverfahren bestand im Wesentlichen darin, Metaregeln auf Regeln, und zwar letztlich auf Grundregeln, anzuwenden. Ich habe oben dieses Verfahren *syllogistische* Ableitungsmethode genannt. Von dieser Methode unterscheidet sich das *axiomatische* Ableitungsverfahren, das eine bestimmte Anzahl von Grundformeln, die keine Regeln zum Ausdruck bringen, als System von Axiomen oder von Axiomenschemata voraussetzt, um geeignete Ableitungsregeln auf diese Grundformeln anzuwenden und andere Formeln aus ihnen abzuleiten. Als geeignete Ableitungsregeln kommen dabei nur solche Regeln in Frage, die erstens keine Metaregeln und zweitens in derselben Sprache formuliert sind, in der auch die Axiome oder Axiomenschemata formuliert sind.

Was das System von Grundformeln betrifft, auf die das axiomatische Ableitungsverfahren anzuwenden ist, hat Frege ein solches erstmals in seiner *Begriffsschrift* von 1879 aufgestellt. Es umfaßt (abgesehen von zwei Axiomen, welche Identitätsbeziehungen zum Inhalt haben) insgesamt sieben Axiome, deren Inhalt mit dem Inhalt der oben (in § 75) entwickelten Formeln (VI. 17) bis (VI. 22) und (VI. 24) der Reihe nach übereinstimmt, nur mit dem Unterschied, daß Freges Axiome anstelle der metalogischen Zeichen › A ‹, › B ‹ und › C ‹ Satzbuchstaben beziehungsweise Funktionsausdrücke enthalten. Sein logisches System macht infolgedessen die Aufstellung von Substitutionsregeln erforderlich, die überflüssig würden, wenn als Grundformeln nicht Freges Ausdrücke, sondern Axiomenschemata benutzt würden, d. h. Ausdrücke, die auch in formaler Hinsicht genau mit den Formeln (VI. 17) bis (VI. 22) und (VI. 24) übereinstimmen.

Es hat sich gezeigt, daß Freges Axiomensystem auch in anderer Beziehung vereinfacht werden kann. Das dritte Axiom Freges (siehe *Begriffsschrift* § 16), das der Formel (VI. 19) entspricht, erwies sich als überflüssig, nachdem Jan Łukasiewicz 1935 gezeigt hatte,[318] daß es aus den ersten beiden Axiomen ableitbar ist, die den Formeln (VI. 17) und (VI. 18) entsprechen. Außerdem hat sich gezeigt, daß die Formel (VI. 23) geeignet ist, die Formeln (VI. 20), (VI. 21) und (VI. 22) zu ersetzen, die der Reihe nach dem vierten, fünften und sechsten Axiom in Freges System entsprechen (siehe *Begriffsschrift* § 17 bis § 19). Freges Axiomensystem kann daher ersetzt werden durch das folgende System von insgesamt vier Axiomenschemata, von denen das vierte einerseits dem neunten Axiom Freges, andererseits der Formel (VI. 24) korrespondiert (siehe *Begriffsschrift* § 22):[319]

$$\mathfrak{A} \supset (\mathfrak{B} \supset \mathfrak{A}) \qquad\qquad (VI.\ 17)^*$$

---

[318] Łukasiewicz, 'Zur Geschichte der Aussagenlogik', in: *Erkenntnis 5* (1), 1935, 111–31, besonders 126.

[319] Vgl. zu diesem System die Darstellung bei Ansgar Beckermann, *Einführung in die Logik*, Berlin: De Gruyter, 1997, 272-301. Zur Geschichte der Vereinfachung von Freges logischem System siehe Kneale & Kneale, *The Development of Logic*, S. 524-538.

§ 78. Ein axiomatisches System

$$(\mathfrak{A} \supset (\mathfrak{B} \supset \mathfrak{C})) \supset ((\mathfrak{A} \supset \mathfrak{B}) \supset (\mathfrak{A} \supset \mathfrak{C})) \tag{VI. 18}*$$

$$(\sim \mathfrak{A} \supset \sim \mathfrak{B}) \supset (\mathfrak{B} \supset \mathfrak{A}) \tag{VI. 23}*$$

$$(\forall v)\, \mathfrak{A}\,(v) \supset \mathfrak{A}\,(t). \tag{VI. 24}*$$

Was die Ableitungsregeln betrifft, die benötigt werden, um aus diesem Formelsystem andere Formeln deduzieren zu können, so kommt man mit insgesamt zwei Regeln aus. Diese Regeln lassen sich genauso wie die vier Axiomenschemata (VI. 17)* bis (VI. 24)* durch bloße Umformung von Ausdrücken gewinnen, die ich oben schon eingeführt habe. Aus Formel (VI. 8) erhält man nämlich die Formel (VI. 8)* als Ausdruck einer Regel, die nach üblicher Nomenklatur 'Abtrennungsregel' heißt:

$$\mathfrak{A}, \mathfrak{A} \supset \mathfrak{B} \prec \mathfrak{B}. \tag{VI. 8}*$$

Die zweite Ableitungsregel gewinnt man aufgrund von (VI. 11). Sie wird üblicherweise 'Regel der hinteren Generalisierung' genannt:

Falls t nur an den Argumentstellen von $\mathfrak{B}\,(t)$ vorkommt, gilt:

$$(\mathfrak{A} \supset \mathfrak{B}\,(t)) \prec (\mathfrak{A} \supset (\forall v)\, \mathfrak{B}\,(v)). \tag{VI. 11}*$$

Sowohl die Abtrennungsregel als auch die Regel der hinteren Generalisierung wird in Freges *Begriffsschrift* als Ableitungsregel benutzt (siehe *Begriffsschrift* § 6 und § 11). Frege benutzt außerdem noch eine weitere Generalisierungsregel. Diese entspricht der Regel (VI. 10) (siehe *Begriffsschrift* § 11):

Falls t nur an den Argumentstellen von $\mathfrak{A}\,(t)$ vorkommt, gilt:

$$\mathfrak{A}\,(t) \prec (\forall v)\, \mathfrak{A}\,(v). \tag{VI. 10}*$$

Aber (VI. 10)* läßt sich wie alle übrigen innerhalb des Funktionenkalküls zulässigen Regeln mit Hilfe der Ableitungsregeln (VI. 8)* und (VI. 11)* aus dem System der vier Formeln (VI. 17)*, (VI. 18)*, (VI. 23)* und (VI. 24)* ableiten. Was es heißt, eine innerhalb des Funktionenkalküls zulässige Regel zu sein, ergibt sich aus den folgenden Definitionen. Durch diese Definitionen wird der Aufbau des axiomatischen Kalküls festgelegt, der auf dem soeben skizzierten System von vier Axiomenschemata und zwei Ableitungsregeln basiert.[320] Dieser axiomatische Kalkül heiße *FK*.

---

[320] Zum folgenden vergleiche man A. Beckermann, *Einführung in die Logik*, S. 273 ff.

§ 79. Definitionen

1. Sind $\mathfrak{A}$, $\mathfrak{B}$ und $\mathfrak{C}$ Sätze bzw. logische Funktionsausdrücke in der Sprache des Funktionenkalküls, dann sind die Formeln

$\mathfrak{A} \supset (\mathfrak{B} \supset \mathfrak{A})$ (VI. 17)*

$(\mathfrak{A} \supset (\mathfrak{B} \supset \mathfrak{C})) \supset ((\mathfrak{A} \supset \mathfrak{B}) \supset (\mathfrak{A} \supset \mathfrak{C}))$ (VI. 18)*

$(\sim \mathfrak{A} \supset \sim \mathfrak{B}) \supset (\mathfrak{B} \supset \mathfrak{A})$ (VI. 23)*

$(\forall v) \mathfrak{A} (v) \supset \mathfrak{A} (t)$ (VI. 24)*

die *Axiome von FK*.

2. Die Abtrennungsregel, nach der gilt: $\mathfrak{A}$, $\mathfrak{A} \supset \mathfrak{B} \prec \mathfrak{B}$ (VI. 8)*, und die Regel der hinteren Generalisierung, nach der, falls t nur an den Argumentstellen von $\mathfrak{B}$ (t) vorkommt, gilt: $(\mathfrak{A} \supset \mathfrak{B} (t)) \prec (\mathfrak{A} \supset (\forall v) \mathfrak{B} (v))$ (VI. 11)*, sind die *Ableitungsregeln von FK*.

3. Eine endliche Folge $\mathfrak{A}_1, \mathfrak{A}_2, \ldots, \mathfrak{A}_n$ von Formeln ist ein *Beweis im Funktionenkalkül* für eine Formel $\mathfrak{A}_n$ genau dann, wenn für alle i mit $1 \leq i \leq n$ das Folgende gilt: $\mathfrak{A}_i$ ist ein Axiom von *FK*, oder $\mathfrak{A}_i$ ist mit Hilfe der Abtrennungsregel oder mit Hilfe der Regel der hinteren Generalisierung deduzierbar aus einer vorhergehenden Formel $\mathfrak{A}_{i-1}$.

4. Eine Formel $\mathfrak{A}$ ist genau dann ein *Theorem des Funktionenkalküls* (symbolisch ausgedrückt: ⊢ $\mathfrak{A}$), wenn es für $\mathfrak{A}$ einen Beweis im Funktionenkalkül gibt.

5. Eine endliche Folge $\mathfrak{A}_1, \mathfrak{A}_2, \ldots, \mathfrak{A}_n$ von Formeln ist eine *Deduktion aus einer Menge Γ von Formeln des Funktionenkalküls* genau dann, wenn für alle i mit $1 \leq i \leq n$ das Folgende gilt: $\mathfrak{A}_i$ ist ein Axiom von *FK*, oder $\mathfrak{A}_i$ ist ein Element der Menge Γ, oder $\mathfrak{A}_i$ ist deduzierbar aus einer vorhergehenden Formel $\mathfrak{A}_{i-1}$ mit Hilfe der Abtrennungsregel oder mit Hilfe der Regel der hinteren Generalisierung.

6. Eine Formel $\mathfrak{A}$ ist genau dann *in FK aus einer Menge Γ von Formeln deduzierbar* (symbolisch ausgedrückt: Γ ⊢ $\mathfrak{A}$), wenn es in *FK* eine Deduktion von $\mathfrak{A}$ aus Γ gibt.

7. Ist die Formel $\mathfrak{A}$ deduzierbar, so daß gilt: $\mathfrak{A}_1, \ldots, \mathfrak{A}_n$ ⊢ $\mathfrak{A}$, so heiße die Regel $\mathfrak{A}_1, \ldots, \mathfrak{A}_n \prec \mathfrak{A}$ *zulässig in FK*.

§ 80. Theoreme des Funktionenkalküls

Aufgrund dieser sieben Definitionen besteht ein wesentlicher Unterschied zwischen dem, was in den §§ 45–75 Beweis genannt wurde, und dem, was ein Beweis innerhalb eines axiomatisch aufgebauten logischen Kalküls genannt werden darf. Diesen Unterschied kann man verdeutlichen, indem man einige Theoreme und Ableitbarkeitsbehauptungen vor Augen führt, die im Rahmen von FK als beweisbar gelten dürfen.

Theorem, im Sinne von § 79 Definition 4, ist *per definitionem* zunächst jede der Formeln (VI. 17)* bis (VI. 24)* in § 78. Denn eine beliebige Gesetzesformel dieser Art – sie heiße $\mathfrak{A}$ – läßt sich mit Hilfe der Abtrennungsregel aus sich selbst ableiten, da $\mathfrak{A}$ aus $\mathfrak{A}$ und $\mathfrak{A} \supset \mathfrak{A}$ ableitbar ist. Man darf deshalb die Axiome (VI. 17)* bis (VI. 24)* aus § 79 zugleich als Theoreme des Funktionenkalküls ansehen und sogleich schreiben:

$\vdash \mathfrak{A} \supset (\mathfrak{B} \supset \mathfrak{A})$ **(1)**

$\vdash (\mathfrak{A} \supset (\mathfrak{B} \supset \mathfrak{C})) \supset ((\mathfrak{A} \supset \mathfrak{B}) \supset (\mathfrak{A} \supset \mathfrak{C}))$ **(2)**

$\vdash (\sim \mathfrak{A} \supset \sim \mathfrak{B}) \supset (\mathfrak{B} \supset \mathfrak{A})$ **(3)**

$\vdash (\forall v) \mathfrak{A}(v) \supset \mathfrak{A}(t)$ **(4)**

lassen sich, unter Anwendung der Abtrennungsregel und unter Anwendung der Regel der hinteren Generalisierung, Formeln ableiten, die teils Theoreme sind, teils die Deduzierbarkeit einer Formel aus einer oder mehr als einer Formel zum Ausdruck bringen, zum Beispiel die folgenden:

$\vdash \mathfrak{A} \supset \mathfrak{A}$ **(5)**

Beweis:

[1] $\mathfrak{A} \supset ((\mathfrak{A} \supset \mathfrak{A}) \supset \mathfrak{A})$ *(1)*

[2] $(\mathfrak{A} \supset ((\mathfrak{A} \supset \mathfrak{A}) \supset \mathfrak{A})) \supset ((\mathfrak{A} \supset (\mathfrak{A} \supset \mathfrak{A})) \supset (\mathfrak{A} \supset \mathfrak{A}))$ *(2)*

[3] $(\mathfrak{A} \supset (\mathfrak{A} \supset \mathfrak{A})) \supset (\mathfrak{A} \supset \mathfrak{A})$ (VI. 8)* [1, 2]

[4] $\mathfrak{A} \supset (\mathfrak{A} \supset \mathfrak{A})$ *(1)*

[5] $\mathfrak{A} \supset \mathfrak{A}$ (VI. 8)* [3, 4]

$\mathfrak{A} \supset \mathfrak{B}, \mathfrak{B} \supset \mathfrak{C} \vdash \mathfrak{A} \supset \mathfrak{C}$ **(6)**

Beweis:

[1] $\mathfrak{A} \supset \mathfrak{B}$ *Prämisse*

[2] $\mathfrak{B} \supset \mathfrak{C}$ *Prämisse*

[3] $(\mathfrak{B} \supset \mathfrak{C}) \supset (\mathfrak{A} \supset (\mathfrak{B} \supset \mathfrak{C}))$ *(1)*

[4] $\mathfrak{A} \supset (\mathfrak{B} \supset \mathfrak{C})$ (VI. 8)* [2, 3]
[5] $(\mathfrak{A} \supset (\mathfrak{B} \supset \mathfrak{C})) \supset ((\mathfrak{A} \supset \mathfrak{B}) \supset (\mathfrak{A} \supset \mathfrak{C}))$ (2)
[6] $(\mathfrak{A} \supset \mathfrak{B}) \supset (\mathfrak{A} \supset \mathfrak{C})$ (VI. 8)* [4, 5]
[7] $\mathfrak{A} \supset \mathfrak{C}$ (VI. 8)* [1, 6]

$\mathfrak{A} \supset (\mathfrak{A} \supset \mathfrak{B}) \vdash \mathfrak{A} \supset \mathfrak{B}$ **(7)**

Beweis:

[1] $\mathfrak{A} \supset (\mathfrak{A} \supset \mathfrak{B})$ *Prämisse*
[2] $(\mathfrak{A} \supset (\mathfrak{A} \supset \mathfrak{B})) \supset ((\mathfrak{A} \supset \mathfrak{A}) \supset (\mathfrak{A} \supset \mathfrak{B}))$ (2)
[3] $(\mathfrak{A} \supset \mathfrak{A}) \supset (\mathfrak{A} \supset \mathfrak{B})$ (VI. 8)* [1, 2]
[4] $\mathfrak{A} \supset \mathfrak{A}$ (5)
[5] $\mathfrak{A} \supset \mathfrak{B}$ (VI. 8)* [3, 4]

$\vdash \sim \mathfrak{A} \supset (\mathfrak{A} \supset \mathfrak{B})$ **(8)**

Beweis:

[1] $\mathfrak{A} \supset (\sim \mathfrak{B} \supset \sim \mathfrak{A})$ (2)
[2] $(\sim \mathfrak{B} \supset \sim \mathfrak{A}) \supset (\mathfrak{A} \supset \mathfrak{B})$ (3)
[3] $\sim \mathfrak{A} \supset (\mathfrak{A} \supset \mathfrak{B})$ (6) [1, 2]

$\sim \mathfrak{B} \supset \sim \mathfrak{A} \vdash \mathfrak{A} \supset \mathfrak{B}$ **(9)**

Beweis:

[1] $\sim \mathfrak{B} \supset \sim \mathfrak{A}$ *Prämisse*
[2] $(\sim \mathfrak{B} \supset \sim \mathfrak{A}) \supset (\mathfrak{A} \supset \mathfrak{B})$ (3)
[3] $\mathfrak{A} \supset \mathfrak{B}$ (VI. 8)* [1, 2]

$\vdash \sim \sim \mathfrak{A} \supset \mathfrak{A}$ **(10)** [321]

Beweis:

[1] $\sim \sim \mathfrak{A} \supset (\sim \mathfrak{A} \supset \sim \sim \sim \mathfrak{A})$ (8)
[2] $(\sim \mathfrak{A} \supset \sim \sim \sim \mathfrak{A}) \supset (\sim \sim \mathfrak{A} \supset \mathfrak{A})$ (3)
[3] $\sim \sim \mathfrak{A} \supset (\sim \sim \mathfrak{A} \supset \mathfrak{A})$ (6) [1, 2]

---

[321] Der Inhalt von Postulat (VI. 4) kann leicht mit dem Inhalt von Theorem (*10*) verwechselt werden. Es kann dann so aussehen, als sei der Inhalt von Postulat (VI. 4) im Funktionenkalkül beweisbar. Um diese Verwechslung zu vermeiden, ist es notwendig, den Unterschied zu beachten, der zwischen der einfachen Negation, N A, und der wahrheitsfunktionalen Negation, ~ A, besteht.

§ 80. Theoreme des Funktionenkalküls

[4] $\sim\sim \mathfrak{A} \supset \mathfrak{A}$ (7) [3]

$\vdash \mathfrak{A} \supset \sim\sim \mathfrak{A}$ **(11)**

Beweis:

[1] $\sim\sim\sim \mathfrak{A} \supset \sim \mathfrak{A})$ (10)
[2] $\mathfrak{A} \supset \sim\sim \mathfrak{A}$ (9) [1]

$\mathfrak{A} \supset \mathfrak{B} \vdash \sim \mathfrak{B} \supset \sim \mathfrak{A}$ **(12)**

Beweis:

[1] $\mathfrak{A} \supset \mathfrak{B}$ *Prämisse*
[2] $\sim\sim \mathfrak{A} \supset \mathfrak{A}$ (10)
[3] $\sim\sim \mathfrak{A} \supset \mathfrak{B}$ (6) [1, 2]
[4] $\mathfrak{B} \supset \sim\sim \mathfrak{B}$ (11)
[5] $\sim\sim \mathfrak{A} \supset \sim\sim \mathfrak{B}$ (6) [3, 4]
[6] $\sim \mathfrak{B} \supset \sim \mathfrak{A}$ (9) [5]

$\vdash \mathfrak{A}(t) \supset \sim (\forall v) \sim \mathfrak{A}(v)$ **(13)**

Beweis:

[1] $(\forall v) \sim \mathfrak{A}(v) \supset \sim \mathfrak{A}(t)$ (4)
[2] $((\forall v) \sim \mathfrak{A}(v) \supset \sim \mathfrak{A}(t)) \supset$
     $(\sim\sim \mathfrak{A}(t) \supset \sim (\forall v) \sim \mathfrak{A}(v))$ (12)
[3] $\sim\sim \mathfrak{A}(t) \supset \sim (\forall v) \sim \mathfrak{A}(v)$ (VI. 8)* [1, 2]
[4] $\mathfrak{A}(t) \supset \sim\sim \mathfrak{A}(t)$ (11)
[5] $\mathfrak{A}(t) \supset \sim (\forall v) \sim \mathfrak{A}(v)$ (6) [3, 4]

Falls *t* nur an den Argumentstellen von $\mathfrak{A}(t)$ vorkommt,
$\mathfrak{A}(t) \vdash (\forall v) \mathfrak{A}(v)$ **(14)**

Beweis:

[1] $\mathfrak{A}(t)$ *Prämisse*
[2] $\mathfrak{A}(t) \supset ((\mathfrak{B} \supset \mathfrak{B}) \supset \mathfrak{A}(t))$ (1)
[3] $(\mathfrak{B} \supset \mathfrak{B}) \supset \mathfrak{A}(t)$ (VI. 8)* [1, 2]
[4] $(\mathfrak{B} \supset \mathfrak{B}) \supset (\forall v) \mathfrak{A}(v)$ (VI. 11)* [3]
[5] $\mathfrak{B} \supset \mathfrak{B}$ (5)
[6] $(\forall v) \mathfrak{A}(v)$ (VI. 8)* [4, 5]

Die Ableitbarkeitsbehauptung (14) entspricht, wie gesagt (siehe oben § 78), der Generalisierungsregel (VI. 10).

$\vdash \sim (\forall v) \sim ((\forall x) \mathfrak{A}(x) \supset \mathfrak{A}(v))$ **(15)**

Beweis:

[1]	$(\forall x) \mathfrak{A}(x) \supset [\mathfrak{A}(t)]$	(4)
[2]	$((\forall x) \mathfrak{A}(x) \supset [\mathfrak{A}(t)])$	
	$\supset (\sim (\forall v) \sim ((\forall x) \mathfrak{A}(x) \supset \mathfrak{A}(v)))$	(13)
[3]	$\sim (\forall v) \sim ((\forall x) \mathfrak{A}(x) \supset \mathfrak{A}(v))$	(VI. 8)* [1, 2]

$(\forall v)(\mathfrak{A}(v) \supset \mathfrak{B}(v)) \vdash (\forall v) \mathfrak{A}(v) \supset (\forall v) \mathfrak{B}(v)$ **(16)**

Beweis:

[1]	$(\forall v)(\mathfrak{A}(v) \supset \mathfrak{B}(v))$	Prämisse
[2]	$(\forall v)(\mathfrak{A}(v) \supset \mathfrak{B}(v)) \supset (\mathfrak{A}(t) \supset \mathfrak{B}(t))$	(4)
[3]	$(\mathfrak{A}(t) \supset \mathfrak{B}(t)$	(VI. 8)* [1, 2]
[4]	$(\forall v) \mathfrak{A}(v) \supset \mathfrak{A}(t)$	(4)
[5]	$(\forall v) \mathfrak{A}(v) \supset \mathfrak{B}(t)$	(6) [4, 3]
[6]	$(\forall v) \mathfrak{A}(v) \supset (\forall v) \mathfrak{B}(v)$	(VI. 11)* [5]

Statt in einem axiomatischen logischen Kalkül die Gültigkeit der Regel der hinteren Generalisierung (VI. 11)* vorauszusetzen, um Ableitungen innerhalb des Kalküls vornehmen zu können, ist es ebensogut möglich, die Gültigkeit der Generalisierungsregel (14) vorauszusetzen und mit ihrer Hilfe die entsprechenden Beweise zu führen. Die Gültigkeit der Regel der hinteren Generalisierung kann auf dieser Grundlage bewiesen werden. Dieser Regel entspricht, wie gesagt, die folgende Ableitbarkeitsbehauptung:

Falls *t* nur an den Argumentstellen von $\mathfrak{B}(t)$ vorkommt,

$(\mathfrak{A} \supset \mathfrak{B}(t)) \vdash (\mathfrak{A} \supset (\forall v) \mathfrak{B}(v))$ **(VI. 11)***

Beweis:

[1]	$\mathfrak{A} \supset \mathfrak{B}(t)$	Prämisse
[2]	$\mathfrak{A}$	Prämisse
[3]	$\mathfrak{B}(t)$	(VI. 8) [1, 2]
[4]	$(\forall v) \mathfrak{B}(v)$	(VI. 10) [3]
[5]	$\mathfrak{A} \supset (\forall v) \mathfrak{B}(v)$	

Zur Rechtfertigung des Übergangs von Zeile [4] zu Zeile [5] muß freilich eine Annahme zu Hilfe genommen werden, die ihrerseits eines Beweises bedarf und die im Rahmen eines axiomatischen Systems beweisbar ist, das sich von *FK* nur dadurch unterscheidet, daß es anstelle von (VI. 11)* die Regel *(14)* als Ableitungsregel voraussetzt. Dieser Beweis mag hier wegen seiner Kompliziertheit außer Acht bleiben.[322] Es handelt sich bei der zu Hilfe genommenen Annahme um das (von Tarski eingeführte und so genannte) Deduktionstheorem. Es kann in folgender Weise formuliert werden:

> Ist die Formel $\mathfrak{B}$ aus den Elementen einer Menge Γ von Formeln des Funktionenkalküls und einer Formel $\mathfrak{A}$ deduzierbar, so daß gilt: $\Gamma, \mathfrak{A} \vdash \mathfrak{B}$, so gilt auch: $\Gamma \vdash \mathfrak{A} \supset \mathfrak{B}$, vorausgesetzt, die Deduzierbarkeit von $\mathfrak{B}$ aus $\mathfrak{A}$ und den Elementen von Γ beruht nicht auf einer Anwendung der Generalisierungsregel *(14)* auf eine Formel $\mathfrak{C}$ (t), für die gilt: $\mathfrak{C}$ (t) hängt ab von $\mathfrak{A}$ und t kommt in $\mathfrak{A}$ vor.

Da, wie Zeile [3] des vorangegangenen Beweises besagt, $\mathfrak{B}$ (t) nach der Abtrennungsregel aus $\mathfrak{A} \supset \mathfrak{B}$ (t) und $\mathfrak{A}$ ableitbar ist, erlaubt es das Deduktionstheorem, die Formel in Zeile [5], $\mathfrak{A} \supset (v) \mathfrak{B}$ (v), aus der Formel in Zeile [1], $\mathfrak{A} \supset \mathfrak{B}$ (t), abzuleiten, falls t nur an den Argumentstellen von $\mathfrak{B}$ (t) vorkommt. Diese Erlaubnis entspricht genau dem, was die Regel der hinteren Generalisierung gestattet.

§ 81. *Korrektheit und Vollständigkeit*

Der Umstand, daß es für die soeben betrachteten Formeln *(1)* bis *(16)* sowie für andere Formeln des Funktionenkalküls einen axiomatischen, nicht syllogistischen Beweis gibt, sagt natürlich noch nichts darüber aus, ob es unter diesen Formeln auch solche gibt, die logisch wahr sind oder aus anderen Formeln logisch folgen. Eine solche Aussage wird üblicherweise vielmehr durch zwei Lehrsätze getroffen, die beide wiederum eines Beweises bedürfen. Beim ersten dieser Lehrsätze handelt es sich um das sogenannte Korrektheitstheorem. Es soll in seiner üblichen Formulierung feststellen, unter welchen Bedingungen ein Theorem, das innerhalb eines bestimmten axiomatischen Funktionenkalküls bewiesen werden kann, auch *logisch wahr* ist, und unter welchen Bedingungen eine Formel aus

---

[322] Eine Ausführung des Beweises findet man in Beckermann, *Einführung*, S. 279.

einer anderen Formel *logisch folgt*. In dieser Formulierung lautet es, bezogen auf das axiomatische System *FK*:

Der axiomatische Funktionenkalkül *FK* ist *korrekt*, d. h. für beliebige Formeln 𝔄, 𝔄₁, ..., 𝔄ₙ gilt:

(a) Wenn 𝔄 ein Theorem von *FK* ist, wenn also gilt, daß 𝔄 in *FK* beweisbar ist (symbolisch ausgedrückt: ⊢ 𝔄), dann ist 𝔄 *logisch wahr* (symbolisch ausgedrückt: ⊨ 𝔄).

(b) Wenn 𝔄 aus den Formeln 𝔄₁, ..., 𝔄ₙ in *FK* ableitbar ist (wenn also gilt: 𝔄₁, ..., 𝔄ₙ ⊢ 𝔄), wenn außerdem in mindestens einer Deduktion von 𝔄 aus 𝔄₁, ..., 𝔄ₙ die Regel der hinteren Generalisierung nicht auf eine Formel 𝔅 ⊃ ℭ [aᵢ] (mit $i \geq 1$) angewandt wird, die in dieser Deduktion von einer Prämisse abhängt, in der die Individuenkonstante aᵢ vorkommt, dann *folgt* 𝔄 *logisch* aus 𝔄₁, ..., 𝔄ₙ (d. h. es gilt, symbolisch ausgedrückt: 𝔄₁, ..., 𝔄ₙ ⊨ 𝔄).

Beim zweiten Lehrsatz handelt es sich um das Vollständigkeitstheorem, das die Umkehrung der Behauptungen des Korrektheitstheorems enthält. Es lautet in einer seiner üblichen Formulierungen:

Der axiomatische Funktionenkalkül *FK* ist *vollständig*, das heißt, für beliebige Formeln 𝔄, 𝔄₁, ..., 𝔄ₙ gilt:

(a) Wenn 𝔄 *logisch wahr* ist, dann ist 𝔄 in *FK* beweisbar, d. h. 𝔄 ist ein Theorem in *FK* (symbolisch ausgedrückt: Wenn ⊨ 𝔄, dann auch ⊢ 𝔄).

(b) Wenn 𝔄 *logisch* aus 𝔄₁ ..., 𝔄ₙ *folgt*, dann ist 𝔄 in *FK* aus den Formeln 𝔄₁, ..., 𝔄ₙ ableitbar (symbolisch ausgedrückt: Wenn 𝔄₁, ..., 𝔄ₙ ⊨ 𝔄, dann 𝔄₁, ..., 𝔄ₙ ⊢ 𝔄).

Auch hier werde ich die Beweise, die für die beiden Lehrsätze geführt werden können, außer Betracht lassen.[323] Daß sie in voller Strenge geführt werden können, sei hier vorausgesetzt.

Man bezeichnet die hier eingeführten Begriffe der logischen Wahrheit und des logischen Folgens als rein syntaktische Begriffe. Syntaktisch heißen sie, weil sie zur Bestimmung von logischer Wahrheit und logischem Folgen auf nichts Anderes als die syntaktischen Beziehungen innerhalb des betrachteten Axiomensystems Bezug zu nehmen. Sie stimmen allerdings mit den sogenannten semantischen Begriffen logischer Wahrheit

---

[323] Man vergleiche hier wieder Beckermann, S. 287–301.

§ 81. Korrektheit und Vollständigkeit

und des logischen Folgens überein, da sich nach diesen dieselben Theoreme als logisch wahr und dieselben Regeln als Regeln logischen Folgens verstehen lassen. Semantisch heißen sie, weil sie zur Bestimmung logischer Wahrheit und logischen Folgens nur auf die Bedeutung Bezug nehmen, die dem logischen Vokabular anhaftet, von dem der Funktionenkalkül Gebrauch macht. Nach dieser Bestimmung beruht die logische Wahrheit von Theoremen in *FK* ebenso wie das logische Folgen nach Regeln in *FK* auf der Bedeutung der in diesen Theoremen und Regeln vorkommenden logischen Zeichen ›~ ...‹, ›... ⊃ ...‹, und ›(∀...) ...‹. Diese Bedeutung hängt allerdings ausschließlich vom *Inhalt der Leerstellen dieser Ausdrücke* ab, die erfüllt sein müssen, damit ein wahrer Ausdruck entsteht. Für die drei logischen Zeichen gilt daher Folgendes:

Ist 𝔄 eine *wahrheitsfunktionale Verneinung*, d. h. ein Satz der Form ~ 𝔅 (in Worten: '*nicht* 𝔅'), so ist 𝔄 dann und nur dann wahr, wenn 𝔅 falsch ist.

Ist 𝔄 ein *wahrheitsfunktionaler Bedingungssatz*, d. h. ein Satz der Form 𝔅 ⊃ ℭ (in Worten: '𝔅, *nicht ohne daß* ℭ'), so ist 𝔄 dann und nur dann wahr, wenn 𝔅 falsch oder ℭ wahr ist.

Ist 𝔄 ein universeller Satz, d. h. ein Satz der Form (∀ v) 𝔅 (v) (in Worten: '*Für jedes v gilt*: 𝔅 (v)'), so ist 𝔄 wahr, wenn und nur wenn Gegenstände eines nicht-leeren Individuenbereichs der durch den Quantor gebundenen Individuenvariablen v so zuzuordnen ist, daß aus 𝔅 (v) ein wahrer Satz wird.

Nach den semantischen Begriffen *logischer Wahrheit* und *logischen Folgens* gilt dementsprechend:

Ein Satz 𝔄 ist genau dann *logisch wahr* (symbolisch ausgedrückt: ⊨ 𝔄), wenn sich seine Wahrheit ausschließlich aus dem Vorkommen der Zeichen ›~ ...‹, ›... ⊃ ...‹, und ›(∀...) ...‹ in 𝔄 ergibt.

Ein Satz 𝔄 *folgt logisch* aus beliebigen Sätzen 𝔄 $_1$, ..., 𝔄 $_n$ (symbolisch ausgedrückt: 𝔄 $_1$, ..., 𝔄 $_n$ ⊨ 𝔄) genau dann, wenn sich der Fall, daß diese Sätze nicht wahr sind, ohne daß 𝔄 wahr ist, ausschließlich aus dem Vorkommen der Zeichen ›~ ...‹, ›... ⊃ ...‹, und ›(∀...) ...‹ in 𝔄 $_1$, ..., 𝔄 $_n$ und 𝔄 ergibt.

Was ist von den hier gebrauchten Begriffen logischen Folgens und logischer Wahrheit zu halten?

Betrachten wir sie gesondert voneinander.

Zunächst ist klar, daß weder der syntaktische noch der semantische Begriff des logischen Folgens mit dem in § 43 eingeführten Begriff des logischen Folgens übereinstimmt. Der symbolische Ausdruck ›$\mathfrak{A}_1$, ..., $\mathfrak{A}_n \models \mathfrak{A}$‹ stellt nicht dieselbe Art des logischen Folgens vor wie der Ausdruck ›$\mathfrak{A}_1$, ..., $\mathfrak{A}_n \therefore \mathfrak{A}$‹.

Diese Unstimmigkeit kommt dadurch zustande, daß sich die Sprache des axiomatischen Funktionenkalküls von der Sprache des (in den §§ 70 bis 76 dargestellten) Systems der erweiterten deduktiven Logik dadurch unterscheidet, daß in FK logisches Vokabular der Syllogistik nicht mehr vorkommt. Infolgedessen gibt dieser Kalkül nicht zu erkennen, daß seine Axiome, Theoreme und Ableitungsregeln *ihrem Inhalt nach* übereinstimmen mit Ausdrücken, die in den §§ 70 bis 76 aus syllogistischen Prinzipien abgeleitet worden sind teils nach syllogistischen Regeln, teils mit Hilfe der Regeln, deren Gültigkeit in § 72 postuliert worden ist. Für diese Ableitung war es zweckmäßig, Regeln des logischen Folgens gemäß § 43 (durch 'Abschwächung') in Regeln bloß regelmäßigen Folgens zu transformieren (siehe §§ 71 und 73), um die mit den Postulaten aus § 72 zum Ausdruck gebrachten Beziehungen des *regulären* Folgens transitiv zu machen und auf sie syllogistische Regeln des *logischen* Folgens anwenden zu können. Diese Transformation durch 'Abschwächung' setzt keineswegs die Gültigkeit syllogistischer Regeln des *logischen* Folgens außer Kraft. Vielmehr weist das Vorkommen syllogistischer Regeln, die 'abgeschwächt' heißen, darauf hin, daß das System der erweiterten deduktiven Logik die Gültigkeit syllogistischer Regeln voraussetzt, nach denen logisches Folgen im Sinne von § 43 stattfindet. Dies bedeutet, daß auch der axiomatische Funktionenkalkül diese Gültigkeit ebenso voraussetzt, wie er von den als gültig postulierten Regeln in § 72 abhängt, die nur mit regelmäßigem Folgen zu tun haben.

Da also dieser Kalkül nicht bloß von syllogistischen Prinzipien, sondern *auch* von den Postulaten in § 72 abhängt, bringt er mit ›$\mathfrak{A}_1$, ..., $\mathfrak{A}_n \models \mathfrak{A}$‹ nicht zum Ausdruck, daß $\mathfrak{A}$ aus $\mathfrak{A}_1$, ..., $\mathfrak{A}_n$ im Sinne von § 43 logisch folgt. Andernfalls müssten hier die Gründe des logischen Folgens dieselben sein wie die, aus denen ›A_1, ..., $A_n \therefore A$‹ gilt. Die durch ›... $\models$ ...‹ angedeutete Beziehung ist daher nur eine Unterart logischen Folgens, die als 'logisches Folgen in FK' bezeichnet werden könnte. Diese Bezeichnung würde auch darum zweckmäßig sein, weil es *verschiedene* axiomatische Logikkalküle gibt und diese sich dadurch voneinander unterscheiden lassen, daß sie

§ 81. *Korrektheit und Vollständigkeit* 359

nicht (wie *FK*) jedes der Postulate aus § 72 gelten lassen. (Näheres hierzu in *Anhang 6*.)

Was den syntaktischen und den semantischen Begriff der *logischen Wahrheit* angeht, so zeichnet sich der logische Funktionenkalkül dadurch aus, daß sein aussagenlogisches Vokabular wahrheitsfunktional ist. Die entsprechende Bedeutung der Zeichen für Verneinung und Bedingtheit kann daher unmittelbar durch Wahrheitstafeln definiert werden, und zwar auf diese Weise:

𝔄	~ ...
W	F
F	W

𝔄 𝔅	... ⊃ ...
WW	W
WF	F
FW	W
FF	W

Diese Tafeln zeigen, daß die Bedeutung von ›~ ...‹ und ›... ⊃ ...‹ von nichts anderem abhängt als vom Inhalt der Leerstellen, nämlich den Wahrheitswerten der Sätze, zu denen diese logischen Konstanten gehören. In dieser Hinsicht unterscheidet sich das aussagenlogische Vokabular der Syllogistik von dem des logischen Funktionenkalküls. Und nur in ihm kann daher das Vorkommen von *logischer* Wahrheit bei Sätzen angenommen werden, die dadurch zustande kommt, daß es eine den Wahrheitstafeln entsprechende Verteilung von Wahrheitswerten auf ihre Teilsätze gibt. Zu dem von Freges Gebrauch des Zeichens '⊢' inspirierten Symbolismus,[324] nach dem ›⊨ 𝔄‹ bedeutet: ›𝔄 ist logisch wahr‹, kann es in der Syllogistik nichts Entsprechendes geben. Zwar ist in Teil II dieser Abhandlung ›∗∴ A‹ ähnlich wie ›⊨ 𝔄‹ gebraucht worden (auch in der abgeschwächten Form ›∗≺ A‹). Denn als Zeichen für das logische Folgen von A aus der leeren Prämissenmenge vertritt ›∗∴ A‹ logisch gültige Ausdrücke, die durch Konditionalisierung logisch gültiger Schlussformen der Syllo-

---

[324] Frege nennt das Zeichen '⊢' „gemeinsames Prädicat für alle Urtheile", denn es vertrete den Ausdruck „ist eine Tatsache" (*Begriffsschrift* § 3, S. 4). Es setzt sich zusammen aus dem (senkrechten) „Urtheilsstrich" und dem (waagerechten) „Inhaltsstrich" (§ 2, S. 2). Diese Namen zeigen, daß Frege, anders als seine Nachfolger, seine Logik nicht für eine 'formale Logik' im Sinne Kants hielt („Ich wollte nicht eine abstracte Logik in Formeln darstellen, sondern einen Inhalt durch geschriebene Zeichen in genauerer und übersichtlicherer Weise zum Ausdruck bringen, als es durch Worte möglich ist." Frege, 'Über den Zweck der Begriffsschrift', *BA* S. 97).

gistik gebildet worden sind. Aber solche Ausdrücke vertreten keinen logisch wahren Satz. Die Übereinstimmung mit ihnen ist keine hinreichende, sondern nur eine notwendige Wahrheitsbedingung.[325]

Das Vorkommen von logischer Wahrheit in FK setzt ebenso wie das des logischen Folgens in FK sowohl die Gültigkeit syllogistischer Regeln des logischen Folgens als auch die Gültigkeit der in § 72 postulierten Grundregeln (VI. 3) bis (VI. 6) voraus.[326] Da nun jedes dieser Postulate für die Logik entbehrlich ist und darin entweder entfallen oder durch ein anderes ersetzt werden kann, lassen sich Alternativen zum axiomatischen Funktionenkalkül denken, in denen zwar nicht der semantische, wohl aber der syntaktische Begriff logischer Wahrheit aufrechterhalten bleibt. Der semantische ist an das Vorkommen von Wahrheitsfunktionen gebunden, das die Gültigkeit von Postulat (VI. 4) voraussetzt und dem der logische Funktionenkalkül seinen Namen verdankt. Deshalb gibt es axiomatische Logikkalküle, die nicht wahrheitsfunktional sind. Zum Beispiel lassen sich die oben aufgestellten Theoreme der Korrektheit und Vollständigkeit auf das intuitionistische, von Arend Heyting aufgestellte Axiomensystem eines aussagenlogischen Kalküls ohne Einschränkung anwenden.[327] Da in Heytings System die Abtrennungsregel gültig bleibt, ist es sogar möglich,

---

[325] Kant, *Kritik der reinen Vernunft*, A 59/ B 84-5 und A 796/ B 824.

[326] Logische Wahrheit in FK setzt daher, aufgrund von (VI. 5) und (VI. 6), ein nichtleeres *Universe of discourse* voraus. Sie hängt insofern von Postulaten ab, wie sie für die Mathematik charakteristisch sind (siehe § 72 Scholium). Bertrand Russell und andere Autoren haben die Ansicht vertreten, Wahrheit, die davon abhängt, daß das Universum nicht leer ist, könne keine *logische Wahrheit* sein, da es zwar wahr, aber nicht *logisch* wahr ist, daß es nicht leer ist. Siehe B. Russell, *Introduction to Mathematical Philosophy*, London 1919, S. 194–206; C. H. Langford, 'On Propositions belonging to Logic', *Mind 36*, 1927, S. 342–346. Russells Ansicht ist von W. V. O. Quine zurückgewiesen worden. Er hat in einer Polemik, 'Meaning and Existential Inference', *From a Logical Point of View*, 1953 – hier zitiert nach der revidierten Ausgabe von 1963, S. 160–167 – die Meinung vertreten: „from the point of view of utility in application it would be folly [...] to want to limit the laws of quantification theory in this way" (S. 162), d. h. es sei albern, die Gesetze des Funktionenkalküls auf diejenigen Gesetze einzuschränken, die für jedes Universum, nämlich auch für das leere Universum, gültig sind. Es empfehle sich vielmehr, den im Hinblick auf Anwendungen relativ nutzlosen Fall des leeren Universums außer Betracht zu lassen (S. 161). Quine hat hiermit zugegeben, daß der Anwendungsbereich des Funktionenkalküls wesentlich ein nicht-leeres Universum ist, und hätte sich mit Russell darauf einigen können, daß logische Wahrheit in FK mit gleichem Recht 'mathematisch' genannt werden darf.

[327] A. Heyting, 'Die formalen Regeln der intuitionistischen Logik', in: *Sitzungsberichte der Preußischen Akademie der Wissenschaften*, Physikalisch-mathematische Klasse, Jg. 1930, Berlin [1930], Bd. II, S. 42–56.

alle Axiome seines Systems (wie die des axiomatischen Funktionenkalküls) (siehe § 80) aus sich selbst abzuleiten und sie zugleich als Theoreme anzusehen.

ABSCHLUSS

§ 82. *Prinzipien und Regeln, von denen das vollständige System des Funktionenkalküls abhängt*

Das vollständige System der Axiome und Ableitungsregeln des Funktionenkalküls hängt nach § 78 unmittelbar von den Regeln (VI. 8), (VI. 11), (VI. 17), (VI. 18), (VI. 23) und (VI. 24) ab. Betrachtet man die Beweise, die oben (in § 74 und § 75) für die Gültigkeit dieser Regeln geführt worden sind, und geht man zurück auf die Prinzipien, von denen bei diesen Beweisen direkt oder indirekt Gebrauch gemacht worden ist, so wird man finden, daß es – abgesehen von den (zur Ableitung direkt oder indirekt in Anspruch genommenen) abgeschwächten und nicht-abgeschwächten Versionen der drei Metaregeln (I. 2), (I. 3) und (II. 1) sowie der Metaregel (VI. 7) – insgesamt *acht syllogistische* und *drei nicht-syllogistische Grundregeln* sind, von deren Gültigkeit das vollständige System der Axiome und Ableitungsregeln des Funktionenkalküls abhängt. Bei den syllogistischen Grundregeln handelt es sich um

(I.1) die Regel der doppelten Verneinung infolge einer Bejahung,
(II. 2) *Modus ponendo ponens,*
(III. 1) *Dictum de omni,*
(III. 3) Erste Expositionsregel,
(III. 7) Subalternation im schwachen logischen Quadrat,
(III. 8) Grundregel des universellen limitativen Satzes,
(III. 9) Grundregel des partikulären limitativen Satzes,
(III. 10) Grundregel des singulären limitativen Satzes.

Als nicht-syllogistische Grundregeln werden die drei Postulate der erweiterten deduktiven Logik in Anspruch genommen, nämlich

(VI. 3) das Postulat der beliebigen hinreichenden Bedingung,
(VI. 4) das Postulat des affirmativen Gebrauchs doppelter Negation und
(VI. 5–6) das Postulat der nicht-leeren Individuenbereiche.

Daß es sich bei diesen drei Postulaten um *nicht-syllogistische* Grundregeln handelt – nämlich um Regeln, deren Gültigkeit innerhalb der elementaren Syllogistik nicht in Anspruch genommen werden muß –, hatte ich im

§ 82. *Prinzipien und Regeln, von denen der Funktionenkalkül abhängt* 363

Ersten Teil dieser Abhandlung bereits vermutungsweise angenommen. Aber erst jetzt, nachdem ich im Zweiten Teil systematisch die Grundzüge des Aufbaus der Syllogistik und die Grundzüge des Aufbaus des Funktionenkalküls auseinandergesetzt habe, dürfte deutlich geworden sein, daß sich die elementare Syllogistik als dasjenige Gebiet der deduktiven Logik beschreiben läßt, in dem die Geltung der drei aufgezählten Postulate *nicht* vorausgesetzt zu werden braucht.

Da umgekehrt syllogistische Prinzipien im Gebiet des Funktionenkalküls als gültig vorausgesetzt werden müssen, hat sich die elementare Syllogistik im Vergleich zum Funktionenkalkül als das *grundlegendere* Gebiet der deduktiven Logik erwiesen: Dieser Kalkül wendet, mindestens implizit, syllogistische Regeln an, während die elementare Syllogistik ihrerseits von dessen Regeln und Gesetzen ganz unabhängig ist.

Das systematische Verhältnis, das zwischen der elementaren Syllogistik und dem Funktionenkalkül besteht, läßt sich noch etwas präziser beschreiben, wenn man das in § 80 erwähnte Theorem (4) und damit eines der Axiome des Funktionenkalküls noch etwas näher in Betracht zieht. Nach § 78 hängt seine Gültigkeit davon ab, daß die Singularisierungsregel (VI. 15) gültig ist, von der das Singularisierungsgesetz (VI. 24) in § 75 abgeleitet wurde. Der Beweis, der in § 74 für die Gültigkeit der *Regel* (VI. 15) geführt wurde, kam nur dadurch zustande, daß nicht nur Ausdrücke mit Begriffsvariablen, sondern auch Ausdrücke mit Begriffskonstanten ins Spiel kamen. Dieser Beweis beruht nämlich (direkt bzw. indirekt vermittelt durch die Regeln (VI. 12) und (VI. 14)) auf der Einsetzung von ζ und ξ in Ausdrücke von Regeln, die sich in syllogistischer Sprache formulieren lassen. Auf diese Weise zeigt sich, daß das Theorem (4) von Regeln des inhaltlichen Schließens abhängig ist. Genau Entsprechendes gilt für die Generalisierungsregeln (VI. 10)* und (VI. 11)* des Funktionenkalküls, deren Gültigkeit in § 74 mit den Regeln (VI. 10) und (VI. 11) bewiesen wird. Es gibt deshalb gute Gründe, den Funktionenkalkül nicht zum *formalen Teil* der deduktiven Logik zu rechnen, sondern ihn als eine spezielle Abteilung innerhalb der *Theorie des inhaltlichen Schließens* anzusehen. Da er die Geltung besonderer, nicht-syllogistischer Prinzipien voraussetzt, ist er allerdings nicht als ein Kalkül des inhaltlichen *syllogistischen* Schließens anzusehen, den ich im Fünften Abschnitt des Zweiten Teils beschrieben habe.

Die Syllogistik unterscheidet sich vom Funktionenkalkül also nicht nur durch den *fundamentaleren*, sondern auch durch den *formaleren* Charakter ihrer Regeln. Die Syllogistik ist, wie sich jetzt mit größerer Genauigkeit einsehen läßt, *formale Logik* (in einem engeren, präzise anzugebenden Sinne dieses Ausdrucks). Die heutzutage weit verbreitete und geradezu üblich gewordene Gleichsetzung von formaler Logik und Logik des klassischen Funktionen- oder Prädikatenkalküls (einschließlich seiner nichtklassischen Derivate) beruht offensichtlich auf einem tiefgreifenden Mangel an Einsicht in die logischen Voraussetzungen dieser Logik. Die Regeln des klassischen Funktionen- und Prädikatenkalküls sollten besser als Regeln *informellen deduktiven Schließens* angesehen werden.

Mit dem Status der Syllogistik, ein *fundamentaler* und *formaler* Teil der deduktiven Logik zu sein, hängt es zusammen, daß syllogistische Regeln für alles deduktive Schließen gelten. Aus diesem Grund ist die Syllogistik auch als *allgemeine Logik* anzusehen, oder genauer: als der *allgemeine Teil der deduktiven Logik*. Die Bezeichnung ›allgemeiner *Teil* der deduktiven Logik‹ hat den Vorzug, daß sie nicht das Mißverständnis aufkommen läßt, als würde die Syllogistik *alle* Regeln des deduktiven Schließens – statt Regeln alles deduktiven Schließens – enthalten können. In Wahrheit machen die syllogistischen Regeln nur einen äußerst kleinen Teil der Gesamtheit deduktiver Regeln aus –, was im Übrigen schon daraus ersichtlich ist, daß die Syllogistik *nicht alle Prinzipien* enthält, die beim deduktiven Schließen vorausgesetzt werden können.

§ 83. *Logische Form: Ein Rückblick auf gewonnene Ergebnisse*

Hier ist jetzt der Ort, einige Ergebnisse dieser Abhandlung zusammenzufassen und näher zu beleuchten, die in philosophischer Hinsicht besonders wichtig und interessant sind. Das wichtigste von ihnen ist in der Beantwortung der Frage enthalten: Worin besteht die *logische Form* einer Aussage? Man wird nicht sagen können, die gefundene Antwort liefere eine in jeder Hinsicht völlig neuartige Einsicht; – aber gerade der Umstand, daß hier Altbekanntes in neuem Licht erscheint, dürfte in den Augen mancher Leser etwas Überraschendes, wenn nicht sogar etwas ganz und gar Provozierendes an sich haben.

Man kann die gefundene Antwort wie folgt zusammenfassen:

Die logische Form einer Aussage ist genau das, was mit dem syllogistischen Satzschema, dem diese Aussage entspricht, zum Ausdruck gebracht wird. Sie ist, mit anderen Worten, genau dasjenige an einer Aussage, was von ihr übrig bleibt, wenn ihr begrifflicher Inhalt (nämlich das, wofür syllogistische Begriffsvariable stehen) außer Betracht gelassen wird. Hinter dieser Antwort verbirgt sich der alte Gedanke, daß die logische Form einer Aussage eine Konstellation von Aussage-Eigenschaften ist, die das Dutzend nicht übersteigen, das Kants Urteilstafel in symmetrischer An-

§ 83. *Logische Form*

ordnung aufzählt und „nicht mehr" enthält, „als was Aristoteles und seine unmittelbaren Schüler als logische Hauptmomente in der Urteils- und Schlußlehre angesehen haben."[328] Natürlich bedarf der alte Gedanke in zweierlei Hinsicht einer Präzision, wenn er richtig und haltbar sein soll, und diese Präzision ist gleichsam das Licht, in dem das Bekannte neuartig aussieht.

Erstens: Die qualitativen, relationalen und modalen Aussage-Eigenschaften dürfen, sofern sie zur logischen Form beitragen, nicht wahrheitsfunktional interpretiert oder als Eigenschaften aufgefaßt werden, die mit Hilfe einer wahrheitsfunktionalen Explikation interpretierbar sind; unterschiedliche Arten von Wahrheitsfunktionen haben nur indirekt etwas mit Unterschieden hinsichtlich der logischen Form zu tun, da wahrheitsfunktionale Ausdrücke – *auch* solche der Verneinung – Gebilde sind, die, wie ich oben gezeigt habe, eine logische Analyse zulassen, nach der sie gleichbedeutend sind mit Ausdrücken, die aus nicht-wahrheitsfunktionalen Ausdrücken zusammengesetzt sind. *Zweitens*: Quantitative Eigenschaften, sofern sie zur logischen Form einer Aussage beitragen, dürfen nicht verwechselt werden mit unterschiedlichen Arten der Sättigung von Aussagefunktionen; logische Formunterschiede hängen zwar davon ab, ob Leerstellen eines Funktionsausdrucks durch Individuenkonstanten oder gebundene Individuenvariable ausgefüllt werden. Aber zugleich sind an den Gebrauch dieser Zeichen besondere begriffliche Inhalte geknüpft, die von der logischen Form deutlich unterschieden werden können. Wie sich gezeigt hat, lassen diese Zeichen eine Analyse zu, nach der sie gleichbedeutend sind mit Wortverbindungen, die nur Begriffsausdrücke und logisches Vokabular der Syllogistik enthalten.

Die Frage nach der logischen Form ist in der Philosophie des 20. Jahrhunderts eine ihrer zentralen Fragen gewesen. Bertrand Russell und der junge Ludwig Wittgenstein – die sogar bereit waren, die logische Form von Aussagen mit dem Gegenstand der Philosophie überhaupt gleichzusetzen – hatten erkannt, daß sich die logische Form von Ausdrücken des Typs ›$F(a)$‹ nicht an ihrer Oberfläche manifestiert. Zugleich waren sie Verfechter der Ansicht, eine logische Analyse sprachlicher Ausdrücke sei stets die Aufgabe einer Zurückführung auf Wahrheits- und Aussagefunktionen. Eine solche Konstellation von Einstellungen hatte naturgemäß zur Folge, daß die Frage nach der logischen Form zu einem philosophischen Rätsel erster Ordnung werden mußte. Dieses Rätsel hat zwar der analyti-

---

[328] Klaus Reich, 'Die Vollständigkeit der Kantischen Urteilstafel', *Gesammelte Schriften*, Hamburg: Meiner, 2001, S. 4–5.

schen Sprachphilosophie einigen Auftrieb gegeben, insbesondere ihren Versuchen, das Wesen von Ausdrücken zu erkunden, für die ›a‹ in ›F (a)‹ steht – das Wesen der Eigennamen und der sogenannten singulären Termini. Aber das Rätsel selbst hat mit diesen Versuchen keine zufriedenstellende Lösung gefunden. Wir haben gesehen, daß schon die Unterscheidung zwischen singulären und generellen Termini auf fehlerhaften Voraussetzungen beruht und daß in der Frage nach dem Wesen der Eigennamen nicht für Klarheit gesorgt ist, solange die Frage nach dem Wesen der logischen Form keine angemessene Antwort erhalten hat.

Von dieser Antwort hängt es auch ab, wie man zu erklären hat, was eine *logische Folge* und was *logische Gültigkeit* ist.[329] Auch zu diesen beiden Fragen hat die vorliegende Abhandlung ein wichtiges Ergebnis erzielt: Ein Satz *p folgt logisch* aus einem oder mehreren Sätzen genau dann, wenn das Vorkommen von einer oder mehreren logischen Konstanten der Syllogistik bewirkt, daß unmöglich *p* falsch und jeder der übrigen beteiligten Sätze wahr ist. *Logisch gültig* ist ein Satz genau dann, wenn er gleichbedeutend ist mit einem Satz, der durch Konditionalisierung einer Regel erzeugt werden kann, nach der ein Satz aus einem oder mehreren Sätzen logisch folgt.

Demnach sind Tautologien nicht schon als solche logisch gültig. So kann ein tautologischer Satz der Form ›jedes α ist ein α‹ durchaus falsch sein, und zwar ist er es dann, wenn α ein leerer Begriff ist, so daß es keinen Gegenstand gibt, auf den er zutreffen könnte. Auch eine aus gleichlautenden Teilsätzen bestehende Tautologie der Form ›wenn A, so A‹ kann falsch sein. Denn es hängt vom *Inhalt* eines Satzes A ab, ob seine Wahrheit mit der Wahrheit von *N* A unverträglich ist, A also aus A folgt. Ersetzt man A an beiden Stellen durch *N* A, besteht eine solche Unverträglichkeit nicht, so daß ein Satz der Form ›wenn *N* A, so *N* A‹ falsch sein kann.

Nur die logische Form im angegebenen Sinn dieses Ausdrucks kann darüber entscheiden, ob ein Satz logisch gültig ist oder aus anderen Sätzen logisch folgt. Theoreme eines logischen Kalküls, von denen man (nach § 81) jeweils sagen kann, daß sie *in diesem Kalkül* 'logisch wahr' sind oder 'logisch' aus anderen Theoremen 'folgen', setzen die universelle Gültigkeit von Regeln und Gesetzen voraus, deren logische Form nur die Syllogistik darstellen kann.

---

[329] In § 81 habe ich gezeigt, daß es innerhalb des Funktionenkalküls eine Verwendungsweise der Ausdrücke ›logisch wahr‹ und ›folgt logisch‹ gibt, die mit den oben entwickelten Begriffen der logischen Gültigkeit und der logischen Folge kollidiert, daß aber diese Kollision durch eine geeignete Terminologie leicht beseitigt werden kann.

§ 84. Stadien in der Geschichte der Logik

> „Wenn man Erfinder sein will,
> so verlangt man der erste zu sein;
> will man nur Wahrheit,
> so verlangt man Vorgänger."
> (Kant, Refl. 2159)

Daß Altes in neuem Licht erscheint, bedeutet, daß Vergangenes auf neue Weise gesehen werden muß. – Kant schreibt in der zweiten Auflage der *Kritik der reinen Vernunft* von 1787, „die Logik" habe

> seit dem Aristoteles keinen Schritt rückwärts […] thun dürfen, wenn man ihr nicht etwa die Wegschaffung einiger entbehrlichen Subtilitäten oder deutlichere Bestimmung des Vorgetragenen als Verbesserungen anrechnen will, welches aber mehr zur Eleganz, als zur Sicherheit der Wissenschaft gehört. Merkwürdig ist noch an ihr, daß sie auch bis jetzt keinen Schritt vorwärts hat thun können und also allem Ansehen nach geschlossen und vollendet zu sein scheint. […] Es ist nicht Vermehrung, sondern Verunstaltung der Wissenschaften, wenn man ihre Grenzen in einander laufen läßt; die Grenze der Logik aber ist dadurch ganz genau bestimmt, daß sie eine Wissenschaft ist, welche nichts als die formalen Regeln alles Denkens (es mag *a priori* oder empirisch sein, einen Ursprung oder Object haben, welches es wolle, in unserem Gemüthe zufällige oder natürliche Hindernisse antreffen) ausführlich darlegt und strenge beweiset. / Daß es der Logik so gut gelungen ist, diesen Vortheil hat sie bloß ihrer Eingeschränktheit zu verdanken, dadurch sie berechtigt, ja verbunden ist, von allen Objecten der Erkenntniß und ihrem Unterschiede zu abstrahiren, und in ihr also der Verstand es mit nichts weiter, als sich selbst und seiner Form zu thun hat.[330]

Diese Stelle wird in modernen Logik- und Logikgeschichtsbüchern gerne angeführt, um zu belegen, einerseits wie groß und dauerhaft der Einfluß gewesen ist, den die Logik des Aristoteles über Jahrhunderte ausgeübt hat, andererseits wie befangen unter diesem Einfluß selbst große Philosophen gewesen sind, wenn es darum ging, den wirklichen Wert der aristotelischen Logik und deren Stellung innerhalb der Geschichte der Logik richtig einzuschätzen. Wie das Zitat belegt, rechnete Kant nicht nur nicht mit der Möglichkeit substantieller Fortschritte über Aristoteles hinaus, sondern er war anscheinend sogar bereit, eine solche Möglichkeit definitiv auszuschließen. Nach dem Bild, das moderne Handbücher und Standardwerke von der Geschichte der Logik zeichnen, hätte Kant nicht ein-

---

[330] I. Kant, *Kritik der reinen Vernunft*, B VIII–IX.

mal hundert Jahre lang zu warten brauchen, um seine Ansicht durch Tatsachen widerlegt zu finden.

Nach diesem Bild zerfällt die Geschichte der Logik in zwei große Hauptepochen. Die erste beginnt mit den *Analytica priora* des Aristoteles (383 – 322), die zweite mit der im Jahre 1879 veröffentlichten *Begriffsschrift* Freges (1848 – 1925). Die Einteilung in *traditionelle* und *moderne Logik* wird heute so gebraucht, daß sie der Einteilung in die Logik vor und nach 1879 entspricht.

„Logic is an old subject, and since 1879 it has been a great one."[331] – Mit Freges Werk hat ein dramatischer Aufschwung begonnen, der das einstmals kleine, zwischen zwei Buchdeckeln auf wenigen Seiten abzuhandelnde Gebiet der Logik zu einem Wissenschaftszweig hat werden lassen, der heute auch für Fachleute kaum noch zu überblicken ist. Eine Entwicklung, die bereits durch vereinzelte Vorläufer Freges angebahnt worden ist, hat letztendlich dazu geführt, daß sich die moderne Logik als weitverzweigtes mathematisches Forschungsgebiet etabliert hat. *Moderne* und *mathematische Logik* sind geradezu Synonyme geworden. Mathematisch heißt die moderne Logik aus zwei Gründen: Erstens ist sie selbst zu einem Objekt mathematischer Untersuchungen geworden; zweitens ist ihre Sprache geeignet, mathematische Beweise lückenlos darzustellen. Die traditionelle Logik ist zu einer solchen Darstellung faktisch nicht in der Lage gewesen.

Nun ist der Umstand, daß sich das Fachgebiet der Logik seit 1879 stark vergrößert hat und in die Mathematik hineingewachsen ist, eine Tatsache, die zwei verschiedene Deutungen zuläßt.

Nach der einen Deutung läßt sich der historische Vorgang so deuten, als habe im Zuge der Gebietserweiterung der Logik zugleich eine Umgestaltung ihrer Grundlagen stattgefunden, bei der sich die Syllogistik als selbständiges Logikgebiet aufgelöst habe und an ihre Stelle etwas Anderes getreten sei. Aus dieser Sicht, die heute der herrschenden Meinung der Logiker und Logikhistoriker entspricht, hat 1879 eine *Revolution innerhalb der Logik* stattgefunden, in der die aristotelische Syllogistik „als Paradigma" „abgelöst" worden sei.[332] Die Syllogistik habe *nach* der Revolution nur noch beanspruchen können, für Spezialfälle deduktiven Schließens zu gelten.[333] Die in dieser Sicht zum Ausdruck kommende revolutionäre

---

[331] W. V. O. Quine, *Methods of Logic*, vii.

[332] So sieht es z. B. Wolfgang Künne in seinem Aufsatz 'Gottlob Frege (1848–1925)', *Klassiker der Sprachphilosophie*, hrsg. von T. Borsche, München: Beck, 1996, S. 325.

[333] Siehe hierzu den Artikel 'Logic', in: *The Oxford Dictionary of Philosophy*, ed. by Simon Blackburn, Oxford: Oxford University Press, 1994, S. 221: „Syllogistic is now generally

§ 84. *Stadien in der Geschichte der Logik* 369

Deutung der Vorgänge von 1879 ist übrigens durch Frege selbst vorbereitet worden: Er hat in seiner *Begriffsschrift* die Meinung vertreten, „an die Stelle von Aristotelischen Schlußarten" seien logische Gesetze getreten, die sich innerhalb seines begriffsschriftlichen Systems ableiten lassen.[334]

Diese Meinung ist, wie in diesem Buch hoffentlich deutlich genug gezeigt worden ist, nicht aufrechtzuerhalten. Sie ist es jedenfalls insofern nicht, als man die aristotelische Schlußlehre interpretieren kann als eine Theorie, die im Wesentlichen mit Formen syllogistischer Argumentation zu tun hat, wie sie im ersten Abschnitt des Ersten Teils und in den ersten vier Abschnitten des Zweiten Teils dieser Abhandlung systematisch dargestellt worden sind. Diese Formen haben sich definitiv als Grundformen deduktiven Schließens herausgestellt.

Es liegt von daher nahe, die revolutionäre Deutung der modernen Logik aufzugeben und sie durch eine Beschreibung zu ersetzen, die mit ihrem Selbstbild nicht übereinstimmt.

Nach einer solchen Beschreibung hat mit der Entstehung und Verzweigung der mathematischen Logik lediglich eine Gebietserweiterung der deduktiven Logik stattgefunden, *ohne* daß durch diesen Vorgang die Autonomie ihres Kerngebiets, nämlich die Selbständigkeit der Syllogistik, beeinträchtigt worden wäre. So betrachtet haben sich neue, nichtsyllogistische Teilgebiete, die es vor 1879 nicht oder nur ansatzweise gegeben hat, an das Kerngebiet der Logik, das in wesentlichen Hinsichten mit der traditionellen, auf Aristoteles zurückgehenden Syllogistik zusammenfällt, angelagert.

Diese Beschreibung entspricht einer Sichtweise, die in ihren Grundzügen durchaus verträglich ist mit der Beurteilung, die Kant an der oben zitierten Stelle der Geschichte der Logik seit Aristoteles hat zuteil werden lassen. Sie entspricht dieser Sichtweise insbesondere insofern, als auch Kant bereit war, die von ihm als „formale Logik" bezeichnete Syllogistik nur als *Teil*, nämlich als den allgemeinen (reinen) Teil der deduktiven Logik anzusehen und von ihm andere, spezielle Teile zu unterscheiden, die er als Logiken des „besonderen Verstandesgebrauchs" bezeichnete und zu denen er die mathematische Logik rechnete (die zu seinen Lebzeiten freilich noch in ihren allerersten Anfängen steckte).[335] Wie der letzte Satz der am Anfang dieses § zitierten Stelle indirekt zeigt, bezieht sich

---

regarded as a limited special case of the forms of reasoning that can be represented within the propositional and predicate calculus. These form the heart of modern logic."

[334] Frege, *Begriffsschrift* § 6, S. 10.

[335] Vgl. Michael Wolff, *Die Vollständigkeit der kantischen Urteilstafel*, S. 204–230. Eine zweite, verbesserte Auflage dieses Buchs ist in Vorbereitung.

Kant dort nur auf den Teil der Logik, der es mit dem *allgemeinen* Verstandesgebrauch zu tun hat (vgl. *loc. cit.* A 52, B 76).

Wie konnte es trotzdem dazu kommen, daß die Neuerungen Freges von der Fachwelt geradezu einhellig so aufgenommen worden sind, als handele es sich um eine Umwälzung innerhalb der deduktiven Logik und nicht um ihre bloße Erweiterung durch ein spezielles, gleichwohl großes und für die Mathematik außerordentlich wichtiges Gebiet der Theorie des inhaltlichen deduktiven Schließens?

Diese Frage wird man nicht befriedigend beantworten können, ohne in Rechnung zu stellen, daß der nachhaltige Mangel an Einsicht in die Systematik der deduktiven Logik nicht etwa nur dem durch Frege geprägten Selbstbild der modernen Logik angehangen hat, sondern auch daher rührt, daß man es hat fehlen lassen an einer genauen logischen Analyse syllogistischer Systeme der Vergangenheit, die aufgrund ihrer überwiegend wortsprachlichen Form weniger deutlich haben erkennen lassen als moderne Logiksysteme, dass sie nicht mehr als einen Teil der deduktiven Logik ausmachen. Dazu wäre ein genauer semantischer Vergleich der Unterschiede im logischen Vokabular syllogistischer und moderner Systeme nötig gewesen. Beim Fehlen einer solchen Analyse konnte es immer so aussehen, als seien überlieferte syllogistische Systeme lediglich unvollkommene Vorläufer dessen, was man gemeinhin moderne Logik nennt.

Wenn es Kants Meinung gewesen ist, schon Aristoteles habe die Syllogistik auf ein wissenschaftliches Niveau gebracht, bei dem eine „deutlichere Bestimmung des Vorgetragenen" entweder ausgeschlossen war oder nur noch zu solchen „Verbesserungen" hat führen können, die „mehr zur Eleganz, als zur Sicherheit der Wissenschaft" beitragen (siehe das Zitat oben zu Fußnote 330), so hat er mit dieser Meinung offensichtlich nicht recht behalten. Es genügt, an die – erst im 19. und 20. Jahrhundert in voller Schärfe aufbrechenden – Fragen nach der Gültigkeit der Regeln des logischen Quadrats oder der Modalsyllogistik zu erinnern, um einzusehen, daß 'Sicherheit der Wissenschaft' in der überlieferten Syllogistik *kein geringeres* Desiderat gewesen ist als 'Eleganz'. Sicherheit hätte in ihr aber nur auf der Grundlage eines geeigneten umfassenden Systems hinreichend präziser und ausführlicher Definitionen erreicht werden können, mit denen die Bedeutung der Ausdrücke ihres logischen Vokabulars präzise festzulegen ist, und zwar in scharfer Abgrenzung gegenüber der Bedeutung von Ausdrücken des Funktionenkalküls. Weder Aristoteles noch Kant waren in der Lage, eine solche Abgrenzung vorzunehmen, einfach deshalb, weil es zu ihrer Zeit einen Funktionenkalkül noch nicht gab. Ein umfassendes System expliziter Definitionen zur hinreichend präzisen und ausführlichen Festlegung der Bedeutung logischer Konstanten konnte weder Aristoteles noch Kant hinterlassen haben, weshalb sich nur Ansätze zu solchen Definitionen bei ihnen finden lassen. Das Bedürfnis, ein entsprechendes Definitionssytem aufzustellen – und damit den Anfang zu einer modernisierten Syllogistik zu machen –, konnte naturgemäß erst auftreten, nachdem ein logischer Funktionenkalkül voll ausgebildet war.

ANHANG 1

ZUR VOLLSTÄNDIGKEIT EINER SYLLOGISTIK
OHNE LOGISCHE KONJUNKTION

(Zu § 40)

Die durch ›(..., ...)‹ wiederzugebende *elementare* Konjunktion – oben auch *Prämissenkonjunktion* genannt – gehört nicht zum logischen Vokabular, das zur Darstellung der elementaren Syllogistik im Ersten und Zweiten Teil dieser Abhandlung benötigt wurde. Die Sprache, die nur dieses logische Vokabular enthält und die ich am Ende von § 15 ›syllogistische Elementarsprache‹ genannt habe, nenne ich im Folgenden ›Sprache 1‹ und unterscheide von ihr eine ›Sprache 2‹, zu deren Vokabular nicht nur das logische Vokabular der Sprache 1, sondern außerdem die logische Konstante ›(..., ...)‹ gehört. Schließlich läßt sich noch eine dritte Sprache denken, die sich zur Sprache 2 ganz ähnlich verhält wie die Sprache 1 zur Sprache 2, weil sie sich von dieser genau dadurch unterscheidet, daß in ihr die logische Konstante ›H (..., ...)‹ nicht vorkommt. Diese Sprache nenne ich ›Sprache 3‹.

Es liegt nahe, die Sprachen 1 und 3 im Hinblick auf ihre Leistungsfähigkeit zu vergleichen. Dazu benötigt man die übergeordnete Sprache 2. Denn nur in dieser lassen sich Regeln formulieren, nach denen Ausdrücke der Sprache 1 zu Ausdrücken der Sprache 3 in eine logische Beziehung gesetzt und miteinander verglichen werden können. Die Ausdrücke, auf die es für den gewünschten Vergleich ankommt, sind natürlich die Ausdrücke der Grundregeln, die jeweils nur in den zu vergleichenden Sprachen wiedergegeben werden können. Was die Sprache 1 betrifft, gehören dazu vor allem die Grundregeln, die ich oben in den §§ 44 und 48 aufgeführt habe. Was die Leistungsfähigkeit der Sprache 1 angeht, ist zu fragen, ob es zu den hypothetischen Ausdrücken, die in den Grundregeln des hypothetischen Schließens vorkommen, Ausdrücke der Sprache 3 mit gleicher logischer Stärke gibt; und umgekehrt: ob es zu jedem Ausdruck der Sprache 3 einen Ausdruck gleicher logischer Stärke in der Sprache 1 gibt. Dabei sind mit Ausdrücken gleicher logischer Stärke genau solche gemeint, für die es Regeln in der Sprache 2 gibt, nach denen der eine Ausdruck aus dem anderen ableitbar ist und umgekehrt. Man kann sagen, daß die Leistungsfähigkeit der Sprachen 1 und 3 (in bestimmter Hinsicht) gleich groß ist, wenn es zu jedem Ausdruck der einen Sprache einen Ausdruck der anderen Sprache mit gleicher logischer Stärke gibt.

Die Frage, die jetzt aufzuwerfen ist, lautet: Welche gültigen Regeln, die Ausdrücke der Sprachen 1 und 3 in eine logische Beziehung setzen, sind es, die sich in der Sprache 2 formulieren lassen? Um diese Frage beantworten zu können, muß man auf die Definitionen zurückgehen, aus denen sich jeweils die Grundregeln ergeben, die für Ausdrücke der zu vergleichenden Sprachen gelten. Dies sind die Definitionen des hypothetischen Satzgefüges und der Prämissenkonjunktion. Nach der Definition des § 47 ist ein hypothetisches Satzgefüge der Form H (A, B) genau dann wahr, wenn B aus A regelmäßig folgt; und nach der Definition der regelmäßigen Folge in § 43 folgt B genau dann regelmäßig aus A, wenn A und C, mit C = N B und B = N C, unverträglich sind. Nun läßt sich die Unverträglichkeit zweier Sätze A und C sogleich definieren als eine Beziehung, die genau dann besteht, wenn NM (A, C) wahr ist (siehe unten *Anhang* 4). Daraus ergibt sich, daß außer den Grundregeln des § 48 auch noch die beiden folgenden Regeln gelten und sich in der Sprache 2 formulieren lassen:

H (A, B) :: NM (A, N B), (2. 1)
H (A, N B) :: NM (A, B). (2. 2)

Dagegen läßt sich auf die Definition der Prämissenkonjunktion, die ich in § 30 aufgestellt habe, unmittelbar keine Regel stützen, die in der Sprache 2 wiedergegeben werden könnte und in der eine logische Beziehung zur Form hypothetischer Sätze zum Ausdruck kommen würde. Denn nach dieser Definition ist die Bedeutung einer Prämissenkonjunktion

›(..., ...)‹,

so festgelegt, daß für jede Interpretation, nach der A und B Sätze sind, die wahr oder falsch sind, gilt:

(1) (A, B) ist wahr, wenn A und B beide wahr sind oder N (A, B) falsch ist; und (2) (A, B) ist falsch, wenn es möglich ist, daß A oder B falsch und darum N A oder N B wahr ist.

Aus dieser Definition ergibt sich nicht unmittelbar eine logische Beziehung zur Form hypothetischer Sätze. Vielmehr lassen sich auf diese Definition unmittelbar nur die folgenden drei (zur Sprache 3 gehörigen) Grundregeln stützen:

A, B ∴ (A, B), (3. 1)
B, A ∴ (A, B), (3. 2)
NN (A, B) ∴ (A, B). (3. 3)

Es läßt sich nun aufgrund der Regeln (2. 1), (2. 2) und (3. 1) zeigen, daß es zu bestimmten Ausdrücken der Form H (A, B) bestimmte Ausdrücke mit gleicher logischer Stärke in Sprache 3 gibt, und umgekehrt auch zu bestimmten Ausdrücken der Form (A, B) bestimmte Ausdrücke in Sprache 1. Das heißt, es gelten zwei weitere Regeln, die in der Sprache 2 formulierbar sind:

H (A, B) :: N (A, C) (mit C = N B oder B = N C),	(2. 3)
(A, B) :: NH (A, C) (mit C = N B oder B = N C).	(2. 4)

Um die Gültigkeit dieser beiden Regeln zu beweisen, muß man für die Teilregeln, die sie enthalten, gesonderte Beweise führen. Hier sind zunächst die Beweise der vier Teilregeln, die durch (2. 3) zusammengefaßt werden:

H (A, B) ∴ N (A, N B)   (2. 3. 1)

Beweis:

[1]	H (A, B) ∴ NM (A, N B)	(2. 1)
[2]	NM (A, N B) ∴ LN (A, N B)	(IV. 4)
[3]	LN (A, N B) ∴ N (A, N B)	(IV. 1)
[4]	H (A, B) ∴ N (A, N B)	(I. 4) [1, 2, 3]

N (A, N B) ∴ H (A, B)   (2. 3. 2)

Beweis:

[1]	A, N B ∴ (A, N B)	(3. 1)
[2]	N (A, N B), A ∴ NN B	(I. 2) [1]
[3]	N (A, N B) ∴ H (A, NN B)	(II. 1) [2]
[4]	H (A, NN B) ∴ NM (A, N B)	(2. 2)
[5]	NM (A, N B) ∴ H (A, B)	(2. 1)
[6]	N (A, N B) ∴ H (A, B)	(I. 4) [3, 4, 5]

H (A, N C) ∴ N (A, C)   (2. 3. 3)

Beweis:

[1]	H (A, N C) ∴ NM (A, C)	(2. 2)
[2]	NM (A, C) ∴ LN (A, C)	(IV. 6) [1]
[3]	LN (A, C) ∴ N (A, C)	(IV. 1) [2]

N (A, C) ∴ H (A, N C)   (2. 3. 4)

Beweis:

[1]	A, C ∴ (A, C)	(3. 1)
[2]	N (A, C), A ∴ N C	(I. 2) [1]

[3] $N(A, C) \therefore H(A, NC)$ (II. 1) [2]

Ebenso lassen sich die vier Teilregeln beweisen, die durch (2. 4) zusammengefaßt werden. Hierfür ist es nötig, die Gültigkeit der Regeln (2. 3. 1.) bis (2. 3. 4.) vorauszusetzen:

$(A, B) \therefore NH(A, NB)$ **(2. 4. 1)**

Beweis:

[1] $H(A, NB) \therefore N(A, B)$ (2. 3. 3)
[2] $NN(A, B) \therefore NH(A, NB)$ (I. 2) [1]
[3] $(A, B) \therefore NN(A, B)$ (I. 1)
[4] $(A, B) \therefore NH(A, NB)$ (I. 4) [3, 2]

$NH(A, NB) \therefore (A, B)$ **(2. 4. 2)**

Beweis:

[1] $N(A, B) \therefore H(A, NB)$ (2. 3. 4)
[2] $NH(A, NB) \therefore NN(A, B)$ (I. 2) [1]
[3] $NN(A, B) \therefore (A, B)$ (3. 3)
[4] $NH(A, NB) \therefore (A, B)$ (I. 4) [2, 3]

$(A, NC) \therefore NH(A, C)$ **(2. 4. 3)**

Beweis:

[1] $H(A, C) \therefore N(A, NC)$ (2. 3. 1)
[2] $NN(A, NC) \therefore NH(A, C)$ (I. 2) [1]
[3] $(A, NC) \therefore NN(A, NC)$ (I. 1)
[4] $(A, NC) \therefore NH(A, C)$ (I. 4) [3, 2]

$NH(A, C) \therefore (A, NC)$ **(2. 4. 4)**

Beweis:

[1] $N(A, NC) \therefore H(A, C)$ (2. 3. 2)
[2] $NH(A, C) \therefore NN(A, NC)$ (I. 2) [1]
[3] $NN(A, NC) \therefore (A, NC)$ (3. 3)
[4] $NH(A, C) \therefore (A, NC)$ (I. 4) [2, 3]

Diese acht Beweise zeigen *erstens*, daß jeder verneinte und unverneinte Ausdruck der Form $H(A, B)$ aus Sprache 1 (mit beliebigen Einsetzungen für A und B) ersetzbar ist durch einen äquivalenten ‹›Ausdruck aus Sprache 3, und *zweitens*, daß auch umgekehrt jeder verneinte und unverneinte Ausdruck der Form (A, B) aus Sprache 3 (mit beliebigen Einsetzungen für A und B) ersetzbar ist durch einen äquivalenten Ausdruck aus Sprache 1.

Wegen der Äquivalenz dieser Ausdrücke darf man mit Alexander von Aphrodisias auch annehmen, dass sie ohne Bedeutungsverlust ineinander übersetzt werden können, so dass z. B. ›H (A, B)‹ und ›N (A, N B)‹ gleichbedeutend sind mit ›A ist unverträglich mit N B ‹.[336]

Allerdings kann dies nicht bedeuten, dass die Sprachen 1 und 3 *als ganze* durcheinander ersetzbar sind. Welches logische Vokabular in einem logischen System, wie es die Syllogistik ist, benötigt wird, hängt maßgeblich von derjenigen Sprache ab, die für die Aufstellung ihrer Grundregeln gebraucht wird. Zu diesen Regeln gehören nicht nur Schlußformen, aus denen andere Schlussformen abzuleiten sind, die aber selbst keiner Ableitung bedürfen, weil sie (wie z. B. der *Modus ponendo ponens*) aufgrund der Bedeutung des logischen Vokabulars gültig sind, das in ihnen gebraucht wird. Zu den Grundregeln gehören vielmehr auch die metalogischen Regeln, nach denen Schlußformen aus anderen Schlußformen abgeleitet werden.

Man kann an den in Sprache 2 geführten Beweisen der Gültigkeit der acht Regeln (2. 3. 1) bis (2. 4. 4) erkennen, daß es keine metalogische Regel aus Sprache 3 gibt, die hier zur Anwendung gekommen wäre, wohl aber eine aus Sprache 1, nämlich das Prinzip der Konditionalisierung (II. 1). Von diesem Prinzip hängen, wie man sicht, die Beweise für die Gültigkeit von (2. 3. 2) und (2. 3. 4) ab, indirekt also auch die für die von (2. 4. 2) und (2. 4. 4). Benötigt wird dieses Prinzip hier, um die Form eines Schlusses aus zwei Prämissen in eine Form zu verwandeln, bei der eine der beiden Prämissen zum Antezedens einer hypothetischen Konklusion wird. Dieses Prinzip ist allgemeingültig, weil regelmäßiges Folgen einer Konklusion B aus einer von mehreren Prämissen, A, dasselbe bedeutet wie H (A, B) (siehe § 48). Weil *alles* logische Folgen regelmäßiges Folgen ist, läßt sich dieses Prinzip allgemein zur Ableitung von Schlußweisen aus anderen Schlußweisen gebrauchen.

Im Unterschied zu ›H (..., ...)‹ ist aber der Ausdruck ›(..., ...)‹ unfähig, das Bestehen einer Folgebeziehung wiederzugeben, die in jeder Schlußform vorkommen muss, aus der eine andere Schlußform abzuleiten ist. Darum enthält Sprache 3 keinen Ausdruck, mit dem sich eine metalogische Regel zur Ableitung von Schlussformen aus anderen Schlußformen aufstellen ließe. Und daraus resultiert, daß hinsichtlich des logischen Vokabulars für die Grundregeln der elementaren Syllogistik die Sprache 1 nur teilweise, aber nicht vollständig durch die Sprache 3 ersetzt werden

---

[336] Alexander von Aphrodisias, I an. Pr. 264, 14–7 und 264, 33. Vergleiche Michael Frede, Die stoische Logik, S. 251–152.

kann. Nur in umgekehrter Richtung ist eine vollständige Ersetzung möglich, wie der in diesem Anhang beschriebene Gebrauch von Sprache 2 beweist.

Anhang 2
Mathematische Induktion
ohne Prädikatenlogik höherer Stufe

(Zu § 28 und § 37)

Das Prinzip der vollständigen Induktion kann als Satzschema dargestellt werden:

$(A(0) \supset ((\forall n)(A(n) \supset A(n+1)) \supset (\forall n) A(n)))$, für $n \in \mathbb{N}$.

Dabei sei angenommen, daß A einer der logischen Funktionsausdrücke $F_1(x), \ldots, F_m(x)$ ist, mit $m > 1$, und daß jeder dieser Ausdrücke eine Abkürzung ist für jeweils einen konkreten offenen Satz, unter anderem zum Beispiel für den Satz ›$x + x = 2x$‹. Das obige Satzschema ist daher gleichbedeutend mit dem Satzschema

$(F_i(0) \supset ((\forall n)(F_i(n) \supset F_i(n+1)) \supset (\forall n) F_i(n)))$, für $n \in \mathbb{N}$,

mit $n \geq i \geq 1$. Logisch präziser könnten wir stattdessen auch schreiben:

$[n \in \mathbb{N}] \supset (F_i(0) \supset ((\forall n)(F_i(n) \supset F_i(n+1)) \supset (\forall n) F_i(n)))$.

Frege hat in seiner *Begriffsschrift* einen Beweis für die Gültigkeit des Prinzips der mathematischen Induktion geführt, bei dem er Gebrauch macht vom Funktionenkalkül zweiter Stufe. Im Folgenden soll gezeigt werden, wie dieser Gebrauch vermieden werden kann.

Freges Beweis beruht auf drei Definitionen. Die erste Definition[337] soll festlegen, was es bedeute, daß eine Eigenschaft in einer bestimmten Reihe von Eigenschaftsträgern erblich ist. Diese Definition sieht bei Frege so aus, daß er für das Definiendum den Ausdruck wählt:

›die Eigenschaft F vererbt sich in der f–Reihe‹,

und das zugehörige Definiens in eine begriffsschriftliche Formel kleidet, die dem folgenden Ausdruck entspricht:

$(\forall y)(F(y) \supset (\forall x)(f(y, x) \supset F(x)))$.

Sinngemäß ist in dieser Formel mit den Teilausdrücken ›$F(x)$‹ und ›$F(y)$‹ dasselbe gemeint wie mit ›$F_i(x)$‹ bzw. ›$F_i(y)$‹. Das heißt, es handelt sich bei diesen Teilausdrücken nicht um die Abkürzung für einen bestimmten

[337] Siehe *Begriffsschrift* § 24, Definition 69, S. 55.

konkreten offenen Satz, sondern um einen schematischen Ausdruck, der die Rolle eines Stellvertreters für eine beliebige Abkürzung dieser Art spielt. Die Rede von einer „Eigenschaft F" dient Frege dementsprechend als Sammelbezeichnung für alle diejenigen Eigenschaften, die man einem Gegenstand a zuschreiben würde, würde man $F_i(x)$ durch einen der offenen Sätze $F_1(x)$, ..., $F_n(x)$ und in jedem dieser Sätze x durch a ersetzen. Was Frege „Eigenschaft F" nennt, ist daher, in der von mir bevorzugten Formelsprache ausgedrückt, dasselbe wie die Eigenschaft $('x) F_i(x)$.[338] Freges erste Definition ist insofern darauf angelegt, den Ausdruck

›die Eigenschaft $('x) F_i(x)$ vererbt sich in der f–Reihe‹

durch die Formel

$(\forall y)(F_i(y) \supset (\forall x)(f(y, x) \supset F_i(x)))$

ersetzbar zu machen.

Die zweite Definition, auf der Freges Beweis beruht,[339] hat die Aufgabe zu erklären, was es für einen Gegenstand y heißt, in der f–Reihe auf einen Gegenstand x zu folgen. Mit anderen Worten, das Definiendum ist hier:

›y folgt in der f–Reihe auf x‹.

Frege schlägt als Definiens einen Ausdruck vor, der in der Sprache des Funktionenkalküls zweiter Stufe formuliert ist. Dieser Ausdruck entspricht der folgenden Formel:

$(\forall \Phi)([\Phi \text{ vererbt sich in der f–Reihe}] \supset ((\forall x)(f(w, x) \supset \Phi(x)) \supset \Phi(y)))$.

In Worten könnte man diese Formel etwa so wiedergeben: ›Für jede Eigenschaft Φ gilt: Φ vererbt sich in der f–Reihe nicht, ohne daß gilt: $((\forall x)(f(w, x) \supset \Phi(x)) \supset \Phi(y))$.‹

Was ist hier mit ›Eigenschaft Φ‹, im Unterschied zu dem, was Frege „Eigenschaft F" nennt, gemeint? Der Sache nach kann mit Eigenschaften Φ nichts Anderes gemeint sein als Eigenschaften, die in der Reihe $('x) F_1(x)$, ..., $('x) F_m(x)$, mit $m > 1$, aufzählbar sind, also Eigenschaften, die durch den Ausdruck ›$('x) F_i(x)$, mit $m \geq i \geq 1$,‹ zusammengefaßt werden. Denn eben dies sind nach dem oben Gesagten die Eigenschaften, die als erbliche Eigenschaften in Betracht kommen. Der Ausdruck ›$('x) F_i(x)$, mit $m \geq i \geq$

---

[338] Zur Erläuterung dieses Ausdrucks siehe oben § 27 und § 64-5.
[339] Siehe *Begriffsschrift* § 26, Definition 76, S. 60–62.

1,‹ läßt sich auf jede dieser Eigenschaften beziehen. Der Umstand, daß Frege sich keiner Indexschreibweise, sondern seiner Begriffsschrift bedient, bringt ihn allerdings hier in die Situation, genötigt zu sein, die *allquantifizierte Funktionsvariable* Φ einzuführen,[340] um mit ihr auf alle Eigenschaften $('x)\, F_i(x)$, mit $m \geq i \geq 1$, aus der Reihe $('x)\, F_1(x), \ldots, ('x)\, F_m(x)$, mit $m > 1$, bezugnehmen zu können. Der Übergang zu einem Ausdruck des sogenannten Funktionenkalküls höherer Stufe, d. h. die Ersetzung von ›$F(x)$‹ und ›$F(y)$‹ durch allquantifizierte Funktionsvariablen ›$\Phi(x)$‹ bzw. ›$\Phi(y)$‹ im Definiens der Definition von ›y folgt in der f–Reihe auf x‹, erklärt sich durch Freges Bestreben, zu einer korrekten Definition dieses Ausdrucks zu gelangen. Würde das Definiens dieser Definition in der Formel

[F vererbt sich in der f–Reihe] $\supset ((\forall x)\,(f(w, x) \supset F(x)) \supset F(y))$

bestehen, so könnte der Buchstabe F in dieser Formel entweder nur eine Konstante oder ein Stellvertreter für Konstanten, d. h. eine Variable oder ein schematischer Buchstabe sein. Im ersten Fall wäre der Inhalt dieser Formel zu speziell, um noch mit dem Definiendum gleichbedeutend zu sein. Denn in diesem Fall würde mit F nur genau eine der vielen Eigenschaften $('x)\, F_1(x), \ldots, ('x)\, F_m(x)$ als erblich aufgefaßt. Im anderen Fall würde die Definition aus einem anderen Grund nicht korrekt sein. Denn das Definiens einer korrekten Definition kann nur dann eine Variable ungebunden enthalten, wenn sie auch im zugehörigen Definiendum ungebunden vorkommt. Andernfalls wäre der definierende Ausdruck mit dem definierten Ausdruck nicht gleichbedeutend. Daher müssen ›$F(x)$‹ und ›$F(y)$‹ in der Formel des Definiens durch Ausdrücke ersetzt werden, die weder zu speziell sind noch eine unzulässige Vervielfältigung ungebundener Variablen bewirken. Übrigens brächte auch eine Formel wie diese:

[$('x)\, F_i(x)$ vererbt sich in der f–Reihe] $\supset ((\forall x)\,(f(w, x) \supset F_i(x)) \supset F_i(y))$,

keine korrekte Definition. Das Definiens würde mit ›i‹ eine ungebundene Variable enthalten, die auch im zugehörigen Definiendum ungebunden vorkommt. Aber ›F_i‹ ist keine Konstante, sondern spielt die Rolle eines Zeichens, das man in eine Konstante erst dadurch verwandeln würde, daß man an die Stelle des Indexbuchstabens i ein bestimmtes Zahlzeichen setzt. Was Freges Lösung des Problems betrifft, so besteht sie darin, ›$F(x)$‹ und ›$F(y)$‹ durch ›$\Phi(x)$‹ bzw. ›$\Phi(y)$‹ zu ersetzen und mit einem Allquan-

---

[340] Frege verwendet statt ›Φ‹ einen großen Frakturbuchstaben.

tor, dem Präfix ›($\forall\,\Phi$) ...‹, zu verknüpfen. Dieser Quantor bewirkt, daß x und y im Definiens und im Definiendum der Definition die einzigen ungebundenen Variablen sind.

Aus Gründen, die ich oben in § 28 beschrieben habe, sollte man diese Lösung aber nur als eine Verlegenheitslösung ansehen. Die dieser Lösung zugrundeliegende Ansicht, man dürfe offene Sätze der Form $F(x)$ als Ausdrücke für Eigenschaften ansehen und diese Ausdrücke durch Variablen vertreten lassen, über die man quantifizieren dürfe, obwohl sie ihrerseits nur ungesättigte, damit für sich genommen sinnlose Ausdrücke der Form $\Phi(x)$ sind, ist unhaltbar. Es bleibt daher dabei, daß die Eigenschaften, von denen in Freges Definition erblicher Eigenschaften die Rede ist, durch Bezeichnungen wie ›F‹, ›Φ‹, ›Eigenschaft F‹ oder ›Eigenschaft Φ‹ nicht adäquat bezeichnet werden können, wohl aber der Reihe nach durch ›$('x)\,F_1(x)$, ..., $('x)\,F_m(x)$, mit $m > 1$‹, aufzählbar sind und durch den Ausdruck ›$('x)\,F_i(x)$, mit $m \geq i \geq 1$,‹ bezeichnet werden können.

›F_i‹ spielt die Rolle eines schematischen Ausdrucks nur, solange i so etwas wie eine ungebundene Variable ist. Indessen kann man i binden dadurch, daß man als Bedingung explizit festsetzt: $(\forall\,i)\,(i \geq 1)$. Man erhält demnach ein geeignetes Definiens für ›y folgt in der f–Reihe auf x‹, wenn man die zuletzt betrachtete Formel ersetzt durch einen Ausdruck, der eine solche explizite Festsetzung enthält, nämlich wenn man schreibt:

$(\forall\,i)\,(i \geq 1) \supset ([('x)\,F_i(x)$ vererbt sich in der f–Reihe$] \supset ((\forall\,x)\,(f(w,x) \supset F_i(x)) \supset F_i(y)))$.

Frege hätte ein solches Definiens im Rahmen seines logizistischen Programms nicht zulassen dürfen, das darauf angelegt war, die Sprache der Arithmetik auf eine begriffsschriftliche Sprache zurückzuführen. Denn ›$i \geq 1$‹ ist offensichtlich kein begriffsschriftlicher, sondern ein arithmetischer Ausdruck. Um den Rahmen der begriffsschriftlichen Formelsprache nicht sprengen zu müssen, mußte es Frege in Kauf nehmen, Funktionsvariable in Analogie zu Individuenvariablen zu behandeln, nämlich so, als ob Funktionsvariable keine Leerstelle für Konstanten mit sich führen würden und als ob es deshalb problemlos möglich wäre, auch solche Variablen durch einen Quantor zu binden.

Sehen wir zu, was sich für den Beweis der Gültigkeit des Prinzips der mathematischen Induktion ergibt, wenn man darauf verzichtet, einen Funktionenkalkül zweiter Stufe ins Spiel zu bringen. Man kann den Beweis stützen auf die Formel, die ich zuletzt aufgestellt habe als Alternative zu dem Ausdruck, der nach Freges zweiter Definition an die Stelle von ›y folgt in der f–Reihe auf x‹ treten soll, nämlich auf die Formel:

$(\forall i)$ $(i \geq 1) \supset ([('x) F_i(x)$ vererbt sich in der f–Reihe$] \supset ((\forall x) (f(w, x) \supset F_i(x)) \supset F_i(y)))$.

Um die Darstellung des Beweises ein wenig zu vereinfachen,[341] verwende ich den einstelligen Funktionsausdruck ›φ (y)‹ anstelle des zweistelligen Funktionsausdrucks ›f (y, x)‹. Ich vereinfache auf diese Weise den Ausdruck für das Definiens der ersten Definition, indem ich ›$(\forall y)$ $(F_i(y) \supset (\forall x)$ (f $(y, x) \supset F_i(x)))$‹ durch ›$(\forall y)$ $(F_i(y) \supset (\forall x) (\varphi(y) \supset F_i(x)))$‹ ersetze. Dieser Ausdruck werde weiter vereinfacht, indem die darin auftretende Teilformel ›$(x) (\varphi(y) \supset F_i(x))$‹ durch ›$F_i(\varphi(y))$‹ ersetzt wird. Das Definiens der ersten Definition, d. h. der Ausdruck, der an die Stelle von ›die Eigenschaft $('x) F_i(x)$ vererbt sich in der f–Reihe‹ treten darf, hat dann die Kurzform:

$(\forall y)$ $(F_i(y) \supset F_i(\varphi(y)))$.

Durch genau entsprechende Vereinfachungen gelangt man zu einer Kurzform des Definiens der zweiten Definition, d. h. des Ausdrucks, der an die Stelle von ›y folgt in der f–Reihe auf x‹ treten darf: Ich ersetze die darin auftretende Teilformel ›$(\forall x)$ (f $(w, x) \supset F_i(x))$‹ durch den abkürzenden Ausdruck ›$F_i(\varphi(x))$‹. Das Definiens der zweiten Definition hat dann, nach Anwendung der Importationsregel, die vereinfachte Form:

$((\forall i) (i \geq 1) \& [('x) F_i(x)$ vererbt sich in der φ–Reihe$] \& F_i(\varphi(x))) \supset F_i(y)$.

Aus der zweiten Definition folgt dementsprechend:

(1) [y folgt in der φ–Reihe auf x] ⊃
$((\forall i) (i \geq 1) \& [('x) F_i(x)$ vererbt sich in der φ–Reihe$] \& F_i(\varphi(x))) \supset F_i(y)$.

Durch Exportation und Antezedensvertauschung ergibt sich aus (1) eine Formel, die Freges Theorem 78 entspricht:[342]

(2) $[('x) F(x)$ vererbt sich in der φ–Reihe$]$
$\supset (F_i(\varphi(x)) \supset ([y$ folgt in der φ–Reihe auf x$] \supset ((\forall i) (i \geq 1) \supset F_i(y))))$.

---

[341] Die im Folgenden benutzten Vereinfachungen entsprechen den von Ulrich Nortmann verwendeten Vereinfachungen. Vergleiche U. Nortmann, 'Kants Urteilstafel', *Zeitschrift für philosophische Forschung*, 52, 1998, S. 417.

[342] *Begriffsschrift*, § 27, S. 63.

Aus der ersten Definition gewinnt man in entsprechender Weise, durch Spezialisierung des ersten Definiens mit x für y:

(3) $[('x) F_i(x)$ vererbt sich in der φ–Reihe$] \supset (F_i(x) \supset F_i(\varphi(x)))$.

Nach Freges zweitem Axiom, dem aussagenlogischen Gesetz ›$(p \supset (q \supset r)) \supset ((p \supset q) \supset (p \supset r))$‹, ergibt sich aus (2) eine Formel, die Freges Theorem 79 entspricht:[343]

(4) $([('x) F(x)$ vererbt sich in der φ–Reihe$] \supset F(\varphi(x))) \supset ([('x) F_i(x)$ vererbt sich in der φ–Reihe$] \supset ([y$ folgt in der φ–Reihe auf $x] \supset ((\forall i)(i \geq 1) \supset F_i(y))))$.

Nach einer Antezedensvertauschung in (3) folgt aus (3) und (4) durch einen Schluß nach der Abtrennungsregel eine Formel, die Freges Theorem 81 entspricht:[344]

(5) $F_i(x) \supset ([('x) F_i(x)$ vererbt sich in der φ–Reihe$] \supset ([y$ folgt in der φ–Reihe auf $x] \supset ((\forall i)(i \geq 1) \supset F_i(y))))$.

(5) ist also eine Formel, die von beiden Definitionen abhängt.

Auf seinem Theorem 81, so vermerkt Frege, "beruht die Bernoullische Induction."[345] Der Übergang zum Beweisprinzip für die mathematische Induktion kann in entsprechender Weise im Ausgang von Formel (5) gemacht werden. Aus (5) ergibt sich durch Generalisierung über x sowie durch anschließende Spezialisierung mit der Ziffer 0:

(6) $F_i(0) \supset ([('x) F_i(x)$ vererbt sich in der φ–Reihe$] \supset ([y$ folgt in der φ–Reihe auf $0] \supset ((\forall i)(i \geq 1) \supset F_i(y))))$.

An den Teilausdruck ›[y folgt in der φ–Reihe auf 0]‹ kann der Ausdruck ›$\vee$ $y = 0$‹ angehängt werden, da der erste Teilausdruck ›$F_i(0)$‹ besagt, daß $F_i(y)$ gilt, falls $y = 0$. Außerdem kann (6) über y generalisiert werden, wobei

---

[343] Ebenda, S. 63.
[344] Ebenda, S. 63.
[345] *Begriffsschrift*, S. 64. Jakob Bernoulli gebraucht die Schlußweise der mathematischen Induktion in 'Demonstratio rationum etc.' *Acta eruditorum* 1686, S. 360–361. Abgedruckt in Bernoulli, *Opera*, Vol. 1, 1744, S. 282–283.

eine zweimalige hintere Generalisierung zulässig ist, da die Variable y weder in ›$F_i(0)$‹ noch in ›$[('x) F_i(x)$ vererbt sich in der φ–Reihe]‹ frei vorkommt. Aus (6) folgt daher, nach Ersetzung von ›$('x) F_i(x)$ vererbt sich in der φ–Reihe‹ durch den ihn definierenden Ausdruck:

(7) $F_i(0) \supset ((\forall y) (F_i(y) \supset F_i(\varphi(y))) \supset (\forall y) (([y \text{ folgt in der } \varphi\text{–Reihe auf } 0] \vee y = 0) \supset ((\forall i)(i \geq 1) \supset F_i(y))))$.

Nach einer Antezedensvertauschung ergibt sich daraus:

(8) $(\forall i)(i \geq 1) \supset ((\forall y) ([y \text{ folgt in der } \varphi\text{–Reihe auf } 0] \vee y = 0) \supset (F_i(0) \supset ((\forall y) (F_i(y) \supset F_i(\varphi(y))) \supset (\forall y) F_i(y))))$.

Ich definiere nun mit Frege den Begriff der natürlichen Zahl[346]: Wenn n der mit Null anfangenden S–Reihe angehört oder gleich Null ist, so sage ich: ›n ist eine natürliche Zahl‹. Dabei stehe ›$('x) S(x)$‹ für die Nachfolgerschaft, so daß gilt: $S(n) = n + 1$. Dasselbe in halb symbolischer Notation:

$([n \text{ folgt in der } S\text{–Reihe auf } 0] \vee y = 0)$ [347] = def. $[n \text{ ist eine natürliche Zahl}]$.

Aus (8) folgt nun nach einer Spezialisierung mit S und n:

(9) $(\forall i)(i \geq 1) \supset ((\forall n) ([n \text{ folgt in der } S\text{–Reihe auf } 0] \vee n = 0) \supset (F_i(0) \supset ((\forall n) (F_i(n) \supset F_i(n+1)) \supset (\forall n) F_i(n))))$.

Der Teilausdruck ›$[n \text{ folgt in der } S\text{–Reihe auf } 0] \vee n = 0$‹ ist gleichbedeutend mit ›$n \in \mathbb{N}$‹. Formel (9) entspricht darum dem Prinzip der mathematischen Induktion, das jetzt wie folgt formuliert werden kann:

$(\forall i)(i \geq 1) \supset ([n \in \mathbb{N}] \supset (F_i(0) \supset ((\forall n)(F_i(n) \supset F_i(n+1)) \supset (\forall n) F_i(n))))$;

---

[346] Siehe *Grundlagen der Arithmetik*, § 83. Natürliche Zahlen heißen bei Frege 'endliche Anzahlen'.

[347] Der hier in runden Klammern stehende Ausdruck entspricht dem begriffsschriftlichen Definiens, das Frege mit Formel 99 in § 29 der *Begriffsschrift* für ›y gehört der mit x anfangenden f–Reihe an‹ einführt. – Zu Freges Weg der Herleitung des Induktionsprinzips siehe auch die §§ 45–46 des 1. Bandes der *Grundgesetze der Arithmetik*. Diese Paragraphen zeigen ebenso wie die §§ 79–83 der *Grundlagen der Arithmetik*, daß Frege für seinen Beweis von der durch Formel 99 in § 29 der *Begriffsschrift* eingeführten Definition des Angehörens einer mit x anfangenden φ–Reihe Gebrauch macht.

dasselbe etwas informeller ausgedrückt:

$F_i(0) \supset ((\forall n)(F_i(n) \supset F_i(n+1)) \supset (\forall n) F_i(n))$, mit $i \geq 1$ und $n \in \mathbb{N}$.

Schlußbemerkung:

Der hier eingeschlagene Weg zur Erklärung der Gültigkeit des Prinzips der mathematischen Induktion war Frege versperrt. Er war auf den (in § 26 der *Begriffsschrift* erfolgenden) Schritt in eine nach seinen eigenen semantischen Maßstäben fehlkonstruierte Prädikatenlogik höherer Stufe angewiesen, um den Gebrauch von Zahlzeichen an dieser Stelle vermeiden zu können. Ein solcher Gebrauch hätte das logizistische Programm, das Frege in den *Grundlagen der Arithmetik* ausführen wollte, indem er dort mit § 79 den Schritt (wie in § 26 der *Begriffsschrift*) in die höhere Prädikatenlogik wiederholt, schon im Keim zunichte gemacht. Es war somit letztlich ein 'philosophisches' Motiv (nämlich der Logizismus und das mit ihm zusammenhängende Ziel, gegen Kant den analytischen Charakter arithmetischer Sätze nachzuweisen,) der Beweggrund für Freges Versuch, eine Prädikatenlogik höherer Stufe in Gang zu setzen. Es war dieser Versuch, der für Russells Antinomie die Grundlage bot (siehe oben § 28).

ANHANG 3

ZURÜCKFÜHRUNG WAHRHEITSFUNKTIONALER AUSDRÜCKE AUF NICHT-WAHRHEITSFUNKTIONALE AUSDRÜCKE

(Zu § 30)

In § 30 habe ich gezeigt, daß durch drei Operatoren, nämlich durch ›(..., ...)‹, ›N ...‹ und ›H (..., ...)‹, alle Wahrheitsfunktionen darstellbar sind. Es genügen sogar zwei Operatoren, ›H (..., ...)‹ und ›N ...‹, um alle Wahrheitsfunktionen darzustellen. Denn Ausdrücke gleicher logischer Stärke dürfen durcheinander ersetzt werden, und es ist sowohl das Formelpaar $H(A, B)$ und $N(A, C)$ als auch das Formelpaar $NH(A, B)$ und (A, C), jeweils mit $C = N\,B$ oder $B = N\,C$, ein Paar von Ausdrücken gleicher logischer Stärke (siehe *Anhang* 1). Im Folgenden werde ich mich darauf beschränken zu zeigen, wie die Darstellung aller dyadischen Wahrheitsfunktionen mit Hilfe von ›(..., ...)‹, ›N ...‹ und ›H ...‹ zu bewerkstelligen ist.

Aus kombinatorischen Gründen sind genau 16 verschiedene Wahrheitswertverläufe bei dyadischen Wahrheitsfunktionen möglich. Sie entsprechen sechzehn verschiedenen Aussageverknüpfungen, die ausschließlich mit Hilfe von ›~ ...‹ und ›... & ...‹ dargestellt werden können:

	Wertverlauf	*Wahrheitsfunktion*
(1)	WWWW	$\sim (p\ \&\sim p)$
(2)	WWWF	$\sim (\sim p\ \&\sim q)$
(3)	WWFW	$\sim (\sim p\ \&\ q)$
(4)	WFWW	$\sim (p\ \&\sim q)$
(5)	FWWW	$\sim (p\ \&\ q)$
(6)	WWFF	$p\ \&\ p$
(7)	WFWF	$q\ \&\ q$
(8)	FWWF	$\sim (p\ \&\ q)\ \&\sim (\sim p\ \&\sim q)$
(9)	WFFW	$\sim (p\ \&\sim q)\ \&\sim (\sim p\ \&\ q)$
(10)	FWFW	$\sim q\ \&\sim q$
(11)	FFWW	$\sim p\ \&\sim p$
(12)	WFFF	$p\ \&\ q$
(13)	FWFF	$p\ \&\sim q$
(14)	FFWF	$\sim p\ \&\ q$
(15)	FFFW	$\sim p\ \&\sim q$
(16)	FFFF	$p\ \&\sim p$

Tabelle 4

Jede Formel in der rechten Spalte dieser Tabelle läßt sich umformen in einen gleichbedeutenden nicht-wahrheitsfunktionalen Ausdruck. Denn wenn A, B und C Formeln sind, die im Wirkungsbereich von ›~ ...‹ bzw. von ›... & ...‹ stehen, und man, gemäß § 30, in Tabelle 4 jede Formel A & B durch die konjunktive Formel ((A, B), (H ((A, B), A), H ((A, B), B))) und jede Formel ~ C durch die konjunktive Formel (N C, H (NN C, C)) ersetzt, so ergibt sich zu jeder Zeile der Tabelle eine Formel, die gleichbedeutend ist mit der ursprünglichen Formel dieser Zeile. Tabelle 4 enthält sozusagen nur Abkürzungen nicht-wahrheitsfunktionaler Ausdrücke.

Zur Erläuterung und Begründung dieser Behauptung möchte ich die Bedeutung der Ausdrücke (i) ›A & B‹ und (ii) ›~ C‹ mit der Bedeutung der entsprechenden nicht-wahrheitsfunktionalen Ausdrücke, d. h. mit ›((A, B), (H ((A, B), A), H ((A, B), B)))‹ bzw. mit ›(N C, H (NN C, C))‹ vergleichen.

(i) Was zunächst die wahrheitsfunktionale Bedeutung von ›... & ...‹ betrifft, so ergibt sich diese aus der Wahrheitstafel für ›A & B‹ (siehe § 30 und Zeile (12) von Tafel 4). Dieselbe Bedeutung kommt dem Ausdruck ›((A, B), (H ((A, B), A), H ((A, B), B)))‹ zu. Das heißt: Auch dieser Ausdruck ist für jede Interpretation, nach der sowohl A als auch B ein wahrer oder falscher Satz ist, genau dann wahr, wenn sowohl A als auch B wahr ist, und genau dann falsch, wenn A oder B falsch ist. Um dies einzusehen, genügt es zu beachten, daß mit dem Formelpaar ›(H ((A, B), A)‹ und ›H ((A, B), B)))‹ die Gültigkeit des Postulats des beliebigen zureichenden Grundes aus § 72 vorausgesetzt wird. Mit diesem Postulat wird gefordert, daß nach der Regel (VI. 3),

A, B ≺ A,

die Konklusion A unmöglich falsch ist, wenn die Prämissen A und B beide wahr sind. Da für die Gültigkeit dieser Regel die Reihenfolge der Prämissen A und B keine Rolle spielt, bringt sie zugleich zum Ausdruck, daß unmöglich B falsch ist, wenn A und B beide wahr sind. Nach § 30 ist allerdings die Bedeutung *elementarer* Konjunktionen der Form (A, B) so festgelegt, daß sie nur dann wahr sind, wenn es nicht möglich ist, daß A oder B falsch ist. Nach dieser Festlegung können assertorische Schlüsse keine Prämisse haben, mit der vorausgesetzt wird, daß sie möglicherweise falsch ist. Das Postulat aus § 72 fordert demgegenüber, diese Festlegung aufzuheben und stattdessen für jede Prämisse assertorischer Schlüsse anzunehmen, daß, wenn sie als wahr vorausgesetzt wird, sie unmöglich falsch ist (so daß nicht allgemeingültige Sätze der Form H (A, H (B, A)) und H (A, H (B, B))) gültig sind, egal, was der Satz B aussagt. Die Formel

›((A, B), (H ((A, B), A), H ((A, B), B)))‹ bringt demnach zum Ausdruck, daß für *elementare* Konjunktionen der Form (A, B) zugleich gelten soll, was (gemäß dem Postulat des beliebigen zureichenden Grundes) auch für Konjunktionen der Form A & B gilt, nämlich daß, wenn sie als wahre Prämisse eines assertorischen Schlusses vorausgesetzt werden, jedes ihrer beiden Konjunktionsglieder unmöglich den Wert F hat. Damit ist gezeigt, daß Ausdrücke der Form ((A, B), (H ((A, B), A), H ((A, B), B))) gleichbedeutend sind mit Ausdrücken der Form A & B.

(ii) Was ich für ›… & …‹ gezeigt habe, läßt sich in ganz ähnlicher Weise für ›~ …‹ zeigen. Die Bedeutung der wahrheitsfunktionalen Verneinung, ›~ C‹, ergibt sich aus der Wahrheitstafel für ~ C (siehe oben § 9). Dieselbe Bedeutung kommt dem Ausdruck ›(N C, (H (NN C, C)))‹ zu. Das heißt, dieser Ausdruck ist für jede Interpretation, nach der C ein wahrer oder falscher Satz ist, genau dann wahr, wenn C falsch, und genau dann falsch, wenn C wahr ist. Um dies einzusehen, genügt es zu beachten, daß ein Satz der Form H (NN C, C) die Gültigkeit des Postulats des affirmativen Gebrauchs doppelter Negation aus § 72 voraussetzt. Dieses Postulat fordert mit Regel (VI. 4),

$$NN\, C \prec C,$$

anzunehmen, daß, wenn die Verneinung von Sätzen der Form N C wahr ist, C nicht falsch sein kann. Die Regel (VI. 4) ist (nach der in § 43 festgelegten Bedeutung) nicht allgemeingültig, da es Fälle gibt, in denen N C mit NN C verträglich ist. Aus einem logischen Grund darf allerdings die Gültigkeit der syllogistischen Regel (I. 1),

$$C \therefore NN\, C,$$

vorausgesetzt werden, nach der, wenn C wahr ist, die Verneinung von N C nicht falsch sein kann. Mit dem Postulat aus § 72 wird die Gültigkeit dieser Regel vorausgesetzt, aber mit Regel (VI. 4) zusätzlich gefordert, die definitorische Festlegung der Bedeutung von ›N C‹ gemäß § 43 aufzuheben, so daß der Wahrheitswert von Sätzen der Form N C allein durch den Wert von C bestimmt ist und N C genau dann falsch ist, wenn C wahr ist. Setzt man nun außerdem für Konjunktionen der Form (…, …) voraus, daß Ausdrücke der Form ((A, B), (H ((A, B), A), H ((A, B), B))), wie soeben gezeigt, dasselbe bedeuten wie Ausdrücke der Form A & B, so läßt sich schließlich für konjunktive Ausdrücke der Form (N C, H (NN C, C)) zeigen, daß sie dasselbe bedeuten wie wahrheitsfunktionale Ausdrücke der Form N C & H (NN C, C) und folglich auch dasselbe bedeuten wie wahrheitsfunktionale Ausdrücke der Form ~ C.

Fazit:

Sowohl das Formelpaar ›A & B‹ und ›((A, B), (*H* ((A, B), A), *H* ((A, B), B))‹ als auch das Formelpaar ›~ C‹ und ›(*N* C, *H* (*NN* C, C)‹ besteht aus gleichbedeutenden Ausdrücken. QED.

Genau analog würde sich zeigen lassen, daß es zu jeder der übrigen Formeln der rechten Spalte von Tabelle 4 einen gleichbedeutenden nichtwahrheitsfunktionalen Ausdruck gibt, in dem keine anderen logischen Konstanten vorkommen als ›(..., ...)‹, ›*N* ...‹ und ›*H* ...‹.

Anhang 4

Verträglichkeit und Unverträglichkeit

(Zu § 30)

Man spricht von der Verträglichkeit zweier Sätze oder zweier Sachverhalte, wenn es möglich ist, daß sie beide wahr sind bzw. beide bestehen. Nach gewöhnlichem (alltäglichen) Verständnis können zwei logisch verträgliche Sätze beide falsch, ja sogar notwendigerweise falsch sein. Man wird es zum Beispiel nicht unbedingt als logischen Irrtum ansehen müssen, wenn jemand meint, die beiden Sätze ›Dreiecke haben vier Ecken‹ und ›Die Summe von 2 und 1 ist gleich 4‹ seien zwar falsch oder sogar notwendigerweise falsch, aber doch *miteinander* verträglich. Zugunsten der Annahme der Verträglichkeit beider Sätze kann man anführen, daß der Satz ›Wenn die Summe von 2 und 1 gleich 4 wäre, so hätten Dreiecke vier Ecken‹ nicht (oder doch nicht unter allen Umständen) falsch ist. Er gibt im Gegenteil die Folge eines, wenn auch nicht bestehenden, Sachverhaltes aus einem anderen (gleichfalls nicht bestehenden) Sachverhalt wieder. Daß beide Sachverhalte *für sich genommen* nicht bestehen, schließt nicht aus, daß sie *zusammengenommen*, allerdings auch *nur* zusammengenommen, beide durchaus bestehen *könnten* und in diesem Sinne miteinander verträglich sind. Im Gegenteil, die Aussage, daß der eine Sachverhalt aus dem anderen folgt, sagt gerade aus, daß das Bestehen des einen Sachverhaltes mit dem Nichtbestehen des anderen unverträglich ist. Denn ein Satz der Form ›wenn p, so q‹ sagt dasselbe aus wie der Satz ›es ist unmöglich, daß p und nicht q‹ (siehe oben § 30).

Dem soeben erläuterten weiten Sinn der Rede von logischer Verträglichkeit entspricht ein verhältnismäßig enger Begriff der logischen Unverträglichkeit. Aus demselben Grund, aus dem man für gewöhnlich *nicht* annimmt, daß jeder beliebige Aussagesatz aus einem falschen Aussagesatz (*ex falso quodlibet*) oder jeder wahre Aussagesatz aus jedem beliebigen (*verum ex quolibet*) Aussagesatz folgt, nimmt man für gewöhnlich auch nicht an, daß ein Satz, der schon für sich genommen falsch oder notwendigerweise falsch oder widersprüchlich ist, mit beliebigen anderen Sätzen unverträglich ist. Man nimmt z. B. für gewöhnlich nicht an, daß ein empirisch falscher Satz wie ›Am 30. März 2009 schneit es in Bielefeld‹ mit beliebigen Sätzen unverträglich ist und daher die Verneinung beliebiger Sätze aus ihm folgt.

In der modernen Modallogik pflegt man mit den Begriffen der Verträglichkeit und Unverträglichkeit allerdings oft anders umzugehen. Zwar definiert man Verträglichkeit und Unverträglichkeit üblicherweise dadurch, daß man die beiden Ausdrücke ›p ist verträglich mit q‹ und ›es ist möglich, daß p und q‹ bzw. die beiden Ausdrücke ›p ist unverträglich mit q‹ und ›es ist nicht möglich, daß p und q‹ als gleichbedeutend annimmt (wobei diese Annahme noch durchaus dem gewöhnlichen Verständnis entspricht). Aber vorzugsweise (außerhalb von parakonsistenten, z. B. relevanzlogischen Systemen) deutet man die in diesen Ausdrücken auftretende Satzverknüpfung ›… und …‹ entweder als wahrheitsfunktionale Verknüpfung oder man nimmt (als Axiom oder auf der Grundlage eines Axioms) an, daß für Ausdrücke des Typs ›p und q‹ eine Regel gilt, die der Vereinfachungsregel

$$\frac{p, q}{p}$$

(gleich der Regel (VI. 3) in § 72) entspricht und die besagt, daß p aus p & q folgt.[348] Mit dieser Regel wird (durch Annahme der Kontrapositionsregel) zugleich angenommen, daß ~ q aus einer widersprüchlichen Satzverknüpfung p & ~ p folgt, wobei q ein beliebiger wahrer oder falscher Satz sein kann, also auch ein Satz ~ r. Wenn man außerdem annimmt, daß r aus ~~ r folgt, heißt das, daß man annimmt, aus einer widersprüchlichen Satzverknüpfung folge jeder beliebige Satz.[349] Die Beziehung des Folgens eines Satzes aus anderen Sätzen wird in der Modallogik oft als die Beziehung der *strikten Implikation* aufgefaßt. Nach dieser Auffassung folgt ~ q aus p & ~ p genau dann, wenn es nicht möglich ist, daß (p & ~ p) & ~ ~ q wahr ist, wenn also (p & ~ p) mit ~ ~ q unverträglich ist. Läßt man die Vereinfachungsregel gelten, so nimmt man mit dieser Auffassung zugleich an, daß mit einer widersprüchlichen Satzverknüpfung beliebige doppelt verneinte Sätze unverträglich sind. Läßt man außerdem gelten, daß (nach Regel (VI. 4) (siehe § 72)) aus einem doppelt verneinten Satz derselbe Satz unverneint folgt, so nimmt man schließlich an, *jeder* beliebige Satz folge aus einer widersprüchlichen Satzverknüpfung.

---

[348] In der intuitionistischen Logik entspricht dieser Annahme das Axiom A ⊃ (B ⊃ A). Siehe Arend Heyting, *Die formalen Regeln der intuitionistischen Logik*, gekürzter Nachdruck in: *Logik-Texte, Kommentierte Ausgabe zur Geschichte der modernen Logik*, herausgegeben von K. Berka & L. Kreiser, Berlin: Akademie-Verlag, 1983, S. 191.

[349] In der intuitionistischen Logik wird zwar nicht angenommen, daß A aus ~ ~ A folgt. Aber es wird als Axiom vorausgesetzt: ~ A ⊃ (A ⊃ B). Siehe Arend Heyting, *Die formalen Regeln der intuitionistischen Logik*, in: *Logik-Texte*, S. 191. Dieses Axiom bringt dasselbe zum Ausdruck wie die Annahme *Ex falso sequitur quodlibet*.

Die Grundvoraussetzung dieser Annahme steckt im Verständnis der Satzverknüpfung ›... und ...‹ als eines Ausdrucks, dessen Bedeutung die Annahme der Vereinfachungsregel unvermeidlich macht. Man kann diese Voraussetzung nur aufgeben, wenn man diese Bedeutung nicht als einzig mögliche Bedeutung von ›... und ...‹ anerkennt, sondern ein Verständnis von ›... und ...‹ zuläßt, das der oben in § 30 (sowie in *Anhang* 1) aufgestellten Definition der Prämissenkonjunktion entspricht, nach der die Vereinfachungsregel nicht als *allgemeingültige* Regel vorausgesetzt zu werden braucht. Setzt man diese Definition voraus und verwendet man, um Mißverständnisse zu vermeiden, für die in ihr definierte Satzverknüpfung die logische Konstante ›(... , ...)‹, so lassen sich die Begriffe der logischen Verträglichkeit und Unverträglichkeit durch eine Definition so festlegen, daß sie dem üblichen Alltagsverständnis entsprechen. Diese Definition lautet:

> „Zwei Sätze *p* und *q* sind genau dann *verträglich*, wenn es möglich ist, daß (*p, q*) wahr ist; *p* und *q* sind genau dann *unverträglich*, wenn es nicht möglich ist, daß (*p, q*) wahr ist."[350]

Dieser Definition entspricht es, daß – weil die Vereinfachungsregel für Prämissenkonjunktionen nicht gilt, *p* also nicht aus (*p, q*) folgt (siehe § 30), – keine allgemeingültige Regel existiert, nach der es zulässig wäre, (etwa auf der Grundlage von (IV. 29)) *M p* aus *M* (*p, q*) oder *NM* (*p, q*) aus *NM p* abzuleiten.[351] Mit anderen Worten: Die Möglichkeit der Wahrheit eines Satzes ist nach dieser Auffassung keine notwendige Bedingung dafür, daß er mit einem anderen Satz verträglich ist, und ebenso reicht es für seine Unverträglichkeit mit anderen Sätzen noch lange nicht hin, daß er *für sich genommen* unmöglich wahr ist. Vielmehr darf man nach dieser Auffassung sagen, daß z. B. die beiden Sätze ›Dreiecke haben vier Ecken‹ und ›Die

---

[350] Da *H* (*p, N q*) mit *NM* (*p, q*) und *NH* (*p, N q*) mit *M* (*p, q*) gleichbedeutend ist, könnte man die Verträglichkeit und Unverträglichkeit von Sätzen ebensogut unter Bezugnahme auf hypothetische Satzgefüge definieren. Daraus, daß *H* (*p, N q*) außerdem mit *N* (*p, q*) und *NH* (*p, N q*) mit (*p, q*) gleichbedeutend ist (siehe § 40 sowie *Anhang* 1, die Regeln (2. 4) und (2. 5)), ergibt sich der bemerkenswerte Umstand, daß *N* (*p, q*) mit *NM* (*p, q*) und (*p, q*) mit *M* (*p, q*) logisch äquivalent ist. Mit anderen Worten: *N* (*p, N q*) und *M* (*p, q*) sind nur *scheinbar* logische Abschwächungen von *NM* (*p, N q*) bzw. von (*p, q*).

[351] Unter den von C. I. Lewis aufgestellten modallogischen Systemen zeichnet sich das sogenannte System S1 dadurch aus, daß in ihm das Axiom ◊ (*p* & *q*) ⥽ ◊ *p* fehlt. Lewis nennt dieses Axiom das ›Postulat der Widerspruchsfreiheit‹ (*consistency postulate*) und deutet damit an, daß nur eine widerspruchsfreie und insofern mögliche Aussage Teil einer widerspruchsfreien und insofern möglichen Konjunktion sein kann. Siehe *Lewis & Langford, Symbolic Logic*, New York: Dover, 1932, zweite Auflage 1959, S. 166–167.

Summe von 2 und 1 ist gleich 4‹ durchaus verträglich sind, *ohne* daß man infolgedessen auch annehmen müßte, es sei möglich, daß einer dieser beiden Sätze *für sich genommen* wahr ist. Ebenso ist es nicht falsch zu sagen, es sei der hypothetische Satz ›Wenn Dreiecke vier Ecken haben, so ist die Summe von 2 und 1 gleich 4‹ wahr und es seien dementsprechend die Sätze ›Dreiecke haben vier Ecken‹ und ›Die Summe von 2 und 1 ist *nicht* gleich 4‹ unverträglich, *ohne* daß man deshalb annehmen müßte, die Unmöglichkeit der Wahrheit des Satzes ›Dreiecke haben vier Ecken‹ sei schon eine *hinreichende* Bedingung für diese Unverträglichkeit.

Es beruht auf der mit Hilfe des Begriffs der Prämissenkonjunktion vorgenommenen Eingrenzung des Begriffs der Verträglichkeit (*Kompatibilität*), daß die Beziehung des regelmäßigen Folgens mit Hilfe der Beziehung der Unverträglichkeit erklärt werden kann, ohne daß diese Erklärung die unliebsame Annahme nach sich zöge, es folge aus einem Aussagesatz, der unmöglich wahr ist, jeder beliebige Aussagesatz, oder aus jedem beliebigen Aussagesatz ein Satz, der unmöglich falsch ist.

ANHANG 5

MODERNE NICHT-SYLLOGISTISCHE SYSTEME DER MODALLOGIK
IN IHREM VERHÄLTNIS ZUR MODALEN SYLLOGISTIK

(Zu den §§ 58 bis 63)

1. Durch die strenge Allgemeingültigkeit seiner Regeln unterscheidet sich das oben in den §§ 58 bis 63 als Teilsystem der elementaren Syllogistik vorgestellte modallogische System von Systemen der Modallogik, die auf der Basis aussagenlogischer Regeln und Gesetze des logischen Funktionenkalküls errichtet worden sind. Im Folgenden möchte ich andeuten, in welchem systematischen Verhältnis die in § 60 aufgestellten modallogischen Grundregeln zu diesen Systemen stehen. Dabei werde ich auf logisch relevante Unterschiede aufmerksam machen, die an den vier bekanntesten dieser Systeme (den Systemen T, S4, S5 und dem Brouwerschen System (B)) vorkommen.

Dazu ist es zunächst notwendig, anzugeben, wie sich die Bedeutung der logischen Konstanten M und L zu der Bedeutung verhält, die den Ausdrücken ›es ist möglich, daß ...‹ und ›es ist notwendig, daß ...‹ gegeben werden, wenn sie in Verbindung mit wahrheitsfunktionalen Ausdrücken verwendet werden.

Nach den Regeln (IV. 5), (IV. 20) und (IV. 21) (siehe oben § 60 und § 61) ist L A logisch äquivalent sowohl mit NMN A als auch mit LNN A. Genauso ist M A nach den Regeln (IV. 3), (IV. 30) und (IV. 31) logisch äquivalent mit NLN A und MNN A. Ersetzt man in den Ausdrücken für diese Regeln ›N A‹ und ›NN A‹ durch entsprechende wahrheitsfunktionale Ausdrücke, nämlich durch ›~ A‹ bzw. durch ›~ ~ A‹, dann bleiben die logischen Äquivalenzbeziehungen nicht erhalten. Denn ›~ A‹ ist nach § 71, Definition 4, und nach *Anhang* 3 (vgl. auch § 30) gleichbedeutend nicht mit ›N A‹, sondern mit ›(N A, H (NN A, A)‹.

M A ist daher weder mit NL ~ A noch mit M ~ ~ A logisch äquivalent, aber man kann mit Hilfe eines neuen Zeichens – ich werde hier das von C. I. Lewis eingeführte, in der Modallogik seither gebräuchliche Diamantzeichen ›◇ ...‹ verwenden[352] – zwei neue Grundregeln formulieren, nach denen gilt:

◇ A ≻≺ NL ~ A,   (M. 1)

◇ A ≻≺ M ~ ~ A.   (M. 2)

---

[352] Das Zeichen ›◇‹ kommt bei Lewis erstmals 1932 in dem von ihm gemeinsam mit C. H. Langford veröffentlichten Buch *Symbolic Logic* vor.

Diese Regeln geben freilich keine *logische*, sondern nur eine *regelmäßige* Äquivalenz wieder, nämlich eine Äquivalenz, die zwischen ◊ A einerseits und NL ~ A und M ~ ~ A andererseits genau dann besteht, wenn das Postulat des affirmativen Gebrauchs doppelter Negation (VI. 4) (siehe § 72) als gültig vorausgesetzt wird. Denn unter dieser Voraussetzung geht die Bedeutung von ›~ ...‹ in die Bedeutung von ›N ...‹ über (siehe das Korollar zu Definition 4 in § 71; vgl. auch § 10 und § 30, sowie Anhang 3). Unter eben dieser Voraussetzung geht infolgedessen ebenso die Bedeutung von ›◊ ...‹ in die Bedeutung von ›M ...‹ über. Der in (M. 1) und (M. 2) auftretende Ausdruck ›◊ A‹ darf daher zwar wie ›M A‹ gelesen werden: ›Es ist möglich, daß A‹. Aber man beachte, daß diese Lesart zweideutig ist, da die Bedeutungen von ›◊ A‹ und ›M A‹ aus logischer Sicht unterschieden werden müssen.

Aus genau analogen Gründen benutze ich das von Ruth Barcan Marcus eingeführte und seither in der Modallogik gebräuchliche Kastenzeichen ›□ ...‹, um zwei weitere Regeln wiedergeben zu können, nämlich:

□ A ≻≺ NM ~ A,   (M. 3)

□ A ≻≺ L ~ ~ A.[353]   (M. 4)

Diese Äquivalenzregeln gelten unter derselben Bedingung wie die Regeln (M. 1) und (M. 2). Unter dieser Bedingung, aber auch nur unter dieser Bedingung, darf man den hier auftretenden Ausdruck ›□ ...‹ so lesen, als würde er dasselbe bedeuten wie ›L ...‹.

Aus (M. 2) und (M. 4) lassen sich durch Schlußkonversion nach Regel (I. 2) (siehe § 44) die Äquivalenzregeln

NM ~ ~ A ≻≺ N ◊ A,   (M. 5)

NL ~ ~ A ≻≺ N □ A   (M. 6)

ableiten. Anschließend lassen sich aus (M. 1) und (M. 6) bzw. aus (M. 3) und (M. 5) die folgenden beiden Regeln ableiten, wenn man in (M. 1) und (M. 3) A gleich ~ B und in (M. 5) und (M. 6) A gleich B setzt:

◊ ~ B ≻≺ N □ B,   (M. 7)

□ ~ B ≻≺ N ◊ B.   (M. 8)

Aufgrund der Regel (VI. 2) (siehe § 72), nach der der Übergang von ~ A zu N A und umgekehrt von N A zu ~ A erlaubt ist, falls das Postulat des af-

---

[353] Man findet das Notwendigkeits-Zeichen ›□‹ erstmals in dem Aufsatz 'A Functional Calculus of First Order Based on Strict Implication‹, den Ruth C. Barcan Marcus 1946 im *Journal of Symbolic Logic* (noch unter dem Namen Barcan) veröffentlicht hat.

firmativen Gebrauchs doppelter Negation (VI. 4) gültig ist, sind daher auch die folgenden beiden Regeln gültig:

$$\Diamond \sim B \asymp \sim \Box\, B, \tag{M. 9}$$
$$\Box \sim B \asymp \sim \Diamond\, B. \tag{M. 10}$$

Bei diesen beiden Regeln handelt es sich um die wahrheitsfunktionalen Analoga zu den modalsyllogistischen Regeln (IV. 4) und (IV. 6). Ersetzt man in (M. 9) und (M. 10) B überall durch ~ A, ergeben sich aus diesen Regeln in Verbindung mit (M. 2) und (M. 4) die wahrheitsfunktionalen Analoga zu den modalsyllogistischen Regeln (IV. 3) und (IV. 5), nämlich:

$$\Diamond A \asymp \sim \Box \sim A, \tag{M. 11}$$
$$\Box A \asymp \sim \Diamond \sim A. \tag{M. 12}$$

Die Intermodalregeln (M. 9) bis (M. 12) lassen sich, wie sich hier soeben gezeigt hat, aus den modalsyllogistischen Intermodalregeln (IV. 3) bis (IV. 6) ableiten, allerdings nur unter der Voraussetzung, daß das Postulat des affirmativen Gebrauchs doppelter Negation (VI. 4) (siehe § 72) gültig ist.

Unter derselben Voraussetzung lassen sich weitere Analoga zu modalsyllogistischen Regeln ableiten. Da nämlich nach Regel (IV. 1) (siehe § 60) gilt: *A necesse esse valet consequentia*, so daß ~ ~ A aus L ~ ~ A logisch folgt, da außerdem ~ ~ A nach Regel (VI. 22) (siehe § 75) A impliziert, kann man aus (M. 4) die Abschwächungsregel

$$\Box A \prec A \tag{M. 13}$$

ableiten. Auf gleiche Weise kann man aus (M. 2) eine weitere Abschwächungsregel, nämlich

$$A \prec \Diamond A \tag{M. 14}$$

ableiten. Denn A impliziert nach (VI. 21) (siehe § 75) ~ ~ A, und aus ~ ~ A folgt nach (IV. 25) (siehe § 61) logisch M ~ ~ A – denn es gilt ja auch: *Ab esse ad posse valet consequentia* –, so daß von M ~ ~ A nach (M. 2) der Übergang zu ◊ A erlaubt ist.

Aus der Abtrennungsregel (VI. 8) (siehe § 74) kann in Verbindung mit der Abschwächungsregel (M. 13) außerdem die Regel der „strikten Abtrennung"

$$\Box\,(A \supset B),\ A \prec B \tag{M. 15}$$

abgeleitet werden.

Da nach (VI. 21) und (VI. 22) der Übergang sowohl von A zu ~ ~ A als auch umgekehrt von ~ ~ A zu A erlaubt ist, ist nach Regel (IV. 19) (siehe § 61) auch der Übergang von L A zu L ~ ~ A und umgekehrt von L ~ ~ A zu L A erlaubt. Aus demselben Grund ist nach Regel (IV. 29) (siehe § 61) der

Übergang von M A zu M ~ ~ A und umgekehrt von M ~ ~ A zu M A erlaubt. Daher gilt aufgrund von (M. 2) die Regel ◊ A ≻≺ M A und aufgrund von (M. 4) die Regel □ A ≻≺ L A:

◊ A ≻≺ M A (M. 16)

□ A ≻≺ L A (M. 17)

Durch Konditionalisierung, das heißt nach Regel (II. 1) (siehe § 48), gewinnt man aus (M. 15) die Regel □ (A ⊃ B) ≺ H (A, B). Da nach Regel (IV. 2) (siehe § 60) außerdem gilt, daß aus H (A, B) in Verbindung mit L A logisch L B folgt, ergibt sich aus (M. 15) in Verbindung mit (M. 17) die Regel □ (A ⊃ B), □ A ≺ □B und aus dieser, durch Konditionalisierung (gemäß (II. 1)), die Regel □ (A ⊃ B) ≺ H (□ A, □B). Aus ihr läßt sich sogleich nach der Regel (VI. 1) (siehe § 71), allerdings nur unter der Voraussetzung, daß das Postulat des beliebigen zureichenden Grundes (VI. 3) (siehe § 72) gültig ist, die Distributivregel

□ (A ⊃ B) ≺ (□ A ⊃ □ B) (M. 18)

ableiten. Unter derselben Voraussetzung läßt sich schließlich auf ähnliche Weise durch Konditionalisierung von (M. 15) die Regel

□ (A ⊃ B) ≺ (◊ A ⊃ ◊ B) (M. 19)

ableiten. Denn nach Regel (IV. 29) gilt, daß aus H (A, B) logisch H (M A, M B) folgt. Aus H (M A, M B) folgt in Verbindung mit M A nach dem *Modus ponendo ponens* (II. 2) (siehe § 48) M B. Daher gilt, aufgrund von (M. 16), auch: □ (A ⊃ B), ◊ A ≺ ◊ B. Durch Konditionalisierung und durch anschließende Anwendung der Regel (VI. I) ergibt sich daraus (M. 19).

Die folgende Gegenüberstellung zeigt, daß es zu neun der soeben abgeleiteten Formeln (M. 1) bis (M. 19) eine analoge modalsyllogistische Formel gibt:

(M. 13)	□ A ≺ A	(IV. 1)	L B ∴ B
(M. 11)	◊ A ≻≺ ~ □ ~ A	(IV. 3)	M B :: NLN B
(M. 10)	□ ~ B ≻≺ ~ ◊ B	(IV. 4)	NM B :: LN B
(M. 12)	□ A ≻≺ ~ ◊ ~ A	(IV. 5)	L B :: NMN B
(M. 9)	◊ ~ B ≻≺ ~ □ B	(IV. 6)	NL B :: MN B
(M. 14)	A ≺ ◊ A	(IV. 25)	A ∴ M A
(M. 15)	□ (A ⊃ B), A ≺ B	(II. 2')	LH (A, B), A ∴ B
(M. 18)	□ (A ⊃ B) ≺ (□ A ⊃ □ B)	(IV. 19')	LH (A, B) ∴ H (L A, L B)
(M. 19)	□ (A ⊃ B) ≺ (◊ A ⊃ ◊ B)	(IV. 29')	LH (A, B) ∴ H (M A, M B)

Tabelle 5

In den letzten drei Zeilen dieser Tabelle zeigen die Formeln (II. 2'), (IV. 19') und (IV. 29') allgemeingültige Regeln an, die ich bisher nicht erwähnt habe, die sich aber, wie man leicht erkennen kann, mit Hilfe von Regel (IV. 1) direkt aus den Formeln (II. 2), (IV. 19) und (IV. 29) ableiten lassen. Bei den wahrheitsfunktionalen Analoga aller zehn Formeln dieser Tabelle handelt es sich nicht um bloße Übersetzungen von einer Sprache in eine andere, sondern um Ausdrücke für eine neue Art modallogischer Regeln. Der wichtigste Unterschied zwischen diesen und den ihnen in der Tafel gegenübergestellten modalsyllogistischen Regeln besteht darin, daß sie nicht streng allgemeingültig sind. Ihre Gültigkeit entspricht vielmehr genau der Gültigkeit der Postulate des affirmativen Gebrauchs doppelter Negation (VI. 4) und des beliebigen zureichenden Grundes (VI. 3).

2. Nun läßt sich das systematische Verhältnis, das zwischen der von mir dargestellten Modalsyllogistik und den wichtigsten oder bekanntesten axiomatischen modallogischen Systemen auf folgende Weise beschreiben. Alle diese Systeme enthalten den aussagenlogischen Teil des (von mir oben in den §§ 77 bis 81 beschriebenen) logischen Funktionenkalküls. Sie enthalten ihn entweder in der Weise, daß alle Theoreme des klassischen Aussagenkalküls aus den Axiomen des modallogischen Systems ableitbar sind, oder sie enthalten den klassischen Aussagenkalkül in der Weise, daß sie ihn explizit als gültig voraussetzen, indem sie ihn durch Hinzufügung bestimmter modallogischer Axiome und Regeln erweitern. Die zuerst genannte Version einer Axiomatisierung der Modallogik liegt den verschiedenen Systemen zugrunde, die Lewis entwickelt hat. Dagegen stammt die Idee zur zweiten Version, durch eine Erweiterung des klassischen Aussagenkalküls die Modallogik zu axiomatisieren, von Kurt Gödel.[354]

Nach dieser Idee hat Robert Feys 1937 das sogenannte ›System T‹ ausgearbeitet, dessen Grundzüge ich hier in abgewandelter Notationsweise wiedergebe. Die einzigen modallogischen (zu den Axiomen des klassischen Aussagenkalküls hinzukommenden) Axiome dieses Systems sind die beiden folgenden:

$\Box p \supset p$, (Notwendigkeits-Axiom)
$\Box (p \supset q) \supset (\Box p \supset \Box q)$. (Distributiv-Axiom)

Sie lassen sich direkt aus den Regeln (M. 13) bzw. (M. 18) durch Dekonditionalisierung (nach II. 27) (siehe § 50) und anschließende Umformung zu

---

[354] Vergleiche hierzu *Anhang 6* und Hughes & Cresswell, *An Introduction to Modal Logic*, S. 217–218.

Subjunktionen (nach (VI. 1) (siehe § 71)) gewinnen. Der Regel (M. 11) entspricht in T die erste der drei folgenden Definitionen:

$$\Diamond A =_{\text{Def}} {\sim} \Box {\sim} A$$
$$A \dashv B =_{\text{Def}} \Box (A \supset B)$$
$$(A = B) =_{\text{Def}} ((A \dashv B) \,\&\, (B \dashv A))$$

Die beiden übrigen Definitionen führen den Gebrauch der Zeichen der strikten Implikation ›⊰‹ und der strikten Äquivalenz ›=‹ auf den von ›□‹ und ›⊃‹ und ›&‹ zurück. Als Umformungs- oder Ableitungsregel gilt in T (außer den auch schon im logischen Funktionenkalkül benutzten Regeln der Einsetzung und Abtrennung) auch die Notwendigkeitsregel, nach der gilt, daß wenn ⊢ A ein Theorem ist, dann auch ⊢ □ A ein Theorem ist. Diesem Gedanken entspricht es, daß wenn *≺ A ein gültiges Gesetz ist, dann unmöglich *≺ L A ungültig ist.

Das sogenannte Brouwersche System unterscheidet sich vom System T nur dadurch, daß mit ihm ein zusätzliches modallogisches Axiom eingeführt wird, das sogenannte Brouwersche Axiom:[355]

$$p \supset \Box {\sim} \Box {\sim} p. \tag{B}$$

Es gibt zum Brouwerschen System zwei Alternativen, nämlich die von Lewis unter den Namen S4 und S5 aufgestellten Systeme.[356] Auch sie lassen sich dadurch charakterisieren, daß sie zu den Axiomen des Systems T jeweils ein zusätzliches Axiom hinzufügen. In S4 tritt an die Stelle des Brouwerschen Axioms das Axiom

$$\Box p \supset \Box \Box p, \tag{S4}$$

in S5 tritt an die Stelle des Brouwerschen Axioms das Axiom

---

[355] Der Name des Brouwerschen Axioms verweist zwar auf den Begründer der intuitionistischen Mathematik Luitzen Egbertus Jan Brouwer, geht aber nicht auf ihn, sondern auf Oskar Becker zurück; siehe Oskar Becker, 'Zur Logik der Modalitäten', *Jahrbuch für Philosophie und phänomenologische Forschung*, 11 (1930), S. 509. Die Beziehung zum Intuitionismus Brouwers scheint etwas weit hergeholt zu sein, ergibt sich aber daraus, daß aus intuitionistischer Sicht zwar $p \supset {\sim}{\sim} p$, aber nicht ${\sim}{\sim} p \supset p$ gültig ist. Interpretiert man hier (wie von Kurt Gödel vorgeschlagen (s. *Anhang* 6)) das Negationszeichen, dessen Bedeutung in dem von Brouwers Schüler Arend Heyting entwickelten intuitionistischen Axiomensystem nicht definiert ist, als Abkürzung für ›□ ~‹, so ergibt sich, daß ${\sim}{\sim} p \supset p$ zur Formel $\Box {\sim} \Box {\sim} p \supset p$ wird, die in keinem der Systeme T, S4 und S5 als gültig anzusehen ist, während sich $p \supset {\sim}{\sim} p$ in die Formel $p \supset \Box {\sim} \Box {\sim} p$ verwandelt, die gleichbedeutend ist mit $p \supset \Box \Diamond p$.

[356] Der Buchstabe ›S‹ steht in diesen Namen für ›strict‹. Die beigefügten Ziffern deuten an, daß es eine mit S1 beginnende Abfolge axiomatisch aufgebauter Systeme der strikten Implikation gibt, von denen das System $n + 1$ jeweils das System n enthält.

$\Diamond A \supset \Box \sim \Box \sim A.$ [357] (S5)

Es gibt weder zum Brouwerschen Axiom noch zu den Axiomen S4 und S5 ein Analogon in der von mir beschriebenen Modalsyllogistik. Das heißt, nach den Definitionen der modallogischen Konstanten ›M ...‹ und ›L ...‹ gibt es keine gültige Grundregel, aus der sich eine der drei folgenden Regeln ableiten ließe: (1) A ∴ LNLN A, (2) L A ∴ LL A oder (3) M A ∴ LNLN A. Dieser Sachverhalt bedarf einer Erklärung, die ich im Folgenden geben werde.

3. Die in § 59 aufgestellten Definitionen legen den Gebrauch von ›L ...‹ und ›M ...‹ so fest, daß er nicht auf spezielle inhaltlich bestimmte Kontexte beschränkt ist. Dem entspricht es, daß auch der umgangssprachliche Gebrauch von ›es ist möglich, daß ...‹ und ›es ist notwendig, daß ...‹ nicht auf spezielle Kontexte beschränkt ist. Er ist vielmehr in derselben Weise unbeschränkt, wie der Gebrauch der hypothetischen Satzverknüpfung ›wenn ..., so ...‹, die ja als gleichbedeutend mit ›LN (..., N ...)‹ und ›NM (..., N ...)‹ aufgefaßt werden darf und deren Bedeutung so festgelegt werden kann, daß sie geeignet ist, eine *beliebige* ›Wenn-so‹-Beziehung, d. h. eine *beliebige* Beziehung regelmäßigen Folgens wiederzugeben. Die Bedeutung von ›H (..., ...)‹ wurde von mir in § 47 so festgelegt, daß sie auf hypothetische Satzgefüge eines beliebigen Inhalts anwendbar ist. Damit ist auch die Bedeutung von ›LN (..., N ...)‹ und ›NM (..., N ...)‹ so festgelegt, daß die Regeln, deren Gültigkeit mit Hilfe dieser Ausdrücke wiedergegeben werden kann, Regeln beliebigen Inhalts sind (z. B. Gewohnheitsregeln, deren Geltungsbereich auf eine beliebig kleine Menge von Individuen eingeschränkt ist, oder Regeln mit regional oder zeitlich begrenztem Geltungsbereich, oder Regeln, die aus Naturgesetzen ableitbar, aber nur in den Grenzen bisheriger Erfahrungen gültig sind, oder logische Regeln, deren Geltungsbereich alle möglichen Welten umfaßt, usw.).[358]

---

[357] Lewis selbst gewinnt die Systeme S4 und S5 dadurch, daß er nicht vom System T ausgeht und ihm die hier als (S4) und (S5) bezeichneten Axiome hinzufügt, sondern dadurch, daß er von einem S3 genannten System ausgeht und diesem in S4 das Axiom $\sim \Diamond (\sim p) \prec \sim \Diamond \sim (\sim \Diamond (\sim p))$ und in S5 das Axiom $p \prec \sim \Diamond (\sim p)$ hinzufügt. Das System S3 ist dem System T insofern ähnlich, als es anstelle des Notwendigkeits-Axioms das Axiom $\sim \Diamond p \prec \sim p$ und anstelle des Distributiv-Axioms das Axiom $(p \prec q) \prec (\sim \Diamond q \prec \sim \Diamond p)$ enthält. Zum Aufbau der Lewis-Systeme vergleiche man den Abschnitt 'The Lewis-Systems' in Hughes & Cresswell, *An Introduction to Modal Logic*, S. 213–254.

[358] Aus diesem Grund dürfen Sätze wie ›Wenn ich morgen abend dazu Lust habe, werde ich ins Kino gehen‹, ›Wenn ein Überholverbot nicht befolgt wird, droht eine Ordnungsstrafe‹, ›Wenn eine Rochade ausgeführt wird, springt der Turm über den König‹ oder ›Wenn etwas notwendigerweise wahr ist, so ist es auch tatsächlich wahr‹ als

Dementsprechend handelt es sich bei der Notwendigkeit, die mit Sätzen der Form *H* (*p*, *q*), *LN* (*p*, *N q*) und *NM* (*p*, *N q*) wiedergegeben werden kann, nicht um eine besondere Art absoluter oder relativer Notwendigkeit, sondern um eine Modalität, die allen besonderen Arten absoluter und relativer Notwendigkeit gemeinsam zugrunde liegt. ›*L* ...‹ (m Sinne von ›notwendig(erweise wahr, daß) ...‹) bedeutet daher dasselbe wie ›unter allen denkbaren Umständen (wahr, daß) ...‹ (vgl. § 59 Def. 2), wobei es vom jeweiligen Kontext abhängt, welches Diskursuniversum denkbarer Umstände mit dem Ausdruck ›unter allen denkbaren Umständen‹ stillschweigend (als nicht-leerer Bereich) vorausgesetzt wird. Dieser Ausdruck kann zwar, muß aber nicht dasselbe bedeuten wie ›in allen möglichen Welten‹. Das vorausgesetzte Diskursuniversum denkbarer Umstände braucht daher nicht zusammenzufallen mit dem Gesamtinhalt möglicher Welten. Vielmehr fällt dieser Bereich jeweils zusammen mit der Gesamtheit der Umstände, auf die sich die Regeln beziehen oder anwenden lassen, von denen im jeweiligen Kontext explizit oder implizit die Rede ist. Er fällt jeweils mit dem Geltungsbereich dieser Regeln zusammen, der mit dem Bereich, der alle möglichen Welten umfaßt, nicht zusammenzufallen braucht.

So bedeutet z. B. der Satz ›Notwendigerweise wechselt das Feld, auf dem ein Springer steht, mit jedem Zug die Farbe‹, daß unter allen denkbaren Umständen (die im Geltungsbereich stillschweigend als gültig vorausgesetzter Schachregeln vorkommen), die Farbe des Feldes des Springers von Weiß nach Schwarz oder von Schwarz nach Weiß wechselt, wenn er gezogen wird. Die denkbaren Umstände sind hier die Züge, die nach den als gültig vorausgesetzten Schachregeln denkbar sind. Genau entsprechend bedeutet der Satz ›Es ist möglich, daß ein Bauer ein Feld überspringt‹, daß es (nach den als gültig vorausgesetzten Schachregeln) einen denkbaren Umstand gibt, unter dem das Überspringen eines Feldes durch den Bauern vorkommt. Auch hier wieder ist es die Gesamtheit möglicher Schachzüge, die implizit den Geltungsbereich vorausgesetzter Regeln und den Individuenbereich denkbarer Umstände ausmachen, für die diese Regeln Gültigkeit haben und zu denen der Eröffnungszug im Schachspiel gehört. Der Satz ›Es ist unmöglich, daß eine Rochade ausgeführt wird und der Turm nicht über den König springt‹ besagt, daß der vorausgesetzte Individuenbereich kein Element enthält, das die Eigenschaft hätte, eine

---

Sätze derselben logischen Form aufgefaßt und in Sätze der Form *LN* (*p*, *N q*) transformiert werden.

Rochade zu sein, bei der nicht der König von einem Turm übersprungen würde.

Diese Beispielsätze handeln von Notwendigkeit, Möglichkeit und Unmöglichkeit, indem sie eine Gesamtheit denkbarer Umstände als einen Anwendungsbereich gültiger Regeln voraussetzen, ohne diese Gesamtheit sogleich mit der Gesamtheit möglicher Welten gleichzusetzen. Wäre der Satz, es sei bei jedem Zuge eines Springers ein Feldfarbwechsel notwendig, so zu verstehen, als würde er aussagen, dieser Wechsel finde in allen möglichen Welten statt, so wäre er falsch, da ohne weiteres z. B. eine Welt mit einer Schachregel denkbar ist, nach der ein Eröffnungszug möglich ist, bei dem ein Springer ohne Feldfarbwechsel gezogen wird. Ebenso besteht die Unmöglichkeit einer Rochade, bei der nicht der König übersprungen wird, nicht darin, daß es keine mögliche Welt gibt, in der eine solche Rochade vorkommt, denn ohne weiteres ist eine Welt denkbar, in der bei einer Rochade ein Turm vom König übersprungen wird und nicht umgekehrt. Schließlich beruht die Möglichkeit, daß ein Bauer ein Feld überspringt, nicht darauf, daß es unter allen möglichen Welten eine Welt gibt, in der ein solches Überspringen stattfindet. Vielmehr würde die Aussage, daß es möglich ist, den Bauern ein Feld überspringen zu lassen, schon dann falsch, wenn z. B. durch Einführung einer neuen Eröffnungsregel die Ausnahme, auf der das Wahrsein der Aussage beruht, abgeschafft würde, – obwohl es auch nach dieser Abschaffung durchaus dabei bliebe, daß eine Welt denkbar ist, in der ein Bauer ein Feld überspringt.

Statt meine Beispielsätze aus dem Kontext des Schachspiels zu wählen, hätte ich sie aus beliebigen anderen Kontexten wählen können, (aus den Gebieten der Mathematik, der Psychologie, der Physik, der Logik und der sonstigen Wissenschaften ebenso wie aus den Gebieten der Alltagsgewohnheiten sowie des politischen und sonstigen Lebens), um den Zusammenhang zu erläutern, der zwischen den Modalitäten der Notwendigkeit, Möglichkeit und Unmöglichkeit einerseits und andererseits den mit ihnen jeweils vorausgesetzten Bereichen denkbarer Umstände besteht, auf die sich diesbezügliche Regeln beziehen.

Wenn speziell von *logischer* Notwendigkeit, *logischer* Möglichkeit oder *logischer* Unmöglichkeit die Rede ist, ist auch hier, wie beim sonstigen Gebrauch der Modalausdrücke (›notwendig‹, ›möglich‹ und ›unmöglich‹), *nur im Hinblick auf Regeln* davon die Rede. Nur handelt es sich hier speziell eben um *logische* Regeln und, sofern diese Regeln streng allgemeingültig sind, um Regeln, die sich in ihrem Geltungs- und Anwendungsbereich auf ein Diskursuniversum denkbarer Umstände beziehen lassen, das auch als Gesamtheit möglicher Welten interpretiert werden kann. Denn streng allgemeingültige logische Regeln lassen sich in ›Wenn-so‹-Sätze, daher auch in Notwendigkeitssätze umformen, aus denen schließlich Möglichkeitssätze ableitbar sind. Die durch ›L …‹ und ›M …‹ wiederzugebende Modalität dieser Sätze kann zwar auch hier so interpretiert werden, daß ›L …‹ mit ›unter allen denkbaren Umständen (wahr, daß) …‹ und ›M …‹ mit ›unter irgendeinem denkbaren Umstand (wahr, daß) …‹ gleichbedeutend ist. Aber das Diskursuniversum denkbarer Umstände, auf das sich streng allgemeingültige logische Regeln beziehen, umfaßt das Universum aller möglichen Welten und läßt es daher zu, das unter allen denkbaren Umständen Wahre mit dem in allen möglichen Welten Wahren gleichzusetzen und ›unter irgendeinem Umstand wahr‹ im Sinne von ›in irgendeiner möglichen Welt wahr‹ zu verstehen.

Die Regeln der Modallogik brauchen nun allerdings auf Unterschiede, die sich je nach vorausgesetztem Diskursuniversum für die Bedeutung und den Gebrauch der Modalausdrücke ›notwendig‹ und ›möglich‹ ergeben, nicht unbedingt Rücksicht zu nehmen. Sie abstrahieren vielmehr, wenn sie streng allgemeingültig sein sollen, vollständig von diesen Unterschieden. Als streng allgemeingültige Regeln sind sie nämlich (gemäß § 82 und § 83) *formallogische* Regeln, d. h. Regeln, die von inhaltlichen Unterschieden zwischen Sätzen abstrahieren und in ihrer Gültigkeit nur von der Bedeutung der logischen Konstanten abhängen, die in den Sätzen vorkommen, auf die sie sich beziehen. Die Modalsyllogistik, wie ich sie in den §§ 58 bis 63 beschrieben habe, enthält nur Regeln, die in *diesem* Sinne *formal* und *abstrakt* sind.

Dies ist der Grund, aus dem die Modalsyllogistik nur sehr wenige Regeln für sogenannte i*terierte* Modalitäten, d. h. für Reihungen von Modaloperatoren (wie in ›LL …‹ oder ›LNLN …‹), als streng allgemeingültig anerkennt. Streng allgemeingültig sind in dieser Hinsicht nur diejenigen Regeln, die auf bloßer Einsetzung eines modal bestimmten Ausdrucks (wie ›L B‹) in den Ausdruck einer allgemeingültigen Regel (z. B. ›L A ∴ A‹) beruhen. Das heißt, es sind zwar die Regeln LL B ∴ L B und M B ∴ MM B gültig, weil die Regeln L A ∴ A und A ∴ M A gültig sind. Ungültig sind dagegen die Regeln L A ∴ LL A und M A ∴ LNLN A, die dem S4- bzw. dem S5-Axiom analog sind. Man kann die Ungültigkeit dieser Regeln in der folgenden Weise durch Beispiele beweisen.

L p stehe für eine gültige Schachregel, nach welcher der Satz wahr ist: ›Es ist notwendig, daß sich mit der Änderung des Feldes, auf dem ein Springer steht, die Farbe des Feldes ändert‹. Wenn L p wahr ist, braucht aber nicht auch der Satz LL p wahr zu sein. Das heißt: Wenn es wahr ist, daß unter allen (nach den als gültig vorausgesetzten Schachregeln) denkbaren Umständen ein Springerzug mit einem Feldfarbwechsel verbunden ist, braucht es nicht auch wahr zu sein, dass unter allen Umständen Schachregeln gültig bleiben, nach denen ein Springerzug mit einem Feldfarbwechsel verbunden sein muß. Um dies einzusehen, genügt es, daran zu erinnern, daß Spielregeln veränderlich sind, so daß Umstände denkbar sind, unter denen sich auch die denkbaren Umstände, die von Schachregeln vorausgesetzt werden, ändern können. So ist auch ein Umstand denkbar, unter dem die durch $L\,p$ wiedergegebene Schachregel ungültig ist. Sie ist nämlich dann ungültig, wenn, z. B. nach Einführung einer neuen Regel für Springer-Eröffnungszüge, eine Ausnahme von der alten Regel zugelassen ist. Wenn also $L\,p$ wahr ist, ist es gleichwohl denkbar, daß $LL\,p$ falsch, $MNL\,p$ also wahr ist. Daher ist der (zum S4-Axiom analoge) Schluß von $L\,p$ auf $LL\,p$ nicht allgemeingültig.

Ein zweites Beispiel: $M\,p$ stehe für den Satz: ›Es ist möglich, daß ein Bauer ein Feld überspringt‹. Dieser Satz ist wahr, wenn die Schachregeln aus denen er folgt, gültig sind. Wenn er wahr ist, braucht allerdings nicht auch der Satz $LNLN\,p$ wahr zu sein. $LNLN\,p$ ist nämlich gleichbedeutend mit $LM\,p$, d. h. gleichbedeutend mit dem Satz: ›Es ist notwendig (oder unter allen denkbaren Umständen wahr), daß es (nach den als gültig vorausgesetzten Schachregeln) möglich ist, daß ein Bauer ein Feld überspringt‹. Dieser Satz ist falsch. Denn es ist keineswegs unter allen denkbaren Umständen wahr, daß es (nach den als gültig vorausgesetzten Schachregeln) möglich ist, daß ein Bauer ein Feld überspringt. Denkbar ist vielmehr ein Umstand, unter dem dies nicht möglich ist. Ein solcher Umstand liegt vor, wenn durch Änderung der Spielregeln die bisher gültige Ausnahme von der Regel, nach der ein Bauer niemals ein Feld überspringen kann, nicht länger zugelassen ist. Wenn $M\,p$ wahr ist, ist es also gleichwohl denkbar, daß $M\,p$ falsch ist. Der (zum S5-Axiom analoge) Schluß von $M\,p$ auf $LM\,p$ ist daher nicht allgemeingültig.

Man darf auch nicht ohne weiteres (analog zum B-Axiom) von p auf $LM\,p$ schließen. Das ist auf folgende Weise einzusehen: Es stehe p für den Satz ›Ein weißer Springer schlägt einen schwarzen Bauern mit den ersten zwei Zügen‹. Dieser Satz sei wahr und beschreibe einen wirklichen, soeben ausgeführten Schachzug. Daraus, daß er wahr ist, folgt aber nicht, daß auch der Satz $LM\,p$ wahr ist. Es ist nämlich nicht unter allen denkbaren Umständen wahr, daß dieser soeben ausgeführte Zug (nach den als gültig vorausgesetzten Schachregeln) möglich ist. Denkbar ist vielmehr ein Umstand, unter dem er nicht möglich ist, nämlich z. B. der soeben beschriebene Umstand, daß die bisher gültige Ausnahme von der alten Regel, nach der ein Bauer niemals ein Feld überspringen kann, nicht länger zugelassen ist, während alle übrigen Regeln erhalten bleiben. Unter diesem Umstand sind Eröffnungszüge so geregelt, daß ein weißer Springer keinen schwarzen Bauern mit den ersten beiden Zügen eines Spiels erreichen kann. Wenn p wahr ist, braucht daher noch lange nicht LM p wahr zu sein.

Demnach ist also auch die Regel A ∴ LNLN A ungültig. Unter den modalsyllogistischen Regeln gibt es daher keine allgemeingültige Regel, die als Analogon zum Brouwerschen Axiom betrachtet werden könnte.

4. Hier zeigt sich übrigens auch, daß sich die Regeln der Modalsyllogistik in anderer Weise von den Grundannahmen des Brouwerschen Systems und der Systeme S4 und S5 unterscheiden als von den Grundannahmen des Systems T. Das System T unterscheidet sich von der Modalsyllogistik (wie sich oben in den Abschnitten 1 und 2 dieses Anhangs gezeigt hat) nur dadurch, daß es die Gültigkeit des klassischen Aussagenkalküls voraussetzt. Dagegen unterscheiden sich die anderen drei Systeme von der Modalsyllogistik darüber hinaus noch dadurch, daß sie mit den für sie spezifischen Axiomen

$p \supset \Box \sim \Box \sim p,$ **(B)**
$\Box p \supset \Box \Box \ p$ und **(S4)**
$\Diamond p \supset \Box \sim \Box \sim p,$ **(S5)**

spezielle Interpretationen der Begriffe von Notwendigkeit und Möglichkeit voraussetzen.

Die Gültigkeit des S5-Axioms – damit indirekt auch die des Brouwerschen und des S4-Axioms – läßt sich einsichtig machen, wenn man erstens voraussetzt, daß Notwendigkeit dasselbe wie Wahrheit in allen möglichen Welten und Möglichkeit dasselbe wie Wahrheit in einer der möglichen Welten ist, und zweitens auch noch annimmt, daß die Gesamtheit möglicher Welten mit der Gesamtheit denkbarer Welten zusammenfällt und die Denkbarkeit einer Welt Anforderungen an das Denkvermögen der Bewohner aller möglichen Welten stellt, die sie unterschiedslos erfüllen. Denn unter diesen Voraussetzungen sagt das S5-Axiom aus, daß es *keine* mögliche Welt gibt, in der p wahr ist, ohne daß es in *allen* möglichen Welten wahr ist, daß es eine mögliche Welt *gibt*, in der p wahr ist. Man nehme an, ◇ p sei wahr, es gebe also eine mögliche Welt, in der p wahr ist. Nach der vorausgesetzten Interpretation bedeutet dies, daß es eine (für das Denkvermögen der Bewohner aller möglichen Welten) denkbare Welt gibt, in der p wahr ist. Dann muß es aber auch zutreffen, daß □ ~ □ ~ p. Denn □ ~ □ ~ p bedeutet nach der vorausgesetzten Interpretation, daß es in jeder (für das Denkvermögen der Bewohner aller möglichen Welten) denkbaren Welt wahr ist, daß eine Welt (für diese Bewohner) denkbar ist, in der *p* wahr ist.

Wie zuerst Saul A. Kripke gezeigt hat, kann man die hier vorausgesetzte Interpretation der Begriffe von Notwendigkeit und Möglichkeit so modifizieren, daß das S5-Axiom ungültig wird, aber die Gültigkeit des S4-Axioms oder des Brouwerschen Axioms erhalten bleibt.[359] Diese Modifikation macht es erforderlich, die starke Annahme aufzugeben, daß die Bewohner aller möglichen Welten in derselben Weise die Anforderungen erfüllen, welche die Denkbarkeit einer Welt an das Denkvermögen stellt, das in ihr selbst und in den übrigen möglichen Welten vorhanden ist. Man kann diese Annahme durch die schwächere Annahme ersetzen, daß die Denkbarkeit einer Welt nur eine reflexive und transitive, aber keine symmetrische Relation ist. Nach dieser Annahme gilt, daß für beliebige mögliche Welten W1, W2 und W3 gilt, daß, wenn W3 in W2 und W2 in W1 denkbar ist, dann auch W3 in W1 denkbar ist. Nach dieser Annahme gilt auch, daß in jeder möglichen Welt diese selbst denkbar ist, aber daß, wenn eine von ihnen (sagen wir, W1) in einer anderen (sagen wir, W2) denkbar ist, dann auch immer diese in jener denkbar ist. Für jede dieser Welten gilt unter dieser Annahme dasselbe, was unter ihr für W1 gilt. So bedeutet der Satz, daß □ *p* wahr ist, für W1 dasselbe wie, daß *p* in allen in W1 denkbaren Welten wahr ist. Zu diesen in W1 denkbaren Welten gehören, nach der soeben beschriebenen Annahme, auch alle Welten, die in den in W1 denkbaren Welten denkbar sind. Wenn *p* also in allen in W1 denkbaren Welten wahr ist, gibt es keine in W1 denkbare Welt, in der es nicht auch wahr ist, daß in allen in W1 denkbaren Welten *p* wahr ist. Wenn daher in W1 wahr ist, daß □ *p*, so ist es in W1 auch wahr, daß □ □ *p*. Unter dieser Annahme ist daher das S4-Axiom gültig. Dagegen ist unter dieser Annahme weder das S5-Axiom noch das Brouwersche Axiom gültig. Denn wenn es in W1 wahr ist, daß ◊ *p* oder daß *p*, so bedeutet dies, daß es in einer der in W1 denkbaren Welten beziehungsweise in W1 selbst wahr ist, daß *p*. Aber weder braucht diese in W1 denkbare Welt noch W1 selbst in jeder der in W1 denkbaren Welten denkbar zu sein. Daher folgt □ ~ □ ~ *p* unter dieser Annahme weder aus ◊ *p* noch aus *p*.

Setzt man jedoch, als Alternative zu dieser Annahme, voraus, daß die Denkbarkeit einer Welt keine transitive, wohl aber eine symmetrische und reflexive Relation ist, so erscheint das Brouwersche Axiom, nicht hingegen

---

[359] Eine verhältnismäßig leicht zugängliche Darstellung der Grundzüge der von Kripke entwickelten modalen Semantik geben G. E. Hughes & M. J. Cresswell, *Introduction to Modal Logic*, insbesondere auf den Seiten 75–80.

das S4- oder S5-Axiom als gültig. Man setzt dann lediglich voraus, daß für beliebige mögliche Welten W1 und W2 gilt: daß, wenn W2 in W1 denkbar ist, dann auch W1 in W2 denkbar ist, und daß jede mögliche Welt in ihr selbst denkbar ist. Unter dieser Voraussetzung bedeutet die Annahme, daß p wahr ist, für W1 dasselbe wie, daß p in W1 wahr ist. Wenn nun p in W1 wahr ist, ist es damit zugleich auch möglich, daß p. Denn es gibt dann für W1 eine in W1 denkbare Welt, in der p wahr ist, nämlich W1. Außerdem gibt es dann keine unter den in W1 denkbaren Welten, in der es nicht auch wahr wäre, daß es eine denkbare Welt gibt, in der p wahr ist. Denn W1 gehört, wie vorausgesetzt, zu den Welten, die in jeder der in W1 denkbaren Welten denkbar sind. Wenn daher p in W1 wahr ist, ist es in W1 auch wahr, daß es notwendigerweise möglich ist, daß p. Es folgt mit anderen Worten □ ~ □ ~ p aus p. Unter der genannten Voraussetzung ist daher das Brouwersche Axiom gültig. Nicht jedoch ist deshalb auch schon das S5-Axiom gültig, nach dem □ ~ □ ~ p aus ◊ p folgt. Wenn es nämlich wahr ist, daß ◊ p, es infolgedessen eine in W1 denkbare Welt gibt, in der p wahr ist, so folgt daraus noch nicht, daß diese Welt auch denkbar ist in jeder Welt, die in W1 denkbar ist.

Wie diese Überlegungen zeigen, liegen den Systemen B, S4 und S5 ganz spezielle Interpretationen der Begriffe von Notwendigkeit und Möglichkeit zugrunde.

5. Es wird manchmal die Frage aufgeworfen, welches modallogische System denn eigentlich ›das richtige‹ ist. Bezieht man diese Frage nur auf die Systeme, die den klassischen Aussagenkalkül als gültig voraussetzen und zu denen das Brouwersche System und die Systeme T, S4 und S5 gehören, so hängt die Antwort offensichtlich bloß davon ab, welche Bedeutung man den Ausdrücken ››□ ...‹ und ›◊ ...‹ geben möchte. Denn diese Bedeutung variiert mit der Stärke und Schwäche des jeweiligen Systems in Abhängigkeit von den Axiomen und Grundregeln, die in ihm gelten sollen. Die von Kripke entwickelte, von mir soeben in Ansätzen skizzierte Semantik möglicher Welten hat dazu beigetragen, diesbezügliche Bedeutungsunterschiede zu präzisieren.

Berücksichtigt man dagegen die Komplexität der Bedeutung, welche die Ausdrücke ›□ ...‹ und ›◊ ...‹ bereits in den schwächsten dieser Systeme haben, bezieht man also das von mir beschriebene modalsyllogistische System mit in die Beurteilung ein, dann ergibt sich, daß nur dieses die Anforderungen an strenge Allgemeingültigkeit erfüllt. Denn nur dieses ist unabhängig von den speziellen Voraussetzungen, auf denen der klassische Aussagenkalkül insofern beruht, als er die Postulate des affirmativen

Gebrauchs doppelter Negation (VI. 4) und des beliebigen zureichenden Grundes (VI. 3) (siehe § 72) gelten läßt. Was die vier oben näher in Betracht gezogenen Systeme, T, S4, S5 und das Brouwersche System, betrifft, befindet sich das System T gleichsam in größerer Nähe zur Modalsyllogistik als die übrigen drei. Denn man gelangt von der Modalsyllogistik zum System T schon allein dadurch, daß man die Postulate (VI. 3) und (VI. 4) als gültig voraussetzt.

Mit dieser Voraussetzung verliert die Modallogik ihre strenge Allgemeingültigkeit und damit ihre Nähe zu den Regeln und Gesetzen, die allem Denken zugrunde liegen. Dies ist ein Verlust, der sich darin manifestiert, daß unter der Voraussetzung der Postulate (VI. 3) und (VI. 4) die sogenannten paradoxen Theoreme der strikten Implikation, nämlich die Theoreme ›(A & ~ A) ⥽ B‹ und ›B ⥽ (A ∨ ~ A)‹, in der Modallogik ableitbar sind. 'Paradox' heißen diese Theoreme nicht deshalb, weil sie unter allen Umständen ungültig wären, – dies sind sie natürlich nicht. 'Paradox' heißen sie vielmehr deshalb, weil ihre Ableitbarkeit gerade das war, was Lewis mit seiner Erfindung von Systemen der strikten Implikation ursprünglich hatte vermeiden wollen.

Anhang 6

Nicht-klassische Logiksysteme
in ihrem Verhältnis zum logischen Funktionenkalkül

Die in § 75 abgeleiteten Formeln

*≺ A ⊃ (B ⊃ A),	(VI. 17)
*≺ (A ⊃ (B ⊃ C)) ⊃ ((A ⊃ B) ⊃ (A ⊃ C)) und	(VI. 18)
*≺ (~ B ⊃ ~ A) ⊃ (A ⊃ B)	(VI. 23)
*≺ (∀ v) A (v) ⊃ A (t)	(VI. 24)

bilden gemeinsam mit den Formeln, die nach der einfachen Abtrennungsregel (VI. 8) und einer der beiden Generalisierungsregeln (VI. 10) und (VI. 11) aus ihnen ableitbar sind, das System der Grundgesetze des logischen Funktionenkalküls, den man heute meist schlicht als ›die klassische Logik‹ bezeichnet. Da diesem System implizit die Voraussetzung zugrunde liegt, daß die vier Regeln

A, B ≺ A,	(VI. 3)
NN A ≺ A,	(VI. 4)
N A (('v) A (v), α) ≺ I (('v) N A (v), α) und	(VI. 5)
N A (('v) N A (v), α) ≺ I (('v) A (v), α)	(VI. 6)

gültig sind, ergeben sich Alternativen zur klassischen Logik (und damit Systeme der sogenannten ›nicht-klassischen Logik‹) genau dadurch, daß man eine von zwei Maßnahmen ergreift: Entweder (1) man verzichtet auf die Annahme der uneingeschränkten Gültigkeit wenigstens einer (wenn auch nicht jeder) dieser vier Regeln oder (2) man behält diese Annahme bei, nimmt aber zusätzlich die Gültigkeit mindestens einer weiteren Regel oder eines weiteren Gesetzes an.

Zu den Systemen, die aus der Maßnahme (2) hervorgehen, gehören die Systeme der strikten Implikation, aber auch andere modallogische Systeme, wie z. B. das System T und das sogenannte Brouwersche System. (Ich bin auf alle diese Systeme in *Anhang 5* eingegangen.)

Um Beispiele auch für die erste, aus der Maßnahme (1) hervorgehenden Art nicht-klassischer Logiksysteme anzuführen, erwähne ich im Folgenden die Systeme der ›parakonsistenten‹, der ›freien‹ und der ›intuitionistischen‹ Logik und werde sie unter dem hier interessierenden Gesichtspunkt der Reihe nach kurz beschreiben. Unter diesem Gesichtspunkt haben alle hier erwähnten nicht-klassischen Logiksysteme einen Kernbestand an logischen Regeln gemeinsam. Dieser Kernbestand fällt mit den von mir beschriebenen Regeln der Syllogistik zusammen, die auch (wie in diesem Buch gezeigt wurde) der klassischen Logik zugrunde liegen.

›Parakonsistent‹ heißt ein Logiksystem, in dem das Prinzip, daß aus zwei kontradiktorischen Aussagen eine beliebige Aussage folgt (*ex contradictione quodlibet sequitur*), nicht als gültig anerkannt wird.[360] Dieses Prinzip setzt die Gültigkeit der Regeln (VI. 3) und (VI. 4) (siehe § 72) voraus, nach denen A aus A und B bzw. A aus NN A (mit beliebigen Sätzen A und B) folgt. Durch Schlußkonversion (nach der Regel (I. 2) (siehe § 44)) läßt sich nämlich aus (VI. 3) (mit B = N C und beliebigem C) unmittelbar ableiten, daß NN C (mit beliebigem B) aus A und N A folgt. Und nach (VI. 4) darf dann NN C gleich C gelten und ~ A an die Stelle von N A treten (siehe § 71). Setzt man also voraus, daß die Regeln (VI. 3) und (VI. 4) gültig sind, dann gilt auch, daß aus A und ~ A ein beliebiger Satz C folgt. Dies bedeutet, daß parakonsistente Logiksysteme mit der Nicht-Anerkennung des Prinzips *ex contradictione quodlibet* annehmen, daß mindestens eine der beiden Regeln (VI. 3) oder (VI. 4) ungültig ist. Die Annahme der Ungültigkeit von (VI. 4) nötigt die parakonsistente Logik zu einem Verständnis des Verneinungszeichens ›~‹ als gleichbedeutend mit ›N‹ oder zu einer modallogischen Deutung der Negation ›~‹ sowie des Ausdrucks ›es ist falsch, daß …‹.[361] Die Annahme der Ungültigkeit der Regel (VI. 3) muß

---

[360] Die Bezeichnung ›parakonsistent‹ wurde 1976 auf einem lateinamerikanischen Symposium über mathematische Logik von M. Quesada vorgeschlagen für Logiksysteme, in denen das Prinzip *ex contradictione quodlibet* nicht gilt. Vgl. A. R. Anderson & N. D. Belnap & J. M. Dunn, Entailment, vol. 2, Princeton, NJ: Princeton University Press, 1992. Parakonsistent im Sinne dieser Bezeichnung sind alle sogenannten relevanzlogischen Systeme. Sie heißen so, weil sie verlangen, daß es für das Wahrsein eines Konditionalsatzes nicht genügt, daß sein Antezedens falsch ist; vielmehr müsse es auch 'relevant' sein für das Sukzedens. Parakonsistent ist auch das von mir in diesem Buch dargestellte System der elementaren Syllogistik. Dieses führt die Ungültigkeit des Prinzips *ex contradictione quodlibet* sowie des Prinzips *Ex falso quodlibet* auf die Wahrheitsambivalenz von Ausdrücken der Form N A zurück. Wegen dieser Ambivalenz ist die Regel, nach der Sätze aus sich selbst logisch folgen, nicht allgemeingültig. Aus demselben Grund ist ein Satz A mit dem Satz ›Es ist wahr, daß A‹ nicht unter allen Umständen gleichbedeutend oder logisch äquivalent.

[361] Den Ausweg in die Modallogik haben Autoren wie Stanislaw Jaśkowski ('Propositional Calculus for Contradictory Deductive Systems', *Studia Logica* 24, 1969, S. 143–57) und Richard Routley ('Ultralogic as Universal?', *Relevance Logic Newsletter* 2, 1977, S. 50–90) gesucht. Die von Newton C. A. da Costa in seinem Aufsatz 'On the Theory of Inconsistent Formal Systems', *Notre Dame Journal of Formal Logic* 15, 1974, S. 497–510, vorge-

nicht zu einer ersatzlosen Streichung dieser Regel führen, sondern läßt immer auch die bloße Einschränkung der Gültigkeit dieser Regel zu, so daß sie gültig bleibt für den Fall, daß B in A, B ≺ A die leere Prämissenmenge ist, A ≺ A also eine gültige Regel ist.[362]

Was die sogenannte Freie Logik angeht, so ergibt sie sich aus dem impliziten Verzicht auf die Annahme der Gültigkeit der Regeln (VI. 5) und (VI. 6) und aus der impliziten Beibehaltung der Annahme der Gültigkeit der Regeln (VI. 3) und (VI. 4) (siehe § 72). Die Freie Logik unterscheidet sich nämlich von der klassischen Logik genau dadurch, daß sie den Individuenkonstanten, freien Variablen oder individuellen Kennzeichnungen (*definite* oder *indefinite descriptions*) kein Objekt in einem der Modelle des Systems zuweist.[363] Aus dem genannten Verzicht ergibt sich für die Freie Logik, daß in ihr weder das Spezifizierungsgesetz (VI. 24) noch die Regeln der Generalisierung ((VI. 10) und (VI. 11)), Partikularisierung (VI. 13) oder Singularisierung (VI. 15) gültig sind. Alle diese Regeln hängen ja, wie man leicht den zugehörigen Beweisen in § 74 bzw. § 75 entnehmen kann, von den Regeln (VI. 5) und (VI. 6) ab.[364]

Die intuitionistische Logik schließlich kann man gleichfalls als Beispiel der ersten Art nicht-klassischer Logiksysteme ansehen, nämlich als ein Logiksystem, das die Regel (VI. 4) als ungültig verwirft, zugleich aber die Re-

---

schlagene Deutung der Verneinung läuft der Sache nach auf eine Gleichsetzung von ›≺‹ mit ›N‹ hinaus.

[362] Man nennt ein Logiksystem ›monoton‹, wenn es zuläßt, daß sich an der Gültigkeit einer Folgerung nichts ändert, wenn man ihr eine Prämisse hinzufügt, die zur Gültigkeit der Folgerung nichts beiträgt. Die klassische Logik ist monoton, weil sie die Gültigkeit von (VI. 3) voraussetzt. Ein parakonsistentes Logiksystem ist dagegen nicht-monoton, wenn es die Gültigkeit von (VI.3) in der beschriebenen Weise einschränkt.

[363] Der früheste Vorschlag einer entsprechenden Revision der klassischen Quantorenlogik stammt von Henry Leonard, 'The Logic of Existence', *Philosophical Studies* 7 (1956), S. 49-64. Der Name ›free Logic‹ wurde von Karel Lambert eingeführt als Abkürzung für ›logic free of existence assumptions with respect to both its general terms and its singular terms‹. Eine systematische Darstellung der Grundzüge der freien Logik gibt Ermanno Bencivenga, 'Free Logics', in: D. Gabbay and F. Guenthner (eds.), *Handbook of Philosophical Logic*, Dordrecht: Reidel, vol. 3, (1986) 373-426.

[364] Karel Lambert schreibt: „Indeed, free logic is the culmination of a long historical trend to rid logic of existence assumptions with respect to its terms." Siehe Lamberts Artikel 'Free logics, philosophical issues in", Edward Craig (Hg.), *Routledge Encyclopedia of Philosophy*, 1998, vol 3, S. 740. Bezogen auf die Geschichte der Logik im Ganzen ist diese Auszeichnung der freien Logik als eines „Höhepunkts" eine gewaltige Verzerrung der Tatsachen. Da im Rahmen der aristotelischen Syllogistik Existenzannahmen im Hinblick auf Begriffsausdrücke ganz unnötig sind, hatte sie es niemals nötig, solche Annahmen „loszuwerden".

geln (VI. 3), (VI. 5) und (VI. 6) weiterhin gelten läßt.³⁶⁵ Von der Gültigkeit der Regel (VI. 4) hängt die Gültigkeit der in § 75 abgeleiteten Gesetzesformel (VI. 21) ab, wie der zugehörige Beweis zeigt. Interpretiert man das in der intuitionistischen Formelsprache Heytings in bewußter Abgrenzung zur klassischen Formelsprache bevorzugte, allerdings undefinierte Zeichen ›¬‹ so, daß es dem in der klassischen Logik gebrauchten Negationszeichen ›~‹ entspricht, so ergibt sich, daß der intuitionistische Aussagenkalkül den klassischen Aussagenkalkül als ein echtes Teilsystem enthält, in welchem das durch die Formel (VI. 21) wiedergegebene Gesetz: ~ ~ A ⊃ A, ungültig ist.³⁶⁶

Man kann die intuitionistische Logik allerdings auch so interpretieren, daß sie ein Beispiel für das Ergreifen der oben erwähnten Maßnahme (2) ist und demnach zu denjenigen nicht-klassischen Logiksystemen gehört, die aus der klassischen Logik nicht durch implizites Weglassen, sondern durch eine implizite Hinzunahme von Gültigkeitsannahmen hervorgehen. Da nämlich die intuitionistische Logik in der von Heyting entworfenen Gestalt das Zeichen ›¬‹ und alle logischen Satzverknüpfungen undefiniert läßt, allerdings zugleich die Formel ›¬ ¬ p ⊃ p‹ ausdrücklich so versteht, daß sie nicht genau dasselbe bedeutet wie in der klassischen Logik die Formel ~ ~ p ⊃ p, sondern vielmehr eine modallogisch gefärbte Bedeutung hat, nach der sie besagt: ›Wenn der Satz p unmöglich falsch sein kann, so ist er richtig‹,³⁶⁷ erscheint der intuitionistische Aussagenkalkül als bloße Variante eines modallogischen Systems, in dem der klassische Aussagenkalkül als Teilsystem enthalten ist. Eine dementsprechende Interpretation dieses Kalküls hat Kurt Gödel durchgeführt.³⁶⁸

Nach Gödel kann man das Zeichen ›¬‹ und die logischen Satzverknüpfungen dieses Kalküls so interpretieren, daß er nicht nur den klassischen Aussagenkalkül, sondern zusätzlich ein modallogisches System S als Teilsystem enthält, das ein genaues Analogon des um das S4-Axiom er-

---

³⁶⁵ Die früheste Ausarbeitung eines intuitionistischen Logikkalküls stammt von Arend Heyting, veröffentlicht unter dem Titel 'Die formalen Regeln der intuitionistischen Logik' in den *Sitzungsberichten der Preußischen Akademie der Wissenschaften*, Physikalisch-mathematische Klasse, Berlin, 1930, S. 42–56.

³⁶⁶ Vgl. Kurt Gödel, 'Zur intuitionistischen Arithmetik und Zahlentheorie', *Ergebnisse eines mathematischen Kolloquiums*, Heft 4, 1933, S. 34-38. Gekürzter Nachdruck in: K. Berka & L. Kreiser (Hg.), *Logik-Texte*, Berlin: Akademie-Verlag, 3. Auflage 1983, S. 201-202.

³⁶⁷ Heyting, 'Die formalen Regeln der intuitionistischen Logik', in: *Logik-Texte*, S. 189.

³⁶⁸ Kurt Gödel, 'Eine Interpretation des intuitionistischen Aussagenkalküls', *Ergebnisse eines mathematischen Kolloquiums*, Heft 4, 1933, S. 39-40, nachgedruckt in: *Logik-Texte*, herausgegeben von K. Berka & L. Kreiser, Berlin: Akademie-Verlag, dritte Auflage 1983, S. 200-201. Gödels Interpretation bezieht sich auf Heytings 1930 aufgestellten Kalkül.

weiteren Systems T ist.[369] Von diesem unterscheidet sich das System S nur dadurch, daß es anstelle des Begriffs der Notwendigkeit überall den Begriff der Beweisbarkeit benutzt. Da mit Beweisbarkeit entweder dasselbe wie notwendige Wahrheit oder eine bestimmte *Art* notwendiger Wahrheit gemeint ist,[370] kann man sagen, daß das System S nicht nur ein genaues Analogon des um das S4-Axiom erweiterten Systems T ist. Es ist vielmehr genau dasselbe System wie T, nur bezogen auf Fälle, in denen der Operator ›□ ...‹ (›es ist notwendig, daß ...‹) die besondere oder nur besonders gefärbte Bedeutung von ›es ist beweisbar, daß ...‹ annimmt. Für ›es ist beweisbar, daß ...‹ gebraucht Gödel die Abkürzung ›B ...‹. Übersetzt man die Heytingschen Ausdrücke ›¬ ...‹, ›... ⊃ ...‹, ›... ∨ ...‹ und ›... ∧ ...‹ der Reihe nach in die Ausdrücke ›~ B ...‹, ›B ... ⊃ B ...‹, ›B ... ∨ B ...‹ und ›... & ...‹ (wobei die in der Übersetzung gebrauchten Zeichen ~, ⊃, ∨ und & der Reihe nach die wahrheitsfunktionale Negation, Subjunktion, Adjunktion und Konjunktion – wie im klassischen Aussagenkalkül – wiedergeben), so verwandeln sich die Formeln, die in Heytings System gültig sind, (aber auch nur sie) in Formeln, die aus dem System S ableitbar sind.[371] Nicht ableitbar dagegen ist die Gödelsche Übersetzung der Formeln ¬ ¬ $p \supset p$ und $p \vee \neg p$. Ganz allgemein folgt aus S keine Formel der Gestalt B A ∨ B B, für die nicht schon entweder B A oder B B aus S beweisbar ist.[372]

Man *kann* die beiden Formeln ¬ ¬ $p \supset p$ und $p \vee \neg p$ so verstehen, daß sie das Prinzip des affirmativen Gebrauchs doppelter Negation (das von den Intuitionisten oft mit dem Prinzip des ausgeschlossenen Dritten gleichgesetzt wird) zum Ausdruck bringen. Wenn man allerdings sagt, die intuitionistische Logik verwerfe dieses Prinzip als ungültig, so kann dies nicht den intuitionistischen Aussagenkalkül in der *gerade beschriebenen modallo-*

---

[369] Gödel selbst konnte das System T, das erst 1937 von Robert Feys aufgestellt wurde, noch nicht vor Augen haben, als er seine modallogische Deutung des intuitionistischen Aussagenkalküls vornahm. In *Anhang 5* habe ich das um das S4-Axiom erweiterte System T, soweit es hier von Interesse ist, beschrieben.

[370] Edward John Lemmon hat darauf hingewiesen, daß wenn ›□ ...‹ dasselbe bedeutet wie ›es ist in der Mathematik informell beweisbar, daß ...‹, S4 das korrekte Modalsystem ist. Siehe E. J. Lemmon, 'Is there only one correct system of modal logic?', *Aristotelian Society Supplementary Volume 23*, 1959, S. 23-40.

[371] Die beschriebene Übersetzung ist nicht die einzige, die zu diesem Erfolg führt. Vielmehr wird die gewünschte Ableitbarkeit auch erreicht, wenn man ›¬ ...‹ und ›... ∧ ...‹ durch ›B ~ ◊ ...‹ bzw. durch ›B ... & B ...‹ übersetzt. Siehe K. Gödel, 'Eine Interpretation des Intuitionistischen Aussagenkalküls‹, S. 39, *Logik-Texte* S. 201. – Für die wahrheitsfunktionale Subjunktion und die wahrheitsfunktionale Konjunktion verwendet Gödel die Hilbertsche Schreibweise, d. h. den Pfeil bzw. den Punkt.

[372] Ebenda, S. 201.

gischen Interpretation betreffen. Denn nach dieser Interpretation läßt der intuitionistische Aussagenkalkül die klassische Aussagenlogik uneingeschränkt gelten, so daß auch das ihr zugrundeliegende Postulat des affirmativen Gebrauchs doppelter Negation (VI. 4) (siehe oben § 72) und die (nach § 75) aus diesem Prinzip folgende Formel (VI. 22) ~ ~ A ⊃ A in ihm gültig bleibt.[373]

---

[373] Wie Kurt Gödel bewiesen hat, ist der Heytingsche Aussagenkalkül nicht der einzige, der sich vom klassischen dadurch unterscheidet, daß er das *Tertium non datur* verwirft. Vielmehr gibt es unendlich viele Kalküle, die gleichsam *zwischen* diesen beiden Kalkülen liegen und als ›intermediäre‹ Logiksysteme bezeichnet werden. Die Ungültigkeit von $p \vee \neg p$ schließt ja nicht unbedingt aus, daß z. B. $\neg p \vee \neg \neg p$ gültig ist und als Axiom in einem dieser Kalküle aufgestellt werden kann. Vgl. Kurt Gödel, 'Zum intuitionistischen Aussagenkalkül', *Anzeiger der Akademie der Wissenschaften in Wien*, mathematisch-naturwissenschaftliche Klasse, 69, 1932, S. 65-66, nachgedruckt in: *Logik-Texte*, S. 199-200. Es gibt keinen Grund anzunehmen, einer dieser unendlich vielen Kalküle sei vor dem anderen ausgezeichnet. Allerdings ist der Heytingsche Kalkül vor diesen und vor dem klassischen Aussagenkalkül dadurch ausgezeichnet, daß er eine Interpretation zuläßt, nach der er das logisch nicht allgemeingültige Postulat (VI. 4) verwirft, ohne es durch eine andere logisch nicht allgemeingültige Annahme zu ersetzen.

ANHANG 7

DIE BARCAN-FORMEL

Die Barcan-Formel

$$\Diamond\, (\exists\, x)\, A\, (x) \multimap (\exists\, x)\, \Diamond\, A\, (x)$$

gibt ein Axiom wieder, mit dem die axiomatische modale Aussagenlogik zu einer modalen Prädikatenlogik erweitert werden kann. Der Name dieser Formel verweist auf Ruth Barcan Marcus, die dieses Axiom 1946 eingeführt hat.[374] Es ist zum umstrittenen Ausgangspunkt philosophischer Diskussionen gemacht worden, da es eine Interpretation nahelegt, nach der es die nicht eben plausible Annahme enthält, es folge daraus, daß es *möglich* ist, daß Gegenstände mit einer bestimmten Eigenschaft existieren, bereits die (wirkliche) Existenz von Gegenständen, die diese Eigenschaft möglicherweise haben. Ruth Barcan Marcus selbst hat diese Interpretation verworfen und sie durch eine sogenannte ›substitutionelle‹ Interpretation ersetzt. Nach dieser soll die Barcan-Formel lediglich aussagen, daß, wenn es möglich ist, daß es für x eine Einsetzungsinstanz gibt, die einen Ausdruck der Form A (x) in einen wahren Ausdruck der Form A (a) verwandelt, es dann auch eine Einsetzungsinstanz für x gibt, die einen Ausdruck der Form $\Diamond$ A (x) in einen wahren Ausdruck der Form $\Diamond$ A (a) verwandelt. Die substitutionelle Interpretation gibt dem Existenzquantor eine Deutung, die von dessen ›klassischer‹ Deutung abweicht und sich auch auf die nicht modalisierte klassische Quantorenlogik anwenden läßt. Nach dieser Deutung bedeutet

$$\sim (\exists\, x)\, A\, (x) \supset (\exists\, x) \sim A\, (x)$$

nicht, es folge aus einer Aussage der Form $\sim (\exists\, x)\, A\, (x)$, daß etwas, nämlich x, existiert, auf das A (x) nicht zutrifft, sondern nur, daß aus einer Aussage der Form $\sim (\exists\, x)\, A\, (x)$ keine wahre Aussage entstehen kann durch Ersetzung von ›$(\exists\, x)\, \ldots\, (x)$‹ durch Angabe eines geeigneten Einzelfalls, ohne daß durch dieselbe Ersetzung auch aus $(\exists\, x) \sim A\, (x)$ eine wahre Aussage entsteht. Die substitutionelle Interpretation zieht insofern der klassischen Annahme, daß es zu jedem wahren partikulären Satz der Form $(\exists\, x)\, A\, (x)$ einen existierenden Gegenstand gibt, die Annahme vor,

---

[374] Ruth C. Barcan, 'A Functional Calculus of First Order Based on Strict Implication', *Journal of Symbolic Logic*, 11 (1946) S. 2.

daß es zu jedem solchen Satz einen wahren singulären Satz gibt auch dann, wenn der Gegenstand, von dem er handelt, nicht existiert.

Allerdings ist diese Annahme kaum weniger problematisch als die klassische. Denn singuläre Sätze, die von einem Gegenstand handeln, der nicht existiert (oder genauer gesagt: der nicht einem als erfüllt vorausgesetzten Individuenbereich, d. h. einer „Zuschreibungswelt" (siehe oben § 20), angehört), werden für gewöhnlich nicht als wahr angesehen (es sei denn, es handelt sich um bestimmte verneinende Sätze). Dieser Ansicht, die mit dem Prinzip der qualitativen Existenzbindung übereinstimmt, trägt die in § 52 aufgestellte Definition des singulären kategorischen Satzes Rechnung.

Legt man diese Definition den allgemeingültigen Regeln und Gesetzen der Logik zugrunde, kann man nicht erwarten, daß die Barcan-Formel ein allgemeingültiges logisches Gesetz zum Ausdruck bringt. Man wird nicht einmal erwarten können, daß der zur Barcan-Formel analoge Ausdruck

$$H (M\ I\ (('x)\ A\ (x), \xi), I\ (('x)\ M\ A\ (x), \xi))$$

ein allgemeingültiges modallogisches Gesetz wiedergibt. Vielmehr entspricht der Grad der Gültigkeit des Axioms, das die Barcan-Formel wiedergibt, höchstens dem Grad von Gültigkeit, den man dem S4- und dem S5-Axiom zuschreiben kann. (Siehe *Anhang 5*.)

Man kann den auf der rechten Seite der Barcan-Formel vorkommenden Ausdruck ›(∃ x) ◊ A (x)‹ als den Ausdruck einer *reinen de re-Modalität* betrachten. Denn es handelt sich um einen *de re*-Ausdruck, der nicht (wie syllogistische Modalausdrücke (siehe § 6 und § 59)) *gleichbedeutend* mit einem *de dicto*-Ausdruck derselben Modalität ist. So betrachtet gibt die Barcan-Formel das (nicht allgemeingültige) Gesetz wieder, nach dem die *de dicto*-Möglichkeit, die durch einen problematischen partikulären Satz ausgesagt wird, eine reine *de re*-Möglichkeit impliziert.

Nach §§ 31-2 und §§ 64-5 ist ›(∃ x) ◊ A (x)‹ nur eine Abkürzung für

$$›I\ (('x)\ ◊\ A\ (x), \xi)‹.$$

Die durch ›◊‹ angezeigte Modalität gehört hier nur zum *Inhalt* eines *Begriffs*, nämlich des *logischen* Prädikats ('x) ◊ A (x). Sie ändert nichts an der *assertorisch affirmativen Form*, die die Formel ›I (('x) ◊ A (x), ξ)‹ als logische Form eines affirmativen Satzes wiedergibt. Ein Satz dieser Form hat eine uneingeschränkte, von seinem begrifflichen Inhalt unabhängige Existenzbindung. Eingeschränkt ist die Existenzbindung eines affirmativen Satzes aber, wenn ihm das Präfix ›◊‹ (oder ›M‹) vorangestellt ist wie in ›◊ I (('x)

A (x), ξ)‹. Dieses Präfix vermindert seine logische Stärke. Aus einem Satz von geringerer logischer Stärke kann ein Satz von größerer logischer Stärke nicht folgen. Darum ist die Folgerung von ›$I\ (('x) \Diamond A\ (x), \xi)$‹ aus ›$\Diamond I\ (('x)\ A\ (x), \xi)$‹, folglich auch die von ›$(\exists\ x) \Diamond A\ (x)$‹ aus ›$\Diamond\ (\exists\ x)\ A\ (x)$‹, nicht allgemeingültig.

ANHANG 8

ÜBER BIVALENZ

(Zu den §§ 6 bis 9)

Vom Standpunkt des ›logischen Pluralismus‹[375] aus betrachtet gibt es keinen Grund, eine zweiwertige Logik vor irgendeiner mehrwertigen Logik auszuzeichnen. Man wird sich aber für eine zweiwertige Logik entscheiden müssen, wenn man versteht, wovon die Geltung des Bivalenz-Prinzips abhängt, und wenn man von der Logik verlangt, in einem engeren, klar und deutlich explizierbaren Sinn (wie ich ihn oben in § 82 und § 83 angegeben habe) formal zu sein. Ich gehe im Folgenden zunächst (1) auf die Frage nach den Geltungsgründen des Bivalenz-Prinzips ein. Dann (2) wende ich mich dem Zusammenhang zwischen Bivalenz und Formalität der Logik zu.

(1) Das Bivalenz-Prinzip ist so zu verstehen, daß es aussagt, daß es für Ausdrücke, die als Deklarativsätze zum Urteilen gebraucht werden, genau zwei Wahrheitswerte gibt: das Wahre (W) und das Falsche (F). Die Annahme, es gebe nicht mehr als diese beiden Werte, beruht nicht etwa auf einer tiefgreifenden Entdeckung, sondern bloß auf einer sprachlichen Festlegung der Bedeutung von ›wahr‹ und ›falsch‹. Das Bivalenz-Prinzip *besteht* in dieser Festlegung. Es legt fest, daß ein Satz genau dann als falsch gelten möge, wenn er nicht wahr ist.[376] Auch ein sinnloser Satz wie ›Die Zehn ist eine boshafte Zahl‹ (der als sinnloser Satz nicht wahr ist) ist nach dieser Festlegung als falsch anzusehen. Zöge man es vor zu sagen, er sei, weil sinnlos, vielmehr *weder* wahr *noch* falsch, hätte man sich auf einen anderen Gebrauch des Wortes ›falsch‹ festgelegt und mit diesem Gebrauch schon vorausgesetzt, daß es einen dritten Wahrheitswert (nämlich den des Sinnlosen) gibt, das Bivalenz-Prinzip also nicht gelten soll.

Das mit ›wahr‹ gemeinte Wahrsein ist nach dem Bivalenz-Prinzip nicht als *zeitabhängiges*, sondern als *zeitloses* Zutreffen oder Wahrsein zu verstehen.[377] Nach diesem Prinzip ist, was heute wahr ist, auch morgen nicht falsch, und was heute nicht wahr ist, ist morgen immer noch falsch. Dabei

---

[375] J. C. Beall & Greg Restall, *Logical Pluralism*, Oxford: Clarendon Press, 2006.

[376] Es legt damit auch fest, daß ein Satz genau dann nicht falsch ist, wenn er wahr ist.

[377] Man vergleiche zur Erläuterung des Unterschieds zwischen zeitabhängiger und zeitloser Wahrheit den Aufsatz von Georg Henryk von Wright, 'Determinismus, Wahrheit und Zeitlichkeit. Ein Beitrag zum Problem der zukünftigen kontingenten Wahrheiten', *Studia Leibnitiana* 6, 1974, S. 161–178, besonders S. 174–177.

soll auch für wahre zeitbezogene Aussagen, z. B. für wahre Prognosen, gelten, daß ihr Wahrsein nicht zeitabhängig ist. Sagt man von einer Prognose, sie sei wahr *geworden*, so bedient man sich eines Wortgebrauchs, nach dem mit ›wahr‹ ein zeitabhängiges Wahrsein gemeint ist und den das Bivalenz-Prinzip ausschließt. Mit diesem Gebrauch ist nämlich die Vorstellung verknüpft, daß das Wahrsein einer prognostischen Aussage mit der Zeit gleichsam heranreift und erst mit dem Eintreffen des vorhergesagten Ereignisses zustande kommt, erst mit ihm zu einem *wirklichen*, gleichsam vollen und ausgereiften Wahrsein wird. Wenn man sagt, eine Prognose sei wahr *geworden*, ist damit nicht etwa gemeint, daß sie bis zum Eintreffen des von ihr vorausgesagten Ereignisses falsch gewesen und dann plötzlich in eine wahre Aussage umgeschlagen ist. Gemeint ist vielmehr, daß es eine Zeit gibt, in der sie *weder* (ganz) wahr *noch* (ganz) falsch ist. In dieser Art und Weise zu meinen, daß eine Zukunftsaussage in Abhängigkeit von der Zeit die Eigenschaft haben könne, weder wahr noch falsch zu sein, ist gewiß erlaubt und nicht verkehrt. Nur hat man bei dieser Meinung dem Wort ›wahr‹ eine Bedeutung gegeben, die es nach dem Bivalenz-Prinzip nicht hat. ›Mehrwertige‹ Logiken setzen insofern die Geltung des Bivalenz-Prinzips nicht außer Kraft und geben keinen Anlaß, die ›Richtigkeit‹ zweiwertiger Logiksysteme in Frage zu stellen.

Allerdings sind ›mehrwertige‹ Logiken entwickelt worden *in der Meinung*, das Bivalenz-Prinzip könne keine oder nur eine begrenzte Geltung haben, da Aussagen, die sich auf zukünftige Geschehnisse (*contingentia futura*) beziehen, fähig seien, weder wahr noch falsch zu sein. Dieser Meinung liegt die Überzeugung zugrunde, daß, wenn man das Prinzip der Zweiwertigkeit für Zukunftsaussagen gelten läßt und meint, was morgen wahr ist, sei auch heute schon wahr, man dann zu der Annahme genötigt sei, daß die Zukunft durch die Vergangenheit unausweichlich vorherbestimmt ist.[378] Nach dieser Überzeugung überschreitet die Logik ihren Kompetenzbereich, indem sie sich mit der Annahme des Bivalenz-Prinzips auf ein deterministisches Weltbild verpflichte.

---

[378] Nach einer Deutung, die Ockham in seinem *Tractatus de Praedestinatione Dei et de Futuris Contingentibus* dem neunten Kapitel in Aristoteles' *De Interpretatione* gegeben hat, ist darin das Zweiwertigkeitsprinzip im Hinblick auf Zukunftsaussagen verworfen worden. Der Entwicklung einer mehrwertigen Logik durch Jan Łukasiewicz in den 20er Jahren des vorigen Jahrhunderts lag der Gedanke zugrunde, daß das Bivalenz-Prinzip den Fatalismus begünstigen müsse. Siehe Jan Łukasiewicz, *Selected Works*, ed. L. Borkowski, Amsterdam: North Holland, 1970, darin insbesondere die Aufsätze 'On Three-Valued Logic' (1920), 'On Determinism' (1922) und 'Philosophical Remarks on Many-Valued Systems of Propositional Logic' (1930).

In Wahrheit ist aber das Bivalenz-Prinzip mit dem Indeterminismus gut vereinbar. Um dies einzusehen, braucht man nur probehalber vorauszusetzen, daß der Determinismus falsch sei. Unter dieser Voraussetzung ist nach dem Bivalenz-Prinzip die Aussage, daß *infolge eines nicht vorherbestimmten Ereignisses* morgen eine Seeschlacht stattfinden wird, wahr oder falsch. Falls diese Aussage nicht falsch ist, ist sie nämlich nach dem Bivalenz-Prinzip wahr, und zwar ganz unabhängig davon, zu welcher Zeit sie ausgesagt wird. Wenn sie aber wahr ist, ist auch der Indeterminismus wahr, da mit ihr ja gerade angenommen wird, daß es ein nicht-vorherbestimmtes Ereignis gibt, in dessen Folge die Seeschlacht stattgefunden haben wird. Daher braucht man, falls einem der Determinismus unsympathisch ist, das Bivalenz-Prinzip nicht aufzugeben. Aussagen über *contingentia futura* machen es nicht unbedingt erforderlich, eine Logik einzuführen, die außer den Werten 1 (= W) und 0 (= F) noch einen Zwischenwert wie den des Unbestimmten (= ½) oder Wahrscheinlichkeitswerte annimmt.

Die *zeitunabhängige* Wahrheit einer Prognose besteht eben nicht darin, daß im Voraus immer schon *feststeht*, daß sie zutreffen wird. Daß ein Ereignis im Voraus feststeht (oder *prädeterminiert* ist), bedeutet ja, daß sein Eintreffen aufgrund von Naturgesetzen aus vorangegangenen Ereignissen unausweichlich folgt oder daß sein Eintreffen aufgrund eines noch so machtvollen Beschlusses nicht verhindert werden kann. ›Es steht schon heute fest, daß p‹ ist daher weder gleichbedeutend mit noch auch nur enthalten in der Aussage ›Es ist wahr, daß p‹. Für das Wahrsein von p sind nämlich zwar vorhergegangene Ereignisse aufgrund von Naturgesetzen kausal relevant, aber ob das Eintreffen (und Wahrsein) von p *schon allein* aufgrund von Naturgesetzen aus vergangenen Ereignissen folgt oder ob es *zusätzliche* Faktoren gibt, von denen dieses Eintreffen nach Regeln abhängt, die nicht naturgesetzlich, sondern Regeln anderer Art sind (Verkehrs-, Kriegs-, Gewohnheits-, moralische Regeln usw.), steht allein aufgrund des Wahrseins von p noch lange nicht fest. Der Satz: ›Was morgen wahr ist, ist auch heute schon wahr,‹ kann daher so verstanden werden, daß er frei von jeder deterministischen Einfärbung ist und für jede beliebige Aussage p nur so viel aussagt wie: Wenn es morgen wahr ist, daß es morgen der Fall sein wird, daß p, so bedeutet dies, daß die Aussage, es sei an dem (heute) mit ›morgen‹ bezeichneten Tag der Fall, daß p, wahr ist, und zwar wahr nicht nur morgen und heute, sondern ganz unabhängig von der Zeit, zu der sie ausgesagt wird.

Falls die Aussage eine relative Zeitangabe wie ›morgen‹ enthält, ändert dies nichts daran, daß sie gleichwohl einen zeitlosen Wahrheitswert hat.

Denn Aussagen mit relativer Zeitangabe beziehen ihre Bedeutung aus dem Zeitpunkt, in dem sie aufgestellt werden, und lassen sich in gleichbedeutende Aussagen mit absoluter Zeitangabe verwandeln, d. h. in Aussagen mit einer Angabe des Typs ›Am 15. Januar 2009 ...‹. Insofern haben auch Aussagen mit relativen Zeitangaben einen zeitunabhängigen Wahrheitswert.[379] Der Umstand, daß sich diese Zeitangaben auf die Zukunft beziehen können, macht es nicht nötig, mehr als zwei zeitlose Wahrheitswerte anzunehmen. Aber als zeitlos müssen diese Werte verstanden werden, wenn man das Bivalenz-Prinzip in voller Allgemeinheit gelten läßt.

Zusammenfassend kann man sagen, daß das Bivalenz-Prinzip nur einen bestimmten Wortgebrauch festlegt, indem es festlegt, daß ›falsch‹ gleichbedeutend ist mit ›nicht wahr‹ und mit ›Wahrheit‹ ein zeitloses Zutreffen von Aussagen gemeint ist. Angesichts der Tatsache, daß die Wörter ›wahr‹ und ›falsch‹ auch anders gebraucht werden können, sollte man nicht entscheiden wollen, welcher Wortgebrauch ›der richtige‹ ist. Denn man kann Wörter gebrauchen, wie man will, solange man sich nur an die Bedeutung hält, die man ihnen gegeben hat (siehe oben § 8). Ob das Bivalenz-Prinzip gelten soll oder nicht, ist insofern nur eine Frage der sprachlichen Konvention.

Als Prinzip der Aussagenlogik kann es getrost in Geltung bleiben.

(2) Als Prinzip einer *streng formalen* Aussagenlogik *sollte* es sogar in Geltung bleiben. Dies läßt sich auf folgende Weise einsehbar machen.

Aussagenlogische Variable sind dadurch gekennzeichnet, daß sie *beliebige* Aussagesätze vertreten. Es kommt beliebigen Aussagesätzen aus logischer Sicht die Eigenschaft zu, wahr oder falsch zu sein. Denn nur durch Bezugnahme auf diese Eigenschaft läßt sich sagen, worin überhaupt gültiges Schließen aus Aussagesätzen besteht. Die Werte W und F müssen daher in jeder Logik berücksichtigt werden. In der *formalen* Logik können aber auch nicht *mehr als* diese beiden Werte berücksichtigt werden. Denn wollte man von ihr zusätzlich verlangen, daß sie von Aussagesätzen, die wahr oder falsch sind, Aussagesätze unterscheidet, die weder wahr noch falsch sind, müßte man ihr die Fähigkeit zuschreiben, Kriterien anzuge-

---

[379] Daß es Aussagesätze gibt, über deren Wahrheitswert erst die Zukunft entscheidet, braucht demnach nicht zu bedeuten, daß sie bis zu dieser Entscheidung entweder gar keinen Wahrheitswert haben oder nur einen zwischen wahr und falsch gelegenen Wahrheits- oder Wahrscheinlichkeitswert. Vielmehr gilt nach dem Bivalenz-Prinzip, daß, wenn über den Wahrheitswert eines Aussagesatzes eine Entscheidung noch nicht gefallen ist oder niemals fallen wird oder sogar nicht einmal möglich ist, dieser Wert zwar unbekannt, aber nicht unbestimmt ist.

ben, nach denen der Bereich nicht-wahrer Aussagesätze weiter eingeteilt werden kann in falsche und nicht-falsche Sätze, so daß die Bezeichnung ›falsch‹ nur auf einen *Teil* nicht-wahrer Sätze zuträfe. Indessen verfügt die formale Aussagenlogik über solche Kriterien nicht. Denn als *formale* Aussagenlogik zieht sie nicht eigentlich Aussagesätze, sondern nur Variable in Betracht, die Aussagesätze beliebiger Art vertreten. Sie müßte, um z. B. falsche von sinnlosen oder falsche von unbestimmten oder falsche von bloß wahrscheinlichen Aussagesätzen unterscheiden zu können, ihren formalen Standpunkt aufgeben und Aussagesätze im Hinblick auf Eigenschaften in Betracht ziehen, von denen sie in Aussagevariablen gerade abstrahiert. Das heißt, sie müßte auf Aussagesätze Einteilungskriterien anwenden, die den *Inhalt* der Sätze betreffen und über die sie wegen ihres formalen Standpunkts nicht verfügt. Man kann daher von einer *streng formalen Aussagenlogik* nicht sinnvollerweise verlangen, über die Unterscheidung von wahr und falsch hinauszugehen.

Für eine *streng formale Prädikatenlogik* gilt in dieser Hinsicht genau dasselbe. Zwar geht sie als Prädikatenlogik über die Aussagenlogik insofern hinaus, als sie das Wahrsein von Aussagen unter dem Gesichtspunkt in Betracht zieht, daß es ein *Zutreffen auf* etwas ist, nämlich ein Zutreffen auf das, *wovon* Aussagen *etwas* aussagen, d. h. ein Zutreffen von Prädikaten auf Subjekte von Aussagen (siehe § 27, § 33 und § 65 Anm.). Eine streng formale Prädikatenlogik geht über die Zerlegung von Aussagesätzen in Prädikate und Subjekte nicht hinaus. Dabei können die von ihr gebrauchten Begriffsvariablen α, β usw. für *beliebige*, daher auch *leere* Begriffe stehen. Zur Bewertung von Aussagen mit leeren Begriffen *genügt* das Bivalenz-Prinzip.[380] Das heißt, solche Aussagen brauchen in einer streng for-

---

[380] Auf ähnliche Weise scheint Aristoteles die Sachlage beurteilt zu haben. So formuliert er das Bivalenz-Prinzip in De Interpretatione 8. 18 a 34 ff., indem er sagt, daß jede bejahende und verneinende Aussage entweder wahr oder falsch ist. Dem entspricht es, daß er meint, man sage entweder etwas, das wahr ist, oder etwas, das falsch ist, wenn man *von etwas* etwas aussagt, (*Metaphysik* 4. 7, 1011 b 27 ff.) und einem Gegenstand müsse man irgendein Prädikat entweder zuschreiben oder absprechen (*Metaphysik* 4. 7, 1011 b 24); ein Prädikat komme einem Gegenstand entweder zu oder nicht zu (*De Interpretatione* 18 a 35 ff.). Christopher Kirwan kommentiert die angeführte Stelle in *Metaphysik* 4. 7 mit folgenden Worten: „›The present King of France is neither wise nor not wise; for the expression "the present King of Frannce" is not being, or on the occasion of utterance cannot correctly be, used to refer to anyone‹: Aristotle nowhere comments on this kind of case, but he might have held that the sentence makes no assertion, or asserts nothing „of one thing", and is therefore no exception to the rule that we must assert or deny one thing of one thing (cf. *De Int.* 8)." C. Kirwan, *Aristotle's Metaphysics, Books Γ, Δ, E*, translated with notes, Oxford: Clarendon 1971, p. 118.

malen Prädikatenlogik, anders als in der (›klassischen‹) Prädikatenlogik des logischen Funktionenkalküls, nicht als sinnlos oder unsinnig aus der Betrachtung von vornherein ausgeschieden zu werden (siehe § 35), sondern sie können einfach als falsch behandelt werden. Die Aufgabe, zwischen falschen und sinnlosen (oder unsinnigen) singulären Aussagen zu unterscheiden, ergibt sich erst mit der Einführung des Postulats der nichtleeren Individuenbereiche, d. h. mit Einführung der nicht-allgemeingültigen (und nicht formallogischen) Regeln (VI. 5) und (VI. 6) (siehe § 72). Die Gültigkeit dieser Regeln wird in der Prädikatenlogik des logischen Funktionenkalküls, nicht aber in einer streng formalen Prädikatenlogik vorausgesetzt.

Die uneingeschränkte Anerkennung des Bivalenz-Prinzips gehört insofern zu den Merkmalen, durch die sich die formale Logik, sowohl in ihrem aussagen- als auch in ihrem prädikatenlogischen Teil, von nicht-formalen Logiken ganz wesentlich unterscheidet. Sie ist insofern keine Angelegenheit ›willkürlicher‹ Entscheidung, sondern mit der Formalität der formalen Logik untrennbar verknüpft.[381]

---

[381] Vergleiche hierzu die Bedenken, die Ignacio Angelelli in seiner im *Bulletin of Symbolic Logic*, Vol. 11, 3 (2005), S. 445 veröffentlichten Rezension der ersten Auflage des vorliegenden Buchs vorgebracht hat.

ANHANG 9

ABSOLUTE LOGISCHE KONSTANTEN

> „Die Zeichen sind für das Denken von derselben Bedeutung wie für die Schifffahrt die Erfindung, den Wind zu gebrauchen, um gegen den Wind zu segeln. Deshalb verachte niemand die Zeichen! von ihrer zweckmäßigen Wahl hängt nicht wenig ab." (Frege, BA, 107)

Die Frage, welche Ausdrücke als logische Konstanten anzusehen sind, läßt sich nur relativ, nämlich immer nur bezogen auf das jeweilige logische System, in dem sie gebraucht werden, angeben, – es sei denn, es handelt sich um Ausdrücke des logischen Vokabulars, das die *logische Form* von Sätzen (im Sinne von § 83) zum Ausdruck bringt und zur Wiedergabe von Regeln und Gesetzen benötigt wird, die zum gemeinsamen Kernbestand *aller* logischen Systeme gehören. Diese Ausdrücke könnte man sinnvoll ›absolute logische Konstanten‹ nennen.

Fragt man nach sicheren Kriterien, mit denen es möglich ist zu entscheiden, ob ein Ausdruck eine *absolute* logische Konstante ist und zum Vokabular gehört, das geeignet ist, die logische Form von Sätzen festzulegen und auszudrücken, so genügt der Hinweis auf vier Merkmale, die ein solcher Ausdruck aufweisen muß:

1. Eine absolute logische Konstante ist ein Ausdruck mit einer oder mehr als einer Leerstelle, so daß alle diese Stellen entweder geeignet sind, durch einen Begriffsausdruck ausgefüllt zu werden, oder geeignet sind, durch einen Aussagesatz ausgefüllt zu werden, und durch die jeweilige Ausfüllung aller Leerstellen ein Aussagesatz entsteht.

2. Eine absolute logische Konstante ist, als Bestandteil eines Aussagesatzes, fähig, durch ihre Bedeutung festzulegen, daß dieser Satz aus anderen Aussagesätzen regelmäßig folgt oder daß andere Aussagesätze aus ihm regelmäßig folgen, gleichgültig, was der Inhalt sämtlicher durch Begriffs- oder Aussagenvariable vertretbaren Bestandteile dieser Sätze ist. (Dabei ist mit regelmäßigem Folgen die in § 43 Definition 4 erklärte Beziehung gemeint.)

3. Eine absolute logische Konstante ist ein Ausdruck, der gebraucht werden kann, um eine stabile hierarchische Begriffsbeziehung (gemäß *Figur* 1 von § 1 und § 6) durch einen Aussagesatz wiederzugeben, der explizit macht, worauf das, was er aussagt, zutrifft, wenn er wahr ist.

4. Ausdrücke, die die drei ersten dieser Kriterien erfüllen, können nur dann als absolute logische Konstanten gelten, wenn sie keine Bedeutungs-

analyse zulassen, nach der sich ihre Bedeutung zusammensetzt aus Bedeutungen von Ausdrücken, von denen wenigstens einer bereits die ersten drei Kriterien erfüllt. –

Erläuterung: Nach diesen vier Kriterien sind z. B. die Ausdrücke ›… ist größer als …‹, ›… ist gleich …‹, ›… ist identisch mit …‹ keine absoluten logischen Konstanten. Sie erfüllen zwar alle drei das zweite Kriterium. Denn es beruht allein auf der Bedeutung von ›… ist größer als …‹, daß aus einem Satz der Form ›z ist größer als x‹ ein Satz der Form ›wenn x größer als y ist, so ist z größer als y‹ regelmäßig folgt, gleichgültig, wofür die Variablen ›x‹, ›y‹ und ›z‹ stehen. Aber da diese Variablen weder als Begriffs- noch als Aussagenvariable gelten können, wird das *erste Kriterium* nicht erfüllt. (Aus leicht einsehbaren Gründen werden das *dritte* und *vierte Kriterium* ohnehin nicht erfüllt.)

Schon eher könnte man vermuten, daß Ausdrücke wie ›die meisten … sind …‹ oder ›nur wenige … sind …‹ zum formallogischen Vokabular im engeren Sinne gehören. Sie erfüllen jedenfalls die *ersten beiden Kriterien*, da z. B. ein Satz der Form ›nur wenige α sind nicht β‹ aus einem Satz der Form ›die meisten α sind β‹ regelmäßig folgt und sowohl ›α‹ als auch ›β‹ Begriffsvariablen sind. Aus diesem Grunde lassen sie sich als logische Konstanten einer *erweiterten* Syllogistik behandeln. Daß sie allerdings das *vierte Kriterium* nicht erfüllen, erkennt man dann, wenn man Sätze der Form ›die meisten α sind β‹ und ›nur wenige α sind nicht β‹ einer Bedeutungsanalyse unterzieht. Diese zeigt nämlich, daß sie jeweils nicht nur Aussagen über die relative Größe von Mengen von Gegenständen enthalten, die unter die Begriffe α und β bzw. unter die Begriffe α und nicht-β fallen, sondern auch Aussagen enthalten, von denen zwei durch Sätze der Form ›einige α sind β‹ und ›einige α sind nicht β‹ wiedergegeben werden können, deren logische Konstanten die *drei ersten Kriterien* erfüllen.

Einer solchen Bedeutungsanalyse sollten auch Ausdrücke unterzogen werden, die man in der sogenannten deontischen Logik als logische Konstanten zu behandeln pflegt, nämlich die (deontischen) Modalausdrücke ›es ist geboten, daß …‹, ›es ist verboten, daß …‹ und ›es ist erlaubt, daß …‹. Zunächst ist klar, daß sie die *ersten beiden Kriterien* erfüllen, da für beliebige Interpretationen der Aussagenvariable ›p‹ z. B. gilt, daß aus ›es ist geboten, daß p‹ ein Satz der Form ›es ist nicht erlaubt, daß nicht p‹ regelmäßig folgt. Man erkennt indessen leicht, daß diese Ausdrücke nur komplexere logische Ausdrücke abkürzen, die mit einem speziellen Inhalt verbunden sind. Dieser Inhalt ergibt sich daraus, daß jeder dieser Ausdrücke implizit auf die Gültigkeit einer stillschweigend vorausgesetzten

Norm verweist, sei diese nun ein moralisches Prinzip, ein Rechtsgesetz oder ein Befehl. So ist ›es ist geboten, daß p‹ die Form eines Notwendigkeitssatzes hat und gleichbedeutend ist mit ›L [wenn die in Rede stehende Norm nicht verletzt wird, so p]‹. Ganz entsprechend bedeutet ›Es ist verboten, daß p‹ dasselbe wie ›L [wenn die in Rede stehende Norm nicht verletzt wird, so N p]‹ und ›Es ist erlaubt, daß p‹ dasselbe wie ›NL [wenn die in Rede stehende Norm nicht verletzt wird, so p]‹. Es liegt an dieser Bedeutung, daß, während p aus L p logisch folgt (gemäß § 60, Regel (IV. 1)), aus einem Satz der Form ›es ist geboten, daß p‹ ein Satz p *weder* logisch *noch* regelmäßig folgt. Vielmehr folgt p nur dann regelmäßig aus diesem Gebot, wenn die Norm, auf die es implizit verweist, nicht verletzt wird, sondern befolgt wird.

Komplexe, hypothetische Satzgefüge eines speziellen Inhalts verbergen sich schließlich auch hinter Ausdrücken, die in der sogenannten temporalen Logik als elementare logische Konstanten behandelt werden, nämlich die (temporalen) Modalausdrücke ›es ist immer der Fall gewesen, daß ...‹ und ›es wird immer der Fall sein, daß ...‹.[382] So ist ›es ist immer der Fall gewesen, daß p‹ gleichbedeutend mit ›L [wenn p in der Vergangenheit liegt, so p]‹. In ähnlicher Weise ist ›es wird immer der Fall sein, daß p‹ gleichbedeutend mit ›L [wenn p in der Zukunft liegt, so p]‹. Aus beiden Formeln kann p nur dann abgeleitet werden, wenn die Voraussetzung, die der jeweilige ›wenn‹-Teil dieser Formeln zum Ausdruck bringt, erfüllt ist.

Als die wichtigsten logischen Konstanten gelten in der modernen Prädikatenlogik nach verbreiteter Lehrmeinung die sogenannten Quantoren ›∀... (...)‹ (›für jedes ... gilt: ...‹) und ›∃ ... (...)‹ (›es gibt ein..., so daß gilt: ...‹). Daß es sich bei diesen Ausdrücken in Wirklichkeit gleichfalls nur um Abkürzungen komplexerer Ausdrücke handelt, habe ich in den §§ 31 bis 35 gezeigt (vgl. § 64 und § 65).

---

[382] Um elementare Ausdrücke der temporalen Logik handelt es sich bei den Ausdrücken (a) ›es ist immer der Fall gewesen, daß ...‹ und (b) ›es wird immer der Fall sein, daß ...‹ insofern, als man auf sie (c) ›es ist der Fall gewesen, daß ...‹ bzw. (d) ›es wird der Fall sein, daß ...‹ zurückführen kann, da (c) gleichbedeutend ist mit ›N (a) N ...‹ und (d) gleichbedeutend ist mit ›N (b) N ...‹.

VERZEICHNIS DER VERWENDETEN SYMBOLE

1. Zeichen des Funktionenkalküls (FK):

$a, b, c \ldots, a_1, a_2, \ldots a_n$	Individuenkonstanten
$x, y, z \ldots, x_1, x_2, \ldots x_n$	Individuenvariable
v, t	Metavariable für Individuenvariablen bzw. für Individuenkonstanten
$F(\ ), G(\ ), \ldots, F_1(\ ), F_2(\ ), \ldots$	Funktionskonstanten mit Leerstellen
$A(\ ), B(\ ), \ldots, \Phi(\ ), \Psi(\ )$	Funktionsvariable mit Leerstellen
$(\forall v) A(v)$	›für alle v gilt: $A(v)$‹
$(\exists v) A(v)$	›es gibt ein v, so daß gilt: $A(v)$‹
$[A(t)]$	›t ist ein Individuum v, für das gilt: $A(v)$‹
$\sim A$	›es ist falsch, daß A‹
$A \& B$	›A und B‹
$A \supset B$	›A nicht, ohne daß B‹
$A \vee B$	›A oder B‹
$\mathfrak{A}, \mathfrak{B}, \mathfrak{C} \ldots, \mathfrak{A}_1, \mathfrak{A}_2, \ldots, \mathfrak{A}_n$	Metavariable für Formeln aus FK
$\vdash \mathfrak{A}$	›$\mathfrak{A}$ ist ein Theorem des Funktionenkalküls‹
$\mathfrak{A}_1, \ldots, \mathfrak{A}_n \vdash \mathfrak{A}$	›$\mathfrak{A}$ ist in FK beweisbar mit $\mathfrak{A}_1, \ldots, \mathfrak{A}_n$‹
$\models \mathfrak{A}$	›$\mathfrak{A}$ ist wahr in FK‹
$\mathfrak{A}_1, \ldots, \mathfrak{A}_n \models \mathfrak{A}$	›$\mathfrak{A}$ folgt aus $\mathfrak{A}_1, \ldots, \mathfrak{A}_n$ in FK‹

2. Zeichen des Klassenkalküls und der Mengenlehre:

$a, b, c \ldots$	Klassen- oder Mengenvariablen
$\bar{a}$	›die Komplementklasse von a‹
$\{a, b\}$	›die aus a und b bestehende Menge‹
$\emptyset$	›die Nullklasse‹
$\{x: \Phi(x)\}$	›die Menge der x, die die Bedingung $\Phi(x)$ erfüllen‹
$a \subset b$	›a enthält b‹
$a \cup b$	›die Vereinigung von a und b‹
$a \cap b$	›der Durchschnitt von a und b‹
$a \in b$	›a ist Element von b‹

3. Zeichen der wahrheitsfunktionalen Modallogik:

$A \dashv B$	›A impliziert strikt B‹
$\Diamond A$	›möglicherweise (ist es wahr, daß) A‹
$\Box A$	›notwendigerweise (ist es wahr, daß) A‹
$\circ A$	›kontingenterweise (ist es wahr, daß A‹

4. Syllogistische Zeichen:

$\alpha, \beta, \gamma \ldots, \alpha_1, \alpha_2, \ldots, \alpha_n$	Begriffsvariable
$A, B, C \ldots, A_1, A_2, \ldots, A_n$	Metavariable für Formeln
ε_0	›Element der Nullklasse‹
ζ	Begriffskonstante ›Individuum t‹
ξ	Begriffskonstante ›Element v des vorausgesetzten Individuenbereichs‹
$('v) A(v)$	›Individuum v, für das gilt: $A(v)$‹
$A(\alpha, \beta)$	›jedes β ist ein α‹
$E(\alpha, \beta)$	›kein β ist ein α‹
$I(\alpha, \beta)$	›irgendein β ist ein α‹
$O(\alpha, \beta)$	›nicht jedes β ist ein α‹
$\underline{A}(\alpha, \beta)$	›das in Rede stehende β ist ein α‹
$\underline{E}(\alpha, \beta)$	›das in Rede stehende β ist kein α‹
$^N\alpha_n$	›nicht-α_n‹
$N A$	›nicht A‹
$M A$	›möglicherweise (ist es wahr, daß) A‹
$L A$	›notwendigerweise (ist es wahr, daß) A‹
$K A$	›kontingenterweise (ist es wahr, daß) A‹
(A, B)	›beides: A und B‹
$H(A, B)$	›wenn A, so B‹
$D(A, B)$	›entweder A, oder B‹
$A_1, \ldots, A_n \therefore B$	›$A_1, \ldots, A_n$; also, aus logischem Grund: B‹
$A_1, \ldots, A_n \prec B$	›$A_1, \ldots, A_n$; also: B‹
$A_1, \ldots, A_n / A_{n+1}$	›ein Schluß der Form A_{n+1} ist reduzierbar auf Schlüsse der Form $A_1, A_2, \ldots$ und A_n‹
$* \therefore A$	›A folgt logisch aus der leeren Prämissenmenge‹
$* \prec A$	›A folgt regelmäßig aus der leeren Prämissenmenge‹
$A_1, \ldots, A_n \therefore B_1, \ldots, B_n$	Abkürzung für: $A_1, \ldots, A_n \therefore B_1$; $A_1, \ldots, A_n \therefore \ldots$; $A_1, \ldots, A_n \therefore B_n$
$A_1, \ldots, A_n \prec B_1, \ldots, B_n$	Abkürzung für: $A_1, \ldots, A_n \prec B_1$; $A_1, \ldots, A_n \therefore \ldots$; $A_1, \ldots, A_n \prec B_n$
$A_1, \ldots, A_n :: B_1, \ldots, B_n$	Abkürzung für: $A_1, \ldots, A_n \therefore B_1, \ldots, B_n$; $B_1, \ldots, B_n \therefore A_1, \ldots, A_n$
$A_1, \ldots, A_n \asymp B_1, \ldots, B_n$	Abkürzung für: $A_1, \ldots, A_n \prec B_1, \ldots, B_n$; $B_1, \ldots, B_n \prec A_1, \ldots, A_n$

ÜBERSICHT ÜBER DIE IN DEN BEWEISEN DES TEILS II HAUPTSÄCHLICH
BENUTZTEN REGELN

(mit Angabe der Seiten, auf denen sie jeweils eingeführt werden)

(I. 1):	Doppelte Verneinung infolge einer Bejahung	S. 182
(I. 2):	*Reductio ad absurdum*	S. 182
(I. 3):	Peripatetische Kettenschlußregel	S. 182
(I. 4):	Einfache Transitivität im Kettenschluß	S. 183
(I. 5):	Komplexe Transitivität im Kettenschluß	S. 184
(I. 6–8):	Abgeleitete Verneinungsregeln	S. 184–185
(II. 1):	Prinzip der Konditionalisierung	S. 194
(II. 2):	*Modus ponendo ponens*	S. 194
(II. 3):	Reduktion zweigliedriger disjunktiver Gefüge	S. 194
(II. 5):	Dekonditionalisierung einer Konklusion	S. 195
(II. 6):	Idempotenzregel	S. 195
(II. 7):	*Modus tollendo tollens*	S. 196
(II. 9):	*Peritrope*	S. 197
(II. 13):	Grundform rein hypothetischer Syllogismen	S. 198
(II. 21):	*Modus ponendo tollens*	S. 201
(II. 22):	*Modus tollendo ponens*	S. 202
(II. 29):	Verallgemeinerte Konditionalisierung	S. 206
(II. 30):	Dekonditionalisierung	S. 207
(III. 1):	*Dictum de omni*	S. 215
(III. 2):	*Dictum de nullo*	S. 215
(III. 3–4):	Exposition	S. 215
(III. 5–6):	Kontradiktionsregel	S. 216
(III. 7):	Subalternation	S. 217
(III. 8–10):	Grundregeln des limitativen Satzes	S. 217
(III. 11):	Subordination	S. 218
(III. 13–14):	Abgeleitete Subalternation	S. 219
(III. 15):	Abgeleitete Subkontrarietät	S. 220
(III. 16):	Kontrarietät	S. 220
(III. 17–18):	Einfache Konversion (*conversio simplex*)	S. 221
(III. 19):	Konversion *per accidens*	S. 222
(III. 20):	Barbara	S. 226
(III. 21):	Celarent	S. 227

(IV. 1):	A necesse esse ad esse valet consequentia	S. 248
(IV. 2):	Modale Version des *Modus ponendo ponens*	S. 248
(IV. 3–8):	Sechs modalsyllogistische Grundregeln	S. 248–249
(IV. 9–11):		
	Modalsyllogistische Versionen *des Dictum de omni*	S. 250
(IV. 12–14):		
	Modalsyllogistische Versionen *des Dictum de nullo*	S. 250
(IV. 15–18):		
	Modalsyllogistische Expositionsregeln	S. 251
(IV. 25):	Ab esse ad posse valet consequentia	S. 252
(IV. 47–50):		
	'Komplementäre Konversion'	S. 259
(IV. 51–60):		
	Modale Konversionsregeln	S. 260–266
(IV. 61–77):		
	Vollkommene modale Syllogismen	S. 267–278
(V. 1):	Abkürzung singulärer kategorischer Formeln	S. 316
(V. 2):	Abkürzung universeller kategorischer Formeln	S. 316
(V. 3):	Abkürzung partikulärer kategorischer Formeln	S. 316
(V. 5–6):	Weitere Abkürzungsregeln	S. 319
(V. 7–9):	Variation von Regeln des limitativen Satzes	S. 319
(VI. 1):	Umformung konditionaler Schemata	S. 321
(VI. 2):	Umformung negativer Schemata	S. 321
(VI. 3):	Postulat des beliebigen zureichenden Grundes	S. 322
(VI. 4):	Postulat des affirmativen Gebrauchs doppelter Negation	
	(*duplex negatio affirmat*)	S. 322
(VI. 5–6):	Postulat der nicht-leeren Individuenbereiche	S. 323
(VI. 7):	Abschwächung der logischen Folge	S. 326
(VI. 8):	Einfache Abtrennungsregel	S. 328
(VI. 9):	Komplexe Abtrennungsregel	S. 328
(VI. 10):	Generalisierungsregel	S. 328
(VI. 11):	Regel der hinteren Generalisierung	S. 329
(VI. 13):	Partikularisierungsregel	S. 330
(VI. 15):	Singularisierungsregel	S. 331
(VI. 20):	Wahrheitsfunktionale Kontraposition	S. 334
(VI. 21–22):		
	Wahrheitsfunktionale Verneinungsregeln	S. 334–335
(VI. 23):	Umkehrung der wahrheitsfunktionalen	
	Kontraposition	S. 335

VERZEICHNIS METALOGISCHER REGELN, DIE IN DEN
BEWEISEN DES TEILS II BENUTZT WERDEN

(Notation nach § 42)

(I. 2): *Reductio ad absurdum* (Schlußkonversion:)
$(A_1, ..., A_n \therefore A) /$
$(NA, A_2, ..., A_n \therefore NA_1), ..., (NA, A_1, ..., A_{n-1} \therefore NA_n)$
(mit $n \geq 1$) S. 182

(I. 3): Peripatetische Kettenschlußregel:
$(A_i, ..., A_k \therefore B), (B, C_m, ..., C_n \therefore D) /$
$(A_i, ..., A_k, C_m, ..., C_n \therefore D)$
(mit $i \geq 0, k \geq i, m \geq 0$ und $n \geq m$) S. 182

(I. 4): Vereinfachte Kettenschlußregel:
$(A_i, ..., A_k \therefore B), (B, C \therefore D) / A_i, ..., A_k, C \therefore D$
(mit $i \geq 0, k \geq i$) S. 183

(I. 5): Komplexe Kettenschlußregel:
$(A_i, ..., A_k \therefore A), (A_{k+1}, ..., A_n \therefore B_1), (A, B_1 \therefore D)$
$/ A_1, ..., A_n \therefore D$
(mit $i \geq 0, k \geq i, n \geq k+1$) S. 184

(II. 1): Konditionalisierungsprinzip:
$A_i, ..., A_k, B \therefore C / A_i, ..., A_k \therefore H(B, C)$
(mit $i \geq 0$ und $k \geq i$) S. 194

(II. 5): Dekonditionalisierung einer Konklusion:
$A_i, ..., A_k \therefore H(B, C) / A_i, ..., A_k, B \therefore C$
(mit $i \geq 0$ und $k \geq 0$) S. 195

(II. 6): Idempotenzregel:
$A_i ..., A_k, A_1, A_1 \therefore D / A_1, A_i, ..., A_k \therefore D$
(mit $i \geq 0, k \geq i$) S. 195

(II. 28): Konditionalisierungregel:
$*, B \therefore C / * \therefore H(B, C)$ S. 205

(II. 29): Verallgemeinerte Konditionalisierungsregel:
$A_1, A_i, ..., A_n \therefore B / * \therefore H(A_1, H(A_i, H(..., H(A_n, B))) ...)$
(mit $i \geq 1, n \geq i$) S. 206

(II. 30): Dekonditionalisierung:
$* \therefore H(A_1, H(A_i, H(..., H(A_n, B))) ...)$
$/ *, A_1, A_i, ..., A_n \therefore B$
(mit $i \geq 1, n \geq i$) S. 207

(VI. 7): Abschwächung der logischen Folge:
$A_1, ..., A_n \therefore B / A_1, ..., A_n \prec B$
(mit $n \geq 1$) S. 326

VERZEICHNIS SYLLOGISTISCHER REGELN, DIE IN DEN
GÜLTIGKEITSBEWEISEN ASSERTORISCHER SYLLOGISMEN (IN § 56)
UNMITTELBAR BENUTZT WERDEN

(Notation nach § 42, § 46 und § 51)

(II. 13):	$H(A, B), H(B, C) \therefore H(A, C)$	
	(Hypothetischer Syllogismus)	S. 198
(III. 1):	$A(\alpha, \beta) :: I(\beta, \beta), H(I(\beta, \gamma), \underset{\cdot}{A}(\alpha, \gamma))$ (Dictum de omni)	S. 215
(III. 2):	$N I(\alpha, \beta) :: H(I(\beta, \gamma), N\underset{\cdot}{A}(\alpha, \gamma))$ (Dictum de nullo)	S. 215
(III. 3):	$I(\alpha, \beta) \therefore A(\alpha, \gamma), \underset{\cdot}{A}(\beta, \gamma)$ (Expositionsregel)	S. 215
(III. 4):	$N A(\alpha, \beta) \therefore N I(\alpha, \gamma), H(I(\beta, \beta), \underset{\cdot}{A}(\beta, \gamma))$	
	(Expositionsregel)	S. 215
(III. 6):	$NN I(\alpha, \beta) \therefore I(\alpha, \beta)$ (Logisches Quadrat)	S. 216
(III. 7):	$\underset{\cdot}{A}(\alpha, \beta) \therefore I(\alpha, \beta)$ (Schwaches logisches Quadrat)	S. 217
(III. 12):	$N\underset{\cdot}{A}(\alpha, \beta) \therefore N A(\alpha, \beta)$ (Schwaches logisches Quadrat)	S. 219
(III. 13):	$A(\alpha, \beta) \therefore I(\alpha, \beta)$ (Logisches Quadrat)	S. 219
(III. 14):	$N I(\alpha, \beta) \therefore N A(\alpha, \beta)$ (Logisches Quadrat)	S. 219
(III. 16):	$A(\alpha, \beta) \therefore NN I(\alpha, \beta)$ (Logisches Quadrat)	S. 220
(III. 17):	$N I(\alpha, \beta) \therefore N I(\beta, \alpha)$ (Conversio simplex)	S. 221
(III. 18):	$I(\beta, \alpha) \therefore I(\alpha, \beta)$ (Conversio simplex)	S. 221
(III. 19):	$A(\alpha, \beta) \therefore I(\beta, \alpha)$ (Conversio per accidens)	S. 222
(III. 20):	$A(\alpha, \beta), A(\beta, \gamma) \therefore A(\alpha, \gamma)$ (Barbara)	S. 226
(III. 21):	$N I(\alpha, \beta), A(\beta, \gamma) \therefore N I(\alpha, \gamma)$ (Celarent)	S. 227
(III. 22):	$A(\alpha, \beta), I(\beta, \gamma) \therefore I(\alpha, \gamma)$ (Darii)	S. 228
(III. 23):	$N I(\alpha, \beta), I(\beta, \gamma) \therefore N A(\alpha, \gamma)$ (Ferio)	S. 228
(III. 24):	$N I(\beta, \alpha), A(\beta, \gamma) \therefore N I(\alpha, \gamma)$ (Cesare)	S. 229
(III. 25):	$A(\beta, \alpha), N I(\beta, \gamma) \therefore N I(\alpha, \gamma)$ (Camestres)	S. 230

VERZEICHNIS MODAL-SYLLOGISTSCHER REGELN, DIE IN DEN
GÜLTIGKEITSBEWEISEN MODALER SYLLOGISMEN (IN § 63)
UNMITTELBAR BENUTZT WERDEN

(Notation nach § 42, § 46, § 51 und § 58)

(IV. 1):	L B ∴ B (*A necesse esse ad esse*)	S. 248
(IV. 2):	L B, H (B, C) ∴ L C	
	(Variante zum *Modus ponendo ponens*)	S. 248
(IV. 3):	M B :: NLN B (Intermodalregel)	S. 248
(IV. 4):	NM B :: LN B (Intermodalregel)	S. 248
(IV. 6):	NL B :: MN B (Intermodalregel)	S. 249
(IV. 7):	K Y (α, β) :: M Y (α, β), M Z (α, β)	
	(mit Y = A, I oder A̭ und mit Z = N A, N I oder N A̭	
	jeweils bei gleicher Quantität wie Y)	S. 249
(IV. 8):	K Z (α, β) :: M Y (α, β), M Z (α, β)	
	(mit Y = A, I oder A̭ und mit Z = N A, N I oder N A̭	
	jeweils bei gleicher Quantität wie Y)	S. 249
(IV. 9):	L A (α, β) :: I (β, β), H (I (β, γ), L A̭ (α, γ))	
	(Variante zum *Dictum de omni*)	S. 250
(IV. 10):	M A (α, β) :: I (α, α), I (β, β), H (M I (β, γ), M A̭ (α, γ))	
	(Variante zum *Dictum de omni*)	S. 250
(IV. 11):	K A (α, β) :: I (α, α), I (β, β), H (I (β, γ), M A̭ (α, γ)),	
	H (I (β, γ), MN A̭ (α, γ)) (Variante zum *Dictum de omni*)	S. 250
(IV. 13):	NM I (α, β) :: H (M I (β, γ), LN A̭ (α, γ))	
	(Variante zum *Dictum de nullo*)	S. 250
(IV. 14):	NM I (α, β) :: H (M I (β, β), LN A̭ (α, β))	
	(Variante zum *Dictum de nullo*)	S. 250
(IV. 16):	M I (α, β) ∴ M A̭ (α, γ), M A̭ (β, γ), I (α, α), I (β, β)	
	(Expositionsregel)	S. 251
(IV. 25):	A ∴ M A (*ab esse ad posse*)	S. 252
(IV. 26):	L A ∴ M A (*a necesse esse ad posse*)	S. 253
(IV. 29):	H (A, B) ∴ H (M A, M B) (Analogieregel)	S. 253
(IV. 33):	MN A̭ (α, γ) ∴ MN A (α, γ)	
	(Variante zum logischen Quadrat)	S. 254
(IV. 34):	M A̭ (α, γ) ∴ M I (α, γ)	
	(Variante zum logischen Quadrat)	S. 255
(IV. 36):	K A (α, β) ∴ H (M I (β, γ), M A̭ (α, γ))	S. 255
(IV. 37):	K A (α, β) ∴ H (M I (β, γ), MN A̭ (α, γ))	S. 255

(IV. 41):	$H(MI(\beta, \gamma), MA(\alpha, \gamma))$,	
	$H(MI(\beta, \gamma), MNA(\alpha, \gamma)), I(\alpha, \alpha), I(\beta, \beta)$	
	$\therefore KA(\alpha, \beta)$	S. 256
(IV. 43):	$KA(\alpha, \beta) \therefore H(I(\beta, \gamma), MA(\alpha, \gamma))$	S. 258
(IV. 47):	$KA(\alpha, \beta) \therefore KNI(\alpha, \beta)$ ('Komplementäre Konversion')	S. 259
(IV. 48):	$KNI(\alpha, \beta) \therefore KA(\alpha, \beta)$ ('Komplementäre Konversion')	S. 259
(IV. 49):	$KI(\alpha, \beta) \therefore KNA(\alpha, \beta)$ ('Komplementäre Konversion')	S. 259
(IV. 50):	$KNA(\alpha, \beta) \therefore KI(\alpha, \beta)$ ('Komplementäre Konversion')	S. 259
(IV. 51):	$LNI(\alpha, \beta) \therefore LNI(\beta, \alpha)$ (Konversion)	S. 260
(IV. 52):	$LI(\alpha, \beta) \therefore LI(\beta, \alpha)$ (Konversion)	S. 261
(IV. 53):	$LA(\alpha, \beta) \therefore LI(\beta, \alpha)$ (Konversion)	S. 263
(IV. 54):	$MNI(\alpha, \beta) \therefore MNI(\beta, \alpha)$ (Konversion)	S. 264
(IV. 55):	$MI(\alpha, \beta) \therefore MI(\beta, \alpha)$ (Konversion)	S. 264
(IV. 57):	$KI(\alpha, \beta) \therefore KI(\beta, \alpha)$ (Konversion)	S. 265
(IV. 58):	$KA(\alpha, \beta) \therefore KI(\beta, \alpha)$ (Konversion)	S. 265
(IV. 59):	$KNA(\alpha, \beta) \therefore KNA(\beta, \alpha)$ (Konversion)	S. 266
(IV. 62):	$LNI(\alpha, \beta), LA(\beta, \gamma) \therefore LNI(\alpha, \gamma)$ (Celarent LLL)	S. 268
(IV. 63):	$LA(\alpha, \beta), LI(\beta, \gamma) \therefore LI(\alpha, \gamma)$ (Darii LLL)	S. 269
(IV. 64):	$LNI(\alpha, \beta), LI(\beta, \gamma) \therefore LNA(\alpha, \gamma)$ (Ferio LLL)	S. 269
(IV. 65):	$LA(\alpha, \beta), A(\beta, \gamma) \therefore LA(\alpha, \gamma)$ (Barbara LXL)	S. 269
(IV. 66):	$LNI(\alpha, \beta), A(\beta, \gamma) \therefore LNI(\alpha, \gamma)$ (Celarent LXL)	S. 271
(IV. 67):	$LA(\alpha, \beta), I(\beta, \gamma) \therefore LI(\alpha, \gamma)$ (Darii LXL)	S. 272
(IV. 68):	$LNI(\alpha, \beta), I(\beta, \gamma) \therefore LNA(\alpha, \gamma)$ (Ferio LXL)	S. 273
(IV. 74):	$KA(\alpha, \beta), KI(\beta, \gamma) \therefore KI(\alpha, \gamma)$ (Darii KKK)	S. 276
(IV. 75):	$KA(\alpha, \beta), A(\beta, \gamma) \therefore KA(\alpha, \gamma)$ (Barbara KXK)	S. 277
(IV. 76):	$KA(\alpha, \beta), I(\beta, \gamma) \therefore KI(\alpha, \gamma)$ (Darii KXK)	S. 278
(IV. 79):	$LA(\beta, \alpha), LNI(\beta, \gamma) \therefore LNI(\alpha, \gamma)$ (Camestres LLL)	S. 280
(IV. 81):	$LA(\beta, \alpha), LNA(\beta, \gamma) \therefore LNA(\alpha, \gamma)$ (Baroco LLL)	S. 280
(IV. 84):	$LNI(\alpha, \gamma), LI(\beta, \gamma) \therefore LNA(\alpha, \beta)$ (Ferison LLL)	S. 281
(IV. 90):	$A(\alpha, \beta), KA(\beta, \gamma) \therefore MA(\alpha, \gamma)$ (Barbara XKM)	S. 287
(IV. 91):	$NI(\alpha, \beta), KA(\beta, \gamma) \therefore MNI(\alpha, \gamma)$ (Celarent XKM)	S. 289
(IV. 92):	$A(\alpha, \beta), KI(\beta, \gamma) \therefore MI(\alpha, \gamma)$ (Darii XKM)	S. 289
(IV. 95):	$LNI(\alpha, \beta), KA(\beta, \gamma) \therefore NI(\alpha, \gamma)$ (Celarent LKX)	S. 290
(IV. 96):	$LNI(\alpha, \beta), KI(\beta, \gamma) \therefore NA(\alpha, \gamma)$ (Ferio LKX)	S. 291
(IV. 97):	$LA(\alpha, \beta), KI(\beta, \gamma) \therefore MI(\alpha, \gamma)$ (Darii LKM)	S. 291
(IV. 105):	$KA(\alpha, \gamma), KA(\beta, \gamma) \therefore KI(\alpha, \beta)$ (Darapti KKK)	S. 298
(IV. 106):	$KA(\alpha, \gamma), KI(\beta, \gamma) \therefore KI(\alpha, \beta)$ (Datisi KKK)	S. 298
(IV. 109):	$KNI(\alpha, \gamma), KI(\beta, \gamma) \therefore KNA(\alpha, \beta)$ (Ferison KKK)	S. 299
(IV. 126):	$LI(\alpha, \gamma), KA(\beta, \gamma) \therefore KI(\alpha, \beta)$ (Disamis KLX)	S. 305

VERZEICHNIS DER ZUR ABLEITUNG WAHRHEITSFUNKTIONALER
REGELN UND GESETZE (IN § 74 UND § 75) UNMITTELBAR
BENUTZTEN LOGISCHEN REGELN

(Notation nach § 42, § 46, § 51, § 58, § 64 und § 70)

(II. 2)	A, H (A, B) ∴ B (*Modus ponendo ponens*)	S. 194
(II. 7):	N B, H (A, B) ∴ N A (*Modus tollendo tollens*)	S. 196
(II. 13):	H (A, B), H (B, C) ∴ H (A, C) (Hypthetischer Syllogismus)	S. 198
(III. 3):	I (α, β) ∴ A (α, γ), A̱ (β, γ) (Expositionsregel)	
(III. 7):	A̱ (α, β) ∴ I (α, β) (Schwaches logisches Quadrat)	S. 215
(III. 11):	A (α, β) ∴ A̱ (α, β) (Subordinationsregel)	S. 219
(III. 14):	N I (α, β) ∴ N A (α, β) (Subalternationsregel)	
(V. 1):	A̱ (('v) A (v), ζ) ≻≺ [A (t)] (Umformungsregel)	S. 316
(V. 2):	A (('v) A (v), ξ) ≻≺ (∀ v) A (v) (Umformungsregel)	S. 316
(V. 3):	I (('v) A (v), ξ) ≻≺ (∃ v) A (v) (Umformungsregel)	S. 316
(V. 7):	A (('v) N A (v), β) ≺ N I (('v) A (v), β) (Umformung von (III. 8)	S. 319
(V. 8):	I (('v) N A (v), β) ≺ N A (('v) A (v), β) (Umformung von (III. 9)	S. 319
(V. 9):	A̱ (('v) N A (v), β) ≺ N A̱ (('v) A (v), β) (Umformung von (III. 10))	S. 319
(VI. 1):	H (A, B) ≻≺ A ⊃ B (Umformungsregel)	S. 321
(VI. 2):	N A ≻≺ ~ A (Umformungsregel)	S. 321
(VI. 3):	A, B ≺ A (Postulat)	S. 322
(VI. 4):	NN A ≺ A (Postulat)	S. 322
(VI. 5):	N A (α, β) ≺ I (ᴺα, β) (Postulat)	S. 323
(VI. 6):	N A (ᴺα, β) ≺ I (α, β) (Postulat)	S. 323
(VI. 8):	A ⊃ B, A ≺ B (Einfache Abtrennungsregel)	S. 328
(VI. 9):	(A ⊃ B), (B ⊃ C), A ≺ C (Komplexe Abtrennungsregel)	S. 328
(VI. 10):	Falls *t* nur an den Argumentstellen von A (*t*) vorkommt, gilt: A (*t*) ≺ (∀ v) A (v) (Generalisierungsregel)	S. 328
(VI. 12):	(∀ v) B (v) ≺ A (('v) NN B (v), ξ) (Verneinungsregel)	S. 330
(VI. 13):	B (*t*) ≺ (∃ v) B (v) (Partikularisierungsregel)	S. 330
(VI. 15):	(∀ v) B (v) ≺ B (*t*) (Subordinationsregel)	S. 331
(VI. 20):	* ≺ (A ⊃ B) ⊃ (~ B ⊃ ~ A) (Kontrapositionsgesetz)	S. 334
(VI. 21):	* ≺ A ⊃ ~ ~ A (Verneinungsregel)	S. 334
(VI. 24):	* ≺ (∀ v) A (v) ⊃ A (*t*) (Spezifizierungsgesetz)	S. 336
(VI. 25):	* ≺ B (*t*) ⊃ (∃ v) B (v) (Partikularisierungsgesetz)	S. 336

Literaturverzeichnis

Ackermann, Wilhelm, 'Begründung einer strengen Implikation', *Journal of Symbolic Logic 21*, 1956, S. 113–28.

Alexander von Aphrodisias, *In Aristotelis Analyticorum Priorum Librum I Commentarium*, ed. M. Wallies, = *Commentaria in Aristotelem Graeca*, II. 1, Berlin, 1883.

–, *In Aristotelis Topicorum Libros Octo Commentaria*, ed. M. Wallies, = *Commentaria in Aristotelem Graeca*, II. 2, Berlin, 1881.

Angelelli, Ignacio, 'Review: Abhandlung über die Prinzipien der Logik', in: *The Bulletin of Symbolic Logic, 11*, 2005, S. 444–445.

Anderson, Alan Ross & Nuel D. Belnap & J. Michael Dunn, *Entailment*, vol. 2, Princeton, NJ: Princeton University Press, 1992.

Apuleius Madaurensis, 'Peri hermeniae', *Opera quae supersunt*, Vol. 3, ed. P. Thomas, Leipzig, 1908.

Aristoteles, *Prior and Posterior Analytics*, a revised text with introduction and commentary by W. D. Ross, Oxford, 1949.

–, *Analytica priora, Buch I*, Werke in deutscher Übersetzung, Band 3, Teil I, übersetzt und erläutert von Theodor Ebert und Ulrich Nortmann, Darmstadt: Wissenschaftliche Buchgesellschaft, 2007.

–, *Topica et Sophistici Elenchi*, ed. W. D. Ross, Oxford, 1958.

–, *Peri Hermeneias*, Werke in deutscher Übersetzung, Band 1, Teil II, übersetzt und erläutert von Hermann Weidemann. Zweite, veränderte Auflage, Darmstadt: Wissenschaftliche Buchgesellschaft, 1994.

–, *Prior Analytics*, translated, with introduction, notes, and commentary by Robin Smith, Indianapolis: Hackett, 1989.

–, *Fragmenta*, collegit V. Rose, Leipzig: Teubner, 1886.

–, *Metaphysics*, a revised text with introduction and commentary by W. D. Ross, 2 Bände, Oxford, 1958.

–, *Metaphysics, Books Γ, Δ, E*, translated with notes by C. Kirwan, Oxford: Clarendon Press, 1971.

Barcan, Ruth C., 'A Functional Calculus of First Order Based on Strict Implication', *Journal of Symbolic Logic 11*, 1946.

Barnes, Jonathan, 'Grammar on Aristotle's Terms', in: *Rationality in Greek Thought*, ed. by M. Frede & G. Striker, Oxford: Clarendon Press, 1996.

Beall, J. C. & Restall, Greg, *Logical Pluralism*, Oxford: Clarendon Press, 2006.

Becker, Oskar, 'Zur Logik der Modalitäten', *Jahrbuch für Philosophie und phänomenologische Forschung 11* (1930), S. 497–548.

Beckermann, Ansgar, *Einführung in die Logik*, Berlin: De Gruyter, 1997.

–, 'Zum Verhältnis von Kantischer und Fregischer Logik. Kritische Einwände gegen Michael Wolff (II. Teil),' in: *Zeitschrift für philosophische Forschung 52*, 2000, S. 422– 434.
Bencivenga, Ermanno, 'Free Logics', in: D. Gabbay and F. Guenthner (eds.), *Handbook of Philosophical Logic*, vol. 3, Dordrecht: Reidel, 1986, 373–426.
–, 'Free Logics,' in: *Routledge Encyclopedia of Philosophy*, ed. by E. Craig, vol. 3, London, 1998.
Berka, Karel & Kreiser, Lothar (Hg.), *Logik-Texte, kommentierte Auswahl zur Geschichte der Logik*, Berlin: Akademie-Verlag, dritte Auflage, 1983.
Bernoulli, Jakob, *Opera*, Vol. 1, 1744.
Bolzano, Bernard, *Wissenschaftslehre*, in vier Bänden hrsg. von W. Schultz, Neudruck der 2. Aufl., Leipzig 1829–31, Aalen: Scientia Verlag 1970.
Boole, George, *An Investigation of the Laws of thought on which are founded the mathematical theories of logic and probabilities*, London, 1854.
Bury, Robert G., *Sextus Empiricus*. 4 vols. Loeb Classical Library. London: Heinemann, 1933–49.
Capella, Martianus, *De nuptiis Philologiae et Mercurii*, ed. J. Willis, Leipzig: Teubner, 1983.
Carnap, Rudolf, *Die logische Syntax der Sprache*, Wien, 1934.
–, *Meaning and Necessity*, Chicago & London: The University of Chicago Press, 1947.
da Costa, Newton C. A., 'On the Theory of Inconsistent Formal Systems', *Notre Dame Journal of Formal Logic 15*, 1974, S. 497–510.
Diogenis Laertii Vitae philosophorvm ed. M. Marcovich, Stuttgart: Teubner, 1999.
Ebert, Theodor, *Dialektiker und frühe Stoiker bei Sextus Empiricus*, Göttingen: Vandenhoeck & Ruprecht, 1991.
– & Nortmann, Ulrich, *Aristoteles, Analytica priora, Buch I* (siehe: Aristoteles).
Englebretsen, George (Ed.), *The New Syllogistic*, New York etc., 1987.
Feys, Robert, 'Les nouvelles logiques des modalités', *Revue Néoscholastique de Philosophie 40* (1937), S. 517–53; 41 (1938), S. 217–52.
Frede, Michael, *Die stoische Logik*, Abhandlungen der Akademie der Wissenschaften in Göttingen, Philologisch-historische Klasse, dritte Folge Nr. 88, Göttingen: Vandenhoeck & Ruprecht, 1974.
–, *Essays in Ancient Philosophy*, Minneapolis: University of Minnesota Press, 1987.
Frege, Gottlob, *Begriffsschrift. Eine der arithmetischen nachgebildete Formelsprache des reinen Denkens*. Halle, 1879. Nachdruck in: *Begriffsschrift und*

andere Aufsätze, mit E. Husserls und H. Scholz' Anmerkungen herausgegeben von I. Angelelli. Zweite Auflage, Darmstadt, 1964.

–, 'Über den Zweck der Begriffsschrift.' In: *Sitzungsberichte der Jenaischen Gesellschaft für Medizin und Naturwissenschaft für das Jahr 1882.* Jena: G. Fischer 1883, S. 1–10. Nachdruck in: *Begriffsschrift und andere Aufsätze,* herausgegeben von I. Angelelli. Zweite Auflage, Darmstadt, 1964, S. 97–106. [Abgekürzt zitiert: *BA.*]

–, 'Über die wissenschaftliche Berechtigung einer Begriffsschrift.' *Zeitschrift für Philosophie und philosophische Kritik,* 81, 1882, S. 48–56. Nachdruck in: *Begriffsschrift und andere Aufsätze,* herausgegeben von I. Angelelli. Zweite Auflage, Darmstadt, 1964, S. 106–114.

–, *Die Grundlagen der Arithmetik. Eine logisch-mathematische Untersuchung über den Begriff der Zahl.* Centenarausgabe, mit ergänzenden Texten kritisch herausgegeben von C. Thiel, Hamburg: Meiner, 1986.

–, *Grundgesetze der Arithmetik, begriffsschriftlich abgeleitet,* Band 1, Jena 1893, Nachdruck, Hildesheim: Olms, 1962.

–, *Kleine Schriften,* herausgegeben und mit Nachbemerkungen zur Neuauflage versehen von Ignacio Angelelli, zweite Auflage, Hildesheim: Olms, 1990.

–, *Schriften zur Logik und Sprachphilosophie,* herausgegeben von Gottfried Gabriel, Hamburg: Meiner, 1971.

–, *Nachgelassene Schriften und Wissenschaftlicher Briefwechsel,* erster Band: *Nachgelassene Schriften,* unter Mitwirkung von G. Gabriel und W. Rödding bearbeitet, eingeleitet und mit Anmerkungen versehen von H. Hermes, F. Kambartel, F. Kaulbach. Zweite, erweiterte Auflage, Hamburg: Meiner, 1983.

–, *Nachgelassene Schriften und Wissenschaftlicher Briefwechsel,* zweiter Band: *Wissenschaftlicher Briefwechsel,* herausgegeben, bearbeitet, eingeleitet und mit Anmerkungen versehen von G. Gabriel, H. Hermes, F. Kambartel, C. Thiel und A. Veraart, Hamburg: Meiner, 1976.

Friedman, Michael, *Kant and the Exact Sciences,* Cambridge Mass.: Harvard University Press, 1992.

Galenus, Claudius, *Institutio logica,* ed. C. Kalbfleisch, Leipzig, 1896.

Gödel, Kurt, 'Zum intuitionistischen Aussagenkalkül', *Anzeiger der Akademie der Wissenschaften in Wien,* mathematisch-naturwissenschaftliche Klasse, *69,* 1932, S. 65–66.

–, 'Zum Entscheidungsproblem des logischen Funktionenkalküls', in: *Monatshefte für Mathematik und Physik 40,* 1933, 433–43.

–, 'Zur intuitionistischen Arithmetik und Zahlentheorie', in: *Ergebnisse eines mathematischen Kolloquiums,* Heft 4, 1933, S. 34–38.

–, 'Eine Interpretation des intuitionistischen Aussagenkalküls', in: *Ergebnisse eines mathematischen Kolloquiums*, Heft 4, 1933, S. 39–40.
–, "Russell's Mathematical Logic." *The Philosophy of Bertrand Russell*, edited by P. A. Schilpp. Evanston, IL: Northwestern University Press, 125–153. 1944.
Halmos, Paul R., *Naive Mengenlehre*, vierte Auflage, Göttingen: Vandenhoeck & Ruprecht, 1976.
Hegel, Georg W. F., *Wissenschaft der Logik*, zweiter Band: Die subjektive Logik (1816), in: *Gesammelte Werke*, Band 12, Hamburg: Meiner, 1981.
Heyting, Arend, 'Die formalen Regeln der intuitionistischen Logik', in: *Sitzungsberichte der Preußischen Akademie der Wissenschaften*, Physikalisch-mathematische Klasse, Jg. 1930, Berlin [1930], Bd. II, S. 42–56.
Hilbert, David & Ackermann, Wilhelm, *Grundzüge der theoretischen Logik*, fünfte Auflage, Berlin & Heidelberg & New York: Springer, 1967.
Hintikka, Jaakko, 'Kant on the Mathematical Method', in: *Kant's Philosophy of Mathematics: Modern Essays*, ed. by Carl C. Posi, Dordrecht: Kluwer Academic Publishers, 1992.
Hoyningen-Huene, Paul, *Formale Logik. Eine philosophische Einführung*, Stuttgart: Reclam, 1998.
Hughes, George E. & Cresswell, Maxwell J., *An Introduction to Modal Logic*, London: Methuen, 1977.
Jaśkowski, Stanislaw, 'Propositional Calculus for Contradictory Deductive Systems', *Studia Logica* 24, 1969, S. 143–157.
Kant's gesammelte Schriften, herausgegeben von der [...] Akademie der Wissenschaften, Berlin, 1900 ff. (*Akademie-Ausgabe*)
Kant, Immanuel, *Kritik der reinen Vernunft*, erste Auflage von 1781 (= A), bis einschließlich 'Von den Paralogismen der reinen Vernunft' herausgegeben von Benno Erdmann, Berlin 2003, *Akademie-Ausgabe* Bd. 4, S. 1–251; zweite Auflage von 1787 (= B), herausgegeben von Benno Erdmann, Berlin 2004. *Akademie-Ausgabe* Bd. 3.
Keynes, John Neville, *Studies and Exercises in Formal Logic*, fourth edition rewritten and enlarged, London: Macmillan, 1928.
Kneale, William & Kneale, Martha, *The Development of Logic*, Oxford: Clarendon, 1975.
Kripke, Saul A., *Naming and Necessity*, Oxford: Blackwell, 1980.
Künne, Wolfgang, 'Gottlob Frege (1848–1925)', *Klassiker der Sprachphilosophie*, herausgegeben von T. Borsche, München: Beck, 1996, S. 325–345.
Lambert, Johann Heinrich, *Neues Organon*, 2 Bände, Leipzig, 1764, Nachdruck in: Lambert, J. H., *Philosophische Schriften*, Bände 1 und 2, Hildesheim, 1969.

Lambert, Karel, 'Free Logics, philosophical issues in,' in: *Routledge Encyclopedia of Philosophy*, ed. by E. Craig, vol. 3, London, 1998.

Langford, Cooper H., 'On Propositions belonging to Logic', *Mind* 36, 1927.

Leibniz, G. W., *Nouveaux' Essais sur l'entendement humain*, in: *Opera philosophica quae extant*, ed. J. E. Erdmann, Berlin 1840, S. 194–418.

Lemmon, Edward John, 'Is there only one correct system of modal logic?' in: *Aristotelian Society Supplementary Volume 23*, 1959, S. 23-40.

Leonard, Henry, 'The Logic of Existence', *Philosophical Studies* 7 (1956), S. 49–64.

Lewis, Clarence I. & Langford, Cooper H., *Symbolic Logic*, New York: Dover, 1932. Nachdruck New York: Dover Publications, 1959.

Łukasiewicz, Jan, 'Zur Geschichte der Aussagenlogik', *Erkenntnis* 5, 1935, S. 111–131.

–, *Selected Works*, ed. L. Borkowski, Amsterdam: North Holland, 1970.

MacColl, Hugh, 'Symbolic Reasoning', *Mind* 12, 1903, S. 355–364.

MacFarlane, John, *What Does it Mean to Say that Logic is Formal*, Diss. University of Pittsburgh, 2000.

–, 'Kant, Frege, and the Logic of Logicism', in: *The Philosophical Review* 111, 2002, S. 25–65.

Marciszewski, Witold, 'Definite Description', in: *Dicitionary of Logic as Applied in the Study of Language*, The Hague, 1981.

Mates, Benson, *Stoic Logic*, Berkeley: University of California Press, 1973.

–, *The Skeptic Way. Sextus Empiricus's* Outlines of Pyrrhonism. Translated, with introduction and commentary. Oxford: Oxford University Press, 1996.

Mautner, Thomas (Ed.), *A Dictionary of Philosophy*, Cambridge: Blackwell, 1996.

Mill, John Stuart, *A System of Logic, Ratiocinative and Inductive*, vol. 1, London, 1843.

Nortmann, Ulrich, *Modale Syllogismen, mögliche Welten, Essentialismus. Eine Analyse der aristotelischen Modallogik*. Berlin: de Gruyter, 1996.

–, 'Kants Urteilstafel und die Vollständigkeitsfrage. Kritische Einwände gegen Michael Wolff (I. Teil)', in: *Zeitschrift für philosophische Forschung*, 52, 2000, S. 406–421.

Ockham, Guilelmus de, *Summa Logicae*, ed. P. Boehner, St. Bonaventure, N. Y.: Franciscan Institute Nauwelaerts; Paderborn: Schoeningh, 1957. Nachdruck der in drei Lieferungen erschienenen Ausgabe von 1951–54.

Patzig, Günther, *Die aristotelische Syllogistik*, Abhandlungen der Akademie der Wissenschaften in Göttingen, Phil. Hist. Klasse III. 42, Göttingen: Vandenhoeck & Ruprecht, 2. Aufl. 1963; 3., veränderte Aufl. 1969.

–, *Sprache und Logik*, Göttingen: Vandenhoeck & Ruprecht, 1970.

–, 'Die logischen Formen praktischer Sätze in Kants Ethik', in: G. Patzig, *Gesammelte Schriften I*, Göttingen: Wallstein, 1994.

Philoponus, Ioannes, *In Aristotelis Analytica Priora Commentaria*, ed. M. Wallies, = *Commentaria in Aristotelem Graeca*, XIII. 2, Berlin, 1905.

Plutarch, 'De Sollertia Animalium', *Plutarchi Moralia*, Vol. 6, Leipzig, 1895.

Prantl, Carl, *Geschichte der Logik im Abendlande*, Band 1 (Leipzig 1855). Nachdruck der vierbändigen Ausgabe, Hildesheim: Olms, 1997.

Prior, Arthur N., 'Existence', in: *Encycopedia of Philosophy*, ed. by P. Edwards, New York & London: Macmillan, 1967, Vol. 3.

–, 'The Heritage of Kant and Mill', in: *Encyclopedia of Philosophy*, ed. by P. Edwards, New York & London: Macmillan, 1967, Vol. 5.

Purtill, Richard, 'Principle of bivalence', *The Cambridge Dictionary of Philosophy*, Cambridge: Cambridge University Press, 1995, S. 644

Quine, Willard V. O., *Methods of Logic*, revised edition, New York: Holt, Rinehart & Winston, 1959.

–, *From a Logical Point of View*, second edition, revised, New York, 1963.

Reich, Klaus, *Gesammelte Schriften*, Hamburg: Meiner, 2001.

Routley, Richard, 'Ultralogic as Universal?', *Relevance Logic Newsletter* 2, 1977, 50–90.

Russell, Bertrand. *The Principles of Mathematics.* Cambridge: Cambridge University Press. 1903.

–, *Introduction to Mathematical Philosophy*, London, 1919.

–, 'The Philosophy of Logical Atomism', *The Monist 29*, 1919.

–, *Our Knowledge of the External World*, New York, 1960.

– & Whitehead, Alfred N., *Principia Mathematica*, vol. 1, Cambridge: Cambridge University Press, 1910.

Saccheri, Giovanni Girolamo, *Logica demonstrativa*, 1697, Nachdruck: Olms, Hildesheim, 1980.

Schmid, Carl Christian Erhard, *Wörterbuch zum leichtern Gebrauch der Kantischen Schriften*, Jena, 1798.

Schmidt, Jürgen, *Mengenlehre. Einführung in die axiomatische Mengenlehre*, Band I: *Grundbegriffe*, Mannheim: Bibliographisches Institut, 1966

Schmidt, Klaus J., *Die modale Syllogistik des Aristoteles. Eine modalprädikatenlogische Interpretation*. Paderborn: Mentis, 2000.

Schröder, Ernst, *Vorlesungen über die Algebra der Logik. Exakte Logik*, 3 Bände, Leipzig: 1890–1895.

Sextus Empiricus, *Outlines of Pyrrhonism*, in: Sextus Empiricus: in four volumes, with an English translation by R. G. Bury, vol. 1, Cambridge, Mass.: Harvard, 1976.

–, *Against the Logicians*. (Adversus Mathematicos VII and VIII). Translated by Richard Bett. Cambridge: Cambridge University Press, 2005.

Sigwart, Christoph, *Logik*, zweite Auflage, Tübingen, 1889.

Sommers, Fred, *The Logic of Natural Language*, Oxford: Clarendon Press, 1982.

–, 'On a Fregean Dogma', in: I. Lakatos (Ed.), *Problems in the Philosophy of Mathematics*, Amsterdam, 1967.

Stekeler-Weithofer, Pirmin, 'Satz vom ausgeschlossenen Dritten', *Historisches Wörterbuch der Philosophie*, Bd. 8, Basel: Schwabe, 1992, Sp. 1198–1202.

Strawson, Peter F., *Introduction to Logical Theory*, London, 1952.

–, *Individuals. An Essay in Descriptive Metaphysics*, London: Methuen, 1969.

–, 'Review: The Logic of Natural Language', *The Journal of Philosophy* 79, 1982, S. 786–90; nachgedruckt in: George Englebretsen (ed.), *The New Syllogistic*, New York, 1987, S. 99–104.

Strobach, Niko, 'Schlüsse aus Annahmen bei Aristoteles. Eine argumentationstheoretische Deutung des *syllogismos ex hypotheseôs*', in: *Zeitschrift für philosophische Forschung* 55, 2001, S. 248–257

Stuhlmann-Laeisz, Rainer, *Gottlob Freges ›Logische Untersuchungen‹*, Darmstadt: Wissenschaftliche Buchgesellschaft, 1995.

Tarski, Alfred, 'Über den Begriff der logischen Folgerung', *Actes du Congrès Internationale de Philosophie Scientifique*, Paris 1936, 7, S. 1–11. Gekürzter Nachdruck in: *Logik-Texte*, herausgegeben von K. Berka & L. Kreiser, Berlin: Akademie-Verlag, dritte Auflage 1983, S. 404–413.

–, *Der Wahrheitsbegriff in den formalisierten Sprachen* [1935], Nachdruck in: *Logik-Texte*, herausgegeben von K. Berka & L. Kreiser, Berlin: Akademie-Verlag, dritte Auflage 1983, S. 445–546.

Thompson, Manley, 'On Aristotle's Square of Opposition', *The Philosophical Review* 62, 1953, S. 251–65. Wieder abgedruckt in: J. M. E. Moravcsik (Ed.), *Aristotle. A Collection of Critical Essays*, Notre Dame & London, 1968, S. 51–72.

Tugendhat, Ernst & Wolf, Ursula, *Logisch-semantische Propädeutik*, Stuttgart: Reclam, 1983.

von Wright, Georg Henrik, 'On the Idea of Logical Truth (I)', *Societas Scientiarum Fennica, Commentationes Physico-Mathematicae* 14, 1948.

–, *An Essay in Modal Logic*, Amsterdam: North-Holland Publishing, 1951.

–, 'Determinismus, Wahrheit und Zeitlichkeit. Ein Beitrag zum Problem der zukünftigen kontingenten Wahrheiten‹, in: *Studia Leibnitiana* 6, 1974, S. 161–178.

Wieland, Wolfgang, 'Die aristotelische Theorie der Notwendigkeitsschlüsse, *Phronesis 11*, 1966, S. 35–60.

Wolff, Christian, *Philosophia Rationalis sive Logica*, Frankfurt & Leipzig, 1740.

Wolff, Michael, 'Freges Kritik an der Kantischen Urteilstafel in seiner *Begriffsschrift* von 1879', in: *Die Vollständigkeit der Kantischen Urteilstafel. Mit einem Essay über Freges ›Begriffsschrift‹*, Frankfurt: Klostermann, 1995, S. 243–312.

–, 'Erwiderung auf die Einwände von Ansgar Beckermann und Ulrich Nortmann, in: *Zeitschrift für philosophische Forschung 52*, 1998, S. 435–459.

–, 'Prinzipien und expositorische Beweise in Aristoteles' Syllogistik', in: *Philosophiegeschichte und logische Analyse*, Band 1, 1998, S. 131–170.

–, 'Kantische Urteilstafel und vollständige Induktion', in: *Zeitschrift für philosophische Forschung 54*, 2000, S. 87–96.

–, 'Frege und das traditionelle Bild der Syllogistik', in: R. Bubner & G. Hindrichs (Hg.), *Von der Logik zur Sprache*, Stuttgart: Klett-Cotta, 2006, S. 272–285.

–, 'Die Reinheit der Logik: Kant und Frege', in: *Kant in der Gegenwart*, herausgegeben von J. Stolzenberg, Berlin: De Gruyter, 2007, S. 53–70.

–, 'Gottlob Frege (1848–1925)', in: *Klassiker der Philosophie*, Band 2, München: Beck, 2008, 180–193.

–, 'Viele Logiken – Eine Vernunft. Warum der Logische Pluralismus ein Irrtum ist', in: Methodus 7 (2013) S. 79–134.

SACHREGISTER

Ableitungsmethode, axiomatische 174 f., 347 f.; syllogistische A. als Methode der Kettenschlußabkürzung 176, 318, 347; s. *auch* Reduktion, synthetische Methode

Abschwächung der logischen Folge als metalogische Regel 326, 429 f.

Abtrennungsregel: einfache A. 328; komplexe A. 328; A. als Ableitungsregel 349–51, 355, 360, 382, 395, 408

A necesse esse ad esse valet consequentia 21, 248

A necesse esse ad posse valet consequentia 253

Ab esse ad posse valet consequentia 21, 124, 252, 395

Adjunktion 81, 262, 412; Vergleich mit inklusiver Disjunktion 193

affirmativ (bejahend) / Affirmation 10, 13–5, 33 f., 37, 44, 46, 61–4, 67, 70, 72, 75, 77, 117, 121–3, 125, 127, 140, 145–7, 150, 163–5, 167, 173, 182, 248, 321–2, 361, 387, 394 f., 397, 406, 412, 415; a.er Satz 33, 67, 243, 415

Algebra: mathematische 157–60; Boolesche 50; logische 50

Allklasse 79, 211; absolute A. 69

Allquantor 82, 125, 138, 311, 384; zu Freges Ansicht über den Gebrauch des A.s 112, 124

anaphorisch: anaphorischer und kataphorischer Gebrauch von logischen Konstanten singulärer Sätze 47; anaphorische Ausdrücke 47, 137

Anschauliches 158 f.; A. nach Frege 152–155

Anschauung: nach Kant 155 f.

apodiktisch 21–4, 26 f., 241, 243 f., 248, 263, 268, 282–4, 286, 292, 294, 302; a.er Satz 22–4, 241, 243

Arithmetik XV f., 107, 160–63, 324

assertorisch 20 f., 24, 26, 40, 42, 47 f., 53 f., 107, 288, 292, 300, 386, 415; a.er Satz 24; a.e Gegensätze 38, 40, 42, 52,128; a.e Syllogistik XIX, 5, 9, 11

Aussagefunktion 83, 87, 91 ff., 98, 105–9, 138, 165; komplexe A. 85; monadische A. 89, 91, 101, 106; polyadische A. 84; ungesättigte monadische A., nach Frege dasselbe wie Begriff 91–107; vgl. 138, 385

Axiome (logische) XV f., XVIII–XX, 108, 333, 335 f., 349; A. des Funktionenkalküls: 351 f., 359; A. des Klassenkalküls: Aussonderungsaxiom 66, Extensionalitätsaxiom 66, 68; A. der Modallogik: B-Axiom 399, 405; S4-Axiom 399 f., 405–8; S5-Axiom 399 f., 405–8, T-Axiome 398, Barcan-Formel 415

Axiomenschemata 349 f.

Begriff 2–3; B. nach Freges Funktionentheorie des Begriffs 89–109, 313, s. *auch* Aussagefunktion, ungesättigte monadische; Begriffe erster und zweiter Stufe nach Frege 105 f.; B.e als Grenzfälle von Beziehungen nach Frege 94

Begriffsausdruck, syllogistischer: s. Terminus

Begriffsausdrucksschema 14, 100
Begriffsbeziehungen 1, 2; hierarchische 5, 7 f., 12, 14, 22, 46, 424; Unterschied zu klassenlogischen Beziehungen 57, 71; Freges Programm der Zurückführung aller B. 87–90, 108, 110, 127, 129 f., 152;
Begriffseinteilung 12, 22; analytische B. 12
Begriffshierarchien 5, 7, 14, 46
Begriffskonstante 309–11, 316 f., 346, 362; ›Element der Nullklasse‹ als B. 73; ›Individuum‹ (›Gegenstand‹) als B. 126, 311; ›Träger des Namens t‹ als B. 137, 311
Begriffspyramide XVII, 5, 12
Begriffsumfang 13; Umfang (Extension) von Begriffen klassenlogisch dargestellt 51–7, 64–6, 69–73, 80; leerer B. 65, 69
Begriffsvariable: als Stellvertreter für Termini 8, 66, 98, 106, 108, 363; in der Syllogistik einzige Objektvariable 8, 11, 14, 49
Begriffswort: 104, 106, 137, 213, 311; B. bei Frege 2
Beziehungen: klassenlogische 57, 71; zwischen Begriffen 132, 142, *s. auch* Begriffsbeziehungen; B. des logischen Quadrats 38, 42, 53 f., 58–62, 64, 127; B. und Beziehungsbegriff bei Frege 93 f.; *s. auch* Relation
Bisubtraktion 193
Bivalenz-Prinzip XX, 24, 26, 30–36, 142, 144–150, 417–422

Contingentia futura 418 f.

de dicto - / de re - Gebrauch von Ausdrücken: *de dicto- / de re-*Kontingenz 25; *de dicto- / de re*-Möglichkeit 21, 415; *de dicto- / de re-*Notwendigkeit 21, 271, 296 f.; *de dicto- / de re-*Verneinung *s. u.* Negation
Deduktionstheorem 355
Definitionen: als Grundlage der syllogistischen Ableitungsmethode 174 f., Gebrauchsdef. 34
Dekonditionalisierung 195, 207, 327, 397
Denken, reines 152
Determinismus / Indeterminismus 419
Dictum de omni et nullo 111, 132, 225; *Dictum de omni* 111, 132, 215 f., 223, 225, 361, 428, 431 f.; *Dictum de nullo* 215, 223, 428, 431, 432
Dilemma: destruktives 202; konstruktives 77, 203; schwach konstruktives 202
disjunktiv / Disjunktion 10, 12, 15–8, 48, 72, 81, 187, 189, 192 f., 202–4, 346; exklusive und inklusive D. 72, 81, 193; vollständige D. 195; d.er Satz 49, 193
Durchschnitt 51, 69, 79 f.

Eigennamen: E. nach Frege 2 f.; im engeren Sinne 133; E. und die logische Form des singulären Satzes 48, 84, 133–38, 142, 147–9, 154, 367; 'Bündel'-Theorie der E. 149; 'Gebrauchstheorie' der E. 149; 'kausale Theorie' der E. 149; logische E. (Russell) 147; rechtmäßig gebildete E. (Frege) 142; Scheineigenname (Frege) 142
Einzelnamen 133, 136, 143; Arten von 133, *s. auch* Eigennamen, singuläre Termini

ex contradictione quodlibet 409
ex falso quodlibet sequitur 67 f., 116 f., 322, 389, 409
existential import (Existenzbindung): Verknüpfung mit impliziter Existenzannahme) 58 f., 61–65, 67 f., 70 f., 128, 145, 151, 169, 211, 243, 249, 415
Existenz: als Zugehörigkeit zu einem nicht-leeren Individuenbereich 63 f., 69, 168, 324, 414.
Existenzquantor 82, 138 f., 315, 311, 346, 414; substitutionelle Interpretation des E.s 414
Exposition (*ekthesis*) 215, 221, 224, 229, 235, 266, 281 f., 428; Erste Expositionsregel 215; Zweite Expositionsregel 215
ex quolibet verum sequitur 322, 389
Extensionalismus 164

Folgen (Konsequenz): ausgedrückt durch ein hypothetisches Satzgefüge 10, 17, 28, 190 ff., 375; logisches F. XVII, 20, 24, 170 f., 177, 181, 186, 194, 205, 219, 248, 325 f., 356, 358, 365, 395, 425; Abschwächung des l. F.s 326, 429 f.; l. F. im Funktionenkalkül 356–60; semantischer Begriff des l. F.s 356–8; syntaktischer Begriff des l. F.s 356–8; regelmäßiges F. 174 f., 177, 180 f., 186, 189, 191–2, 194 f., 205, 241, 322, 325 f., 328, 339, 358, 372, 375, 399, 423–5.
Folgerung 84, 116, 120, 171, 180, 188, 191, 218, 290, 301, 343, 410, 416, 441; Folgerungsregeln 115 f., 166, 168, 251 f., 255
Form, logische 6, 9 f., 18, 20, 22, 27, 80, 93, 132, 135, 143, 149, 188, 243 f., 261, 272, 285 f., 296, 317, 363–65, 415, 423
Formalität der formalen Logik 32, 153, 417, 422
Funktion XVIII, 17, 83, 85, 90–93, 95, 99, 103, 105–9; s. auch Aussagefunktion, Wahrheitsfunktion
Funktionsausdruck (logischer F.) 18, 83–8, 92 f., 99, 102, 113, 128, 135, 310, 346–8, 321, 350; Anzahl der Leerstellen nicht dasselbe wie Anzahl der Argumente in einem F. 92 f.
Funktionsvariable: verglichen mit syllogistischen Begriffsvariablen 90, allquantifizierte F. 379, gebundene F. 105
Funktionenkalkül (logischer F.) 85, 147, 173, 309, 350; als axiomatisches System 347, 361; Ableitbarkeit im 346; Ableitungsregeln von *FK* 348–50, 358; Axiome von *FK* 350 f., 358, 360; Theoreme von *FK* 350 f., 356–8, 360; F. zweiter Stufe 377, 380

Gegenbegriff 12, 14, 23, 58, 217
Gesetze: algebraische 157; De Morgan'sche 81; des Denkens (Frege) 162; des Funktionenkalküls 164, 169, 360; logische (aus logischen Gründen gültige) 167, 368; wahrheitsfunktionale 332
Grammatik 1, 18, 250
Grundregeln XIX, 174, 181, 183, 185, 194, 196, 214, 216–18, 225, 228, 240 f., 248, 257, 307, 324 f., 347, 360, 371 f., 375, 393, 406; syllogistische G. als Regeln, deren Gültigkeit auf der Bedeutung logischer Konstanten beruht 164,

313, 361; metalogische G. 175, 325 f.

Gültigkeit, logische 116–8, 120, 206, 208, 309, 359, 365

hypothetisch XVII, 10 f., 15–9, 28 f., 45 f., 48 f., 72, 75, 81, 110–4, 116, 123–7, 130–2, 157, 167, 170–2, 175, 187–94, 196, 198–201, 206, 208 f., 318, 321, 326, 339, 343, 346, 371 f., 391 f., 399, 425; h.e Satzverknüpfung s. Satzverknüpfung

Identität von Mengen bzw. Klassen 51, 68 f., 79

Identitätszeichen 160

Implikation s. strenge I. u. strikte I.

imprädikativer Satz 214

Individuenbereich (*universe of discourse*) 63 f., 68, 82, 145–7, 154–59, 283, 295, 323 f., 400, 415; s. auch Postulat

Individuenkonstante 84, 133, 138, 146, 151, 153, 309 f., 324, 364, 410, 426

Individuenvariable 81–5, 88, 90–2, 106, 124–6, 139, 151, 153, 310–2

informelles Schließen s. Schließen

Inhalt, begrifflicher 6, 73, 80, 100, 107, 109, 131, 133–6, 141, 167, 309, 345 f., 363, 415

Inklusion von Mengen oder Klassen 51, 79

Inkonsistenz 167 f., 324; s. auch Kontrarietät

Intermodalregeln 248, 395

Intuitionismus / intuitionistisch XIX f., 360, 390, 398, 408, 411–13, 437 f.

kantische Urteilstafel XVII, 10, 26, 172, 363

kataphorisch 47, 137

kategorisch 15–7, 19, 21 f., 27, 46, 49 f., 58–64, 71 f., 88, 96 f., 110 f., 113, 127, 129–32, 187, 198, 210 f., 214, 217, 229, 231, 236, 238 f., 241 f., 244, 249, 311 f., 316, 318, 345; k.e Form 15, 17, 19, 127, 130, 318; als Form des logisch einfachen und logisch unabhängigen Satzes 16–9; in der Sprache des Funktionenkalküls 127

Kennzeichnung, individuelle 135, 136, 149, 154; *definite description* 148

Klasse 51 f.; leere K. s. Nullklasse

Komplementklasse 52, 66, 69

Klasseninklusion s. Inklusion

Klassenkalkül 50 f., 55, 76

Klassenkonstante 83

klassenlogische Beziehungen 57, 71

Klassenvariable 51, 53, 55, 57, 65, 79 f., 82 f.

komplementäre Konversion 293, 299, 300, 303 f., 306

Konditionalisierung 167, 205, 208, 238, 322, 324, 359, 365, 396, 428; Prinzip der K. 176, 194, 325 f., 375, 428; Regel der K. 205–7, 327, 430; verallgemeinerte R. d. K. 206;

Konjunktion, logische: elementare l. K. 120, 126, 249–51, 164, 169 371 f., 391 f.; wahrheitsfunktionale l. K. 122, 385, 412; nicht-wahrheitsfunktionale s. elementare; Prämissenkonjunktion s. elementare

Konstante, logische: der Syllogistik 11, 45, 73; des Klassenkalküls 79, 82; des Funktionenkalküls 174, s. *auch* Satzverknüpfung

Konstruktion, symbolische XV, 156 f., 159
Kontext-Prinzip 143
kontingent / kontingenterweise 22–7, 43, 69, 241–4, 246 f., 249, 255–7, 265, 275, 277 f., 288, 292, 294 f., 298 f., 300, 302, 417
Kontradiktorietät 32–4, 39, 40 f., 43, 55, 59, 62, 75, 145, 218
Kontraposition 196, 199, 334 f., 429
Kontrarietät 59, 60, 219 f., 428; Regeln der 141
Konversion: einfache (*conversio simplex*) 53, 221 f.; *per accidens* 44, 53, 222; Regeln der 14, 53, 97, 221, 223, 225, 260, 266; modalsyllogistische Konversionsregeln 260, *s. auch* komplementäre Konversion
Kopula (Hilfszeitwort) 96, 101, 104

limitativ / Limitation 13–15, 27, 48, 145, 214, 217, 243, 361
Logik: allgemeine L. XIII f., XVI f., XIX, XXI, 153, 308, 363; deduktive L. 7–9, 27, 50, 87, 164, 169, 205, 208, 316, 320 f., 323, 327, 332, 346 f., 358 f., 362 f., 368 f.; deontische L. 20, 424; L. der normalen Sprache 61; formale L. 10, 32, 68, 102, 117, 152–54, 322, 368, 420 422; freie L. XIX f., 61, 408, 410 f.; Geschichte der L. 17, 366–68, 410; intuitionistische XIX f., 360, 390, 398, 408, 410–13; mathematische XVI, XXI, 50, 61, 128, 152, 211, 367 f., 409; Modallogik *s. dort*; moderne L. XV, 8, 10, 30, 61, 311, 366, 368 f., 367, 369, 390; parakonsistente XIX, 36, 408 f.; reine XIV, 94, 153, 156, 161 f.; Relevanzlogik XIX f., 390, 409; Revolution in der 367; temporale L. 425; traditionelle L. (t. Syllogistik) 40, 50, 76, 367
Logikkalkül: axiomatische L.e 358, 360, intuitionistischer L. 411
Logizismus 381, 385

Material, logisches (als begrifflicher Inhalt eines Urteils) 8
Mathematik XV f., XXI, 85, 93 f., 103 f., 133, 162, 360, 367, 369, 398, 401, 412, 418
mathematische (vollständige) Induktion XV, 108, 157, 159 f., 162 f., 377–84
Menge 51; M. als Element 66; leere s. Nullklasse
Mengenlehre 50 f., 55; axiomatische 68 f.
metalogische Regeln 174 f., 182 f., 195, 205, 320, 325 f., 375
Metavariable 49, 129, 177
Modalausdruck: deontischer M. 20, 424; epistemischer M. 20; negativer M. 30; temporaler M. 425
Modalität 25, 27, 180, 400, 402, 415; alethische 19, 28; *de dicto- / de re-*M. 21, 27, 240, 240, 415, *s. auch de dicto- / de re-*Gebrauch von Ausdrücken
Modallogik XIX f., 3, 240, 261, 389, 390, 393 f., 397, 402, 407, 409; axiomatische M. XIX f., 29; Brouwersches System der M. 272, 393, 398 f., 404–8; S4-System 288, 301, 393, 398 f., 402–7, 411–12, 415; S5-System 261, 277, 285, 302, 393, 398 f., 402–7, 415; T-System 393, 397–399, 404, 406–8, 412; modale Prädikatenlogik 414; modale Syllogistik *s.* Syllogistik

Modus Barbara XVII, 19, 77, 226, 279
Modus ponendo ponens XVII, 11, 17, 118, 131, 187 f., 191, 194–6, 208, 218, 328, 361, 375, 396
Möglichkeit, logische 401; einseitige M. 26; zweiseitige M. 26, 242

Negation (Verneinung) XVIII, 10, 15, 20, 24, 29, 30–2, 36–8, 44, 56, 65, 70, 75, 121 f., 128, 131, 140, 147, 149, 151, 166 f., 170, 180, 182, 190, 192, 198, 212, 229, 249, 266, 320, 322–4, 352, 359, 364, 387, 389, 409 f., 412 f.; Ausdrücke der N. 30; de dicto-Verneinung 24, 31–3; de re-Verneinung 24, 31 f.; elementare 38, 123, 140, 179; nichtwahrheitsfunktionale 33 f., 37 f., 40–43, 45, 63 f., 70, 121, 170; syllogistische XVIII, 30; verneinende kategorische Aussagen 61; wahrheitsfunktionale 30, 33 f., 36, 52, 65, 70, 72, 82, 85, 110, 122, 140, 210, 321, 346, 357
Notwendigkeit 24, 242, 244, 297, 399; absolute / relative N. 400; logische N. 401
Nullklasse (Nullmenge) 54–6, 64–9, 71–3, 75, 79, 113

Objektvariable 8, 11, 14
offener Satz 91 f., 95, 97, 104, 112, 311–3, 377 f.
offener Terminus s. Terminus
Opposition, logische 52, 61

parakonsistent XIX, 20, 36, 390, 408 f.
partikulär 9, 25, 37 f., 46, 58, 131, 137, 188, 210, 213, 223, 228, 244 f., 263, 284, 311

Peritrope (Lex Clavii / Lex mirabilis) 197, 200, 221, 260; Umkehrung der P. 197, 199 f.
Postulat (logisches, nicht-syllogistisches) 142, 165–67, 321–24, 352, 360 f., 386 f., 391, 394–396, 413; als P.e der erweiterten deduktiven Logik XVIII, XX, 360 f., 365, 371; P. (oder Prinzip) des affirmativen Gebrauchs doppelter Negation (duplex negatio affirmat) 37, 44, 70, 72, 75, 77, 117, 121–3, 125, 127, 140, 145 f., 163–5, 167, 173, 321 f., 361, 387, 394 f., 387, 407, 412; P. (oder Prinzip) des beliebigen zureichenden Grundes 118, 120 f., 123, 125, 127, 150, 163 f., 165 f., 168, 173, 321 f., 386 f., 396 f., 407; P. (oder Prinzip) der nicht-leeren Individuenbereiche 151, 163 f., 166–168, 173, 323, 361, 422
Prädikat: grammatisches 18 f., 95–7, 99, 109, 312, s. auch offener Satz; logisches 19, 94, 96 f.; Prädikatbegriff 18, 58, 62, 95, 99, 101, 107 f., 129, 159, 217; Prädikatenpräfix s. Prädikator; Prädikatsnomen 96 f., 99; Prädikatenprädikat 107
Prädikator (Prädikatenpräfix) 99, 309, 311
Präfix 20, 82, 99, 309, 311 f., 380, 415; privatives P. 15; Prädikatenpräfix s. Prädikator; Quantorenpräfix s. Quantor, Allquantor, Existenzquantor; ∇-Präfix als Qantorenpräfix des singulären quantifizierten Satzes 138 f., 309, 312

Prämissenkonjunktion s. Konjunktion, elementare logische
Prinzip des ausgeschlossenen Dritten (*Tertium non datur*) 32–4, 36, 412
Prinzip der mathematischen (vollständigen) Induktion XV, 108, 377, 380, 383 f.; verallgemeinertes P. der mathematischen Induktion 108, 173
Prinzip der qualitativen Existenzbindung 61–4, 67, 70 f., 128, 145, 151, 167, 415
problematisch 20–2, 24 f., 242, 252, 257; p.er Satz 22, 44, 242

Quadrat, logisches 42, 54, 57 f., 61, 65, 87 f., 127–9, 132, 145, 168, 216–218, 220, 323, 369; schwaches 40, 42, 70, 107, 138 f., 218 f.; starkes 38, 42, 52; l. Q. assertorischer Gegensätze 128; l. Q. modaler Gegensätze 42
Qualität, (logische) 10, 14, 27, 61 f., 257
Quantität (logische) 9, 25, 61, 96, 213, 214, 217, 242, 249, 257, 316
Quantor 88, 90, 92, 138, 139, 145, 312, 357, 380
Quantorenregel 138–41, 144 f., 166 f.; der Einführung des Existenzquantors 139; der Elimination des Allquantors 140; der existentiellen Generalisierung 139; der hinteren Generalisierung 329, 349–351, 354–6; der universellen Einsetzung 140 f.

Reduktion 194, 346; *Reductio ad absurdum* (*Reductio ad impossibile*) 117, 140, 170, 175, 182, 229, 266, 322, 325, 428, 430
Relation, logische (zwischen Teilen einer Aussage) 10, 18, 100, 210, 218, 222, 364; syllogistische Begriffsrelationen 88, 316 f.; R. mengentheoretisch aufgefaßt 82 f.; Elementschaftsrelation 51, 81 f.
Relationsausdruck 51, 189
Relationskonstante 46–9
Relevanzlogik / relevanzlogisch XIX f., 390, 409
Russells Antinomie ('Paradox') 106–108, 385

Sachbezug: Bezugnahme (*reference*) auf Gegenstände 33, 47 f., 58, 106 f., 125 f., 135 f., 149–51, 154
Satzgegenstand 95 f.
Satzschema 6 f., 9, 11–5, 20, 23, 25, 27, 28, 39, 43, 49, 51–4, 56 f., 65, 72 f., 80, 82, 89, 110, 112, 125 f., 132, 137, 174, 205, 238, 321, 377; allgemeingültiges 208 f., 238 240; klassenlogisches 71, 81; syllogistisches 5–8, 11, 14, 21 f., 27 f., 42 f., 57, 65, 71, 73, 87 f., 161, 363
Satzverknüpfung: hypothetische S. 48, 123, 209; syllogistische S. 124; wahrheitsfunktionale S. 81 f., 85, 124
Schließen: inhaltliches 181, 313, 338; inhaltliches syllogistisches 309 f.; Theorie des inhaltlichen S.s 363; 'natürliches' S. 175
Schlußkonversion 182, 394, 409
Semantik 28, 47, 135, 240, 405 f.; Semantik möglicher Welten 406
singulärer Satz s. Satz
singulärer Terminus s. Terminus

Sprachanalyse: als Methode der Philosophie 1, 3, 161

Sprache: nicht-wahrheitsfunktionale 127, 164; nicht-extensionale 164; S. des (logischen) Funktionenkalküls 78, 85, 87, 89, 100, 110, 124, 127, 138– 139, 144–7, 150–2, 156, 160 f., 163 f., 169, 173, 211, 308 f., 339, 347, 350, 378; S. des Klassenkalküls 50–2, 56, 61, 64 f., 71, 78, 80 f., 85, 87, 164; S. der Syllogistik XVIII, XX, 1 f., 5, 8, 11, 45, 56, 71, 73, 79 f., 89, 124, 138, 164, 169, 309, 320; erweiterte S. der Syllogistik 49, 126, 132; wahrheitsfunktionale S. 45, 49, 164; syllogistische Elementarsprache (als Symbolsprache) 49, 57, 80, 124, 145, 151 f., 154, 170, 173–5, 372; s. auch Universalsprache

singulär 9, 13, 25, 46 f., 50, 96, 101, 103, 110, 132–5, 137–8, 141–3, 210, 214, 236, 245 f., 312, 324, 347, 415; s.er Name 133, s.er Satz 33, 40 f., 126, 132, 141, 145, 147, 149 f., 167; s.er Terminus 133 f.

strenge Implikation (nach Ackermann) 209

strikte Implikation 28 f., 44 f., 81, 114, 123 f., 190 f., 398, 407 f.; paradoxe Theoreme der strikten I. 407

Subalternation / subaltern 39 f., 43, 54 f., 59, 62, 217, 219, 223, 361

Subjekt: grammatisches 18 f., 92, 95–7, 109, 133 f., 137, 139, 154, 311 f.; logisches 18 f., 96; Subjektbegriff 18, 56–9, 61 f., 64, 95, 101, 107, 129

Subjunktion 10, 82, 110–13, 126, 130, 209, 321, 412; allquantifizierte S. 88, 110 f., 113, 126–8, 130, 158

Subkontrarietät / subkonträr 39–41, 54, 59, 62, 220

Subordination XVII, 12 f., 22, 51, 89, 99 f., 109–11, 113, 130–2, 297; Arten der Subordination 131 f.; Subordinationsregel 218

Substitution 184, 186, 205, 318; Substitutionsregel 349; substitutionelle Interpretation des Existenzquantors s. Existenzquantor

Subsumtion 89, 96, 105 f., 130, 132, 138, 154, 158

Syllogismus XVII, 6, 76, 181, 187, 199, 202, 224, 229, 237, 266, 268, 270, 284, 293

Syllogistik: als Teilgebiet der deduktiven Logik 7 f.; logisches Vokabular der S. XIX, 3, 9, 11, 21, 23, 27–30, 81, 87, 358 f., 364; S. als formale und reine Logik 154; aristotelische 23, 36, 175 f., 182, 211, 216, 224, 229, 243, 261, 284, 308, 367; elementare 46, 46, 71, 126, 153, 167, 172 f., 177, 239 f., 308, 323, 361 f., 371, 375, 393, 409; megarische 195, 197; modale Syllogistik XIX, 19, 27–30, 90, 240 f., 247, 296, 301, 306, 393; 'Neue S.' 151; stoische S. 169 f., 183; traditionelle S. XIV, 3, 15, 21, 101, 111, 370; Sprache der S. s. Sprache

symbolische Konstruktion XV, 156–9

synthetisch (d. h. nicht-analytisch) 162 f., 168, 174–6, 183, 324; synthetische Sätze *a priori* in der Arithmetik 161

synthetische Methode 174 f.
synthetisches Theorem (Peripatetische Kettenschlußregel) 175, 183
Tautologie (tautologischer Satz) 238 f., 365
Terminus (als syllogistischer Begriffsausdruck) 8, 90 f.; genereller 8, 133–5, 366; offener 91; singulärer 8, 133–5, 366
Tertium non datur s. Prinzip des ausgeschlossenen Dritten
Transformationsregeln 3, 316 f., 319

Universalsprache der deduktiven Logik XX, 7, 8, 165
universell 9, 25, 33, 37–9, 46, 58, 60, 88, 111, 113, 131, 166, 210–1, 223, 228, 244–5, 263, 285, 311
universe of discourse s. Individuenbereich
unverträglich / Unverträglichkeit (Inkompatibilität) s. verträglich / Verträglichkeit
Urteilseinheit 101 f.
Urteilstheorie 101

Verneinung, s. Negation
Verträglich / Verträglichkeit (Kompatibilität) XVIII f., 17, 33, 35 f., 60, 67, 69, 112, 123, 127, 171, 179, 186, 189, 263, 272, 279, 283, 365, 368, 372, 387, 389–92
Voraussetzungsschluß (Syllogismus *ex hypotheseos*) 188 f.

Wahrheit: W. als (zeitloses) Zutreffen eines Prädikats auf einen Gegenstand 63, 420–2; analytische W. 64, 70, 149, 162; logische W. XIV, XVI f., XX, 11, 206, 355–60, 365; logische W. in FK (d. h. im axiomatischen Funktionenkalkül) 360 f.; semantischer Begriff der l. W. 356–360 ; syntaktiecher Begriff der l. W. 356, 358–360; zeitabhängige W. 418; zeitlose W. 420
Wahrheitsambivalenz 20, 36, 179, 409
Wahrheit, logische XX, 355–7, 359–60, 365; semantischer Begriff der l.n W. 356 f., 360 ; syntaktischer Begriff der l.n W. 356, 358, 360
Wahrheitsfunktion XV, XX, 81, 85, 114, 118, 120–2, 179, 192 f., 343, 385; monadische s. Negation; dyadische 45, 84, 122, 385
wahrheitsfunktionale Satzverknüpfung 82, 85, 124
Wahrheitswert XVI, XX, 11, 24, 29, 32, 35, 82, 90–2, 109, 121, 148, 179, 189, 387, 417, 419 f.; das Wahre / das Falsche 91, 417
Widerspruch s. Kontradiktorietät; *vgl.* Inkonsistenz
Zuschreibungsurteil 64
Zuschreibungswelt 64, 211, 415

Personenregister

Ackermann, Wilhelm XVIII, 50–58, 60, 62, 64f., 71, 76f., 78, 85, 127, 209, 232
Alexander von Aphrodisias 170, 172, 182 f., 187, 193, 198, 212, 288, 375
Angelelli, Ignacio 90, 137, 422
Apuleius Madaurensis 9 f., 95, 182
Aristoteles XIV, XVII, XIX, 1, 3, 6, 8, 23, 25, 31 f., 42, 46, 54 f., 62, 170, 175 f., 180, 182, 187 f., 191 f., 194, 196, 198 f., 202 f., 211–15, 217 f., 221–33, 235–37, 240–243, 247, 249, 251, 253 f., 256 f., 260 f., 263 f., 266–68, 270, 272, 276–79, 281–90, 292, 294–96, 299–302, 304, 306–8, 364, 366–69, 418, 421

Barcan, Ruth 30, 394, 414 f.
Barnes, Jonathan 101, 197
Beall, J.C. 417
Becker, Albrecht 240
Becker, Oskar 398
Beckermann, Ansgar 348f., 355 f.
Bencivenga, Ermanno 61, 410
Bernoulli, Jakob 382
Bolzano, Bernhard 197
Boole, George 63, 113

Capella, Martianus 95
Carnap, Rudolf 99, 164, 205
Chomsky, Noam 151
Chrysipp 170f., 182, 190
Cresswell, Maxwell J. 28, 30, 397, 399, 405

da Costa, Newton C.A. 409
De Morgan, Augustus 81

Diogenes Laertius 182, 191
Ebert, Theodor 23, 176, 187 f., 190, 218, 222 f., 225 f., 228, 240, 243, 247, 261, 264, 267 f., 270, 272, 277, 279, 284–86, 288, 290, 296, 301 f., 304, 306
Englebretsen, George 152
Eudem von Rhodos 187

Feys, Robert 397, 412
Frede, Michael 101, 170, 182–184, 187, 191–96, 196, 200, 202, 207, 375
Frege, Gottlob XI, XVf., XIX, 1–3, 11, 16, 18, 32, 40, 87–93, 95–9, 101–8, 110–3, 129–33, 137 f., 140–7, 150, 152–6, 158–63, 173, 312, 328, 332, 334–36, 348 f., 359, 367–9, 377– 380, 382–4, 423

Gabriel, Gottfried 93
Galen 170, 172
Gentzen, Gerhard 176
Gödel, Kurt XXI, 85, 397 f., 411–3

Halmos, Paul R. 51, 66
Hegel, G.W.F. 135, 308
Heyting, Arend 360, 390, 398, 411
Hilbert, David XVIII, 3, 50–8, 60, 62, 64 f., 71, 76–8, 85, 127, 209, 232
Hoyningen-Huene, Paul 117, 322

Jaśkowski, Stanislaw 409
Jevons, William Stanley 58

Kant, Immanuel XIII, XIV, XV, XVI, XVII, 10, 12 f., 17, 26, 40, 61, 70, 95, 135, 152 f., 155 f., 159, 161 f., 193, 359, 366–8, 384
Keynes, John Neville 58 f., 60 f.

Kirwan, Christopher 421
Kneale, Martha & William XVII, 5, 29, 40, 99, 198 f., 348
Kripke, Saul A. 148, 405 f.
Künne, Wolfgang 367

Lambert, Johann Heinrich 197
Lambert, Karel 61, 410
Langford, Cooper H. 29, 190, 360, 391, 393
Leibniz, G.W. 40, 233
Lemmon, Edward John 412
Leonard, Henry 410
Lewis, Clarence I. XX, 28 f., 45, 81, 123, 190, 391, 393, 397–9, 407
Łukasiewicz, Jan 206, 223, 348, 418

MacColl, Hugh 28
MacFarlane, John 153
Marciszewski, Witold 144
Mates, Benson 171, 182, 193, 206 f.
Mautner, Thomas 46
Mill, John Stewart 8, 27, 133, 135

Nortmann, Ulrich 23, 176, 188, 218, 222 f., 226, 228, 240, 243, 247, 261, 264, 267 f., 270, 272, 277, 279, 284–6, 288, 290, 294, 296 f., 301 f., 304, 306, 381
Ockham, Guilelmus de 237, 418

Patzig, Günther 10, 17, 32, 211, 223 f., 226, 243, 308
Peano, Giuseppe XXI, 40
Peirce, Charles S. 61
Philon von Megara 190
Philoponus, Ioannes 182
Platon XVII, 197
Plutarch 193
Prantl, Carl 17
Prior, Arthur 27, 61, 223, 259

Purtill, Richard 32
Quine, W.V.O. 8, 48, 101, 323, 343, 360, 367

Reich, Klaus 364
Restall, Greg 417
Ross, William David 212, 259
Russell, Bertrand XV, XIX, XXI, 40, 56, 91, 106, 147–9, 150, 232, 360, 364

Schmid, C.Chr.E. 13
Schmidt, Jürgen 272, 277, 279, 284, 286, 288
Schmidt, Klaus J. 67
Schröder, Ernst 50–2, 55 f., 58
Sextus Empiricus 116, 171, 190 f., 197, 206, 236 f.
Sigwart, Christoph 13
Smith, Robin 223
Sommers, Fred 31, 48, 137, 150 f.
Stekeler-Weithofer, Pirmin 32
Strawson, Peter F. 61, 96, 128, 148, 152
Strobach, Niko 187 f.
Stuhlmann-Laeisz, Rainer 110

Tarski, Alfred 20, 180, 355
Theophrast 187, 191, 198
Thompson, Manley 61
Tugendhat, Ernst 134 f.

Ueberweg, Friedrich 61

Venn, John 58
von Wright, Georg Hendrik 417

Wedin, Michael 212
Weidemann, Hermann 213
Whitehead, Alfred North XIX
Wieland, Wolfgang 23
Wittgenstein, Ludwig 364
Wolf, Ursula 134 f.
Wolff, Christian 111, 197